요즘 교양 필독서 87

SEKAI NO ELITE GA MANANDEIRU
KYOYOSHO HITSUDOKU 100SATSU O 1SATSU NI MATOMETEMITA
© Takahisa Nagai 2023
First published in Japan in 2023 by KADOKAWA CORPORATION, Tokyo.
Korean translation rights arranged with KADOKAWA CORPORATION, Tokyo
through ENTERS KOREA CO., LTD.

철학부터 정치, 문화, 예술, 과학까지
지적 대화를 위한 교양 필독서 87권을 한 권에

요즘 교양 필독서 87

나가이 다카히사 지음 ― 김정환 옮김

These days'
liberal arts must-reads 87

센시오

연대	서적·저자	역사적 사실
BC 600년경	📖 Book 42 《법구경》 고타마 싯다르타	불교·자이나교 탄생(BC 550년경)
BC 571~471년	📖 Book 41 《도덕경》 노자	오와 월의 전쟁
BC 551~479년	📖 Book 40 《논어》 공자	제자백가의 활동
BC 399년	📖 Book 1 《소크라테스의 변명》 플라톤	코린토스 전쟁(BC 395년~)
BC 384~322년	📖 Book 22 《정치학》 아리스토텔레스	알렉산드로스의 동방 원정(BC 334년)
660년경	📖 Book 43 《반야심경》 현장	
1402년~	📖 Book 56 《풍자화전》 제아미	
1520년	📖 Book 2 《그리스도인의 자유》 마르틴 루터	마젤란의 세계일주(1519년~)
1620년	📖 Book 4 《신기관(노붐 오르가눔)》 프랜시스 베이컨	30년전쟁(1618년~)
1637년	📖 Book 3 《방법서설》 르네 데카르트	
1643~1645년	📖 Book 44 《오륜서》 미야모토 무사시	
1690년	📖 Book 23 《통치론》 존 로크	9년 전쟁(1688년~)
1739년	📖 Book 5 《인간이란 무엇인가》 데이비드 흄	오스트리아 왕위 계승 전쟁(1740년~)
1762년	📖 Book 24 《사회계약론》 장 자크 루소	7년 전쟁(1756년~)
1776년	📖 Book 25 《상식》 토머스 페인	미국 독립전쟁(1775년~)
1776년	📖 Book 27 《국부론》 애덤 스미스	
1781년	📖 Book 6 《순수 이성 비판》 이마누엘 칸트	프랑스혁명(1789년)
1807년	📖 Book 7 《정신현상학》 G. W. F. 헤겔	신성로마제국 멸망(1806년)
1808~1833년	📖 Book 59 《파우스트》 요한 볼프강 폰 괴테	빈 회의(1814년)

연도	책	저자	사건
1859년	📖 Book 26 《자유론》	존 스튜어트 밀	크림 전쟁(1853년~)
1859년	📖 Book 61 《종의 기원》	찰스 로버트 다윈	
1861년	📖 Book 67 《촛불의 과학》	마이클 패러데이	남북전쟁(1861년~)
1866년	📖 Book 60 《죄와 벌》	표도르 도스토옙스키	
1867년~	📖 Book 28 《자본론》	카를 마르크스	프로이센 프랑스 전쟁(1870년~)
1883년~1885년	📖 Book 8 《차라투스트라는 이렇게 말했다》	프리드리히 니체	독·오·이 삼국 동맹(1882년)
1897년	📖 Book 30 《자살론》	에밀 뒤르켐	
1902년	📖 Book 74 《과학과 가설》	앙리 푸앵카레	제1차 모로코 위기(1905년)
1905~1916년	📖 Book 68 《상대성이론》	알베르트 아인슈타인	제2차 모로코 위기(1911년)
1907년	📖 Book 9 《실용주의》	윌리엄 제임스	
1907~1908년	📖 Book 11 《현상학의 이념》	에드문트 후설	멕시코 혁명(1910년)
1916년	📖 Book 45 《논어와 주판》	시부사와 에이치	
1917년	📖 Book 10 《정신분석 입문》	지그문트 프로이트	제1차 세계 대전(1914년~)
1919년	📖 Book 51 《심장지대》	해퍼드 존 매킨더	
1920년	📖 Book 29 《프로테스탄트 윤리와 자본주의 정신》	막스 베버	국제연맹 성립(1920년)
1921년	📖 Book 13 《논리-철학 논고》	루트비히 비트겐슈타인	
1923년	📖 Book 55 《예술의 정신》	로버트 헨리	
1925년	📖 Book 31 《증여론》	마르셀 모스	로카르노 조약(1925년)
1927년	📖 Book 12 《존재와 시간》	마르틴 하이데거	찰스 린드버그의 대서양 횡단 비행(1927년)
1933년	📖 Book 46 《간디의 편지》	마하트마 간디	
1936년	📖 Book 32 《고용, 이자 및 화폐의 일반 이론》	존 메이너드 케인스	제2차 국공 합작(1937년)
1938년	📖 Book 47 《항일 유격 전쟁론》	마오쩌둥	제2차 세계대전(1939년~)

1941년	📖 Book 14 《자유로부터의 도피》 에리히 프롬	독·이의 대미 선전포고(1941년)
1945년	📖 Book 79 《어떻게 문제를 풀 것인가?》 조지 폴리아	제2차세계대전 종결(1945년)
1946년	📖 Book 15 《죽음의 수용소에서》 빅터 프랭클	
1946년	📖 Book 17 《실존주의란 무엇인가》 장 폴 사르트르	파리 강화 회의(1946년)
1949년	📖 Book 62 《솔로몬의 반지》 콘라트 로렌츠	
1949년	📖 Book 82 《수학적 커뮤니케이션 이론》 클로드 E. 섀넌	한국전쟁(1950년~)
1954년	📖 Book 77 《수학서설》 요시다 요이치·세키 세츠야	
1954년	📖 Book 78 《새빨간 거짓말, 통계》 대럴 허프	
1959년	📖 Book 76 《두 문화》 찰스 퍼시 스노우	
1961년	📖 Book 19 《전체성과 무한》 에마뉘엘 레비나스	
1961년	📖 Book 50 《역사란 무엇인가》 E. H. 카	
1962년	📖 Book 18 《야생의 사고》 클로드 레비스트로스	쿠바 위기(1962년)
1962년	📖 Book 66 《침묵의 봄》 레이첼 카슨	
1962년	📖 Book 75 《과학혁명의 구조》 토머스 S. 쿤	
1963년	📖 Book 16 《예루살렘의 아이히만》 한나 아렌트	
1963년	📖 Book 57 《위대한 피아니스트》 해럴드 C. 숀버그	
1964년	📖 Book 34 《미디어의 이해》 허버트 마셜 매클루언	베트남 전쟁(1965년~)
1970년	📖 Book 35 《소비의 사회》 장 보드리야르	
1971년	📖 Book 37 《정의론》 존 롤스	EC 발족(1967년)
1975년	📖 Book 20 《감시와 처벌》 미셸 푸코	제1차 오일쇼크(1973년)
1975년	📖 Book 33 《자본주의와 자유》 밀턴 프리드먼	제1회 G6 정상회의(1975년)
1975년	📖 Book 83 《맨먼스 미신》 프레더릭 P. 브룩스 주니어	
1976년	📖 Book 63 《이기적 유전자》 리처드 도킨스	
1979년	📖 Book 58 《구별짓기》 피에르 부르디외	이란·이라크 전쟁(1980년~)

연도	책	저자	사건
1983년	📖 Book 36 《감정 노동》	앨리 러셀 혹실드	
1984년	📖 Book 69 《엔트로피와 질서》	피터 윌리엄 앳킨스	
1987년	📖 Book 70 《카오스》	제임스 글릭	체르노빌 원자력 발전소 사고(1986년)
1988년	📖 Book 71 《시간의 역사》	스티븐 W. 호킹	베를린장벽 붕괴(1989년)
1989년	📖 Book 64 《원더풀 라이프》	스티븐 제이 굴드	냉전 종결(1989년)
1992년	📖 Book 38 《역사의 종말》	프랜시스 후쿠야마	걸프 전쟁(1991년~)
1995년	📖 Book 84 《디지털이다》	니콜라스 네그로폰테	
1996년	📖 Book 53 《문명의 충돌》	새뮤얼 P. 헌팅턴	
1997년	📖 Book 52 《총, 균, 쇠》	재레드 다이아몬드	지구 온난화 방지 교토 회의(1997년)
1999년	📖 Book 72 《엘러건트 유니버스》	브라이언 그린	유로화 도입(1999년)
2003년	📖 Book 80 《리만 가설》	존 더비셔	이라크 전쟁(2003년)
2009년	📖 Book 39 《정의의 아이디어》	아마르티아 센	리먼브라더스 사태(2008년)
2009년	📖 Book 85 《기술과 혁신》	W. 브라이언 아서	오바마 미국 대통령 당선(2009년)
2011년	📖 Book 48 《덩샤오핑 평전》	덩샤오핑	동일본 대지진(2011년)
2011년	📖 Book 54 《사피엔스》	유발 노아 하라리	
2013년	📖 Book 21 《왜 세계는 존재하지 않는가》	마르쿠스 가브리엘	
2015년	📖 Book 65 《의식은 언제 탄생하는가》	줄리오 토노니·마르첼로 마시미니	
2016년	📖 Book 87 《크리스퍼가 온다》	제니퍼 다우드나·새뮤얼 스턴버그	
2017년	📖 Book 73 《시간은 흐르지 않는다》	카를로 로벨리	트럼프 미국 대통령 취임(2017년)
2018년	📖 Book 81 《인과 추론의 과학》	주디아 펄	
2020년	📖 Book 49 《보편적 가치를 추구한다》	쉬지린	코로나바이러스의 감염 확대(2019년~)
2021년	📖 Book 86 《AI 2041》	리카이푸·천치우판	러시아의 우크라이나 침공(2022년~)

왜 지금 교양을
공부해야 하는가

어느 날 당신이 비즈니스 또는 사적인 자리에 참석했다가 우연히 아래와
같은 주제에 대해 질문 받는다면 뭐라고 대답하겠는가?

질문 ① A사는 "저희 회사는 소수정예 시스템으로 평균 연봉은 1,500
만 엔(약 1억 4000만 원)입니다."라고 한다. 현재 구직 중인 당
신은 이 회사에 입사해야 할까?

질문 ② 팀원들의 의견이 갈렸다. 당신은 각기 다른 의견을 어떻게 정
리하겠는가?

질문 ③ B는 서양인과 비즈니스를 할 때 소통에 어려움이 생겨 고민에
빠졌다. 그 원인은 무엇이며, 어떤 대책이 필요할까?

질문 ④ 2022년에 시작된 우크라이나 전쟁의 원인은 무엇인가?

전부 완전히 다른 분야의 질문인데, 아마도 이런 식으로 대답하는 사람이 많을 것이다.

> **답변 ① 평균 연봉이 1,500만 엔인 A사:** "이렇게 급여가 후한 회사를 또 만날 수 있을까? 입사하지 않으면 나중에 후회할 거야."
>
> **답변 ② 팀의 의견이 갈렸다:** "그렇다면 공평하게 다수결로 결정합시다."
>
> **답변 ③ 서양인과 소통할 때 어려운 이유:** "내가 영어 실력이 부족해서 그래. 영어 실력을 원어민 수준으로 끌어올리자."
>
> **답변 ④ 우크라이나 전쟁의 원인:** "러시아가 일방적으로 전쟁을 시작했기 때문이야."

그럴듯한 답변이다. 그런데 이 답변들에는 한 가지 공통점이 있다. 사고가 얕다는 것이다.

이 책을 처음부터 끝까지 읽어 교양을 쌓으면 답변은 이렇게 달라질 것이다.

> **답변 ① 평균 연봉이 1,500만 엔인 A사:** 통계 지식이 있다면 대푯값에는 평균과 중앙값, 최빈값이 있으며, 사장의 높은 연봉이 평균을 끌어올렸을 뿐 최빈값(대다수의 연봉)은 300만 엔에 불과할

가능성도 있음을 예상할 수 있다.

답변 ② 팀의 의견이 갈렸다: 다수결로 결정하면 반드시 불만을 품는 사람이 생기며, 그 결과 나중에 큰 문제로 발전할 수 있다. 또한 다른 의견을 억누른 절충안으로는 성과가 나지 않을 때도 많다. 루소의 일반의지라는 개념을 이해한다면 오히려 다른 의견들을 전부 꺼내놓고 철저히 토론해서 전원이 수긍하는 '조직으로서의 합의'를 만들어내야 함을 알 수 있다.

답변 ③ 서양인과 소통할 때 어려운 이유: 내가 과거에 IBM에서 일할 때 수도 없이 고민했던 문제인데, 그 원인은 단순히 영어 실력이 나빠서가 아니다. 동양인과 서양인은 대화의 논법이 근본적으로 다르다. 헤겔의 변증법을 알면 서양식의 대화 논법도 이해할 수 있으며, 그러면 영어가 다소 서툴더라도 존경받는 협상가가 될 수 있다.

답변 ④ 우크라이나 전쟁의 원인: 이 전쟁의 이면에는 새뮤얼 P. 헌팅턴이 고찰한 문명의 충돌이나 해퍼드 존 매킨더가 제시한 서방 세계와 러시아의 지정학적 대립이 자리하고 있다. 이 뿌리 깊은 문제를 알면 향후의 전개를 예측할 수도 있다.

전자의 답변은 문제를 표층적으로만 바라봤다. 그렇기에 후자의 답변처럼 문제의 본질을 구조적으로 파악하려면 교양이 필요하다. 우리가 매일 같이 맞닥뜨리는 수많은 문제는 자신의 지식이나 경험에만 의지해서는 적확한 답을 찾아낼 수 없다. 그러나 교양을 몸에 익히면 상황이 달라진다. 교양은 과거의 현인들이 축적해 온 방대한 지식의 보고寶庫다. 그래서 이를 습득하면 그전까지 보이지 않았던 문제와 대응책이 보이게 된다. 반대로 자신의 경험과 지식만을 근거로 생각하는 것은 완전 무장을 갖춘 강대한 적에게 맨몸으로 맞서는 행위나 다름없다.

　개중에는 이렇게 반론하는 사람도 있을 것이다. "그건 낡은 사고방식이야. 교양에서 얻을 수 있는 지식 같은 건 이제는 인터넷에서 검색하거나 AI(인공지능)한테 물어보면 금방 알 수 있다고. 검색 한 번이면 알 수 있는 교양을 굳이 공부하는 건 시간 낭비일 뿐이야."

　그러나 이런 주장을 하는 사람은 조금 오해를 하고 있다. 분명히 지식은 인터넷에서 검색하거나 AI에게 물어봄으로써 얻을 수 있지만, 우리는 뇌 속에 있는 방대한 지식을 순간적으로 조합하면서 생각한다. 뇌 속에 있는 지식이 교양인 것이다. 검색 엔진이나 AI가 가르쳐주는 지식은 뇌 속에 없기 때문에 생각할 때 활용하지 못한다. 또한 '인터넷에서 검색하면 된다.'고는 해도 제대로 검색하려면 올바르게 질문할 줄 알아야 하는데, 올바르게 질문하기 위해서라도 교양이 필요하다. 그렇다면 어떻게 해야 교양을 몸에 익힐 수 있을까. 그 방법은 대표적인 교양 명저를 읽는 것이다. 이는 과거에 활약한 현인들의 지식의 결정체다. 그런 책들은 지적으로 재미있으면서 우리가 살아가는 데 도움을 주기에 시대를 초월해 끊임없이 읽혀 온 것이다.

　다만 교양을 공부하는 것은 쉬운 일이 아니다. 먼저, 교양 공부의 출발점이 되어 주는 책이 지금까지 없었다. 교양을 공부하는 방법을 가르쳐주는 지침서는 있어도 교양 자체를 넓은 관점에서 구체적이고 이해하기 쉽게 정리한 책이라든가, '어떤 교양서를 읽어야 하는가.'를 알기 쉽게 가르쳐주는 책은 거의 없었다. 실제로 나도 열심히 찾아봤는데, 서양·동양 철학, 정치학, 경제학의 명저를 정리한 책은 있었다. 그러나 그런 책들은 과학이나 기술 분야를 다루지 못했다. 반대로 과학 분야의 명저를 정리한 책은 철학이나 사회과학을 다루지 못했다. 통탄스럽게도 교양의 세계에서는 '문과와 이과의 단절'이 발생한 것이다.

가령 최근 현대사상의 경우 철학과 최신 과학이 융합하기 시작했다. 현대 철학계의 록스타로 불리는 마르쿠스 가브리엘은 이론물리학자인 스티븐 호킹에게는 비판적이지만 의식연구의 세계적 권위자인 줄리오 토노니의 의견에는 동조한다. 루프 양자중력이론을 제창한 이론물리학자 카를로 로벨리는 철학자인 에드문트 후설, 이마누엘 칸트, 마르틴 하이데거, 나아가 붓다의 사상을 채용해 시간의 개념을 재검증했다.

분야를 초월해 여러 분야를 넓은 시야로 바라 보다 완전히 다른 분야 사이에서 연결성을 발견하면 교양 공부가 갑자기 재미있어진다. 그러나 지금까지 '세상에 어떤 교양 명저가 있고, 그 책들이 서로 어떻게 연결되어 있는가.'를 알려 주는 책은 없었다.

또 한 가지 문제는 교양 명저로 불리는 책들은 난해한 경우가 많다는 것이다. 철학 분야에서는 칸트의 《순수 이성 비판》, 헤겔의 《정신현상학》, 하이데거의 《존재와 시간》이 3대 난서로 불린다. 찰스 다윈의 《종의 기원》이나 알베르트 아인슈타인의 《상대성이론》도 난해하다. 이런 폭넓은 범위의 교양서를 전체적으로 쉽게 이해할 수 있도록 쓴 책은 세상에 없었다. 그래서 생각했다. 그런 책이 없다면 내가 쓰자고.

나는 주로 마케팅 일을 하고 있지만 교양서도 폭넓게 접해왔다. 대학교는 공대를 나왔으므로 이과 계열이 내 전문분야이기도 하다. 경제경영 분야의 저자로서도 어려운 이론을 초보자가 이해하기 쉽게 소개하는 책을 여러 권 썼다.

강한 문제의식도 있었다. 기업을 대상으로 마케팅 전략 연수를 하는 과정에서 일하는 사람들이 직면하는 문제의 본질은 깊게 생각하는 힘이 부족한 것임을 통감했던 것이다.

이 책은 각 교양 분야의 명저를 엄선한 다음, 책마다 반드시 파악해야 할 요점들을 간략하게 정리했다. 또한 인류가 쌓아올린 지식 체계를 더 깊고 폭넓은 시야로 바라볼 수 있도록 다음의 6장으로 구성했다.

제1장 서양철학: 서양에서 모든 학문의 원류는 소크라테스 철학으로, 서양철학에서 경제학·정치학·사회학·과학·수학·공학 등이 파생되었다. 이 장에서는 소크라테스를 기점으로 칸트와 헤겔 등의 근대 계몽사상, 구조주의, 가브리엘의 현대철학에 이르기까지 서양철학을 소개했다.

제2장 정치·경제·사회: 서양사상 중에는 순수한 서양철학만으로는 다룰 수 없는 분야도 있다. 그래서 아리스토텔레스의 정치학을 시작으로 존 로크의 자유민주주의 사상, 애덤 스미스와 카를 마르크스의 경제학, 사회학, 그리고 자유주의사상의 최신 과제 등을 소개했다.

제3장 동양사상: 서양사상과는 전혀 다른 형태로 진화해 온 동양사상

을 공부하면 사고의 폭과 깊이를 더할 수 있다. 그래서 고대 중국과 인도에서 탄생한 유교·노자·붓다의 사상을 기점으로 동아시아 사상의 변천, 나아가 인도와 중국의 현대사상까지 소개했다.

제4장 역사·예술·문학: 인류는 역사 속에서 다양한 경험을 해왔다. 역사를 공부하면 교양은 더욱 깊어지며, 예술과 문학은 인간성을 풍요롭게 만들어준다. 이 장에서는 역사서와 예술, 문학의 명저를 소개했다.

제5장 과학: 과학도 교양에서는 중요한 분야 중 하나다. 과학에 대한 지식 없이 비과학적인 주장을 하는 철학 전문가가 인터넷상에서 물의를 일으키는 일도 종종 볼 수 있다. 그래서 먼저 다윈을 기점으로 생물학의 명저들을 소개한 뒤, 물리학의 기초부터 최신 우주물리학, 나아가 과학사상도 소개했다.

제6장 수학·공학: 기술혁신은 인간사회를 풍요롭게 만들어 왔다. 그리고 최신 AI나 유전자를 자유롭게 편집하는 크리스퍼$_{CRISPR}$ 등의 최신기술이 등장함에 따라 인간이라는 존재에 관해 근본부터 되묻게 되었다. 그래서 이런 기술들을 뒷받침하는 수학, 그리고 기본부터 최신까지 기술에 관한 교양서를 소개했다.

이처럼 이 책에는 소크라테스부터 최신 AI, 유전자 조작 기술까지 폭넓게 망라되어 있다.

마지막으로, 이 책을 읽는 법을 안내하겠다. 나는《사장을 위한 MBA 필독서 50》을 시작으로 MBA 필독서 시리즈를 세 권 썼으며, 독자로부터

"어떤 책을 읽어야 할지 몰랐는데, 책을 고르는 데 많은 도움이 되었습니다."라는 이야기를 많이 들었다. 이 책 또한 기존의 MBA 필독서 시리즈와 같은 방침으로 썼다.

바쁜 현대인들이 이 수십 권의 책을 전부 독파하기는 시간상 무리일 것이다. 그러니 깊은 교양을 갖추기 위한 첫걸음으로써 이 책을 활용했으면 한다.

① 먼저 이 책의 목차를 확인하고 관심이 가는 책부터 읽길 바란다. 익숙해지면 ②로 넘어간다.

② 이 책은 각 장을 처음부터 통독하면 그 분야의 지식을 체계적으로 이해할 수 있도록 구성되어 있다. 관심 가는 장이 있으면 가급적 그 장의 처음부터 통독하길 바란다. 또한 각 장의 순서도 전체를 체계적으로 이해할 수 있도록 구성한 것이니, "딱히 흥미가 있는 장이 없는데."라는 사람은 [Book 1]부터 통독하길 바란다.

③ 이해가 안 되는 부분이 있으면 건너뛰고 읽어도 무방하다. 그렇게 해도 이해할 수 있도록 구성했다.

어쩌면 이 책을 읽고 '이제 원저를 완벽하게 이해했어.'라고 생각하는 사람도 있을지 모르는데, 안타깝지만 그것은 환상일 뿐이다. 이 책에서 엄선한 수십 권의 분량은 권당 평균 500페이지, 합계 5만 350페이지에 이른다. 내가 이 책을 쓰기 위해서 함께 읽은 책까지 포함하면 250권에 이른다. 이 책은 그런 방대한 양의 정보를 한 권에 응축했다. 요컨대 이 책은 원저에서 업무나 인생에서 도움이 될 만한 부분을 중심으로 추출해 '대략적으로 말하면 이런 내용'이라고 정리한 것이다. 내용을 최대한 진하게 응축하려고 노력했지만 결국은 원저의 극히 일부분에 불과하다. 페이지 수의 제약 때문에 눈물을 머금고 간추린 내용도 많다. 애초에 이 책은 연구자를 위한 것이 아니다. 어디까지나 바쁜 현대인들이 교양을 몸에 익히는 계기를 만들기 위한 도구일 뿐이다.

그러므로 흥미를 느낀 책이 있으면 원저에 도전해보길 바란다. 원저에서는 이 책보다 훨씬 넓고 깊은 배움을 얻을 수 있을 것이며, 그렇게 시간을 들여서 쌓은 교양은 반드시 여러분의 무기가 되어 줄 것이다. 앞으로는 깊은 교양을 갖췄느냐 아니냐에 따라 인생이 달라지는 시대가 될 것이다. 이 책이 교양의 오묘한 세계를 즐기는 계기가 된다면 저자에게 그보다 기쁜 일은 없을 것이다.

Chapter 2 정치·경제·사회 ━━━

Chapter 3 동양사상 ━━━━━━━━━━

Chapter 1

서양철학

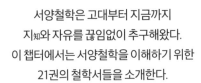

서양철학은 고대부터 지금까지
지知와 자유를 끊임없이 추구해왔다.
이 챕터에서는 서양철학을 이해하기 위한
21권의 철학서들을 소개한다.

These days'
liberal arts must-reads 87

모든 지식은 소크라테스에서부터 시작된다

소크라테스의 변명

소크라테스Socrates · **플라톤**Plato

소크라테스: 기원전 470~기원전 399년 추정. 고대 그리스의 철학자. 서양철학의 기초를 쌓은 인물이다. 문답법을 통해 진리를 탐구했지만 불경죄로 사형당했다.

플라톤: 기원전 427년~기원전 347년 추정. 고대 그리스의 철학자. 스승인 소크라테스와 만난 것을 계기로 철학의 길을 걷게 되었다. 소크라테스를 주인공으로 삼은 《대화편》을 평생에 걸쳐 썼다.

소크라테스는 모든 '지知의 추구'의 출발점이다

수많은 양서 중 《소크라테스의 변명》을 제일 먼저 소개하는 데는 이유가 있다. 인류가 '지의 추구'를 시작한 원점이 바로 이 책이기 때문이다. 지금으로부터 약 2,400년 전에 나온 이 책에는 '지의 추구'의 본질이 담겨 있다. 또한 이에 대한 소크라테스의 겸손한 자세는 최신기술이 신의 영역에 도달하고 있는 오늘날 그 중요성이 더욱 커지고 있다.

우리 주변에는 소크라테스에 관해 이런 말을 하는 사람을 종종 볼 수 있다.

"소크라테스도 말했지만, '무지의 지'가 중요해."

이것은 큰 오해다. 오히려 소크라테스가 한 말과는 정반대라고도 할 수 있다. 그렇다면 소크라테스는 뭐라고 말했을까?

고대 그리스의 도시 아테네에는 훗날 철학의 시조로 칭송받는 소크라테스가 살고 있었는데, 어느 날 신전에서 신탁을 담당하는 무녀가 소크라테스의 지인에게 이렇게 말했다.

"소크라테스보다 지혜로운 자는 아무도 없노라."

내가 신에게 이런 말을 들었다면 너무 기쁜 나머지 하늘을 날 것 같은 기분이 되었겠지만, 소크라테스는 진지하게 생각에 잠겼다.

'나는 전혀 지혜롭지 못한데, 신은 왜 그런 말씀을 하셨을까? 하지만 신께서 거짓말을 하실 리는 없지. 이건 내게 수수께끼를 내신 것인지도 모르겠어.'

소크라테스는 즉시 검증에 나섰다. 만약 자신보다 지혜로운 인물을 찾아낸다면 "신이시여, 죄송하지만 틀리셨습니다."라고 말할 수 있다. 그래서 "나는 지혜롭고 지식도 풍부하다."라고 주장하는 아테네의 지식인들을 만나 문답을 거듭했다. 그러나 누구도 소크라테스의 질문에 제대로 답하지 못했다. 대부분이 문답을 거듭하다 보면 질문에 답하지 못하는 단계에 도달했다. 이는 소크라테스의 질문을 받는 상황을 상상해 보면 왜 그런지 이해할 수 있다. "A란 무엇인가?", "B라는 것입니다.", "그렇다면 B란 무엇인가?", "C라는 것입니다.", "그렇다면 C란 무엇인가?", …. 이런 문답이 계속되면 결국은 "그렇다면 X란 무엇인가?", "그건 그러니까…, X라는 것입니다."라고 답하게 되는 것이다. 문답을 5~6회 이상 거듭하면 대개는 토톨로지*Tautologie*(동어반복)적인 대답이 나오게 되며, 그전에 논리적으로 모순이 발생할 때도 많다.

"아까는 A가 B라고 말했으면서 지금은 A가 E라고 말하는군. 이건 모순이 아닌가?"

이런 식으로 아테네 지식인들과 문답을 계속한 소크라테스는 한 가지 사실을 깨달았다. '다들 지식인이라고 주장하지만 누구 한 명 질문에 제대로 답하지 못하는구나.' 그리고 이런 생각에 도달했다. '알지 못하면서 알고 있다고 말하는 사람들보다는 알지 못함을 자각하고 있는 내가 조금이나마 더 현명한지도 모르겠군.'

그러나 소크라테스는 여기저기에서 문답을 계속했고, 체면을 구긴 지식인들은 '내게 창피를 주다니.' 하며 그에게 원한을 품게 되었다. 한편 청년들은 '지식인 놈들, 그렇게 잘난 척하더니만 사실은 아는 것도 없네.'라고 생각하며 소크라테스를 흉내 내기 시작했다. 그 결과 소크라테스는 '젊은이들을 타락시켰다.'라는 죄목으로 고발당해 재판을 받게 되었는데, 이 책은 소크라테스의 제자인 플라톤이 그 재판 상황을 기록한 것이다. 언뜻 단순한 재판 기록처럼 보이지만, 이 책에는 철학의 정수가 응축되어 있다.

그러면 즉시 이 책의 요점을 살펴보자. 소크라테스는 목숨이 걸린 재판에서도 자신의 문답 스타일을 바꾸지 않았다. 이것이 약 500명으로 구성된 배심원에게 매우 나쁜 인상을 줬고, 결국 사형이 선고되었다.

소크라테스의 생각의 근원에는 '나는 알지 못한다는 자각'이 자리하고 있었다. 소크라테스는 이 자각을 출발점으로 타인과 대화를 거듭하면서 정말로 자신이 알고 있는지 아닌지를 겸손하게 고찰하고 검증했다.

소크라테스는 모든 것에 대해 '나는 알지 못한다는 자각'을 철저히 유지했다. 예를 들어 그는 이렇게 주장했다.

"고발을 당하든 사형을 당하든 내게는 해가 되지 않네. 나는 아무것도 알지 못하기에 열심히 지의 추구를 계속할 뿐일세. 이것은 훌륭한 일이 아닌가? 오히려 시험받고 있는 쪽은 그대들 배심원이라네."

평범한 사람들은 죽음을 두려워하지만, 소크라테스는 "나는 사후 세계를 알지 못하기에 두렵지 않네."라고 말했다. 이것은 허세가 아니다. 이 책에는 그가 한 말이 기록되어 있다. "(누구도 알지 못하는 죽음을 두려워하는 것에 관해) 이것이 그 부끄러워해야 할 무지, 다시 말해 알지 못하는 것을 알고 있다고 생각하는 상태가 아니고 무엇이겠는가?"

소크라테스에게 죽음을 두려워하는 것은 자신이 알지 못한다는 사실조차 자각하지 못하는 부끄러운 일이었다. 그에게는 지를 계속 추구하는 것이 중요했다. 고발을 당하든 사형을 당하든, 지를 계속 추구한다면 자신은 어떤 해도 입지 않는다. 사형을 면하고자 자신의 생각을 굽혀 "지를 계속해서 추구한 것은 잘못이었습니다."라고 인정한다면 그것이야말로 해가 되는 일이었다.

그렇다면 이 재판에서 시험받고 있는 쪽은 배심원이라고 말한 이유는 무엇일까? 국제플라톤학회의 회장을 역임한 플라톤 연구의 세계적 권위자이며 이 책의 일본어판을 번역한 도쿄대학교의 노토미 노부루 교수는 도쿄대학교가 공개한 강의 '소크라테스는 왜 사형을 당했는가.'에서 이런 깊은 해석을 내놓았다.

"소크라테스가 진실을 말해서 배심원의 무지를 폭로했기 때문에 원한을 샀다는 것이 이 재판의 본질입니다."

끊임없이 지를 추구한 소크라테스는 재판정에서도 자신의 스타일을 관철해 배심원 500명이 아무것도 알지 못함을 폭로했고, 이 때문에 사형을 선고받았다. 배심원들은 말하자면 우리 인간을 대표하는 존재다. 요컨대 인간이 소크라테스를 살해한 것이다.

소크라테스의 문답은 언뜻 말꼬리 잡기처럼 보이지만, 사실은 그렇지 않다. 말꼬리 잡기의 목적은 오로지 상대방을 놀리는 것이지만, 소크라테스는 진지했다. 진지한 자세로 지를 추구했다.

플라톤, 소크라테스의 철학을 구체화하다

재판에서 사형을 선고받은 소크라테스는 슬퍼하는 제자들을 훈계한 뒤 스스로 독을 마시고 세상을 떠났다.

소크라테스는 대화에 열중하느라 저서를 남기지 않았다. 그런데 소크라테스가 세상을 떠난 뒤 아테네에서 '그 재판은 공정했는가.'라는 논쟁이 벌어졌고, '소크라테스는 악독한 자였기에 사형은 당연했다.'라는 내용의 글도 나돌았다. 이런 유언비어에 소크라테스의 제자들도 가만히 있을 수가 없었다. 그래서 앞다투어 소크라테스가 생전에 어떤 대화를 나눴는지 글로 기록하며 "스승님은 옳았다. 나는 이것이 스승님의 가르침이라고 생각한다."라고 주장하기 시작했다. 훗날 '소크라테스 문학'으로 불리는 작품의 수는 200~300편에 이르렀는데, 그중에서도 소크라테스보다 40세 정도 어린 플라톤이 집필한 30여 편의 글은 소크라테스의 생각을 깊게 통찰한 작품으로써 오늘날까지 전해지고 있다. 소크라테스가 철학의 원형을 만들고, 플라톤이 소크라테스 철학을 체계화해 정리했던 것이다.

무지의 지가 아니라 부지의 자각

지금까지 지식인들조차도 "소크라테스는 '무지의 지'를 강조했다."라고 발언하거나 집필한 경우가 많다. 그러나 노토미 교수는 저서《철학의 탄생—소크라테스는 어떤 인물인가?哲学の誕生—ソクラテスとは何者か》에서 "무지의 지는 큰 오해이며, 소크라테스의 철학을 잘못 해석한 것이다. 정확히는 무지의 지가 아니라 부지不知의 자각이라고 표현해야 한다."라고 말했다.

플라톤의 저서에는 무지의 지라는 표현이 언급되지 않는다. 모든 것을 아는 존재는 신뿐이다. 인간은 그 무엇도 알지 못한다. 그러므로 먼저 알지 못한다는 것을 있는 그대로 자각(부지의 자각)할 때 비로소 지를 추구할 준비가 된 것이다.

반대로 '무지의 지=알지 못한다는 것을 안다.'는 말은 논리적으로 모순이다. 노토미 교수는 "'알지 못한다는 것을 알고 있다.'면 그것은 지의 일종일 것이다. (중략) 여기에 자리하고 있는 것은 알지 못한다는 것을 높은 차원에서 파악하는 이중二重의 지가 아니라 알지 못한다는 것을 있는 그대로 알지 못한다고 생각하는 일중一重의 생각이다."라고 말했다. 이것은 단순한 말장난이 아니다. 내 개인적인 인상이지만, '무지의 지'라는 말을 사용하는 사람 중 다수는 지식을 자랑하는 상대를 야유할 목적으로 사용하는 경향이 강하다는 느낌을 받는다. 심하게 표현하면 '무지의 지'라고

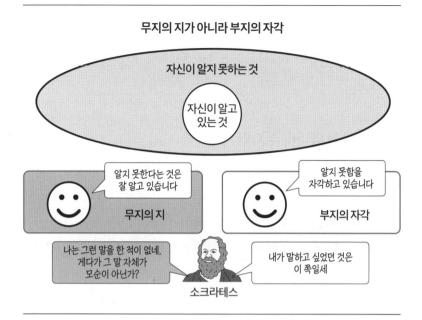

말하는 사람은 '부지의 자각'이 약하다고도 말할 수 있을지 모른다.

두 철학자, 서양 학문의 원류가 되다

20세기에 활약한 영국의 철학자 알프레드 노스 화이트헤드는 "서양철학은 플라톤의 각주다."라고 말했다. 서양철학의 원류는 플라톤이며, 플라톤의 원류는 소크라테스다. 그래서 서양철학을 이해하려면 먼저 플라톤과 소크라테스를 이해해야 한다는 말이 있다.

현대 서양에서 시작된 학문은 고대 그리스철학에서 서서히 분기된 것이다. 그런 고대 그리스철학의 개념을 만든 인물이 소크라테스이며, 체계

소크라테스 철학은 현대 학문의 출발점

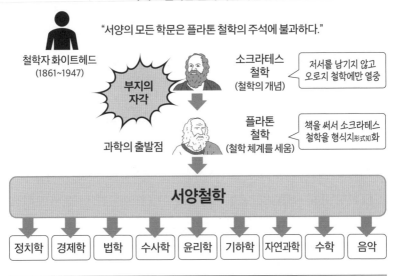

"서양의 모든 학문은 플라톤 철학의 주석에 불과하다."

철학자 화이트헤드
(1861~1947)

부지의
자각

소크라테스
철학
(철학의 개념)

저서를 남기지 않고
오로지 철학에만 열중

플라톤
철학
(철학 체계를 세움)

책을 써서 소크라테스
철학을 형식지形式知화

과학의 출발점

서양철학

| 정치학 | 경제학 | 법학 | 수사학 | 윤리학 | 기하학 | 자연과학 | 수학 | 음악 |

화한 인물이 플라톤이다. 그리고 과학의 출발점은 부지의 자각이다. 지의 세계를 진지하게 추구할수록 자신은 아는 것이 없음을 깨닫게 된다. 그 결과 인간은 필연적으로 부지의 자각에 이르러 겸손해지는 것이다.

오늘날에는 검색 엔진이나 AI를 이용하면 과거의 정보를 대부분 검색할 수 있다. 그런데 이때 무서운 점은 검색한 결과만을 보고 그것에 대해 알았다고 생각해 버리는 것이다. 검색 엔진이나 AI의 답변은 세상에 존재하는 옥석이 뒤섞인 정보를 기반으로 한 것이다. 그중에는 올바른 정보도 있지만 틀린 정보도 많다. 실제로 인터넷에서 인플루언서라고 불리는 사람들이 만든 영상이나 블로그 또는 SNS에 쓴 해설을 보면 잘못된 경우도 종종 보인다. 참으로 위험한 상황이다.

이런 AI 시대이기에 더욱 비판적으로 생각하는 힘을 키우고 자기 나름대로 해석하며 생각하기를 게을리하지 말아야 한다. 이를 위해서는 '나는 알지 못한다.'는 사실을 자각하고 겸손하게 질문을 계속하며 배워 나가는 자세가 요구된다.

한 가지 사례를 소개하고 싶다. 픽사는 토이 스토리 등 애니메이션 영화를 잇달아 내놓은 것으로 유명한 영화 제작 회사다. 이 회사에는 시리즈가 거듭할수록 흥행에 성공시키는 시스템이 존재한다. 바로 '브레인트러스트 미팅'이라는 회의다. 영화 제작 중에 수개월마다 관계자들이 모여서 최근에 만든 장면을 보고 평가한 뒤 감독에게 가감 없는 의견을 내놓는다. 다만 이 미팅에는 세 가지 규칙이 있다.

① **건설적인 피드백:** 비판자는 개인이 아니라 프로젝트에 대해 의견을 낸다. 그리고 감독은 기꺼이 비판을 경청해야 한다.

② **상대에게 강요하지는 않는다:** 의견을 채용할지 기각할지는 감독이 최종적으로 결정하며, 그 책임을 진다.

③ **공감 정신:** 피드백의 목적은 '흠을 찾아내서 창피를 주는 것'이 아니라 작품을 개선하는 것이다.

이 회의의 목적은 성실하고 정직한 피드백을 거듭하는 것이다. 이상은 조직 행동학자인 에이미 C. 에드먼슨이 《두려움 없는 조직》에서 '조직의 멤버가 안심하고 무슨 말이든 할 수 있으며 활발하게 토론할 수 있는 심리적 안전성이 높은 조직'에 관해 이야기하면서 소개한 사례다. 이처럼 현대의 심리적 안전성이 높은 조직이 공통적으로 지니는 가치관의 원점도 부지의 자각인 것이다.

최근 인류는 신의 영역에 다가가는 기술을 발전시키고 있다. 유전자를 자유자재로 조작하는 기술이나 인간의 사고 능력에 근접하는 AI는 이미 실현되었다. 그러나 인류는 완벽한 신과는 거리가 멀며, 지금까지 큰 잘못을 수없이 거듭해왔다. 그리고 앞으로도 거듭할 것이다. 인간사회는 그러면서 진화해왔다. 신의 영역에 접근할수록 더더욱 우리는 겸손하게 지를 추구하는 자세가 필요하다. 나는 알지 못한다는 자각의 소중함을 가르쳐주는 이 책은 현대의 모든 사람이 반드시 읽어야 필독서인 것이다.

POINT

나는 알지 못한다는 자각은 모든 것의 출발점이다.

📖 Book 2

가톨릭으로부터
서양을 해방시킨 문제작

그리스도인의 자유

마르틴 루터 Martin Luther

1483~1546년. 독일의 신학자, 교수, 성직자. 로마가톨릭교회로부터 분리된 프로테스탄트를 탄생시킨
종교개혁의 중심인물. 로마 교황이 면죄부를 판매한 것에 반대해 95개조 반박문을 발표했다. 이 일로
파문당했지만 《신약성경》을 독일어로 번역했다.

가톨릭의 지배로부터 서양을 해방시키다

《그리스도인의 자유》는 불과 50페이지도 안 되는 얇은 책이지만, 세계의
역사를 크게 바꾸고 중세유럽을 긴 잠에서 깨우는 계기가 되었다. 중세 이
후의 서양철학, 나아가 세계 전체에 커다란 영향을 끼친 책인 것이다. 서
양철학이나 서양사회의 사고방식을 이해하고자 한다면 이 책을 반드시
읽어야 한다. 저자는 신학자인 마르틴 루터로, 가톨릭이 중심이었던 그리
스도교에 프로테스탄트라는 새로운 조류를 탄생시킨 인물이다. 그러면
즉시 이 책의 요점을 살펴보자.

때는 [Book 1]《소크라테스의 변명》으로부터 약 1,900년이 흐른 뒤다. 그 사이 서양사회에서는 예수 그리스도가 등장했다. 그리스도교는 처음에 이단 종교였지만 우여곡절을 거쳐 서기 392년에 로마제국의 국교가 되었고, 그 후 로마가톨릭교회가 1,000년 이상 유럽을 지배하고 있었다.

그리고 서기 1515년, 독일에서 조금 기묘한 증서가 판매되었다. 그런데 사람들이 그 기묘한 증서를 앞다투어 사들이는 것이 아닌가. 그 증서의 명칭은 대사부大赦符, Indulgentia였다. 흔히 면죄부라고 부르는 그것이다. 일부에서는 이렇게 말하며 대사부를 팔았다.

"이 증서를 사면 당신의 온갖 죄가 그 즉시 사면되어 천국에 갈 수 있습니다. 천국으로 가는 입장권이지요."

그리스도교의 가르침에 따르면, 인간은 살아 있는 것만으로도 수많은 죄를 저지르기 때문에 용서를 구하기 위해 기도와 순례를 해야 한다. 죄는 빚과 같아서, 살아 있는 동안에 전부 갚지 않으면 죽은 뒤 연옥에 떨어져 고통을 받음으로써 남은 죗값을 치러야 한다. 대부 업체의 빚 독촉보다도 무섭기 때문에 사람들은 가능하면 살아 있는 동안에 죗값을 전부 치르고 싶어 했다.

그런데 이 대사부를 사면 온갖 죄가 사면된다는 것이다. 참으로 수상쩍기 짝이 없는 증서이지만, 놀랍게도 발행인이 로마의 교황인 레오 10세였다. 로마가톨릭교회의 최고지도자가 지금 식으로 말하면 부적 장사를 대대적으로 한 셈이다.

당시 레오 10세는 대성당을 건립할 자금이 필요했는데, 문득 '내가 발행할 수 있는 대사부를 팔면 어떨까?'라는 아이디어를 떠올렸다. 대사부는 본래 십자군으로 싸운 병사들에게 교황이 발행했던 것이지만 수익이 컸던 까닭에 십자군이 종료된 뒤에도 계속 발행되고 있었다. 다음 문제는 대사부를 어디에 파느냐는 것이었는데, 레오 10세가 주목한 곳은 독일이었다. 독일인은 대부분 라틴어를 몰라서 당시 라틴어판밖에 없었던 성경을 읽지 못했다. 요컨대 가톨릭교회가 하는 말을 곧이곧대로 믿을 수밖에 없었던 것이다. 레오 10세는 이 점을 이용해 중요 판매 지역으로 독일을 지정하고 대사부를 마구 팔아치웠다. 당시의 로마가톨릭교회는 사치를 일삼는 등 부패할 대로 부패한 상태였다.

이에 루터는 크게 분노했다.

"아무리 대성당을 건립할 자금이 필요해도 그렇지, 이것은 묵과할 수 없는 일이다! 애초에 '인간의 죄는 신만이 사면할 수 있다.'라고 성서에 적혀 있지 않은가?"

1517년, 루터는 〈대사부에 대한 95개조 반박문〉이라는 문서를 교회의 벽에 붙였다. 이 문서는 가톨릭교회 전체에 큰 파문을 일으켰고, 그 후 루터는 종교개혁에 나서게 된다.

그리고 1520년, 루터는 일주일이 조금 넘는 기간 자신의 사상을 담은 책을 집필했다. 그것이 바로 이 책이다. 분량 자체는 매우 짧지만, 종교개혁에 대한 루터의 뜨거운 열정이 전해진다. 이 책은 당시 갓 개발되었던 구텐베르크의 활자 인쇄 기술 덕분에 증쇄를 거듭하며 순식간에 보급되었고, 프로테스탄트가 탄생하는 계기가 되었다. 지금도 독일에서는 모든 프로테스탄트 교회에서 널리 읽히고 있다. 그러면 먼저 이 책의 요점을 대략적으로 소개하겠다.

진짜 그리스도인의 바람직한 모습

루터는 '지금의 가톨릭 성직자들은 그리스도인의 바람직한 모습이 아니다.'라고 생각했다. 그러면서 그는 성경을 근거로 그리스도인의 바람직한 모습을 이야기했는데, 대략적으로 정리하면 이런 식이다.

"가톨릭의 신학자나 성직자 여러분은 '우리는 하느님에게 선택받은 인간'이라고 말합니다만, 그것은 터무니없는 착각입니다. 성경에는 그런 내용이 단 한 줄도 적혀 있지 않습니다. 성경에는 '그들은 다른 신자에게 그리스도교적 자유를 설교할 임무를 짊어지고 있다.'라고 적혀 있을 뿐이며, 그 외에는 어떤 차별도 인정하지 않습니다. 성직자와 평범한 신자 사이에는 그 어떤 차이도 없기 때문입니다. 요컨대 그들은 '없다 한들 전혀 문제가 되지 않는 사람들'입니다. 그러므로 교회의 의식도 필요가 없습니다. 교회 성직자의 개입 없이 신도 한 사람 한 사람이 직접 하느님에게 기도하면 그만입니다. 필요한 것은 신앙심뿐입니다. 신앙심만 있다면 충분합니다."

당시 절대적인 권력을 자랑했던 로마가톨릭교회의 존재를 생각하면 본질을 날카롭게 찌른 용기 있는 제언이다.

그런데 "중요한 것은 신앙심뿐"이라고 말하면 '신앙심만으로 충분하다면 선한 행동도 할 필요가 없는 거 아니야?'라고 생각하는 사람이 반드시 나온다. 그래서 루터는 이렇게 첨언했다.

"우리 그리스도인은 하느님과 하나가 되어 하느님에게 봉사하는 처지에 있습니다. 그런 사람은 악한 행동을 하지 않습니다. 애초에 그리스도인은 하느님과 마찬가지로 대가 따위 기대하지 않고 선한 행동을 하는 사람입니다. 이 부분이 중요하니 명심하십시오. '선한 행동을 하면 선한 사람이 만들어진다.'라는 생각은 틀렸습니다. 그리스도인은 처음부터 선한 사람들이므로 '선한 사람이 선한 행동을 한다.'라고 생각해야 합니다. 요컨대 선행은 우리 그리스도인이 선한 사람인 결과라는 말입니다." 쉽게 말해 "관리 따위는 하지 않으니 자기책임으로 선하게 행동하시오."라는 뜻이다. 또한 루터는 이 책을 마무리하면서 가톨릭 성직자들에게 이렇게 말하는 것도 잊지 않았다.

"본래 모든 성직자는 그리스도인에게 올바른 모범을 보여야 합니다. 그런데 일부 성직자들이 '이것을 사면 구원을 받을 수 있소.' 같은 말을 하면서 대사부라는 수상쩍은 물건을 파는 데만 열중할 뿐 신앙 자체를 가르치려고는 하지 않는군요. 이것이 그리스도인으로서 훌륭한 행동이라고 말할 수 있을까요? 저는 의문입니다. 무엇인가를 받으려는 생각은 이제 슬슬 그만두고 사람들이 기뻐하도록 아낌없이 베풀어야 할 때가 아닐까 싶습니다. 만약 그렇게 하신다면 저는 당신들을 '진정한 그리스도인'으로 인정할 것입니다."

이렇게 해서 루터는 절대적인 권력을 자랑하는 로마가톨릭교회에 크게 한 방 먹였던 것이다.

루터가 혼신의 힘을 다해서 쓴 이 책은 독일 국내에서 널리 읽히며 종교개혁의 기운을 단숨에 높였다.

프로테스탄트의 탄생

이 책이 간행되고 1년 후, 신성로마제국의 황제인 카를 5세가 "루터 씨, 이대로 가다가는 독일이 해체되어 버리겠소. 소동을 일으키는 건 그만두고 주장을 철회해 주면 안 되겠소?"라고 압박했다. 그러나 신념이 강한 루터는 그 요구를 거절했다. 이 때문에 이단으로 낙인찍혀 가톨릭교회로부터 파문당함으로써 목숨까지 위협받게 되었지만, 신념의 화신인 루터는 이런 상황 속에서도 은둔처에서 신약 성경을 독일어로 번역하는 프로젝트에 착수했다. 그리고 사전도, 주석서도, 참고서도 없음에도 불과 2개월 만에 번역을 완료하고 1522년 9월에 발행했다. 독일어판 성경은 증쇄를 거듭하며 단숨에 확산되었고, 독일어판 성경을 읽은 독일 민중은 비로소 진실을 깨닫게 되었다.

'우리가 속고 있었구나! 대사부 같은 건 성경의 어디에도 적혀 있지 않았어. 게다가 사치를 일삼는 가톨릭의 성직자들과 달리 예수 그리스도도 그 제자들도 소박하게 생활하지 않는가.'

이렇게 해서 독일에서는 가톨릭교회에 항의하는 운동이 더욱 강해졌다. 그들은 '항의하는 자'라는 의미의 '프로테스탄트Protestant'로 불리게 되었으며, 이 운동은 덴마크, 스웨덴, 노르웨이, 스위스, 영국 등 유럽 전역으로 확대되었을 뿐만 아니라 미국까지 퍼져나갔다. 같은 그리스도교이지만 가톨릭과 프로테스탄트의 사이에는 큰 차이가 있는데, 여기까지의 경위를 알면 그런 차이가 만들어진 이유를 알 수 있을 것이다.

루터의 종교개혁은 서양사상에 거대한 영향을 끼쳤다. 먼저 중세유럽의 절대적 지배자였던 가톨릭에 대한 일대 저항 운동으로써 프로테스탄트가 탄생했고, 신의 해석에 관한 논쟁이 시작되었다. 그리고 가톨릭과 프로테스탄트 사이에서 종교전쟁도 일어났다. 또한 사람들은 '신은 정말로 절대적 존재일까? 가톨릭과 프로테스탄트에서 말하는 게 다르잖아.'라며 신을 의심하기 시작했다.

루터가 쓴 이 책은 가톨릭의 권위로부터 사람들을 해방시키고 근대가 시작되는 계기를 만들었던 것이다. 아울러 이 책은 근대 자본주의의 원동력이 되었다. 이 책으로부터 약 400년 후, 독일의 사회학자인 막스 베버는 [Book 29]《프로테스탄트 윤리와 자본주의 정신》에서 프로테스탄트의 금욕적인 종교 정신과 경제 윤리가 근대 자본주의 발전의 원동력이 되어 산업혁명을 추진했다고 지적했다.

한편, 프로테스탄트의 사고방식은 권위에 쉽게 복종하는 사람들도 만들어냈다. 독일의 심리학자인 에리히 프롬은 [Book 14]《자유로부터의 도피》에서 프로테스탄티즘을 통해 절대적인 신과의 대치를 강요당한 개인이 권위에 복종하기 쉬워진 것을 나치로 이어지는 전체주의가 탄생한 요인 중 하나로 꼽았다.

루터의 종교개혁은 개인이라는 개념을 각성시키며 근대철학을 크게 전환시켰다. [Book 38]《역사의 종말》의 저자 프랜시스 후쿠야마는 자신의 저서《존중받지 못하는 자들을 위한 정치학》에서 이렇게 말했다. "서양에서 정체성*Identity*이라는 개념이 탄생한 것은, (중략) 종교개혁의 시기였다. 그것을 실현한 최초의 인물이 (중략) 루터다. (중략) 처음으로 내적 자기를 말로 표현하고, 외면의 사회적 존재보다도 내적 자기에 더 큰 가치를 둔 서양사상가 중 한 명이다."

가톨릭과 프로테스탄트의 차이

	로마가톨릭교회	프로테스탄트
사고방식	성경 이외에 의식도 교회도 중요하다. 예수 그리스도와 성모 마리아를 통해 신에게 기도한다	성경이 기본. 누구나 직접 신에게 죄를 사면받을 수 있다
교회	가톨릭 성당(호화)	프로테스탄트 교회(소박)
최고지도자	로마 교황	없다. 신 이외에는 평등
성직자의 이름	신부(또는 사제)	목사
성직자의 결혼	독신을 의무화	결혼할 자유가 있음
종교적 의식	미사	예배
마리아상	있음	없음(마리아도 일반인)
신앙에 대한 생각	선행을 하면 구원받는다	신앙이 있으면 구원받는다

이처럼 지금부터 이 챕터에서 다루는 서양사상들은 이 책의 영향을 크게 받았다. 다음에 소개할, 이 책으로부터 100년 후에 나온 르네 데카르트의《방법서설》도 그중 하나다.

POINT

루터의 종교개혁은 근대 서양철학의 커다란 전환점이 되었다.

Book 3

나는 생각한다, 고로 존재한다

방법서설

르네 데카르트 René Descartes

1596~1650년. 프랑스에서 태어난 철학자이자 수학자. 합리주의 철학의 시조이며, 근대 철학의 시조로도 알려져 있다. 모든 것을 철저히 의심한 끝에 '나는 생각한다. 고로 나는 존재한다.'라는 제1원칙을 세웠다.

중세유럽의 학문을 버리다

데카르트 철학은 단순하고 실천적인 비즈니스 전략을 세울 때 매우 유용하다. 2008년, 일본 맥도날드는 '프리미엄 로스트'라는 커피를 100엔에 판매하기 시작했다. 그전에도 1998년과 2007년에 카페 업계에 도전했지만 실패하고 철수한 바 있었는데, 이 프리미엄 로스트는 대성공을 거뒀다. 2004년에 최고 경영자로 취임한 하라다 나가유키 사장(당시)의 전략 덕분이었다. 나는 하라다 사장의 전략을 알았을 때, '이 전략, 데카르트의 과학적 사고 그 자체인데?'라고 느꼈다.

그러면 이 책의 요점을 소개하면서 데카르트 철학을 어떻게 비즈니스 전략에 응용할 수 있을지 살펴보도록 하겠다.

중세의 학문과 종교가 지배했던 1600년대의 유럽에서는 새롭게 탄생한 근대 자연과학이 심하게 탄압받고 있었다. 지동설을 제창했던 갈릴레오 갈릴레이가 가톨릭교회의 재판에 회부되어 유죄 판결을 받은 것도 이 무렵이다.

한편, [Book 2]《그리스도인의 자유》가 간행된 지 100년이 지났지만 가톨릭과 프로테스탄트의 대립은 더욱 격화되어 갔다. 양측은 "당신들이 틀렸고 우리가 옳다."라며 서로를 비난했고, 그 결과 30년전쟁이라고 불리는 종교전쟁까지 시작되었다. 사람들은 '무엇을 믿어야 하지?'라며 곤혹스러워했다. 5세기경부터 1,000년 동안 장기적인 침체가 계속되었던 중세유럽은 이 무렵부터 근대화를 향해 태동하기 시작했다.

데카르트는 이런 시대 상황 속에서 등장했다. 귀족 출신으로서 부유했던 데카르트는 '진리란 무엇인가.'라는 지적 호기심을 마음껏 추구했다. 먼저 유럽에서 가장 유명한 학교에 들어가 20대 전반까지 철학, 수학, 의학, 법학, 시학詩學부터 연금술, 점성술, 마술 등 온갖 학문의 책을 읽으며 철저히 공부한 그는 이렇게 생각했다.

'모든 것을 공부했지만 하나같이 무언가 아쉽구나. 의심하기 시작하면 전부 금방 한계를 드러내다니. 극한까지 진리를 추구한 학문이 하나도 없을 줄이야.'

단 한 번이라도 좋으니 나도 이런 멋진 말을 해보고 싶다. 데카르트는 특히 인문학과 철학의 경우 수상쩍고 쓸모없는 학문이라며 빠르게 버렸고, 나아가 이런 생각을 하기에 이르렀다.

'종이에 적힌 것은 전부 공부했어. 이제는 세계라는 거대한 책을 읽자.'

그리고 9년 동안 다양한 장소를 여행하며 수많은 사람을 만난 그는 '내 상식은 틀린 것이 많구나.'라는 깨달음을 얻었다. '내 생각이 옳다.'라고 생각했는데 다른 나라에서는 그 생각이 비상식인 경우도, 또 그 반대의 경우도 많았다. 여행에서 많은 것을 배운 데카르트는 이제 방에 틀어박혀 진리를 탐구할 방법을 궁리하기 시작했다.

세상을 바꾼 네 가지 규칙

데카르트는 기존의 학문을 거의 사용하지 않았다. 언뜻 좋아 보이는 논리학도 깊게 공부해 보니 기존의 지식을 적절히 설명할 뿐 새로운 진리를 발견하는 데는 도움이 안 되었다. 그래서 데카르트는 생각했다.

'그래도 수학만큼은 제대로 된 학문 같으니 수학의 개념을 사용해 규칙을 만들어 보자.'

참고로 데카르트는 우리가 자주 쓰는 X축과 Y축의 '데카르트 좌표'를 고안한 초일류 수학자이기도 하다. 만능 천재였던 것이다.

그는 '규칙은 적은 편이 좋다.'라고 생각했다. 실제로 스파르타가 융성할 수 있었던 원동력 중 하나는 단순하고 일관적인 법률이었다. 그리고 이것은 현대의 비즈니스도 마찬가지다.

데카르트는 다음의 네 가지 규칙을 만들었다.

① **명증성**明證性**의 규칙:** 속단·편견을 버리고, 어떻게 봐도 진리로 인정할 수 있는 것만을 받아들인다.

② **분해의 규칙:** 어려운 문제 하나하나를 작은 부분으로 분할한다.

③ **종합성의 규칙:** 가장 단순한 것부터 가장 복잡한 것까지, 계단을 오르듯이 순서대로 사고思考한다.

④ **열거의 규칙:** 전체를 다시 바라보면서 빠뜨린 것이 없는지 확인한다.

이것이 자연과학의 기초가 된 연역법이다. 일본 맥도날드의 하라다 사장도 연역법을 구사하며 궁리를 거듭한 끝에 프리미엄 로스트 전략을 성공시켰다.

① **명증성의 규칙:** '점포의 매출=고객의 수×방문 빈도×고객 단가'라고 생각했다.

② **분해의 규칙:** 과제를 고객 수의 증가, 방문 빈도의 향상, 고객 단가 향상의 세 가지로 나눴다.

③ **종합성의 규칙:** 각각의 숫자를 높일 방법을 궁리했다. 맛있는 커피를 부담 없는 가격에 제공하면 고객의 수는 증가한다. 커피는 기호성이 있고 섭취 빈도도 높다. 맛있는 커피를 제공하면 단골 고객을 만들 수 있다. 그리고 커피가 잘 팔리면 빅맥도 잘 팔리므로 고객 단가도 상승한다.

④ **열거의 규칙:** 시책 전체를 다시 바라보며 검증한다. 세 가지 시책이 상승효과를 만들어내 매출이 상승한다. 이렇게 해서 일본 맥도날드

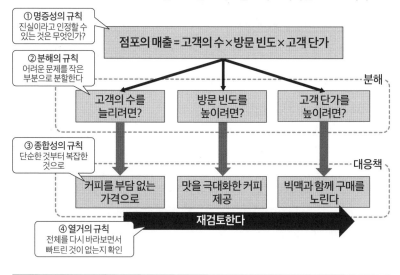

데카르트의 '네 가지 규칙'을 활용한 일본 맥도날드의 프리미엄 로스트 커피

① 명증성의 규칙
진실이라고 인정할 수
있는 것은 무엇인가?

점포의 매출 = 고객의 수 × 방문 빈도 × 고객 단가

② 분해의 규칙
어려운 문제를 작은
부분으로 분할한다

분해

고객의 수를
늘리려면?

방문 빈도를
높이려면?

고객 단가를
높이려면?

③ 종합성의 규칙
단순한 것부터 복잡한
것으로

대응책

커피를 부담 없는
가격으로

맛을 극대화한 커피
제공

빅맥과 함께 구매를
노린다

재검토한다

④ 열거의 규칙
전체를 다시 바라보면서
빠트린 것이 없는지 확인

의 프리미엄 로스트는 '맛있는 커피를 팔기 위해서'가 아니라 '빅맥을 팔기 위해' 발매되었고, 전략적으로 대성공을 거둔 것이다.

과학도 연역법 덕분에 종교의 속박으로부터 해방될 수 있었고, 근대 합리주의의 탄생과 함께 급속히 진보하기 시작했다. 데카르트는 과학을 진화시킨 것이다. 한편, 데카르트는 아직 해야 할 일이 더 있다고 생각했다.

네 가지 규칙의 시작은 무엇인가

'① 명증성의 법칙에 무엇을 넣어야 할까?' 데카르트는 궁리하고 또 궁리했다. '어디에서 어떻게 봐도 진리로 인정할 수 있는 것만을 받아들여야' 하지만, 무엇이든 의심하기 시작하면 한도 끝도 없다. 가령 여기에 컵이 있다. 그런데 그 컵은 정말로 존재하는 것일까. 사실은 자신이 그렇게 믿을 뿐 환상에 불과할지도 모른다. 꿈을 꾸고 있는 것일 수도 있다. 실제로 '이건 현실이야.'라고 생각했는데 꿈이었던 경험은 누구에게나 있을 것이다. '1+1 = 2'라는 단순한 수식조차도 데카르트는 오류 추리라고 해서 부주의로 인해 틀렸을 가능성이 있다고 생각했다.

"데카르트 선생님, 그렇게까지 의심할 필요가 있나요?"라고 말하고 싶어지지만, 데카르트는 진리를 얻으려면 0.01퍼센트라도 의심의 여지가 있을 경우 오류로 철저히 배제함으로써 최후에 남은 절대 의심할 수 없는 것을 찾아내야 한다고 생각했다. 이 방식을 방법적 회의라고 한다. 그리고 데카르트는 마침내 답을 찾아냈다.

모든 것이 진리가 아니라 해도 이렇게 의심을 계속하는 나만큼은 틀림없이 여기에 존재한다.

그래서 데카르트는 이 책에 그 유명한 말을 남겼다.

"나는 생각한다. 고로 나는 존재한다."

데카르트는 "어떤 회의론자라도 이것만큼은 절대 반론할 수 없다."라며 이 정신으로서의 자신의 존재를 철학의 제1원칙이라고 이름 지었다. 그리고 이것이 데카르트가 제창한 '심신 이원론'으로 이어진다. 데카르트는 인간은 사고를 하는 정신(혼)과 그 정신이 깃드는 신체(물체)라는 독립된 두 가지 요소로 구성되어 있다고 생각했다. 심신 이원론을 통해 정신(혼)과 신체(물체)를 완전히 분할해서 생각함으로써 자연과학의 연구 대상을 신체(물체)로 압축할 수 있게 되었고, 이것이 자연과학의 각성과 발전을 낳았다.

이처럼 철저히 궁리하고 또 궁리한 데카르트는 경험적인 것을 배제하고 이성적·논리적인 것을 존중한다는, 유럽 대륙에서 발전한 대륙 합리론의 원류가 되었다. 그리고 데카르트 철학은 수많은 철학자에게 해석되면서 후세에 지대한 영향을 끼쳤다. 한편 데카르트는 이 책에서 신의 존재 증명도 하는데, 이것은 조금 이해하기 어렵다.

신의 존재 증명은 처세술이었다?

신의 존재 증명의 논리는 대략적으로 말하면 '인간은 불완전하기에 완전한 신을 인식할 수 없다. 그러므로 완전한 신은 존재한다.'라는 식이다. 명쾌하고 면밀한 방법적 회의에 비하면 조금 위화감이 느껴진다.

경건한 그리스도교 신자였던 철학자 블레즈 파스칼은 저서 《팡세》에서 이렇게 말했다. "나는 데카르트를 용서할 수 없다. 그는 그 모든 철학에서 가능하면 신을 배제하고 싶었던 것이 틀림없다. 그럼에도 세계를 움직이기 위해 어쩔 수 없이 신에게 손가락 하나를 튕기게 했지만, 그런 뒤에는 이제 볼일이 없다는 듯 신을 배제한 것이다."

《팡세》는 파스칼이 생전에 적었던 메모를 모아서 출판한 책이기에, 이것이 파스칼의 본심이라고 봐도 무방하다. 그렇다면 왜 데카르트는 굳이 《방법서설》에 신의 존재 증명을 추가했을까? 그 힌트 역시 《방법서설》에 있다. 데카르트는 《방법서설》을 간행하기 4년 전에 세계를 해명한 《세계론》이라는 책을 썼다. 그런데 바로 그 무렵에 갈릴레오가 가톨릭교회로부터 "지동설을 제창한 갈릴레오는 이단자다."라며 유죄 판결을 받았다. 사실 갈릴레오 정도면 양호한 편이었고, 개중에는 화형을 당한 철학자나 과학자도 있었다. 당시의 가톨릭교회는 아직 절대적인 권력을 보유했던 것이다.

데카르트는 이 책에서 "무엇인가 잘못 생각하고 있는지도 모른다는 걱정이 들어 《세계론》의 출판을 미뤘다."라고 말하면서도 "그러나 이 법칙을 사용하면 무엇이 옳은지는 자연스럽게 알 수 있다."라는 의미심장한 말을 덧붙였다. 어쩌면 "신은 존재합니다."라는 내용을 추가한 것은 '귀찮은 일에 휘말려서 연구를 못하게 되어서는 곤란해.'라고 생각한 데카르트 나름의 대비, 바꿔 말하면 처세술이었는지도 모른다.

데카르트는 "다른 사람의 설명을 통해서 내 생각을 이해하려 하지 마라. 그 사람은 내 생각을 올바르게 이해하고 있지 않다. 내가 쓴 것 이외에는 믿지 마라."라고 말했다. 이렇게까지 말했는데 이 책을 소개하고 의견까지 첨부해서 조금 미안한 생각도 들지만, 그렇다고 역사적 명저를 제외할 수는 없기에 소개했다. 얇고 이해하기 쉬운 책이니 꼭 원저에 도전해 보길 바란다.

POINT

명증성, 분해, 종합성, 열거의 네 가지 규칙에 입각해 전략을 세우자.

Book 4

과학적으로 사고하는 법
신기관(노붐 오르가눔)

프랜시스 베이컨 Francis Bacon

1561~1626년. 영국의 철학자이자 신학자, 정치가. 법무장관과 추밀원 문관 등을 역임했지만 뇌물 수수로 기소되어 귀족원과 사법계에서 추방당했다. 영국 경험주의의 시조로, "아는 것이 힘이다."라는 명언과 '우상(이돌라)'이라는 개념으로도 유명하다.

어떻게 하면 과학적으로 생각할 수 있을까

2021년 여름에 신종 코로나바이러스의 백신 접종이 시작되었을 때, 이런 이유로 백신을 맞지 않으려 하는 사람들이 있었다.

> **A** "백신은 부작용이 있다고 들어서 무서워요."
>
> **B** "내 주변에는 코로나에 걸린 사람이 없어. 신형 코로나는 마스크하고 소독으로 예방할 수 있으니까 백신은 안 맞아도 돼."
>
> **C** "백신을 맞으면 몸속에 마이크로칩이 들어가서 5G에 연결되는 몸

이 된다더라."

D "텔레비전에서 ○○씨가 '백신을 맞으면 유전자 정보가 바뀐다.'라고 했어."

이 책의 저자인 베이컨의 말을 빌려서 네 사람 모두에게 "우리 과학적으로 생각합시다."라고 말해주고 싶지만, 사실은 우리도 비슷한 사고방식에 빠지기 쉽다.

아리스토텔레스의 논리학을 재정의하다

이 책은 자연과학의 시조로도 불리는 프랜시스 베이컨의 대표작이다. [Book 3]《방법서설》의 데카르트는 대륙 합리론의 원류를 만들었다. 한편 베이컨이 제창한 '관념은 버리고 경험에 입각해서 생각해라.'라는 발상은 영국 경험론이라고 불리는 흐름을 만들었고, 존 로크와 [Book 5]《인간이란 무엇인가》의 데이비드 흄이 이를 계승했다.

베이컨은 1561년에 영국에서 태어났다. 당시는 과학혁명이 한창 진행되던 시기로, 망원경을 사용해 우주를, 현미경을 사용해 미생물의 세계를 들여다보고, 나침반의 발명으로 크리스토퍼 콜럼버스와 페르디난드 마젤란의 대항해가 시작되었으며, 인쇄기가 발명되어 방대한 지식을 대량으로 배포할 수 있게 되었다. 장기간 정체되어 있었던 중세유럽이 새로운 시대를 맞이하고 있었던 것이다.

반면에 당시 온갖 학문의 주류는 그리스도교 신학과 아리스토텔레스

철학이 합체한 스콜라 철학이었다. 베이컨은 생각했다. '요즘 잘 나가는 학문이라고 해서 스콜라 철학을 공부했는데, 낡아빠진 이론에 겉포장을 했을 뿐이라 아무리 공부한들 새로운 진리는 알 수가 없구나. 과학에 전혀 도움이 되지 않고 오히려 과학의 진보를 방해하고 있어.'

이렇게 해서 스콜라 철학을 혐오하게 된 베이컨은 자연과학에 흥미를 품기 시작했다. 베이컨은 단순한 철학자가 아니었다. 그 후 정계·사법계·관계官界의 고위직을 역임했고 남작과 자작의 작위까지 받은, 실로 다재다능한 인물이었다. 그러는 한편으로 연구에도 몰두했고, 만년에는 집필 활동도 시작했다.

그런 베이컨이 60세에 라틴어로 쓴 책이 이《신기관(노붐 오르가눔)》이다. 기원전 322년에 아리스토텔레스가 세상을 떠난 뒤, 그가 확립한 논리학은《오르가논(도구)》이라는 책으로 정리되었으며 그 후 수많은 사람이 이 책을 연구했다. 그러나 베이컨은 만학萬學의 시조로 불리던 아리스토텔레스에 대해 인류가 정체된 것은 아리스토텔레스의 탓이라고 생각했다. 그래서 '오르가논'에 '새로운'이라는 말을 추가한《노붐 오르가눔Novum Organum》(새로운 방법론의 제창)을 책의 제목으로 정했다. 요컨대 이 책은 아리스토텔레스의 논리학을 새롭게 재정의하겠다는 목적으로 쓴 야심작인 것이다.

참고로 베이컨은 전체 6부로 구성되는 대작《대혁신The Great Instauration》을 통해 삼라만상을 규명하고 학문을 재구성하려 했지만, 실제로 완성한 책은 제1부와 제2부뿐이었다. 계획이 지나치게 장대한 나머지 기획 과정에서 좌초된 것이다. 그리고 이《대혁신》의 제2부가 바로《신기관(노붐 오르가눔)》이다. 베이컨이 이 책을 쓴 목적은 자연의 해명, 그리고 낡은 방법론과 사상을 철저히 비판하는 것이었다. 그러면 즉시 이 책의 요점을 살펴보자.

새로운 진리를 발견하기 위한 귀납법

아리스토텔레스의 논리학을 대표하는 것 중 하나는 삼단 논법이다. 삼단 논법은 '대전제 → 소전제 → 결론'의 순서로 진행된다. 유명한 예로 '대전제: 인간은 죽는다. → 소전제: 소크라테스는 인간이다. → 결론: 소크라테스는 죽는다.'가 있다.

아리스토텔레스의 논리학은 이처럼 단순 명쾌한 까닭에 그 후 1,000년 이상 지속적으로 사용되었다. 그러나 베이컨은 이 책에서 이렇게 말했다.

"(이) 논리는 진리를 탐구하기보다 오히려 (중략) 오류를 확고히 고정시킨다. 따라서 유용하다기보다 오히려 유해하다."

가령 스콜라 철학은 아리스토텔레스의 논리학과 그리스도교 신학을 융합해 다음 그림과 같은 논리로 '신은 존재한다.'라고 주장했다(실제로는 좀 더 복잡하지만, 설명을 위해 대담하게 간략화했다). 그러나 이것을 보고 '아하, 그렇구나!'라고 수긍하는 사람은 없을 것이다. [Book 3]《방법서설》에서 데카르트가 언급했던 신의 존재 증명도 이것에 가까운 논리다. 애초에 신의 존재 증명은 굉장히 어려운 문제다. 베이컨의 말을 빌리면, 아리스토텔레스 논리학은 견강부회와 궤변으로 사람을 설득하는 도구에 불과하다.

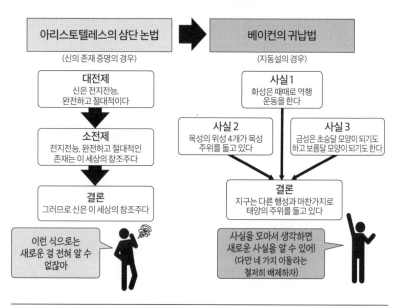

베이컨이 생각한 귀납법

아리스토텔레스의 삼단 논법	→	베이컨의 귀납법
(신의 존재 증명의 경우)		(지동설의 경우)

대전제
신은 전지전능,
완전하고 절대적이다

사실 1
화성은 때때로 역행
운동을 한다

소전제
전지전능, 완전하고 절대적인
존재는 이 세상의 창조주다

사실 2
목성의 위성 4개가 목성
주위를 돌고 있다

사실 3
금성은 초승달 모양이 되기도
하고 보름달 모양이 되기도 한다

결론
그러므로 신은 이 세상의 창조주다

결론
지구는 다른 행성과 마찬가지로
태양의 주위를 돌고 있다

이런 식으로는
새로운 걸 전혀 알 수
없잖아

사실을 모아서 생각하면
새로운 사실을 알 수 있어!
(다만 네 가지 이돌라는
철저히 배제하자)

그래서 베이컨이 제창한 것이 귀납법이다. 베이컨은 이렇게 말했다.

"유일한 희망은 진정한 귀납법 속에 존재한다."

귀납법이란 사실을 모은 다음 그 사실들에서 새로운 법칙을 이끌어내는 방법이다. 이를테면 '사실 1: 소크라테스는 죽었다, 사실 2: 플라톤도 죽었다, 사실 3: 아리스토텔레스도 죽었다→ 결론: 인간은 죽는다'라는 식으로 생각하며 결론을 이끌어낸다. 귀납법 자체는 오래전부터 있었는데, 베이컨은 여기에 주목해 "귀납법을 자연과학의 방법론으로 활용해야한다."라고 제창한 것이다. 가령 귀납법은 위의 그림과 같은 방식으로 지동설을 이끌어낸다(여기에서는 설명을 위해 복수의 과학자가 한 발견을 조합해 단순화했다).

그러나 기존의 귀납법에는 결점이 있었다. 표면적인 사례를 단순히 열거한들 진리에 도달하지 못한다는 것이다. 앞에서 소개한 '백신은 부작용이 있다. 마이크로칩이 들어 있다는 소문도 있다. 텔레비전에서 ○○씨도 유전자 정보가 바뀐다고 말했다(사실의 열거).' → '그러므로 백신은 위험하다(결론).'라는 예는 귀납법의 함정에 빠진 것이다. 베이컨은 이 방법을 '단순 열거적 귀납법'이라고 명명했다. 그리고 "단순 열거적 귀납법은 아무런 결론도 내놓지 못한다. 위험하다."라고 경고했다.

인간에게는 선입견이 있으므로 언제든 틀릴 가능성이 있다. 선입견을 철저히 배제면서 '어떤 사실을 선택할 것인가.'를 궁리하고, 사실을 음미하며 검증할 필요가 있다. 베이컨은 이 배제해야 할 선입견을 우상(이돌라)이라고 부르고 "진정한 귀납법을 위해서는 네 가지 우상을 배제해야 한다."라고 말했다. 그러면 네 가지 우상을 하나하나 살펴보자.

① **종족의 우상**: 인간의 본성에 뿌리를 내리고 있는 착각이다. "백신은 부작용이 있다고 들어서 무서워요."라고 말한 A는 종족의 우상 오류에 빠졌다. 장기적인 관점에서 봤을 때, 사회 전체의 백신 접종률이 상승하면 집단 면역을 획득해 다양한 사회적 거리 두기 조치를 해제할 수 있으며 생활도 쾌적해진다. 그러나 사람들은 "백신을 맞은 다음날의 부작용이 무서워."라며 당장의 손실을 피하고 싶어 한다. 이것도 인간의 본성이다.

② **동굴의 우상**: 개인의 경험에만 근거한 선입견이다. "내 주변에는 코로나에 걸린 사람이 없어. 신형 코로나는 마스크 하고 소독으로 예방할 수 있으니까 백신은 안 맞아도 돼."라고 말한 B는 동굴의 우상 오류에 빠진 것이다. 주위에 감염자가 없는 것은 우연일 수도 있고, 단순히 주위의 감염자가 아무 말도 하지 않아서 알지 못한 것뿐일지도 모른다.

③ **시장의 우상**: 사회생활을 하다가 전해 들은 것에서 발생하는 선입견이다. "백신을 맞으면 몸속에 마이크로칩이 들어가서 5G에 연결되는 몸이 된다더라."라고 말한 C는 시장의 우상 오류에 빠진 것이다. 실제로 미국인 14명 중 한 명은 SNS에 퍼진 "백신에는 추적용 칩이 들어 있다."라는 이야기를 믿는다고 한다. 항상 정보원源을 확인하는 습관을 들인다면 시장의 우상 오류에 빠지는 것을 막을 수 있다.

④ **극장의 우상**: '권위가 있다.'는 생각이 드는 사람에게서 영향을 받은 선입견이다. "텔레비전에서 ○○씨가 '백신을 맞으면 유전자 정보가 바뀐다.'라고 했어."라고 말한 D는 극장의 우상 오류에 빠진 것이다. 신형 코로나바이러스의 백신에는 분명히 유전자 정보인 mRNA가 들어 있지만, 정부에서는 "mRNA에서는 유전자인 DNA를 만들 수 없습니다."라고 밝혔다. 극장의 우상 오류는 정보원을 확인하면 막을 수 있다.

이것은 현대 행동경제학의 관점에서 말하면 "인간의 인지나 행동을 왜곡시키는 편향을 배제하라."가 된다.

베이컨은 꿀벌의 예를 들었다. 꿀벌은 꽃에서 꿀을 빨아들인 다음 둥지로 돌아가서 그 꿀을 직접 가공해 벌꿀을 만든다. 베이컨은 본래 철학도 이래야 한다고 주장한다. 개미(경험파)처럼 단순히 사실을 모으기만 하는 것도, 거미(합리파)처럼 직접 실을 토해내서 그물을 만드는 것도 아닌, 꿀벌처럼 실제로 생각하는 가운데 가공한 것을 자신의 지성 속에 새로 저장해야 하는 것이다.

도요타는 탁상공론이 아닌 삼현주의(현장·현물·현실)를 철저히 실천하는 가운데 "왜를 다섯 번 생각하라."는 기준도 철저히 지킨다. 이렇게 해서 조직에 지知를 축적해 나간다. 도요타는 베이컨이 제창한 귀납법을 실천하고 있는 것이다. 또한 신형 코로나바이러스 백신의 접종에 관해서는 2023년에 코로나바이러스의 독성이 약해지자 백신 접종의 부작용과 코로나에 걸릴 위험성을 비교하는 논의가 시작되었다. 이것이 본래의 바람직한 과학의 모습이다.

베이컨은 기존의 철학의 방법론의 문제점을 열거한 뒤, 이 책의 마지막 부분에서 이렇게 말했다.

"어쨌든, 분명히 경고한다. 지금 실천되고 있는 이런 방식들로는 어떤 학문이든 커다란 진전이 나타날 수 없으며, 또한 학문에서 실제적인 성과를 이끌어낼 수도 없다."

베이컨이 새로운 귀납법을 제창한 결과, 자연과학은 크게 진보했다. 그러나 베이컨이 제창한 네 가지 우상의 배제는 개인의 주관과 판단에 의존하기 때문에 방법론으로써 부족하다는 느낌도 부정할 수 없다. 그래서 300년 후인 20세기에 새로운 통계학과 인과 추론 등이 탄생했다.

베이컨은 큰 눈이 내리는 가운데 냉동의 보존 효과를 실험하기 위해 닭의 배 속에 눈을 채워 넣다가 기관지염에 걸려 65세에 세상을 떠났다. 실험으로 진실을 규명하는 것도 중요하지만, 조금 더 목숨을 소중히 여겼다면 미완의 대작《대혁신》을 완성했을지도 모른다. 이렇게 생각하면 참으로 안타까울 따름이다.

POINT

진리를 파악하기 위해 네 가지 우상을 배제하고 귀납법으로 생각하라.

Book 5

300년 전에 밝혀진 AI의 한계
인간이란 무엇인가

데이비드 흄 David Hume

1711~1776년. 스코틀랜드를 대표하는 철학자. 베이컨, 홉스 등과 어깨를 나란히 하는 영어권의 대표적인 경험론자로, 본유 관념(생득 관념)을 부정해 경험론·회의론·자연주의 철학에 영향을 끼쳤다.

인간의 생각은 주관에 불과하다

지금 세상은 AI 열풍으로 뜨겁다. 개중에는 '이 세상에 AI로 예측할 수 없는 것은 없어.'라고 생각하는 사람도 있다. 그러나 많은 전문가가 AI로 미래를 예측할 수 있다는 것은 환상일 뿐이라고 생각한다. 그렇다면 당신은 그 이유를 설명할 수 있는가?

지금으로부터 무려 300년 전에 태어난 데이비드 흄은 이에 대한 명쾌한 답을 제시했다. 1711년에 스코틀랜드의 에든버러에서 태어난 흄은 [Book 4]《신기관(노붐 오르가눔)》의 저자인 베이컨이 만든 영국 경험론을 완성시킨 인물이다. 당시의 영국은 뉴턴이 만유인력(보편중력)을 발견한 지 반세기가 지난 시점으로, 마침내 본격적인 산업혁명 시대를 맞이하려 하고 있었다. 이 책은 흄이 4년에 걸쳐 집필해 28세에 출판한 데뷔작인데, 처음에는 이 책을 이해하는 사람이 거의 없었기 때문에 본인이 "태어나지도 못하고 인쇄기에서 사산死産해버렸군."이라고 자학할 만큼 팔리지 않았다. 그뿐만이 아니라 위험한 책으로 취급받아 흄에게 무신론자의 꼬리표가 달렸으며, 이 때문에 대학 교수로 취임할 예정이었던 것도 없던 일이 되어 버렸다.

당시의 철학은 이성에 가장 큰 가치를 뒀기 때문에 '인간은 이성적인 존재다.'를 대전제로 삼았다. 그러나 흄은 이 책에서 그런 당시의 생각을 뒤엎어 버렸다. 정교하고 치밀한 논리를 바탕으로 '인간의 생각은 주관에 불과하다, 세상만사에는 인과관계가 있다.'라든가 '나의 신념은 이러하다.'라고 말하는 것은 그저 그 사람의 믿음일 뿐이다."라고 주장하고, 이성으로 알 수 있는 것에는 한계가 있음을 입증한 것이다.

그 후 흄이 40대에 집필한 역사서《영국사》가 베스트셀러가 되고 교과서로도 채택된 덕분에 이 책도 다시 출판되어 현대인인 우리도 읽을 수 있게 되었다. 그러면 즉시 이 책의 요점을 살펴보자.

인과관계는 인간의 믿음일 뿐

[Book 4]《신기관(노붐 오르가눔)》의 저자인 베이컨이 창시한 영국 경험론은 "인간의 인식은 지각知覺에 입각한 경험이다."라고 제창하는 존 로크

에게 계승되었다(로크는 정치경제학자이기도 해서, [Book 23]《통치론》도 집필했다). 흄은 로크의 사상을 이어받아 더욱 깊고 철저히 사색했다. 그리고 이 책에서 "'○○이 원인이 되어서 □□라는 결과가 나왔다.'라는 인과관계는 사람의 뇌 속에서만 존재하는 단순한 믿음이다. 인과관계 같은 것은 실제로 존재하지 않는다."라고 주장했다.

'무슨 말도 안 되는 소리야? 불을 만지면 뜨겁고, 태양은 늘 동쪽에서 떠오르잖아?'라고 생각할 것이다. 그러나 흄의 말을 빌리면 그것은 인간이 과거의 경험에 입각해 제멋대로 만들어낸 믿음이다. 진실이라고는 단언할 수 없다. 가령 '불을 만졌기(원인) 때문에 뜨겁다(결과).'를 생각해 보자. 사람은 '불을 만졌다.'라는 동작과 '뜨겁다.'라는 감각을 지각할 수 있다. 그

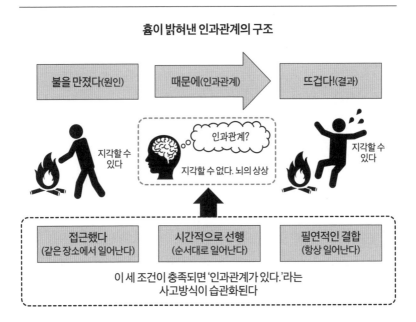

흄이 밝혀낸 인과관계의 구조

| 불을 만졌다(원인) | 때문에(인과관계) | 뜨겁다!(결과) |

지각할 수 있다

인과관계?
지각할 수 없다. 뇌의 상상

지각할 수 있다

| 접근했다 (같은 장소에서 일어난다) | 시간적으로 선행 (순서대로 일어난다) | 필연적인 결합 (항상 일어난다) |

이 세 조건이 충족되면 '인과관계가 있다.'라는 사고방식이 습관화된다

러나 양자를 연결하는 '때문에'에 관해서는 지각하지 못한다. 때문에라는 부분은 사람이 머릿속에서 상상해 만들어낸 것이다. '불을 만졌기 때문에 뜨겁다.'라는 인과관계가 성립하려면 항상 100퍼센트 확실하게 성립해야 한다. 불을 1만 번 만져서 뜨거웠다고 해도 1만 1번째 만졌을 때 뜨겁게 느껴지지 않았다면 이 인과관계는 성립하지 않는다. 예를들면 동상에 걸려서 손가락의 지각을 잃은 사람은 불을 뜨겁다고 느끼지 않는다. 이 인과관계는 인간이 뇌 속에서 인식한 단순한 경험칙인 것이다. 그렇다면 왜 인간은 '불을 만졌기 때문에 뜨겁다.'라는 인과관계가 있다고 생각하는 것일까? 흄은 '인과관계에는 세 가지 구성 요소가 있다.'라고 생각했다.

① **접근했다(가까운 곳에 있다)**: 불이 있을 때 그 장소에서 손이 불에 닿았다.
② **시간적으로 선행한다(순서대로 일어난다)**: 불을 만진 뒤에 뜨겁다고 느꼈다.
③ **필연적 결합(항상 일어난다)**: 불을 만지면 항상 뜨거움을 느낀다.

이 세 가지 조건이 충족되면 우리는 '불을 만졌기 때문에(원인) 뜨거움을 느꼈다(결과).'라고 습관적으로 생각하게 된다. 인과관계란 말하자면 단순히 습관화된 생각인 것이다. 이처럼 인간이 지각할 수 있는 것에는 반드시 한계가 존재한다. 인간은 삼라만상의 모든 현상을 파악하지는 못한다. 조금 거칠게 말하면 "요컨대 그 인과관계는 결국 당신의 주관일 뿐이오."라는 것이다.

인간이 아무리 정교하고 치밀하게 고찰해서 인과관계를 구축한들 주관에서 벗어날 수는 없다. 이것은 과학도 예외가 아니다. 뉴턴조차도 마찬가지다. 뉴턴역학의 전제는 "물체 사이에 작용하는 중력이나 빛 등의 힘은 순식간에 전해진다."라는 것이다. 그러나 19세기에 들어와 '빛에는 속도가 있다.'는 사실을 알게 되자 모순점이 하나둘 드러났다. 뉴턴은 18세기에 알 수 있는 정보를 바탕으로 이론을 완성했지만, '빛에는 속도가 있다.'라는 사실은 알 수 없었던 것이다.

20세기 초엽, [Book 68]《상대성 이론》을 쓴 물리학자 알베르트 아인슈타인은 "시간과 공간은 뉴턴이 생각한 것처럼 절대적이지 않다. 빛의 속도에 가까워지면 시간도 공간도 일그러진다. 뉴턴역학은 속도가 광속보다 훨씬 느릴 때만 성립하는 근사적近似的인 법칙이다."라며 이 모순을 해결하는 상대성 이론을 제창했다. 그러나 [Book 71]《시간의 역사》를 쓴 스티븐 호킹을 통해 상대성 이론도 빅뱅과 블랙홀 등의 특이점에서는 성립하지 않음이 밝혀졌다. 아인슈타인도 빅뱅이나 블랙홀은 알 수 없었던 것이다. 이처럼 위대한 과학자는 그 시점에서 알 수 있는 정보를 바탕으로 인과관계를 고찰하고 이론을 구축하지만, 알 수 없는 정보는 반드시 존재한다. 그렇기에 아무리 위대한 과학자라도 주관에서 벗어나기는 불가능하다.

데카르트를 비판한 흄

또한 흄은 [Book 3]《방법서설》의 저자인 데카르트도 비판했다. 데카르트는 "신은 우주에서 유일한 존재이며 온갖 변화의 원인이다."라고 말했지만 흄은 "모든 관념은 인상에서 만들어진다. 데카르트의 신에 대한 관념도 인상에서 만들어졌다. 그 신은 데카르트가 자신의 내부에서 만들어낸 존재다."라고 말했다.

다만 오해하지 말아야 할 것이 있다. 흄이 인과관계의 존재를 완전히 부정한 것은 아니라는 사실이다. 흄은 우리가 당연하다고 믿는 인과관계의 존재를 근본부터 의심하고 "당신이 믿고 있는 인과관계라는 건 결국 인간의 성질에 바탕을 둔 것이오."라고 분석했다. 이 책에서도 그는 이렇게 말했다.

"(나의 의도는) 원인과 결과에 관한 모든 추론이 오로지 습관에 기인한다는 점, 그리고 신념은 우리의 본성의 지적인 부분의 작용이라기보다 오히려 정적情的인 부분의 작용이라는 점을 독자가 깨닫게 하려는 것이다."

흄의 주장은 이후에도 계승되고 있다. 21세기에 흄과 같은 지적을 해서 세계적인 베스트셀러가 된 책이 있다. 나심 니콜라스 탈레브가 쓴 《블랙 스완》이다. 과거에는 '백조는 희다.'라는 것이 상식이었다. 그런데 오스트레일리아에서 검은 백조(블랙 스완)가 발견되었다. '백조라서 희다.'라는 그때까지의 인과관계가 이 한 가지 사실에 뒤엎어진 것이다. 그래도 "'백조는 희다.'라는 것은 틀렸다."의 수준이라면 영향은 그리 크지 않지만, 저자인 탈레브가 이 책에서 전하고자 한 본질은 '현대에는 예상하지 않았던 일이 반드시 일어난다.'라는 것이다. 9·11 테러 사건, 신종 코로나바이러스 팬데믹도 전혀 예상하지 못했던 사건이며 세상에 큰 타격을 입혔다. 이 책에서 탈레브는 그런 상황에 대한 대책으로 바벨 전략을 소개했다.

흄이 꿰뚫어 봤던 AI의 한계

그렇다면 AI의 한계도 현대 AI의 구조와 흄의 통찰을 조합하면 알 수 있다. [Book 86]《AI 2041》에서 소개하듯이, 현대의 AI를 뒷받침하는 주요 방법 중 하나는 빅데이터를 수집해 견식을 추출하는 심층 학습(딥러닝)과 이 기술을 바탕으로 한 자연어 처리다. 2023년에 등장해 큰 화제가 되었던 챗GPT나 생성AI도 이 수법을 이용한 것이다.

AI 만능론의 배후에 있었던 발상은 심층 학습을 활용해 '삼라만상의 데이터를 수집하면 귀납법을 활용해 인과관계를 찾아내고, 그 인과관계에서 법칙을 이끌어냄으로써 AI로 미래를 예측할 수 있게 될지도 모른다.'는 것이었다. 그러나 흄은 이 귀납법적 발상의 한계를 300년 가까이 전에 꿰뚫어 보고 있었다.

데이터를 대량으로 모아서 귀납법으로 이끌어낸 인과관계가 100퍼센트 성립한다고는 단언할 수 없다. 이는 미래를 확률로만 예측할 수 있다는 말이다. 그래서 컴퓨터 과학자인 주디아 펄은 이 인과관계를 100퍼센트 확실히 추론하는 것이 아니라 인과 구조를 파악한 다음 확률에 근거해서 추측하려고 하고 있다. 자세한 내용은 [Book 81]《인과 추론의 과학》에서 소개하겠다.

근대 과학은 실험을 통해서 경험을 축적해 법칙을 이끌어낸다는 귀납법을 바탕으로 발전해왔다. 흄은 그런 근대 과학의 신빙성에 큰 타격을 입혔다. 이 책을 읽은 철학자 이마누엘 칸트는 자신의 저서《프롤레고메나》에서 이렇게 고백했다.

"솔직히 고백한다. 데이비드 흄의 경고는 수년 전에 나를 독단론적인 선잠에서 깨우고 사변적 철학의 영역에서의 나의 탐구에 완전히 다른 방향을 부여했다."

그러나 칸트는 역시 보통 사람이 아니다. 그는 흄의 주장을 100퍼센트 그대로 받아들이지 않았다. 오히려 '이대로는 근대 과학의 신뢰성이 땅에 떨어지게 되니 과학의 근거를 규명하자.'라고 생각해 자신을 이성 자체에 대한 비판으로 몰아갔다. 바로 이런 것이 지적 격투의 바람직한 모습이다.

그렇다면 흄의 문제 제기에 대해 칸트는 뭐라고 말했을까. 다음 책에서 살펴보자.

POINT

귀납법의 한계를 알면 AI의 한계도 이해할 수 있다.

📖 Book 6

단 한 권으로
철학과 과학의 대전환을 이루다
순수 이성 비판

이마누엘 칸트 Immanuel Kant

1724~1804년. 독일의 철학자. 영국 경험론과 대륙 합리론을 양쪽 모두 독단적이라고 생각하고 인식의 가능성과 한계를 명확히 하고자 비판주의의 위치에 서서 선험철학의 방법을 확립했다. 《순수 이성비판》, 《실천 이성 비판》, 《판단력 비판》의 이른바 3비판서를 발표하며 비판철학을 제창해 인식론에서 코페르니쿠스적 전환을 촉진했다.

이성의 한계를 밝히다

편의점의 복사기에 500엔 동전을 넣고 종이 10장을 복사했다. 한 장에 10엔이니까 거스름돈으로 400엔이 나와야 할 터인데, 거스름돈이 나오지 않았다. "분명히 500엔짜리를 넣고 10장을 복사했는데 거스름돈이 안 나오네요."라고 점원에게 확인을 부탁하니, 점원이 이렇게 말했다. "컬러 복사를 하셨네요." 컬러 복사는 한 장에 50엔이니까, 10장을 복사하면 500엔이다. 기계가 옳았던 것이다.

우리는 '이것이 명백한 사실이야. 그러니까 이성적으로 생각하면 이게 옳아.'라고 생각하는 경향이 있다. 그러나 나의 부끄러운 착각은 둘째 치고, 인간의 이성이라는 것은 상당히 수상쩍은 놈이다. 옛사람들은 이렇게 생각했다.

'태양이 지구의 주위를 돈다는 것은 분명한 사실이야. 태양은 매일 동쪽에서 떠올라 서쪽으로 지고, 지구는 움직이지 않잖아?'

학자들도 천체의 움직임을 객관적으로 관찰하고 이성적으로 생각한 끝에 천동설을 만들었다. 그러나 실제로는 지구가 태양 주위를 돌고 있었고, 1665년에 뉴턴이 만유인력의 법칙을 발표하면서 천동설은 수명을 다하고 말았다.

철학자 칸트는 '애초에 이성이란 무엇일까? 이성의 한계는 어디에 있을까?'라고 생각했다. 그래서 쓴 책이《순수 이성 비판》이다. 책의 제목에 있는 '비판'은 부정적인 의미로 생각하기 쉬운데, 이것은 '이성의 한계를 파악하자.'라는 의미다.

당시의 철학계에는 양대 주류파가 있었다. 하나는 프랑스와 독일에서 탄생한 대륙 합리론으로, 그 필두는 [Book 3]《방법서설》의 데카르트였다. 다른 하나는 영국에서 탄생한 영국 경험론으로, [Book 4]《신기관(노붐 오르가눔)》을 쓴 베이컨이 제창했다. 그런데 양쪽 모두 정체 상태에 빠져 있었다. '합리적으로 생각하면 모든 것을 이해할 수 있다.'고 생각하는 대륙 합리론은 탁상공론에 빠질 때가 많았다. 한편 '관념은 경험에서 탄생한다.'고 생각하는 영국 경험론은 귀납법을 수법으로 사용했는데, 흄이 경고했듯이 귀납법에는 한계가 있었다.

그래서 칸트는 대륙 합리론과 영국 경험론의 통합이라는 장대한 프로젝트를 시작했다. 이 책에서 칸트가 이성의 한계를 제시한 결과 이성을 어떻게 사용해야 할지가 명확해졌고, 이것이 과학의 진화를 불러왔다. 또한 칸트를 이해하면 비즈니스에 관해서도 한층 더 깊게 생각할 수 있게 된다.

다만 큰 문제가 하나 있다. 이 책은 굉장히 두껍고 난해하다는 것이다. 《순수 이성 비판》 원고를 읽은 칸트의 친구가 "너무 어려워서 내게는 무리야."라며 돌려보냈다는 일화가 있을 만큼 난해하다. 번역서가 제1권과 제2권을 합쳐서 거의 1,000페이지에 가까운 분량이고, 게다가 독자적인 '칸트어'가 난무한다. 철학 연구자 사이에서도 난해하다고 평가받는 책이기에 평범한 사람이 한 번 읽고 이해하는 것은 불가능에 가깝다.

다만 고맙게도 칸트를 연구하고 칸트의 책을 번역한 학자들이 다양한 입문서를 내놓았다. 이를 활용하면 좀더 쉽게 접근할 수 있을 것이다.

고민을 거듭하던 칸트가 내놓은 대답

칸트는 끝까지 답이 나오지 않는 질문이 있음을 깨닫고 '이성에는 한계가 있다.'라고 생각하기 시작했다.

① **테제**: 이 세상에는 시작이 있고, 시간은 유한하다.
② **안티테제**: 이 세상에 시작은 없으며, 시간은 무한하다.

테제

'이 세상에는 시작이 있고, 시간은 유한하다.'를 증명할 때는 반대 주장인 '이 세상에 시작은 없다.'를 부정하면 된다. 이 세상에 시작은 없고, 시간이 무한하다면 수조 년이 지나도 현재에는 도달하지 못한다. 그러므로 테제인 '이 세상에는 시작이 있고, 시간은 유한하다.'는 참이 된다.

안티테제

'이 세상에 시작은 없으며, 시간은 무한하다.'를 증명할 때는 반대 주장인 '이 세상에는 시작이 있다.'를 부정하면 된다. 이 세상에 시작이 있다면 그전에 세계가 존재하지 않는 공허한 시간이 있었을 터이다. 그러나 공허하고 그 무엇도 존재하지 않는 시간에서 무엇인가가 생겨나는 일은 있을 수 없다. 그러므로 안티테제인 '이 세상에 시작은 없으며, 시간은 무한하다.'는 참이 된다.

이 두 가지는 정반대이지만 양쪽 모두 옳다. 이성으로는 "이 세상에는 시작이 있는가?"라는 질문에 대한 답을 이끌어낼 수 없는 것이다.

참고로 현재는 빅뱅이 우주의 시작으로 여겨지고 있다. 그러나 [Book 71]《시간의 역사》에서 호킹은 칸트를 언급하며 "우주가 시작되기 이전의 시간이라는 개념은 무의미하다. 그전의 시간은 정의가 불가능하다."라고 말하고 허수적인 시간, 즉 허수 시간이라는 개념을 제시했다.

또한 [Book 72]《엘러건트 유니버스》에서 소개하듯이, 최신의 초끈이론에서는 '우주는 빅뱅과 빅크런치(대함몰)를 반복하고 있다.'라는 발상도 등장했다. 최신 물리학의 상황을 봐도 '이 세상에는 시작이 있는가?'는 200년도 더 전에 칸트가 통찰했듯이 좀처럼 답이 나오지 않는 문제인 모양이다.

한편, 칸트는 [Book 5]《인간이란 무엇인가》에서 흄이 주장한 인과관계는 인간의 주관적인 믿음일 뿐이라는 생각에 충격을 받고 '그렇다면 객관적이란 무엇인가?'를 고민했다. 칸트가 고민 끝에 도달한 답은 무엇이었을까?

인간의 이성이 잘 틀리는 이유

우리 집은 아파트의 1층인데, 한 가지 고민거리가 있었다. 집 앞 정원에 고양이가 침입해 기절할 만큼 냄새가 고약한 똥을 누고 가는 것이다. 그래서 고양이가 접근하면 초음파를 발사하는 고양이 퇴치 장치를 정원에 설치했다. 인간에게는 들리지 않지만 고양이에게는 불쾌한 소리를 내는 비밀 병기다. 설치 당일, 고양이가 정원에 들어오려 하자 비밀 병기가 작동했다. 깜짝 놀란 고양이는 허둥지둥 벽을 기어올라 도망쳤고, 이후에도 몇 차례 침입했다 도망치기를 반복한 뒤 얼씬도 하지 않게 되었다. 고민이 해결된 것이다.

아무래도 고양이와 인간은 소리의 세계가 완전히 다른 모양이다. 인간으로서는 고양이가 어떤 소리를 들으면서 사는지 알 길이 전혀 없다. 우리는 '인간이 인식하는 세계가 현실의 세계'라고 믿어 의심치 않지만, 동물이 인식하는 세계와 인간이 인식하는 세계는 다르다. 우리가 인식하고 있는 세계는 인간의 감각을 통해서 인식한 주관적인 세계에 불과하다는 말이다.

비슷한 이야기는 또 있다. 잠자리의 눈은 겹눈이라고 해서 1만 개가 넘는 작은 눈의 집합체다. 잠자리는 작은 눈을 통해서 얻은 정보를 뇌에 모음으로써 먼 곳에서 움직이는 동물을 공중에서 정확히 인식한다. 잠자리가 보는 세계도 인간은 알지 못한다.

인간은 자신이 느낀 감각을 통해 사물을 인식하고 이성적으로 생각해 자연계의 법칙을 찾아낸다. 그러나 인간의 이 인식이 정말로 진실인가는 사실 상당히 의심스럽다. 칸트는 이 책 제2판의 서문에서 이렇게 말했다.

"지금까지 사람들은 우리의 인식이 전부 대상을 따라야 한다고 생각해 왔다. 그러나 (중략) 대상이 우리의 인식을 따라야 한다고 가정하면 우리는 형이상학의 과제를 좀 더 잘 해결할 수 있지 않을까?" 이 구절이 칸트의 유명한 말인 "대상이 인식을 따른다."이다. 난해한 칸트어인데, 알기 쉽게 말하면 이런 것이다. 우리는 눈앞에 사과가 있으면 '나는 사과라는 대상을 있는 그대로 인식하고 있어.'라고 생각한다. 그러나 칸트는 "그건 큰 착각입니다."라고 말한다. '우리가 그것을 사과라고 인식한 결과, 대상인 사과가 존재한다.'는 것이다. 상식을 뒤엎는 발상이다.

《순수 이성 비판》 일본어판의 번역가인 이시카와 후미야스는 저서인 《칸트 입문》에서 "태양은 동쪽에서 떠올라 서쪽으로 가라앉는다. 그러므로 태양은 지구의 주위를 돈다."라는, 모든 인류가 객관적인 현상이라고 믿었던 것이 사실은 모든 인류가 빠졌던 일종의 착각이었던 사례를 들었다. 보충 설명을 하면, 태양 자체는 달라진 것이 없지만 망원경의 등장으로 우리의 인식이 바뀐 결과 '움직이는 태양'이 '움직이지 않는 태양'이라는 대상으로 변화했다. 이것이 '대상이 (우리의) 인식을 따른다.'라는 것이다.

또한 칸트는 '대상의 진실한 모습은 인간의 이해를 초월한, 인간이 인식하지 못하는 세계에 있다.'라고 생각했다. 인간은 '탁자 위에 사과가 있다, 낮에는 머리 위에 있었던 태양이 지금은 서쪽으로 가라앉고 있다'라는 식으로 공간이나 시간을 통해 사물을 느끼고 인식한다. 그러나 공간과 시간의 개념을 초월하는 순간, 인간은 인식도 이해도 하지 못한다. '이 세상에 시작은 있는가?'라는 답이 없는 문제도 공간이나 시간을 초월한 개념이기에 답이 나오지 않는 것이다. 칸트는 이렇게 시공간의 개념을 초월해 인간이 인식하지 못하는 '사물의 있는 그대로의 모습＝진실한 모습'을 물자체物自體, Ding an sich라고 이름 지었다. 이것도 칸트어다. '물자체'란 신, 저세상, 요괴처럼 인간이 인식하지 못하는 것이다. 인식하지 못하기 때문에 이성적으로 생각한들 답은 나오지 않는다. '이 세상에 시작은 있는가?'라는 의문도 인간의 인식 범위를 초월한 물자체의 개념인 것이다.

역사가 시작된 이래 인간은 '신은 존재하는가?, 사후 세계는 있는가?'라는 답이 없는 문제를 계속해서 고민해왔는데, 칸트는 이에 대해 "인간 이성의 한계(인식의 한계)를 초월한 영역은 답이 나오지 않으니 그만 생각합시다. 인식할 수 있는 세계에만 초점을 맞춰서 생각합시다."라고 말한 것이다.

흄의 인과율 문제에 대해 칸트가 내놓은 답

흄에게 충격을 받은 칸트는 흄이 지적한 "'돌을 쥐고 있었던 손을 풀면(원인) 돌은 바닥에 떨어진다(결과).'라는 인과율은 인간의 주관에 불과하다."라는 인과율 문제에 관해서도 생각했다. 이 부분은 《칸트 입문》을 참고하며 소개하겠다. 칸트는 먼저 이렇게 생각했다.

"하지만 흄은 '인과율은 존재하지 않는다'라고는 말하지 않았어. '경험을 통해서 주관적으로 생각한 인과율을 일반 원리로 여기는 것은 큰 잘못이다.'라고 말했을 뿐이야. 그러니 일단은 '인과율은 인간의 주관적인 것'이라고 생각해 보자." 그리고 "'돌을 쥐고 있었던 손을 풀면 돌은 바닥에 떨어진다'라는 인과율은 분명히 주관적인 생각이야. 하지만 인간끼리는 이 생각을 공유할 수 있어. 그러니 인간들 사이에서는 객관적인 생각이라고 말할 수 있을 거야."라고 생각했다.

칸트는 인과율처럼 인간끼리 공유할 수 있는 객관적인 판단을 전부 12개 찾아내고 이것을 아프리오리_a priori_한 종합 판단이라고 명명했다. 이 역시 칸트어인데, '경험하지 않고도 인식할 수 있는 판단'이라는 의미다. '돌을 쥐고 있었던 손을 풀면 돌은 바닥에 떨어진다.'라는 인과율도 가르쳐주면 직접 경험하지 않고도 인식할 수 있다. 이처럼 칸트는 철저히 생각하고 또 생각하며 인간 이성의 구조를 해명했다. 그리고 이 이론을 도약대로 삼아 인간으로서 바람직한 삶의 자세까지 생각을 확장해나갔다.

정말로 좋은 것은 무엇인가

'닷사이'라는 청주로 유명한 아사히 주조의 사쿠라이 히로시 회장은 사장으로 취임한 1984년부터 퇴임한 2016년까지 매출액을 100배 이상 증가시켰다. 한편 같은 시기에 일본의 청주 업계는 4분의 1로 축소되었다. 어떻게 이런 업황에서 성공을 거둘 수 있었을까. 그것은 '고객에게 더 맛있는 술을 전달하고 싶다.'라는 사쿠라이 회장의 마음이 모든 활동의 원점에 자리하고 있었기 때문이다. 아사히 주조는 업계의 상식을 벗어난 도전을 많이 해왔는데, 이것은 이 원점으로 돌아가서 끊임없이 상식을 의심한 결과다.

청주의 양조를 담당하는 전문가를 도지라고 하는데, 사쿠라이 회장이 맛있는 준마이다이긴조(순미대음양주)에 철저히 집착하자 도지 전원이 반발해 사퇴했다. 이에 사쿠라이 회장은 자신들이 직접 청주의 제조를 철저히 데이터화·가시화했고, 그 결과 맛있는 청주를 만들 수 있게 되었다. '청주는 겨울철에 담근다.'라는 상식도 버리고 발효실을 상시 섭씨 5도로 유지함으로써 사시사철 양조가 가능하게 만들자 1년 내내 안정적으로 술을 만들 수 있게 되었다. 또한 닷사이가 인기를 끌어 품귀 현상이 발생했음에도 도매상이 매입량을 늘려 주지 않자 확실히 소비자에게 전달하기 위해 소매점 직판도 시작했다. 이처럼 '고객에게 더 맛있는 술을 전달한다.'를 우직하고 철저하게 추구한 결과 그런 성공을 거둘 수 있었던 것이다.

이것은 칸트 윤리학 그 자체다. 칸트는《순수 이성 비판》을 집필한 뒤, '인간 행동의 기본 규칙을 정하자.'라고 생각했다.《칸트 입문》에서 이시카와는 칸트가 한 말을 소개했다.

"그대 의지의 근본 지침이 언제나 동시에 보편적 입법의 원리가 되도록 행동하라."

또다시 칸트어가 나왔는데, 알기 쉽게 풀어서 쓰면 이런 것이다. "당신이 세운 자신의 규칙이 다른 모든 사람에게도 옳은 것이라면 괜찮습니다.

하지만 당신 자신만을 예외로 두는 규칙이라면 그것은 반칙입니다."

'고객에게 더 맛있는 술을 전달하고 싶다.'라는 사쿠라이 회장의 마음은 아사히 주조, 고객, 청주 업계 등 모든 사람에게 옳은 것이다. 그야말로 칸트 윤리학의 실천이며, 그래서 아사히 주조는 강하고 흔들리지 않는 것이다. 술을 만드는 사람이 '술이 맛있지 않아도 돈만 벌 수 있으면 돼.'라고 생각한다면 자신들은 이익을 보겠지만 고객은 불행해진다. 이것은 반칙이다. 요컨대 '어렵더라도 진지한 마음으로 대의명분을 철저히 추구하라.'라는 말이다. 이런 주관적인 행동 원리를 칸트 윤리학에서는 격률格率, Maxim이라고 한다. 이 격률이 곧 자신의 규칙이다. 칸트는 격률(자신의 규칙)이라는 개인의 주관적인 행동 원리를 물음으로써 세계의 보편적인 선악의 기준을 결정한 것이다.

칸트는 도덕 기준도 정했다. '거짓말을 하면 언젠가 들킬 수밖에 없기 때문에 거짓말을 해서는 안 된다.'라고 생각하는 사람이 있다. 그러나 칸트는 그렇게 생각해서는 안 된다고 말했다. '들키지 않는다면 거짓말을 해도 된다.'라고 생각하는 사람이 나오는 것은 도덕적이라고 말할 수 없기 때문이다. '도덕의 기준에는 그 어떤 조건도 없다.'라고 생각한 칸트는 가언명령假言命令과 정언명령定言命令이라는 개념을 제창했다.

① **가언명령:** "만약 ○○○하고 싶다면 □□□하라."와 같이 조건을 붙여서 도덕 법칙을 표현한 것.

② **정언명령:** "□□□하라."와 같이 조건을 붙이지 않고 도덕 법칙을 표현한 것.

칸트는 정언명령이 도덕적으로 올바르다고 말했다. '너무 가혹하다.'고 생각할지도 모르지만, 아사히 주조의 '고객에게 더 맛있는 술을 전달하고 싶다.'도 정언명령이다. '돈을 벌기 위해, 회사를 위해' 같은 조건은 일절 없이 단순하고 순수한 마음이 행동의 원점에 자리하고 있기에 아사히 주조는 강하다. 비즈니스도 정언명령으로 생각하면 어려움을 극복하고 저력과 철학이 있는 강한 기업이 될 수 있다. 또한 정언명령으로 생각하면 기업의 '컴플라이언스(법령 준수)'의 함정도 발견할 수 있다. '평판이 떨어지지 않도록 컴플라이언스에 힘쓴다.'라는 발상은 '평판이 떨어지지 않는다면 컴플라이언스를 소홀히 해도 된다.'라는 의미도 된다. 칸트식으로 말하면, 컴플라이언스의 본질은 단순히 '나쁜 것은 나쁘다.'이다. 이성에 관해 생각을 거듭한 칸트가 도달한 종착점은 양심을 통한 지배였던 것이다.

이처럼 칸트의 사상은 시대를 초월해 인류의 역사 속에서 면면히 계승되고 있다. 칸트 철학은 공부할수록 맛이 나는 오묘한 철학이다. 흥미가 있는 사람은 꼭 도전해보길 바란다.

POINT

칸트 윤리론을 실천하면 비즈니스의 저력이 되는 철학이 깃들게 된다.

Book 7

'헤겔=정반합'이라는 거대한 오해
정신현상학

G. W. F. 헤겔 Georg Wilhelm Friedrich Hegel

1770~1831년. 근대 독일을 대표하는 철학자. 세계는 유일하고 절대적인 이성의 자기 발전이며 세계사는 이 절대정신의 변증법적 발전 과정에 있다고 주장하고, 칸트 이래의 독일 관념론에 변증법을 도입해 포괄적 철학 체계를 수립했다.

헤겔, 바르게 이해하기

"헤겔도 말했듯이, 정반합으로…."라는 말을 들을 때가 종종 있다. 여러 지식인 중에도 '헤겔 철학=정반합'이라고 설명하는 사람이 적지 않다. "헤겔 철학은 정반합의 변증법이야. 정正의 의견에 반反의 의견을 부딪쳐서 합合이라는 해결책을 지향하지. 점심시간에 A는 카레를 먹고 싶어 하고(정) B는 돈카츠를 먹고 싶어 할(반) 때, 카츠카레(합)로 메뉴를 정하면 두 사람 모두 만족할 수 있잖아? 그런 거야."

사실 이것은 전부 헤겔 철학을 오해한 것이다. 헤겔은 정반합 같은 말을 한 적이 없다.

헤겔 철학이 이런 오해를 받는 이유 중 하나는 주요 저서인《정신현상학》이 너무 난해해서 제대로 읽어 본 사람이 적기 때문이다. 헤겔의 저서를 숙독한 철학 연구자는 "헤겔 철학은 정반합이다."라고 말하지 않는다. '헤겔＝정반합'이라고 설명하느냐 그러지 않느냐는 헤겔 철학의 이해도를 보여주는 리트머스 시험지인 것이다. 이 말을 듣고 '그렇게 어려운 책이라면 읽은들 의미가 있겠어?'라는 생각이 들지도 모르지만, 그렇지 않다. 헤겔을 이해하면 지금까지 보이지 않았던 것이 보이기 시작한다. 난해하지만 도전할 가치는 있다. 그것이 헤겔 철학이다.

헤겔은 1807년에 37세의 나이로 이 책《정신현상학》을 발표하고 헤겔 철학을 확립했다. 평범한 독자가 이런 난해한 책에 도전하는 것은 쉬운 일이 아니다. 그러므로 훌륭한 철학 연구자가 쓴 양질의 해설서부터 읽어 볼 것을 권한다. 내가 읽은 해설서 가운데 가장 좋았던 것은 하세가와 히로시가 쓴《새로운 헤겔新しいヘーゲル》이었다. 하세가와는 도쿄대학교 대학원 철학과 박사과정을 수료한 뒤 집에서 학원을 경영하며 헤겔을 연구한 재야의 철학 연구자다. 헤겔을 중심으로 해외 철학자의 책도 다수 번역했다.

《새로운 헤겔》에서 하세가와는 이렇게 말했다. "헤겔이 난해한 것이 아니라 받아들이는 과정에서 헤겔이 난해하게 여겨졌다고 말하는 것이 옳다. (중략) 헤겔의 세 가지 강의를 번역한 경험에서 말하면, 헤겔은 조금도 어려운 말을 하려고 하지 않았다."

이제 마음이 조금 편해진다. 그러면 다른 책도 참고하면서 이 책의 요점을 살펴보도록 하겠다.

헤겔 철학의 열쇠는 부정이다

《정신현상학》의 서론에서 헤겔은 식물이 자라는 과정을 언급했다. 꽃봉오리에서 꽃이 피고, 꽃이 지며 과실이 맺히고, 씨앗이 싹을 틔운다. 이것을 헤겔은 다음과 같이 표현했다.

"꽃봉오리는 꽃이 피면 사라져 버린다. 그러므로 꽃봉오리는 꽃에 의해 부정당한다고 말할 수도 있을 것이다. 이와 마찬가지로 꽃은 과실에 의해 식물의 거짓된 존재로 선고받고, 그 결과 식물의 진실로서 과실이 꽃을 대신해 등장하게 된다." 참고로, 이것이 헤겔의 문장이다. 이런 문장이 거의 900페이지에 걸쳐 계속된다.

"'꽃봉오리가 피어서 과실이 된다.'라고 써도 되는데 왜 굳이 '꽃봉오리가 꽃에 의해 부정당한다.'고 쓴 거지?"라고 말하고 싶어지지만, 이것은 부정의 힘을 강조하기 위함이다. 그리고 씨앗은 또다시 씨앗으로 돌아간다. '부정에 부정을 거듭하며 또다시 씨앗으로 돌아가듯이, 사물에는 한 묶음의 과정이 있다.'라는 것을 이와 같은 비유로 표현했다.

이 변증법적인 구조의 어디에도 정반합은 없다. '부정의 힘'이 열쇠인 것이다. 부정의 힘은 우리 인간사회에서 진가를 발휘한다. 내 경우, 책의 집필이 바로 그렇다. 열심히 지혜를 짜내고 수고와 노력을 들여서 쓴 자랑스러운 원고가 편집자에게 퇴짜를 맞는 경우가 자주 있다. 솔직하게 고백하면 그럴 때마다 처음에는 받아들이지 못하고 '대체 왜지? 제대로 읽기는 한 건가?'라는 식으로 생각한다. 시간을 들여서 편집자와 진지하게 이야기를 나눠 봐도 도저히 수긍이 안 된다. 그러나 이윽고 '이 부분이 문제였구나.'라고 깨닫는다. 그리고 동시에 편집자의 의견보다 더 좋은 아이디어도 떠오른다. 이렇게 해서 쌍방의 부정 끝에 처음과는 수준이 완전히 다른 원고가 탄생한다.

맥도날드의 창업자인 레이 크록은 저서 《사업을 한다는 것》에서 자신의 좌우명을 소개했다. "미숙할 때에는 성장할 수 있다. 그리고 성숙한 순간, 썩기 시작한다." 이것은 미숙할 때는 자신을 부정하기 쉽지만 성숙해지면 부정하기가 어려워진다는 의미로 받아들여야 할 것이다.

헤겔은 이 책에서 이렇게 말했다.

"이상과 같은 변증법적 운동은 의식으로부터 새로운 참된 대상이 발생하는 한에서 의식이 자신에게, 자신의 지와 자신의 대상에 행하는 운동이며, 본래는 경험으로 불리는 것이다."

독자적인 헤겔어이기에 알기 쉽게 설명하겠다. 경험이란 헤겔어로 '자신이 틀렸음을 깨닫는 경험'을 의미한다. 헤겔은 "자신은 알고 있다고 생각한 것이 실제로는 틀린 경우는 많습니다. 자신이 틀렸다는 깨달음을 얻는다면 자신이 옳다고 생각하는 지의 형태나 세계를 파악하는 방식도 달라질 겁니다."라고 말한 것이다.

이처럼 헤겔 변증법의 본질은 부정이다. 자신도 상대방도 온 힘을 다해서 부정한다. 그리고 여기에서 새로운 지를 만들어낸다. 이렇게 생각하면 앞머리에서 든 사례는 헤겔의 변증법과 전혀 다른 것임을 알 수 있다.

카츠카레의 예에서는 A와 B 모두 상대의 체면을 세워 줬다. A도 B도 진심으로 부정하지 않았다. 무엇도 부정하지 않고 안일하게 양쪽을 모두 취합했다. 양쪽을 전부 부정하는 헤겔의 변증법과는 완전히 다르다. 그러니 오늘부터 "헤겔 변증법은 정반합"이라는 말은 그만하자.

변증법적으로 진화해 나가는 인간사회

헤겔이 이 책에서 그리고 싶었던 것은 인류의 역사라는 거대한 흐름 속에서 인간의 이성이 수행한 역할이다. [Book 6]《순수 이성 비판》에서도 소개했듯이, 칸트는 인간의 이성을 중시하면서도 이성의 한계를 생각했다. 한편 헤겔은 이성을 절대적으로 신뢰한다. 하세가와는 이렇게 말했다. "이성적인 사고를 발동함으로써 우리는 현실 안쪽의 안쪽까지 인식할 수 있다. 헤겔은 이렇게 말하고 싶은 것이다."

헤겔이 살았던 시대는 교회와 귀족 계급이 권력을 쥐고 있었던 중세유럽의 봉건사회가 붕괴되고 사람들이 '인간은 자유롭다.'라고 깨닫기 시작한 때다. 신이나 주군이 부정됨에 따라 개인이 개인의 권리를 주장하기 시작한 것이다. 그들에게 자유는 '주어지는 것'이 아니라 '싸워서 쟁취하는 것'이다. 그렇기에 정면으로 마주하고 이야기를 나눈다. 이야기를 나누는 목적은 일치점을 찾아내는 것이 아니다. 서로의 의견이 다르다는 전제 아래 다른 점을 명확히 말하고 어느 쪽의 의견이 더 이치에 맞으며 진리에 가까운지 논쟁함으로써 진리에 한 걸음이라도 더 다가가는 것이다. 쌍방의 명확한 대립과 긴장을 대전제로 상대의 모순을 지적하며 결투를 벌이고, 부정에 부정을 거듭한다. 이것이 본래의 헤겔 변증법이다.

헤겔의 변증법은 '일치점을 모색한다.' 같은 미적지근한 화합의 세계가 아니다. 오히려 '꽃봉오리는 꽃에 의해 부정당한다.'와 같이 자신의 존재 자체가 위험해질 정도의 부정을 거듭하며 진리를 탐구하는, 생사를 건 결투다. 이렇게 해서 이 시대에 개인이 확립되어 유럽에서 개인주의 사회가 탄생한 것이다.

인류의 절대지를 향한 여행

이 책에서 헤겔은 그렇게 해서 '절대지絕代知'를 향해 여행을 계속하는 인류의 과정을 그렸다.

하세가와는 이렇게 말했다. "이런 절대지의 경지에 도달해 학문의 세계를 눈앞에 두기 위해《정신현상학》의 의식은 악전고투의 여행을 거듭한다. 이것은 반대로 말하면 의식은 악전고투 없이 절대지의 경지에 도달할 수 없다는 의미다."

현실의 인간에게는 반드시 선입견이 있다. 사물의 본질을 있는 그대로 인식하지 못한다. 칸트는 '이것이 인간 이성의 한계다.'라고 생각했다. 그러나 헤겔의 절대지는 지식의 최고 단계다. 주관과 객관이 대립하지 않고 통일되어 칸트가 말하는 이성의 한계를 초월하는 신의 영역이다. 헤겔은 칸트와 달리 "변증법적 과정을 통한 악전고투의 여행을 거듭하며 이 경지를 지향하라."라고 말한 것이다.

현실의 인간은 불완전한 존재이기에 신이 될 수 없다. 절대지의 경지는 저 멀리 무한대의 거리에 있다. 도달하기는 불가능할 것이다. 그러나 헤겔은 "그래도 끊임없이 지향하는 것이 중요하다."라고 말했다.

헤겔의 변증법은 역시 난해하다. 끝까지 다 읽어 봐도 이것을 어떻게 활용해야 할지 감이 잡히지 않는다. 그래서 헤겔의 변증법을 알기 쉽게 설명해 준 사람이 카를 마르크스의 맹우인 프리드리히 엥겔스다.

헤겔의 변증법을 개조한 엥겔스

엥겔스는 자신의 저서《자연변증법》에서 "사물을 뒤집어서 보면 모든 것은 단순해지며, 관념론 철학에서는 대단히 신비해보이는 그 변증법적 법칙들도 즉시 간단 명료해진다."라고 말하고, 변증법을 단순한 세 가지 법칙으로 정리했다. 또한 언어학자이자 재야 마르크스주의자인 미우라 츠토무는 1968년에 출판된 저서《변증법은 어떤 과학인가?弁証法はどういう科学か》에서 엥겔스가 개조한 변증법을 소개한 다음 이 세 가지 법칙의 구체적인 예도 제시했다. 그중에서 친근한 예를 소개하겠다.

① **양질 전환:** 양이 질을 낳는 법칙이다. 가령 가구제조판매 기업인 니토리는 다수의 점포를 연결함으로써 전체적으로 거대한 힘을 발휘하는 체인 스토어 이론을 실천하고 있다. 실제로 점포의 수가 200개에 이르자 매입 교섭력이 배로 강해져 가격을 더욱 낮출 수 있었다고 한다. 현재는 600개가 넘는 점포를 운영하고 있다. 이처럼 소매업에서는 점포의 수라는 양이 질을 낳는다.

② **대립물의 통일:** 연결되는 자들이 서로 진화한다. 미우라는 자신의 저서에서 A와 B가 결혼하는 예를 들었다. 가정을 가지면 서로의 생각에 영향을 받고 함께 공부함으로써 두 사람 모두 정신적으로 성장해 가는데, 바로 이런 것이다(대립은 자립·개별이라는 의미로, 반드시 경쟁·대립 관계인 것은 아니다).

③ **부정의 부정:** 역사상 진보는 현존하는 것의 부정이라는 형태로 등장해왔다. 2000년경에 CD의 판매가 주체였던 음악 업계는 인터넷의

보급으로 음악을 불법 복제해 공유하는 사람들이 등장하자 존망의 위기에 처했다. 이에 애플은 음악 업계와 협력해 아이튠즈*iTunes*에서 디지털 음악을 구입할 수 있는 시스템을 만들어 불법 복제를 몰아냈다. 또한 아이튠즈는 새로 등장한 무제한 음악 청취 서비스의 등장으로 부정되고 있다. 음악 업계도 부정의 부정을 통해 진보를 거듭하고 있는 것이다.

이렇게 해서 엥겔스는 헤겔의 변증법을 이용하기 쉽게 만들었다. 이 세 가지 법칙을 활용하면 세상의 움직임이 미래에 어떻게 될지도 내다볼 수 있게 된다. 한편 미우라는 저서에서 헤겔과 엥겔스의 관념 사이에 차이가

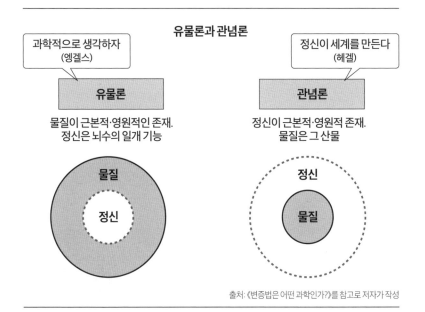

유물론과 관념론

과학적으로 생각하자
(엥겔스)

정신이 세계를 만든다
(헤겔)

유물론

관념론

물질이 근본적·영원적인 존재.
정신은 뇌수의 일개 기능

정신이 근본적·영원적 존재.
물질은 그 산물

물질

정신

정신

물질

출처:《변증법은 어떤 과학인가?》를 참고로 저자가 작성

있음을 그림과 함께 제시했다. 헤겔은 '정신이 세계를 만든다.'고 생각한 관념론자이지만, 엥겔스는 '관념적인 이야기를 전부 치워 버리면 단순해진다.'고 생각한 유물론자다. 엥겔스는 헤겔의 관념적인 변증법을 변증법적 유물론으로 개조할 때 헤겔 철학의 뿌리에 자리하고 있는 '세계는 절대지를 향해서 발전한다.'라는 부분을 '세계는 과학적으로 발전한다.'로 치환했다.

거듭 말하지만, 변증법의 열쇠는 부정의 힘이다. 부정의 부정이라는 법칙이 있는 것도 역사가 변화하면 그전까지 진리였던 것이 틀린 것으로 바뀌기 때문이다. 이 모순이 진화의 원동력이 되는 것이다. 변증법을 올바르게 활용하려면 자신이 틀릴 가능성이 있음을 인정하고 자신을 부정하는 용기가 필요하다. 우리는 이 점을 절대 잊지 말아야 한다.

변증법을 알면 사회의 이면에 있는 구조가 보이게 되며, 비즈니스의 앞날도 내다볼 수 있게 된다. 부디 헤겔 철학에 도전해보길 바란다.

POINT

변증법으로 사회 이면의 구조를 꿰뚫어 보고 비즈니스에 활용하라.

Book 8

신은 죽었다. 인간이여, 초인을 지향하라

차라투스트라는 이렇게 말했다

프리드리히 니체 Friedrich Nietzsche

1844~1900년. 독일의 사상가. 24세에 바젤대학교의 교수가 되지만, 첫 저서인 《비극의 탄생》이 학계의 반발에 부딪혀 학계로부터 추방당한다. 근대 문명의 비판과 극복을 꾀했으며, 그리스도교 신의 죽음을 선언했다. 선악을 초월한 영원회귀의 니힐리즘에 이르렀다.

인간은 초인을 지향해야 한다

SNS의 뒷계라는 말을 아는가? 뒷계정의 줄임말로, 공개적으로는 쓸 수 없는 말을 쓰기 위한 계정이다. 다른 사람들에게 공개하고 싶지 않은 취미 등에 관한 글을 쓰고 싶은 사람이 사용할 때가 많지만, 부정적인 말을 쓰기 위해 뒷계를 사용하는 사람도 있다. 하고 싶은 말을 할 수 없는 사람에게 "그 자식, 어쩌다 운이 좋아서 성공하고서는 거들먹거리는 거 정말 짜증나네." 같은 악담을 자유롭게 내뱉을 수 있는 환경은 해방감과 쾌감을 줘서 스트레스도 해소된다고 한다.

그러나 니체라면 "뒷계를 만들어서 악담을 늘어놓는 행동은 당장 그만두시오!"라고 호통을 칠 것이다. 이 책에는 역사상 가장 유명한 철학자 중 한 명인 프리드리히 니체의 사상이 응축되어 있다. 그러면 지금부터 다른 저서도 인용하면서 이 책의 요점을 살펴보도록 하겠다.

르상티망이 신을 만들어냈다

니체 이전의 철학자들은 신의 존재에 관해 열심히 생각했다. 그러나 니체는 이 책의 앞부분에서 신을 일도양단했다.

"신은 죽었다."

애초에 신은 어떻게 태어났을까. 니체는 저서 《도덕의 계보》에서 이 구조를 해명했는데, 먼저 이쪽부터 소개하겠다. 기원전, 바빌로니아 왕국에 정복당한 유대 민족은 노예가 되어 힘든 노동을 하게 되었다. 하루하루를 고통 속에서 살게 된 그들은 '내세에는 신이 우리를 구해줄 거야.'라고 생각하기 시작했다. 니체는 바로 이것이 신이 탄생한 순간이라고 말했다. 강자에게 학대당한 약자의 마음이 신을 만들어낸 것이다.

그로부터 5,000년 후, 구세주 예수 그리스도가 등장했다. 예수는 이렇게 말했다. "약한 자는 행복하다. 가난한 자는 행복하다. 천국은 그들의 것이기 때문이다."

예수의 이 말은 전 세계의 약자들 사이에 퍼졌다.

니체는 '르상티망_Ressentiment_이 신을 낳았다.'라고 생각했다. 르상티망이란 강자에 대한 약자의 증오 또는 시기심이다. '내세에 강자는 지옥에 떨어지지만, 우리 약자는 천국에 간다.'라는 약자의 르상티망이 신을 낳은 것이다. '강자는 악이고 약자는 선이다.'라는 르상티망은 현대에도 맹위를 떨치고 있다. SNS의 뒷계는 그 전형적인 예다.

2021년 도쿄올림픽에서는 결승전에서 뛰는 선수에게 "의욕이 없다.", "태도가 불량하다."라는 익명의 비난이 쏟아져 정신적으로 무너진 선수까지 생겼다. 현대에는 성공한 사람에 대한 대중의 르상티망이 인터넷에서 눈에 보이는 형태로 증폭, 확대되고 있는 것이다. 르상티망은 강자라는 악독한 적을 만들어냄으로써 그들과 대조되는 약자인 자신을 선으로 위치시켜 준다.

'인간은 원래 그런 동물이야. 어느 정도의 질투는 어쩔 수 없어.'라고 생각할지도 모르지만, 그렇지 않다. 르상티망을 가진 사람은 '내가 이렇게 된 건 강자인 ○○ 때문이야.'라고 생각하기 때문에 자신의 내부에 있는 문제의 진짜 원인을 직시하지 못하게 된다. 앞에서 언급한 악담 전용 뒷계도 르상티망의 산물이다. 자신이 친구처럼 성공하지 못한 진짜 이유는 그 친구처럼 노력하거나 도전하지 않은 자신인 것이다.

르상티망은 강자를 부정함으로써 약자인 자신을 긍정해 살아갈 힘을 얻고자 하는 지혜다. 분명히 일시적으로는 해방감과 쾌감을 느끼며 스트레스도 다소 감소할 것이다. 그러나 르상티망은 사람을 비굴하게 만들며, 인간이 본래 지닌 '기쁨을 느끼며 행복하게 살자.'라는 힘을 약화시킨다. 또한 불행한 상황이 개선되는 것도 아니다. 영광을 손에 넣기 위해 끊임없이 노력하는 올림픽 선수를 아무리 비방한들 자신이 행복해지지는 못한다. 비방을 당하는 선수와 비방하는 자신의 마음만 병들 뿐이다. 인간은 르상티망을 극복해야 하는 것이다.

19세기 말 유럽에서는 산업혁명이 한창 진행되고 있었다. 그리스도교는 가톨릭과 프로테스탄트로 갈라져서 싸웠고, 누구도 진심으로 신의 존재를 믿지 않았다. 인간의 마음이 낳았던 신은 니체의 말처럼 죽은 것이다. 그러나 르상티망을 품었던 인간은 의지했던 신이 소멸되어 버리자 무엇을 믿어야 할지 알 수 없게 되었다. 그래서 니체는 "신은 죽었다. 그러므로 르상티망을 극복하고 초인超人을 지향해야 한다."라고 말했던 것이다.

여기에서 초인은 기존의 인간이나 자신을 초월한 존재를 의미한다. 초인의 대척점에 있는 것은 말인末人(끝난 사람)이다.

말인에서 초인으로: 3단계의 진화

야생 동물은 매 순간 온 힘을 다하지 않으면 살아남을 수 없지만, 인간은 온 힘을 다하지 않아도 살아남을 수 있는 사회를 만들었다. 전혀 도전하지 않고 매일 SNS의 뒷계에서 악담이나 퍼부으며 살더라도 현대사회에서는 죽을 일이 거의 없다. 이런 인간의 사회 시스템은 온 힘을 다해서 살지 않는 사람을 대량으로 만들어냈다.

동물 중에서도 가축은 먹이가 주어지기에 온 힘을 다해서 살 필요가 없다. 그러나 가축에게는 자유가 없으며, 인간에게 착취당한다. 니체는 온 힘을 다해서 살지 않는 인간은 본질적으로 가축과 같다며, 가축처럼 온 힘을 다해서 살지 않는 사람들을 말인이라고 부르고 "말인은 벼룩과 마찬가지로 근절하기가 어렵다."라고 탄식했다. 그리고 "초인을 지향하라."라고 주장했다.

초인은 고양감과 창조성이 넘치며, 새로운 것을 계속 창조해 나간다. 심리학자인 미하이 칙센트미하이가 저서 《몰입의 즐거움》에서 제창한, 망아忘我의 경지에서 창조적 활동에 몰두하는 사람의 이미지에 가깝다. 그래서 니체는 주인공 차라투스트라가 목소리를 높여 자신의 사상을 이야기하는 내용의 책을 썼는데, 그것이 이 《차라투스트라는 이렇게 말했다》이다.

이 책에서 차라투스트라가 보내는 메시지는 요컨대 "자신답게, 온 힘을 다해서 살자."라는 것이다. 니체는 초인에 다다르려면 외줄타기를 하듯이 리스크를 받아들이면서 세 가지 단계를 거쳐야 한다고 생각했다.

제1단계 낙타: 자신의 의지로 무거운 짐을 짊어지고 높은 목표에 도전하며 끈기 있게 성장을 지향하는 단계.

제2단계 사자: 자신이 원하는 것을 얻기 위해 성장 과정에서 만나는 다양한 벽에 맞서 사자처럼 싸우는 단계.

제3단계 어린아이: 천진난만하게 노는 어린아이처럼 하고 싶은 것에 정신없이 몰두하는 단계.

인간은 이 3단계를 거쳐서 초인에 도달한다. 그리고 이 초인을 지향하는 과정에 있는 것이 영원회귀의 사상이다.

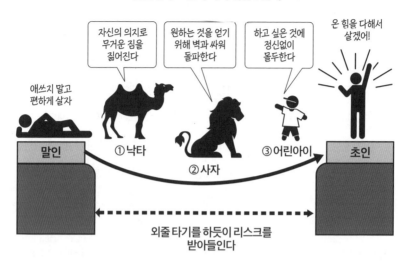

말인에서 초인이 되기 위한 3단계

자신의 의지로 무거운 짐을 짊어진다

원하는 것을 얻기 위해 벽과 싸워 돌파한다

하고 싶은 것에 정신없이 몰두한다

온 힘을 다해서 살겠어!

애쓰지 말고 편하게 살자

말인

①낙타

②사자

③어린아이

초인

외줄 타기를 하듯이 리스크를 받아들인다

영원회귀의 사상

니체는 괴로움 속에서 영원회귀의 사상에 도달했다. 니체는 24세의 젊은 나이에 스위스 바젤대학교의 교수로 취임했지만, 출판한 첫 저서가 학계의 혹평을 받았다. 그리고 건강이 나빠져 대학교를 그만두고 팔리지 않는 원고를 쓰며 하루하루를 보냈다.

그렇게 살던 니체가 1881년 8월에 스위스의 호숫가를 산책하다 갑자기 떠올린 것이 영원회귀 사상이다. 영원회귀는 롤플레잉 게임에서 클리어 직전에 모든 것이 초기화되고 스코어가 다시 0이 되어서 처음부터 완전히 똑같은 게임을 영원히 계속하는 것에 가까운 느낌이다. 좋은 일도 기억에서 지우고 싶은 최악의 사건도 완전히 똑같이, 세세한 부분까지 동일한 인생을 무한히 반복한다. 평생에 걸쳐 이루어낸 것도 전부 무로 돌아간다. 그래서 '무엇을 하든 헛수고일 뿐이네.'라고 절망할 수도 있다. 영원회귀란 '당신은 그것을 기꺼이 받아들일 수 있는가.'라는 궁극의 질문이다. 죽기 직전에 '이것이 산다는 것인가. 좋았어. 그렇다면 다시 한 번 같은 인생을 살자!'라고 기꺼이 받아들일 수 있는 사람은 초인이 될 수 있다. 차라투스트라도 영원회귀를 받아들이지 못하고 7일 동안 앓아누웠다가 겨우 받아들이고 부활했다. 그리고 사실은 니체 본인도 괴로워했다.

영원회귀를 떠올린 이듬해, 니체는 친구의 소개로 러시아의 젊은 작가인 루 살로메와 만났다. 살로메는 훗날 마성의 여인으로 불릴 만큼 남성들에게 인기가 많았다. 니체는 두 번 고백했지만 전부 보기 좋게 퇴짜를 맞았다. 살로메의 제안으로 살로메를 소개해 준 친구도 포함해 세 명이 공동생활을 시작했지만 삼각관계가 악화되어 결국 파탄을 맞이했다. 니체는 깊은 상처를 입었지만, 훗날 살로메에게 "당신과 둘이서 산책한 시간은 내 인생 최고의 순간이었소."라는 편지를 썼다. '이 시간을 위해서라면 괴로웠던 내 인생도 반복해서 살 가치가 있다.'라고 생각했는지도 모른다.

이듬해인 1883년 2월, 니체는 불과 열흘 만에 제1부를 완성했을 만큼 맹렬한 기세로 이 책을 집필했다. 이 책에 담긴 시 '심야의 종의 노래'에는 영원회귀 사상에 관한 니체의 생각이 선명하다.

인간은 사회에서 타인과 관계를 맺으며 살고 있기에 반드시 보이지 않는 무엇인가에 얽매여 있다. 그러나 한편으로 자신의 인생을 결정할 수 있는 것은 자신뿐이다. '나를 속박하고 있는 것은 사실 나 자신이었음'을 깨

닫는다면 여러 가지가 바뀌기 시작한다. 그리고 초인을 지향하며 '낙타
→사자→어린아이'로 진화가 시작되는 것이다.

니체는 인간의 욕망을 강하게 긍정한다. 먼저 자신의 욕망에 충실해져
야 한다. '누군가를 위해 ○○을 한다.'가 아니라 '○○을 하고 싶으니까
한다.'라는 자기중심적인 생각을 출발점으로 삼는다. 니체의 사상은 현대
를 사는 우리에게 인생의 본질을 가르쳐준다. 당신만의 둘도 없는 인생을
후회 없이 살아야 하는 것이다.

먼저 낙타가 되어서 자신의 의지로 무거운 짐을 짊어진다. 그리고 높은
목표에 도전해, 사자가 되어서 자신이 원하는 것을 위해 벽과 싸워 그 벽
을 부순다. 그런 다음 어린아이가 되어 하고 싶은 것에 정신없이 몰두한
다. 그리고 영원회귀를 받아들일 수 있다면 당신은 멋진 인생을 살게 될
것이다.

한밤중 종의 노래

아아, 인간이여! 똑똑히 들어라!
깊은 밤은 무엇을 이야기하는가?
"나는 깊이 잠들어 있다가 ──.
깊은 꿈속에서 지금 깨어났다. ──
이 세상은 깊다.
'낮'이 생각했던 것보다 더 깊다.
이 세상의 탄식은 깊다.

그러나 기쁨은 —— 오장육부가 끊어질 것 같은 슬픔보다도 깊다.

탄식의 목소리는 말한다. "제발 끝나라!"라고.

그러나 모든 기쁨은

영원을 바라 마지않는다 ——.

—— 깊은, 깊은 영원을 바라 마지않는다!

인용: 《차라투스트라는 이렇게 말했다》

POINT

자신의 욕망을 강하게 긍정하고, 높은 목표에 도전하는 초인을 지향하자.

Book 9

각자의 진리로 헤쳐나가는 삶
실용주의

윌리엄 제임스 William James
1842~1910년. 미국의 철학자, 심리학자. 하버드대학교에서 이학을 전공하고, 철학, 심리학 등 다양한 학문을 공부했다. 실용주의의 제창자로 찰스 샌더스 퍼스, 존 듀이와 함께 실용주의의 대표적 인물로 알려져 있다.

실용주의의 진짜 모습

외국을 거의 경험해 보지 못한 상태에서 IBM에 대졸 신입사원으로 입사했던 나는 미국인들과의 커뮤니케이션에 많은 어려움을 겪었다. 그들은 자기주장이 매우 강하다. 그리고 상대가 아무 말도 하지 않으면 짜증을 내기 시작한다. 그러나 영어가 서툴더라도 내 의견을 이야기하면 귀 기울여 들어주며, "듣고 보니 확실히 자네 말에도 일리가 있군." 같은 식으로 대응한다. 기본적으로 상대방의 의견을 공평하게 존중하는 것이다.

게다가 매우 현실적이다. "그렇게 하면 요컨대 이렇게 된다."라는 논의를 즐긴다. 추상적인 논의는 싫어한다. 그런데 신기한 점은 과학을 절대적으로 신봉하면서도 일요 예배를 빼먹지 않는다는 것이다. 어째서인지 과학적인 생각과 종교적인 자세의 양립이라는, 언뜻 모순이 아닌가 싶은 모습을 보여준다. 그 이유는 무엇일까?

이 의문을 푸는 열쇠가 이 책의 주제인 실용주의Pragmatism(프래그머티즘)라는 사상이다. 실용주의라는 말을 아는 사람은 "요컨대 '도움이 되느냐가 중요하다.'라는 미국식 철학이잖아."라고 말하는 경우가 많은데, 이런 생각은 실용주의를 얕게 이해한 것이다. 실용주의를 제창한 윌리엄 제임스가 생각했던 것은 '진리란 무엇인가.'였다.

실용주의의 탄생에는 크게 두 가지 배경이 있다. 첫 번째 배경은 과학의 발전이다. 그리스도교는 "신이 인간을 창조했다."라고 가르쳐왔는데, 이 시기에 찰스 다윈이 [Book 61]《종의 기원》을 발표했다. 이 책은 당시 사람들에게 큰 충격을 안겼다. '과학과 종교의 충돌을 어떻게 생각해야 할 것인가.'가 커다란 과제가 된 것이다.

두 번째 배경은 남북전쟁이다. 미국에서는 1861년에 국내를 둘로 분열시키는 격렬한 내전이 벌어졌다. 남부의 11개 주가 연방에서 탈퇴해 남부연합을 결성하고 북부의 23개 주와 전쟁을 벌인 것인데, 이 전쟁으로 군인 62만 명이 목숨을 잃었다.

남북전쟁에 관해서는 노예제도를 둘러싼 북부와 남부의 가치관 차이가 원인이 되어서 발발했다고 이야기되어 왔다. 그러나 비평가인 루이스 메넌드는 퓰리처상을 받은 저서《메타피지컬 클럽》에서 남북전쟁은 이데올로기의 대립을 살육으로 해소한 측면이 강했다는 점을 지적했다. 당시의 미국은 아직 젊은 나라였고, 남부와 북부의 가치관이 정반대였다. 그래서 남부는 '이럴 바에는 독립하자.'라고 생각했던 것이다. 국내의 사상이 통일되지 않는 것은 미국의 큰 문제였다. 저자인 메넌드는 이 책의 앞부분에서 "그들의 사상(제임스 등의 제창한 실용주의 사상)은 교육, 민주주의, 자유, 그리고 관용에 관한 미국인의 사고방식을 바꿨다."라고 말했다.

즉, 미국 전체가 공유할 수 있는 가치관을 만들어내는 것이 급선무였다. 그래서 제임스 등이 실용주의 사상을 확립한 것이다. 미국 뉴욕시에서 태어난 제임스는 어린 시절에 유럽 각지를 여행하며 넓은 시야로 자유를 생각하는 자질을 키워 나갔다. 그리고 하버드대학교에서 화학과 의학, 심리학, 철학 등 폭넓은 학식을 익혔다. 이 책은 제임스가 1906~1907년에 했던 실용주의에 관한 강의를 기록한 것이다. 그러면 즉시 이 책의 요점을 살펴보자.

실용주의는 '결과 중시'다

알기 쉽게 말하면, 실용주의는 '현실에 차이가 없다면 어느 쪽이든 상관없다.'라는 생각이다. 실용주의의 출발점은 미국의 철학자인 찰스 샌더스 퍼스가 1879년에 어느 잡지에 기고한 글에서 "그 대상이 얼마나 실제적인 결과를 가져다주는가를 곰곰이 생각해보기만 하면 된다."라고 쓴 것이다.

일반적으로 철학에서는 여러 가지 추상적 개념이나 철학적 전문 용어를 구사하며 진리를 생각하지만, 실용주의는 그런 것을 딱히 신경 쓰지 않는다. '실제로 어떤 차이가 나타나는가.'를 검증하고, 차이가 없다면 깔끔하게 버린다.

　이 책에서는 '눈을 감고 벽 너머에 걸려 있는 시계를 생각한다.'라는 예를 소개했다. 많은 사람은 시계의 문자판 등을 떠올릴 것이다. 시계를 사용하는 데는 그것으로 충분하다. 시계의 내부 구조(태엽이나 톱니바퀴, 그런 것들이 연동되는 구조) 같은 것은 몰라도 생활에 전혀 지장이 없다. 실용주의도 시계의 구조는 신경 쓰지 않는다. '시계의 문자판을 보고 시간을 알 수 있는' 것이 중요하다.

　그러나 철학자 중에도 '세상의 진리는 오직 하나뿐'이라고 생각하며 진리를 추구하는 합리론자들은 접근 방식이 다르다. 시계의 내부 구조나 메커니즘을 상세하고 완벽하게 이해하고 싶어 한다. 그리고 구조를 밝혀냈다면 그 시점에 작업을 종료한다. 누군가가 "구조를 밝혀내서 뭘 어쩌겠다는 거야?"라고 물어보면 "진리를 밝혀내는 것 자체가 중요한 거야."라고 대답한다. '실제로 시계를 사용할 때 어떠한가?'에는 관심이 없다.

　그러나 이 실용주의에 입각해서 생각하면 진리의 형태가 기존의 철학과 크게 달라진다.

진리는 진화한다

기존의 그리스도교에서는 '신이 인간을 창조했다.'라고 생각해왔지만, 다윈이 진화론을 발표함에 따라 이 진리가 근본부터 뒤엎어졌다. '절대적이고 유일한 진리가 있다.'라고 생각하는 합리론의 신뢰성이 흔들리기 시작했다. 이와 관련해 제임스는 이렇게 말했다. "지금 '이것이 진리다.'라고 생각해도 그것은 단순한 진리의 근삿값일 뿐입니다. 그러므로 '이것은 절대적인 진리다.'라고 착각해서는 안 됩니다. 진리는 끊임없이 재검토되는 것입니다."

그렇다면 어떻게 진리를 찾아내야 할까? 제임스는 이렇게 말했다.

"우리가 알고 있는 오랜 진리를 토대로 삼으면서, 새로운 경험을 하면 그것을 오랜 진리에 덮어씌우십시오."

그리고 당시의 최첨단이었던 라듐 연구를 예로 들었다. 당시 라듐은 계속해서 빛과 열을 방출하는 수수께끼의 물질이었다. 물리학에는 '에너지의 총량은 항상 일정하며 변하지 않는다.'라는 '에너지 보존의 법칙'이 있다. 따라서 라듐처럼 계속해서 빛과 열을 방출하는 현상은 있을 수 없었다. 그러나 현실의 라듐은 계속해서 빛과 열을 방출하고 있다. 그렇다면 에너지 보존의 법칙이 틀렸거나 우리가 알지 못하는 물리 현상이 있거나 둘 중 하나다.

결국 이후의 연구에서 미지의 물리 현상을 찾아냈다. 원자의 층위에서 라듐을 관찰하니, 라듐 원자가 라돈과 헬륨이라는 두 원자로 서서히 분열되고 있었다. 이 분열이 일어날 때 방사선을 발생시켜 에너지를 방출하기 때문에 빛과 열을 계속 내뿜고 있었던 것이다. 요컨대 에너지 보존의 법칙은 옳았다.

라듐은 당시로서는 미지의 물리 현상이었던 원자핵의 분열로 인해 빛과 열을 계속 방출하고 있었다. 이렇게 에너지 보존의 법칙을 전제로 라듐의 신비한 현상을 연구함으로써 원자 물리학의 연구가 진전되었다.

이와 같이 현재 알고 있는 진리를 토대로 삼으면서 새로운 경험을 했을 때 재검토하면 새로운 진리가 발견되어 간다. 현재의 상식은 과거로부터 계승된 경험칙이다. 바꿔 말하면 현시점에서는 가설이다. 가설이므로 끊임없이 재검토함으로써 더욱 진실에 다가간다. 그래서 제임스는 이렇게 말했다.

"진리이기에 유용하고, 유용하기에 진리다."

진리의 판단 기준은 '유용한가, 아닌가?'다. 도움이 되는 것이 진리다. 그렇기에 실용주의에서는 신을 부정하지 않는다. 신학적인 관념도 구체적인 가치가 있으면 진리라고 생각한다. 신을 진지하게 믿음으로써 힘차게 살아갈 힘을 얻을 수 있다면 신도 진리다. 그래서 미국인은 과학을 신봉하지만 일요 예배에도 참석한다. 참고로 제임스도 독실한 그리스도교 도였다고 한다.

또한 실용주의에서는 진리는 오직 한 가지라고 생각하지 않는다. 도움이 되는 것이 진리이지만, 무엇이 도움이 되는지는 사람마다 다르다. 그러므로 사람의 수만큼의 진리가 있다고 생각한다. 그렇기에 미국인은 내가 서툰 영어로 주장하는 내용에도 '이것이 이 친구의 진리인가 보군.'이라고 생각해 진지하게 귀를 기울이는 것이다.

그런데 사람 수만큼의 진리가 있다면 이 세상의 진리는 어떻게 성립하는 것일까? 제임스는 이렇게 말했다.

"진리의 대부분은 일종의 신용 시스템을 통해서 유지되고 있다."

1만 엔 지폐는 단순한 종잇조각이지만, 대부분의 사람이 '이 종잇조각은 1만 엔의 가치가 있어.'라고 믿기에 1만 엔 지폐로써 통용되고 있다. 즉, 많은 사람이 '이것은 진리야.'라고 믿는다면 그것이 결국 진리가 되는 것이다.

그때까지의 철학은 주관을 철저히 배제하고 객관성을 추구함으로써 유일한 진리를 밝혀내려 했다. 반면에 실용주의는 발상을 크게 전환해 유일하고 절대적인 진리가 아니라 유용함을 잣대로 생각함으로써 좀 더 진실에 가까운 진리에 도달하려 했다. 실용주의라는 사고방식은 우리가 업무에서 활용하는 가설 검증 사고에 가깝다. 가설 검증의 경우도 '가설은 잠정적인 진리'라고 생각하며 검증을 통해 올바른 가설(진리)을 모색해 나간다.

이처럼 '사람의 수만큼 진리가 있으니 개인을 존중하자.'라는 것이 미국 사회의 사고방식이다. 당시의 미국은 가치관이 크게 흔들리고 있었는데, '도움이 된다면 진리'라는 실용주의는 미국사회의 가치관을 통일시키고 과학과 종료를 양립시키는 데 지대한 역할을 했다.

나는 미국 기업인 IBM에서 오랫동안 일했다. 미국의 비즈니스 사회는 실제로 현실주의이며, 개인의 사고방식을 공평하게 존중한다. 미국사회에 있으면 실용주의가 깊게 뿌리를 내리고 있음을 실감할 수 있다.

반면에 실용주의는 현실에는 복잡한 과정이 존재함에도 이를 직시하지 않고 결과만으로 단순하게 판단하는 경향이 있다. 또한 그때그때 상황에 맞춰서 판단하며 좀 더 유용한 것을 선택하는 경향도 있다. 사회 전체가 공유해야 할 보편적인 윤리도 그다지 생각하지 않는다. 좋게 말하면 임기응변이 뛰어나고 합리적이지만, 나쁘게 말하면 얄팍하고 기회주의적인 행동이 되기 쉽다.

또한 최근에는 '트럼프 현상'으로 상징되듯이 미국사회의 분단이 현저

진리는 끊임없이 진화한다

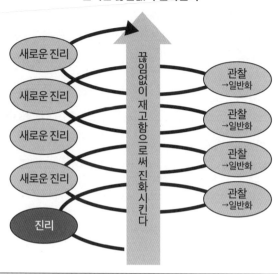

해지고 있다. 가령 공화당 지지자와 민주당 지지자는 서로의 가치관을 절대 받아들이지 못한다. 남북전쟁으로부터 150년이 지난 지금, 미국사회는 새로운 실용주의를 확립해야 하는 시기를 맞이했는지도 모른다.

어쨌든, 좋은 점과 나쁜 점을 이해하고 '실용주의적으로' 활용하길 바란다.

POINT

진리는 한 가지가 아니다. 다른 사람의 진리에 주목하면 끊임없이 진화할 수 있다.

Book 10

무의식을 과학으로 초대하다
정신분석 입문

지그문트 프로이트 Sigmund Freud

1856~1939년. 오스트리아의 심리학자, 정신과 의사. 빈대학교에서 의학 박사학위를 받았으며, 신경병 리학자를 거쳐 정신과 의사가 되어 신경증, 자유 연상법, 무의식 등을 연구했다. 정신분석학의 창시자로 알려져 있다. 심리 성적 발달 이론, 리비도 이론, 유아 성욕론을 제창했다.

무의식 세계의 탄생

비즈니스에서는 사람의 마음을 이해하는 것이 매우 중요하다. 정신건강 문제도 그중 하나다. 일본 후생노동성의 조사에 따르면, 정신 질환자의 수는 2002년에 258만 명이었던 것이 2017년에 419만 명으로 급증했다. 15년 동안 1.6배나 증가한 것이다.

정신건강의 열쇠는 무의식을 이해하는 것이다. 우리는 흔히 "무의식 중에 저질러 버렸네."라고 말하고는 하는데, 이번에 소개할《정신분석 입문》의 저자인 지그문트 프로이트는 이 무의식을 과학적으로 연구해 무의식이 인간의 심리와 행동에 영향을 끼치는 구조를 세계 최초로 밝혀낸 인물이다. 서양철학에서는 오랫동안 '인간은 이성적이다.'라고 생각해왔다. 그러나 프로이트는 '인간은 의외로 이성적이지 않으며, 무의식에 지배당하고 있다.'는 사실을 밝혀내 20세기의 현대사상과 문학, 예술 등에 지대한 영향을 끼쳤다.

프로이트는 생활을 위해 정신과 병원을 개업하고 환자를 진찰하는 한편으로 신경증의 치료법으로써 정신분석 수법을 새로 개발했다. 그가 45세였던 1900년에 출판한《꿈의 해석》은 600부가 인쇄되었는데, 완성하는 데 8년이 걸렸다.

그런 가운데 점차 알프레드 아들러 등 심리학의 확립에 뜻을 둔 동료가 모이면서 프로이트는 세상의 주목을 받기 시작했다. 이 책은 그 후 빈대학교의 교수로 취임한 프로이트가 1915년부터 1917년에 걸쳐 실시했던 강의를 정리한 강의록이다. 그러면 즉시 이 책의 요점을 살펴보자.

프로이트는 마음에는 의식, 무의식, 전의식前意識이라는 세 개의 방이 있다고 말했다. 이 세 방은 탁주를 담아 놓은 그릇을 위에서 바라본 상태를 떠올리면 쉽게 이해할 수 있다.

① **의식:** 탁주의 맑은 윗부분. 자신이 지각할 수 있는 영역이다.
② **무의식:** 맑은 층의 아래에 있는, 침전물이 가라앉아서 잘 보이지 않는 탁한 부분. 이곳이 방대한 무의식의 영역이다. 이곳에 있는 기억은 떠올리고 싶지 않은 이유가 있어서 봉인되었기 때문에 자신은 깨

닫지 못한다.

③ **전의식:** 무의식(탁한 부분) 중에서 주의를 기울이면 의식(맑은 부분)까지 올라오는 의식을 가리킨다.

그러나 무의식의 영역에는 마음의 겸열관이 있어서, 무의식의 내용이 전의식으로 올라가는 것을 차단한다. 이렇게 해서 사람은 무의식 속에 기억을 봉인한다. 프로이트는 '무의식은 잘못이나 실수, 꿈, 신경증이라는 형태로 모습을 바꿔서 나타난다. 이것들을 조사하면 무의식의 내용을 추측할 수 있다.'고 생각했다. 그러면 순서대로 살펴보자.

첫째는 잘못이나 실수다. 내가 어떤 업무 미팅에 참가했을 때, 담당자가 "쇠귀에 경 읽기일지도 모르겠습니다만."이라면서 이야기를 시작했다. 그 말을 듣고 혹시 나를 무시하는 건가.'라고 생각했던 기억이 있다. 프로이트는 피로나 주의력 결핍으로 인한 말실수는 별개로 치고, '집중한 상태에서 다른 선택지가 얼마든지 있는데 그 말을 선택한 데는 반드시 이유가 있다.'라고 생각했다. 이것도 무의식의 작용에 따른 것이다.

프로이트는 어떤 여성이 "(남편은) 자신이 좋아하는 것은 무엇이든 먹어도 돼요."라고 말해야 할 것을 "(남편은) 제가 좋아하는 것은 뭐든지 먹어도 돼요."라고 말한 사례를 예로 들며, "그 아내는 남편이 무엇을 먹을지 자신이 결정한다고 생각한다."라고 분석했다. 무의식 속에 봉인했던 감정과 결합됨으로써 의도하지 않았던 말실수를 하는 것이다.

그렇다면 나한테 "쇠귀에 경 읽기"라고 말했던 담당자는 '어차피 설명해도 모르겠지.'라고 생각했던 것일까?

꿈을 해석하다

둘째는 꿈이다. 프로이트는 "꿈은 무의식의 큰 힌트다. 반드시 의미가 있다."라고 말했다.

유아의 꿈의 해석은 단순하다. 프로이트는 처음으로 배를 타고 호수를 건넜을 때 배에서 내리는 것이 싫어 울음을 터트렸던 3세의 여자아이가 다음날 아침 "꿈속에서 호수를 건넜어요."라고 말한 사례를 소개했다. 유아의 꿈에서는 소망을 충족하는 장면이 그대로 나온다.

반면에 어른의 꿈은 해석하기가 어렵다. 어른의 꿈도 '소망의 충족'이지만, 무의식이 꿈을 왜곡시키는 것이다. 프로이트는 어떤 여성의 꿈을 해석했다. 오래전에 매우 어린 나이로 결혼했던 그 여성은 남편에게서 자신도 아는 엘리제라는 여성이 최근에 결혼했다는 이야기를 들었다. 엘리제는 그 여성과 나이가 같았다. 그 후, 여성은 이런 꿈을 꿨다.

"저는 남편과 함께 극장의 좌석에 앉아 있었어요. 극장의 한쪽은 전부 비어 있었지요. 남편은 '엘리제도 약혼자하고 함께 오려고 했지만 세 장에 1플로린 50클로이체인 싸고 안 좋은 자리밖에 없었고, 그 자리조차도 구할 수 없었어.'라고 말하더군요. 저는 그건 불행한 일이 아니냐고 생각했어요." 프로이트는 정신분석을 위해 그 여성에게 질문해 봤다.

'극장의 한쪽이 전부 빈자리'인 이유에 관해서는 그 전주에 예약비를 내고 연극 표를 구했는데 막상 극장에 가 보니 한쪽 좌석이 전부 비어 있어서 "하여튼 참 성미가 급하다니까."라는 핀잔을 들었기 때문일지도 모르겠다고 대답했다. 또 '연극 표 세 장'의 의미를 물어보니, "엘리제가 저보다 3개월 늦게 태어난 것 이외에는 떠오르는 게 전혀 없네요."라고 말했다. 프로이트는 정보를 이렇게 정리했다.

- 자신보다 3개월 어릴 뿐인 친구가 멋진 남성과 결혼했다는 소식을 들었다.
- 너무 일찍부터 극장표를 못 구하면 어떡하나 걱정하는 바람에 불필요한 돈을 쓰고 말았다. '바보처럼 서둘렀다.'라고 생각했다.
- 극장은 결혼의 상징이기도 하다.

이런 정보들을 바탕으로 프로이트는 그 여성의 꿈을 이렇게 해석했다. "그렇게 결혼을 서둘렀던 내가 바보였어. 엘리제처럼 늦게 결혼해도 멋진 남편을 만날 수 있었을 터인데."

당시의 유럽은 여성의 신분이 낮았기 때문에 훌륭한 남성과 결혼하는 것이 중요했던 것이다.

'너무 억지 해석 아니야?'라는 의문에 대해서도 프로이트는 친절하게 대답했다. 독재 국가에서 검열을 받은 신문을 상상해 보길 바란다. 지면에는 먹으로 검게 칠한 부분이 가득하다. 문장에서도 진실을 넌지시 암시하는 표현들이 보이고는 한다. '바로 그걸 알고 싶었어!'라는 중요한 부분일수록 검열이 심하다. 꿈은 이 검열된 신문과 같다. 의식에서 사람들에게 공개되면 문제가 될 법한 부분은 무의식의 엄격한 검열을 통해 다른 형태로 위장된다. 그래서 남겨진 재료를 실마리로 삼아 위장된 부분을 해독해 무의식의 내용을 재구성하는 작업이 필요하다.

이 꿈의 위장 작업에는 다음의 네 종류가 있다.

① **응축:** 복수의 사람이나 사물이 합성된다. 꿈에서 A씨로도 보이는 B 씨가 등장하는 경우도 있다.

② **치환:** 사람이나 사물이 다른 것으로 바뀐다. 앞의 사례에서 극장은 결혼의 치환이다.

③ **형상화:** 개념이 눈에 보이는 것으로 바뀐다. 앞의 사례에서 입장권 은 결혼의 권리를 상징한다.

④ **2차 가공:** 꿈에서는 이런 다양한 요소가 결합해서 전체를 하나의 이 야기로 만든다.

꿈의 해석 결과는 무의식이 봉인한 내용이기에 본인은 깜짝 놀란다. 이 여성도 꿈의 해석을 듣고 깜짝 놀라며 "제가 그런 생각을 하고 있었다니, 전혀 의식하지 못했어요."라며 말했다고 한다. 무의식에 억압당한 내용이 위장된 형태로 꿈에 나타나는 것이다.

무의식이 가르쳐주는 것들

셋째는 무의식의 억압 수준이 높아지면 나타나는 신경증(노이로제)이다. 신경증은 정신적 타격 등이 원인이 되어서 무의식 속에 봉인한, 자신은 깨 닫지 못하는 기억이 신체 증상이나 정신 증상의 형태로 나타나는 것이다. 그리고 프로이트의 환자들은 무의식 속에 봉인한 기억을 떠올린 순간 신 경증의 증상이 사라졌다. 신경증도 꿈의 검열과 같은 구조다. 꿈의 경우는 무의식과 전의식의 사이에 있는 검열관이 꿈을 위장했다. 신경증의 경우도 검열관이 무의식에서 전의식으로 떠오르려 하는 기억을 억압해 무의식으로 되돌릴 때 신경증을 일으키고 있었다. 그래서 정신분석 치료의 목표는 무의식 속에 있는 것을 의식시키는 것이 된다. 프로이트는 이렇게 말했다. "정신분석적인 치료의 과제는 '병의 원인이 된 무의식적인 것을 의식적인 것으로 치환한다.'라는 공식으로 요약할 수 있습니다."

프로이트에 이야기에 따르면, 신경증 환자는 도덕 수준이 높고 양심적이며 착실한 사람이 많다고 한다. 성실한 사람일수록 정신적인 고민에 시달리는 것은 100년 전이나 현재나 다르지 않은 점인지도 모른다. 무의식에 억압당한 기억이 만들어낸다는 점에서 꿈과 신경증은 본질적으로 다르지 않다. 유일한 차이점은 그것이 실생활에 영향을 끼치느냐 끼치지 않느냐다.

마음의 구조는 '자아·초자아·에스'로 알 수 있다

그 후 프로이트는 연구를 더욱 진행했고, 자아, 초자아, 에스라는 개념을 새로 이론화했다. 여기에서는 프로이트의 '자아론'에 관한 개념들에 관해 소개하겠다.

① **자아**_das Ich, ego_: '이것이 나 자신'이라고 생각하는 것. 사람이 성장해도 자신을 자신으로 인식할 수 있는 것은 이 자아 덕분이다.

② **초자아**_Über-Ich, super ego_: 양심의 목소리다. 초자아는 어린 시절부터 부모나 교사에게 "ㅁㅁ해야지.", "ㅇㅇ해서는 안 돼."라고 꾸지람을 들으

자아·초자아·에스의 관계

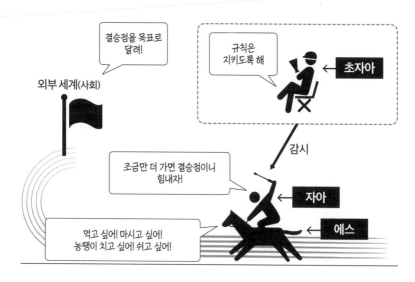

면서 마음속에 만들어져 자신의 행동을 감시한다. 죄책감을 느끼는
것도 초자아의 작용이다.

③ **에스**$_{Es,\ id}$: 무의식의 밑바닥에 있는 '이걸 하고 싶어.', '저걸 하고 싶
어.'라는 욕구의 집합. 오로지 쾌감을 추구하며 불쾌함은 피하고 싶어
한다. 모든 사람이 에스만을 추구하며 행동하면 사회가 혼란에 빠지기
때문에 자아가 에스를 통제한다.

난폭한 말인 에스(이드)를 기수인 자아(에고)가 능숙하게 조종하고, 초
자아(슈퍼에고)가 감시한다. 자아·초자아·에스의 균형이 잡혀 있으면 문
제가 없지만, 균형이 무너지면 자아가 초자아나 에스를 관리하지 못해 불

안감이 생겨난다. 가령 지나치게 엄격한 예절 교육이나 교육은 초자아를 너무 강하게 만들어 자아의 층위에서 필요 이상으로 죄책감이나 열등감을 느끼도록 만든다.

프로이트에 대해서는 비판도 많았다. 프로이트가 제창한 유아 성욕론은 큰 반발에 부딪혔다. 카를 융이나 아들러 같은 프로이트의 신봉자들은 그 후 독자적인 이론을 만들어내고 서서히 프로이트의 곁을 떠났다. 그러나 무의식의 이론을 확립한 프로이트의 공적은 굉장히 크다. 심리학이라는 거목의 뿌리에는 틀림없이 프로이트가 자리하고 있다.

현실에서도 비즈니스를 이성적으로 진행할 수 있다면 그것이 가장 이상적이다. 하지만 인간이 의외로 이성적이지 않은 동물인 이상, 우리는 인간의 이성적이 아닌 부분도 깊게 이해할 것을 요구받는다. 우리의 비즈니스가 생각대로 진행되지 않는 것도 이 비이성적인 인간에 대한 이해가 부족했기 때문일지 모른다. 무의식 세계의 원점인 이 책은 우리가 마음의 문제에 어떻게 대처해야 할지 생각할 때 많은 것을 가르쳐준다.

POINT

무의식 아래의 구조를 알면 사람의 마음을 더욱 이해할 수 있게 된다.

Book 11

스티브 잡스가
시장 조사를 하지 않는 이유

현상학의 이념

에드문트 후설 Edmund Husserl

1859~1938년. 오스트리아의 철학자, 수학자. 빈대학교에서 스승이었던 프란츠 브렌타노의 영향으로 철학의 측면에서 모든 학문의 기초를 세우는 데 관심을 느끼고 새로운 대상에 대한 접근법으로써 현상학을 제창했다. 현상학은 20세기 철학의 새로운 조류가 되어 정치와 예술에까지 영향을 끼쳤다.

현상학에게 비지니스를 묻다

'히트 상품을 개발하기 위해 먼저 시장 조사와 고객 인터뷰부터 시작하자.'

많은 기업이 이렇게 생각하지만, 사실 히트 상품을 만들어낸 기업은 시장 조사를 하지 않는 경우가 많다. 가령 애플의 창업자인 스티브 잡스는 시장 조사를 하지 않는 것으로 유명하다. 연속적으로 히트 상품을 내놓고 있는 가전제품 제조사 발뮤다의 데라오 겐 사장도 고객의 목소리를 듣지 않는다. 그런데도 그들은 히트 상품을 연속적으로 내놓았는데, 바로 이 책에 그 이유가 적혀 있다.

이 책의 주제인 현상학은 20세기 초엽에 철학자 에드문트 후설이 사물의 본질을 파악하기 위해 만들어낸 것이다. 다만 이 책은 정말 난해하다. 아래와 같은 문장으로 시작되며, 책 전체가 이런 식이다.

"사상事象 그 자체에 적중하는 인식의 가능성에 관한 반성이 휘말리는 여러 가지 곤혹. 어떻게 해서 인식은 그 자체에 존재하는 사상과의 일치를 확인하고, 또 그것들의 사상에 '적중'할 수 있는 것일까?"

이 문장이 술술 읽힌다는 사람은 그리 많지 않을 것이다.

다행히 후설을 오랫동안 연구해 온 철학자 다케다 세이지가 저서《초해독! 처음 만나는 후설 '현상학의 이념'超解読! はじめてのフッサール'現象学の理念》에서 이 책을 해설했다. 또한 현상학의 개념을 쉽게 이해할 수 있는 책으로 만화가인 스가하라 히로유키가 현상학을 라면 제조에 비유한《현상학의 이념現象学の理念》이 있다. 그 책들을 참고하면서 이 책의 요점을 살펴보도록 하겠다.

주관과 객관이 일치하지 않는다

《초해독! 처음 만나는 후설 '현상학의 이념'》의 앞부분에서 저자인 다케다 세이지는 철학에서는 '주관과 객관이 결코 일치하지 않는다.'라는 인식 문제의 수수께끼가 다양한 혼란을 만들어왔다고 소개했다. 정확히 말하면, 주관은 '각 개인의 주관적인 세계'이고 객관은 '누구에게나 동일한 객관적인 실재 세계'다. 자연과학에서는 주관과 객관의 일치가 원칙이지만, 인문과학에서는 이것이 참 어렵다.

인문학 중 하나인 심리학은 심층심리학과 정신의학으로 나뉘며, 심층심리학은 프로이트파와 융파로 나뉜다. 프로이트 심리학은 무엇이든 성性적인 것과 연관시켜서 생각하지만, 융 심리학은 성적인 것은 일부라고 생각한다. 또한 프로이트파에는 20개가 넘는 유파가 있다. 이처럼 인문과학은 같은 사실을 관찰해도 다르게 인식하며, 저마다 자신의 이론이 옳다고 주장한다. 인문과학의 이 주관과 객관의 불일치 때문에 '인간은 정말 세계를 올바르게 인식하는 것일까.'라는 의문이 생겨났고, 철학은 정체되고 있었다.

이것은 현대 세계를 봐도 이해할 수 있다. 미국, 중국, 인도, 유럽, 중국, 한국, 일본…. 나라마다 다양한 가치관이 있으며, 모두가 수긍하는 객관적 가치관은 좀처럼 발견되지 않고 있다.

한편 당시 눈부시게 발전하고 있었던 자연과학은 '관찰과 실험을 통해 진실을 탐구한다.'라는 수법을 사용하며, 주관과 객관의 일치가 대전제다. 다만 그런 자연과학도 틀리는 일이 많았다. 과거에 만인이 믿었던 천동설은 코페르니쿠스와 뉴턴의 등장으로 무덤에 들어갔다. 이렇게 철학도 자연과학도 '주관과 객관이 일치하지 않는다.'라는 문제를 안고 있었던 것이다.

후설은 '이 상황을 정리하자.'라는 생각에서 현상학을 만들었다. 후설이 개척한 현상학은 20세기 철학의 일대 조류가 되었고, 그 후 마르틴 하이데거와 장 폴 사르트르 등의 전설적인 스타 철학자를 배출했다. 이 책은 그런 후설이 1907년에 실시한 현상학에 관한 강의 5회 분을 정리한 강의록이다.

주관만으로 생각하자

후설은 이렇게 생각했다. '애초에 주관과 객관이라는 분류법을 버리자.' 아울러 주관과 객관의 대립이라는 도식도 버렸다. 그리고 '주관의 세계에서만 생각하자.'며 개인의 의식 영역에 나타난 주관적인 경험에 주목했다. 이 주관적 경험이 바로 현상現象이다.

다케다는 커피를 마시는 상황을 예로 들며 설명했다. 다케다의 예를 내 나름대로 소개해 보겠다. 여러분이 커피를 마시고 '맛있군.'이라고 느꼈다면 '맛있다.'라는 주관적인 경험이 현상이다. 후설은 이 주관적인 경험에 주목했다. 그러나 기존 철학에서는 여러분이 '맛있군.'이라고 느끼며 커피를 마시는 상황도 '주관으로 커피라고 생각한 음료수는 커피와 똑같이 생긴 합성 음료일지도 몰라.', '꿈에서 커피를 마시고 있는지도 몰라.'라고 파악한다. '그렇게까지 생각할 필요가 있나?'라는 생각이 들겠지만, 가능성이 제로는 아니기 때문에 철학에서 주관과 객관 문제가 있는 것이다. 현상학에서는 이 상황을 정리한다.

설령 그 커피가 합성 음료이거나 꿈이라 해도 여러분이 '이 커피는 맛있다.'라고 느낀 것은 의심할 여지가 없는 사실이다. 그러나 '합성 음료이거나 꿈일지도….'라는 의심도 남는다. 현상학에서는 '이런 의심이나 잡념은 전부 괄호로 묶어서 판단 정지(에포케)하고 옆으로 치워 놓아라.'라고 생각한다. 즉, '올바른지 틀렸는지의 판단도 하지 말고, 그 시점에 생각하기를 그만둬라. 선입견을 일절 배제하라.'라는 것이다. '합성 음료일지도…. 꿈일지도….'라고 의심하기 시작하면 한도 끝도 없다. 그리고 아무리 생각한들 답은 나오지 않는다. 그렇다면 의심이 가는 부분은 전부 판단

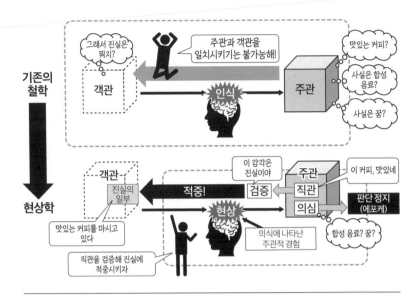

주관·객관의 판단을 그만두고 직관을 중시하는 현상학

보류(에포케)하고 직관으로 느낀 부분만을 생각해 의심할 수 없는 것에 한없이 다가감으로써 진실에 적중시키는 것이 현상학인 것이다.

'이 커피, 맛있네.'라는 직관에 집중해서 생각하면 직관 속에 숨겨진 본질을 추출해 진실의 일부에 다가갈 수 있다. 이 사고법을 알면 고객의 목소리를 듣지 않는 잡스나 데라오 사장의 이유를 알 수 있다.

현상학의 관점에서 생각하는 마케팅

애초에 소비자가 하는 말이 진실이라고는 장담할 수 없다. 어느 식기 회사는 '주부들에게 어떤 접시를 원하는지 물어봐서 그대로 만들면 잘 팔리겠지.'라고 생각해 주부들을 모아 놓고 어떤 접시를 원하는지 간담회를 열었다. 간담회에서 주부들이 내린 결론은 '예쁘고 세련되었으면서 검은색인 사각형 접시'였다. 그런데 간담회가 끝난 뒤 "답례로 접시를 드리겠습니다. 원하는 접시를 가져가십시오."라고 말하자 놀랍게도 전원이 하얀색의 둥근 접시를 선택했다. 그래서 담당자가 "왜 그 접시를 고르셨나요?"라고 묻자 "집에 있는 접시가 전부 둥근 거라서.", "식탁이 밝은 나무색이라서 흰 접시가 잘 어울리거든요." 같은 대답이 돌아왔다고 한다.

소비자가 하는 말과 실제 구매 행동은 완전히 다르다. 소비자들은 자신이 무엇을 원하는지 설명하지 못한다. 시장 조사도 마찬가지여서, 과거의 어떤 시점의 상황만을 알 수 있을 뿐이다. 후설식으로 말하면 "시장이나 소비자의 진실한 모습을 객관적으로 파악하기는 애초에 불가능"한 것이다.

이처럼 물어봐야 할 상대는 고객이나 시장이 아니다. 자기 자신이다. 고객이나 시장의 목소리를 듣지 않았던 잡스도 세계에서 제일 까다로운 애플 사용자로서 자신에게 질문을 계속했다.

또한 발뮤다가 2015년에 발표한 발뮤다 더 토스터는 대히트 상품이 되었다. 17세에 지중해 연안을 방랑하던 데라오 사장은 지치고 배고픈 가운데 빵집에 들어가 향긋한 냄새가 나는 갓 구운 빵을 사서 한입 베어 물고 눈물을 흘렸다. 그리고 수십 년 후, 비가 쏟아지는 가운데 회사 건물 안에서 바비큐 파티를 연 데라오 사장은 고기를 굽는 사원들 옆에서 숯불에 빵을 구웠다. 그랬더니 표면이 바삭하면서 수분도 있는, 수십 년 전에 지중해에서 먹었던 완벽한 토스트가 만들어진 것이 아닌가? 다만 개발팀은 이 맛을 재현하지 못했다. 그래서 자신에게 질문을 계속했는데, 문득 누군가가 "그러고 보니, 그때 비가 참 많이 내렸지요."라고 말했던 것이 떠올랐다. 답은 수분이었던 것이다. 이렇게 해서 스팀 기술을 활용한 신상품이 탄생했다. 이것도 데라오 사장이 '그 빵을 또 먹고 싶다.'라는 자신의 직관을 계속 추구한 결과였다.

소니를 창업한 모리타 아키오도 워크맨 발매 10주년 영상에서 이렇게 말했다. "'카세트 플레이어를 들고 다니면서 음악을 듣고 싶다. 녹음 기능을 빼고 가벼운 헤드폰을 만들면 밖에서도 음악을 즐길 수 있지 않을까?'라고 생각했어. 주위에서는 '녹음 기능이 없는 플레이어는 성공한 선례가 없습니다.'라고 말했지만, 생각해 보면 카 오디오도 녹음 기능이 없잖아? '그렇다면 들고 다니는 스테레오도 재생 기능만 있으면 돼.'라고 생각했지."

워크맨도 모리타가 상식을 판단 정지(에포케)하고 직관을 꼼꼼하게 검증한 결과 탄생한 것이다.

현상학에서는 그들의 사고법을 현상학적 환원이라고 부른다. 사람의 인식에는 불순물도 포함되어 있다. 그러나 직관은 잡념이 들어가지 않은 순수한 것이다. 그런 직관을 철저히 검증해 순수한 본질을 추출하는 것이 현상학적인 수법이다.

현상학적 수법은 자연과학에서도 사용되고 있다. 뛰어난 과학자는 먼저 가설을 세우고 꼼꼼하게 검증하며, 검증에서 모순이 발견되면 가설을 수정한다. 뛰어난 과학자일수록 상식을 옆으로 치워놓고 자신의 인식이나 직감과 솔직하게 마주한다.

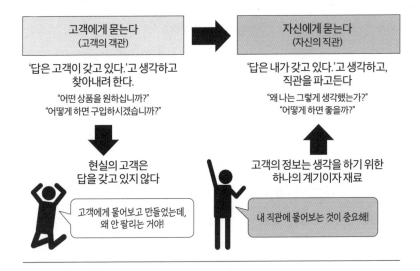

상품 개발을 기획할 때는 고객에게 물어보지 마라. 자신에게 질문을 거듭해라

고객에게 묻는다
(고객의 객관)

자신에게 묻는다
(자신의 직관)

'답은 고객이 갖고 있다.'고 생각하고 찾아내려 한다.

"어떤 상품을 원하십니까?"
"어떻게 하면 구입하시겠습니까?"

'답은 내가 갖고 있다.'고 생각하고, 직관을 파고든다

"왜 나는 그렇게 생각했는가?"
"어떻게 하면 좋을까?"

현실의 고객은 답을 갖고 있지 않다

고객에게 물어보고 만들었는데, 왜 안 팔리는 거야!

고객의 정보는 생각을 하기 위한 하나의 계기이자 재료

내 직관에 물어보는 것이 중요해!

인문과학에서 유일한 진리가 성립하지 않는 이유도 현상학적으로 생각하면 알 수 있다. 인문과학의 대상은 인간이나 사회의 의미 또는 가치인데, 사람이나 문화에 따라 다양성이 있기 때문이다. 현상학은 분명히 난해하다. 그러나 현상학을 이해한다면 사물의 본질을 이해할 때 강력한 무기가 되어 줄 것이다.

POINT

의심은 일단 판단 정지(에포케)하고, 자신의 순수한 직관을 끊임없이 검증하라.

Book 12

자신의 죽음을 인식하며 살라
존재와 시간

마르틴 하이데거 Martin Heidegger

1889~1976년. 독일의 철학자. 실존주의에서 강한 영향을 받아, 아리스토텔레스 등의 고대 그리스 철학 해석 등을 통해 독자적인 존재론 철학을 전개했다. 20세기 대륙 철학의 조류에서 가장 중요한 철학자 중 한 명이다.

철학을 생사관으로 재정의하다

"낳아 달라고 부탁하지 않았다." 반항기의 아이가 할 법한 이 말은 사실 매우 심오한 질문이다. 우리는 자신의 의지와 상관없이 이 세상에 내던져졌기 때문이다. 여기에는 단 한 명의 예외도 없다. 이 책은 그런 우리 인간의 '근원적인 삶의 자세란 무엇인가.'를 생각하기 위한 것이다.

하이데거는 1927년에 출판된 이 책으로 전 세계에 이름을 알렸고, 훗날 20세기 최고의 철학자로 불렸다. 사실 이 책은 매우 난해하다. 초보자로서는 무슨 뜻인지 짐작도 가지 않는 하이데거 용어가 끊임없이 등장한다.

현존재, 세계-내-존재, 투기投企, 피투被投, 도구적 존재자, 배려적 고려, 실존, 본래성·비본래성, 공존성, 퇴락頹落, 공담空談, 선구, 선구적 결의성, 시간성, 시간-내-존재…(이것도 극히 일부일 뿐이다).

게다가 문장도 어렵고, 분량도 방대하다. "젊었을 때는 끝까지 읽지 못하고 좌절했다."라고 말하는 철학 연구자도 적지 않다. 철학의 세계에서는 칸트의 [Book 6]《순수 이성 비판》, 헤겔의 [Book 7]《정신현상학》, 그리고 이 책《존재와 시간》을 3대 난서難書로 꼽기도 한다.

그렇기 때문에 입문자가 다짜고짜 이 책에 도전하는 것은 무모한 행동이다. 먼저 입문서부터 시작해야 한다. 내가 읽은 입문서 중에서 쉬웠던 것은 철학자이자 사상역사가인 나카마사 마사키가 입문자를 위해 집필한《하이데거 철학 입문ハイデガー哲学入門》이다. 또한 작가인 츠츠이 야스타카가 쓴《누구나 이해할 수 있는 하이데거誰にもわかるハイデガー》는 가장 이해하기 쉬운 입문서일 것이다.

존재한다는 것은 어떤 의미인가

하이데거는 현대 철학에 큰 영향을 끼쳤다. 나카마사는 저서《하이데거 철학 입문》에서 하이데거의 영향을 강하게 받은 철학자로 [Book 17]《실존주의란 무엇인가》의 장 폴 사르트르, [Book 20]《감시와 처벌》의 미셸 푸코, [Book 16]《예루살렘의 아이히만》의 한나 아렌트를 꼽았다.

그런 하이데거는 '존재한다는 것은 어떤 의미인가.'를 고민했다. 이 책의 첫머리에는 이런 문장이 있다. "대체 우리는 존재한다라는 말로 무엇

을 의미할 생각일까, 이 질문에 대해 우리는 답을 갖고 있는 것일까. 단연
코 아니다. 그렇기에 존재의 의미에 대한 질문을 다시 설정하는 것이 중요
하다."

이 '존재한다는 것은 어떤 의미인가.'는 고대 그리스 시대부터 이어져
내려온 철학의 난문이다. 명확한 답이 없이 많은 철학자가 "존재한다는
것은 자명하지."라고 슬쩍 지나칠 뿐 깊게 생각하지 않았다.

"존재한다? 간단하지. '여기에 책이 있다.'라고 하잖아? 존재란 '~이(가)
있다.'야."는 전혀 대답이 되지 못한다. '존재'와 '~이(가) 있다.'는 같은 의
미다. "사람이란 인간이다."라고 말하는 것과 마찬가지여서 이런 대답으
로는 안 된다. 이런 것을 토톨로지(동어반복)라고 한다. 하이데거는 '나라
면 이 질문에 대답할 수 있어.'라고 생각해 이 책을 쓴 것이다.

하이데거는 '존재한다는 것은 어떤 의미인가.'를 밝혀내기 전에 먼저 이
렇게 생각했다. "세상에는 책이나 동물, 인간처럼 다양한 존재물이 있어.
이런 존재물들을 존재자라고 이름 짓자. 온갖 존재자 중에서도 존재하는
의미를 생각하는 것은 이성을 지닌 인간뿐이야. 이처럼 인간은 존재자 중
에서도 각별하니, 인간을 '현존재'라고 이름을 짓자. 그리고 일단은 '현존
재＝인간'이 존재나 세계라는 개념을 어떻게 만들어냈는지 구조 분석해
보자."

'그냥 인간이라고 하면 되는데, 왜 현존재 같은 특이한 말을 사용하는
거야?'라고 생각하겠지만, 이것은 존재 철학의 영향을 배제하고 새로운
사상을 구축하기 위함이다. 나카마사는 이렇게 말했다. "하이데거는 통상
적인 철학 용어로 생각하는 것에 익숙한 사람이 루틴적인 사고 패턴에 빠

지지 않도록 일부러 특이한 용어로 표현함으로써 혼란을 주는 동시에 자신이 개칙하려 한 새로운 사고 양식으로 유인했다."

이렇게 해서 하이데거는 존재 문제를 해명하기 전에 그 준비 작업으로 인간에 관해 생각한 것이다.

하이데거는 철학자가 기대기 쉬운 신이나 '절대 정신' 같은 신비한 무엇인가를 생각하는 것은 금기로 삼았다. 그리고 '현상학이 존재 해명의 무기가 될 것'이라고 생각해 [Book 11]《현상학의 이념》의 저자인 후설의 제자가 되어서 현상학을 공부하고, 그 현상학을 토대로 인간에게 공통되는 존재의 본질을 생각했다. 그렇다면 그 본질이란 무엇일까.

인간 존재의 본질에는 죽음이 있다

하이데거는 이 책에서 이렇게 말했다. "세계-내-존재의 끝은 죽음이다. (중략) 현존재에게 걸맞게 죽음이 존재하는 것은 죽음을 향한 실존적인 존재에서뿐이다." (세계-내-존재는 인간을 뜻한다.)

'현존재=인간'이 어떻게 변화할지는 예측할 수 없지만, 확실한 것은 '인간은 반드시 죽는다.'는 사실이다. 죽음을 통해 '현존재=인간'의 존재는 소멸한다. 그래서 하이데거는 인간 죽음의 특성을 이렇게 생각했다.

① 죽는 순간 자신도 소멸하므로, 죽음은 경험할 수 없다.
② 죽음은 죽는 사람 고유의 사건이므로 가까운 사람이 죽을 때 그 자리에 있더라도 타인의 죽음의 경험을 공유할 수는 없다.

③ 죽는 순간, 자신과 자신 이외의 온갖 존재자의 관계가 소멸한다. 요
  컨대 죽으면 끝이다.

④ 죽음은 타인이 대신할 수 없다.

즉, 우리는 죽음이 무엇인지 전혀 알지 못한다. 그래서 불안감을 느끼
며, 많은 사람이 자신의 죽음을 직시하지 않는다. 직시하기를 뒤로 미룬
채 주위의 사람들과 동화되어서 지낸다. 알기 쉬운 예를 들면, 업무를 마
치고 동료와 술을 마시러 가거나 자녀의 친구 엄마와 점심을 먹으며 수다
를 떠는 등 즐겁게 산다.

하이데거는 이런 상태를 퇴락顚落, 그리고 타인에게 동조함으로써 안심
하며 자신의 주체성을 발휘하지 않는 사람을 다스만das Mann(세상 사람들을
신경 쓰는 보통 사람들) 즉, 세인世人이라고 불렀다. 다만 이 상태를 반드시
부정적으로 생각하지는 않았다. 하이데거는 이렇게 말했다.

"퇴락이라는 이 명칭은 어떤 소극적인 평가를 나타내는 것이 아니며,
현존재가 당장은 대체로 배려된 '세계' 속에 존재함을 의미한다."

퇴락이라든가 다스만 같은 상태는 인간의 일상적인 상태인 것이다. 그
러나 하이데거는 이것이 바람직하다고는 생각하지 않아서, 인간의 비본
래적인 모습이라고도 말했다.

인간에게는 본래적인 삶의 방식도 있다. 확실한 죽음과 마주하고 자신
의 삶에 적극적인 의미를 찾아내는 것이다. 이것이 죽음의 선구다. 사실은
나도 42세였을 때 회복하기 힘든 중병에 걸려 죽음의 선구를 의식한 적이
있다.

다스만에서 죽음의 선구로

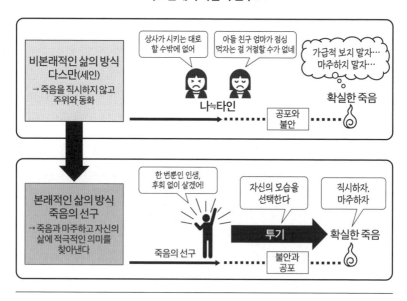

자신의 죽음을 의식하며 살라

당시 나는 일이 너무 재미있어서 밤늦게까지 야근을 계속하고 있었다. 그러던 어느 날, 몸이 조금 이상해서 병원에 갔다가 심각한 병에 걸렸음을 알게 되었다. 인터넷에서 같은 병에 걸린 사람이 쓴 투병 일지를 찾아봤는데, 대부분 마지막 페이지에는 가족이 올린 사망 소식이 있었다. 갑작스러운 상황에 충격을 받았지만, 시간은 기다려주지 않는다. 나는 즉시 입원하고 수술을 받았다. 입원하면서 두 번 다시 집으로 돌아오지 못할 것을 각오하고 가족들에게 많은 것을 인계했다. 다행히 수술은 성공했고, 지금은 건강함 그 자체다.

이 일이 계기가 되어서 "나는 지금 이 순간 죽더라도 수긍할 수 있을까."를 끊임없이 자문하는 습관이 들었다. 가족과 소중한 시간을 보내기 위해 회사 중심이었던 생활 방식도 바꿨다. 야근을 안 하려고 첫차로 일찍 출근하고, 회사 외부의 사람들과도 교류하기 시작했다. 예전에는 크게 신경 썼던 주위의 시선도 무엇과도 바꿀 수 없는 나의 인생과 비교하니 하찮은 것임을 깨닫게 되었다. 그로부터 5년 후에 집필 활동을 시작했고, 9년 후에 독립해 지금에 이르렀다. 되돌아보면 병을 선고받았던 42세의 그날이 나의 두 번째 생일이었다.

죽음이 가까이 다가왔음을 자각하면 '다른 사람들 시선은 아무래도 상관없어. 내 인생을 살자.'라고 생각하기 시작한다. 하이데거가 의도했는지는 알 수 없지만, '나라는 존재란 무엇인가?'를 고민하기 시작하는 것이다. 가까운 사람의 죽음을 생각하는 것은 의미가 없다. 자신의 죽음을 직시하고 구체적으로 생각해야 한다.

우리는 낳아 달라고 부탁하지 않았음에도 문득 정신을 차려 보니 이 세상에 있었다. 이 '여긴 어디지? 난 누구야?' 상태를 하이데거는 피투성被投性이라고 불렀다. 우리는 어느 틈엔가 이 세계에 내던져진 수동적인 상태이며, 시간은 확실히 죽음을 향해서 나아가고 있다. 생각해 보면 참으로 불합리한 이야기이지만 자신의 힘으로는 어떻게 할 방법이 없다.

그러나 인간이 동물과 크게 다른 점은 자신이 어떻게 살고, 어떻게 행동하며, 어떤 역할을 할지 스스로 결정할 수 있다는 것이다. 인간은 자신의 모습을 선택하고 '나는 이런 존재야.'라고 생각할 수 있다. 이것을 하이데거는 투기投企라고 불렀다. 영어로는 프로젝션Projection이다. 인간은 자신을 이 세계에서 무엇인가를 이루기 위한 프로젝트라고 생각하며 미래를 향해 적극적으로 살아갈 수 있다. [Book 15]《죽음의 수용소에서》에서 빅터 프랭클이 말했듯이, "삶의 의미는 당신이 질문하는 것이 아니라 삶으로부터 질문받는 것"인 것이다.

분명히 우리는 낳아 달라고 부탁하지 않았지만, 그래도 불합리한 이 세계에서 자신에게 책임감을 느끼고 있다. 그렇기에 현존재(=인간)로서 자신의 인생을 진지하게 생각할 책임이 있다.

생사관으로 철학을 재정의했다

본래적으로 사는 인간은 시간의 흐름이 달라진다. 나카마사는 이런 예를 들었다. "어느 날 소설가가 되는 것이 자신의 운명이라고 느끼고 그 운명을 완전히 받아들인 사람은 그때까지 한 온갖 경험, 앞으로 조우할 온갖 것을 그 운명과 관련지어서 이해할 수 있게 된다. 그의 생애에 일어난 모든 것은 그의 작품의 소재 또는 창작을 위한 자극이 될 수 있다."

운명을 받아들인 사람은 온갖 경험을 운명과 연결시키게 되고, 그때까지 간과했던 것도 의미가 있음을 깨달으며, 모든 순간순간이 찬란하게 빛나기 시작한다. 미래는 그 순간순간이 축적된 곳에만 존재한다. 과거도 마찬가지다. 지금까지의 삶에 의미가 있음을 발견하고 미래로 연결해나간다. 그러나 비본래적인 삶을 살면 순간의 소중함을 알지 못하고 타성에 젖은 채 시간을 보내고 만다.

이 순간의 축적이 시간이다. 여러분이 이 문장을 읽고 있는 이 순간에도 시간은 만들어지고 있다. 본래적인 삶의 자세는 온 힘을 다해서 이 순간을 살게 만든다. 서양사회에서 절대적이었던 신은 죽고 말았다. 그래서 하이데거는 신을 만인이 대치해야 하는 죽음으로 치환하고, 나아가 종교적 행위를 본래적인 삶의 방식이라는 죽음의 선구로 치환함으로써 종교적 색채를 뺐다. 그리고 생사관으로 철학을 재정의해 온갖 사람이 공유할 수 있도록 만든 것이리라.

이 책《존재와 시간》의 주제는 '존재한다는 것은 어떤 의미인가.'였다. 이 본론은 인간 존재의 본질을 해명한 뒤에 하권下卷에서 다뤄질 예정이었지만, 하권은 출판되지 않았다. 그 후 하이데거는 나치에 접근했고, 자신의 사상을 민족주의와 연결시키며 나치에 경도되어 갔다. 그러나 제2차세계대전이 끝난 뒤 이 일에 관해 명확히 반성하는 발언을 하지 않았기 때문에 끊임없이 비판받고 있다. 하이데거의 사상에 지대한 영향을 받은 제자들은 훗날 그의 곁을 떠났다. 그중 한 명이 타자론他者論의 에마뉘엘 레비나스인데, 자세한 이야기는 [Book 19]《전체성과 무한》에서 소개하겠다.

현대에 이르러 하이데거는 찬사만큼 비판도 크게 받는 인물이지만, 깊은 배움이 있는 것 또한 사실이다. 인생에 한 번은 하이데거의 철학을 공부해 봐야 할 것이다.

POINT

죽음의 선구를 통해 자기 삶의 방식을 선택하라.

📖 Book 13

말할 수 없는 것을 말하는 방법
논리-철학 논고

루트비히 비트겐슈타인 Ludwig Wittgenstein

1889~1951년. 오스트리아 빈 출생의 철학자. 영국 케임브리지대학 교수. 초기 저작인 《논리-철학 논고》에서 철학이 완성되었다고 생각해 한때 철학의 세계를 떠났다. 그 후 다시 철학의 세계로 돌아온 뒤에는 기호 논리학 중심, 언어 간 보편 논리의 상정이라는 철학에 대한 기존의 자세를 바꿔 커뮤니케이션 행위로 중점을 옮겨 철학을 재구축하려 했지만, 완성하지 못하고 암으로 세상을 떠났다.

말할 수 없는 것을 대하는 자세

세상의 고민 중 대부분은 정답·오답을 찾으려 하는 것에서 비롯되지 않을까 하는 생각이 들 때가 많다. 가령 'A하고 B에게서 고백을 받았어. 하지만 나는 두 사람 다 똑같이 좋아하는걸. 어느 쪽을 선택해야 할까?' 혹은 'C하고 D의 사이를 중재해야 하는데, 양쪽의 주장 모두 일리가 있단 말이지. 어떻게 해야 할까?' 같은 경우, 아무리 고민한들 100퍼센트 정답 혹은 오답은 존재하지 않는다. 철학도 마찬가지다. '신은 존재하는가?', '존재의 의미란 무엇일까?'라는 논의도 아무리 고민한들 정답·오답은 좀처럼 나오지 않는다. 그런데 이 어려운 문제를 깊게 파고든 사람이 있었다. 20세기를 대표하는 철학자인 루트비히 비트겐슈타인이다.

비즈니스의 본질은 문제 해결이다. 비트겐슈타인의 사상을 알면 여러분이 안고 있는 그 문제가 '애초에 정답·오답을 알 수 있는 것일까? 알 수 없는 것일까?'를 파악할 수 있게 되며, 그 문제에 어떻게 대응해야 할지도 알게 된다.

논리학과 기호 철학을 공부한 비트겐슈타인은 '지금까지의 철학은 애초에 정답·오답이 없는 문제를 끝없이 논의하고 있을 뿐이 아닌가?'라고 생각했다. 그 결과 제1차세계대전 중 총탄이 빗발치는 참호 속에서 공책에 썼던 내용을 바탕으로 1918년에 집필한 책이 바로 이《논리-철학 논고》다.

이 책은 분량이 매우 적다. 번역서는 200페이지가 채 되지 않으며, 일곱 파트로 구성되어 있다. 그리고 각 파트에는 철학적인 문장이나 기호론의 설명이 다중 구조로 문장마다 번호가 붙은 채 500개 이상 이어진다. 시작부터 이런 식이다.

1 세계는 성립된 사항의 총체다.

1.1 세계는 사실의 총체이지 사물의 총체가 아니다.

1.11 세계는 모든 사실에 따라, 그리고 그것이 사실의 전부라는 것에 따라 규정되어 있다.

1.12 왜냐하면 사실의 총체는 무엇이 성립하느냐를 규정하는 동시에 무엇이 성립하지 않느냐도 규정하기 때문이다.

솔직히 말해 무슨 소리인지 알 수가 없다. 참고로 비트겐슈타인은 40세일 때 스승인 철학자 버트런드 러셀의 권유를 받고 이 책을 박사학위 논문으로 제출했을 때, 구두 심사를 담당한 러셀의 어깨를 두드리며 이렇게 말했다고 한다. "걱정 마세요. 당신이 이걸 이해하지 못하리라는 것은 이미 알고 있었으니까요."

러셀조차 이해하지 못한 것을 우리가 이해하는 것은 당연히 무리다. 그러니 도쿄대학교의 후루타 데츠야 준교수가 입문자를 대상으로 이 책을 해설한 저서 《비트겐슈타인 논리 철학 논고ウィトゲンシュタイン 論理哲学論考》를 참고로 이 책을 살펴보도록 하겠다.

언어의 한계를 파악하라

이 책의 머리말에서 비트겐슈타인은 이렇게 말했다.

"이 책은 철학의 모든 문제를 다루고 있으며, (중략) 그 문제들이 언어의 논리에 대한 우리의 오해에서 발생했음을 보여준다. (중략) 무릇 말해질 수 있는 것은 분명하고 확실하게 말해질 수 있다. 그리고 논할 수 없는 것에 관해, 인간은 침묵해야 한다. 이렇게 해서 이 책은 사고에 대해 한계를 긋는다. (중략) 한계는 언어에서만 그어질 수 있다. 그리고 한계의 저편은 그저 난센스인 것이다."

요컨대 그는 언어에 주목했다. 사람은 반드시 언어를 사용해서 옳고 그름을 말한다. 그렇다면 세계의 상태를 언어로 어디까지 설명할 수 있을지, 언어의 한계를 파악하자고 생각한 것이다.

그리고 비트겐슈타인은 서문을 마무리하면서 이렇게 말했다. "이 책에 나온 사상이 진리라는 것은 불가침적이며 결정적이다. 그렇기에 나는 문제가 그 본질적인 부분에서 최종적으로 해결되었다고 생각한다."

위에서 내려다보는 시선으로 스승 러셀의 구두 심사에 임했던 그답게 시원스러울 만큼 자신만만하다. 참고로 이 책은 전반이 '그림이론', 후반이 '진리함수'라는 두 파트로 구성되어 있다.

이 책을 쓴 비트겐슈타인은 "철학의 문제는 전부 해명했다."라고 말한 뒤 철학의 무대에서 모습을 감추고 고국인 오스트리아에서 초등학교 교사가 되었다. 그러나 가혹한 지도로 체벌 문제를 일으켜 해고되었고, 40세에 다시 케임브리지대학교로 돌아왔다고 한다. 그러면 지금부터는 교사 비트겐슈타인의 열혈 강의 형식으로 이야기를 진행하겠다.

열혈 교사 비트겐슈타인의 철학 강의

다들 잘 있었나? 비트겐슈타인이다. 그러면 오늘도 함께 열심히 공부해 보자고. 너희는 '세계는 컵이라든가 사람 같은 것이 모여서 만들어졌다.'고 생각하지? 하지만 틀렸어. 사실은 사태事態(벌어진 일의 상태)들로 구성되어 있지. 예를 들어 볼게. "야구 선수 오타니 쇼헤이는 이도류(양손으로 칼을 쓴다는 뜻으로, 각기 다른 두 가지 분야에 능하다는 의미)다."라는 사태는 사실이겠지? 또는 "오타니는 외계인이다."는 틀렸지만 역시 사태야. 이런 사실들이 모인 것을 논리적 공간이라고 하지.

여기에서 생각했으면 하는 건 언어야. 언어라는 건 사실 이 논리적 공간을 말로 그린 것이지. 이걸 모사라고 해. 카메라로 피사체를 촬영해 사진으로 남기듯이 '세계를 언어라는 사진으로 찍은 것'이라고 생각하면 돼.

이렇게 해서 논리적 공간에 있는 것을 모사해서 말로 표현하면 "오타니는 이도류다."라든가 "오타니는 외계인이다."가 되는 거야. 이건 진위 판단이 가능하지. 가령 "오타니는 이도류다."는? 이건 참이 되겠지? 그렇다면 "오타니는 외계인이다."는? 이건 착각이니까 거짓이지. 이 "오타니는 이도류다."라든가 "오타니는 외계인이다." 같이 세계의 사태들을 말로 표현한 것을 명제라고 해. 지금 '명제가 대체 뭐야? 어려워.'라고 생각했을 너희를 위해서 설명하면, 명제라는 건 '참 또는 거짓을 판정할 수 있는 말'이라는 뜻이야. 아주 쉽지? 간단하다니까.

이 명제의 한계를 알면 '말할 수 있는 것'의 한계를 알 수 있지. 그런데 말이야, 문제가 있어. 언어라는 놈은 굉장히 불완전하다는 거야. "오타니"라고 말하면 왕년의 미녀 배우인 '오타니 나오코'를 떠올리는 영감님도 계실 거란 말이지. 언어라는 놈이 이처럼 모호한 탓에 철학에서 이런저런 문제가 일어나고 있는 거야.

그래서 난 이런 생각을 했어. "어떤 상황에서도 완벽하게 모사할 수 있는 인공 언어가 있다고 가정하고 이 언어로도 말할 수 없는 상황을 생각한다면 '말할 수 있는 것의 한계'도 알 수 있지 않을까?"라고 말이야. 그리고 기호 논리학의 진리함수를 사용해봤지.

아까 '참 또는 거짓을 판정할 수 있는 말'이 명제라고 했는데, 이 명제에는 두 종류가 있어. 요소 명제는 "오늘은 날씨가 좋다." 같이 하나의 사태만을 나타내는 명제이고, 복합 명제는 "오늘은 날씨가 좋고, 나는 붕어빵을 먹는다." 같이 요소 명제를 연결한 명제야.

요소 명제를 연결해서 복합 명제로 만들 때, 기호 논리학의 논리 연산자가 등장해. 논리 연산자에는 다음의 네 가지가 있지. not(부정), and(논리곱), or(논리합), if(조건)야.

요소 명제인 "오늘은 날씨가 좋다.", "나는 붕어빵을 먹는다."를 논리 연산자로 연결해서 복합 명제로 만들면 이렇게 돼.

not(부정): "오늘은 날씨가 좋지 않다."
and(논리곱): "오늘은 날씨가 좋고, 나는 붕어빵을 먹는다."
or(논리합): "오늘은 날씨가 좋다. 또는, 나는 붕어빵을 먹는다."
if(조건): "오늘은 날씨가 좋으면, 나는 붕어빵을 먹는다."

이렇게 복수의 요소 명제를 논리 연산자로 연결하면 진리함수가 되는 거야. 참인지 거짓인지 결정되니까 진리함수인 거지. 간단히 말하면, 개개의 요소 명제의 진위를 알고 있다면 그것들을 조합해서 진리함수를 만들어도 진위를 알 수 있어. 요컨대 '말할 수 있다.'는 말이지. 말할 수 없는 건 그 밖의 것들이야.

이렇게 생각하면 윤리는 말할 수 없는 것이 되지. 범인한테 "자수하는 게 옳아."라고 말하는 건 참일까, 거짓일까? 뭐라고? "당연히 자수하는 게 옳으니까 참"이라고? 무슨 소리를 하는 거야? "자수하는 것이 옳은 이유는 자수하는 것이 옳기 때문이야."라고 같은 말을 반복한들 설득력이 없잖아? "자수하면 감형될 테니까 자수해." 같은 말을 하지 않으면 설득력이 없다고. 하지만 이게 윤리적일까?

아름다움도 말할 수 없는 것이야. "장미가 참 예쁘네."라면서 넋을 잃고 바라보는데 누군가가 "왜 예쁜데?"라고 물어봐서 "빨간색이니까.", "꽃잎이 반들반들해서." 같은 사실을 나열한들, 그건 단순한 사실이지 아름다움의 증명은 되지 못해. 그래서 내가 이 책에 "세계 속에 가치는 존재하지 않는다."라고 쓴 거야.

세계나 신이 어떠한지도 말할 수 없는 것이야. 현실 세계를 초월한 형이상학적인 세계는 말할 수가 없지.

다만 이건 "말할 수 없는 것은 중요한 것이 아니다."라는 의미가 아니니까, 이 점은 오해하지 말아 줘. 내가 하고 싶은 말은 "말할 수 없는 것이 중요하다."라는 거야. 말할 수 없는 것이라도 소설이나 영화로 표현할 수는 있지. 하지만 진위를 결정하는 건 무리야. "말로는 할 수 없다."는 것이지. 그래서 나는 이 책을 이런 식으로 끝맺었어.

"말할 수 없는 것에 관해서는 침묵해야 한다."

"진위를 알 수 없는 것은 중요하지만 말할 수 없다. 내가 말할 수 있는 것은 여기까지. 나머지는 알아서들 생각해."라는 거야.

자신만의 답을 찾아서

비트겐슈타인 선생님의 강의는 여기까지다. 우리는 먼저 철저한 논리적 사고로 말할 수 있는 것과 말할 수 없는 것이 무엇인지 생각하고, 말할 수 없는 것에 대한 자기 나름의 답을 찾아내야 한다. 앞머리에서 든 예의 경우라면, A와 B에 대한 자신의 마음을 전부 문장으로 써 보거나 C와 D의 주장을 전부 문장으로 적어 보며 생각하는 것이다. 그렇게 하면 '말할 수 있는(진위를 판정할 수 있는) 부분'과 '말할 수 없는(진위를 판정할 수 없는) 부분'을 파악할 수 있다. 그리고 이렇게 해서 밝혀진 말할 수 없는(진위를 알 수 없는) 부분이야말로 정말로 중요한 부분이다.

답을 낼 수 없는 부분에 집중해 자기 나름의 답을 내놓는 것이 답이 없는 질문에 대한 문제 해결인 것이다.

POINT

중요한 것은 문제를 깊게 생각해서 밝혀낸 '말할 수 없는 것'이다.

Book 14

인류가 스스로의 자유를 내던지고
나치에 열광한 이유

자유로부터의 도피

에리히 프롬 Erich Fromm

1900~1980년. 독일의 사회심리학, 정신분석, 철학 연구자. 정신분석에 사회적 시점을 도입해, 이른바 '신프로이트파'의 대표적 존재로 평가받았다. 진정으로 인간적인 생활을 가능케 하는 사회적 조건이란 무엇인지를 평생에 걸쳐 탐구한 휴머니스트로도 유명하다.

왜 사람들은 나치에 열광했는가

사람은 누구나 자유롭게 살기를 바란다. 개중에는 이런 회사원도 있다. '매일 상사의 명령대로 일하는 건 이제 진저리가 나. 독립해서 내가 하고 싶은 일을 마음껏 하겠어!'

이렇게 생각한 회사원 A는 '일단 독립부터 하자.'는 생각으로 회사를 그만뒀다. 그런데 막상 독립하니 너무 자유로운 나머지 무엇을 해야 할지 결정할 수가 없었다. 시간은 넘쳐났지만 머릿속에서는 생각이 다람쥐 쳇바퀴 돌듯이 반복될 뿐이었고, 의논할 상대도 없이 하루하루가 무의미하게 흘러갔다.

'으음…. 소원대로 자유로워지기는 했지만, 하루하루를 이런 식으로 보내는 건 너무 괴롭네.' 그토록 바라 마지않던 자유를 얻었는데 왜 이렇게 되어 버린 것일까?

이 책에는 '진정한 자유란 무엇인가, 그리고 인간의 자유와 사회는 어떤 관계에 있는가.'가 깊게 고찰되어 있다. 저자인 에리히 프롬은 1900년에 독일에서 태어난 유대계 심리학자다. 그러나 나치가 정권을 잡자 1934년에 미국으로 이주했고, 미국이 제2차세계대전에 참전한 1941년에 이 책을 출판했다. 프롬은 아직 이론이 완성되지 않은 단계였음에도 과감히 이 책을 출판했는데 당시 나치가 유럽을 점령함에 따라 인류가 수백 년에 걸쳐 쌓아 왔던 자유와 민주주의가 위기에 빠져 있었기 때문이다.

근대 유럽의 역사는 자유를 획득하기 위한 투쟁의 역사라고 말할 수 있다. 900만 명에 이르는 전사자를 낸 제1차세계대전(1914~1918년)은 자유를 획득하기 위한 전쟁이었다. 그래서 당시 많은 사람이 '자유를 획득하기 위한 최후의 승리를 쟁취했다.'고 생각했다. 그런데 전쟁이 끝나고 불과 수년 후에 자유를 정면으로 부정하는 새로운 조직이 출현했다. '국가사회주의 독일 노동자당^{Nationalsozialistische Deutsche Arbeiterpartei}', 훗날 히틀러가 이끌게 되는 나치다.

나치는 사람들에게 권위에 복종할 것을 강요하며 순식간에 독일을 장악했다. 그렇다면 독일 국민은 공포에 떨면서 어쩔 수 없이 나치에 복종한 것일까? 절대 그렇지 않다. 오히려 그 반대였다. 히틀러는 당시 모범적인 민주주의 헌법으로 불렸던 독일 공화국 헌법(바이마르 헌법) 아래에서 민주적으로 독일 총리에 당선되었다. 사람들은 열광적으로 나치를 지지했으며, 스스로 자유를 포기하고 나치에 복종을 맹세했다.

이에 프롬은 '이것은 독일만의 문제가 아니라 인류 공통의 과제인 자유민주주의의 위기야. 나치가 세계 정복을 노리고 있는 지금, 한가하게 이론을 완성시키고 있을 시간이 없어.'라고 생각했다. 그리고 신프로이트학파(사회학화된 프로이트주의) 심리학자로서 견식을 총동원해 '왜 인간은 손에 넣은 자유를 포기하고 복종하는가?'를 고찰한 뒤 이 책을 출판한 것이다.

안타깝지만 이런 상황은 현대에도 반복되고 있다. 1990년대의 일본에서는 많은 젊은이가 자발적으로 옴 진리교에 입신했고, 그 후 옴 진리교는 무차별 테러를 일으켰다. 나치도 옴 진리교도 인간의 본성이 낳은 괴물인 것이다. 그렇다면 왜 인간은 자유를 포기하고 싶어 하는 것일까?

왜 인간은 자유로부터 도망치는가

"사람들하고 만나는 거 정말 귀찮아. 자유롭게 살았으면 좋겠어."라고 입버릇처럼 말하던 B는 어느 날 무인도로 끌려가 "여기에서 자유롭게 사십시오."라는 말을 들었다. 이렇게 해서 완전한 자유를 손에 넣었지만, 식량과 주거지의 확보는 물론 모든 것을 자기 책임으로 해결해야 했으며 자신이외에는 아무도 없는 무인도에서 고독하게 살아야 했다. 결국 견디다 못한 B는 이렇게 중얼거렸다. "예전의 생활로 돌아가고 싶어…."

앞에서 소개한 A의 상황은 바로 이런 것이다.

프롬은 이 책에서 자유에는 소극적 자유(~로부터의 자유)와 적극적 자유(~을 향한 자유)의 두 종류가 있다고 말했다. 소극적 자유를 얻은 사람은 고독과 무력감을 느끼기 시작한다. 누구도 의지할 수 없으며, 모든 것이 자기 책임이다. 결국 책임의 무게를 견딜 수 없게 되어 기껏 얻었던 자유로부터 도망치기 시작한다.

무인도에서 그토록 바라던 자유를 손에 넣었던 B도 기껏 얻은 자유를 포기하고 싶어 했다. 회사를 그만둔 A도 소극적 자유(~로부터의 자유)밖에 생각하지 않았다는 점에서 B와 전혀 다르지 않다.

제1차세계대전에 패배한 독일도 마찬가지였다. 1918년의 독일혁명으로 제정 군주제가 폐지되고 의회민주주의에 입각한 공화제가 실현되면서 독일 국민들은 자유를 손에 넣었다. 그러나 군주 또는 황제가 사라지고, 국가에 대한 신뢰는 실추되었다. 오랫동안 모아 놓았던 돈도 하이퍼인플레이션으로 소멸되고 말았다. 중산 계급을 중심으로 한 독일 국민은 무엇을 믿어야 할지 알 수 없어 방황하기 시작했으며 고독감과 불만을 느끼기 시작했다. 그리고 이런 흐름에 편승해 등장한 히틀러의 나치를 열광적으로 지지한 것이다. 그렇다면 왜 그들은 나치를 지지했을까?

프롬은 16세기의 종교혁명을 그 배경으로 꼽았다. [Book 2]《그리스도인의 자유》를 쓴 마르틴 루터의 종교개혁으로 독일에서 프로테스탄티즘이 탄생했다. 그 결과 사람들은 가톨릭교회의 권위로부터 해방되었지만, 그 대신 교회를 거치지 않고 개인이 압도적인 신과 직접 대치하게 됨에 따라 권위에 복종하기 쉬운 사람이 탄생했다는 것이다. 프롬은 소극적 자유로부터 도피하는 사람의 행동 패턴을 다음의 세 가지로 분석했다.

권위주의

간단히 말해 호가호위狐假虎威다. 개인에게 없었던 힘을 얻기 위해 자신을 무엇인가와 융합시키려 한다. 대기업의 사원이 "저는 ○○사의 사원입니다."라고 자신을 소개하는 것도 ○○사라는 권위와의 융합이다.

사회적 약자인 중산 계급은 '독일 민족의 찬미, 정복과 지배에 대한 갈망, 인권적·정치적 소수파를 향한 증오, 지도자에 대한 맹목적 복종'이라는 나치의 이데올로기에서 감정을 뒤흔드는 큰 매력을 느껴 나치를 열광적으로 믿었다. 그들은 히틀러의 말을 신의 말처럼 여겼고, 나치와 일체화되고 싶다는 마음에서 자발적으로 나치에 참여하기를 갈망했다. 권위주의에는 나치 간부처럼 권위를 휘두르며 지배하는 패턴도 있다. 양자는 언뜻 정반대로 보이지만, 개인의 고독으로부터 도피해 '지배당하고 싶다.', '지배하고 싶다.'며 타인에게 의존한다는 점은 일치한다.

파괴성

대상을 파괴함으로써 괴로움으로부터 도피하려 한다. 여기에는 다시 두 가지 패턴이 있다. 지인이 성공한 모습을 SNS에서 발견하고 질투를 느껴 뒤에서 악담을 쓰는 것은 파괴성이 외부를 향한 패턴이다. 반대로 열등감을 느끼고 '나는 왜 이렇게 못났을까.'라며 풀이 죽는 것은 파괴성이 자신을 향한 패턴이다. 나치는 이 파괴성을 조직적으로 이용했다. 중산 계급이 지닌 파괴성의 충동에 호소해 이들을 외적과의 싸움에 이용하고, [Book 15]《죽음의 수용소에서》에서 소개하듯이 유대인을 대량 학살했다. 또한 새로운 체제에 반대하는 활동을 펼칠 조짐이 있다고 판단한

독일인 수천 명을 '치료'라는 명목으로 강제수용소에 감금하고 풀어주지
않았다.

기계적 획일화

사람은 타인의 생각이 자신의 생각으로 치환된 것을 의외로 잘 깨닫지
못한다. 가까운 예로, 상사가 "○○이 참 좋더라."라고 말하면 어느새 그
'○○이 좋다.'가 자신의 생각이 되어 버리고는 한다. 이것이 심해지면 사
람은 자신이기를 포기하고 기계가 되며, "이걸 해."라는 지시를 받으면 아
무런 판단도 하지 않고 그 지시에 따른다. 제2차세계대전이 끝난 뒤, 한나
아렌트는 [Book 16]《예루살렘의 아이히만》에서 자신의 의지를 갖지 않
고 조직의 지시대로 엄숙하게 유대인을 강제수용소에 보냈다고 말하는
아돌프 아이히만을 분석했다.

나치는 사람을 조종하는 기술이 매우 뛰어났다. 지지자를 모아서 대중
집회를 빈번히 개최한 것도 그 수단 중 하나였다. 프롬은 히틀러가 자신의
저서 《나의 투쟁》에서 쓴 내용을 소개했다. "새로운 운동의 귀의자가 되
고자 할 때, 개인은 고립적인 느낌이 들면서 '나밖에 없는 것은 아닐까?'
라는 공포심에 사로잡히는 경향이 있다. 그러나 대중 집회에서 자신과 뜻
이 같은 거대한 집단을 보면 비로소 힘과 용기를 얻는다."

권위주의, 파괴성, 기계적 획일화를 통해 자유로부터 도피한 사람들을
거두어들임으로써 나치는 대중을 지배했고, 비인도적인 행동을 시작했
다. 옴 진리교도 '이 사회에는 내가 있을 곳이 없어.'라고 느낀 젊은이들을
거두어들임으로써 거대해졌고, 무차별 테러를 시작했다. 이 두 집단의 공

통점은 개인의 존엄성을 짓밟았다는 것이다. 개인의 존엄성을 타인에게 맡겨서는 안 된다. 그렇다면 어떻게 해야 할까?

적극적 자유를 위해 자발적으로 행동하라

이 책에서 프롬이 소개한 또 하나의 자유는 '~을 향한 자유'라는 적극적 자유다. 인간에게는 '나는 무엇이 될 것인가?'를 머릿속에서 그리고, 그것을 실현하기 위해 행동하는 힘이 있다. 오타니 선수는 고등학생 시절에 '메이저리거가 되어서 명예의 전당에 입성하겠어.'라는 구체적인 꿈을 그리고 그 꿈을 향해 한 발 한 발 나아갔다. 사람은 '~를 향한 자유'의 추구를 통해 자신의 존엄성을 지키는 자발적인 행동을 할 수 있다. 그렇기에 '~로부터의 자유'가 아니라 '~를 향한 자유'인 것이다.

현대사회에서 사는 우리는 다양한 선택지를 갖고 있다. 회사원이라면 회사의 간판을 이용해 상품 개발이나 신규 비즈니스, 고객과의 공동 프로젝트 같은 혼자서는 할 수 없는 대형 프로젝트를 시도할 수 있다. 보통은 잘 깨닫지 못하지만, 회사원은 자신의 생각 이상으로 '~를 향한 자유'라는 적극적 자유를 추구할 수 있는 위치에 있다. 또한 인터넷은 개인의 강력한 무기다. 유튜버로 활약하는 사람도 있고, 인터넷에 공개한 만화를 계기로 만화가로서 대성공한 사람도 있다. 이렇게 말하는 나도 2006년부터 시작했던 블로그 활동이 책 집필의 계기가 되었다.

프롬은 "사랑도 자발적인 활동이다."라고 말했다. 여기에서 말하는 사랑은 상대방의 성장이나 행복을 바라는 마음이다. 가족이나 연인뿐만 아

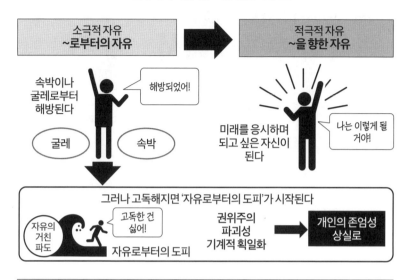

니라 친구나 세계도 그 대상이다. '세상을 위해, 사람들을 위해'라는 생각
으로 하는 행동도 넓은 의미에서는 사랑이다.

넓은 시야로 바라보면 역사는 인류가 더 큰 자유를 획득하는 진화의 과
정이다. 그러나 프롬이 이 책에서 예견했듯이, 나치의 전체주의는 인류에
거대한 재난을 불러왔다. 다음에는 그곳에서 실제로 일어났던 일을 묘사
한 빅터 프랭클의 [Book 15]《죽음의 수용소에서》를 소개하겠다.

POINT

자유로운 삶이란 '나는 이런 사람이고 싶다.'고 생각하며 행동하는 것이다.

Book 15

극한 상황에서 살아갈 의미를 묻다
죽음의 수용소에서

빅터 프랭클 Viktor Frankl
1905~1997년. 오스트리아의 정신과 의사, 심리학자. 빈대학교 재학 시절 아들러와 프로이트의 제자가
되어 정신의학을 공부했다. 제2차세계대전 중 나치에 강제수용소로 보내졌던 경험을 기록한 《죽음의
수용소에서》를 출판했다. 실존 분석 또는 로고테라피로 불리는 독자적인 이론을 전개했다.

모든 인생에는 반드시 의미가 있다

인생을 살다 보면 아무리 긍정적인 사람이라도 "이런 끔찍한 인생을 사는
게 대체 무슨 의미가 있는 걸까?"라고 절규하고 싶어지는 순간이 찾아오
기 마련이다. 만약 그런 상황에 놓였다면 이 책을 꼭 읽어 보길 바란다.

오스트리아계 유대인인 빅터 프랭클은 심리학자인 프로이트와 아들러
에게 가르침을 받은 뒤 정신과 의사가 되었다. 그리고 1941년 12월에 결
혼해 가정을 꾸렸는데, 불과 9개월 뒤에 아내 그리고 부모와 함께 나치의
강제수용소로 끌려갔다. 그 후 프랭클은 전쟁이 끝나기 직전인 1945년 4

월에 수용소에서 해방되었지만, 아내와 부모는 수용소에서 목숨을 잃었다.

프롬이 [Book 14]《자유로부터의 도피》에서 경고했던 나치가 인류에 불러온 재난 중 하나인 강제수용소의 실태를 묘사한 이 책은 압도적인 현실을 기반으로 극한 상황에서의 인간의 본질을 그린 철학서이기도 하다. 이 책은 제2차세계대전이 종결된 이듬해인 1946년에 빈에서 출판되었다. 현재는 20개가 넘는 언어로 번역되었으며 누계 1,000만 부 이상의 판매량을 기록하고 있다. 여담이지만, 구판에서 묘사한 수용소의 참혹한 실태가 다큐멘터리로 각광을 받은 것에 당혹감을 느낀 프랭클은 1977년에 구판을 대폭 수정한 신판을 내놓았다.

감정을 잃어버린 사람들

강제수용소로 이송된 사람들은 소지품을 전부 빼앗겼을 뿐만 아니라 남녀를 불문하고 알몸이 되었다. 나치는 그들의 신분을 증명하는 것은 물론 이름까지 빼앗고 그 대신 피수용자 번호를 문신으로 새긴 뒤 번호로 관리했다. 한 명의 인간이 아니라 그저 숫자로 취급한 것이다. 프랭클도 119104번이라는 숫자를 부여받고 강제 노동에 종사했다.

그러나 강제 노동에 종사한 프랭클은 그래도 운이 좋은 편이었다. 수용소에 도착한 사람들은 길게 줄지어서 나치 친위대 장교 앞에 섰다. 장교는 오른손을 든 채로 사람들을 한 명 한 명 바라본 뒤 둘째손가락을 오른쪽 또는 왼쪽으로 움직였고, 사람들은 지시받은 방향으로 향했다. 장교는 전체의 90퍼센트를 왼쪽으로 보냈다. 한편 프랭클은 오른쪽이었다.

그날 밤, 프랭클은 왼쪽으로 간 사람들이 가스실로 보내져 살해당한 뒤 소각되어 재가 되었음을 알게 되었다.

수용소 생활이 시작된 지 며칠 후, 사람들에게서 변화가 나타났다. 감정의 상실이었다. 병, 폭력, 죽음을 일상적으로 접하게 되자 마음이 마비되어 내면부터 서서히 죽어 갔다. 누군가가 병으로 죽으면 동료들은 시체에 몰려들어 그 사람이 남긴 식량, 신고 있던 신발, 입고 있던 옷 등을 가져갔다. 수용소에서는 그런 것들이 자신의 생사를 결정했기 때문이다. 사람들은 오로지 생명의 유지라는 하나의 과제에 감정을 집중했다.

수용소에서는 개인 생명의 가치가 철저히 무시되었다. 병자를 이송할 때는 짐수레에 몸이 비쩍 마른 병자를 대충 쌓은 다음 눈보라가 몰아치는 가운데 수 킬로미터 떨어진 다른 수용소로 실어 갔다. 병자가 이미 죽었더라도 상관하지 않고 함께 실었다. 피수용자 번호가 명단과 일치하기만 하면 생사는 아무래도 상관이 없었다. 목숨보다 번호가 더 중요했던 것이다.

이 책의 구판에는 수용소의 표어가 소개되어 있었다.

"몸을 파괴해라, 정신을 파괴해라, 마음을 파괴해라."

비인도적 행위는 나치가 인간을 파괴하기 위해 주도적으로 계획하고 구축한 시스템 아래에서 실행된 것이었다. 이런 가혹한 상황 속에서 인간의 자유는 어디에 있는 것일까? 프랭클은 이렇게 말했다.

"사람은 강제수용소에 타인을 처넣고 모든 것을 빼앗을 수 있다. 그러나 단 한 가지, 주어진 환경에서 어떻게 행동할 것이냐는 인간으로서의 마지막 자유만큼은 빼앗지 못한다."

이런 상황 속에서도 스쳐 지나갈 때마다 따뜻한 말 한마디를 건네고 얼마 안 되는 자신의 빵을 양보하는 사람들이 있었던 것이다. 이 지옥 같은 강제수용소에서 우리는 무엇을 배울 수 있을까?

대부분의 피수용자는 수용소에서 어떻게 살아남을 것인가?를 고민했다. 그러나 정신과 의사로서 환자에게 살아갈 의미를 발견시키는 심리 요법인 로고테라피*Logotherapy*를 연구했던 프랭클은 다른 문제를 고민했다.

'이 모든 고통과 죽음에는 의미가 있는 것일까?'

'이 고통을 어떻게 받아들여야 하는가?'

이 수용소의 고통에는 어떤 의미가 있는 것일까? 프랭클은 자신의 경험을 소개했다. 수용소에서 어떤 여성이 세상을 떠났다. 며칠 안에 죽을 것임을 깨달은 그 여성은 밝은 목소리로 이렇게 말했다.

"저는 제 운명에 감사해요. 이렇게 가혹한 경험을 시켜줬는걸요. 아무런 불편함 없이 살던 시절의 저는 응석만 부릴 뿐 정신에 관해 진지하게 생각해 본 적이 없었어요."

인생의 마지막 며칠 동안 그 여성은 점점 내면을 깊게 성찰해 갔다. 이런 경험을 바탕으로 프랭클은 이렇게 말했다.

"강제수용소에 있었던 사람들은 대부분 '언젠가 이곳에서 해방되어 내 진가를 발휘할 수 있게 될 날이 찾아올 거야.'라고 믿었다. 그러나 사실 인간의 진가는 바로 강제수용소에서 발휘되었다."

이것은 지금도 마찬가지다. 우리는 '언젠가 나의 진가를 발휘하겠어.'라고 생각하는 경향이 있지만, 그때는 미래의 언젠가가 아니다. 바로 지금 이 순간이다. 이 순간이 인생의 마지막 순간까지 이어지는 것이다. 의미가 있느냐 없느냐는 그 결과일 뿐이다.

자신을 객관적으로 바라보라

'저녁으로 나온 소시지를 빵과 교환해야 할까?', '상으로 받은 담배를 빵과 교환해야 할까?', '끊어진 신발 끈을 어떻게 해야 할까?', '이번 그룹의 반장은 폭력적인 사람일까?' 이런 사소하지만 생사로 직결되는 고민의 중압감에 매일같이 짓눌리면서 프랭클의 마음은 꺾여 갔는데, 어떤 트릭이 그를 구했다. 그 트릭은 수많은 청중 앞에서 '강제수용소의 심리학'이라는 주제로 강연을 하고 있는 자신을 떠올리는 것이었다. 이렇게 하자 온갖 괴로움이 객관화되었고, 학문이라는 한 단계 높은 곳에서 그 괴로움을 관찰할 수 있게 되었다고 한다. 괴로움을 없앨 수는 없지만 그 덕분에 괴로움을 초연하게 바라볼 수 있게 된 것이다.

프랭클의 방법은 우리에게도 적용 가능하다. 나는 큰 병을 앓은 적도 있고 커다란 문제 상황의 책임자로서 도망칠 수 없는 상황에 몰린 적도 있는데, 그럴 때일수록 '이런 경험은 쉽게 할 수 있는 게 아니야. 앞으로 어떻게 될지 알아맞혀 보자.'라며 마치 드라마를 보듯이 한 발 떨어져서 상황을 지켜봤다. 이것은 현실 도피가 아니다. 어려운 문제를 해결하기 위해 온 힘을 다하는 가운데 그런 자신을 바라보는 또 다른 자신을 의식의 한구석에 두기만 해도 공황에 빠지지 않고 냉정함을 되찾을 수 있다.

그렇다면 정신과 의사인 프랭클은 수용소에 있는 자신 이외의 타인에 대해 어떻게 행동했을까? 가혹한 환경의 수용소에는 살아갈 의미를 잃어버린 사람이 많았다. 프랭클은 자살을 생각하며 자신에게 "이제 삶에 대해 그 어떤 기대감도 느껴지지 않습니다."라고 토로한 두 사람의 이야기를 소개했다. 그 두 사람에게 프랭클은 "살아 있다면 미래에 당신을 기다릴 무엇인가가 있을 겁니다."라고 전했다. 그러자 한 명은 "제가 돌아오기를 기다리는 자식이 있습니다.", 다른 한 명은 "그러고 보니, 집필 중인 책을 아직 완성하지 못했네요."라고 말했다. 그리고 두 사람 모두 자살을 단념했다.

프랭클은 "살아갈 의미에 관한 질문을 180도 방향을 전환해서 해야 한다."라고 말했다. 살아갈 의미는 여러분이 인생에 묻는 것이 아니다. 인생이 여러분에게 묻는 것이다. 그리고 '산다.'는 것은 이 질문에 대답할 의무를 떠맡는 것이다. 그 대답은 사람마다 다르다. 모범 답안 같은 것은 존재하지 않는다. 같은 사람이라도 때와 장소에 따라 달라진다. 그러나 이렇게 말하는 사람도 많을 것이다.

"'인생의 의미는 인생이 당신에게 묻는 것'이라고 해도, 그 의미를 모르니까 괴로운 거라고⋯." 맞는 말이다. 프랭클은 1982년에 출판한 저서 《태초에 의미가 있었다》에서 이렇게 말했다. "사람들은 풍요로운 사회 속, 복지 국가 속에서 더욱 불행해진다."

현대는 수용소와 정반대로 온갖 욕구가 충족되는 편리하고 풍요로운 사회다. 그러나 아무리 기다려도 '의미를 향한 욕구'는 충족되지 않는다. 그래서 우리는 충족되지 않는 마음을 끌어안고 있다. 그런 자유로부터 도피해 타인에게 의미를 향한 욕구를 추구하면 [Book 14]《자유로부터의 도피》에서 묘사했듯이 나치나 옴 진리교 같은 조직에 조종당하고 만다. 적극적으로 '자기 인생의 의미＝나는 왜 살고 있는가?'를 탐구해야 하는 것이다.

그러려면 성공이냐 실패냐가 아니라 자신에게 의미가 있느냐 아니냐를 기준으로 생각하는 것이 중요하다. 성공·실패를 기준으로 생각하면 자신 이외의 요인에 우왕좌왕하고 만다. 그러나 자신에게 의미가 있느냐를 기준으로 생각하면 모든 것은 자신이 하기 나름이 된다. 자신이 무엇에서 의미를 느끼는지 스스로 생각하는 것이다. 열심히 궁리해 보면 "돈이나 오락, 놀이에 의미가 있다."라고 말하는 사람은 의외로 적을 터이다. 프랭클은 일, 경험, 사랑, 그리고 의외로 괴로움과 마주하는 태도가 중요하다고 말했다.

자신의 괴로움은 누구도 대신해 줄 수 없다. 그러나 괴로움을 받아들이면 새로운 가능성이 열린다. 나도 괴로움을 극복했을 때 더욱 성장했음을 실감하고 있다. 새로운 자신은 괴로움을 극복한 그 너머에 있다. 이것은 현재도 다르지 않다. 인생에 의미가 있느냐 없느냐는 괴로움에서 어떤 의미를 찾아내느냐에 달린 것이다.

이 책은 고통스러울 때일수록 여러분의 곁에서 큰 힘을 줄 것이다. 개인의 존엄성은 결코 타인에게 맡겨도 되는 것이 아니다. 우리는 그런 사회를 만들어 나가야 한다. 그런데 나치에서 학살에 관여한 자들은 어떤 사람들이었을까? 다음에는 이에 관해서 다룬 책을 소개하려 한다.

POINT

> 살아갈 의미는 당신이 인생에 묻는 것이 아니다. 인생이 당신에게 묻는 것이다.

Book 16

평범한 사람은 어떻게
세계 최대의 악을 저질렀을까
예루살렘의 아이히만

한나 아렌트 Hannah Arendt

1906~1975년. 독일 출생의 미국인 정치철학자. 나치 정권이 수립된 뒤 파리와 미국으로 망명해 유대인 구출 활동에 종사했다. 저서 《전체주의의 기원》 등을 통해 나치즘과 소련의 볼셰비즘·스탈린주의 등의 전체주의를 분석했다.

평범한 인간이 악마가 되는 순간

훌륭한 대기업이 거대한 범죄를 저지를 때가 있다. 당사자는 평범하고 성실한 사원들이다. 왜 그들은 범죄에 발을 들여놓은 것일까? 이 책은 그 이유를 밝혀내기 위한 힌트를 제공한다.

[Book 14]《자유로부터의 도피》에서 프롬이 분석했듯이, 자유를 부정한 나치의 출현은 충격적인 사건이었다. 이 책은 그 나치의 내부에서 일어난 일을 묘사했다. 저자인 한나 아렌트는 독일 출생의 유대인 철학자로, 하이데거의 가르침을 받았다. 나치가 정권을 잡은 1933년에 파리로 망

명해 유대인 구조 활동에 종사했고, 프랑스가 독일에 항복하자 이듬해인 1941년에 남편과 함께 미국으로 망명했다.

제2차세계대전이 끝난 뒤, 아렌트는 나치가 유대인 600만 명을 학살한 사실을 알고 충격을 받았다. 그리고 '왜 인간은 이런 무서운 짓을 저지를 수 있는 것일까?'라는 의문에서 전체주의를 연구하기 시작해, 1951년에 대표작인《전체주의의 기원》을 출판했다. 아렌트는 이 책에서 전체주의라는 악이 탄생하는 과정을 밝혀내 세계의 주목을 받았다.

그로부터 9년 후인 1960년, 아렌트는 유대인 대량 학살의 주범 격인 아돌프 아이히만이 체포되었으며 예루살렘에서 재판이 시작되었다는 사실을 알게 되었다. 나치의 성립 과정을 연구했지만 개인이 나치와 관계를 맺는 과정까지는 알 수 없었던 아렌트는 재판을 지켜보는 것이 자신의 사명이라고 생각해 재판을 방청했다. 이 책은 그 보고서를 정리한 것이다. 인간은 어떻게 전체주의에 지배당하고 악을 행하는 것일까?

아이히만의 재판

아이히만은 독일이 패망한 후 열린 전쟁 범죄자 재판에서 수없이 이름이 거론되었다. 독일의 전 외무장관은 "히틀러도 아이히만의 영향을 받지 않았다면 바보 같은 짓은 하지 않았을 것"이라고 증언했다. 나치 친위대 중령인 아이히만은 대량 학살의 책임자로 생각되었지만 패전 직후 모습을 감췄는데, 1960년에 이스라엘의 비밀경찰인 모사드가 아르헨티나에 숨어 있던 아이히만을 납치해 이스라엘로 데려갔다. 이때 이스라엘의 총리는 아르헨티나 대통령에게 보내는 편지에서 아르헨티나의 법률을 침해하면서까지 아이히만을 납치한 이유를 이렇게 설명했다.

"(아이히만을 납치한 이유는) 유럽 전역에 걸쳐 전례가 없는 규모로 대량 학살을 조직한 인물이 아이히만이기 때문입니다."

그러나 아렌트는 예루살렘의 법정에 나타난 아이히만의 모습을 보고 큰 위화감을 느꼈다. 괴물로 불렸던 아이히만은 어디에서나 볼 수 있는 평범한 중년의 사내였다. 그는 법정에서 이렇게 말했다.

"저는 유대인 살해에 전혀 관여하지 않았습니다. 저는 유대인이든 비유대인이든 단 한 명도 죽이지 않았습니다. 애초에 사람을 죽여 본 적이 없습니다. 유대인이나 비유대인을 살해하라고 명령한 적도 없습니다."

상사의 명령과 독일의 법률을 따랐을 뿐이라고 주장한 것이다. 강한 신념이 있어서 나치에 입당한 것이 아니고, 나치를 진심으로 따르지도 않았으며, 당의 강령도 알지 못하고, 나치의 성전인 히틀러의 저서 《나의 투쟁》도 읽어 본 적이 없으며, 반유대주의자도 아니었다. 재판에서 "이것은 당신의 명령이었소?"라는 질문을 받으면 "그건 제가 있었던 부서의 관할이 아닙니다.", "상사의 명령을 받아서 실행했을 뿐입니다."라는 말만 반복했다. 분명히 유대인을 강제수용소로 이송하는 작업의 책임자였지만, 강제수용소가 어떤 곳인지도 강제수용소에서 유대인을 어떻게 대하는지도 흥미가 없었다고 한다. 그저 시키는 대로 일하고 출세에만 관심이 있는, 우리 주변에서 흔히 볼 수 있는 평범한 인간이었던 것이다.

아렌트는 그런 평범한 인간이 대량 학살에서 중요한 역할을 맡은 경위를 재판을 통해 밝혀 나갔다.

아이히만은 누구인가

평범한 중산 계급의 아들로 태어난 아이히만은 전문학교를 중퇴하고 이 직업 저 직업을 전전하다 1932년에 나치에 입당했으며, 나치 공안부를 지원해 유대인 관리 담당자가 되었다. '유대인을 배제해 독일 민족의 피를 정화한다.'라는 인종 차별적 이데올로기의 소유자인 히틀러가 이끄는 나치는 1935년에 독일에서 정권을 잡자 유대인의 시민권을 박탈하는 뉘른베르크 법을 제정했고, 아이히만은 유대인을 외국으로 강제 이주시키는 일을 했다.

1938년에 오스트리아의 유대인 이주 센터장으로 취임한 아이히만은 18개월 동안 유대인 15만 명을 이주시키는 큰 성과를 올렸고, 그 후 출세해 독일 제국 유대인 이주 센터장이 되었다. 그러나 그는 유대인을 싫어하지 않았으며 반유대주의자도 아니었다. 그저 자신이 맡은 일을 했을 뿐이라고 한다.

1939년에 제2차세계대전이 시작되자 독일은 유럽의 수많은 국가를 점령했는데, 그 점령지에는 수백만 명에 이르는 유대인이 있었다. 이들에 대해 나치가 내놓은 방침은 유대인 문제의 최종적 해결이었다. 여기에서 '최종적 해결'은 살해라는 의미다.

나치는 직접적인 표현을 사용하는 대신 다른 용어를 제정해 우회적으로 표현했는데, 아렌트는 "이런 용어 제정은 자신이 하고 있는 일을 충분히 생각하지 않게 만드는 효과가 있었다."라고 말했다. 옴 진리교도 "죽여라."라고 직접적으로 말하지 않고 높은 세계로 전생시킨다는 의미의 티베트어를 사용해 "포아해라."라고 말했다.

이윽고 아이히만의 업무는 유대인을 강제수용소로 보내는 것으로 바뀌었다. 이 무렵의 아이히만은 강제수용소의 실태를 보고 충격을 받아, 스스로 의사 결정을 하지 않고 반드시 명령에 의거해서 일하게 되었다고 한다. 아렌트는 이렇게 말했다. "그의 감수성은 완전히 사라져버렸다. (중략) 그가 한 일은 전부 자신이 판단할 수 있는 한도에서는 법을 지키는 시민으로서 행한 것이었다. (중략) 그는 명령을 따를 뿐만 아니라 법률도 따랐던 것이다." 자신의 의견 없이 상사가 시키는 대로만 움직이는 회사원의 전형적인 모습이다.

철학자인 아렌트는 아마도 아이히만이 한 이 말에 충격을 받았을 것이다. "저는 지금까지 인생을 살면서 늘 도덕에 대한 칸트의 가르침, 특히 칸트가 정의한 의무를 따라 왔습니다." 아이히만은 칸트의 정언명령인 "내 의지의 원리는 언제나 보편적 입법의 원리가 될 수 있는 것이어야 한다."를 알고 있었다. 그러나 본래의 정언명령은 '맹목적으로 복종하지 말고 스스로 판단하라.'는 것이다. 이것을 아이히만은 다음과 같이 곡해하며 자신을 정당화했다.

'이 세계에서는 칸트의 가르침이 통용되지 않으니 내 의지가 히틀러 총통의 의지와 일치하도록 행동하자.' 실제로 나치의 간부인 한스 프랑크는 '제3제국의 정언명령'으로써 "총통이 너의 행위를 알았을 때 긍정하도록 행동하라."라고 말했다. 나치 치하의 독일에서는 히틀러가 보편적인 법이었던 것이다.

이렇게 해서 동기도 신념도 없는 평범한 인간이 세계 최대의 악을 저질렀다고 아렌트는 분석했다.

완전히 새로운 유형의 악

아이히만은 사형을 선고받았고, 형이 집행되었다. "전체주의 속에서 명령과 법을 따른 인간을 처벌할 수 있는가?"라는 질문을 자신에게 계속 던진아렌트는, 평범한 인간인 아이히만은 자신이 나쁜 짓을 저지르고 있다는명확한 자각 없이 악의 평범성이라고도 말할 수 있는 완전히 새로운 유형의 악을 저질렀다고 생각했다.

아렌트는 "새로운 죄, 인간의 도리에 대한 죄는 유대 민족 전체를 지구상에서 말살하기를 바란다고 선언했을 때 출현했다."라고 말했다. 이것은인류의 다양성, 인류와 인간성이라는 말 자체가 의미를 잃는, 인간 지위의특징에 대한 공격이라는 것이다. 아렌트는 이 책을 이렇게 마무리했다.

"어떤 종류의 인종을 지구상에서 영원히 말살하는 것을 공공연한 목적으로 삼는 사업에 휘말리고, 그 속에서 중심적 역할을 연기했기에 그(아이히만)는 말살되어야 했던 것이다."

"정치에서 복종과 지지는 같은 것이다. 그리고 유대 민족 및 다른 몇몇나라의 민족과 함께 이 지구상에서 살기를 바라지 않는(마치 당신과 당신의 상사에게 이 세계에 누가 살고 누가 살아서는 안 되는지 결정할 권리가 있기라도 한 듯이) 정책을 당신이 지지하고 실행했기에, (중략) 당신과 함께이 지구에서 살기를 바라는 것은 기대할 수 없다고 우리는 생각한다. 이것이 당신이 교수형을 당해야 하는 이유, 그것도 유일한 이유다."

재판은 '한나 아렌트'라는 제목으로 영화화되었다. 영화의 마지막에 아렌트는 이렇게 이야기했다.

"사유思惟의 힘은 지식을 익히기 위한 것이 아닙니다. 선과 악, 아름다움과 추악함을 분간하는 힘이지요. 위기 상황에서도 생각하기를 포기하지 않을 때 인간은 강해집니다."

스스로 사유하기를 포기하면 우리는 설령 법과 명령을 100퍼센트 따른다 해도 거악의 중심인물이 될 수 있는 것이다. 아렌트는 사유의 포기야말로 아이히만이 최대의 범죄자가 된 요인이라고 생각했다. 그렇게 되지 않기 위해서는 끊임없이 사유하며 스스로 선과 악, 아름다움과 추함을 판단해야 한다.

영화에서는 이 책이 출판된 뒤 아렌트가 유대인 사회를 비롯해 세상으로부터 비난당하는 모습이 그려진다. 그들은 논문도 읽지 않고 "아이히만이 극악무도한 인간이 아니라는 결론은 용납할 수 없다."라고 비난했다. 편견만으로 아렌트를 비방했고, 수많은 유대인 친구가 아렌트의 곁을 떠났다. 사실 아렌트는 불편한 사실도 언급했다. 나치의 유대인 사냥에 협력한 유대인의 존재, 이스라엘이 아이히만을 재판하는 것에 대한 의문 등이다. 사면초가 속에서도 아렌트는 사실을 바탕으로 사유를 계속했으며, 문제를 끊임없이 생각했다. 이 사유하기를 멈추지 않는 자세는 훌륭할 만큼 일관적이었다. 끊임없이 사유하는 아렌트의 자세는 분명히 본받아야 할 자세일 것이다.

앞부분에 썼듯이, 기업 범죄가 잇따르고 있다. 당사자들은 대부분 성실하게 일하고 회사의 법과 명령을 따른 평범한 회사원이다. 회사의 내규를 따르면 된다는 단순한 이야기가 아니다. 선악을 판단하기 위한 사유를 포기하면 우리는 거악의 당사자가 되며, 조직적인 범죄가 일어난다. 인간은 결코 생각하기를 포기해서는 안 된다.

다만 이 이야기에는 커다란 반전이 있다. 재판 과정에서 아이히만이 보여준 모습은 연기이며 재판관과 아렌트는 사실 아이히만에게 속았다고 폭로한 충격적인 책이 출판된 것이다. 그 책은 독일의 철학자이자 역사학자인 베티나 슈탕네트가 2011년에 출판된《예루살렘 이전의 아이히만 *Eichmann vor Jerusalem*》이다. 마지막으로 이 책의 내용을 소개하겠다.

평범한 아이히만의 진짜 얼굴

아렌트의 책을 읽고 아이히만은 조직의 작은 톱니바퀴인 줄 알았던 슈탕네트는 독일 국내의 오래된 신문과 책을 읽고 위화감을 느꼈다. 아이히만에게 최종 해결자, 대량 살육자, 유대인의 황제 같은 이명異名이 있었던 것이다. 그래서 '예루살렘 이전의 아이히만의 모습을 밝혀낼 필요가 있다.'고 생각했다.

마침 그 무렵 아르헨티나 국내의 수많은 문서관文書館에서 아이히만에 관한 방대한 기록문서와 녹음이 발견되기 시작했다. 슈탕네트는 이 방대한 정보를 분석한 뒤 600페이지가 넘는 이 책을 썼다. 그 내용은 가히 충격적이었다.

제2차세계대전 중의 아이히만은 자기 과시욕이 매우 강하고, 한 명이라도 더 많은 유대인을 죽이고자 혈안이 되었던 권력 지향적인 인물이었다. 결코 공무원에 만족하는 사람이 아니었다. 중요 인물이고자 하는 욕망이 강해서, "나는 600만 명의 죽음에 책임이 있기에 유대인 최고의 적이다."라고 자랑스럽게 이야기한 적도 있었다.

제2차세계대전이 끝난 뒤 아이히만이 숨어 살았던 아르헨티나에는 거대한 나치 공동체가 있어서 이들은 나치의 재건을 호시탐탐 노리고 있었다. 아이히만은 이 조직에 큰 영향을 끼치는 위치에 있었으며, 나치 동지들과 회의를 했다. 저자인 슈탕네트는 아르헨티나에서 아이히만이 쓴 문서와 녹음된 회의의 내용을 분석했다. 그 분석에 따르면 아이히만은 전통적인 도덕관을 일절 부정하며 인간의 존엄성에 대한 존중이 완전히 결여된 인물이었다. '독일인의 탁월한 힘은 독일 민족의 우수성에서 비롯되었다.'라는 사상의 소유자이며, 인종 간 투쟁의 본질을 자원을 둘러싼 투쟁으로 파악하고 한정된 지구의 자원을 독일 민족이 지배해야 한다고 생각했다.

그런데 역사적으로 정착지가 없고 정신의 관용을 숭배하며 국제적으로 행동하는 인종이 있었다. 바로 유대인이다. 독일 민족이 세계를 지배해야 한다고 생각하는 아이히만에게 유대인은 말살해야 할 민족이었으며, 제2차세계대전 중의 '독일은 자신들의 의무'를 다했을 뿐이므로 무죄였다. 아이히만은 항상 유대인의 세계적 음모를 저지하기 위해 유대인 문제의 유일한 해결책으로써 유대인의 절멸을 생각했다. 그는 철저한 민족주의자였으며, 모든 인종과의 최종 투쟁을 거쳐 국민 사회주의 국가를 만드는 것을 이상으로 여겼다.

아이히만은 강제수용소로 보내는 유대인을 양계장에 보내는 닭과 같은 수준으로 생각했다. 노동에 투입할 때 유대인이 도움이 되지 못해 수리가 필요한 상태여서는 곤란하기 때문에 미리 선별하는 시스템을 만들기 위해 고심했는데 그 시스템이 매우 원활히 작동하게 되어서 자랑스럽다는 이야기를 동료들에게 한 적도 있었다. (책에서는 명시하지 않았지만, 선별하는 시스템이란 수용소 도착 후 90퍼센트가 보내지는 가스실을 가리키는 것으로 생각된다.)

아이히만은 강제수용소로 사람을 보낸다고 생각하지 않았다. 그에게는 그저 원재료를 공급하는 것이었다. 인간성을 위해 자신의 목숨을 거는 자는 방해물일 뿐이었기에 아이히만은 그들을 심하게 나무랐다

그러나 아이히만은 이스라엘로 납치를 당하자 태도를 바꿔 진부한 인물을 연기했고, 자신에게 불리하게 작용할 발언은 전부 봉인했다. 아이히만은 유대인의 약점과 본능을 잘 알고 있었다. 그것은 지식 같은 보편적 이념을 최상위에 둔다는 것이다. 유대인은 지성주의와 학문을 증오보다도 상위에 두는 경향이 있다. 그래서 아이히만은 이 본능에 호소하는 전략을 채택했다. 결국 사형이 선고되기는 했지만 '지식의 충동을 충족시키면 나를 죽이지 않겠지.'라고 생각했던 것이다.

그가 언급한 칸트의 정언명령도 단순히 칸트의 애독자인 척한 것이다. 아이히만에게 칸트가 제창하는 인류의 평등은 거짓말이고 기만이며 경멸해야 할 사상이었다. 예루살렘에서 아이히만은 인문주의자와 박애주의자, 철학 숭배자를 완벽히 연기했고, 그 연기에 이스라엘의 관계자들도 아렌트도 완전히 속아 넘어갔다. 모두가 그의 협력적인 태도를 칭찬하며 "그는 나와 이야기할 수 있었던 것을 고마워하고 있을 것"이라고 말했다. 당시의 그들에게는 정보가 턱없이 부족했던 것이다.

미국의 역사가인 리처드 H. 킹은 2015년에 출판된 저서《아렌트와 미국Arendt and America》에서 홀로코스트를 연구한 역사가들의 주장을 소개했다.

크리스토퍼 브라우닝은 "아렌트는 중요한 개념을 파악했지만 올바른 예를 제시하지 못했다."라고 말했고, 데이비드 세자라니는《아이히만: 그의 인생과 범죄*Eichmann: His Life and Crimes*》에서, 데보라 립스타트는《아이히만 재판*The Eichmann Trial*》에서 악의 평범성이라는 테제를 단호히 거부했다.

나치의 대량 학살을 평범한 악이 아니라 확신적인 진짜 악이 실행했다면 이야기는 완전히 달라진다. 우리는 '전체주의는 평범한 악이 불러왔다.'라고 생각했지만, 실제로는 확신적이고 교활한 진짜 악의 리더가 나치를 움직였던 것이다. 최근 들어 전체주의 국가가 증가하고 있으며, 일부에서는 학살도 벌어지고 있다. 그 원인 중 하나는 제2차세계대전 후에 전체주의 국가를 움직이는 아이히만 같은 인물에 대한 이해와 대처가 충분하지 못했기 때문일 수도 있다.

그러나 한정된 정보 속에서도 아렌트는 중요한 개념을 구축했다. 앞으로의 연구에서 더 큰 발전이 있기를 기대한다.

POINT

어떤 상황 속에서도 사유하기를 포기하지 말고 선과 악, 아름다움과 추악함을 분별하라.

Book 17

인간은 자유라는 형벌을 받고 있다

실존주의란
무엇인가

장 폴 사르트르 Jean-Paul Sartre

1905~1980년. 프랑스의 철학자, 소설가, 극작가. 고등사범학교에서 철학을 공부했으며, 평생의 반려자 시몬 드 보부아르를 만나게 된다. 소설 《구토》와 철학 논문 《존재와 무》 등으로 주목받으며 실존주의 철학의 기수로서 활동했다.

자유라는 형벌

'오늘부터는 완전히 자유야! 누구의 지시도 받지 않고, 전부 내가 결정할 수 있어!'

내가 긴 회사생활 끝에 독립했던 그날, 이런 해방감에 젖어 있던 내 마음속에 갑자기 불안감과 고독감이 엄습했다.

'잠깐, 지금 마냥 좋아하고 있을 때가 아니야. 그동안 꼬박꼬박 입금되었던 급여를 이제 더는 받을 수 없어. 영업도, 상품 개발도, 경영도, 재무회계도, 이제부터는 전부 스스로 해결해야 한다고.'

알고는 있었지만 회사라는 조직 속에 몸담고 있는 동안 잊고 있었던 사실들이 그날 현실로 모습을 드러낸 것이다.

사르트르라면 그런 내게 이렇게 말할 것이다. "축하하네. 드디어 깨달았군. 인간은 그런 존재라네."

장 폴 사르트르는 실존주의를 제창한 인물로, 20세기를 대표하는 프랑스의 철학자이자 작가다. 그의 대표적인 책《실존주의란 무엇인가》는 1945년에 파리의 클럽에서 사르트르가 강연했던 내용을 기록한 것이다. 당시 프랑스는 4년 동안 계속되었던 나치의 지배로부터 해방되어 자유를 되찾은 직후였다. 한편 나치의 강제수용소에 대한 진실이 서서히 알려지면서 '인간은 어디까지 잔인해질 수 있는가?', '인류의 종말이 가까워진 것은 아닐까?'라는 불안감을 느끼던 시대이기도 했다.

그 시기의 파리에서는 언론인들이 실존주의자라고 부르는 젊은이들이 큰 화제가 되었다. 그들은 세상의 온갖 부조리를 느끼고 있었다. '어른들에게 맡겼더니 나치에게 점령당하지를 않나, 유대인 사냥과 대학살이 벌어지지를 않나, 모든 게 엉망이야. 세상은 무의미해.' 그들은 요상한 옷차림으로 생제르맹데프레(파리의 지적·문화 활동의 중심지) 일대에 모여들었고, 하루에 30분밖에 일하지 않으면서 낮에는 카페에서, 밤에는 바 또는 카바레에서 시간을 보냈다. 실존주의자는 요즘 식으로 말하면 번화가에 모여드는 불량 청소년 같은 속어로, 좋은 의미가 아니었다. 그러나 사르트르는 그들과 종종 이야기를 나눴다. 사르트르의 사상은 '세상은 무의미해.'라는 실존주의자들의 생각에 가까웠던 것이다. 다만 그러면서도 사르트르는 "나는 실존주의자가 아니다."라며 선을 긋고 있었는데, 이 책을 통해 그는 처음으로 "나는 실존주의자다."라고 선언한다. 이 책 이전에 사르트르가 썼던 《구토》나 《존재와 무》는 난해해서 일반인이 읽기 쉬운 책이 아니었지만, 이 책은 사르트르의 사상을 상당히 통속적으로 소개하고 있어 이해하기 쉽다.

그 후 사르트르의 사상은 전 세계의 지식인과 젊은이들의 마음을 사로잡았고, 사르트르는 사상계의 스타가 되었다.

사르트르가 실존주의에서 생각한 것은 인간의 자유에 관해서였다. 이 책의 요점을 살펴보자.

실존은 본질에 앞선다

실존주의자에는 두 부류가 있다. 하나는 그리스도교를 믿는 유신론적 실존주의자로, 대표적인 인물은 카를 야스퍼스와 쇠렌 키르케고르다. 그리고 다른 하나는 신을 믿지 않는 무신론적 실존주의자로, 대표적인 인물은 니체와 하이데거, 그리고 사르트르다.

실존주의란 '실존은 본질에 앞선다.'라는 사상이다. 사르트르는 페이퍼 나이프를 예로 들며 설명했다. 페이퍼 나이프는 장인이 '종이를 자르는 나이프를 만들자.'고 생각해서 만든 것이다. 장인이 '종이를 자른다.'라는 페이퍼 나이프의 본질을 생각한 결과 페이퍼 나이프라는 실존이 탄생했다. 페이퍼 나이프는 '본질이 실존에 앞선' 것이다.

18세기까지의 철학 사상은 이 생각을 인간에게 적용했다. 장인에 해당하는 신이 'ㅇㅇ을 위해 인간을 만들자.'고 생각해서 페이퍼 나이프에 해

앞서는 것은 본질인가? 실존인가?

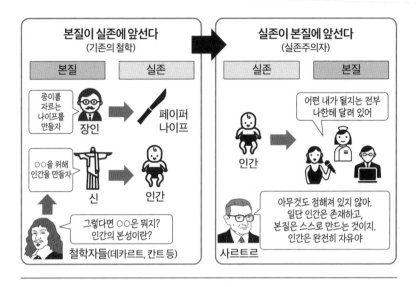

당하는 인간이라는 실존이 만들어졌다. 이 전제 아래 유신론적 실존주의 자들은 '신이 생각한 인간의 본질인 ○○이란 무엇인가?'를 생각했다. 많은 철학자가 이 사고방식에 사로잡혀 있었다. 데카르트나 칸트도 '본질은 실존에 앞선다.'라는 전제에서 '인간의 본성이란 무엇인가?'를 생각했다.

그러나 사르트르 같은 무신론적 실존주의자는 다르다. '○○을 위해 인간을 만들자.'라고 생각하는 신은 존재하지 않는다. 인간은 아무런 본질도 결정되지 않은 채 세상에 존재하고 있다. 자신의 본질을 정의하는 주체는 자기 자신이다. 이것이 '실존은 본질에 앞선다.'의 의미다.

일단 인간은 존재한다. 그러나 사전에 정해진 것은 하나도 없다. '나는 어떻게 될까?'라는 본질은 자신에게 달려 있다. 이 세상에 의미 따위는 없다. 인간은 완전히 자유인 것이다.

자유라는 절망이 낙관을 낳는다

'인간은 완전히 자유이며, 모든 것은 자신에게 달려 있다.'라는 자유로운 상황을 실감하면 가령 독립 직후의 나처럼 고독감을 느끼게 된다. 우리 한 사람 한 사람은 자신의 실존에 모든 책임을 지며, 변명은 용납되지 않는다. 이런 상황을 사르트르는 이렇게 비유했다.

"인간은 자유라는 형벌을 받고 있다."

그렇다면 어떻게 해야 할까? 사르트르는 이렇게 말했다. "인간은 스스로가 만들어나가는 것 이외에는 아무것도 아니다. 이상이 실존주의의 제1원리다. (중략) 인간은 먼저, (중략) 미래 속에 자신을 투기投企할 것을 의식해야 한다. (중략) 주체적으로 살아가는 것이 바로 투기인 것이다."

투기投企는 영어로 프로젝트Project다. 비즈니스의 프로젝트에서는 상품 계획이나 도시 계획처럼 미래에 무엇을 실현할지 기획하고, 그것을 향해 주체적으로 최선을 다한다. 사르트르는 인간도 마찬가지로 자신의 인생을 프로젝트처럼 만들어가라고 한 것이다.

그러나 온갖 것이 자유라면 자칫 '내가 할 수 있을까?'라는 불안감에 빠질 수 있다. 이 세상에서 자신은 외톨이다. 그 무엇도 의지할 수 없고, 무한한 책임을 쳐야 하며, 아무도 도와주지 않는다. 그럼에도 혼자서 목표를 세우고 그 목표를 실현해야 한다. 그러나 사르트르는 이런 절망적인 상황을 이해할 때 비로소 인간은 '좋았어, 주체적으로 움직이자.'라는 낙관적인 의욕을 가질 수 있다고 말했다.

사르트르의 주장을 정리하면 이렇다. "당신은 '세상은 무의미하고 부조리해.'라고 탄식하지. 잘 깨달았네. 자네 말이 맞아. 의미는 자네가 만들어야 해. 우리는 완전히 자유라네. 쓸데없는 굴레는 전부 잊어버리게. 불안하겠지만, 불안한 게 정상일세. 그 절망을 이해할 때 비로소 주체적으로 움직일 수 있다네." 그는 이렇게 말했다. "불안감이 책임감과 불가분의 관계인 것과 마찬가지로, 절망은 의지와 한 몸이다. 절망과 함께 진정한 낙관이 시작된다".

사르트르 사상은 기본은 비관주의이지만 행동은 낙관주의다. 언뜻 보면 모순적인 사상인 것이다.

자유로운 우리가 하는 온갖 선택이 세상을 만든다. 사르트르는 "설령 선택하지 않더라도 역시 선택한 것임을 알아야 한다."라고도 말했다. 이는 선거 투표를 생각하면 이해하기 쉬울 것이다. "나는 세상에 관여하기 싫어서 투표하지 않아."라는 사람도 사실은 '투표하지 않는다.'라는 행동으로 세상에 관여하고 있다. 투표하지 않는 것은 지지하는 것과 같다. 완전히 자유롭기에 인간은 세상의 다양한 굴레에 속박되어 있다.

프롬은 [Book 14]《자유로부터의 도피》에서 사람들이 자유를 버리고 나치에 복종을 맹세한 상황을 분석한 뒤 "'~를 향한 자유'라는 적극적 자유를 추구하시오."라고 주장했다. 사르트르는 이 제언을 더욱 진화시켜 "인간은 자유라는 형벌을 받고 있다. 그렇기에 더더욱 자신을 투기하고 적극적으로 책임을 받아들이자."라고 말한 것이다.

고정관념을 뒤엎는 생각들

사르트르는 "인간이란 ○○이다."라는 기존의 철학이 말해 온 것을 전부 의심했다. [Book 12] 《존재와 시간》의 하이데거와 마찬가지로 사르트르는 [Book 11] 《현상학의 이념》을 쓴 후설에게서 현상학을 배웠다. 기성 관념을 뒤엎는 사르트르의 자세에서는 의심할 수 있는 것을 전부 괄호로 묶어서 판단 정지(에포케)해버리는 현상학의 향기도 분명히 느껴진다. 그래서 사르트르는 처세훈이나 금언을 행동을 강압적으로 규정하는 것이라며 매우 싫어했고, 이를 금과옥조로 여기는 사람을 불쌍한 사람이라고 불렀다. '인간은 자유롭다.'라는 신조를 지녔던 사르트르는 관습이나 굴레에 얽매이지 않고 주체적으로 선택하는 것이 무엇보다 중요하다고 생각했던 것이다.

사르트르는 생활 방식도 파격적이었다. 집 없이 호텔에서 살았고, 젊은 시절에 《제2의 성》의 저자인 보부아르와 2년 동안 서로의 자유연애를 보장하는 계약 결혼을 한 뒤 평생에 걸쳐 관계를 지속했다. 결혼도 판단 정지를 하여 '애초에 결혼이란 뭐지?'라고 생각했던 것이다. 또한 노벨상도, 프랑스에서 최고위의 훈장인 레지옹 도뇌르 훈장도 사퇴했다. 지위나 명예 같은 권위와는 철저히 거리를 둔 것이다. 허무감이 넘쳐났던 제2차세계대전 이후의 세계는 이런 사르트르의 사상을 열광적으로 받아들였고, 사르트르는 시대의 총아가 되었다.

사르트르 철학의 배경에는 프랑스를 점령한 나치에 철저히 항전해 자유를 쟁취했던 경험이 자리하고 있는지도 모른다. 그래서 사르트르 철학은 항상 자유에 철저히 집착하는 것이리라. 다만 그 철학에 보편성이 있다고 생각한 것이 사르트르의 한계가 아니었을까 생각된다. 시대의 총아였던 사르트르도 1960년대가 되자 구조주의의 대두와 함께 추락한다. 이 이야기는 다음의 [Book 18]《야생의 사고》(클로드 레비스트로스)에서 소개하겠다.

사르트르가 말했듯이, 자유와 불안감은 표리일체다. 우리 대부분은 회사원이다. 회사라는 조직의 보호막에 둘러싸여 자유와 불안감은 표리일체라는 리얼한 현실로부터 보호받아 온 것이다. 그러나 지금은 한 회사에서 정년까지 일할 수 있는 시대가 아니다. 우리는 사회에 진출해 약 80년이라는 세월 동안 사회와 관계를 맺으며 살아간다. 그리고 회사원은 회사 조직에서 벗어난 순간 회사라는 보호막을 잃고 자유라는 불안감과 마주하게 되는데, 그것이 인간의 본래 모습이다. 인생 100년 시대, 우리는 좋든 싫든 자유로운 처지에 놓이게 된다.

그리고 그 순간이 찾아오면 사르트르가 이야기했던 실존주의 사상이 우리를 지탱해 줄 것이다.

POINT

> 자유와 표리일체인 절망을 이해할 때 비로소 주체적으로 행동할 수 있게 된다.

Book 18

사르트르에게 일격을 날린
구조주의의 시조

야생의 사고

클로드 레비스트로스 Claude Lévi-Strauss

1908~2009년. 프랑스의 사회인류학자, 민족학자. 전문분야인 인류학과 신화학에서 높은 평가를 받고 있다. 또한 자크 라캉, 미셸 푸코 등 그의 영향을 받은 인류학 이외의 연구자들과 함께 현대사상으로서의 구조주의를 구축해 구조주의의 시조로 불린다.

20세기 최고의 문화인류학자

이 책은 20세기 최고의 문화인류학자로 불리는 클로드 레비스트로스가 남아메리카 원주민을 대상으로 실시한 현지 조사를 토대로 1962년에 출판한 것이다. 오늘날에도 석기시대와 다르지 않은 생활을 하는 부족 사회가 있는데, 우리는 그들을 야만스러운 사회라고 생각하는 경향이 있다. 그러나 레비스트로스는 방대한 현지 조사를 통해 그들의 사회가 사실은 풍요로우며 고도의 지적 사회임을 실증했다. 이 발견은 '서양문화는 인류 진화의 선두에 서 있다.'라고 믿었던 사르트르 등 서양철학자의 생각을 산산이 깨부수며 20세기 현대 철학의 일대 조류인 구조주의를 탄생시켰다. 구조주의란 '사람은 사회구조에 물들어 그 사회에 적합한 가치관과 사고방식을 익힌다.'라는 생각이다.

우리는 자신이 모든 것을 자유롭게 생각한다고 믿지만, 이 책을 읽으면 사실은 그것이 환상임을 알게 된다. 그리고 사회구조에 입각한 한 단계 높은 시야에서 객관적으로 생각할 수 있게 된다. 세계화가 진행되고 있는 오늘날, 이것은 다양한 사회와 접할 때 매우 중요한 관점이다.

깊고 지적인 미개인의 사고

이 책에서는 고도의 지적 능력을 지닌 미개인의 방대한 사례가 실려 있다. 다음은 그중 일부다.

볼리비아의 고원 지대에 사는 아이마라 부족은 식료품 보존의 달인이다. 제2차세계대전 중, 미군은 그들의 탈수 기술을 도입해 매시드포테이토 100인분을 신발 상자 정도의 부피로 압축하는 데 성공했다.

필리핀의 피그미족은 모두가 최소 식물 450종류, 조류 75종류, 거의 모든 뱀·물고기·곤충·포유류, 개미 20종류를 식별할 수 있었다. 또한 각 생물의 습성에 관해서도 박식했다.

캘리포니아 남부의 사막 지대에는 수천 명의 카후일라 부족이 살고 있다. 언뜻 보면 척박한 지역이지만, 그들은 천연 자원을 고갈시키지 않고 풍요롭게 살고 있었다.

지금으로부터 1만 년 전의 신석기시대에 토기·직물·농경·가축화 등의 기술이 탄생했다. 그들의 뛰어난 지적 문명은 신석기시대의 이런 기술들을 계승한 것으로, 오랜 가설 검증을 반복한 끝에 얻어낸 결정체다. 레비스트로스는 그들의 그런 사고방식을 야생의 사고라고 이름 지었다. 야생의 사고는 '마침 그 자리에 있는 것으로 만든다.'는 브리콜라주Bricolage라는 개념에 바탕을 두고 있다. 이것은 근대의 과학적 사고와는 다르다. 요리에 비유하면 이 둘의 차이를 쉽게 이해할 수 있다. 근대의 과학적 사고는 프렌치 레스토랑의 셰프가 엄선한 식재료를 최고의 기술로 요리하는 것과 같아서, 맛있는 요리를 안정적으로 만들어낸다. 한편 브리콜라주는 '냉장고 안에 있는 쓰고 남은 고기와 채소를 전부 집어넣고 볶은 요리'라든가 '저녁에 먹고 남은 반찬으로 만든 도시락' 같은 것이다. 이쪽은 이쪽대로 의외로 맛있는 경우가 있다. 이처럼 목적에 맞춰서 마침 그 자리에 있는 것(요소)들을 조합해 의외로 유용한 결과물을 만들어내는 것이 브리콜라주다. 신석기시대 이후 약 1만 년 동안, 미개사회는 이런 브리콜라주에 바탕을 둔 야생의 사고를 통해 유지되어 왔다.

어디에나 공통된 구조가 있다

언뜻 보면 각 미개사회는 저마다 다른 방식으로 생활하는 듯이 보인다. 그러나 '미개사회에는 공통된 구조가 있지 않을까.'라는 의문을 느낀 레비스트로스는 '그 구조를 밝혀내자.'고 생각했다. 그렇다면 구조란 무엇일까?

세계에는 다양한 인사법이 있다. 미국은 악수를 하거나 가볍게 껴안고 프랑스는 뺨에 키스한다. 중국은 가슴 앞에서 손을 맞잡는다. 태국은 합장을 하며, 케냐의 키쿠유족은 상대의 손에 침을 뱉는다고 한다. 이처럼 다종다양한 인사법이 있어서 언뜻 봐서는 분류가 어려울 것 같지만, 상대에게 경의를 표함으로써 안심시킨다는 점은 만국 공통이다. 이런 근본적인 공통점이 바로 구조다.

레비스트로스는 이 책에서 수많은 사회를 분석·분류해 미개사회에 공통되는 구조를 밝혀내고 야생의 사고의 방대한 구조를 제시했다. 그런 까닭에 이 책에서는 방대한 미개사회의 사례와 면밀한 구조 분석이 길게 이어지며, 이 때문에 난해한 책이라는 말을 듣는다. 여기에서는 그 구조 분석의 한 사례인 혼인제도를 소개하겠다.

이 세상의 그 어떤 사회에서든 근친혼(형제끼리 또는 부모 자식 사이의 결혼)은 금기로 여겨진다. 이것은 어떤 구조일까? 미개사회의 혼인제도를 분석한 레비스트로스는 여성의 교환이라는 공통 구조를 찾아냈다. 그는 복수의 부족 사이에서 혼인 규칙을 바꾸면 부족 간의 관계가 어떻게 변화하는지를 모델화했다. 부족 내에서 근친혼을 실시하면 부족 내부의 사람들은 부족 외부의 세계를 모르고 살게 된다. 그러면 부족 내부의 결속은 강해지지만 반대로 부족 외부를 적으로 간주하게 되어 부족 사이에서 분쟁이 격렬해진다.

그러나 이런 격렬한 분쟁을 계속할 수는 없는 노릇이다. 그래서 분쟁을 피하기 위해 부족들이 대화를 나눠 부족 내의 근친혼을 금지하고 부족 간에 여성을 교환하는 시스템을 만들면 부족 사이에 친척 관계가 형성됨에 따라 부족끼리의 분쟁이 사라지고 평화롭게 살 수 있게 된다. 필요하다면 식량도 서로 나누게 된다. 이렇게 해서 미개사회는 근친혼을 금지하고 여성을 매개체로 한 커뮤니케이션을 통해 분쟁을 방지하는 구조를 만드는 것이다.

레비스트로스는 이런 식으로 미개사회의 여러 가지 관습과 규칙 구조를 상세히 해명함으로써 미개사회에 공통되는 구조가 있음을 보여줬다. 그리고 미개사회를 현대의 서양사회와 비교했다.

차가운 사회와 뜨거운 사회

우리 현대인의 머릿속에는 '역사는 계속 진화·발전한다.'라는 생각이 뿌리를 내리고 있다. 이것은 불과 수 세기 전에 시작된 과학적 사고의 발상이다. 그러나 신석기시대 이래 1만 년 동안의 인류는 이런 생각을 하지 않았다. 그래서 레비스트로스는 차가운 사회와 뜨거운 사회라는 구분법을 제안했다.

차가운 사회에서는 변화를 흡수하면서도 '지금의 사회를 안정시켜 지속시키는 것이 중요해.'라고 생각한다.

뜨거운 사회에서는 역사는 진화하고 사회는 지속적으로 발전하므로 '낡은 관습은 파괴하고 바꿔 버리자.'라고 생각한다.

두 사회의 차이는 역사관의 차이에서 비롯된다. 미개사회(차가운 사회)의 사람이 우직하게 관습을 지키는 모습을 보고 '발전하려는 마음이 없어.'라고 단정하는 것은 뜨거운 사회의 가치관이다. 반대로 현대사회(뜨거운 사회)가 새로운 도전을 위해 관습을 잇달아 파괴하는 모습을 본다면 차가운 사회의 사람은 '왜 소중한 조상님의 말씀을 지키지 않는 거지?'라고 생각할 것이다. 여기에 정답은 존재하지 않는다.

요점은 어느 사회에 있느냐에 따라 사고방식이 정반대가 된다는 것이다. 우리는 '자유롭게 생각하고 있다.'고 생각하지만, 실제로는 반드시 자신이 소속되어 있는 사회구조의 틀 안에서 생각하고 있다. 이 사회구조의 차이를 모르고 "인간의 자유는 절대적이야!"라고 주장하는 사람은 단순히 우물 안 개구리일 뿐이다. 이렇게 해서 문화인류학자의 현지 조사가 구조주의의 기점이 되었다.

이 구조주의라는 발상은 독선을 버리고 객관적으로 세계와 자신의 관계를 바라보고자 할 때 중요한 역할을 한다.

인간사회는 두 종류로 나뉜다

차가운 사회 (미개사회)		뜨거운 사회 (현대사회)
야생의 사고	사고 형식	과학적 사고
신석기시대부터	언제부터?	수 세기 전부터
역사의 변화를 흡수하면서 사회를 안정시킨다	역사관	역사는 지속적으로 진화·발전하며 사회는 변화한다
관습은 조상님의 말씀. 철저히 지킨다	관습	관습은 파괴해야 할 장애물

시대의 총아를 침몰시킨 구조주의

이 책의 마지막 장은 [Book 17]《실존주의란 무엇인가》의 저자인 사르트르를 비판하는 내용이다.

야생의 사고의 기본은 '집단 전체의 유지와 관습이 중요하다.'는 것이다. 한편 사르트르는 "인간은 자유롭다. 관습에 속박되지 말고 역사의 진보에 공헌하자. 앙가주망을 통해 올바른 역사 만들기에 적극적으로 참여하라."라고 주장했고, 그 일례로 알제리 독립전쟁을 지지했다. 또한 맹우인 알베르 카뮈가 이 전쟁에 대해 "양측의 주장 모두 일리가 있다."라고 말하자 "나는 전혀 동의할 수 없다."라며 절교했다. 1960년경까지 사르트르는 프랑스 사상계에 군림했으며, 자신의 철학에 이의를 제기하는 논적論敵들을 속속 일도양단해 버리는 시대의 총아였다.

사르트르는 뜨거운 사회의 사고를 인간의 형태로 만든 듯한 인물이었다. 그런 그에게 "미개사회에는 풍요로운 지혜가 있다."라는 레비스트로스의 주장은 제일 먼저 없애야 할 장애물이었다. 그래서 사르트르는 저서 《변증법적 이성 비판》에서 "역사의 선두를 달리는 우리가 미개사회의 그들을 이끌어야 한다."라고 주장하며 레비스트로스를 비판했다.

레비스트로스는 그 비판에 대답해야 했다. 레비스트로스에게 "인간의 모든 것은 서양사회에 있다."라고 주장하는 사르트르 철학은 오만함 그 자체였다. 서양사회는 수많은 사회구조의 한 형태에 불과하며, 미개사회는 '역사는 진보한다.'고 생각하지 않기 때문이다. "미개사회를 이끌어야 한다."는 주장에 이르러서는 그저 난감하고 불쾌할 따름이었다.

레비스트로스는 이 책에서 사르트르 철학에 관해 이렇게 말했다.

"민족학자에게 이 철학은 (다른 모든 철학과 마찬가지로) 제1급의 민족지적民族誌的 자료다. 현대의 신화를 이해하고자 한다면 이 철학의 연구는 불가피할 것이다."

이것은 재치 있게 표현하기는 했지만 매우 강렬한 비아냥거림이었다. 요컨대 이런 의미다.

"사르트르 씨의 철학은 (다른 서양철학도 그렇지만) 당신이 야만인이라고 부르는 미개사회와 같은 수준에 있는 하나의 사상일 뿐입니다. 만약 우리가 현대의 신화를 해명하려 한다면 당신의 철학만큼 좋은 연구 재료도 없겠지요."

레비스트로스가 날린 혼신의 일격은 나는 새도 떨어트릴 기세였던 사르트르 철학을 추락시켰고, 현대 철학의 주류는 순식간에 실존주의에서 구조주의로 교체되었다.

사실은 우리도 사르트르와 같은 함정에 빠지는 경우가 많다. 앞에서 "미개사회에서는 여성이 커뮤니케이션의 수단이었다."라고 소개했다. 혹시 여러분은 그 부분을 읽고 '그건 여성에 대한 인권 침해잖아.'라고 생각하지 않았는가? 이것은 현대사회의 시각으로 바라봤기 때문이다. 그런 사회에 있는 여성에게는 아마도 공기처럼 당연한 일일 것이다.

심리학자인 쉬나 아이엔가는《선택의 심리학》에서 이런 이야기를 했다. 아이엔가는 시크교도다. 시크교도는 부모들이 자식의 결혼을 결정하는 것을 당연하게 여겨서, 아이엔가의 부모님은 결혼식 당일이 되어서야 상대의 얼굴을 봤다고 한다. 시크교 사회에서는 '결혼은 가족 전체의 문제. 본인이 아니라 타인에게도 적절한 상대를 고를 능력이 있다.'고 생각

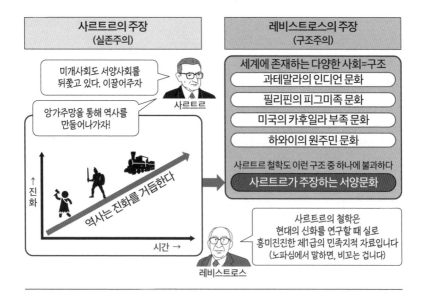

한다. 아이엔가 부모의 결혼도 양가의 할머니들이 이야기해서 결정한 것이었다. 그들에게는 이것이 상식이며, 결혼 후의 행복감도 높다고 한다. 그런 그들에게는 혼자서 결혼 상대를 결정할 수 있는 사회가 더 야만스럽게 생각될지도 모른다. '그런 중요한 문제를 혼자서 결정해도 되는 거야?'라는 의문을 느끼는 것이다.

나도 개인적인 경험이 있다. 23세에 처음 미국 출장을 갔을 때였다. 점심을 먹다가 휴가 이야기가 나와서, 이탈리아인 동료에게 "일본에서는 소화하지 못한 유급 휴가는 다음 해로 이월돼. 너희 나라는 어때?"라고 물어봤다. 그랬더니 그는 눈을 희번덕거리며 오히려 내게 물었다. "휴가를 소화하지 못한다고? 그게 대체 무슨 의미야?" 인생을 즐겁게 사는 것이 제1 덕목인 그들에게 유급 휴가를 소화하지 못하는 일은 있을 수가 없는 것이다. '세상에는 나와 사고방식이 다른 사람들이 있구나.'라고 느낀 첫 경험이었다.

사람의 사고방식은 사회 환경에 따라 완전히 달라진다. 같은 민족이라도 역사가 다르면 사고방식도 달라진다.

구조주의는 우리가 독선적인 사고방식에 빠질 위험성을 회피할 수 있게 해주는 힘을 지니고 있다. 그리고 현대사회에는 구조주의가 뿌리를 내리고 있다. 현대를 사는 우리가 '모두가 다른 것이 당연해.'라고 생각하는 것도 구조주의가 뿌리를 내린 결과인 것이다. 이 책은 그런 우리의 상식의 원점이다.

POINT

사회의 구조를 이해하면 독선적이 될 위험성을 회피할 수 있다.

Book 19

우리는 타인을 이해하지 못한다

전체성과 무한

에마뉘엘 레비나스 Emmanuel Levinas
1906~1995년. 프랑스의 철학자. 제2차세계대전 후의 유럽을 대표하는 철학자이며, 현대 철학에서 '타자론他者論'의 대표적 인물이다. 유대 사상을 배경으로 한 독자적인 윤리학과 탈무드 연구 등으로도 유명하다.

내가 아닌 사람을 이해할 수 있을까

A는 화가 나 있었다. "이제 더는 못 참겠어. 아빠하고 절연할 거야!" 고향 집에 갈 때마다 "넌 도대체 언제 결혼할 거냐. 그러다 영영 결혼 못한다."라고 잔소리를 하고, 집안 모임에서도 굳이 "얘가 아직도 노처녀랍니다."라며 친척들에게 광고를 한다는 것이다. 아버지도 물론 딸이 행복하게 살기를 바라지만, "여자는 결혼을 해야 행복해질 수 있단다."라며 딸을 이해하려 하지 않는다.

우리는 애초에 타인을 이해할 수 있을까? 에마뉘엘 레비나스는 이렇게 말했다.

"타인을 이해하기란 불가능하다. 이해했다고 생각했다면 상대를 죽이는 것과 다름없다. 하지만 최선을 다해서 이해하려고 노력하는 것이 중요하다."

우리는 "타인을 이해합시다."라는 말을 종종 듣는다. 그러나 아무리 가족이라 해도 결국은 남이다. 타인을 진정으로 이해하기는 불가능하다. 다만 이해하지 못하더라도 온 힘을 다해서 이해하고 도우려고 노력하기를 멈추지 말아야 한다. 이 책은 그런 노력의 중요성을 가르쳐 준다.

저자인 레비나스는 프랑스의 철학자이며 유대인이다. 나치 독일이 프랑스를 침공했을 때 포로가 되어 전쟁이 끝날 때까지 포로수용소에서 생활했다. 포로는 국제법으로 보호받는 까닭에 강제수용소 같은 대학살로부터는 벗어날 수 있었다. 그러나 제2차세계대전이 끝난 뒤 고향으로 돌아와 보니 친족들은 대부분 학살당했고, 유대인 공동체는 소멸되어 있었다.

인간은 타인과의 관계 속에서 살아간다. 인간관계는 공기나 물과 같은 당연한 존재다. 그런 인간관계가 완전히 소멸한 세계, 비유하자면 공기나 물이 없는 세계를 우리는 이해할 수 있을까? 레비나스는 그 상실감을 경험했다. 그는 이 경험에 대해 한 번도 이야기하지 않았지만, '나 자신이라는 존재에는 어떤 의미가 있을까?', '사람은 타인을 이해할 수 있을까?'라는 질문을 끊임없이 던졌다.

존재론보다 도덕이다

이 책은 레비나스가 자신의 타자론을 정리해 1961년에 출판한 것인데, 굉장히 난해하다. 레비나스를 스승으로 추앙하며 그의 책을 다수 번역한 사상가 우치다 다츠루는 저서인《레비나스와 사랑의 현상학》에서 이렇게 말했다. "레비나스는 너무나도 난해한 까닭에 만인에게 열려 있다. (중략) 레비나스에 관해서는 이렇게 읽어야 한다는 결정적인 방법은 존재하지 않는다. (중략) 독자의 니즈에 따라 다양한 방법으로 읽을 수 있다."

레비나스는 다양한 해석이 가능하다는 말이다. 다만 우치다는 이 말도 덧붙였다. "레비나스는 'A이며, 동시에 A가 아니다.'라는 표현을 집요하게 반복한다."

읽는 사람으로서는 "정리를 해줬으면 좋겠는데….'라고 말하고 싶어지지만, 여기에는 이유가 있다. 레비나스는 유대교도의 율법인 탈무드의 연구자다. 우치다의 설명에 따르면 레비나스는 탈무드의 수법을 답습했다고 한다. 레비나스가 가르침을 받은 탈무드의 랍비(지도자)들은 의견의 불일치나 모호함이 혼란의 근원이라고 생각하지 않는다. 오히려 어떤 성구聖句의 의미를 한 가지로 한정하지 않고 그것이 얼마나 많은 의미를 지닐 수 있는지 생각한다. 그들은 다양한 가치관과 풍요로운 대화를 중시하는 자세, 타인에 대한 경의를 지니고 있으며 대화를 신뢰한다.

그런 랍비에게 가르침을 받은 레비나스도 다양한 생각을 존중한다. 그래서 타자론을 구축하는 과정에서 나타난 다양한 이론異論도 이 책에 소개했다는 것이다. 그러면 우치다가 쓴《레비나스와 사랑의 현상학》을 활용하면서 이 책을 살펴보도록 하겠다.

레비나스는 젊었을 때 당시 철학계의 거인이었던 [Book 11]《현상학의 이념》의 후설과 [Book 12]《존재와 시간》의 하이데거에게 큰 영향을 받았다. 그러나 점차 '두 사람 모두 너무 자기중심적이지 않아?'라고 생각하기 시작했다.《레비나스와 사랑의 현상학》에는 이렇게 소개되어 있다.

후설은 '현상학적으로 생각하면 세계를 이해할 수 있다.'라고 했다. "페스트로 전 세계의 모든 사람이 죽고 나 혼자만 남더라도 세계는 존재한다는 나의 확신은 바뀌지 않는다."라고 말할 만큼 자신을 중심으로 생각했다. 레비나스와의 대화에서 후설은 모든 질문에 막힘없이 대답했다. 그러나 레비나스에게는 마치 강연에서 만인을 대상으로 사전에 준비해놓았던 답변처럼 들렸다. 대화를 중시하는 탈무드의 랍비와는 전혀 달랐다. 타인을 대하는 자세도 표면적이었다. 레비나스는 '개인의 주관과 직관을 통찰하는 현상학의 방법론은 분명 훌륭하지만, 지나치게 자기 완결적으로 완성된 탓에 마치 철학하기를 끝낸 철학자 같군.'이라고 느꼈다고 한다.

또한 하이데거의《존재와 시간》을 읽은 레비나스는 그가 역사상 최대의 철학자 중 한 명임을 금방 깨닫고 찬사를 보냈다. 그러나 한편으로는 하이데거와 나치즘의 관계를 신랄하게 비판했다. 우치다는 레비나스가 《탈무드 강독 4편_Quatre lectures talmudiques_》에서 "용서할 수 없는 독일인도 있습니다. 하이데거를 용서하기는 어렵습니다."라고 말한 것도 소개했다.

우치다는 언급하지 않았지만, 하이데거에 관해서는 [Book 16]《예루살렘의 아이히만》을 쓴 아렌트도 모든 타자는 세인世人이며 이들과 연결되면 비본래적 상태가 된다고 생각하는 하이데거 철학은 타자와의 관계를 단절시킨다고 여겼다. 이어서 그의 철학은 개인을 고독에 빠트림으로써 전체주의에 빠져들 여지를 주기 쉽다고 지적한 뒤, "타자와의 관계가 중요하다."라고 말했다. 타자를 중시하는 관점은 레비나스와 공통된다.

그리고 레비나스는 이 책에서 이렇게 말했다. "도덕은 철학의 한 부분이 아니라 제1철학이다."

제1철학이란 철학의 기초가 되는 사고방식을 뜻한다. 아리스토텔레스 이후의 수많은 서양철학자에게 제1철학은 존재론이었으며, 도덕은 부차적인 것이었다. 그러나 레비나스는 '도덕이야말로 제1철학이다.'라며 타자론을 생각해냈다. "철학은 자신의 이야기만 하는데, 타인도 중요합니다. 그것이 인간의 기본 아니겠습니까." 라는 것이다.

그러나 도덕은 어렵다. 이 책의 서문도 이런 문장으로 시작된다. "우리는 도덕에 속고 있지는 않을까? 도덕이 가장 중요하다는 것은 쉽게 동의를 얻을 수 있을 것이다."

타인은 절대 이해할 수 없는 존재

이 책에서 레비나스는 이렇게 말했다. "타자는 내가 죽이고 싶어 할 수 있는 유일한 존재다."

'죽인다니 무슨 끔찍한 소리를 하는 거야?'라고 생각했겠지만, 이 문장 이전에 레비나스는 이 말도 했다.

"죽인다는 것은 지배하는 것이 아니라 무화無化하는 것이며, 이해(포섭) 하기를 절대적으로 단념하는 것이다."

이것은 무슨 의미일까? 우치다는 《레비나스와 사랑의 현상학》에서 "내가 '나는 이 사람을 인식할 수도, 이해할 수도 없다.'라는 무능을 지각하기에 이를 때 비로소 타자는 내 앞에 그 모습을 드러낸다. 내가 타자를 파악할 수 있다고 생각하는 한, 나는 타자를 죽일 수 있다.'라고 설명했다. 또한 이 책의 일본어판을 번역한 구마노 스미히코는 "타자를 이해한다는 것은 타자를 포섭하고 소유하는 것이다. (중략) 소유란 하나의 폭력이며, 존재자의 부분적인 부정인 것이다. 소유이자 포섭인 이상, 타자를 이해하는 것 또한 타자에 대한 폭력이 된다."라고 해설했다.

요컨대 '나는 이 사람을 이해할 수 없어.'라고 자신의 무능함을 깨달았을 때 비로소 타자가 모습을 드러낸다는 말이다. '사실 나는 이 사람에 대해 전혀 알지 못하는 것이 아닐까?'라고 깊게 인식하는 것이 출발점이다.

이 출발점에 선 상태에서 레비나스는 얼굴이라는 개념을 제창했다.

얼굴을 보며 대화를 계속하자

레비나스는 '죽이자.'라는 생각을 생각에 그치게 하는 것은 '얼굴'이라고 주장하며 이렇게 말했다.

"그것은 긍정적인 형태로는 살인이라는 폭력에 얼굴이 도덕적으로 저항하는 것으로써 드러난다. 타자의 힘은 처음부터 도덕적인 것이다. (중략) 이 '전체성의 외부'는 얼굴이라는 초월을 통해서 열린다."

지금 '얼굴이 뭐지?'라고 생각한 독자도 많을 것이다. 우치다는 원서인 프랑스어의 의미에 입각해, 얼굴이란 목 위에 있는 얼굴이 아니라 자신에게 말을 걸고 관계를 맺는 존재를 의미한다고 말했다. 우리는 '타자를 이해할 수는 없다.'라고 인식한 상태에서 '그렇기에 더더욱 말을 걸고 관계를 계속하며 조금이라도 이해해보자.'라고 생각해야 한다. 유대인은 독일 민족의 영광을 위해 말살해야 할 대상이라는 나치의 일방적인 믿음은 대학살을 낳았다. 타자와 단절하지 말고 관계를 지속하는 것이 최종적으로 폭력을 저지해 비극을 회피하는 길로 이어지는 것이다.

다양성의 기본은 인간은 서로를 이해할 수 없지만, 이해하도록 서로에게 다가가는 것이다. 레비나스의 타자론은 현재의 다양성과도 일맥상통한다. 이를테면, LGBTQ(레즈비언, 게이, 양성애자, 트랜스젠더, 자신의 성정체성에 고민하는 사람 등의 성소수자를 가리키는 말)를 부정하는 것은 애초에 논외이지만 'LGBTQ는 결국 이거야.'라며 전부 이해한 듯이 생각하는 것 또한 생각해 볼 문제다. 나는 당사자들이 안고 있는 진짜 고민이나 괴로움은 잘 알지 못한다. 그렇기에 '모른다.'고 생각하면서 내가 할 수 있는 일을 해야 하는 것이다.

레비나스는 "온갖 타자에게 책임을 가지시오."라고 말했다. 생활고에 시달리는 사람들, 학교에 가지 못하는 아이들, 나아가 아프리카 등의 타국에서 가뭄에 고통받는 난민들…. 자신이 온갖 타자에 대한 책임을 지고 있음을 인식하면서 서로 이해하지 못하는 자들끼리 고민이나 문제에 관해 대화하고 함께 궁리해 해결을 꾀한다. 그렇게 해서 서로의 차이를 존중하고 이해하고자 노력하며 서로에게 관여해 나간다면 그 끝에는 인류의 더 나은 사회가 기다리고 있을 것이다.

반대로 '타자는 이해할 수 있어. 사회를 통해서 하나가 되자.'라는 생각은 전체주의의 출발점이 될 수 있어 위험하다. 먼저 '저 사람은 이런 사람이야.'라고 규정하지 말고 '사실 나는 타자를 이해하지 못해.'라고 생각하면서 대화를 통해 타자를 이해하고자 노력하고 상대에게 책임을 갖자. 이것이 첫걸음이다. 앞의 예에서도 A와 아버지가 서로 '나는 상대를 이해하지 못해.'라고 인식한다면 이것이 관계 회복의 첫걸음이 될 것이다.

우치다가 지적했듯이, 레비나스가 공부한 탈무드 자체가 레비나스의 타자론을 구현한 것이다. 하나의 말에 복수의 의미를 부여하고, 다양한 가치관과 풍요로운 대화를 중시하며, 타자에게 경의를 표한다. 이렇게 해서 다양하고 풍요로운 관점을 확보해 일원론에 빠지는 상황을 회피한다. 그래서 이 책은 읽어 봐도 금방 이해가 되지 않지만 그럼에도 무엇인가 중요한 내용이 적혀 있음을 직감적으로 알 수 있다. 이해하지 못함을 느끼면서도 빠져들고 마는 것이 레비나스의 매력이다.

그리고 우치다는 저서에서 이런 말도 했다. "레비나스가 우리에게 거듭해서 말하는 것은 요컨대 '내가 하는 말을 이해했다는 기분이 되어서는 안 된다.'라는 것이다."

개방적인 다양성 덕분에 이 세상에는 레비나스에 대한 다양한 해석이 있다. 기회가 된다면 꼭 도전해 보길 바란다.

POINT

타자는 이해할 수 없기에 더더욱 얼굴을 보며 대화를 계속해야 한다.
이것이 미래를 여는 첫걸음이다.

Book 20

초감시시대에 사는 현대 인류
감시와 처벌

미셸 푸코 Michel Foucault

1826~1984년. 프랑스의 철학자, 새로운 지식인상을 모색하고 사고의 장場 그 자체의 구조를 탐구하는 독자적인 철학적 탐구를 실시했으며, 구조주의를 발전시킨 철학자로 평가받는다. 그의 사상은 인류학, 심리학, 사회학, 범죄학 등 다방면의 연구자들에게 영향을 끼쳤다.

현대사회를 지배하는 것

내가 사회인이 된 1980년대에는 사무실에서 담배를 피우는 것이 자연스러운 일이었다. 그리고 이보다 10년 전에는 여성 사원은 야근을 할 수 없었다. 오늘날에는 있을 수 없는 직장문화이지만, 만약 현대인이 타임머신을 타고 당시로 돌아가서 회사에 있는 중년 남성에게 "그러시면 안 됩니다."라고 말한다면 그 사람은 "왜 안 되는데?"라며 어리둥절해할 것이다.

시대가 바뀌면 사고방식도 완전히 달라진다. 철학자 미셸 푸코는 저서 《말과 사물》에서 고대 중국 백과사전의 동물 분류를 보고 놀랐던 일화를 소개했다.

"황제에게 속하는 것, 향 냄새를 내는 것, 길든 것, (중략) 이야기에 나오는 것, 풀어서 키우는 개, (중략) 미치광이처럼 날뛰는 것, 셀 수도 없이 많은 것, (중략) 지금 막 항아리를 깬 것… (후략)."

현대인에게는 도저히 의미를 알 수 없는 분류법이다. 과거와 지금의 동물을 분류하는 구조가 다른 것이다. 푸코는 '이것은 사고의 한계를 보여준다.'라고 생각했다. 우리는 '나는 자유롭게 생각하고 있어.'라고 생각하지만, 실제로는 그 시대의 지식구조를 따르면서 생각하고 있다. 그 구조는 시대와 함께 변화한다. 고대 중국에서 살았던 사람들에게 '포유류, 파충류….'라는 현대의 동물 분류법을 가르친들 그들은 '포유류…? 그게 뭐지?'라고 생각할 뿐이다.

푸코는 이처럼 '각 시대에는 독자적인 지식구조가 있다.'라고 생각하고 그 시대 고유 지식의 심층 구조를 에피스테메$_{Episteme}$라고 명명했다. 그리고 고고학자가 지층을 발굴해 그 시대에 무슨 일이 일어났는지 분석하듯이 서양 문명의 각 시대의 방대한 자료를 분석해 각 시대의 지식을 구조화하는 지식의 고고학을 실천했다.

여담이지만, 푸코라고 하면 지구의 자전을 증명한 푸코의 진자 실험이 먼저 떠오르는 사람도 많을 것이다. 그 푸코는 19세기의 물리학자인 레옹 푸코로, 20세기의 철학자인 미셸 푸코와는 완전히 별개의 인물이다.

1975년에 출판된 이 책《감시와 처벌》은 푸코의 대표작이다. [Book 18]《야생의 사고》를 쓴 레비스트로스와 마찬가지로 사회구조를 분석했으며, 근대사회의 권력 지배구조를 밝혀냈다. 이 지배구조는 현대사회에 깊게 뿌리를 내려 초超감시 사회의 토대가 되었다. 이 초감시사회가 너무나 일상화되어 있는 까닭에 우리는 그 실태를 깨닫지 못하고 있는데, 진모를 알면 틀림없이 경악할 것이다.

공개처형은 왜 사라졌는가

이 책에서 푸코는 권력이 어떻게 사회 지배 시스템을 교묘히 진화시켜왔는지 구체적으로 소개했다.

이 책은 1757년 3월의 파리에서 군중이 모인 가운데 공개처형이 실시되는 장면으로 시작된다. 여기에 적기가 조심스러울 만큼 잔인하고 참혹한 거열형이 실시되었다. 그러나 75년 후, 이런 공개처형은 자취를 감췄다. 일반적으로 이것은 근대사회가 되어서 인간성을 존중하게 된 결과라고 이야기되지만, 푸코는 "그렇지 않다."라고 말했다. 권력자가 좀 더 효율적인 처벌 방법을 발견했기 때문에 공개처형이 사라졌다는 것이다.

본래 공개처형은 본보기였다. 당시의 권력자는 국왕 등의 군주였다. 파리에서 공개처형을 당한 사람도 국왕 살해를 계획한 죄로 처형된 것이었다. 당시의 국왕은 국가 그 자체였기에 국왕 암살은 국가에 최대의 중죄였으며, 그래서 국왕 살해를 꾀하는 자는 국가의 적임을 민중에게 철저히 주지시키기 위해 공개처형이 필요했다.

그러나 사회가 군주제에서 민주주의로 이행하기 시작하자 "인간의 존엄성을 침해하는 신체형은 폐지해야 한다.", "흉악범이라 해도 인간의 존엄성은 존중해야 한다."라는 의견이 나오기 시작했다. 이에 국가의 징벌권을 어떻게 행사해야 할지 검토하기 시작했는데, 결론은 이랬다.

'국가로서는 형벌의 대상을 신체에서 정신으로 바꾸는 편이 더 이롭다.'

감옥에서 탄생한 규율·훈련의 기술

정신을 처벌 대상으로 삼기 위해 규율·훈련이 탄생했다. 공개처형으로 신체에 고통을 주는 것은 이제 허용되지 않는다. 그러자 규율·훈련을 통해 정신구조를 개조함으로써 인간을 도구로 만들게 되었다. 이렇게 하면 권력자의 입맛에 맞는 순종적인 인간을 만들 수 있기 때문이다. 그래서 정신의 뿌리에 손을 대기 위한 수단으로 감옥이 탄생했다. 감옥에서 죄수에게 규율·훈련을 부과하면 순종적인 신체를 만들어낼 수 있다. 규율·훈련의 기술에는 네 가지가 있다.

① **분할**: 폐쇄된 공간에 가두고 개개인의 장소(방이나 책상 등)와 서열 (연차 등)을 확실히 정한다.

② **활동**: 시간표를 만들어 정형 작업이나 훈련 등의 정해진 자세·행위 를 반복시킴으로써 시간과 행위가 몸에 배도록 만든다.

③ **단계적 교육**: 개개인의 능력 차이나 진척 상황에 따라 사람들을 단 계별로 나눠서 관리, 교육한다.

④ **힘의 조립**: 인간을 톱니바퀴처럼 교체가 가능하도록 만들고 필요에 따라 적절히 조합한다.

지금 '이건 감옥에만 해당하는 이야기가 아닌 거 같은데?'라고 생각한
사람도 있을 것이다. 그 생각이 맞는다. 이 시스템은 우리가 공부한 학교
나 일하고 있는 회사 등의 조직에서 그대로 전개되고 있다. 이 책에서는
규율·훈련의 시스템을 기능시키는 세 가지 포인트도 소개했다.

① **감시:** 죄수에게 '감시당하고 있다.'고 의식시키기만 해도 강제력을
부여할 수 있다.
② **제재:** 작은 위반도 처벌함으로써 일탈을 없애고 교정한다. 능력별
학급을 통해 능력의 서열을 만드는 것도 일탈을 가시화하는 제재의
일종이다.
③ **시험:** 시험을 통해 개개인의 능력을 가시화하면 자격 부여나 처벌
같은 관리가 가능해진다.

이렇게 해서 감옥을 이용해 신체에 고통을 주지 않고도 죄수를 순종적
으로 만들 수 있게 되자 사회에서도 이 시스템이 사용되기 시작했다. 이 책
에는 감옥을 더욱 효율적으로 관리하는 놀라운 시스템도 소개되어 있다.

스스로 자신을 감시하는 시스템

그것은 영국의 사상가인 제러미 벤담이 설계한 파놉티콘*Panopticon*이다. 그
림처럼 둥근 형태의 건물에서 원둘레 부분에 죄수의 독방을 나란히 설치
한다. 각 독방은 칸막이로 나뉘어 있으며, 창이 2개 있다. 건물 바깥쪽에

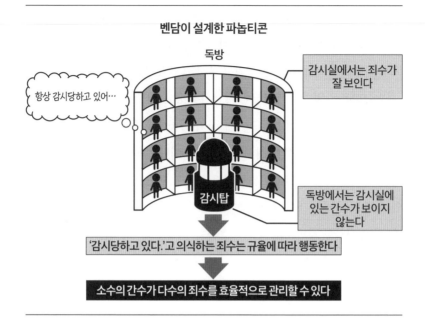

벤담이 설계한 파놉티콘

독방

항상 감시당하고 있어…

감시실에서는 죄수가 잘 보인다

독방에서는 감시실에 있는 간수가 보이지 않는다

감시탑

'감시당하고 있다.'고 의식하는 죄수는 규율에 따라 행동한다

소수의 간수가 다수의 죄수를 효율적으로 관리할 수 있다

있는 작은 창에서는 빛이 들어와 독방 안을 비춘다. 건물 안쪽의 면은 전면이 쇠창살이다. 그리고 건물 중앙의 탑에는 감시실이 있으며, 감시실의 창에는 셔터가 설치되어 있어 감시실 안으로 빛이 들어오지 않는다. 이 때문에 독방에서는 감시실에 있는 간수가 보이지 않지만, 감시실에서는 작은 창을 통해서 독방 안으로 들어오는 빛 덕분에 죄수가 잘 보인다.

푸코는 이렇게 말했다.

"이것은 중요한 장치다. 권력을 자동화하고 몰개인화하기 때문이다."

여기에서는 죄수가 '감시당하고 있다.'고 생각하는 것이 포인트다. 설령 감시실에 사람이 없더라도 죄수는 '감시당하고 있다.'고 멋대로 믿고 규율에 따라 행동한다. 그래서 소수의 간수가 다수의 죄수를 효율적으로 관리할 수 있다. '감시당하고 있다.'는 의식을 심어주기만 해도 죄수는 자발적으로 도덕적인 행동을 한다. 그리고 푸코는 이렇게 말했다.

"파놉티콘은 일반화가 가능한 하나의 작용 모델로서 이해되어야 한다."

그렇다. 파놉티콘 시스템은 지금 사회 곳곳에 적용되어 진화를 거듭하고 있다. 여러분이 회사가 제공한 스마트폰이나 컴퓨터를 사용하면서 '회사가 이걸로 나를 감시하고 있을지도 몰라….'라는 생각이 들었다면 사적인 이용은 자제할 것이다. 이 경우도 감시 대상이 '감시당하고 있을지 몰라.'라고 생각한 것만으로 충분한 효과를 내고 있다. 또 '이 스마트폰의 데이터, 누가 들여다보고 있는 건 아닐까?'라고 생각한 적은 없는가? 실제로 구글은 지메일의 내용을 전부 알고 있다. 미국의 역사학자인 마크 포스터는 저서 《정보 양식론*The Mode of Information*》에서 이 상황을 초超파놉티콘이라고 명명했다. 현대를 사는 우리는 디지털 파놉티콘에 둘러싸여 있으며, 그것을 사용할 수밖에 없는 것이다.

게다가 현대에는 마음만 먹으면 SNS를 통해 어떤 사람의 주소와 가족 구성, 과거의 좋지 않은 행적 같은 개인 정보를 순식간에 알아낼 수 있다. 노르웨이의 사회학자인 토마스 매티슨은 이렇게 첨단 기술을 이용해 다수가 소수를 구경거리처럼 감시하는 상황을 지적하고 시놉티콘*Synopticon*이라는 개념을 제창했다.

실제로 일본에서는 코로나 팬데믹 당시 일명 자숙 경찰이 등장했다. 신종 코로나바이러스의 감염이 확대되었을 때, 법률을 근거로 지역의 록다운을 실시할 수는 없었던 일본의 정부와 지방자치단체는 그 대신 음식점에 자숙을 요청했다. 자숙은 어디까지나 개개인의 판단이었지만, "왜 당신 네 가게는 자숙하지 않고 영업을 하고 있는 것이오?"라며 마치 간수처럼 타인을 감시하고 과도한 방해 공작을 펼치는 사람들이 나타났다. 개인의 정의감은 때때로 국가권력의 입맛에 맞는 행동을 알아서 해주기도 한다.

이렇게 해서 푸코는 권력이 인간을 감시하는 초감시사회의 구조기반을 밝혀냈다. 또한 푸코는 '인간'이라는 개념이 최근에 발명된 것이라고 말했다. 분명히 서양철학에서 "인간만은 특별하다."라고 말하기 시작한 것은 근대부터다. 그리고 푸코는 저서《말과 사물》에서 "(이 인간이라는 개념은) 지식이 더 새로운 형태를 찾아내기만 한다면 조만간 사라질 것이다." 라고도 말했다.

이렇게 해서 인간의 개념이 탄생한 19세기의 근대사회에서 권력자가 만들어낸 감옥과 규율·훈련이라는 시스템은 사회의 기반이 되었고, 지금은 그렇게 해서 탄생한 초감시사회가 인간을 지배하고 있다.

그렇다면 푸코가 말했듯이 인간이라는 개념은 사라지게 될까? 푸코는 1984년에 AIDS와 HIV로 인한 합병증으로 세상을 떠났는데, 마치 그와 교대하듯이 한 철학자가 등장해 이 의문에 놀라운 해답을 제시했다. 1980년에 태어난 마르쿠스 가브리엘이다. 다음에는 현대 철학계의 록스타로 불리는 그의 저서를 소개하겠다.

POINT

감옥의 규율·훈련 시스템이 현대인의 지배구조를 만들어냈다.

Book 21

최연소 철학 교수가 제창한 '새로운 실재론'

왜 세계는 존재하지 않는가

마르쿠스 가브리엘 Markus Gabriel

1980년~현재. 독일의 철학자. 사상 최연소인 29세에 본대학교의 교수가 되어 인식론·근현대 철학 강좌를 담당했다. 후기 셸링의 연구를 비롯해, 고대철학의 회의주의부터 비트겐슈타인, 하이데거에 이르는 서양철학 전반에 관해 수많은 저서를 집필했다. '새로운 실재론'을 제창해 주목받고 있다.

새로운 실재론의 필요성 대두

현대사회는 언뜻 풍요로워 보이지만, 그 이면에서는 자유민주주의가 위기에 직면했으며 인류의 존엄성이 위협받고 있다. 그 일례가 디지털 전체주의의 대두다. 현실사회에서는 타인을 공격하면 법으로 처벌을 받으며, 무엇인가를 결정할 때도 민주적으로 논의한다. 그러나 인터넷 세계에는 민주주의 시스템이 없다. GAFAM(구글, 애플, 페이스북, 아마존, 마이크로소프트) 같은 플랫폼들의 판단으로 일방적인 이용 정지·추방이 가능하다. 이상은 가브리엘이 저서 《왜 세계사의 시간은 거꾸로 흐르는가》에서

든 사례인데, 실제로 미국의 전 대통령 도널드 트럼프는 페이스북의 계정을 일방적으로 정지당했다. GAFAM은 미국 대통령을 능가하는 권한을 갖고 있는 것이다.

전체주의 국가의 대두도 있다. 스웨덴의 조사기관인 브이 뎀V-Dem이 2019년에 분석한 바에 따르면, 제2차세계대전 이후로는 민주주의 국가가 순조롭게 증가해왔지만 2010년경부터 전체주의 국가가 증가하기 시작했다.

정신건강이 악화된 사람도 급증하고 있다. 현대 비즈니스는 끊임없이 효율성을 요구하며 현대인을 몰아붙인다. 여기에 환경문제도 있고, 빈부 격차도 양극화되고 있으며, 미래 세대에 대한 불평등도 생겨나고 있다.

이런데도 현대사회를 "행복하고 풍요로운 사회"라고 말할 수 있을까? [Book 20]《감시와 처벌》에서 푸코는 "인간이라는 개념은 조만간 사라질 것이다."라고 말했다. 그런 시대가 정말로 찾아올까?

이에 대해 현대 철학계의 록스타로 불리는 독일의 철학자 마르쿠스 가브리엘은 "그렇지 않다. 인간중심의 시대를 되찾자."라고 말했다. 그는 2009년에 29세의 젊은 나이로 본대학교의 철학 교수에 취임했으며, 복수의 언어와 고전어에도 정통한 천재다.

가브리엘은 한계에 부딪힌 현대 철학이 문제의 원인이라고 생각했다. 현대의 철학에는 형이상학과 구축주의(구조주의)라는 두 개의 커다란 조류가 있으며, 두 조류는 존재에 관해 각각 다음과 같이 생각해왔다.

① **형이상학:** '세계가 어떻게 존재하는가.'를 고민하며 세계의 진리를

탐구한다.

② **구축주의**: '세계에 유일한 진실은 존재하지 않는다.'라고 여기며, '한 사람 한 사람에게의 진실이 구축되는 것이다.'라고 생각한다. 레비스트로스와 푸코의 구조주의, '보편적인 가치 기준 같은 것은 없다.'고 생각하는 포스트모던 사상도 구축주의다.

이 두 가지 사상이 한계에 부딪혔다. 진리를 추구해 온 형이상학은 독일 민족의 세계 지배라는 나치를 낳았으며, 그 도달점에는 홀로코스트가 있었다. 여기에 다양한 가치관이 존재하는 현대사회에서 하나의 진리를 탐구하는 형이상학은 현실적이지 못하다. 한편 구축주의는 오늘날 공기나 물처럼 우리의 상식이 되었다. 그 결과 우리는 '모두가 다르고, 모두가 좋아.'라고 생각하며 다양한 가치관을 받아들이고 있다. 그러나 해결책을 제시하지 않는다는 점에서 무책임한 사상이라고도 할 수 있다.

'모두가 다르고, 모두가 좋아.'라는 구축주의로는 현대의 문제를 해결할 수 없다. 한편 '진리를 따르자.'라는 형이상학은 틀릴 때도 있으며, 무서운 전체주의에 빠져들 수 있다. 그래서 가브리엘은 '새로운 존재론'이라는 철학을 제창했다. 이 책은 그가 일반인에게 가브리엘 철학의 핵심을 설명하기 위해 2013년에 출판한 책이다.

새로운 실재론과 기존 철학의 차이

나는 낫토를 좋아하지만, 내 친구 중 한 명은 "그건 사람이 먹을 음식이 아니야."라고 말한다. 이 사상事象을 형이상학, 구축주의, 새로운 실재론으로 정리해보자.

① **형이상학**: 낫토만을 생각한다. '낫토를 좋아해.', '사람이 먹을 음식이 아니야.'라고 생각하는 사람은 고려하지 않는다.

② **구축주의**: 나와 친구가 낫토를 어떻게 생각하는지에 관해서만 생각하며, 낫토의 존재는 생각하지 않는다.

③ **새로운 실재론**: '전부 사실이다.'라고 생각하며, 낫토의 존재도 나와 친구가 낫토를 어떻게 생각하는지에 관해서도 생각한다.

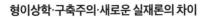

형이상학·구축주의·새로운 실재론의 차이

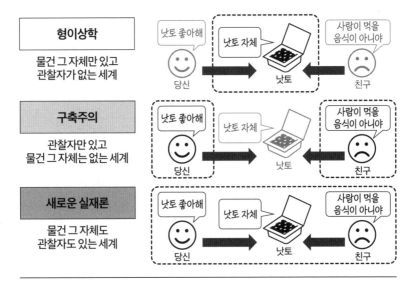

새로운 실재론은 하나의 사실을 깊이 생각한 상태에서 개인의 생각도 받아들인다. '가치의 기준을 명확히 제시하면서 각 개인의 가치관도 소중히 여기자.'라고 생각하기 때문이다. 또한 새로운 실재론에서는 '세계는 존재하지 않는다.'라고 생각한다. 다음에는 이것에 관해 자세히 살펴보자.

세계 이외의 온갖 것은 존재한다

내가 집필한《천 원짜리 콜라를 만 원에 파는 방법》은 주인공 미야마에 쿠미와 숙명의 라이벌 우치야마 아스카가 등장하는 이야기 형식의 경제 경영 분야 책인데, 이 책을 읽은 지인들이 내게 이렇게 말하기 시작했다.

"난 미야마에 쿠미가 좋더라.", "전 아스카파입니다."

내게는 충격적이었다. 미야마에 쿠미도 우치야마 아스카도 내가 생각해낸 캐릭터일 뿐, 이 우주에는 존재하지 않는다. 그런데 지인들은 마치 그들이 실제로 존재하기라도 하는 듯이 이야기하는 것이 아닌가? 나도 모르게 '이게 대체 무슨 상황이지?'라는 생각이 들었다.

그러나 가브리엘의 생각에 따르면 미야마에 쿠미도 우치야마 아스카도 존재한다. 분명히 이 우주에는 존재하지 않지만, 지인이나 독자의 머릿속에는 분명히 존재한다. 우리는 '우주에는 모든 것이 존재해.'라고 생각하는 경향이 있지만, 우주에 실체가 없는 것은 의외로 많다. 이를테면 국가는 인류가 탄생시킨 개념이다. 우주에서 지구를 봐도 국경선은 존재하지 않는다. 예술, 우정, 애정 등도 우주에 실체가 존재하지 않는다. 요컨대 우

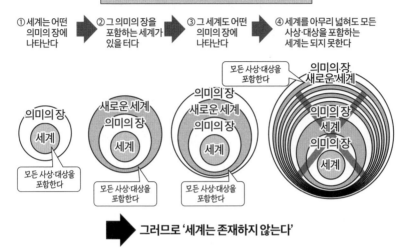

왜 세계는 존재하지 않을까?

만약 '세계가 존재한다.'고 가정하면……

① 세계는 어떤 의미의 장에 나타난다
② 그 의미의 장을 포함하는 세계가 있을 터다
③ 그 세계도 어떤 의미의 장에 나타난다
④ 세계를 아무리 넓혀도 모든 사상·대상을 포함하는 세계는 되지 못한다

모든 사상·대상을 포함한다

의미의 장 '새로운' 세계

의미의 장
세계

모든 사상·대상을 포함한다

새로운 세계
의미의 장
세계

모든 사상·대상을 포함한다

새로운 세계
의미의 장
세계

모든 사상·대상을 포함한다

의미의 장 '새로운' 세계

의미의 장
세계

의미의 장
세계

➡ 그러므로 '세계는 존재하지 않는다'

주는 세계의 전부가 아니다. 자연과학으로 밝혀낼 수 있는 극히 한정된 영역에 불과하다. 우주에 존재하지 않는 국가, 예술, 우정, 애정 등은 자연과학으로는 밝혀낼 수 없다.

또한 가브리엘은 "이 모든 것을 망라하는 세계는 존재하지 않는다."라고 말했다. 애초에 "○○이 존재한다."라고 말할 수 있는 것은 '○○이 어딘가의 의미의 장場에 나타나기' 때문이다. 친구가 '미야마에 쿠미는 존재해.'라고 생각하는 것도 미야마에 쿠미가《천 원짜리 콜라를 만 원에 파는 방법》이라는 의미의 장에 있기 때문이다. 한편 '세계'는 모든 사상事象이나 대상을 포함하고 있다. 그리고 '세계가 존재한다.'고 한다면 그 세계는 반드

시 어딘가의 의미의 장에 나타나야 한다. 그러나 이 순간, 그 세계는 그 세계보다 큰 의미의 장을 포함하지 못한다. 따라서 그 세계는 모든 사상이나 대상을 포함하는 세계라고는 말할 수 없게 된다. 그러면 그 의미의 장을 포함하도록 세계를 더 크게 넓혀 보자. 그렇게 넓힌 세계도 더 큰 의미의 장에 나타나며, 그 순간 역시 의미의 장을 포함하지 못하게 된다.

이렇게 해서 앞의 그림처럼 아무리 세계를 넓혀 나가도 그 세계를 포함하는 의미의 장은 그 세계에 포함될 수가 없다. 애초에 '세계가 존재한다.'라고 생각하기 때문에 이런 모순이 끝없이 계속되는 것이다. 처음부터 '세계는 존재하지 않는다.'라고 생각하면 이 모순은 일어나지 않게 된다. 가브리엘은 이것을 다음과 같이 표현했다.

"세계는 존재하지 않는다. 그러나 세계 이외의 모든 것은 존재한다. 경찰관의 제복을 착용하고 신화에 나오는 유니콘조차도 존재한다."

무수한 의미의 장은 존재하지만, 그 모든 의미의 장을 포함하는 세계는 존재하지 않는다.

지금까지 철학자들은 '세계란 무엇인가?'를 생각해왔지만 누구도 성공하지 못했다. 세계는 파악할 수가 없다. 계속 쫓아가도 추적자의 손을 피해 멀어져 갈 뿐이다. 애초에 존재하지 않는 세계를 파악하려 하니까 이런 일이 일어나는 것이다. 반면에 가브리엘은 "세계 이외의 모든 것은 존재한다."라고 말했다. 우주뿐만 아니라 미야마에 쿠미도 우치야마 아스카도 여러분의 망상도 전부 지인이나 여러분의 뇌 속에 분명히 존재한다. 그렇다면 왜 현대사회에는 이 새로운 실재론이 필요한 것일까?

인간을 중심으로 생각하며, 선을 추구하다

어떤 초일류 대학교의 강연 동영상을 보는데, 한 뇌과학자가 이런 말을 했다.

"모든 것은 자연과학으로 설명할 수 있습니다. 인간의 사고도 뉴런의 발화 현상이므로 수식과 물질로 표현할 수 있지요."

나는 즉시 '그건 좀 아닌 거 같은데.'라는 생각이 들었는데, 가브리엘도 이처럼 과학만능주의를 비판했다. 자연과학은 인류의 발전에 공헌해왔다. 중세유럽을 붕괴시킨 것도 자연과학의 힘이다. 한편 자연과학은 모든 것이 물질로 구성되어 있으며 온갖 것은 자연과학으로 설명할 수 있다는 유물론적 일원론도 만들어냈다. 그리고 과학만능주의는 과학을 폭주시켰다. 제1차·제2차세계대전에서 수천만 명이나 되는 사망자를 만들어낸 것도 과학의 힘이었다. 과학은 핵무기도 만들어냈고, 환경도 파괴하고 있다. 인간은 감당할 수 없는 괴물을 낳고 말았다.

과학은 만능이 아니다. 아까의 뇌과학자에게 "그 생각을 수식과 물질로 표현해 주십시오."라고 말하면 대답하지 못할 것이다. 근거가 없는 과학만능론은 얄궂게도 전혀 과학적이지 않으며, 단순한 신념에 불과하다. 다만 이것은 과학을 부정하는 것이 아니다. "과학은 유용하지만 만능이 아니다. 그 점은 오해하지 말자."라는 것이다.

인간이라면 누구나 갓난아기를 창밖으로 던져버리거나 누군가를 죽이는 장면을 상상하는 것만으로도 거부 반응을 일으킨다. 이처럼 인간이라면 누구나 공유할 수 있는 선과 악이라는 기준에서 보편적인 도덕적 가치관으로 돌아가고, 그 가치관 위에서 '모든 사람의 관점에는 의미가 있다.'고 존중하며 한 사람 한 사람이 의미 있는 인생을 살도록 뒷받침해야 한다.

앞의 예에서는 전자가 낫토 그 자체(진리)이고 후자가 낫토에 대한 각자의 생각(각자의 가치관)이다.

가브리엘의 제언 중 하나로 윤리자본주의가 있다. 그가 저서《왜 세계사의 시간은 거꾸로 흐르는가》에 쓴 내용을 소개하겠다. 회사에서 신상품 발매를 판단할 때, "이 상품을 생산하면 약 5,000명이 암으로 죽습니다."라는 프레젠테이션을 한다. 이렇게 해서 기업의 경영 판단에 윤리를 개입시켜 경영진이 좀 더 윤리적으로 판단할 수 있도록 촉구하는 것이다.

아렌트는 [Book 16]《예루살렘의 아이히만》에서 끊임없이 선악에 관해 생각하는 자세의 중요성을 강조했다. 레비나스는 [Book 19]《전체성과 무한》에서 이해할 수 없는 타자와 계속 대화하는 자세가 중요하다고 주장했다. 가브리엘도 보편적인 도덕적 가치관으로 돌아가 한 사람 한 사람을 존중하는 자세의 중요성을 역설했다.

철학의 역할 중 하나는 인류가 그 시점에 안고 있는 문제를 밝혀내고 해결하기 위한 사고방식을 제시하는 것이다. 우리 개개인이 철학을 공부한다면 인류가 더 나은 미래를 구축하는 데 공헌할 수 있다. 우리는 자신의 운명도 인류의 미래도 결정할 수 있다. 이 세상의 한 사람 한 사람을 존중하며 '무엇이 선인가.'를 끊임없이 생각해야 하는 것이다.

POINT

한 사람 한 사람의 관점을 존중하며 윤리적인 사회선社會善을 궁리해나가자.

Chapter 2

정치·경제·사회

정치학·경제학·사회학 전반에 자리하고 있는
목표는 자유의 실현이다.
인류가 이를 어떻게 발전시켜왔는지
명저 18권을 통해 알아보자.

These days'
liberal arts must-reads 87

Book 22

왜 민주주의가 최선의 정치형태인가
정치학

아리스토텔레스Aristotle

기원전 384~기원전 322년 추정. 고대 그리스의 철학자. 스승인 플라톤이 초감각적인 이데아 세계를 중시한 데 비해 아리스토텔레스는 인간이 가깝게 느끼는 사물을 중시했으며, 이것을 지배하는 각종 원리의 인식을 추구하는 현실주의 입장을 취했다.

왜 민주주의인가

"민주주의는 최악의 정치형태다. 지금까지 시도되어 온 다른 모든 정치형태를 제외하면."

영국의 총리였던 윈스턴 처칠은 이런 영국인다운 블랙 조크를 남겼다. 아리스토텔레스가 2,000년 전에 '최선의 정치형태는 무엇일까.'를 고민하고 그 결과를 정리한 이 책을 읽어 보면 처칠이 한 말의 의미를 이해할 수 있다. 또한 이 책에는 조직 매니지먼트의 본질이 담겨 있다. 오늘날의 조직이 안고 있는 문제의 본질과 대응책이 보이는 것이다.

아리스토텔레스는 플라톤과 어깨를 나란히 하는 고대 그리스 최고의 철학자다. 정치와 문화, 윤리학, 논리학, 박물학, 생물학 등 실로 폭넓은 학문에 정통했던 인물로서 만학의 시조로 불리며 이후의 세계에 지대한 영향을 끼쳤다.

또한 마케도니아의 알렉산드로스(훗날 그리스와 시리아, 이집트, 페르시아를 정복한 알렉산드로스 대왕)가 어렸을 때 그의 가정교사이기도 했다. 이상주의자였던 스승 플라톤과 달리 철저한 현실주의자였던 그는 자연을 관찰하고 그 결과를 논리적으로 분석했다.

당시 고대 그리스에는 폴리스라고 불리는 도시국가가 다수 존재했다. 그리고 각각의 폴리스는 왕제, 귀족제, 민주제 등 다양한 정치체제를 채택하고 있었다. 이에 고대 그리스인들은 "왕제가 제일 좋아.", "아니, 귀족제가 최고야.", "무슨 소리야? 역시 민주제가 최고지."라며 토론을 벌였는데, 그 모습을 보면서 아리스토텔레스는 이런 생각을 했다.

'전부 자신의 주관만을 앞세우는구나. 철저히 분석한 다음 판단해야 하거늘.'

다행히 그리스에는 수많은 국가 도시·폴리스가 있었고, 그래서 어떤 폴리스가 탄생해 어떤 경위를 거치며 발전하고 쇠퇴했는지에 관한 풍부한 기록이 남아 있었다. 분석하기를 좋아하는 아리스토텔레스는 이렇게 생각했다.

'폴리스의 기록을 꼼꼼히 조사해 분석하면 틀림없이 최선의 정치형태도 알 수 있겠지.'

이렇게 해서 정리한 것이 인류 최고의 고전《정치학》이다.

인간은 국가적인 동물이다

아리스토텔레스는 인간과 꿀벌을 비교하며 고찰했다. 인간은 사회적 농물로 불리지만, 인간 이외에도 꿀벌처럼 무리를 지어서 생활하는 동물이 존재한다. 다만 꿀벌은 본능으로 사는 데 비해 인간에게는 이성이 있으며, 선과 악, 옳음과 그름을 판단하고 그 생각을 타인에게 전달할 수 있다. 그리고 인간은 공통 이익을 추구하며 더 나은 삶을 위해 집단을 형성한다. 국가는 그런 집단 중 하나의 형태다. 국가가 존재하지 않아서 선악을 기준으로 한 법이나 처벌이 없다면 악행을 저지는 사람도 생겨난다. 인간 중에는 덕이 없는 자도 있기 때문이다. 그래서 아리스토텔레스는 이렇게 말했다. "인간은 본성적으로 국가적(폴리스적) 동물이다."

다양한 국가 도시·폴리스의 발전과 쇠퇴를 상세히 조사한 아리스토텔레스는 정치형태를 다음의 여섯 가지로 분류했다. 먼저 공공 이익을 중시하는 이상적인 정치형태를 생각하면, 지배자의 수에 따라 다음의 세 가지로 나뉜다.

① **왕제:** 최선을 덕을 갖춘 한 명이 국가를 다스린다.
② **귀족제:** 최선의 덕을 갖춘 사람들이 국가를 다스린다.
③ **국제:** 공공의 이익을 지향하는 다수가 국가를 다스린다.

이 가운데 최선은 가장 뛰어난 덕을 갖춘 국왕을 뽑고 그 국왕이 나라를 통치하는 왕제다. 그리고 국제가 가장 열등하다. 다수의 사람이 최선의 국왕이 지닌 덕의 수준에 도달하기는 어렵기 때문이다.

그러나 처음에는 공공의 이익을 중시하던 지배자도 늦든 빠르든 언젠가는 부패해 자신들의 지배자 이익을 중시하게 된다. 그러면 왕제·귀족제·국제는 이렇게 변화한다.

① **참주제:** 자신의 이익을 추구하는 독재자가 지배한다.
② **과두제:** 소수의 부유층이 자신들의 이익을 추구하기 위해 주권을 차지하고 지배한다.
③ **민주제:** 시민이 민중의 이익을 추구하기 위해 주권을 차지하고 지배한다.

이 가운데 최악은 참주제다. 절대권력이 부패하면 밑바닥을 알 수 없을 정도의 부패가 발생한다. 마음에 들지 않는 사람이 있으면 거리낌 없이 처형해버린다. 반대로 부패의 정도가 가장 약한 정치형태는 민주제다. 다수가 지배하는 편이 부패에 제동을 걸기 용이한 것이다.

또한 국가가 거대해지면 국왕 혼자서 모든 것을 감독하기는 불가능해진다. 그래서 기본적으로 왕제를 통한 통치를 할 수 없게 된다. 한편 국가가 거대해지면 뛰어난 덕을 갖춘 사람이 많이 등장하게 되어 누군가 한 명의 지배(왕제)에 기댈 필요가 없어진다. 이렇게 해서 통치체제는 서서히 변화해 대중에게 권력이 이동하게 된다. 그리고 결국은 부패하더라도 일정 수준 이상 악화하지 않는 민주제로 정착한다. 앞에서 소개한 처칠의 말에는 이런 의미가 담겨 있었던 것이다. 요컨대 이런 뜻이다.

"권력은 반드시 부패한다. 또한 국가가 거대해지면 왕제는 불가능해진

여섯 가지 정치형태 중에서는 민주제가 그래도 가장 낫다

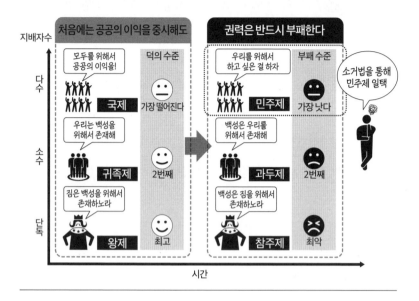

다. 그래서 소거법을 통해 거르면 최종적으로는 민주제만이 남는다."

법의 지배를 제창한 아리스토텔레스

그렇다면 국가의 주권은 누가 가져야 할까? 국가에는 덕이 있는 사람, 부유한 사람, 출신이 좋은 사람, 자유로운 사람 등 다양한 사람이 있다. 누가 주권을 갖는 것이 올바른지는 상대적일 수밖에 없으며, 사람이 통치하는 이상 권력은 항상 부패할 가능성이 있다. 그래서 아리스토텔레스가 제시한 기준이 법의 올바름이다. 그는 이렇게 말했다.

"만약 올바르게 제정된다면, 법이 주권을 가져야 한다. 그리고 지배자의 위치에 있는 자는 (중략) 법이 정밀하게 규정할 수 없는 사항에 관해서만 권한을 가져야 한다. 이것은 모든 것에 관해 일반적 규정을 정하기가 쉬운 일이 아니기 때문이다."

요컨대 지배자는 사람들에게 최선의 법을 결정하는 입법가가 되고, 나아가 법으로는 판단할 수 없는 문제에 대해 권한을 가져야 한다는 말이다. 이렇게 해서 아리스토텔레스는 법치국가의 원형을 제창했다.

현대의 기업 지배구조_Corporate governance_도 그 기반에는 이 발상이 자리하고 있다. 기업 지배구조는 '경영자에게는 절대적인 권한이 있기 때문에 부패하거나 잘못된 판단을 내리면 막대한 손실을 불러온다. 그러니 경영자의 폭주를 방지하는 시스템과 규칙을 만들자.'라는 발상이다. 아리스토텔레스식으로 말하면 "가장 뛰어난 덕을 지닌 경영자가 왕제의 경영을 할 수 있다면 가장 이상적이지만, 부패해서 자신의 이익을 추구하는 참주제 경영을 하게 된다면 문제가 커진다. 그러니 민주제의 발상을 도입해, 외부에서 법의 지배에 입각해 경영자를 감시하자."라는 것이다.

여러분의 조직은 여섯 가지 형태 중 무엇에 해당하는지, 어떤 규칙이 있는지 생각해 보면 새로운 시각을 갖게 될 것이다.

민주주의가 만능은 아니다

정치가 어려운 점은 이해관계자가 많다는 것이다. 무엇인가를 결정하려하면 반드시 불만을 품는 사람이 나온다. 정치에서는 여러 가지 다른 의견이 존재하는 가운데 대다수가 수긍하는 타협점을 찾아내야 한다.

아리스토텔레스는 중용이 최고의 선이라고 생각했다. 중용이란 알맞은 상태를 뜻한다. 지배자도 마찬가지다. 국가에서 이성에 따라 옳은 판단할 수 있는 계층은 '중용=중간층'의 사람들이다. 초부유층은 지나치게 부유한 탓에 오만해지기 쉽고, 반대로 극단적인 빈곤층은 가난하고 힘이 약한 탓에 이성적으로 판단하기가 어렵다. 그래서 아리스토텔레스는 중간층 사람들이 국가를 지배하는 것이 최선이며 그런 중간층이 많은 국가가 행복하고 좋은 국가라고 말했다. 반대로 격차가 심한 사회는 극단적인 민주제나 독재 참주제가 되기 쉽다고도 말했다. 빈부의 격차가 확대되고 있는 현대사회에는 커다란 경고다. 격차가 적은 사회가 좋은 사회인 것이다. 실제로 아리스토텔레스는 중간층이 소수파가 되고 사회의 격차가 벌어지면 부유층과 일반 민중이 싸우기 시작한다고 말했다. 그리고 재산을 가진 자가 이기면 과두제가 되며 일반 민중이 이기면 민주제가 된다고 이야기했다.

최근 빈부격차가 극심한 현대 미국에서는 그 조짐이 보이고 있다. 실리콘밸리에서 큰 영향력을 지니고 있는 피터 틸은 자신이 벌어들인 부가 세금으로 환수되어 사회에 환원되는 것에 대해 '우리의 자유를 침해하고 있다. 공정하지 않다. 내가 리스크를 짊어지고 획득한 부는 나의 것이다.'라고 생각하며, "자유와 민주주의가 양립한다고는 생각하지 않는다."라는 주장까지 했다. 그래서 정부의 관리로부터 해방되기 위해 외딴 섬에 해상 자치도시 시스테드*Seastead*를 건설하는 프로젝트에 출자했다. 이 프로젝트를 진행하고 있는 인물은 패트리 프리드먼으로, 신자유주의를 추진했던

[Book 33]《자본주의와 자유》의 저자 밀턴 프리드먼의 손자다.

자신들의 자유를 철저히 추구하며 국가의 정치체제 자체에 의문을 제기하는 피터 틸은 미국으로부터 독립해 자신들이 수긍할 수 있는 새로운 국가를 세우려 하고 있다. 2,000년 이상 전에 아리스토텔레스가 생각하지 못했던 새로운 국가의 형태가 탄생하고 있음을 우리는 알아야 할 것이다.

현대사회에서도 러시아나 중국 같은 전제국가가 힘을 키우고 있으며, 민주주의는 과제에 직면해 있다. 도시국가의 흥망성쇠에서 교훈을 얻은 이 책의 통찰은 현대에도 유효하다. 바람직한 조직의 형태에 관해 생각하고자 한다면 이 책은 읽어 볼 가치가 있다.

POINT

소거법으로 생각하면 민주제가 가장 부패할 위험성이 낮다.

📖 Book 23

자유민주주의의 기본이 된
로크의 원칙

통치론

존 로크 John Locke

1632~1704년. 영국의 철학자. 영국 경험론의 시조로 불리며, 주요 저서인 《인간 지성론》에서 경험론적 인식론을 체계화했다. 《통치론》에서 제시된 사회계약과 저항권에 관한 생각은 미국독립선언과 프랑스인권선언에 큰 영향을 끼쳤다.

인간은 백지 상태다

"정치? 관심 없어. 지금의 정치가들은 하나같이 나쁜 놈들인걸. 그래서 투표도 안 해."

언뜻 보면 합리적이어 보이지만 사실 이 사람은 그 고약한 정치가의 의도에 놀아나고 있다. 사르트르가 [Book 17]《실존주의란 무엇인가》에서 말했듯이, 비판하지 않는 것은 지지하는 것과 같다. 이 사람은 투표장에 가지 않음으로써 결과적으로 '불만 없음'이라는 의사표시를 해 고약한 정치가를 지지하고 있으며, 그 결과 고약한 정치가 계속되고 있다. 그런데

218　　　　　　　　　　　　　　　　　　　　CHAPTER 2 | 정치·경제·사회

도 이 사실을 깨닫지 못하고 있는 것이다.

"하지만 내가 투표를 하든 말든 결과에 전혀 영향을 끼치지 못한다고." 라는 반론도 종종 나온다. 그러나 한 명 한 명의 투표로 사회를 바꾸는 것이 민주주의다. 실제로 일본에서도 몇 차례인가 적은 표 차이로 정권이 바뀌었고, 지나치게 부패한 정치가는 선거에서 낙선한다.

우리는 반드시 사회와 관계를 맺으며 살고 있다. 그리고 지금의 사회는 민주주의라는 시스템으로 움직이고 있다. 누구나 예외 없이 민주주의의 시스템을 필수적으로 알아야 하는 것이다.

민주주의는 인류가 수백 년 동안 노력해서 쌓아 올린 것이다. 불과 수 세기 전까지만 해도 상황은 완전히 달랐다. 400년 전, 영국은 국왕이 지배하고 있었다. 모든 것은 국왕의 뜻에 따라 결정되었다. 그래도 훌륭한 국왕이 통치한다면 다행이지만, 폭군이거나 하면 악담을 한 순간 감옥에 끌려가고 최악의 경우 목숨을 잃게 된다. 한편 오늘날에는 자유와 민주주의가 공기나 물처럼 당연한 존재가 되었다. 그래서 그 고마움을 잊고 산다.

현대 민주주의의 기본 원리는 300년 전에 존 로크가 이 책에서 쓴 내용에 기반을 두고 있다. 정치학의 세계에서는 기본적인 입문서다. 출판된 해는 1690년으로, 당시 영국에서는 민주주의혁명이 한창 진행되고 있었다. 국왕 제임스 2세의 폭정으로 국민의 불만이 높아지자 영국의회는 국왕을 추방하고 제임스 2세의 큰딸 메리 2세와 남편 윌리엄 3세를 공동 통치자로 선택했다. 그리고 1688년에 국가 주권을 국왕에게서 의회로 옮기는 입헌군주제를 확립했다. 이 혁명은 피를 흘리지 않고 진행되었기에 명예혁명으로 불렸다. 이런 시대에 출판된 이 책은 '민주주의혁명의 책'으로서 읽혔고, 그 후에 일어난 미국독립(1776년)과 프랑스혁명(1789~1795년)에 지대한 영향을 끼쳤다.

저자인 로크는 철학자이자 정치사상가다. 로크는 베이컨이 [Book 4] 《신기관(노붐 오르가눔)》에서 제창한 경험주의를 계승해 타불라 라사 *Tabula rasa*를 제창했다. '인간은 깨끗한 석판(타불라 라사), 즉 백지와 같은 상태로 태어나서 경험을 통해 다양한 관념과 지식을 얻어 나간다. 인간은 모두가 백지 상태로 태어나기에 우열 같은 것은 존재하지 않는다.'라는 사상이다. 그래서 로크는 영국 경험론의 시조로도 불린다. 그는 정치사상가로서 이 사상을 기반으로 민주주의의 개념을 만든 것이다.

이 책이 출판되었을 무렵의 영국에서는 '국왕이 국가의 정점이어야 하는가?'가 뜨거운 쟁점이었다. 애초에 '국왕은 국가의 정점에 군림할 권리를 가진다.'라고 생각되었던 근거는 정치사상가인 로버트 필머가 《부권론 *Patriarcha*》에서 제창한 왕권신수설이었다. 여기에서 필머는 "구약성경에 따르면 신은 아담에게 세상의 모든 것을 지배할 권리를 주셨다. 그리고 이 권리가 계승되어, 왕이 신에게서 세계를 지배할 권리를 전수받았다."라고 주장했다.

이 책 《통치론》의 전편은 왕권신수설에 대한 철저한 반론이다. 로크는 경건한 청교도였다. 청교도는 성서의 가르침에 충실한 영국의 프로테스탄트 일파다. [Book 2] 《그리스도인의 자유》를 쓴 루터와 마찬가지로, 프로테스탄트는 철저히 성서에 집착한다. 로크도 성서를 바탕으로 필머의 주장을 자세히 검증한 뒤 이렇게 말했다.

"필머 씨, 그런 내용은 성서의 그 어디에도 적혀 있지 않더군요. 분명히 신께서는 아담에게 모든 생물을 지배할 권리를 주셨습니다. 하지만 다른 인간을 지배할 권리 같은 것은 주신 적이 없습니다."

로크는 먼저 성서를 철저히 검증함으로써 '왕의 권리는 신이 부여한 것'이라는 당시 사람들의 상식을 뒤엎었다. 그리고 이 책의 후편에서 민주주의사회를 제창해 나갔다.

자연상태에서 정부가 있는 상태로

로크는 '애초에 자연의 인간이 어떤 상태인지 생각하면 정치권력의 바람직한 모습을 알 수 있을 것'이라고 생각했다.

인간이 탄생했을 무렵의 상태를 자연상태라고 한다. 자연상태에서는 왕 같은 것은 없었다. 인간 한 명 한 명은 모두 완전히 자유이며 평등했다. 잘 익은 사과를 땄다면 그것은 자신의 노동으로 얻은 소유물이므로 사과의 소유권은 자신에게 있다. 이와 마찬가지로 자신의 생명, 신체, 인격도 자신의 것이다. 이 자신에게 소중한 것을 지킬 권리가 재산권이다.

재산권에 관해서는 본인만이 그 권리를 갖고 있다. 본인 이외에는 그 누구라 해도 자신의 목숨을 빼앗거나, 상처 입히거나, 물건을 빼앗을 권리가 없다. 이것은 반대 시점에서 바라보면 우리가 완전히 자유라는 것이 무엇을 해도 괜찮다는 의미는 아니라는 말이다. 가령 타인의 생명이나 물건을 파괴해서는 안 된다.

이렇게 해서 자연상태에 있는 인간이 따라야 할 규칙을 자연법이라고 한다. 그러나 나쁜 짓을 하는 자들도 있다. 우리는 그런 자들과 싸울 권리도 지니고 있다. 다만 개인 대 개인의 싸움이 계속되면 개인도 괴롭고 사회도 황폐해진다. 그래서 '시비를 가릴 사람을 결정하자.'라고 생각해 정부가 탄생했다. 정부의 본래 목적은 모두에게 이로운 일을 하는 것, 즉 공공선을 늘리는 것이다. 정부를 만들면 사람은 재산권의 일부를 반납하게 된다. 구체적으로는 오른쪽 그림처럼 된다.

① **정부를 만들기 전**: 나쁜 놈은 응징해도 된다. 자신의 재산권을 행사할 수 있다. 그러나 괴롭고 사회가 황폐해진다.
② **정부를 만든 뒤**: 나쁜 놈은 경찰에게 맡긴다. 자신의 재산권 중 일부를 정부에 반납했기 때문이다.

자신이 가진 '나쁜 놈을 응징한다.'라는 재산권의 일부를 정부에게 반납해 위탁한다. 그래서 자신이 직접 나쁜 놈을 응징하면 반대로 경찰에게 체포당하고 만다.

우리는 재산권의 일부를 정부에 주고 관리를 받는다. 그렇다면 그 정부는 어떤 시스템일까?

입법권력과 집행권력을 분리하는 이유

애니메이션 〈도라에몽〉에서 골목대장 퉁퉁이가 매일 모두가 함께 놀던 공터에서 독단적으로 '네 것은 내 것'이라는 법률을 만들었다. 그리고 자신이 만든 법률에 의거해 노진구의 만화책을 빼앗았다. 이래서는 공터의

로크는 정치의 바람직한 모습을 궁리했다

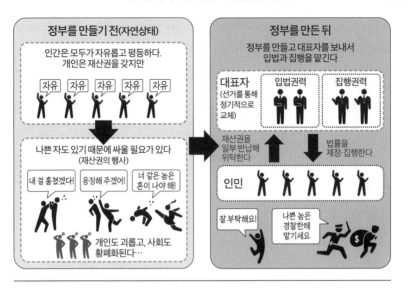

폭군일 뿐이다. 이런 난처한 상황에 대응하기 위해 로크는 '정치 공동체의 권력에는 입법권력과 집행권력의 두 가지가 있다.'라고 생각하고 입법과 집행의 분리를 제창했다.

① **입법권력:** 사람들이 따라야 할 법을 정하는 권력. 이것이 국가의 최고 권력이다.
② **집행권력:** 법에 의거해 실제로 업무를 실행하는 권력. 행정이나 재판이 집행권력에 해당한다.

로크는 이런 권력을 갖는 사람을 선거로 뽑은 다음 자연권의 일부를 그들에게 일정 기간 맡기는 시스템을 제창했다. 가령 노진구를 비롯한 아이들이 매일 모여서 노는 공터에서는 이런 식이다. 먼저 매일 공터에서 노는 아이들이 선거를 해서 기간 한정으로 입법권력을 갖는 멤버(예를 들면 이슬이와 비실이)를 뽑고, 그 멤버가 공터의 법률(예를 들면 '내 것은 내 것')을 결정한다. 또한 기간 한정으로 집행권력을 갖는 멤버(예를 들면 진구와 퉁퉁이)도 결정한다. 그 멤버는 법률이 지켜지고 있는지 감시하며, 지키지 않는 아이가 있으면 미리 정해 놓은 벌칙을 준다. 그리고 정해 놓은 기간이 끝나면 다시 새로운 멤버를 선거로 뽑는다.

현재의 일본은 로크가 제창한 이 시스템을 실현하고 있다. 입법권력은 국회(참의원과 중의원)가 갖고 있다. 국회의원은 선거를 통해서 뽑히며, 임기도 있다. 집행권력은 각 부의 장관과 재판관이 갖고 있다. 그리고 대법원의 재판관은 임명 직후와 임기 10년 후에 실시되는 중의원 선거에서 국민의 심사를 받는다.

'왜 입법과 행정을 나누는 거야? 하나로 합치면 단순해져서 좋잖아.'라고 생각할지도 모르지만, 입법권력과 집행권력이 일체화되면 무서울 정도로 강대한 권력이 만들어진다. 전제국가 중에는 국가권력을 위협하는 인물을 즉시 체포할 수 있는 법률을 만들고(입법), 그 인물을 교도소에 수감해 사상 교육이라는 명목으로 고문을 하는(집행) 나라도 있다. 형태상으로는 법치국가이더라도 이렇게 국가권력이 타인의 생명을 마음대로 빼앗을 수 있는 절대적인 권력을 전제권력이라고 한다. 절대 왕정이 바로 전제권력이며, 공터에서 퉁퉁이가 멋대로 법률을 만들고 진구의 만화책을 빼앗는 것도 마찬가지다.

로크는 '설령 민주주의제도라 해도 나쁜 지도자가 선출되면 끔찍한 세상이 된다.'고 생각해 입법권력과 집행권력의 분할을 제창한 것이다. 그 후 정치철학자인 몽테스키외가 이 로크의 제언을 '사법·입법·행정을 서로 독립된 세 기관으로 나누자.'라는 삼권분립으로 진화시켰다.

또한 로크는 정부가 악정을 계속하며 부당한 권리를 행사한다면 인민은 자신을 방어하기 위해 저항할 권리인 저항권을 갖는다고 제창했다. 이 저항권은 영국의 일방적인 중세重稅에 신음하던 식민지 미국이 1775년에 독립전쟁을 시작하고 1776년에 독립을 선언하는 데 이론적인 근거가 되었다. 자세한 내용은 [Book 25]《상식》에서 소개하겠다.

로크를 빼놓고서는 현대의 인권론과 자유주의, 민주주의를 이야기할 수 없다. 이렇게 해서 인류가 쟁취한 자유와 민주주의를 지키려면 부단한 노력이 필요하다. 자유와 민주주의의 기본을 이해하기 위해서도 이 책을 꼭 읽어보길 바란다.

POINT

민주주의의 원점은 '모든 사람은 태어날 때부터 자유롭고 평등하다.'는 생각이다.

Book 24

절대다수의 최대 행복을 향한 여정
사회계약론

장 자크 루소 Jean-Jacques Rousseau

1712~1778년. 프랑스의 계몽 사상가. 아버지의 실종과 방랑 생활 등 고난으로 가득한 청년기를 보냈지만, 현상 논문 〈학문 예술론〉으로 일약 유명인이 되었으며 《사회계약론》과 《에밀》 등 문명사회에 대한 날카로운 비평서를 잇달아 발표했다.

어떻게 민주주의는 이루어지는가

비즈니스에서 반드시 필요한 것 중 하나로 관계자와의 합의형성이 있는데, 이것이 참으로 어렵다. "다수결로 정하면 되는 거 아니야?"라고 말하는 사람이 많지만, 반드시 불만을 품는 사람이 나와서 나중에 큰 문제로 발전한다.

또한 '의견을 물어봐서 전원이 찬성하면 되는 것 아니야?'라는 생각에 대해서도 루소는 "그렇지 않다."라고 말한다. 그가 이상적인 민주주의를 그린 이 책에서 우리는 합의형성의 바람직한 형태를 배울 수 있다.

루소는 [Book 23]《통치론》을 쓴 로크의 국회의원을 선거로 뽑자는 주장에 대해 '그런 방식은 우리를 노예로 만들 뿐, 진정한 인민주권을 실현할 수 없다.'고 생각하고 인민주권의 이상상理想像을 제창했다.

루소가 활약한 18세기 당시의 프랑스는 국왕 루이 15세가 나라를 지배했으며, 전체 인구의 2퍼센트밖에 안 되는 귀족과 성직자가 98퍼센트의 가난한 민중에게서 걷은 세금으로 우아하게 살고 있었다. 민주주의의 모습은 조금의 흔적도 찾아볼 수 없는, 지극히 불평등한 초격차사회였던 것이다.

그런 상황 속에서 이상적인 국가를 실현할 수 있음을 제시하기 위해 루소가 1762년에 출판한 책이 《사회계약론》이다. 이 책은 루소가 세상을 떠난 지 11년 후인 1789년에 일어난 프랑스혁명의 이론적 기둥이 되었다.

루소는 인간미 넘치는 인물이었다. 15세에 가출해 남작 부인의 보호를 받으며 살다가 불륜 관계가 되었다. 그 후의 여성 관계도 화려했는데, 한편으로 자신의 아이 5명은 전부 고아원으로 보냈다.

또한 여러 가지 일을 했지만 38세에 논문현상 공모에서 입상해 주목을 받기까지 성공과는 무관한 인생을 살았다. 그 후 이 책《사회계약론》과 교육론의 명저《에밀》을 썼지만, 금서로 취급받고 체포 영장이 발부되어 도망자로서 유럽 각지를 방랑해야 했다.

그리고 여담이지만, 남아 있는 초상화를 보면 루소는 굉장한 미남자였다. 그런 루소가 그린 인민주권의 이상적인 사회는 어떤 세계였을까? 구체적으로 알아보도록 하자.

루소 사회계약설의 열쇠는 '일반의지'

이 책의 제목은 《사회계약론》이다. 로크와 루소가 제창한 사회계약설의 기본은 '인간은 모두 자유롭지만 혼자서는 살아갈 수 없기 때문에 국가라는 사회를 만들고 그 사회와 계약을 맺는다.'라는 것이다. 다만 두 사람의 사회계약설은 자세히 살펴보는 큰 차이가 있다.

로크는 "본래 인간은 완전히 평등하고 자유로우며, 재산권(소유권)도 갖고 있다. 다만 나쁜 놈들이 나쁜 짓을 하면 곤란하니, 정부를 만들고 누군가를 뽑아서 기간 한정으로 자신의 권리 중 일부를 신탁하자. 뽑은 정부가 나쁜 짓을 한다면 갈아치워도 된다."라고 말했다. 이것이 국회의원제도의 출발점이 되었으며 미국독립선언으로 이어졌다.

그러나 루소는 "국회의원제도 같은 건 말도 안 된다."라고 주장했다. "자신의 권리를 맡겨서는 안 됩니다. 우리는 직접 대화를 나눠서 일반의지를 따르는 직접 민주제를 실시해야 합니다."

이 일반의지가 루소 사상의 핵심이다. 다만 이 개념을 이해하기가 쉽지 않은데, 이런 사례를 통해서 생각해 보자. 창업한 지 수년이 지난 벤처 기업 A사는 어떤 회사로부터 거액에 인수를 제안받았다. 이에 즉시 간부들이 모여서 회의를 열었다.

간부 B "어려움을 겪고 있는 자금조달 문제를 해결할 수 있으니 제안을 받아들이자."

간부 C "하지만 인수되면 우리가 하고 싶은 사업을 할 수가 없게 돼. 거절하자."

간부 D "인수를 제안한 회사는 우리의 라이벌이야. 다른 회사의 산하로 들어가는 편이 낫다고 생각해."

좀처럼 의견이 하나로 모이지 않는다. 이럴 때 도움이 되는 것이 루소가 생각한 개별의지, 전체의지, 일반의지의 구별이다.

① **개별의지**: 각자의 의지를 뜻한다. 간부 세 명은 각자의 의견(=개별의지)을 갖고 있다. 다수결로 결정하는 것은 최악의 방법이다. 수긍하지 못하는 사람이 나와서 반드시 갈등을 빚게 된다.
② **전체의지**: 세 명의 개별 의지가 '인수 제안을 받아들인다.'로 일치한다면 그것은 전체의지다. 그러나 전체의지는 어쩌다 보니 개별의지가 일치한 것일 뿐이다. 결코 '조직(A사)의 의지'라고는 말할 수 없다.
③ **일반의지**: 개인이 자유로운 의지를 갖듯이 조직이 하나의 정신적 존재로서 갖는 의지다.

이것은 전체의지와 다르다. A사의 간부가 서로 다른 의견을 주장하며 합의에 이르지 못하는 한 A사의 일반의지는 결정되지 않는다. 처음에는 의견이 달라도 치열한 토론 끝에 세 명 모두 "우리는 '즐거운 일을 하자.'는 생각으로 이 회사를 시작했어. 그런데 인수 제안을 받아들여서 큰돈을 벌었을 때 '과연 즐거울까?'를 생각해 보면 전혀 즐거울 것 같지가 않아. 그러니 제안을 거절하자."라는 데 진심으로 수긍한다면 그것이 일반의지다. 중요한 것은 의견의 일치나 다수결이 아니라 의견의 차이다. 서로 다른 의견을 갖고 모여서 대화를 나눌 때 비로소 일반의지가 탄생한다.

일반의지라는 개념은 조직에서 전원이 수긍하는 합의를 이끌어낼 때 큰 참고가 된다. 2022년, 닛산이 프랑스의 르노와 출자 비율의 조정을 통해 서로 대등한 관계가 되기 위한 교섭을 했을 때 있었던 일이다. 닛산의 우치다 마코토 사장은 교섭 중에 수없이 중단 의사를 전달했다. 우치다 사장은 이렇게 말했다. "모두가 소화하지 못하면 의미가 없습니다. '그때 우치다가 말한 대로 결정되었다.'라는 식으로는 절대 끝내지 않을 것입니다. 이 점만큼은 정말로 세심한 주의를 기울여 왔습니다." 우치다 사장은 닛산의 일반의지를 가장 중시했던 것이다.

국가도 마찬가지다. 루소는 "국가는 공익을 목적으로 설립되었으며, 그런 국가의 여러 가지 힘을 지도할 수 있는 것은 일반의지뿐이다."라고 말했다.

사회에서는 다양한 사람이 다양한 이해利害를 지닌다. 그러나 공통 이익을 추구하기 위해 사회가 존재한다. 그러므로 사회도 공통의 이익을 지향하는 일반의지를 지속적으로 추구해나가야 하는 것이다.

그래서 '법'이 필요해진다. 루소는 이렇게 말했다. "온갖 입법의 체계는 모든 사람의 최대 행복을 목적으로 삼아야 하는데, 이 최대 행복이 정확히 무엇을 의미하는지 파고들면 두 개의 주요 목표, 즉 자유와 평등으로 귀결됨을 알 수 있다."

그래서 최대 행복(자유와 평등)을 위해 국민의 의지로 결정한 법에 입각해서 통치되는 국가가 법치국가다. 그렇다면 현실의 세계에서 이것을 어떻게 실행하는 것일까?

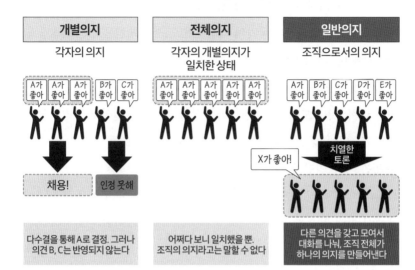

루소가 제창한 일반의지

개별의지	전체의지	일반의지
각자의 의지	각자의 개별의지가 일치한 상태	조직으로서의 의지

A가 좋아 / A가 좋아 / A가 좋아 / B가 좋아 / C가 좋아

A가 좋아 / A가 좋아 / A가 좋아 / A가 좋아 / A가 좋아

A가 좋아 / B가 좋아 / C가 좋아 / D가 좋아 / E가 좋아

채용! / 인정 못해

X가 좋아!

치열한 토론

다수결을 통해 A로 결정. 그러나 의견 B, C는 반영되지 않는다

어쩌다 보니 일치했을 뿐. 조직의 의지라고는 말할 수 없다

다른 의견을 갖고 모여서 대화를 나눠, 조직 전체가 하나의 의지를 만들어낸다

현대정치의 문제점과 해결책

루소는 이상적인 법치국가의 형태로 고대 로마를 예로 들었다. 로마는 이상적인 법치국가였다. 시민 40만 명이 사는 로마에서는 시민이 일주일에 수차례의 집회를 열었고, 행정관으로서 공공장소에도 모였다. 시민들은 빈번하게 집회를 열어 정치적 과제에 관해 이야기를 나눴다. 로마 이전의 고대 그리스에서도 폴리스(도시국가)에서는 인민이 끊임없이 광장(아고라)에 모여 토론을 했다. 당시는 시민 대신 노예가 노동을 하고 있었다. 시민은 노동으로부터 해방되어 자신의 자유에 관심을 가지고 적극적으로 정치에 관여했던 것이다.

루소가 이상으로 삼는 민주주의는 이렇게 인민이 스스로 정치에 관여해 국가 일반의지의 바람직한 모습을 논의하는 직접민주주의다. 이렇게 해서 결정된 일반의지가 국가의 의지이며, 그래서 개인은 모든 권리를 일반의지에 바치고 100퍼센트 따라야 한다는 것이 루소의 주장이다.

이렇게 주장하는 루소에게 선거로 국회의원을 뽑아서 국가권력을 위탁하는 국회의원제도는 큰 잘못이었다. 정치의 형태를 결정할 권리는 인민 한 명 한 명이 갖고 있다. 이 주권은 누구에게도 양도할 수 없다. 양도할 수 없는 이상, 인민이 뽑는 국회의원은 인민의 대표가 아니라 대리인에 불과하다. 인민 대신 최종 결정을 내릴 수도 없다. 그렇게 생각한 루소는 이 책에서 이런 말로 로크를 은근히 비판했다. "영국의 인민은 자신이 자유롭다고 생각하지만, 그것은 커다란 착각이다. 의회의 의원을 선거로 뽑는 동안만 자유로울 뿐이며, 의원 선거가 끝나면 인민은 노예이자 무無와 다름없는 존재가 된다."

루소의 지적은 현대민주주의가 직면한 문제이기도 하다. 정치가는 선거 기간 중에만 국민과 마주한다. 진지하게 유권자와 마주하며 공약 실행을 위해 힘쓰는 성실한 정치가도 있지만, 실현 가능성도 없는 선거 공약을 남발하고 당선된 순간 나 몰라라 하는 의원도 있다. 이런 정치가 개인의 자질에 의지하는 현대 민주주의는 이상적인 시스템이라고는 말할 수 없다.

유권자 쪽에도 문제가 있다. 바쁘다며 정치에 관심이 없고 국회의원에게 일임해 버린다. 투표조차 하지 않는 사람도 있다. 루소는 이렇게 말했다. "우리 같은 근대인은 노예를 소유하지 않지만, 제군 자신이 노예인 것이다. 우리는 자신의 자유를 팔아서 노예의 자유를 사고 있다. 그러는 편이 더 좋다고 자랑한들 공허할 뿐이다. 우리는 그곳에서 인간의 모습이 아니라 비굴함을 발견하게 되기 때문이다. (중략) 대표를 가진 순간부터 인민은 자유롭지 못하게 된다. 인민은 존재하지 않게 되는 것이다.”

참으로 가슴이 뜨끔해지는 지적이다. 그리고 루소는 이상적인 정치(진정한 민주정)를 실현하기 위한 세 가지 조건을 제시했다.

- ① 매우 작은 국가여서 인민이 즉시 집회를 열 수 있으며 서로 아는 사이가 될 수 있을 것.
- ② 인민의 습관이 소박해서 다양한 토론을 하지 않고도 많은 사무를 처리할 수 있을 것.
- ③ 지위나 재산은 거의 평등할 것.

일본은 인구가 적은 지방자치단체일수록 이 조건을 충족하고 있다. 실제로 코로나 팬데믹 당시 강한 리더십을 발휘한 자치 단체장이 다수 나타났다. 지방주권은 진정한 민주주의에 가까워지는 하나의 방법일 것이다. 우리도 먼저 가까운 지역의 정치에 관여하는 것부터 시작해야 한다.

루소에 대해서는 비판도 있다. “일반의지에 모든 것을 바쳐라.”라는 주장은 전제국가에서 “국가에 복종하라.”라는 형태로 이용되기 쉬운 것이다. 철학자인 버트런드 러셀은 저서 《서양철학사》에서 “히틀러는 루소의 귀결이며, 루스벨트나 처칠은 로크의 귀결이다.”라고 주장했다.

그러나 일반의지의 대전제는 철저한 직접민주주의다. 루소는 “그렇게 해서 결정한 일반의지는 국가의지다. 그러니 그 의지를 따라라."라고 말했지만, 이것을 거대한 국가에서 실현할 구체적인 방법은 제시하지 않았다. 반대로 "진정한 민주정은 지금까지 존재한 적이 없으며, 앞으로도 존재하지 않을 것이라고 말할 수밖에 없다."라는 말을 했다.

아울러 루소의 문장은 사람들에게 강한 자극을 줘서 움직이게 하는 선정적인 문장이기에 오해를 사기 쉬웠다. 이 때문에 전제국가에서 악용된 측면도 있다고 생각된다. 한편으로 닛산의 우치다 사장이 르노와의 교섭에서 닛산의 일반의지를 중시했듯이, 루소의 사상은 비즈니스에서도 힘을 발휘한다. 비즈니스에서 합의형성을 꾀할 때 참고하면 도움이 될 것이다.

POINT

의견 차이를 출발점으로 조직으로서의 일반의지를 만들어내라.

Book 25

식민지 미국인들의
생각을 바꾼 작은 책
상식

토머스 페인 Thomas Paine

1737~1809년. 영국 출생의 미국인 철학자, 정치 활동가. 런던에서 벤저민 프랭클린과 대화를 나눈 것을 계기로 1774년 11월에 미국으로 건너가 문필 활동을 시작했다. 1776년에 출판한 미국 독립의 필요성을 호소한 소책자《상식》이 폭발적으로 판매되어 미국인들의 상식을 단번에 바꿔놓았다.

지금의 상식은 무엇인가

지금으로부터 250년 전, 미국은 영국의 통치를 받는 식민지였다. 현재의 자신만만한 미국과는 정반대의 처지였다.

'어떻게든 통치국 영국의 심기를 건드리지 않고 계속 무탈하게 지내야 하는데.'

당시의 미국인들은 이런 식민지 근성에 젖어 있었는데, 이 상황을 단번에 바꿔서 민중이 독립을 지향하도록 만든 것이 상식Common Sense이라는 제목의 소책자다. 이 책은 출판 직후부터 날개 돋친 듯이 팔려나가, 당시 인구가 250만 명이었던 미국에서 누계 50만 부의 판매량을 기록했다. 글자를 읽을 수 있는 사람은 대부분 구입했다고 한다. 그리고 이 책은 미국인들을 각성시켜 '영국으로부터 독립하자!'로 생각을 바꾸도록 만들었다.

또한 이 책은 미국뿐만 아니라 세계적으로도 큰 영향을 끼쳤는데, 수많은 식민지에서 번역되어 베스트셀러가 되었다. 이 책이 이렇게까지 널리 읽힌 이유는 평범하게 사는 사람들에게 로크가 제창한 '자신들이 지닌 민주주의의 권리'를 이해하기 쉽게 설명해줬기 때문이다.

이처럼 미국이라는 국가의 기반에는 이 책의 사상이 자리하고 있고, 미국을 이해하고 싶다면 이 책을 반드시 읽어야 한다.

영국에서 태어난 페인은 다양한 직업을 전전하다 미국의 정치가 벤저민 프랭클린과 만난 것을 계기로 미국으로 이주해 월간지의 편집 담당이 되었고, 이주 직후인 1776년 1월에 이 책을 출판해 일약 유명 인사가 되었다. 그런데 통치국 영국은 왜 식민지인 미국을 착취하려 했을까?

영국은 유럽에서 벌어진 여러 전쟁에서 승리하고 수많은 식민지를 빼앗았다. 그러나 방대한 전쟁 비용 때문에 골머리를 앓았는데, 이윽고 '식민지인 미국에서 돈을 걷어 해결하자.'고 생각하게 되었다. 그리고 1765년경부터 식민지 미국으로부터 돈을 걷기 위해 다양한 법률을 만들기 시작했다. 무거운 세금에 고통받던 미국인들은 저항운동을 시작했지만 마침 7년 전쟁을 끝낸 직후였던 영국은 거대한 무력을 동원해 저항운동을 제압하려 했고, 이에 1770년경부터 미국과의 분쟁이 격화되었다.

한편 미국인들은 1774년의 제1회대륙회의에서 완전 자치를 주장하는 권리선언을 채택하고 영국과의 통상 단절을 결의했다. 그리고 1775년의 렉싱턴콩코드전투에서 미국의 민병대 병사가 영국군 병사에게 발사한 총알 한 발을 계기로 독립전쟁이 시작되었다. 그러나 전쟁이 시작되었음에도 많은 미국인은 영국의 지배를 받는 것을 자랑스럽게 생각하기조차 했다. 독립은 털끝만큼도 생각하지 않았으며, 독립을 입에 담는 것 자체가 금기였다. 그들은 '영국의 관리에게 반역 행위로 고발당하고 싶지 않아…'라고 생각했다. 말 그대로 식민지 근성에 젖어 있었던 것이다.

영국에서 이주한 직후였던 토머스 페인은 이런 상황을 보며 '새로운 자유민주주의의 개념이 탄생한 지금, 우리의 권리를 주장하자.'라고 생각했다. 그래서 1775년 10월에 월간지에서 '엄숙한 생각'이라는 제목의 글을 통해 "언젠가 신께서 무자비한 영국으로부터 지배권을 몰수해 미국을 독립시켜 주실 것이다."라고 예언했다. 그리고 '아직 할 말이 더 있다.'고 생각해 1776년에 본명을 숨긴 채 일개 영국인의 의견으로써 이 책을 출판했다.

새로운 미국의 세 가지 상식

페인은 [Book 23]《통치론》을 쓴 로크의 논리에 따라 "세계의 새로운 상식은 다음의 세 가지다."라며 이를 제시해 미국인의 식민지 근성을 바꾸려 했다.

① **지배당하면 저항하라**: 당시 미국인은 '영국은 국왕이 통치하고 있어. 국왕은 위대해.'라고 믿었다. 이에 대해 페인은 "초대 영국 국왕

은 프랑스 국왕의 아들이 무장 병력을 이끌고 상륙해 원주민의 동의
도 얻지 않고 영국 국왕을 자칭한 것에 불과하다. 전혀 위대하지 않
다.", "권력에 지배당해 고통스럽다면 저항해도 된다. 영국도 나쁜 왕
의 지배를 받아 신음했었다."라고 말했다.

② **화해는 최악의 선택이다. 선택지는 독립뿐:** 당시의 여론은 '조국 영
국과 싸우고 싶지 않아. 화해할 수는 없을까?'라는 것이었다. 이에
대해 페인은 "선택지는 독립뿐이다. 화해는 영국의 동의가 필요하기
에 어렵지만, 독립은 자신이 선언하면 그만이다. 게다가 영국의 지배
를 받으면 타국과 무역을 할 수 없지만 독립하면 프랑스나 스페인과
무역도 할 수 있다. 그리고 미국의 조국이 영국이라면 영국의 조국
은 영국 국왕의 모국인 프랑스인 셈이 되는데, 아무도 그렇게 생각
안 하지 않는가?"라고 말했다.

③ **공화제를 채택하자:** "미국에는 왕이 없기 때문에 독립을 해도 나라가
통합되지 않아."라는 의견에 대해서는 "지금이 정부를 만들 절호의
기회다. 국민의 합의에 입각해 법으로 통치하는 공화제를 채택하자.
공화제에 국왕은 필요 없다. 법이 국왕이기 때문이다."라고 말했다.

이 책이 전국적으로 읽히고 나서 미국인들은 각성해 '독립하자.'로 생각
을 바꿨다. 1776년 7월 4일에는 토머스 제퍼슨 등이 모여서 독립을 선언
했는데, 독립선언문에는 이 책의 내용이 적극적으로 반영되어 있다.

인공적으로 만들어졌다는 의미에서 미국은 세계에서도 거의 유일한 특
수한 대국이다. 신대륙의 개척민들은 유럽에서 진화하고 있었던 민주주

《상식》이 미국의 자유주의 문화를 만들었다

선입견(1775년의 여론)	상식(일개 영국인의 의견)

위대한 영국 국왕에게
지배당하는 것은
어쩔 수 없는 일이야.

싸움은 그만두고
영국과 화해할 수는
없을까?

독립했다 쳐도 어떻게
나라를 통합할 거야?
왕이 없잖아

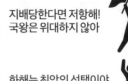

지배당한다면 저항해!
국왕은 위대하지 않아

화해는 최악의 선택이야.
선택지는 독립뿐!

공화제를 채택하면 돼!
법이 국왕이야

미국의 자유주의 문화로

의 사상을 받아들여 미국이라는 국가를 만들어냈고, 그 미국이라는 국가의 근원에는 이 책의 사상이 자리하고 있다. 미국이라는 국가를 이해하기 위해서도 이 책은 읽어 볼 가치가 있다.

POINT

《상식》은 미국인의 자유민주주의 사상의 원류다.

Book 26

자유를 중심으로 생각하면
많은 문제가 해결된다

자유론

존 스튜어트 밀 John Stuart Mill

1806~1873년. 영국의 철학자. 경제사상가이기도 하며, 정치철학 분야에서는 자유주의·자유지상주의
뿐만 아니라 사회민주주의의 사조에도 지대한 영향을 끼쳤다. 윤리학에서는 제러미 벤담이 제창한 공
리주의의 옹호자로 유명하며, 논리학에서는 러셀 등 후진의 분석 철학에도 강한 영향을 끼쳐 초기 과학
철학의 중요한 인물로 평가받는다.

자유를 좇는 사람들

내가 아직 신입사원이었던 시절에 있었던 일이다. 같은 부문의 선배가 내
게 이런 말을 했다.

"앞으로 이 부문에서 커리어를 쌓도록 해. 너를 위해 그게 좋아."

그러나 선배의 말에서 어딘가 위화감을 느낀 나는 그 선배에게 의논하
지 않고 상사에게 부서 이동을 희망했다. 그러자 선배가 나를 꾸짖었다.
"이동하면 고생할 뿐이라고. 자신의 커리어를 진지하게 생각하고 있는 거
맞아?"

이 선배는 마치 자신의 일처럼 내게 조언을 해줬다. 다만 이 무렵의 나는 내가 하고 싶은 일이 무엇인지, 내 강점은 무엇인지 계속 모색하고 있었다. 그리고 내 나름대로 혼자서 곰곰이 생각하고 낸 결론이 이동이었기 때문에 '나를 이해해 주지 않네…'라며 조금은 섭섭하게 생각했다.

사실 이 이야기는 존 스튜어트 밀이 150년 전에 이 책에서 쓴 '자유'의 개념과 깊은 관련이 있다. 현대의 자유라는 개념은 밀이 이 책에서 말한 내용에 기반을 두고 있다. 다만 우리는 이 자유의 개념을 의외로 잘 이해하지 못하고 있다. 특히 현대의 비즈니스에서는 개인의 자유가 더욱 중시되고 있다. 현실에서 일을 할 때 발생하는 여러 가지 인간관계의 문제 중에는 자유의 개념을 기점으로 생각하면 해결의 실마리가 보이는 것도 많다.

밀은 1806년에 영국에서 태어났다. 엄격한 아버지의 방침에 따라 학교에 다니지 않고 어렸을 때부터 영재 교육을 받아 3세까지 고대 그리스어, 8세까지 라틴어로 쓰인 방대한 역사책과 문학을 공부했으며, 10대에 이미 철학 논객이 되어 있었다. 21세에 심각한 우울증에 걸렸지만 극복해낸 그는 동인도회사(영국의 식민지에 대한 무역 독점권을 가졌던 회사)에서 일한 뒤 국회의원이 되었고, 훗날 정치·경제사상가, 철학자로서 세계에 영향을 끼치게 된다.

이 책을 해설한 나카마사 마사키에 따르면 자유민주주의가 침투한 19세기의 유럽에서는 민주화의 문제점이 드러나기 시작했는데, 그중 하나가 다수파의 전횡이었다. 민주주의는 다수파의 의견에 따라 방침이 결정되는 까닭에 다수파가 소수파를 억압할 위험성이 드러나기 시작한 것이다. 그 결과 자유에 관한 논의를 본격적으로 시작하게 되었다. 이와 같은 시대 배경 속에서 밀은 이 책을 통해 자유주의의 다양한 제도적 구상을 제시했다.

자유의 세 가지 기본 규칙

이 책의 앞부분에서 밀은 자유의 기본 규칙을 정리했다.

- 인간은 타인에게 해를 끼치지 않는 한 자유롭다.
- 개인에게 힘을 행사해도 되는 것은 타인이 해를 끼쳤을 경우뿐이다.

즉, 자신에 관해서는 스스로 결정할 수 있다. 어떠한 자신이 될지 결정할 최종적인 권리(주권)는 자신만이 갖고 있는 것이다. 현실에서는 "너를 위해서 말해 주는 거야."라며 간섭하는 사람이 많지만, '본인을 위해서'는 간섭을 정당화할 근거가 되지 못한다. 본인에 관해서는 본인의 자주성이 절대적이다. 나는 이러한 밀의 사상이 같은 또래 아이들과 놀 기회를 얻지 못하고 영재 교육을 받았으며 21세에 정신적 위기를 겪었던 그가 갈등을 극복하면서 깨달았던 마음의 목소리가 아니었을까 생각한다.

밀은 인간에게는 타인에게 해를 끼치지 않는 한 자유롭게 행복을 추구할 수 있는 세 가지 자유로운 영역이 있다고 말했다.

① **사물을 생각하고 느끼며 표현할 자유:** 인간은 자유롭게 무엇인가를 생각할 수 있으며, 그 생각을 표현할 수 있다.

CHAPTER 2 | 정치·경제·사회

② **호불호, 선택의 자유:** 인간은 자신이 좋아하는 것을 할 수 있다. "너는 좀 별나구나."라는 말을 듣는다고 하더라도 타인에게 피해를 주지 않는 이상은 방해받지 않고 행동할 자유가 있다.

③ **개인끼리 단결할 자유:** 사람은 목적이 무엇이든 타인에게 피해를 입히지 않는 한 단결할 자유가 있다. 다만 이것은 사리를 판단할 수 있는 성인이고, 강요당하지 않으며, 속고 있지 않을 것이 대전제다.

특히 ①은 '사상의 자유', '언론과 출판의 자유'로 불리고 있다. 그러면 깊이 파고들어서 생각해 보자.

사상의 자유, 언론과 출판의 자유

에어비앤비가 서비스를 시작했을 무렵, 나를 포함한 대부분이 '자기 집에 생판 모르는 타인을 재우는 사람이 설마 있겠어?'라고 생각했다. 그러나 지금은 많은 사람이 에어비앤비를 이용해 타인의 집에 묵는다.

새로운 진리는 반드시 소수파에서 시작된다. 천동설에 대한 지동설, 루터의 프로테스탄트 운동도 소수파에서 탄생했다. 이렇게 보면 사상의 자유, 언론과 출판의 자유는 새로운 진리를 만들어내는 원동력이다. 소수파의 의견을 소중히 여겨야 하는 것이다. 밀은 소수파의 의견에 관해 이렇게 말했다.

"나는 민중이 민중 스스로든 정부를 거쳐서든 언론을 통제하는 강제력을 행사할 권리를 지니고 있다고는 절대 생각하지 않는다.", "한 명의 인간을 제외하고 모든 인류가 같은 의견이고 한 명만 의견이 다를 때, 그 한 명을 침묵시키는 것은 권력자 한 명이 힘으로 전체를 침묵시키는 것과 같은 부당한 행위다." 이처럼 다른 사람들과 의견이 다르더라도 힘으로 여러분을 침묵시키는 것은 무조건 잘못된 행위다. 어째서일까? 밀은 이렇게 말을 이었다. "그것은 인류 전체를 피해자로 만들기 때문이다."

이 책에서 밀은 그 예로 소크라테스를 언급했다. 우리가 아는 소크라테스는 인간이 나아가야 할 길을 설파한 모든 교사의 모범이지만, 불신앙과 부도덕을 이유로 사형을 당했다. 이어서 밀은 예수 그리스도도 언급했다. 지금은 전능한 신의 화신으로 숭배받는 그도 죄인으로서 사형을 당했다.

이 두 명을 처벌한 사람들은 악인이 아니다. 오히려 양식 있고 선한 사람들이었다. 그러나 당시 상식에서는 두 사람의 주장이 지극히 사악한 사상으로 보였다. 그들은 그 시대의 상식에 의거해 새로운 진리를 주장한 두 명에게 사형을 선고했던 것이다.

진리가 저절로 힘을 얻어서 세상에 퍼지는 것은 아니다. 사람들은 진리를 배제하고 잘못된 의견을 열정적으로 지지할 때도 많다. 진리는 연약하며, 새로운 진실은 반드시 소수의견으로 시작된다. 그러므로 언뜻 기묘하게 들리는 의견이라도 절대 막지 말고 다양한 의견을 자유롭게 말하도록 내버려 두는 편이 더 나은 결론을 얻을 수 있다. 루소가 [Book 24]《사회계약론》에서 "일반의지(국가의 생각)를 낳는 데 필요한 것은 의견의 일치가 아니다. 다른 의견을 갖고 모여서 토론하는 것이다."라고 말한 것도 소수의견 속에 새로운 진리가 있기 때문이라고 생각해야 할 것이다.

이것은 비즈니스도 마찬가지다. 1900년대 초 이노베이션이라는 개념

새로운 진리는 소수파에서 탄생한다

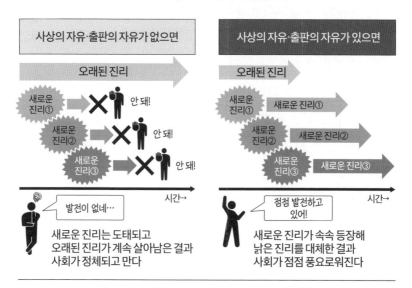

을 제창한 조지프 슘페터는 "이노베이션은 그것이 등장한 뒤에는 이해할 수 있지만 사전에는 이해하지 못한다."라고 말했다. 이노베이션도 비상식에서 탄생한다. 에어비앤비도 대다수의 사람이 사전에는 이해하지 못했던 비상식에서 탄생했다. 비즈니스에서도 한 사람 한 사람의 다른 의견을 키워 나가는 것이 성장과 발전으로 이어진다.

그래서 다양한 사고방식이나 발상을 중시하는 다양성이 중요하다. 소수의견의 존중이 최종적으로는 인류의 이익으로 이어지는 것이다. 다만 한 가지 문제가 있다. 소수파의 의견을 고려하는 것은 시간이 많이 들고 번거롭다는 사실이다.

날이 갈수록 풍요로워지는 자유주의사회

사상·신조의 자유가 있으면 그중에서 진리를 선택하는 데는 많은 노력과 시간이 들어간다. 그러나 자유롭게 다양한 소수의견이 나오면 장기적인 관점에서 봤을 때 결과적으로 사회가 풍요로워진다.

전제사회는 반대로 소수의견을 막고 권력자가 최선이라고 생각하는 의견을 실행한다. 언뜻 봐서는 효율이 좋지만, 인간은 반드시 잘못을 저지르기 마련이다. 전제사회에서는 소수파가 가진 새로운 진리를 선택할 수가 없으며, 그 결과 장기적인 관점에서 봤을 때 자유사회처럼 발전하지 못하고 풍요로워지지 못한다.

이것은 개인도 마찬가지다. 남들이 시키는 대로만 행동하면 아무런 생각도 할 필요가 없으므로 편하지만, 생각하는 힘이 약해진다. 생각하는 힘은 근육과 같아서, 사용하지 않으면 쇠약해지는 것이다. 항상 스스로 궁리해서 선택지를 고르는 습관을 들이면 생각하는 힘이 붙는다. 스스로 선택지를 고르려면 깊이 궁리해야 하며, 언제나 온 힘을 다해서 궁리하면 생각하는 힘이 단련된다. 상대에게 생각할 기회를 주지 않고 "이렇게 해."라고 지시하는 것은 근육 트레이닝을 할 때 상대를 대신해 무거운 바벨을 들어주는 것과 같아서, 상대는 생각하는 근육을 키우지 못한다. 그래서 스스로 생각해 자신이 직접 결정해야 하는 것이다.

이 책은 그 후 자유주의*Liberalism*와 자유지상주의*Libertarianism*(국가의 간섭에 대해 개인의 권리를 강하게 주장한다.)에 큰 영향을 끼쳤다. 다만 이 책에는 시대에 뒤떨어진 기술도 있기에 주의해야 한다. 이를테면 "상대에게 간섭해서는 안 되지만, 야만인에게는 전제정치가 정당한 통치다." 같은 것이다. 그러나 이 책이 출판된 지 100년 후, 레비스트로스는 [Book 18] 《야생의 사고》에서 미개인이 풍부한 지성을 갖췄음을 보여줬다. 미개인에게도 미개인의 생각이 있는 이상, 그들의 자유는 존중해야 하며 전제정치로 통치해서는 안 될 것이다. 영국의 식민지를 통치하는 동인도회사에서 일했던 밀은 편향이 걸려 있었는지도 모른다. 이 책에 있는 개별적 사례는 150년 이상 전에 쓰인 책임을 염두에 두면서 읽는 것이 바람직하다.

이 책은 자유가 사회를 풍요롭게 만드는 본질적인 메커니즘을 밝혀냈다. 인간은 본성적으로 조직이나 사회의 다수의견에 반대하는 다른 의견을 철저히 짓밟으려 하는 경향이 있다. 그러나 그런 상황은 결코 자유라고 말할 수 없으며, 장기적인 관점에서 보면 조직이나 사회의 건전한 발전을 저해한다. 자유민주주의가 위기에 빠진 현대이기에 더더욱 우리는 '자유의 본질'을 이해해야 하며, 그렇기에 꼭 읽어 봐야 할 책이라고 말할 수 있을 것이다.

POINT

자유로워지면 생각하는 근육이 붙어 능력이 꽃을 피우며, 사회도 풍요로워진다.

📖 Book 27

보이지 않는 손이 진짜 의미하는 것
국부론

애덤 스미스 Adam Smith

1723~1790년. 영국의 철학자, 경제학자. 산업혁명이 진행 중이던 1776년에《국부론》을 발표했다. 노동이 부의 원천이고 자유로운 경제 활동이야말로 국가 경제를 발전시킨다는 새로운 경제이론을 내놓아 자본주의 경제를 이론화하는 역할을 담당했다.

일론 머스크의 애독서

테슬라 CEO 일론 머스크는 2018년에 이런 트윗을 올렸다.

"애덤 스미스 최고"(Adam Smith FTW: FTW는 For The Win의 머릿글 자로, 최고라는 의미다.)

이 책《국부론》은 일론 머스크의 애독서라고 한다. 250년 전에 나왔지만 현대사회에서도 통용되는 비즈니스의 본질을 공부할 수 있는 이 책은 많은 사람의 애독서다. 다만 안타깝게도 "국부론? 시장에서 이기적으로 행동하면 적정한 가격이 결정된다는 '보이지 않는 손' 이야기가 나오는

248　　　　　　　　　　　　　　　　　　　　CHAPTER 2 | 정치·경제·사회

책이잖아?"라고 말하는 사람이 많다. 이것은 애덤 스미스의 의도와는 다른 잘못된 이해다. 그렇다면 애덤 스미스의 진짜 의도는 무엇일까?

애덤 스미스는 경제학의 아버지로 불린다. 이 책이 영국에서 출판된 1776년 당시는 경제학이라는 개념이 없었다. 정치학이 고대 그리스에서 시작되어 2,000년이 넘는 역사를 자랑하는 데 비해 경제학은 매우 최신 학문이었던 것이다. 당시 영국에서는 상품이나 화폐를 교환하는 장소로써 '시장'이 급성장하고 있었다. 그러나 이 시장의 개념을 적절히 설명할 수 있는 이론이 존재하지 않았는데, 그 난제에 도전한 인물이 바로 애덤 스미스다.

1759년에 《도덕감정론》을 출판한 도덕 철학자로서 널리 알려져 있었던 스미스의 또 다른 관심사는 '국가는 어떻게 해야 풍요로워질까?'였다. 그래서 베이컨 이래의 전통인 영국 경험론을 제시하며 방대한 양의 경제 사례를 꼼꼼히 조사했고, 10년을 집필한 끝에 이 책 《국부론》을 완성했다. 1,100페이지가 넘는 대작인 이 책에는 현대 경제학의 기본요소(분업의 개념, 균형 가격 결정의 메커니즘, GDP, 노동 가치설, 저축·투자·운용의 관계 등)가 전부 담겨 있으며, 스미스의 사상은 그 후 카를 마르크스, 존 메이너드 케인스, 밀턴 프리드먼 등의 경제이론으로 발전해 나갔다.

생산량을 확대하는 분업의 메커니즘

이 책의 앞부분에서 스미스는 분업의 압도적인 위력을 소개했다. 그는 작은 공장에서 재봉에 사용하는 징검바늘을 만드는 상황을 예로 들었다. 징검바늘은 단순한 구조로, 끝이 뾰족한 바늘의 반대쪽에 동그란 구슬이 붙어 있을 뿐이다. 그러나 이런 간단한 징검바늘도 실제로 만들려 하면 생각처럼 간단하지가 않다. 그 공정은 이런 식이다. ① 철사를 잡아 늘이고, ② 곧게 만든 다음, ③ 철사를 자르고, ④ 끝을 뾰족하게 만들며, ⑤ 반대쪽 끝을 꺾고, ⑥ 구슬을 붙인 다음…. 이런 식으로 전부 합쳐 18개 공정을 거쳐야 징검바늘이 완성되었다.

만약 징검바늘을 만드는 방법을 모르는 초보자인 내가 혼자서 모든 공정을 담당하며 바늘을 만든다면 하루 종일 20개 정도 만드는 것이 고작일 터이며 품질도 크게 떨어질 것이다. 그러나 스미스가 본 공장에서는 18개 공정을 10명이 분담해 하루에 무려 4만 8,000개나 되는 징검바늘을 제조하고 있었다. 한 명당 4,800개이므로 생산성은 240배에 이르며, 게다가 품질도 우수했다. 이것이 분업의 위력인 것이다. 스미스는 분업이 생산성을 높이는 이유로 세 가지를 꼽았다.

① **전문 영역에 특화하면 기술이 향상된다:** 처음에는 미숙해도 계속하면 경험이 축적되어 능숙해진다.
② **다른 작업으로 이행하는 시간을 없앨 수 있다:** 곁눈질도 하지 않고 계속 같은 작업에 집중할 수 있기에 낭비가 없다.
③ **기계화로 작업이 용이해진다:** 작업자는 창의적인 궁리와 도구의 사용을 통해 더 효율적으로 작업할 수 있게 된다.

이렇게 해서 한 사람 한 사람이 전문 영역에 특화해 서로 협동 작업을 하면 혼자서 모든 공정을 작업할 때보다 훨씬 큰 가치를 만들어내며 사회도 풍요로워진다.

이것은 현대를 사는 우리도 마찬가지다. 각자 전문 분야를 가진 프로페셔널들이 모이면 사회 전체가 지식을 폭발적으로 늘려 더욱 풍요로운 세상을 만들 수 있다. 우리는 자신이 만들어내는 생산물의 상인인 것이다. 그리고 풍요로워진 사회에서 시장 교환을 통해 상품을 입수한다. 그래서 스미스는 시장 교환의 원리에 관해서도 생각했다.

보이지 않는 손에 대한 오해

여러분은 신상품을 개발했다. 누구도 그런 상품을 만들고 있지 않고, 원하는 고객도 많다. 가격은 부르는 게 값이다. 10만 엔에 팔기 시작했더니 날개 돋친 듯이 팔렸다. 갈퀴로 돈을 쓸어 담았다. 그런데 '이건 돈이 되겠군.'이라고 판단한 다른 회사가 시장에 뛰어들었다. 그들은 가격 경쟁력을 소구하기 위해 7만 엔에 팔기 시작했고, 여러분도 가격 인하로 대응했다. 그리고 시장에 다른 회사의 참가가 계속되면서 가격은 비용을 조달할 수 있는 공정한 이익의 범위(예를 들면 3만 엔)에 정착되었다(상품력은 같다고 가정한다).

스미스는 이 책에서 이렇게 말했다. "개개인은 반드시 사회의 연간 수입이 최대한 많아지도록 노력하게 된다. (중략) 생산물의 가치가 가장 높아지도록 노동을 배분하는 것은 자신의 이익을 늘리려는 의도에서일 뿐이다. 그러나 이를 통해 그 밖의 경우와 마찬가지로 보이지 않는 손에 이

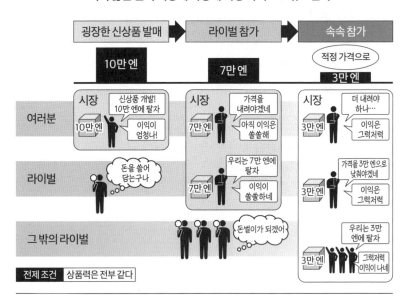

보이지 않는 손이 시장에 작용해 적정 가격으로 유도한다

끌려 자신이 전혀 의도하지 않았던 목적을 달성하도록 움직이게 된다."
(참고로, 이 책에서 '보이지 않는 손'이라는 말이 나오는 곳은 여기뿐이다.)

이렇게 해서 누구도 명령하지 않았음에도 시장 참가자 한 사람 한 사람
이 '내게 이익이 되도록 행동하자.'는 생각으로 행동한 결과 마치 보이지
않는 손이 이끌듯이 시장에서 최적 가격이 결정되며 시장이 질서를 찾아
간다. 그리고 상품이 적정 가격으로 시장에 나돌면 사람들은 더욱 풍요로
워지며 사회 전체의 부가 증가한다. 그래서 스미스는 "자유시장에서는 최
적 가격에서 균형을 이룬다. 그러니 시장에 맡기자."라고 말했던 것이다.

그러나 이 보이지 않는 손이라는 비유는 후세에 "자유롭게 경쟁할 수

있어야 해. 애덤 스미스도 그렇게 말했다고."라는 식으로 입맛에 맞게 해석되어 강자와 약자의 격차가 심화되는 양극화사회를 만들어냈다. 그런 주장을 한 대표적인 인물이 자유경쟁주의자인 [Book 33]《자본주의와 자유》의 저자 밀턴 프리드먼이다.

프리드먼과 마찬가지로 20세기에 활약한 자유주의 사상가 프리드리히 하이에크는 논문 〈진짜 개인주의와 가짜 개인주의〉에서 이렇게 말했다. "애덤 스미스가 '합리적 경제인'이라는 괴물을 만들어냈다는 인식이 있는데, 그것은 잘못된 인식이다."

스미스가 보이지 않는 손에서 자유경쟁을 제창한 이유는 18세기 당시에는 시장의 자유가 없었기 때문이다. 당시 영국 정부와 자본가들은 결탁해서 불공정한 장사를 하고 있었다. 가령 동인도회사는 영국 정부로부터 영국의 식민지였던 인도를 중심으로 아시아 식민지의 무역 독점권을 부여받아 독점적으로 막대한 이익을 올리고 있었다. 그래서 스미스는 '독점은 사회에 도움이 되지 않는다. 시장이 자유롭게 경쟁하도록 맡기자. 그러면 사회의 부는 증가한다.'라고 생각했던 것이다. 일론 머스크도 앞에서 소개한 트윗에 "독점은 사람들의 진짜 적이며, 봉사하기 위해 경쟁하는 것이 선이다."라고 덧붙였다.

스미스는 부정 경쟁을 타파하고자 보이지 않는 손이라는 비유를 들며 시장의 자유경쟁의 중요성을 호소한 것일 뿐, "이기적으로 자유분방하게 행동하면 된다."라는 말은 한마디도 하지 않았다. 오히려 이것은 스미스의 의도와는 정반대다. 실제로 스미스는 상공업자를 매우 신랄하게 비판했다. 이 책에서도 상공업자는 야비하고 욕심이 많으며 독점을 하는 까닭에 국민 전체의 이해와 정면으로 대립하고 있다고까지 단언했다.

애초에 스미스는 《국부론》의 17년 전에 출판한 《도덕감정론》에서 인간의 도덕에 관해 깊게 통찰했다. 그리고 이 책 《국부론》에서 이번에는 물건이나 화폐의 교환을 통해 사회가 어떻게 형성되는지를 고찰했다. 《도덕감정론》과 마찬가지로 《국부론》의 대전제도 인간의 사회도덕이다. 스미스 사상에서 이기심과 공감, 사회도덕은 항상 일체화되어 있다. 정의를 거스르지 않는 활동은 새삼 말할 필요도 없는 대전제인 것이다. 이 책을 제대로 읽어 보면 '애덤 스미스는 시장에서 이기적으로 생각하고 행동하면 보이지 않는 손에 이끌려서 적정 가격이 결정된다고 주장한 이기주의자 아니야?'라는 오해는 금방 풀릴 것이다.

그러나 자유경쟁을 주장하는 경제학자들은 스미스의 주장 가운데 자신들의 입맛에 맞는 부분만 뽑아서 쓰고 입맛에 맞지 않는 부분은 무시하는 측면이 강하다. 스미스가 이 책에 담은 메시지는 "국가의 부는 국민의 것이지 정부의 것이 아니다. 국민이 풍요로워지지 못하면 국가도 풍요로워지지 못한다."라는 것이다.

어떻게 해야 국민이 풍요로워질지를 끊임없이 생각한 스미스는 정부가 해야 할 일도 명확히 말했다. 정부는 이익을 내지 못하면 장사를 계속할 수 없는 민간과는 다르기에 '효율이 나빠서 민간사업으로는 계속할 수 없는 일'을 해야 한다. 가령 국가 방위를 위한 군비, 사법(법원 등), 지역, 도로, 교육, 공공기관이나 공공시설 등은 사회 전체의 이익에 도움이 된다. 그러나 사업으로서는 이익을 낼 수 있다는 보장이 없다. 그래서 이런 일들의 경비는 모든 국민이 각자의 능력에 맞춰 부담해야 한다고 스미스는 주장했다.

악덕 기업이 비효율적인 이유

스미스는 경제성의 관점에서 노예제도를 비판했다. 자유가 없는 노예는 창의적인 궁리를 하면서 일하는 일이 거의 없다. 그렇기 때문에 제조업에서 노예를 사용하면 급여를 주고 자유인을 고용하는 것보다 결과적으로 비용이 더 늘어간다.

이 책에서는 실제 사례도 소개했다. 과거에 튀르키예 광산에서는 노예를 이용해 풍부한 자원을 채취했다. 반면에 근처에 있는 헝가리 광산은 자원이 풍부하지 않은데다가 자유인에게 급여를 주고 일을 시켰다. 그러나 헝가리의 광산이 더 비용을 적게 썼으며 이익률도 높았다. 급여를 받는 자유인은 기기나 도구를 창의적으로 사용하며 일했지만 튀르키예의 광산에서 일하는 노예는 기기나 도구를 창의적으로 사용하며 일하려는 생각을 하지 않았기 때문이다.

이것은 현대의 기업에도 암시하는 바가 크다. 악덕 기업에서 일하는 사람들은 지시받은 대로만 일할 뿐 스스로 창의적인 궁리는 좀처럼 하지 않는다. 악덕 기업의 경영자는 스스로 직장을 튀르키예의 광산처럼 비효율적으로 만들고 있는 것이다. 스미스가 이 책을 쓴 18세기 말은 시장의 정체가 잘 보이지 않았던 시대다. 그런 시대에 시장과 경제를 통찰하고 현대사회에도 통용되는 본질을 제시한 이 책은 말 그대로 역사에 길이 남을 명저다. 이 책을 읽으면 정치학과 경제학은 철학을 원류로 삼는 표리일체의 관계임을 새삼 깨닫게 된다.

철학 사상을 바탕으로 '통치자가 어떻게 공정한 정의를 실현할 것인가?'를 생각하는 학문이 정치학이고, '시장에서 어떻게 공정한 정의를 실현할 것인가?'를 생각하는 학문이 경제학이다. 접근법은 다르지만 두 학문 모두 '공정한 정의'를 지향한다.

그런 까닭에 철학, 정치학, 경제학을 넘나들며 활약하는 사람이 많다. [Book 26]《자유론》의 밀은 정치철학자이자 경제사상가였고, [Book 28]《자본론》의 마르크스도 철학자이자 경제학자였다. [Book 29]《프로테스탄트 윤리와 자본주의 정신》의 베버는 정치학자이자 경제학자, 그리고 사회학자였다. 현대에도 [Book 39]《정의의 아이디어》를 쓴 아마르티아 센은 경제학자이며 정치학자다.

그리고 도덕 철학자인 스미스는 경제학의 원점이 되는 이 책을 썼다. 경제학도 정치학도 사회학도 본래는 철학 사상이 원류다. 그러나 현대에는 전문분야의 분업화·수직 분할화가 지나치게 진행되어 전체상이 잘 보이지 않기도 한다. 이런 시대 폭넓은 교양을 갖춤으로써 전체상을 파악하는 능력을 키워야 할 것이다.

POINT

국민의 부는 국민의 것. 국민의 풍요가 국가의 풍요다.

📖 Book 28

자기 일의 자본가가 돼라

자본론

카를 마르크스 Karl Marx

1818~1883년. 독일의 경제학자, 혁명가. 프리드리히 엥겔스의 협력 아래 포괄적인 세계관과 혁명 사상으로써 과학적 사회주의(마르크스주의)를 수립하고, 자본주의가 고도로 발전하면 필연적으로 사회주의·공산주의가 도래한다고 주장했다. 필생의 사업으로 삼았던 자본주의사회의 연구는 《자본론》으로 결실을 맺었다.

마르크스 경제학을 읽는 법

150년 전의 인물인 카를 마르크스의 통찰은 오늘날에도 유효하다. 우리는 '자본주의는 만능이야.'라고 생각하지만, 이 책을 읽으면 자본주의의 한계와 모순을 이해할 수 있다.

애덤 스미스가 [Book 27]《국부론》을 출판하고 반세기가 지났을 무렵, 유럽은 산업혁명의 한가운데에 있었다. 그러나 사회는 국민의 풍요가 국가의 풍요라는 스미스의 생각과 정반대의 방향으로 흘러갔다. 자본가들은 농지를 사들인 뒤 그곳에서 양을 키워 양털을 뽑아내기 시작했고, 논밭을 잃은 농민은 공장 노동자가 되어 가혹한 노동환경 속에서 장시간 노동을 해야 했다. 농가를 중심으로 한 평화로운 사회는 붕괴되어 갔다.

마르크스는 1818년 프로이센(현재의 독일)에서 태어났다. 젊은 시절의 마르크스는 신문의 주필로서 정치와 경제 문제를 비판했고, 이 때문에 당국의 표적이 되어서 유럽을 전전하다 평생의 친구 프리드리히 엥겔스와 만난다. 두 사람은 런던에서 결성된 비밀 결사인 사회주의자 동맹에 가담했고, "만국의 프롤레타리아(노동자)여, 단결하라!"라는 문구로 끝나는 《공산당 선언》을 1848년에 출판했다.

그 후 마르크스는 영국으로 망명해 가난한 생활을 하면서 연구에 몰두했다. 20년에 걸쳐 이론을 구축하고 1867년에 이 책 《자본론》의 제1권을 완성했지만, 건강이 악화되어 1883년에 세상을 떠났다. 제2권과 제3권은 엥겔스가 마르크스의 유지를 이어받아서 출판한 것이다. 이 책은 애덤 스미스의 [Book 27]《국부론》, 존 메이너드 케인스의 [Book 32]《고용, 이자 및 화폐의 일반 이론》과 함께 경제학 3대 고전으로 불리며 세계에 큰 영향을 끼쳤다. 번역서 기준으로 전 5권, 3,000페이지에 가까운 대작이다.

마르크스는 [Book 7]《정신현상학》에서 소개한 변증법적 유물론을 구사해 "사회의 생산성이 변화하면 지배자와 피지배자 사이의 계급투쟁을 통해 사회가 변혁된다."라는 유물사관 사상을 확립했다.

역사를 되돌아봐도 사회는 생산성이 향상되자 '원시 공동체(단순 농법)→노예제 또는 봉건제(대규모 농법)→자본주의(공업화)'로 진화해왔다. 이처럼 물리적인 생산력이 진화함에 따라 법률이나 정치 등 사회의 상부 구조도 변화한다는 것이 유물사관이다. 당시는 산업혁명으로 등장한 자본가 계급이 노동자 계급을 착취하고 있었다. 그래서 마르크스는 '이 착취의 대립은 계급투쟁을 통해 새로운 사회로의 진화를 불러올 것이다.'라고 생각하고 '그러니 자본주의 구조를 밝혀내자.'라며 이 책을 집필한 것이다.

자본주의의 기본 원리

어린 시절에 나는 시골에서 종종 여름방학을 보냈다. 시골에는 가게가 없고 쇼핑도 거의 하지 않지만, 먹을 음식은 밭에서 딸 수 있기에 생활에는 어려움이 없었다. 그러나 현대사회에서는 상품을 사지 않으면 생활을 할 수가 없다. 마르크스는 이런 말로 이 책을 시작했다.

"자본주의적 생산 양식이 지배적인 사회의 부는 상품의 거대한 집적으로써 나타나며, 개개의 상품은 이 부의 요소 형태로써 나타난다. 그런 까닭에 우리의 연구는 상품 분석에서 시작된다."

현대에는 온갖 것이 상품이다. 자본주의사회의 부는 그런 상품이 모여서 만들어진다. 그래서 마르크스는 '자본주의사회의 정체를 파악하려면 먼저 상품을 분석해야 한다.'고 생각했던 것이다. 또한 마르크스는 이렇게 말했다. "물건의 유용성 (중략)은 그 물건에 사용가치를 갖게 한다. (중략) 지금부터 고찰하려고 하는 사회 형태에서 사용가치는 동시에 교환가치의 소재적인 담당자가 된다."

알기 쉽게 설명하면, 마르크스는 상품의 가치에는 사용가치와 교환가치가 있다고 생각했다. 사용가치란 사람의 욕망을 채우는 것이고, 교환가치란 어떤 양의 상품과 교환할 수 있는가를 나타내는 것이다. 이 둘은 전혀 의미가 다르다.

① 수돗물은 사용가치는 높지만 교환가치는 낮다.
② 편의점의 김밥은 배가 고플 때 먹으면 맛있으므로 사용가치는 그럭저럭 높다. 그러나 교환가치는 100엔 정도이다.
③ 1만 엔 지폐는 교환가치는 높지만 극한의 추위 속에서 불을 피워 몸을 녹이는 정도밖에 사용할 길이 없기에 사용가치는 거의 제로다.

그렇다면 가치는 무엇이 결정할까. 마르크스는 "상품의 가치는 만들기 위해 소비된 노동력이 결정한다."라고 말했다. 이것을 노동가치설이라고 한다. 상품 가치는 '주먹밥 2개＝우유 1팩＝빵 1덩이'와 같은 식으로 그것을 만드는 데 필요한 노동량에 따라 결정되는 것이다. 그런 상품 중에서도 '금'은 특별한 상품이다. 금은 아름답고 희소성이 있는 까닭에 어떤 상품과도 교환할 수 있는 특별한 상품인 화폐가 되었다.

지금까지의 내용을 정리하면, 자본주의의 부는 상품이 만들어내고, 상품의 가치는 노동력이 결정하며, 화폐로 가격이 매겨진다. 그리고 노동자를 고용하는 자본가는 상품과 화폐를 사용해서 이익을 낸다. 그러면 자본가가 어떻게 이익을 내는지 살펴보자.

자본주의에서는 돈이 돈을 낳는다

자본가가 돈을 벌 수 있는 이유는 아래 그림의 WGW와 GWG′라는 개념을 이해하고 있기 때문이다. W(Ware: 바레)는 상품, G(Geld: 겔드)는 화폐다.

① WGW: 일반 소비자의 행동이다. 자신의 노동력(상품)을 팔아서 급여를 받아 상품을 산다. 행동의 목적은 사용가치(욕망의 충족)다.

② GWG′: 자본가의 행동이다. 노동력을 사서 상품을 만들어 더 많은 돈을 만들어낸다.

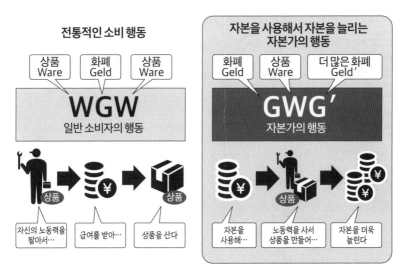

자본가는 자본을 사용해서 자본을 늘린다

전통적인 소비 행동

상품 Ware / 화폐 Geld / 상품 Ware

WGW
일반 소비자의 행동

자신의 노동력을 팔아서⋯ → 급여를 받아⋯ → 상품을 산다

자본을 사용해서 자본을 늘리는 자본가의 행동

화폐 Geld / 상품 Ware / 더 많은 화폐 Geld′

GWG′
자본가의 행동

자본을 사용해⋯ → 노동력을 사서 상품을 만들어⋯ → 자본을 더욱 늘린다

자본가는 돈이 돈을 낳는 방법을 알고 있는 것이다. 마르크스는 "그들은 화폐를 다시 손에 넣는다는 교활한 의도를 가질 때만 포기한다."라고 말했다. 마르크스는 자본주의의 정체는 자본가가 돈에서 돈을 낳아 자본을 늘리는 GWG′ 프로세스에 있다고 생각했다. 그렇다면 자본가는 어떻게 노동에서 돈을 만들어낼까? 먼저 노동자의 처지에서 생각해 보자. 노동자는 생산수단(공장이나 기계)이 없다. 그래서 생산수단을 가진 자본가에게 고용되어 급여를 받는다. 요컨대 '노동력'이라는 자신의 상품을 자본가에게 판다.

상품교환의 원칙은 등가교환이다. 노동자의 노동력이라는 상품과 자본가의 임금이라는 상품을 등가교환하면 양쪽 모두 풍요로워질 수 있을 터이지만, 현실은 다르다. 자본가는 더욱 부자가 되는 반면에 노동자는 가난을 벗어나지 못한다. 그 이유는 무엇일까? 마르크스는 사용가치와 교환가치라는 개념을 사용해 자본가가 돈을 버는 구조를 밝혀냈다.

노동자는 '임금을 받은 만큼 열심히 일하자!'라고 생각한다. 그러나 자본가에게는 앞 그림의 왼쪽처럼 전혀 다른 구조가 보인다. 자본가는 기계나 재료를 사고 노동력을 고용해서 상품을 만든다. 기계와 재료는 구입한 뒤에도 사용가치가 변하지 않지만, 노동력은 다르다. 계속해서 철저히 일을 시키면 사용가치가 증가한다. 임금(교환가치)에 걸맞은 노동시간을 필요노동시간이라고 하는데, 필요노동시간만큼 일하면 노동자는 임금을 받은 만큼 일한 셈이 되지만, 그러면 자본가의 이익은 제로가 된다. 더 일을 시키지 않으면 돈을 벌지 못한다.

경영자로서는 고맙게도 노동자는 이 구조를 알지 못한다. 그리고 경영자는 '하루에 얼마'라는 방식으로 임금을 지급한다. 그래서 자본가는 노동자를 혹사시킨다. 이 책에는 장시간 노동으로 피폐해지는 노동자가 묘사되어 있다.

- 7세 10개월에 일을 시작한 윌리엄은 매일 아침 6시에 출근해 밤 9시까지 15시간 동안 노동을 했다.
- 도공들은 장시간 노동으로 빠르게 노쇠해 단명하고 있다.

필요노동시간을 상회하는 잉여노동시간은 전부 자본가의 이익이 된다. 그러나 이래서는 노동자가 너무 피폐해지기 때문에 얼마 안 있어 당국이 하루 노동시간의 상한선을 결정했다. 그러자 경영자는 다음 그림의 오른쪽처럼 '노동시간을 늘릴 수 없으니 기술을 도입해 효율화하자.'라고 생각했다. 가령 기술자 10명을 고용해 수제 빵을 1인당 100개씩 합계 1,000개 굽던 가게가 같은 품질의 빵을 구울 수 있는 제빵기를 도입해 한 명이 1,000개를 구울 수 있도록 만들면 기술자는 한 명만 있어도 충분해진다. 그러면 절반 가격에 팔더라도 여유롭게 이익이 난다. 요컨대 기술 도입으로 생산성을 향상시킬 수 있으면 필요노동시간은 감소하며, 그러면 불필요한 노동자를 해고해 잉여가치(상대잉여가치)를 늘릴 수 있다. 그래서 마르크스는 기술이 본질적으로 상대잉여가치를 높여 자본가를 풍요롭게 만들고 노동자의 가치(상품 1개당 노동량)를 낮춘다고 생각했다.

이렇게 해서 마르크스는 생산수단을 가진 자본가가 노동력의 상품화를 통해 노동자를 착취(＝잉여가치를 착취)해 이익을 내는 자본주의의 구조

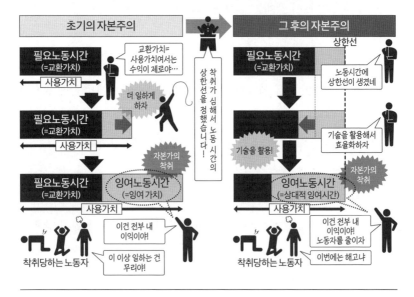

마르크스가 생각한 자본가가 노동자를 착취하는 구조

를 밝혀냈다. 이처럼 자본주의사회는 끊임없이 효율화를 거듭하며 탐욕스럽게 자본가의 이익을 추구한다. 분명히 상품은 저렴해지지만 동시에 노동의 가치도 하락하는 것이다.

여러분은 일이 즐거운가? 세상은 진화하고 있지만 업무의 괴로움은 오히려 증가하고 있다. 그 이유 중 하나는 애덤 스미스가 제창한 분업이 철저히 진행되었기 때문이다. 분업으로 효율은 크게 상승했지만 그 폐해도 있는 것이다. 본래 일이라는 것은 '이런 것을 만들자.'고 구상하고 실제로 만드는 것이다. 그러나 분업은 구상과 실행을 분단시킨다. 일은 세분화되고 철저히 낭비가 배제되며, 노동자는 상품이 되어서 시키는 대로 일한다.

자신이 철저히 기계의 일부가 되지 않으면 버티지 못한다. 그래서 왠지 괴롭다. 이 노동의 괴로움을 마르크스는 소외라고 불렀다.

소외란 노동자가 생산한 것이 반대로 노동자를 지배하는 상황이다. 노동자가 노동을 하면 자본이라는 부가 만들어진다. 그러나 자본가는 그 자본을 사용해 노동자를 더욱 강력하게 지배한다. 회사원인 여러분이 노벨상급의 연구성과를 내더라도 그 성과는 회사의 것이다. 분명히 여러분이 만들어냈지만, 회사의 승낙을 얻지 않고 자기 마음대로 사용하는 것은 위법이다.

자본주의사회에서 노동의 성과는 생산한 노동자가 아니라 자본가(회사)의 소유가 된다. 노동력을 회사에 제공하고 있는 이상 이것이 자본주의사회의 규칙인 것이다.

그렇다면 현대를 사는 우리는 이 책에서 어떤 힌트를 얻어야 할까? 일에서 소외되어 괴로운 것은 우리가 생산수단을 갖고 있지 않기 때문이다. 생산수단을 갖고 일 전체를 구상·실행할 수 있다면 일도 인생도 즐거워진다. '그런 게 가능할 리가 없잖아?'라고 생각할지도 모르지만, 150년 전에는 무리였어도 현대라면 가능하다. 마르크스는 다음의 두 가지를 전제로 《자본론》을 썼다.

전제 ①: 자본가와 달리 노동자는 생산수단을 갖고 있지 않다. 그래서 살기 위해서는 노동력을 파는 수밖에 없다.

전제 ②: 자본가는 이익을 최우선으로 생각하며 노동자를 착취한다. 그렇기 때문에 자본가와 노동자는 반드시 대립한다.

그런데 현대에는 이 대전제가 달라졌다. 지금은 누구나 자본가(사장)가 될 수 있다. 창업은 간단하다. IT 덕분에 회사의 운영비는 크게 낮아졌다. 개인이 생산수단을 갖고 직접 성과를 만들어내 팔 수 있는 것이다.

그러나 느닷없이 독립하는 것은 무모한 행동이다. 먼저 기술을 획득해야 한다. 그러니 발상을 바꾸자. 돈을 벌기 위해서가 아니라 기술을 높이기 위해 '노동자=회사원'이 되는 것이다. 그리고 현실의 업무를 통해 기술을 높인다. 직장은 '내가 하고 싶은 일이며, 내게 필요한 기술을 키울 수 있는가?'를 기준으로 선택한다. 일을 통해 세상에서 프로페셔널로 인정받을 수 있을 정도의 기술을 익혔다면 그때가 독립할 타이밍이다. 나도 IBM 사원 시절 평소 일할 때 의식적으로 구상·실행하는 습관을 들여 기술을 높인 결과 독립할 수 있었다. 덕분에 즐겁게 일하고 있다.

마르크스는 자본주의가 성숙되면 다음 단계로 진화한다고 주장했다. 마르크스가 이 책을 쓴 지 150년이 지난 지금, 드디어 그다음 단계가 오고 있는지도 모른다.

POINT

자신의 생산수단을 갖고 자본가가 된다면 행복해질 수 있다.

Book 29

어떻게 프로테스탄트는 자본주의 정신을 낳았는가

프로테스탄트 윤리와 자본주의 정신

막스 베버 Max Weber

1864~1920년. 독일의 사회학자, 경제사·경제학자. 에밀 뒤르켐, 게오르크 지멜과 함께 사회학 여명기의 오귀스트 콩트와 허버트 스펜서 뒤를 이은 제2세대 사회학자로 불린다. 서양문화와 근대사회를 관통하는 원리를 합리주의로 파악하고 그 본질을 규명해 가치 자유의 정신과 사회과학 방법론을 확립했다.

근대적인 자본주의 정신의 탄생

세상에는 시간관념이 철저한 사람이 있다. 교통정체나 지각을 매우 싫어하고, 마감일은 철저히 지킨다. 아침에 눈을 뜬 순간 그날 무엇을 할지 계획을 짜기 시작한다. 항상 분 단위로 시간을 신경 쓰면서 정신없이 움직인다. 느긋한 모습은 볼 수가 없다. 부끄럽지만 이것은 내 이야기다. 나는 시간을 낭비하는 것을 끔찍이도 싫어한다.

현대인은 누구나 시간을 의식하면서 산다. 그러나 시계가 없었던 먼 옛날 사람들은 시간 따위 전혀 신경 쓰지 않고 느긋하게 살았다. 변화가 나타난 것은 근대에 들어온 뒤다. 이 책에서는 18세기 미국의 정치가인 벤저민 프랭클린이 한 "시간은 금이다."라는 말을 소개했다. 이 말은 '시간을 지켜서 신뢰받는 사람이 되어 돈을 버는 것이 개개인의 의무라는 마음가짐이 중요하다.'라는 의미다. 이런 윤리적인 행동 규범, 말하자면 근대적인 자본주의 정신이 자본주의사회를 만들어냈다. 그렇다면 이 자본주의 정신은 어떻게 탄생했을까? 이 책의 저자인 사회학자 막스 베버는 어떤 사실을 깨달았다.

'경제적으로 성공한 사람들을 살펴보니 프로테스탄트가 많네?'
통계 자료를 조사하니 자본가, 경영자, 기업의 고급 간부, 고등학교·대학교 등의 고학력자는 프로테스탄트의 비중이 높고, 기술자 중에는 가톨릭이 많았다. 이것은 신기한 일이었다. 프로테스탄트는 금욕주의이기에 돈 버는 것을 싫어한다. 애초에 루터가 [Book 2]《그리스도인의 자유》에서 "로마가톨릭교회의 대사부(면죄부) 판매 같은 돈벌이는 완전히 잘못되었다. 성경에 충실하게 살아야 한다."라고 주장하며 가톨릭에 반기를 든 결과 프로테스탄트가 탄생한 것이기도 하다.

게다가 더 신기한 점은, 신용을 중시하는 근대의 자본주의 정신이 프로테스탄트처럼 금욕적이고 돈 버는 것을 싫어하는 사상적 속박이 있는 지역에서 탄생했으며 그렇지 않은 지역에서는 탄생하지 않았다는 것이다. 고대 로마, 중국, 인도 등은 옛날부터 상업 활동이 활발했고 금욕적인 사상의 속박도 없었다. 그러나 베버의 말에 따르면 "(그들의) 탐욕은 비교할 상대가 없었고, (중략) 금전욕은 (중략) 훨씬 철저했으며, 특히 뻔뻔했다."고 하는 그들에게서는 '시간을 지켜서 신뢰받는 사람이 되자.'라는 근대적인 자본주의 정신이 생겨나지 않았다. 이 책은 그 수수께끼를 당시 갓 탄생한 사회학으로 풀어낸 것으로, 에밀 뒤르켐의 [Book 30]《자살론》과 함께 사회학의 기초를 만든 고전이다.

베버는 19세기 말부터 20세기 초엽에 걸쳐 독일에서 활약했으며, 법학과 정치학, 경제학, 사회학 등 수많은 분야에서 뛰어난 업적을 남긴 다재다능한 인물이다. 이 책은 그런 그가 종교학과 정치학, 윤리학의 지식을 활용해서 완성한 대표작으로, 1904년부터 1905년에 걸쳐 잡지에 발표되었으며 사후인 1920년에 책으로 출판되었다. 이 책을 읽으면 이처럼 언뜻 불합리해 보이는 현상도 사회학을 통해서 합리적으로 해명할 수 있음을 깨닫고 사회를 새로운 관점에서 바라볼 수 있게 된다.

프로테스탄트적인 삶의 자세란

프로테스탄트적인 삶의 자세란 대체 어떤 것일까? 우리로서는 잘 이해가 되지 않는데, 작가인 사토 마사루가 〈주간 도요게이자이〉(2023년 3월 11일호)에 기고한 글이 참고가 된다. 여기에서 사토는 자신이 생명을 잃을 수 있는 사태에 직면한 경험을 자세히 소개한 다음 이렇게 말했다.

"필자는 (중략) 프로테스탄트 그리스도교도로, 목숨은 신께서 맡기신 것이라고 생각한다. 언젠가 내 목숨을 신에게 돌려드릴 때가 찾아올 것이다. 신은 인간 한 명 한 명에게 구체적인 사명을 주신다. (중략) 신의 부름을 받는 마지막 순간까지 자신의 사명을 다해야 한다. 그것이 그리스도교도의 기쁨인 것이다. (중략) 필자를 위해 기도해 주시는 모든 사람에게 감사하는 동시에, 남은 인생에서는 태만에 빠지는 일 없이 나의 사명을 다해야 한다는 결의를 새롭게 했다."

이처럼 신이 부여한 사명을 다하기 위해 일에 힘쓰는 것이 프로테스탄트적인 삶의 자세다. 현대의 자본주의사회에는 이 프로테스탄트적인 사고방식이 널리 퍼져 있다. 그렇다면 어떻게 이런 사고방식이 탄생했을까?

베버는 '신에게 부여받은 일'이라는 의미를 가진 천직Beruf이라는 개념에 힌트가 있다고 생각했다. 가톨릭교도가 많은 민족의 언어에서는 천직이라는 개념을 가진 표현이 발견되지 않지만, 프로테스탄트가 우세한 민족의 언어에는 반드시 이 천직이라는 개념의 표현이 있기 때문이다.

루터가 종교개혁의 일환으로 성경을 라틴어에서 독일어로 번역했을 때 '어떤 사명을 다하기 위해 신의 부름을 받는다.'라는 의미의 '소명'이라는 개념을 독일어의 Beruf에 대응시킨 것이 천직이라는 개념이 탄생한 계기다. 이 단어는 이후 다양한 문헌에서 사용되며 널리 퍼져나갔다.

그 후 프로테스탄트에서 칼뱅주의라는 교파를 만들어낸 종교개혁가 장 칼뱅이 천직의 개념을 발전시키는 계기를 만들었다. 그것은 칼뱅이 제창한 예정설로, 이런 내용이다.

'신은 내세에 누가 구원을 받고 누가 지옥에 떨어질지 이미 결정해 놓으셨다. 인간이 아무리 발버둥친들 이것은 바꿀 수 없다. 게다가 인간은 그 내용을 알 수도 없다.' 상당히 심술궂은 발상이다. 회사에서 상사가 이렇게 말한다고 생각해보라.

"자네의 승진과 승급은 자네가 입사한 시점에 전부 결정되어 있다네. 하지만 기밀이라서 그 내용은 가르쳐줄 수 없어."

그런데 재미있게도 이 예정설이 자본주의 정신을 낳는 열쇠가 되었다. 누구도 자신을 도와주지 않으며, 의지할 수도 없다. 또한 아무리 열심히 참회하고 교회의 의식에 참가해도 구원과는 아무 상관이 없다. 덕분에 칼뱅파의 사람들은 탈주술화, 즉 가톨릭적인 교회의 의식으로부터 해방되었다. 다만 그렇다 해도 이런 괴로움은 남는다. '그래서, 나는 신의 선택을 받았을까?' 그러나 확인할 방법이 없다. 기도로 물어봐도 소용이 없고, 신에게 간섭하는 것은 불순한 행동이다. 그래서 발상을 180도 전환했다.

'의심해도 소용이 없으니, 나는 선택받은 인간이라고 생각하고 선택받은 자에 걸맞은 행동을 하자.'

그리고 나는 선택받은 인간임을 확신하기 위해 자신의 직업을 신이 주신 천직이라고 생각하며 매일 열심히 일하는 것이다.

구원받기 위해 열심히 일하는 것이 아니다. '나는 신의 도구야. 신의 영광을 위해서 일하는 것은 당연한 일이지.'라고 생각하며 천직에 최선을 다하는 것이다. 이렇게 해서 프로테스탄트에는 가톨릭과 전혀 다른 노동관이 탄생했다. 이런 노동관 아래에서는 한 사람 한 사람이 매일 1초도 게으름을 피우지 않고 열심히 일하는 수밖에 없다. 그래서 프로테스탄트에서는 매일의 세속적인 일이 종교 의식이 된 것이다.

또한 칼뱅파에서 탄생한 17세기 영국 청교도의 지도자 리처드 백스터는 '늘 열심히 일한다.'라는 행위가 돈을 버는 결과로 연결되는 계기를 만들었다. 그때까지 칼뱅파는 부의 축적은 좋은 것으로 여겼다. 그러나 백스터는 "사람은 부를 축적하면 태만해져서 향락에 빠지게 된다. 그래서는 안 된다."라고 말했다. 태만이나 향락은 신의 영광을 위해서 사용해야 할 시간을 낭비하기 때문에 나쁜 것이다. 백스터는 "시간 낭비는 가장 무거운 죄다."라고까지 말했다. 다만 "벌어들인 부를 자신의 향락을 위해서 사용하지 말고 비즈니스에 재투자하라. 이것이 신의 영광을 위한 행위다."라고 주장했다.

이렇게 해서 '절약에 힘쓰고 돈을 버는 것은 좋은 일이다. 벌어들인 돈은 신에 대한 공헌도의 척도다. 시간이나 돈을 낭비하지 말고 새로운 부를 만들어내기 위해 재투자하자.'라는 근대 자본주의의 정신이 완성된 것이다. 프랭클린이 "시간은 금이다."라고 말한 데는 이런 배경이 있었다.

중요한 점은 이것이 자본가만의 생각이 아니라는 것이다. 노동자도 내가 하는 일은 신이 주신 천직이라고 생각했다. 그래서 산업혁명에서는 공장 노동자도 열심히 일했다. 베버가 밝혀낸 구조를 알면 마르크스가 "자본가에게 착취당하고 있다."라고 지적한 노동자들이 열심히 일한 이유도 알 수 있는 것이다.

금욕적인 프로테스탄트가 결과적으로 근대 자본주의 정신을 만들어냈듯이, 인간사회에서는 언뜻 봐서는 이해하기 어려운 일이 일어난다. 베버는 그런 불가사의한 현상을 세심하게 사실을 추적하고 개인 내면의 동기까지 통찰하는 사회학적인 접근법으로 밝혀냈다. 그래서 이 책은 사회학의 기초를 쌓아 올린 명저로써 시대를 초월해 읽히고 있으며, 사회학을 이해하고자 하는 사람에게 필독서로 불리고 있다.

POINT

유럽사회의 자본주의 정신을 낳은 것은 천직이라는 사상이다.

Book 30

사회가 자살을 만들어낸다
자살론

에밀 뒤르켐Émile Durkheim
1858~1917년. 프랑스의 사회학자. 콩트 이후에 등장한 대표적인 종합 사회학의 제창자로, 그의 학문적 입장은 방법론적 전체주의로 불린다. 또한 교육학과 철학 등의 분야에서도 활약했다.

자살을 만들어내는 사회

타고 있었던 전철이 급정거를 하더니 차내 안내 방송이 흘러나왔다.

"인명사고가 발생해 당역에 정차합니다."

'스스로 목숨을 끊은 사람은 얼마나 괴로운 상황이었을까.'

다시 출발하기까지 1시간 정도 기다리는 동안 이런 생각을 했다. 자살의 이유는 사람마다 다양하다. 그렇다면 자살은 개인의 문제일까? 이 어려운 문제를 파고들어 "사회가 자살을 만들어냈다."라고 주장한 인물이 있다. 사회학자인 에밀 뒤르켐이다. 오늘날 우리가 "자살은 사회의 문제잖

BOOK 30 | 자살론

273

아."라고 말하는 것은 뒤르켐의 영향이다.

같은 사회학이라도 뒤르켐은 [Book 29]《프로테스탄트 윤리와 자본주의 정신》을 쓴 베버와는 접근법이 정반대다. 베버는 개인 내면의 동기를 통찰했다. 반면에 뒤르켐은 통계 데이터를 바탕으로 집단 의식을 실증적으로 통찰했다. 두 명의 각기 다른 접근법은 사회학에 다양성을 가져다줬다.

이 책이 출판되기 2년 전, 그는 저서인《사회학적 방법의 규칙들》에서 "사회적 사실을 물건처럼 고찰하라."라고 주장했다. 사회적 사실이란 개인을 외부에서 구속하는 힘을 의미한다. 안데르센 동화《벌거벗은 임금님》에 비유해서 설명하겠다. 멋내기를 좋아하는 왕이 사기꾼 재단사에게 속아서 바보의 눈에는 보이지 않는 천으로 짠 멋진 옷을 주문했다. 왕의 눈에도 측근의 눈에도 천은 보이지 않았지만, 바보로 생각되고 싶지 않았기 때문에 측근들은 왕에게 "정말 멋진 옷입니다."라고 칭찬했다. 기분이 좋아진 왕은 백성들에게 그 옷을 자랑하기 위해 퍼레이드를 했는데, 시민들도 모두 왕의 옷을 칭찬했다. 그런데 길가에 서 있던 작은 아이가 외쳤다. "임금님이 발가벗고 있네요!"

이 경우, '왕이 알몸인 것을 보면서도 누구 한 명 그 사실을 말하지 못한다.'가 사회적 사실이다. 뒤르켐은 물리학자가 물리 현상을 분석하듯이 사회학도 사회적 사실을 분석해야 한다고 생각했다.

이 책이 출판된 1897년 당시는 사회학이 유행하고 있었다. 사회학자들은 사회를 생각하면 전부 사회학이라고 생각했다. 뒤르켐은 이 책의 첫머리에서 이런 상황을 한탄했다. "기꺼이 온갖 문제에 손을 뻗쳐 현란한 일반론을 전개할 뿐, 문제를 명확히 한정해서 다루려고 하지 않는다."

그리고 뒤르켐은 자신의 관심을 유럽에서 반세기 사이에 3~5배나 급증한 자살 문제로 주제를 좁혔다. 자살은 개인의 정신적 문제로 생각되는 경향이 있기 때문에 '심리학을 사용하지 않고 사회학의 관점에서 과학적으로 자살을 분석하면 사회학을 확립할 수 있을 거야.'라고 생각했던 것이다. 이 책에서 사용된 2만 6,000건이나 되는 자살 자료의 분석은 그의 조카이자 [Book 31]《증여론》의 저자인 마르셀 모스가 담당했다. 또한 이 책은 온갖 이론異論을 논파하는 형식으로 구성되어 있어서 분량이 600페이지에 육박한다. '사회학을 학문으로써 확립한다.'라는 그의 집념이 느껴진다.

뒤르켐은 '개인이 모이면 사회는 새로운 성질을 획득한다.'고 생각했다. 그때까지는 '사회는 개인의 집합에 불과하다.'라는 생각이 일반적이었다. 그러나 뒤르켐으로 인해 사회는 단순한 개인의 집합을 초월한 것이라고 여겨지게 됐다.

《벌거벗은 임금님》에서는 모두가 '임금님이 벌거벗은 것처럼 보이지만 그 말을 할 수는 없어.'라고 생각했다. 사회를 관찰하면 '임금님이 벌거벗었다는 사실을 누구도 말하지 못한다.'라는 사회의 성질이 보이게 된다. 사회학은 이 사회의 성질을 파악해 '원인은 임금님이 사기꾼 재단사에게 속았기 때문으로 생각된다.'라고 밝혀내는 것이다.

자살이 증가하는 이유에 대한 연구

'자살은 정신 질환과 관계가 있다.'라고 생각하기 쉽지만, 정신 질환의 남녀 비율은 45~48대 52~55다. 어떤 나라든 여성이 조금 더 많다. 그러나 자살의 남녀 비율은 8대 2다. 남성이 압도적으로 많은 것이다. 요컨대 자살은 심리적인 측면 이외의 요인 때문에 일어나고 있을 가능성이 크다. 이와 같이 뒤르켐은 통계 정보를 철저히 조사해나갔다. 기후를 살펴보면, 여름에는 다른 계절에 비해 자살 건수가 약 1.4배 많았으며 어떤 지역이든 1월부터 6월에는 증가하다 7월부터 12월에는 감소했다. 정점을 찍는 6월은 일조 시간이 제일 길 때다.

또한 자살은 밤보다 낮에 많이 발생했다. 그래서 뒤르켐은 '사회적 활동이 많아지면 자살이 증가한다. 자살은 사회적 요인이다.'라고 생각하고 자살을 네 가지 패턴으로 압축했다.

이기적 자살(사회의 통합이 약하다)

프로테스탄트 국가와 가톨릭 국가를 비교하면, 프로테스탄트 국가의 자살이 3~5배 더 많다. 양쪽의 본질적인 차이는 가톨릭교회는 신자에게 개입해서 지배하는 데 비해 프로테스탄트 교회는 개인에게 관여하지 않으며 개인이 성경을 해석하고 신에게 기도한다는 점이다. 가톨릭은 개인 사이의 결속이 강하다. 사람은 서로 고민을 상담할 수 있으면 자살을 생각하지 않지만, 고독해지면 자살을 결심하기 쉬워진다. 아울러 결혼했거나 가족의 결속이 강하면 자살률이 낮았다. 요컨대 자살은 사회의 통합력이 강하면 감소하고 약하면 증가한다. 뒤르켐은 이 자살을 이기적 자살이라고 불렀다.

이타적 자살(사회의 통합이 강하다)

반대로 사회의 통합력이 너무 강해도 자살이 증가한다. 군인은 일반 시민보다 자살을 많이 한다. 군대에서는 집단 내 개인의 결속이 강하고, 명령에 수동적으로 복종하며, 자기희생 정신을 요구받는다. 뒤르켐은 집단의 통합도가 너무 높아서 일어나는 자살을 이타적 자살로 부른다.

아노미적 자살(사회의 규제가 느슨하다)

'빈곤은 자살을 늘린다.'고 알려졌지만, 반대로 경제가 호조여도 자살이 증가한다. 부를 축적해 일하지 않고 이자만으로 생활할 수 있는 '금리 생활자'의 자살률은 매우 높다. 또한 이혼이 쉬운 나라는 자살률도 높다. '이혼을 하면 스트레스로부터 해방되지 않아?'라고 생각하기 쉽지만, 반대로 이혼이 어려운 나라에서 결혼하면 '이 사람과 평생을 함께 살 거야.'라고 각오하게 된다. 한편 이혼이 쉬운 나라에서는 다른 사람에게 끌리면 금방 이혼을 한다. 이렇게 욕망을 충족할수록 사람은 더욱 욕망에 굶주려 불만을 느끼며, 이런 요인에서 발생하는 자살이 아노미적 자살이다. 아노미란 '무규제'라는 의미다. 인간의 욕망은 제한이 없다. 욕망의 규제가 소멸해 제동이 걸리지 않게 되면 욕망에 대한 갈증이 가속화되어 자살이 증가하는 것이다. 만족을 아는 사람이 진정으로 풍요로운 사람일 것이다.

숙명론적 자살

이에 관해 뒤르켐은 간결하게 소개했다. 아미노적 자살의 반대로, 규제가 강하게 옭아매서 미래가 닫혀버렸다고 느껴 자살하는 경우다. 강제수용소 등의 자살이 이에 해당한다.

이렇게 해서 뒤르켐은 사회학의 관점에서 자살을 분석하고 네 가지로 분류했다. 다만 이 책에 대해서는 비판도 있다. 이 책의 일본어판을 번역한 미야지마 다카시는 저서《뒤르켐 자살론ᵈᵤₗₖₑₘ自殺論》에서 다음과 같은 문제점을 지적했다.

① 자살에는 복합적인 요인이 있는 경우가 많다. 사회적 요인만으로 명확히 나누는 데는 어려움이 있다.
② 당시는 통계 수법이 확립되어 있지 않았으며, 통계에서 필수인 검증도 실시하지 않았고, 상관관계에서 인과관계를 이끌어내는 것이 조금 억지스럽다.
③ 자살의 요인이 될 수 있는 빈곤·실업·병고 등에 주의를 기울이지 않았다.

이처럼 비판도 있지만, 학문으로서 사회학을 확립한 것은 뒤르켐의 공적이다. 사회학을 공부하고 싶다면 먼저 이 책을 읽어 봐야 할 것이다.

POINT

자살의 원인을 개인에게서 찾기 전에 사회적 사실을 파악하라.

Book 31

왜 인간은 주고받으려고 하는가
증여론

마르셀 모스 Marcel Mauss
1872~1950년. 프랑스의 사회학자, 문화인류학자. 로렌느 출신으로, 에밀 뒤르켐의 조카다. 뒤르켐을 답습해 원시적인 민족으로 여겨지는 사람들의 종교 사회학, 지식 사회학을 연구했다. 그 방법은 레비스 트로스의 구조 인류학을 비롯해 현대 인류학에 깊은 영향을 끼쳤다.

증여경제의 정체

"여긴 제가 낼게요.", "이러시면 안 돼요. 여긴 제가 낼게요."

카페에서 사람들이 이렇게 말하며 서로 계산서를 빼앗는 광경을 종종 볼 수 있다. 이렇게 서로 계산하려고 하는 이유는, 상대가 계산을 하면 상대에게 갚아야 할 빚이 생기기 때문이다. 상대가 계산을 하면 자신은 돈을 쓰지 않아도 되므로 언뜻 이익처럼 보인다. 그러나 상대에 대한 의리라는 빚이 발생하고 만다. 이것을 부담스럽게 느끼는 것이다.

오랫동안 인류는 '선물한다.', '선물 받는다.'라는 증여경제 속에서 상대에 대해 빚을 만들며 사회를 성립시켜 왔다. 그러다 근대에 들어오면서 이 증여경제에서 벗어나 화폐경제가 주류가 되었다. 그러나 카페에서 계산서를 서로 빼앗는 사람들처럼, 증여경제의 정신은 지금도 우리 생활 속에 뿌리를 내리고 있다.

이렇게 말하면 '옛날에는 서로에게 선물하고 선물 받고 그랬구나. 화목하고 좋은 사회였네.'라고 생각하는 사람도 있을지 모르겠다. 그러나 그것은 큰 오해다. 증여경제의 '선물한다.', '선물 받는다.'라는 행위는 자칫하면 목숨을 잃을 수도 있는 행위다. 이것은 지금도 다르지 않다. 현대의 비즈니스에도 증여경제의 시스템이 작동한다. 이것을 파악하면 당신의 세계가 넓어질 것이다.

프랑스의 사회학자인 마르셀 모스는 이 증여 시스템의 메커니즘을 밝혀냈다. 그는 사회학자 뒤르켐의 조카로, 뒤르켐의 [Book 30]《자살론》에서는 방대한 분석 작업을 담당했다.

모스는 1900년경부터 현대 문화인류학의 시초가 되는 연구를 했다. 참고로 문화인류학이라는 학문의 범주가 탄생한 때는 모스가 활약한 시기로부터 수십 년 뒤인 1960년경이다.

1925년에 출판한 이 책은 모스의 대표작으로, 훗날 수많은 사상가에게 영향을 끼쳤다. 모스는 이 책에서 남태평양의 멜라네시아(뉴기니 부근)와 폴리네시아(뉴질랜드에서 미국에 걸친 제도), 미국 원주민의 민속학 자료, 그리고 고전 고대 등의 자료를 풍부히 사용하며 비교 연구했다.

목숨을 건 포틀래치

왜 선물이 목숨을 거는 행위일까? 아주 오래전 미국 북서부에서는 개인 끼리 물물교환을 하지 않고, 부족 등의 집단 사이에서 의무적인 선물 경쟁을 하다가 급기야 전투로 발전하기도 했다. 이 행위를 미국 원주민은 치누크어로 포틀래치라고 불렀다. 말하자면 선물 투쟁이다. 모스는 이렇게 말했다.

"이런 제도에 '포틀래치'라는 명칭을 부여할 것을 제안한다."

포틀래치는 이런 형태로 점점 과열된다.

부족장 A가 이웃 부족의 부족장 B에게 "멋진 선물이지요?"라며 사냥에서 잡은 곰의 모피 20장을 보낸다.

B는 '우리도 뭔가 돌려줘야 해.'라고 생각해 조상 대대로 전해지는 보석을 "약소하지만 답례입니다."라며 A에게 보낸다.

A는 '이러면 우리가 밀리는데.'라고 생각해 부족에게 전해지는 온갖 보물들을 B에게 보낸다.

이에 B도 '더는 보낼 선물이 없군.'이라며 어쩔 수 없이 항복…할 리가 없다. 부족 결합의 표시인 토템폴을 산산조각 내고, 자신의 노예도 모조리 죽인다. 그리고 A에게 "이 정도면 어떻습니까?"라고 말한다.

궁지에 몰린 A는 "이 정도면 불만 없겠지요?"라며 자신들의 가옥과 가축을 불태운다. 불태우는 이유를 모스는 이렇게 설명했다.

"파괴 자체는 대부분의 경우 정령에게 바치는 공물이며, 정령을 위해서 실시된다."

요컨대 파괴는 공양인 것이다. 이렇게까지 과열되는 것은 예외적인 상황이지만, 이런 식으로 상대가 "졌습니다."라고 말할 때까지 선물 주기를 계속한다. 그리고 최악의 경우 파괴까지 이르는 것이다.

'서로 허세 경쟁을 벌이다가 사람까지 죽인다고? 한심하네.'라고 생각하겠지만, 부족과 수장의 위신이 걸린 문제다. 이것은 부족 사이의 전쟁을 대체하는 행위이며, 사회적 명성을 획득하는 수단이다. 겉으로는 웃는 얼굴로 "약소합니다만 받아주십시오. 답례 같은 것은 안 하셔도 됩니다."라면서 선물을 건네지만, 웃는 얼굴의 이면에는 "내 소중한 보물이니 당연히 기쁘게 받아주겠지요? 그리고 답례품을 보고 당신을 평가할 것이니 잘 처신하십시오."라는 무서운 본심이 숨겨져 있다.

막대한 재산을 포틀래치하면서도 태연한 표정을 지으면 상대는 알아서 이렇게 생각한다.

'무서운 친구군. 적으로 돌리지 않는 편이 좋겠어.'

상대가 이렇게 생각했다면 이쪽의 승리다. 자신들의 입지가 더 위가 된다. 그래서 아낌없이 소비하고, 파괴한다. 포틀래치란 부와 의무를 둘러싼 전쟁인 것이다.

포틀래치의 세 가지 의무

모스는 "포틀래치에는 세 가지 의무가 있다."라고 말했다.

① **증여를 할 의무:** 증여하지 못하는 자는 재산이 없는 것으로 간주되어 체면을 잃는다. 부족 사이에서 체면을 잃으면 부족의 명성이 하

락하고 부족원들의 신망을 잃기 때문에 부족의 수장은 힘을 과시하기 위해 필사적으로 주고 싶어 한다. 증여는 의무인 것이다. 재산을 소유하고 있음을 증명하기 위해, 명성을 얻기 위해, 수장 개인과 부족을 위해 증여를 한다.

② **증여를 받을 의무:** 증여받기를 거부한다는 선택지는 없다. 받는 것은 강제다. 거부하면 "나는 당신과 싸울 겁니다."라는 의사표시가 된다. 거절당한 쪽도 "그렇군. 거절한단 말이지? 좋았어. 한 판 붙자고." 라고 반응해 전쟁이 벌어진다. 그렇기에 거절은 금기다. 이렇게 해서 포틀래치로 받은 물건은 전부 부족 내에서 재분배한다. 그러나 받으면 빚이 생기고, 일시적으로 상대보다 입지가 낮아진다.

③ **증여를 갚을 의무:** 그러므로 즉시 답례를 해야 한다. 모스의 이야기에 따르면, 포틀래치에는 이자가 있다. 1년에 30~100퍼센트로, 사채 수준의 이자다. 이렇게 해서 답례의 규모는 점점 거대해진다.

이렇게 해서 부족과 수장 개인의 위신이 걸린 선물을 주고받는 가운데 포틀래치가 과열되어 가는데, 포틀래치에는 큰 장점이 있다. 자신들만으로는 손에 넣을 수 없는 물건을 얻을 수 있다는 것이다.

모스는 남태평양에 위치한 멜라네시아의 어부와 농민 사이에서 규칙적·의무적으로 실시되는 증여 관습을 소개했다. 농민은 어부의 집 앞에 수확한 농작물을 놓고 간다. 그러면 어부는 다른 기회에 이자를 포함한 어획물을 들고 답례를 하러 농부를 찾아간다. 이렇게 해서 그들은 증여경제를 통해 애덤 스미스가 [Book 27]《국부론》에서 소개한 분업을 실행한다. 농민은 탄수화물의 생산, 어부는 동물성 단백질의 생산이라는 자신들의 특기 분야에 전념하고 그 생산물을 서로에게 선물함으로써 사회 전체가 풍요로워지는 것이다.

왜 선물은 버릴 수가 없을까

나는 누군가가 내게 선물을 하면 설령 그것이 불필요한 것이라 해도 거절하지 못하며 버리지도 못한다. 심지어 무엇인가 답례를 하려고 생각한다. '거절하면 관계가 끊어질지도 몰라.'라고 생각하기 때문이다. 실제로 거절하면 관계가 소원해지는 경우가 있다.

왜 우리는 선물을 버리지 못하고, 받을 의무가 있는 듯이 느끼는 것일까? 모스는 마오리족에게 전해지는 전설을 인용해, 선물에 깃든 혼령(마오리족의 말로는 '하우')이 선물을 통해 영향력을 발휘함으로써 선물은 받는 사람에게 주술적·종교적인 힘을 준다고 말했다. 요컨대 선물에는 혼이 깃들어 있다고 생각하는 것이다.

다만 모스의 이 주장에는 비판도 있다. 미국의 인류학자인 마셜 살린스는 저서 《석기시대 경제학》에서 모스의 주장을 검증하고 "미개사회에서 평화는 선물을 통해 쟁취된다.", "모든 교환은 그 물질적 기도企圖 속에 어떤 정치적인 화목을 담아서 실시된다."라고 말했다. 서로의 평화를 위해서 선물을 한다는 말이다. 어쨌든, 모스나 살린스의 생각을 이해하면 우리가 선물에 대해 의무감을 느끼는 이유나 선물에 폭력적인 측면이 있는 이유를 알 수 있다.

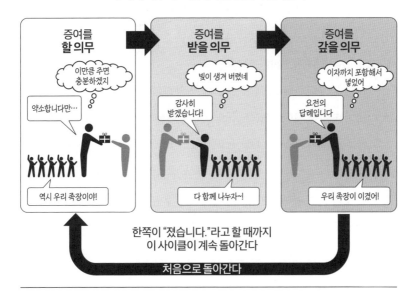

세 가지 의무가 포틀래치를 점점 과열시킨다

증여를
할 의무

이만큼 주면
충분하겠지

약소합니다만…

역시 우리 족장이야!

증여를
받을 의무

빚이 생겨 버렸네

감사히
받겠습니다!

다 함께 나누자~!

증여를
갚을 의무

이자까지 포함해서
넣었어

요전의
답례입니다

우리 족장이 이겼어!

한쪽이 "졌습니다."라고 할 때까지
이 사이클이 계속 돌아간다

처음으로 돌아간다

증여경제인 포틀래치는 언뜻 야만적인 것처럼 보인다. 그러나 그들은 부족 간의 경쟁을 서로 죽고 죽이는 전쟁에서 증여경쟁으로 전환해 해결했다. 때로는 과열되기도 하지만, 서로의 관계를 안정시키고 선물과 답례를 반복함으로써 사회는 경제적으로 발전해왔다. 이 포틀래치의 지혜는 현대사회에도 뿌리를 내리고 있다. 가령 전문가나 창업가의 닫힌 공동체에서는 지혜나 조언을 무상으로 제공받으면 "빚을 하나 졌군. 언젠가 갚겠네."라는 식으로 말하고는 한다. 상호 간에 대차貸借 관계가 성립한 것이다.

증여경제를 이해하면 현대 비즈니스의 내부에 있는 여러 가지 시스템도 이해할 수 있다. 그 전형적인 예가 백화점 식품코너나 할인마트의 시식

코너다. 점원이 이쑤시개에 식품을 꽂아 놓고 활짝 웃으며 "드셔 보세요. 맛있답니다."라고 말을 거는 그것이다. 일단 먹으면 왠지 빚을 진 것처럼 느껴져 높은 확률로 사게 된다. 나는 권유를 받으면 냉큼 먹어버리기 때문에 아내에게 자주 잔소리를 듣는다.

또한 현대의 디지털 세계에서는 이 포틀래치의 개념이 크게 진화하고 있다. 과거에는 무엇인가를 주면 자신은 그것을 포기해야 했다. 그래서 명성을 얻더라도 자신은 가난해졌다. 그러나 디지털 재화는 복제비용이 무료에 가깝다. 처음에 만들 때 비용이 들어갈 뿐, 계속 주더라도 비용이 들지 않으며 재산도 줄어들지 않는다. 가치가 높은 디지털 재화를 제공하면 명성을 얻을 수 있으며, 많은 사람이 사용하면 제공한 디지털 재화의 가치도 폭발적으로 증식한다. 스마트폰 애플리케이션이 대부분 무료로 제공되는 것도 많은 사람이 사용하게 해서 애플리케이션의 가치를 높이기 위함이다.

이 책이 제창하는 증여경제는 디지털 사회가 된 지금 더욱 큰 의미를 지니게 된 것이다.

POINT

증여경제는 주고, 받고, 갚을 의무를 통해 사회를 풍요롭게 만든다.

Book 32

제2차세계대전 이후의 경제학

고용, 이자 및 화폐의 일반 이론

존 메이너드 케인스 John Maynard Keynes

1883~1946년. 영국의 경제학자. 실업의 원인에 관한 경제이론을 확립했으며, 완전 고용정책을 바탕으로 한 경제불황 구제책을 제창해 경제학 역사에 '케인스 혁명'으로 불릴 정도의 큰 영향을 끼쳤다. 거시경제학 이론과 실천, 그리고 각국 정부의 경제 정책을 근본적으로 바꾼 계기가 되었다.

지금의 경제를 이해하기 위하여

1929년, 경제학은 정체에 빠져 있었다. 미국의 대공황이 세계를 미증유의 위기로 몰아넣어, 실업률이 25퍼센트에 이르렀다. 그러나 [Book 27] 《국부론》의 애덤 스미스를 공부한 경제학자들은 상황을 그저 바라만 볼 뿐이었다. 당시의 주류였던 고전파 경제학에는 대공황에 대항할 수단이 전무했다. 그저 방관하는 수밖에 없었던 것이다.

이에 '경제학을 다시 만들자.'고 생각한 인물이 나타났다. 20세기를 대표하는 경제학자인 존 메이너드 케인스다. 노벨경제학상을 수상한 경제학자 폴 크루그먼은 이 책의 서문에서 케인스에게 찬사를 보냈다.

"사회과학 역사에서 케인스의 업적에 필적하는 것은 존재하지 않는다."

500페이지에 가까운 이 책은 세계에 지대한 영향을 끼쳤지만 상당히 난해한데, 여기에는 이유가 있다. 출판 당시 케인스는 새로운 경제학을 체계적으로 제시함으로써 학계에서 대다수를 차지하는 고전파 경제학자들을 논파해야 했다. 그래서 당시의 지식을 개별적으로 거론하며 철저히 반론을 펼쳤던 것이다.

이 책의 내용 중에는 현재 정부정책으로 실천되고 있는 것도 많다. 이 책을 이해하면 '그 정책은 케인스의 이론에 입각한 것이었구나.'라고 깨닫고 자신의 업무와 경제 정책을 연결시켜서 생각할 수 있게 된다.

사실 이 책의 제목이 《⋯의 일반 이론》인 데는 깊은 의미가 있다. 케인스는 '고전파 경제학은 완전 고용이라는 특수한 상황에서만 적용되는 이론일 뿐이다.'라고 생각했다. 대공황에 대해 고전파 경제학자들의 사고가 정지된 것도 애초에 대공황이라는 상황은 가정하지 않았기 때문이다. 일하고 싶지만 일자리를 구하지 못하는 사람이 대량으로 발생한다는 것을 상상하지 못했다. 그래서 케인스는 이를 뛰어넘어 어떤 상황에서나 사용할 수 있는 '경제의 일반 이론'을 만들려 했던 것이다. 그러면 즉시 이 책의 포인트를 살펴보자.

"임금이 낮아지는 건 안 돼!"

'모든 것은 시장이 조정한다. 임금도 시장이 조정한다.'라고 생각하는 고

전파 경제학자들은 이렇게 말했다.

"임금을 삭감하면 실업은 해결돼. 불황으로 물건이 팔리지 않고 있는 지금, 인건비를 줄이지 않으면 기업은 적자가 계속되어 도산할 거야. 해고로 일자리를 잃기보다는 임금을 삭감하는 편이 낫잖아? 임금을 삭감하지 않으면 회사가 망한다고. 게다가 물건이 팔리지 않아 물가가 하락하고 있으니 임금을 삭감해도 실질 임금은 같아. 이런데도 자신의 임금을 삭감하지 않는 노동자는 어리석은 사람들이야."

그러나 회사원이 이 주장을 듣는다면 '저 양반들, 현실을 알기는 하는 거야?'라고 생각할 것이다. 물가가 하락해도 대출이나 교육비는 변함없이 지출된다. 현재 생활을 유지하는 데 필요한 최소한의 수준보다도 급여가 하락하면 생활이 불가능해진다. 게다가 기업은 실적이 개선되더라도 금방 급여를 올려 주지 않는다. 그리고 애초에 대공황 당시는 "급여가 낮아도 좋으니 일하고 싶소."라는 노동자들도 일자리를 구하지 못했다. 고전파 경제학자들의 생각은 탁상공론이었던 것이다. 그렇다면 무엇이 노동자의 고용을 결정할까?

고용을 만들어내는 것은 수요다

고전파 경제학자는 '공급이 수요를 만들고 고용을 발생시킨다. 많이 만들어내면 많이 팔려서 풍요로운 사회가 된다.'라고 생각했다. 이것은 프랑스의 경제학자인 장 바티스트 세가 제창해서 세의 법칙으로 불렸다.

그러나 케인스는 반대로 생각했다. '수요가 고용을 결정한다. 수요가 공

수요가 고용을 낳는다

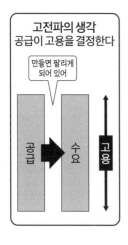

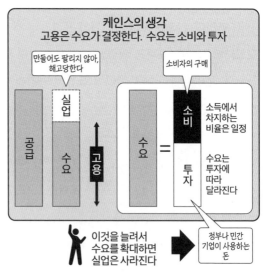

급보다 낮으면 실업자가 발생한다'. 그렇다면 어떻게 해야 수요를 늘릴 수 있을까? 먼저, 수요는 소비와 투자로 나뉜다.

소비

소비자가 사용하는 돈. 개인의 소득에서 소비의 비율은 항상 일정하다. 임금이 삭감되면 절약하게 되므로 소비가 감소하고, 수요도 감소해 불경기가 된다. "임금을 삭감하라."라는 고전파 경제학자들의 주장을 따르면 불경기에 빠지는 것이다.

투자

기업이나 정부가 사용하는 돈. 투자를 늘리면 총수요도 증가하는데, 그 열쇠는 한계소비성향과 승수乘數다.

나는 회사원 시절 급여의 80퍼센트는 생활비로 사용하고 20퍼센트를 저금했다. 한계소비성향이란 이와 같이 들어온 돈 중에서 소비에 사용하는 돈의 비율이다. 요컨대 나의 한계소비성향은 80퍼센트였다. 한계소비성향이 높으면 소비에 사용하는 돈이 늘어나 경제가 활성화되며, 그 기준이 투자승수다. 이것은 얼마나 '돈이 돌고 도는 상태'인지를 나타내는 숫자로, 이런 식으로 계산한다.

투자승수 = 1 ÷ (1 - 한계소비성향)

한계소비성향이 80퍼센트라면 투자승수는 5가 된다. 다음 그림은 한계소비성향이 80퍼센트일 경우 A사가 B사로부터 100억 엔짜리 건물을 구입하면 전체적으로 얼마나 투자가 발생하는지를 간략화한 것이다. A사의 100억 엔 투자는 합계 500억 엔의 투자를 낳는다. 그러나 돈을 장롱에 집어넣고 묵혀버리면 돈이 세상에 돌지 않아서 경제가 정체된다. 돈을 사용해야 경제가 활성화되어 불황으로부터 탈출할 수 있는 것이다.

그렇다면 어떻게 해야 모두가 돈을 쓰게 될까? 자본가의 투자 판단은 '이거, 돈 냄새가 나는 걸.' 같은 감에 따라서 결정된다. 케인스는 이렇게 말했다. "사람들의 판단은 대부분 야성적 충동Animal spirits의 결과에 지나지

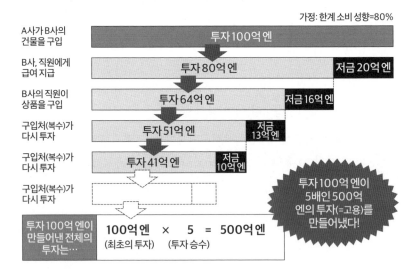

승수효과로 경제가 활성화된다

가정: 한계 소비 성향=80%

A사가 B사의 건물을 구입	투자 100억 엔	
B사, 직원에게 급여 지급	투자 80억 엔	저금 20억 엔
B사의 직원이 상품을 구입	투자 64억 엔	저금 16억 엔
구입처(복수)가 다시 투자	투자 51억 엔	저금 13억 엔
구입처(복수)가 다시 투자	투자 41억 엔	저금 10억 엔
구입처(복수)가 다시 투자		

투자 100억 엔이 5배인 500억 엔의 투자(=고용)를 만들어냈다!

투자 100억 엔이 만들어낸 전체의 투자는…

100억 엔 × 5 = 500억 엔
(최초의 투자) (투자 승수)

않을 것이다." 자본가는 감으로 움직이므로, 금리를 내려서 자본가가 '돈을 빌려도 손해를 안 보니 투자를 하자!'라고 판단하기 쉬운 환경을 만드는 편이 현실적이다. 그렇다면 다음 문제는 어떻게 해야 금리를 낮출 수 있느냐는 것이다.

나는 코로나바이러스 유행 등의 위기가 찾아올 때마다 '상품을 곧바로 살 수 있도록 현금을 보유하자.'라고 생각했다. 이처럼 '수중에 돈을 보유하고 싶다.'라는 심리를 유동성 선호라고 한다. 그러나 예금 금리가 높으면 '은행에 맡겨서 이자 수입을 올리자.'라고 생각해 저금을 하는 사람이 늘어난다. 이처럼 금리는 소중한 돈을 포기하는 대가로 얻는 보상인 것이다. 금리가 높으면 유동성 선호는 하락하고(은행에 돈을 맡겨서 이자 수입을 올리려 하고), 금리가 낮으면 유동성 선호가 상승한다(돈을 현금을 보유하고 싶어 한다).

금리에 영향을 주는 또 하나의 요인은 돈의 공급량이다. 중앙은행에는 돈을 발행할 권한이 있다. 중앙은행이 사람들이 '갖고 싶다.'고 생각하는 돈의 총량보다 많은 돈을 공급하면 돈이 남아돌아서 금리가 하락한다. 반대로 돈의 공급량을 줄이면 돈이 부족해져서 금리가 상승한다. 요컨대 금리는 '유동성 선호'와 '돈의 공급량'에 따라서 결정된다. 또한 중앙은행이 금리의 유도 목표를 제시하면 금리 동향을 살피는 투자자들도 그에 따라서 행동한다.

정리하면 이렇다. 불황일 때 중앙은행이 돈의 공급량을 늘리고 금리 유도 방침을 명확히 밝히면, 금리가 하락하고 기업의 투자가 증가하며 수요도 증가한다. 그 결과 실업이 해소된다. 다만 이것은 일반적인 불황에 대한 대책이다. 대공황의 경우는 수요와 공급 사이에 차이가 생긴 상태이기 때문에 다른 대책이 필요하다. 그래서 케인스가 제창한 것이 공공사업이었다.

정부가 공공사업을 하는 이유

정부는 공공사업으로 수요와 공급의 차이를 메울 수 있다. 혈세를 사용하게 되지만 실업자의 일자리가 생기며, 승수효과로 투자 이상의 고용이 창출된다. 프로젝트는 무엇이든 상관없다. 케인스는 이렇게 말했다. "만약 재무부가 오래된 병에 지폐를 채워서 적당히 깊은 폐탄광의 밑바닥에 놓고 그 위에 쓰레기를 지표면까지 덮은 다음 민간 기업이 레세페르(자유방임주의)의 원칙에 따라 그 지폐를 다시 파내도록 맡긴다면 (중략), 실업은 발생하지 않을 것이다." '우리의 혈세를 그런 데 쓴다고?'라고 놀라는 사람도 있겠지만, 이렇게 해도 승수효과가 발생하기에 의미가 있다. 케인스의 이 이론을 알면 왜 현 정부의 경제정책이 금융정책(금리 조작)과 재정정책(공공사업과 감세)을 두 기둥으로 삼고 있는지도 이해가 갈 것이다.

케인스의 제언은 1930년대의 미국에서 대공황 대책으로 실시된 뉴딜 정책의 이론적 근거가 되었다. 제2차세계대전 이후에는 각국의 정부가 케인스 이론을 경제정책에 반영했고, 이것이 1950~1960년대에 세계경제의 번영을 불러왔다. 미국의 〈타임〉지는 1965년 12월호에서 사망 20주년을 맞이하는 케인스를 표지 모델로 선정하고 "미국의 경제정책은 케인스 이론을 활용함으로써 경제성장과 물가 안정을 이루었다."라고 평가했다. 그러나 케인스 이론도 1970년대에 오일쇼크로 인플레이션과 실업 증가가 동시에 일어나는 스태그플레이션이 발생했을 때는 효력이 없었다. 그리고 밀턴 프리드먼의 신자유주의가 경제정책의 주역이 되어 갔다. 자세한 내용은 [Book 33]《자본주의와 자유》에서 이야기하겠다.

POINT

재정정책과 금융정책이라는 두 기둥을 통해 경제를 컨트롤하라.

Book 33

신자유주의의 명암에 대하여
자본주의와 자유

밀턴 프리드먼 Milton Friedman
1912~2006년. 미국의 경제학자. 시카고학파의 주요 인물이다. 1976년 노벨경제학상을 수상했다. 그의 이론은 처음에 주류파로부터 이단시되었지만 변동환율제, 세율 구분의 간소화, 정부 기관의 민영화 같은 프리드먼의 정책 제언은 이제 세계의 상식이 되었다.

신자유주의의 등장

'정치학과 경제학은 완전히 별개'라고 생각하는 사람이 많다. 이것은 큰 오해다. 둘은 표리일체의 관계다. [Book 32]《고용, 이자 및 화폐의 일반 이론》의 케인스와 이 책의 저자 프리드먼을 비교해 보면 잘 알 수 있다.

케인스는 '정부가 적극적으로 경제에 개입하는 것이 공정하고 풍요로운 사회를 만드는 길이다.'라고 생각했고, 프리드먼은 '정부는 최소한으로만 개입하고 개인의 자유를 최대화하는 것이 공정하고 풍요로운 사회를 만드는 길이다.'라고 생각했다. 위대한 두 경제학자가 정반대의 주장을 한 것인데, 이는 두 사람 모두 공정하고 풍요로운 사회를 만들 방법을 생각한 결과다. 경제학의 커다란 주제는 '공정한 경제의 배분'이고, 정치학의 커다란 주제는 '공정한 사회의 정의란 무엇인가?'이다. 그리고 이 둘은 떼려야 뗄 수 없는 관계다. 케인스와 프리드먼의 주장을 비교하면 이 사실을 잘 알 수 있다.

지금까지 학계에서 프리드먼만큼 평가가 극단적으로 엇갈리는 경제학자도 드물 것이다. 20세기 후반을 대표하는 경제학자로 평가하는 목소리가 있는 반면에 빈부격차를 확대시킨 장본인이라고 비판하는 지식인도 있다. 언뜻 과격해 보이면서도 설득력이 있는 그의 주장은 수많은 정치가와 경영자를 매료시켰지만, 부작용도 강했다. 그렇다면 프리드먼의 사상은 어떤 것일까? 1973년, 오일쇼크로 물가가 크게 상승하고 실업도 급증했다. 스태그플레이션이라고 부르는 이 현상에는 케인스 이론도 효과가 없었다. 그러자 케인스와는 정반대인 프리드먼의 사상이 주목받게 되었다.

"공공사업은 답이 아니다. 민간에 자유롭게 맡기고 시장이 조정하도록 내버려둬라. 규제 완화·민영화·감세가 답이다."

애덤 스미스가 [Book 27] 《국부론》에서 제창한 자유방임주의(레세페르)를 부활시킨 것이다. 여기에 마거릿 대처가 영국 총리, 로널드 레이건이 미국 대통령에 취임했다. 두 나라 모두 경제 재건이 급선무였기 때문에 1976년에 노벨경제학상을 받은 프리드먼의 이론에 의지했다. 대처와 레이건은 강력한 리더십으로 민영화, 복지·공공 서비스의 축소, 규제완화, 등의 정책을 철저히 추진했다.

'국가는 개입하지 말고 법적제도를 정비해 개인의 자유경쟁에 맡기자.'

라는 프리드먼의 사상은 신자유주의로 불렸다. 1970년대 후반부터 21세기 초까지, 세계경제는 프리드먼의 사상을 중심으로 돌아갔다. 이 책은 그런 프리드먼의 대표작이다.

되찾은 자유

18세기, '국가에 권력이 지나치게 집중되어 있다.'고 생각한 애덤 스미스는 자유방임주의를 제창했다. 그리고 20세기 초엽, 대공황을 계기로 케인스 이론이 주류가 되자 복지와 평등을 중시하게 되면서 또다시 국가에 권력이 집중되었다.

프리드먼은 처음에 케인스 이론을 지지했었다. 그러나 점차 '자유경쟁이 사라지고 있다.'고 느끼게 되었고, '자유주의를 되찾아야 한다.'라는 생각에서 케인스 이론을 비판하는 쪽으로 전향했다.

자유에는 정치적 자유와 경제적 자유가 있는데, 경제적 자유가 없는 한 정치적 자유는 있을 수 없다. 용돈을 받는 아이가 부모에게 "내가 하고 싶은 대로 할 거예요."라고 말한들 "나중에 돈을 벌게 되면 그렇게 하렴."이라는 대답이 돌아올 뿐이다. 프리드먼은 '먼저 경제적 자유를 획득할 필요가 있으며, 그러려면 시장에 맡겨야 한다.'라고 생각했다. 시장에는 누가 강제하지 않아도 극소수의 판매자와 구매자를 연결해 여러 가지 합의를 이끌어내는 놀라운 힘이 있다. 정치적 수단을 동원할 경우는 다수결이 전제가 되며, 법률이 제정되면 강제적으로 따라야 하게 된다. 그러나 시장을 이용하면 무리하게 전원의 합의를 얻을 필요는 없다. 따라서 정치적 수단보다 효율적인 시장을 우선해야 한다.

그리고 프리드먼은 정부의 역할은 다음의 세 가지뿐이라고 주장했다.

① 규칙을 바꿀 수단을 준비한다.
② 규칙의 해석을 놓고 개인이 대립하면 조정한다.
③ 규칙을 지키게 한다.

이 세 가지 기준 외에는 최대한 민간에 맡긴다. 이상이 프리드먼 사상의 원점이다.

또한 프리드먼은 "공공사업을 열심히 하시오."라고 말하는 케인스와 달리 "공공사업은 그만두시오."라고 말했다. 정부가 불황을 감지하고 논의해 법률을 제정하고 공공사업을 해도, 그때쯤이면 불황은 정점을 지난 뒤가 된다.

게다가 정부의 채무(빚)도 증가한다. 프리드먼은 세계 각국의 실제 사례를 연구했는데, 정부가 100달러를 지출하면 민간 소득은 평균 100달러 증가할 뿐이었다. 정부의 지출과 거의 같은 금액으로, 승수효과는 확인할 수 없었다. 프리드먼은 "관료가 학교 선생님처럼 경기를 길들이려 하는 것은 가소로운 짓이다. (중략) 경기 후퇴기에는 감세를 실시하고, 확대기에는 증세를 하면 된다."라고 말했다.

프리드먼은 1929년 대공황을 상세히 분석한 뒤 이렇게 말했다.

"대공황도, 다른 시대에 발생했던 대량 실업도, 실제로는 정부의 경제운영 실패가 원인이 되어서 발생했다."

먼저 은행 시스템을 이해할 필요가 있다. A가 저금을 하면 은행은 예금의 일부만을 자본금으로 남겨놓고 예금의 대부분을 B에게 빌려준다. 그러면 B는 빌린 돈의 일부를 예금하는데, 은행은 B의 예금의 대부분을 이번에는 C에게 빌려준다. 이렇게 해서 은행은 A예금의 몇 배나 되는 돈을 사람들에게 빌려주고 대출이자를 벌어들인다. 그래서 은행에는 총 예금액 중 극히 일부의 현금밖에 남아 있지 않다.

대공황 당시는 주가 폭락에 불안감을 느낀 예금자들이 예금을 인출하려고 한꺼번에 몰려들었는데, 은행에는 대규모 인출을 감당하기에 충분한 현금이 없었다. 돈이 필요해진 은행은 급히 대출처에서 강제로 돈을 환수했다. 이렇게 해서 사회 전체가 돈 부족 상태에 빠졌고, 회사가 차례차례 도산했다.

이 문제의 해결법은 사실 간단하다. 중앙은행은 돈을 찍어낼 권한이 있다. 그러므로 중앙은행이 은행의 예금 잔액을 담보로 잡고 돈을 찍어내서 은행에 공급하면 된다. 그러나 대공황 당시 미국의 중앙은행은 오히려 돈의 공급량을 줄였고, 그 결과 은행 중 3분의 1이 소멸해 버렸다. 문제에 대한 정부정책이 잘못됐던 것이다.

프리드먼은 미국 중앙은행이 본래 실시했어야 하는 시책을 정반대로 실시한 탓에 대공황이 일어났다고 지적하고, "통화는 중앙은행에 맡겨 두기에는 너무나도 중대하다."고 말한 뒤 "통화 공급량에 관한 규칙을 정해 놓는 것이 중요하다. (중략) 통화 공급량의 합계가 매년 X퍼센트 증가하도록 (중략) 추이를 조정하는 것이다."라고 주장했다. 이 생각을 통화주의 *Monetarism*라고 한다.

정부가 할 필요없는 14개의 사업 그리고 대안

프리드먼은 정부가 할 필요없는 14개 사업을 제시했다.

① 농산물의 매입 보증 가격, ② 관세와 수출 제한, ③ 산출 제한, ④ 임대료와 물가의 통제, ⑤ 노동자의 최저 임금과 상품의 가격 상한, ⑥ 산업 규제와 은행 규제, ⑦ 라디오와 텔레비전의 규제, ⑧ 사회보장제도(특히 연금제도), ⑨ 면허제도, ⑩ 공영주택과 주택 보조금, ⑪ 징병제, ⑫ 국립공원, ⑬ 우편 사업, ⑭ 공영의 유료 도로.

언뜻 봐서는 과격한 목록이다. "사회적 약자들을 다 죽일 셈이냐!"라고 말하는 사람도 있을 것이다. 그러나 프리드먼은 "이런 제도가 있으니까 가난한 사람들이 곤란을 겪는 거야. 틀린 건 당신들이라고!"라고 주장했다.

최저 임금법의 목적은 흑인의 처우 개선이었지만, 최저 임금이 오르자 10대 흑인의 실업률은 오히려 급상승했다. 또한 공영주택의 건설을 환영한 사람들은 '근처에 슬럼가가 있으면 곤란하다.'고 생각하던 지역주민들이었다. 그 결과 건설된 공영주택보다 훨씬 많은 빈곤 가정의 주거지가 철거되어 가난한 사람들의 주택 사정이 더욱 악화되었다.

프리드먼은 '정부는 빈곤을 줄이기 위한 대책에 관여해야 한다.'라고 생각했지만, "본래 사회보장은 빈곤을 줄이기 위해 실시해야 하는 시책임에도 지금의 사회보장은 관료 기구를 비대화시킬 뿐 성과를 내지 못하고 있다."라고 단언했다. 그래서 지금의 사회보장을 대신할 시책으로 가난한 사람들을 돕는 음의 소득세*Negative Income Tax*를 제창했다.

일반적인 소득세는 수입에서 일정 금액을 공제한 금액에 대해 부과한다. 일본의 경우, 기초 공제액은 48만 엔(2023년 현재)이다. 소득세는 연

수입 48만 엔을 초과한 금액에 부과된다. 48만 엔 이하라면 소득세는 0
엔이다. 음의 소득세는 공제액보다 낮은 연 수입 48만 엔 이하인 사람에
게 부족분의 금액을 주는 것이다. 가령 음의 소득세율이 50퍼센트라면 연
수입이 0엔인 사람은 1년에 24만 엔을 받을 수 있다((48만 엔 - 0엔)×50
퍼센트＝24만 엔).

음의 소득세는 빈곤 구제만이 목적으로, 자유롭게 쓸 수 있는 현금을
지급한다. '복지는 정부가 아니라 개인이 관리해야 한다.'라는 발상이다.
다만 음의 소득세를 도입하려면 재원이 필요하다. 그래서 기존의 빈곤 대
책인 노령 연금, 의료보험(건강보험), 공공주택, 교육·주택 보조 등의 사
회보장을 전부 폐지하고 그 예산을 사용한다.

음의 소득세는 단순하고 실현성도 높다. 기존의 제도는 전부 사라지고
음의 소득세로 일원화된다. 번잡한 행정사업도 전부 소멸된다. 빈곤층은
돈을 받을 수 있지만, 자기 책임으로 살아야 하며 아무도 도와주지 않는
다. 어떤 의미에서는 극약인 것이다.

기업은 주주의 것이다

1970년, 그는 〈뉴욕타임스〉지에 "비즈니스의 사회적 책임은 이윤 확대
다."라는 논설을 기고했다. "경영자는 주주에게서 경영을 위탁받은 대리
인이다. 사회적 책임처럼 본업과 관계없는 일에 돈을 쓰는 것은 언어도단
이다. 이것은 위선적인 분식 결산이다. 기업의 사회적 책임은 규칙에 따라
자유롭게 경쟁하며 이익을 늘리는 활동을 하는 것뿐이다."

미국사회는 이 논문에 크게 영향을 받았다. 이 제언의 영향으로 미국의 경영 단체 '비즈니스 라운드 테이블'은 1997년에 주주제일주의를 선언했고 기업의 역할은 더 많은 이익을 내는 것이라는 생각이 세계를 지배했다. 회사는 주주가 임명한 경영자가 주주의 대리인으로서 경영하는 구조다. 분명히 이치에 맞는 주장이다. 이처럼 프리드먼의 이론은 언뜻 과격하지만 논거는 수긍할 수 있는 것이 많다.

프리드먼은 '자유주의와 평등주의는 대립한다.'라고 생각했다. 케인스식 '큰 정부'는 복지를 중시하며 평등주의인데, 자유주의자에게 평등주의는 누군가의 성과를 빼앗아서 누군가에게 주는 것이다. 요컨대 자유를 빼앗는 행위다. 그래서 프리드먼은 '작은 정부'의 자유주의가 옳다고 생각했다.

이처럼 프리드먼의 사상은 언뜻 약육강식으로 보이지만, 좋은 측면과 나쁜 측면이 있다. 일방적으로 '100퍼센트 나쁘다.', '100퍼센트 옳다.'고 단정하면 본질을 오해하게 된다. 그러면 그의 생각을 검증해 보자.

프리드먼 사상 검증

시장의 조정 능력을 절대적으로 신뢰하는 프리드먼의 대전제는 '상품으로써 가격이 붙는 것'이다. 가격이 제로이거나 싼 상품은 낮게 평가된다. 그러나 가격이 제로이더라도 가치가 있는 것은 많다. 그래서 모든 것을 시장에 맡기면 시장의 조정이 기능하지 않아 곤란한 일이 일어난다. 이것을 시장의 실패라고 부른다.

가령 시골의 뒷산을 생각해 보자. 논밭 근처에 있는 잡목림이 무성한 뒷산은 논밭에 풍부한 물을 공급하며 동식물의 보고다. 치수력도 있다. 아이들의 비밀 놀이터일지도 모른다. 그러나 뒷산의 가격은 거의 제로다. 프리드먼식으로 생각하면 시장가치는 제로라는 말이다. 이 토지에 공장이 건설되면 상품을 생산함으로써 숫자상으로는 풍요로워질 것이다. 그러나 논밭에서 채소를 키울 수 없게 되고, 동식물은 죽어 버리며, 토사 붕괴가 일어나고, 비밀 놀이터가 없어진다. 결코 풍요로운 사회라고는 말할 수 없다.

또한 공해 대책도 세우지 않고 상품을 생산하는 기업은 비용을 절감할수 있어 경쟁력이 높아진다. 반대로 성실하게 공해 대책을 세우는 기업은 경쟁력이 하락해 경쟁에서 패한다. 그래서 공해를 숨기는 기업이 많다. 환경 문제는 이런 시장의 실패가 축적된 결과다. 프리드먼의 사상을 철저히 추진하면 시장의 실패가 축적되고, 우리의 행복은 날아가 버린다.

그 결과가 2008년의 세계금융위기다. 시장은 이 위기를 해결하지 못했다. 조지 W. 부시 대통령은 연쇄 파산으로 금융위기가 일어나는 상황을 막기 위해 파산 직전에 몰린 미국 최대의 보험사 AIG를 국유화했고, 미국 중앙은행은 총액 850억 달러를 긴급 융자했다. 이렇게 해서 30년 만에 케인스 이론이 부활했다. 또한 앞에서 소개한 '비즈니스 라운드 테이블'은 2019년에 주주제일주의를 재정의했다. 이에 따라 이해관계자의 우선순위는 상품을 사는 고객, 그리고 종업원, 거래처, 기업을 뒷받침하는 지역사회, 주주의 순서가 되었다. 주주가 다섯 번째라는 것은 주주도 이해관계자 중 하나일 뿐이라는 의미다. 이처럼 세계금융위기를 계기로 프리드먼의 과도한 시장중시주의가 재검토되기 시작했다.

프리드먼은 2006년에 세상을 떠났다. 그리고 3개월 뒤, 경제학자인 크루그먼은 이런 기고문을 썼다. "프리드먼은 실로 위대했다. 역사상 가장 중요한 경제사상가 중 한 명이며, 대중에게 경제사상을 전파한 인물이었다. 그러나 한편으로는 프리드먼이 교의와 실천적 반응의 양 측면에서 과도했다는 근거도 있다. 프리드먼이 세상에 등장했던 시대는 케인스주의를 변혁해야 할 시기였다. 지금 필요한 것은 또 한 번의 변혁이다."

코로나바이러스 대책으로 각국이 대규모 재정정책을 진행하는 한편, 미국에서는 양극화가 심화되면서 사회주의를 지지하는 사람들이 늘고 있다. 현대에는 큰 정부로 되돌아가는 움직임이 일어나고 있는데, 역사를 되돌아보면 또 어떤 시점에 과도한 평등주의를 수정하고자 자유를 중시하는 작은 정부로 돌아갈지 모른다. 앞으로도 세계는 케인스식 큰 정부와 프리드먼식 작은 정부를 오가면서 그때그때 최적의 시책을 도입해나갈 것이다.

POINT

경제 트렌드에 휘둘리지 말고 케인스와 프리드먼의 기본 이론을 공부하라.

Book 34

반세기 전 정보사회를 예견한
미디어학의 고전
미디어의 이해

허버트 마셜 매클루언 Herbert Marshall McLuhan

1911~1980년. 캐나다 출생의 사회학자, 미디어 비평가. 《문학의 목소리》등 시론과 문예 비평서를 집필하는 가운데 독자적인 미디어론을 발표했다. 광고론인 《기계 신부》, 활판 인쇄가 사회에 끼친 영향을 검증한 《구텐베르크 은하계》를 거쳐, 베스트셀러 《미디어의 이해》로 매클루언 열풍을 불러일으켰다.

미디어는 메시지다

내가 어떤 기업에 1년 동안 마케팅 연수를 실시했을 때 있었던 일이다. 처음에는 매달 본사 회의실에서 집합 연수를 실시했는데, 코로나 팬데믹 때문에 대면 연수에서 화상을 이용한 온라인 연수로 전환했다. 그러자 수강생의 배움이 깊어지고 만족도도 10퍼센트포인트나 급상승했다. 연수 내용은 똑같았는데, 대체 어떻게 된 일일까? 이 책에 그 힌트가 담겨 있다.

우리는 미디어라는 말을 자연스럽게 사용하고 있는데, 이 미디어라는 개념을 만들어낸 사람이 바로 이 책의 저자인 허버트 마셜 매클루언이다.

1911년에 캐나다에서 태어난 그는 미디어론을 제창한 사회학자이자 문명 비평가다. '미디어의 진화가 인간사회를 지배해왔다.'는 사실을 간파한 매클루언이 1964년에 출판한 이 책과 인쇄 기술이 인류에 끼친 영향을 고찰한《구텐베르크 은하계》는 미디어학의 고전이다. 이 책은 난해하지만 현대 정보사회를 정확히 꿰뚫어보고 있어서 읽어 보면 그 선견지명에 놀라게 된다.

이 책의 앞부분에서 매클루언은 "미디어는 메시지다."라고 말했다. 미디어란 정보를 전달할 때 매개하는 것(전화나 텔레비전), 메시지란 그 미디어가 전하는 내용을 뜻한다. "미디어는 메시지다."라는 매클루언의 말은 이해하기가 쉽지 않은데, 그가 하고 싶은 말은 "인간사회를 바꿔 온 것은 미디어입니다. 우리는 그 내용물인 메시지에만 주목하는 경향이 있는데, 그래서는 안 됩니다. 미디어 자체도 메시지를 지니고 있기 때문에 그 본질을 파악하는 것이 중요합니다."라는 것이다.

앞에서 언급한 연수의 경우, 언뜻 봐서는 미디어가 대면에서 온라인으로 전환되었을 뿐인데 수강생의 배움이 크게 깊어졌고 만족도도 급상승했다. 그 이유는 미디어의 본질을 파악하면 보이게 된다. 그때까지 대면 연수를 받고 있었던 수강생들은 주말에 전국에서 집합해 2시간짜리 연수를 받은 뒤 과제에 대한 답변을 작성해 발표했었다. 연수 내용의 밀도가 높다 보니 피로가 쌓여 갔고, 먼 곳에서 본사까지 이동하는 것도 쉬운 일이 아니었다. 그런데 온라인으로 전환되자 상황이 완전히 달라졌다. 강의는 사전에 스마트폰을 사용해 원하는 시간에 수강하고, 중단도 마음대로 할 수 있게 되었다. 잘 이해가 안 되는 부분은 여러 번 들을 수 있게 된 결과 이해도 깊어졌다. 이렇게 해서 사전에 내용을 깊게 이해한 뒤, 연수 당일에는 발표와 토론에 집중할 수 있게 되었다. 대면 연수 때는 긴장해서 제대로 말하지 못하던 사람들이 온라인으로 바뀐 뒤로는 사람들의 눈을 의식할 필요가 없으니 긴장하지 않고 자유롭게 발언했다.

두 미디어의 성격은 완전히 다르다. 온라인 연수라는 미디어의 본질은 편리성, 낮은 참가 문턱, 가벼운 부담이다. 덕분에 연수 내용이 같음에도 만족도가 급상승했던 것이다.

메시지(이 경우는 연수 내용)에만 주목하면 본질을 놓친다. 미디어의 본질을 파악하는 것이 중요하다. "미디어는 메시지다."라는 말은 이런 의미인 것이다.

뜨거운 미디어와 차가운 미디어

유튜브에는 히틀러의 총리 취임 연설 동영상이 있다. 동영상에서는 히틀러가 특유의 몸짓으로 연설을 하는데, 어딘가 우스꽝스럽고 사기꾼 느낌이 난다. '왜 당시의 독일 사람들은 이런 연설에 열광했을까?'라는 생각이 들었을 때, 문득 어떤 사실을 깨달았다. 당시는 라디오로 이 연설을 들었을 것이라는 사실이다. 그래서 시험 삼아 화면을 가리고 음성만 들어 봤는데, 굉장한 설득력이 느껴졌다. 독일어를 전혀 모름에도 말 한마디 한마디에서 열정이 전해지는 것이었다. 당시 독일인들이 열광한 이유를 이해할 수 있었다.

"(차가운 미디어인) 텔레비전이 먼저 등장했다면 히틀러는 애초에 존재하지 않았을 것이다. (중략) 히틀러가 정치인이 되었다는 것 자체가 직접적으로는 (뜨거운 미디어인) 라디오와 확성 장치의 덕분이었다."라는 매클루언의 말은 바로 이런 의미다. 여기에서 뜨거운 미디어와 차가운 미디어는 매클루언이 독자적으로 만들어낸 개념이다.

뜨거운 미디어

라디오가 대표적이다. 히틀러의 연설처럼 귀를 통해서 들어오는 음성은 청각을 지배한다. 정보의 양이 압도적으로 많고 사람이 보완해서 해석할 여지가 적기 때문에 사람의 참여도 낮은 미디어다.

차가운 미디어

당시 등장한 지 얼마 안 된 신기술이었던 텔레비전이 대표적이다. 히틀러의 동영상이 썰렁해보였듯이, 감각을 전부 지배할 정도의 정보량은 없다. '텔레비전은 정보량이 많다.'라고 생각할지도 모르지만, 청각에만 작용하는 라디오와 달리 텔레비전은 모든 감각에 작용하는 특수한 미디어다. 그러나 텔레비전은 모든 감각을 지배할 정도의 정보량은 없기 때문에 사람은 의식적으로 집중하고 정보를 보완해서 해석해야 한다. 그래서 의외로 냉정하게(쿨하게) 보게 된다.

내가 라디오에 출연하던 시절, 제작자가 내게 "자유롭게 말씀해 주십시오."라고 말했다. 청취자는 라디오 같은 뜨거운 미디어에서 뜨거운 인물을 접하면 열정이 직접적으로 전해져서 미디어로서의 작용이 강해진다. 반

차가운 미디어와 뜨거운 미디어

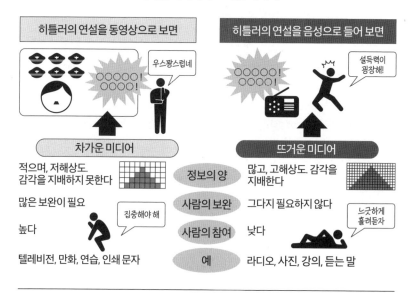

대로 텔레비전에서는 제작자가 정보를 줄인다고 한다. 내용이 뜨거울수록 미디어로서의 작용이 약해지기 때문이다. 이것이 뜨거운 미디어와 차가운 미디어의 차이다. 이렇게 생각하면 모든 감각을 지배하는 가상현실(VR)이나 메타버스는 다른 차원의 뜨거운 미디어라고 말할 수 있을지 모른다.

또한 매클루언은 무서울 만큼 정확히 반세기 후의 인터넷 사회를 예견했었다. 거대 IT 미디어 기업이 인터넷상에서 일어나는 사람들의 온갖 행동을 기록하는 상황을 이 책은 이렇게 묘사했다.

"우리가 추잉검에 손을 뻗을 때마다 컴퓨터에 자세히 기록되고, 사소한 동작까지 새로운 확률 곡선 혹은 사회과학의 어떤 척도 같은 것으로 변환

되는 상황에 이를 것이다."

경영 간부의 IT 리터러시가 필수가 되는 상황에 관해서는 "기술의 경우, 이미 중년이 된 상급 간부가 새로운 기초 지식이나 기술을 습득하는 것이 지극히 당연한 일로 요구되고 있다. 이것이 가혹한 현실이다."라고 말했다.

현대사회에서는 메타버스나 이미지 생성AI 같은 기술이 새로운 미디어를 계속해서 탄생시키고 있다. 반세기 전에 등장한 매클루언의 사상은 그런 것들의 본질을 파악하는 데 커다란 지침이 된다. 오늘날이기에 더더욱 읽어 봐야 할 책일 것이다.

📖 Book 35

왜 롤렉스는 비싼 가격에 팔리는가
소비의 사회

장 보드리야르 Jean Baudrillard

1929~2007년. 프랑스의 철학자. 페르디낭 드 소쉬르의 기호론, 프로이트의 정신분석, 모스의 문화인류학 등을 도입해서 현대 소비사회를 해석하는 관점을 제시해 주목을 받았다. 9·11 이후에는 타자성의 측면에서 근원적인 사회 비판을 전개했다.

소비사회의 본질을 밝히다

롤렉스의 손목시계는 가격이 수백만 엔이나 한다. 그러나 지금이 몇 시인지 알고 싶을 뿐이라면 100엔 숍에서 파는 손목시계로도 충분하다. 그렇다면 왜 고급 손목시계가 팔리는 것일까? 1929년에 태어난 포스트구조주의 철학자이자 사회학자인 장 보드리야르는 이 메커니즘을 밝혀내고 소비사회의 본질을 우리에게 제시했다. 이 책이 출판된 시기는 반세기 전인 1970년으로, 20세기 후반에 들어와 생산 중심의 사회에서 소비사회로 변화하자 보드리야르는 '소비사회의 사회구조가 어떻게 변화했는지 밝혀내자.'고 생각했다. 현대사회의 모습을 예언한 이 책은 지금 읽어도 많은 것을 배울 수 있다. 또한 이 책은 1979년에 일본에서 번역 출판되어 본격적인 소비사회를 맞이했던 1980년대의 일본에 큰 영향을 끼쳤다. 세종그룹_Saison Group_의 창업자인 츠츠미 세이지도 "(이 책을 읽고) 브랜드 상품이라는 이유만으로 가격이 오르는 상황에 의문을 느껴 '무인양품'을 만들었다."라고 말했다. 이 책의 내용을 파악해두면 소비자 마케팅을 생각할 때 여러분의 시점이 훨씬 깊어질 것이다.

상품은 기호다

롤렉스도 100엔짜리 손목시계도 기능은 같지만 가격은 하늘과 땅 차이다. 마르크스는 [Book 28]《자본론》에서 "상품에는 욕망의 충족이 목적인 사용가치, 그리고 어떤 양의 상품과 교환할 수 있는지를 나타내는 교환가치가 있다."라는 상품론을 제창했는데, 이러한 상품론으로는 롤렉스가 왜 잘 팔리는지 설명하지 못한다. 사실 롤렉스가 잘 팔리는 이유는 '성공한 내게 어울리는 손목시계는 롤렉스'라고 생각하는 사람이 사기 때문이다. 그래서 경영자가 읽는 〈닛케이 비즈니스〉 같은 비즈니스 잡지를 보면 수백만 엔짜리 손목시계의 특집 기사가 수십 페이지나 계속된다. 여배우가 손목시계를 착용하고 있는 손목시계 광고도 '(여배우인) ○○처럼 되고 싶다.'라는 생각을 심어주기 위함이다.

그들은 100엔짜리 손목시계에는 관심이 없다. 소비사회의 소비자는 상품의 효용이나 생산비에는 흥미가 없다. 보드리야르는 이렇게 말했다. "욕

모든 상품은 기호다

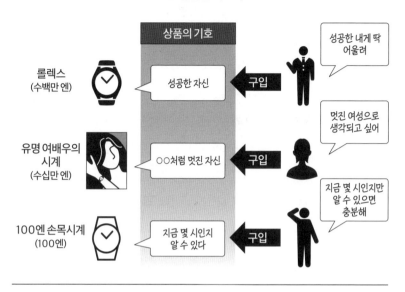

구나 자발적 효용은 존재하지 않는다는 말이 아니다. 현대사회의 독자적인 개념인 소비는 그런 것과는 무관계함을 이해해야 한다는 말이다. (중략) 현대를 소비라는 기호에 입각해서 특징짓는 것은 (중략) 이 소비라는 일차적 수준을 전반에 걸쳐 기호체계로 재조직하는 것이다."

롤렉스는 '성공한 자신'이라는 기호, 유명 여배우가 광고하는 손목시계는 '○○ 같은 자신'이라는 기호다. 자신이 성공했다고 생각하는 사람은 롤렉스라는 기호를 사고, 멋진 여성으로 생각되고 싶은 여성은 유명 여배우의 손목시계라는 기호를 산다. 사람은 '타인과는 다른 이런 내가 되고 싶다.'라는 생각에서 그 기호를 사는 것이다. 상품으로서의 기호를 사면 타인과는 다른 자신이라는 개성을 획득할 수 있다. "자신답게", "진정한 나를 찾자."라는 메시지가 담긴 광고가 넘쳐나는 이유가 여기에 있다.

기호가 범람하는 현대사회

거의 모든 애플 상품을 애용하고 있는 나는 애플의 신상품이 나올 때마다 반드시 확인한다. 기능적으로 거의 차이가 없다 한들 조금이라도 더 나아 보이면 "이걸 쓰면 전보다 일이 더 잘 될 거야."라는 핑계를 대며 구입하고자 한다. 그리고 신형을 구입하지만 새로운 상품이 나오면 다시 그 상품에 눈길이 간다.

인간의 욕구에는 한계가 없다. 비슷한 상품이라도 '차이화差異化할 수 있어.'라고 생각하면 사 버린다. 이렇게 새로운 기호에 이끌려 또 구입하기를 반복하는 것이 소비사회의 본질이다. 또한 현대에는 SNS의 등장으로 이렇게 기호를 소비하는 환경이 더욱 늘어나고 있다. SNS에는 방금 산 깨끗한 상품, 반짝거리는 신차, 얼마 전에 이사한 고층 아파트에서 바라본 풍경, 호화로운 식사나 동료와의 술자리 등을 찍은 사진이 넘쳐난다. 인스타그램에 사진을 올리기 위해 일부러 고급 호텔에 묵는 사람도 있다. 기호로서의 소비가 가시화되어 디지털 공간에 공개되고, 반응은 '좋아요.'의 수로 가시화된다. 보드리야르가 이 책에서 제창한 세계는 디지털 공간에서 수십·수백 배로 증폭되고 있다.

극단적으로 말하면, 상품 자체는 낭비여도 상관없고 무의미해도 상관

없다. '나는 다른 사람과 다르다.'고 실감할 수 있고 주위에도 강한 인상을 줄 수 있다면 그 상품은 유행한다. '타인과는 다른 내가 되고 싶다.'는 인간의 욕망에는 한도가 없다.

미개사회에서는 종교적인 의식이 사회를 통합했다. 한편 소비사회에서는 '상품이라는 기호를 소비함으로써 차이화를 꾀한다.'라는 규칙이 사회를 통합한다. 상품의 기호화가 소비사회를 통합하고 있는 것이다.

광고가 신화를 만든다

내가 치과에 갔을 때의 일이다. 나를 치료해주는 의사 선생님이 큰 안경을 쓰고 있었다. 요즘 화제를 모으고 있는 상품인 하즈키루페였다.

돋보기에는 잡화점에서 100엔에 파는 기능 우선·외관 무시의 돋보기와 안경점에서 수만 엔에 파는 고급 돋보기의 두 종류밖에 없었다. 그런데 하즈키루페는 이 시장을 바꿔서, 1만 엔에 파는 돋보기를 만들었다.

그 원동력은 배우인 와타나베 켄이 여배우 기쿠카와 레이와 함께 단상에 올라 "세상의 글자는 정말 너무 작아서 읽을 수가 없어! 신문도 기획서도 글자가 너무 작아서 읽을 수가 없어!"라고 화를 내며 종이 다발을 공중에 던지는 텔레비전 광고였다. 광고에서는 그런 다음, 하지만 하즈키루페를 쓰면 세상이 달라집니다. 글자가 크게 보이지요."라는 메시지를 짧은 시간에 속사포처럼 내보낸다.

보드리야르는 소비사회의 신화를 만들려면 광고가 필수라고 전제한 뒤 이렇게 말했다. "선전이 더는 소박한 알림이 아니라 제품의 뉴스가 되었을 때, 현대 광고가 탄생했다."

아울러 이런 말도 했다. "광고는 무엇인가를 이해하게 하거나 공부하게 하는 것이 아니라 기대하게 한다는 점에서 예언적인 말이 된다. 이것이 광고의 효과를 높이는 방식이다."

그렇다면 그런 소비사회는 풍요롭고 진보한 사회일까? 분명히 물건이 넘쳐나는 우리 사회는 언뜻 풍요로워 보인다. 그러나 소비사회의 실태는 엘리트를 정점으로 그 아래에 각 사회 계층이 구조적으로 나열되는 사회다. 또한 타인과 다른 기호를 추구하는 소비사회는 본질적으로 불평등한 사회다.

소비사회는 욕망의 증대를 전제로 삼는다. 비행기의 이코노미클래스에 만족하지 못하고 비즈니스클래스에 타는 사람은 얼마 못 가 퍼스트클래스에 탄 사람을 부러워하게 되며, 퍼스트클래스에 타면 개인 제트기를 부러워하게 된다. 아무리 풍요로워진들 반드시 그 위가 있다. 욕망에는 한계가 없기 때문에 영원히 충족하지 못하고 불만을 느낀다. 뒤르켐이 [Book 30]《자살론》에서 말했듯이, 욕망에 제동이 걸리지 않는 사회에서는 아노미적 자살이 증가한다. 보드리야르는 이 아미노적 상황을 언급한 뒤, "욕망을 한없이 충족시키는 풍요로운 사회는 이 충족에서 탄생한 고뇌를 누그러뜨리고자 온 힘을 다하게 된다."라고 말했다.

또한 소비사회에서는 온갖 것이 상품이 되어 가격이 붙는다. 인생 100년 시대인 현재, 대부분의 사람은 정년퇴직을 하면 새로운 일자리를 찾아다닌다. 이직 시장에서는 자신의 인재 가치가 측정되고 추정 연봉이라는 형태로 가격이 매겨져 구직 기업과 매칭된다. 개중에는 이직 시장에서 연봉이 기존의 3분의 1로 평가받아 정체성을 상실하는 사람도 있다.

그렇다면 소비사회는 어디로 향하게 될까? 앞으로도 인간은 광고에 현혹되어 대량소비를 계속하게 될까? 보드리야르는 이 책을 이런 말로 마무리했다. "우리도 물건과 그 겉으로 보이는 풍요의 함정에 빠져 음울하고 예언적인 언설에 도달하고 말았다. (중략) 어느 날 갑자기 범람과 해체의 과정이 시작되어, (중략) 이 검은 미사가 아닌 하얀 미사를 파괴하기를 기다리도록 하자." ('미사'는 현대 소비사회의 신화에 대한 비유다.)

낭비가 대전제인 소비사회는 자원을 대량으로 소비한다. 한편 2015년에 유엔총회의 '지속 가능 개발 목표_SDGs' 채택을 계기로 세계에서는 지속 가능_Sustainable한 사회를 지향하는 움직임이 가속화되고 있다. SNS에서 호화로운 생활을 과시하는 사람 중에는 1980년대의 버블경제를 경험한 버블 세대가 많다. 그러나 디지털이 상식인 환경에서 성장한 Z세대(1996~2010년생)는 그런 소비 스타일을 차가운 눈으로 바라본다. 이들은 비용 대 효과를 중시하고, 견실하며, 물건의 소비보다 경험의 소비에 관심이 많다. 보드리야르가 말한 탈 소비사회로의 범람과 해체의 과정은 조용히 시작되었는지도 모른다.

POINT

기호화라는 소비사회의 끝을 응시하자.

Book 36

감정 노동이 마음을 상품으로 바꾼다
감정 노동

앨리 러셀 혹실드 Arlie Russell Hochschild

1940년~. 미국의 사회학자. 캘리포니아대학교 버클리 캠퍼스 명예 교수. 페미니스트 사회학의 일인자로서 과거 30년에 걸쳐 젠더, 가정생활, 돌봄 노동을 둘러싼 온갖 문제를 다양한 각도에서 조명해 많은 연구자에게 영향을 끼쳐 왔다. 일찍부터 감정의 사회성에 주목하고 1983년에《감정 노동》을 발표해 감정 사회학이라는 새로운 연구 분야를 개척했다.

감정 사회학의 탄생

우리 집 근처에 있는 백화점의 지하 식품코너는 늘 활기가 넘치며 시끌벅적하다. 하루는 폐점 5분 전에 백화점 지하를 통과하게 되었는데, 그 시끌벅적했던 점내가 어느새 우울한 분위기로 가득 차 있었다. 그래서 주위를 둘러보니 점원들이 웃음을 지우고 본래의 얼굴로 돌아가 있었다. 지하 식품코너의 활기는 꾸며낸 웃음이 만들고 있었던 것이다.

이 백화점 지하 식품코너처럼 손님과 대면하는 현장에서 일하는 사람들은 이 책의 주제인 감정 노동을 하고 있다. 현대 비즈니스의 주체는 서비스업이다. 2020년 현재 서비스업(제3차산업)이 GDP에서 차지하는 비율은 일본이 73퍼센트, 서양이 70~80퍼센트다. 그래서 최근 20년 사이 마케팅 세계에서는 서비스 마케팅이 각광 받고 있다. 이제 비즈니스를 하려면 서비스 현장에서 제공되는 감정 노동의 본질을 필수적으로 이해해야 하는 것이다.

1983년에 출판된 이 책은 감정 노동에 종사하는 객실 승무원 등에 대한 상세한 조사를 바탕으로 감정 노동의 실태를 밝혀내 감정 사회학이라는 새로운 분야를 확립하는 계기를 만들었다.

저자인 앨리 러셀 혹실드는 마르크스가 [Book 28]《자본론》에서 이야기한 노동의 소외를 인용하면서 이렇게 말했다. "우리가 재화를 생산하는 사회에서 재화로부터 소외된다면, 서비스를 생산하는 사회에서는 서비스로부터 소외된다." 이것은 무슨 말일까?

심층 연기를 하는 승무원

비행기의 탑승구에서는 승무원이 만면에 웃음을 띠며 승객을 맞이한다. 이 책에서는 퍼시픽사우스웨스트항공(PSA)의 이런 라디오 광고를 소개했다. "PSA의 웃음은 꾸며낸 웃음이 아닙니다."

분명히 승무원의 웃는 얼굴은 진심에서 우러나온 표정처럼 보인다. 꾸며낸 웃음이라고는 생각되지 않는다. 그러나 실제로는 어떨까? 그래서 혹실드는 당시 고객 서비스와 훈련 프로그램의 수준 모두 업계 최고였던 델타 항공의 전면적인 협력 아래 승무원의 실태를 조사했다. 승무원의 웃는

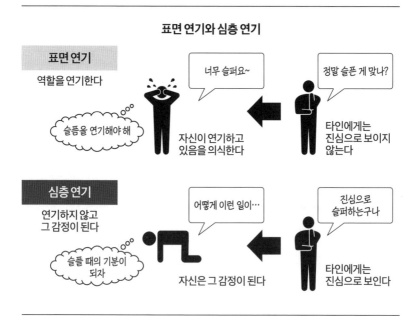

표면 연기와 심층 연기

표면 연기
역할을 연기한다

너무 슬퍼요~

정말 슬픈 게 맞나?

슬픔을 연기해야 해

자신이 연기하고 있음을 의식한다

타인에게는 진심으로 보이지 않는다

심층 연기
연기하지 않고 그 감정이 된다

어떻게 이런 일이…

진심으로 슬퍼하는구나

슬플 때의 기분이 되자

자신은 그 감정이 된다

타인에게는 진심으로 보인다

얼굴이 진심에서 우러나온 것처럼 보이는 이유를 밝혀내기 위한 열쇠는 표면 연기와 심층 연기라는 개념이다.

표면 연기

역할을 연기한다. 가령 장례식에서 슬픔이 느껴지지 않을 때 '진심으로 슬퍼하고 있는 것처럼 보여야 해.'라고 생각해 슬픈 모습을 연기한다. 그러나 본심은 싸늘한 까닭에 연기라는 것이 다 보이며, 그래서 비교적 쉽게 간파당해 '저 사람, 정말 슬픈 게 맞나?'라는 의심을 받는다.

심층 연기

연기하는 것이 아니라 실제로 그 감정이 된다. 장례식에서는 과거에 가장 슬펐던 사건을 떠올리면서 눈물을 흘리는 등 그 감정으로 행동한다. 완전히 그 감정이 되므로 연기를 할 필요가 없으며, 감정에서 우러나오는 자연스러운 표정으로 보인다. 그래서 간파하기가 어렵다. 심층 연기는 러시아의 연출가인 콘스탄틴 스타니슬랍스키가 제창한 방법론이다. 표정의 전문가인 연극배우는 무대 위에서 심층 연기와 표면 연기를 상황에 맞게 사용한다.

마음이 상품화된 승무원의 감정 노동의 실태

그렇다면 승무원은 대면서비스 업무를 할 때 어떻게 심층 연기를 통해 감정을 상품으로 바꾸는 것일까? 승무원은 항공 회사에서 손님과 가장 많이 접촉하는 까닭에 승무원의 품질이 항공 회사의 고객 만족도를 결정한다. 그래서 회사는 승무원을 철저히 관리한다. 먼저 채용 면접에서는 '성실하고 자연스러우며 겸손함이 느껴지는 웃음. 사교성이 풍부하면서 차분함과 열의를 겸비하고, 쾌활하지만 교만하지 않은 인재'라는 조건을 내걸고 엄격하게 선발한다.

채용 후에는 가혹한 연수가 기다리고 있다. 또한 회사는 "당신 대신 일하고 싶어 하는 여성이 5,000명은 있다(당신을 대신할 사람은 얼마든지 있다)."라고 강조함으로써 신입사원들을 몰아붙인다. 이 책에 따르면 표준 체중도 정해져 있다. 승객도 조종사도 몸무게를 측정하지 않는데, 승무원은 몸무게를 측정당한다. 그래서 표준 체중을 초과하면 징계 문서를 받으며, 정직 처분을 당하기도 한다. 정기적으로 신체 사이즈를 측정하는 항공회사도 있다고 한다.

감정을 드러내는 방식도 철저히 교육받는다. 혹실드는 "훈련생들은 승객을 자기 집의 거실에 있는 손님처럼 생각하도록 요구받았다."라고 말한 뒤, 교관들이 훈련생에게 "너의 예의 바른 태도에 수천 달러라는 돈이 걸려 있어. 절대 승객과 말싸움을 해서는 안 돼.", "너희는 너희라는 상품을 팔고 있는 거야."라고 주입시키는 모습을 소개했다.

한편으로 난감한 승객이나 승무원들을 사람으로 취급하지 않는 승객도 많은데, 승무원은 그런 승객에 대한 대응책도 주입받는다.

"승객은 그냥 어린아이야. (중략) 문제를 일으키는 사람 중 몇 퍼센트는 정말로 그저 관심을 끌고 싶어서 그러는 거야."

도저히 감당이 안 되는 경우는 "이제 곧 (착륙하면) 도망칠 수 있어."라고 자신을 진정시키게도 한다. 그리고 승객의 의견을 기록하는 시스템을 만들어 품질을 철저히 관리한다.

그렇다면 이런 감정 노동은 어떤 문제점을 안고 있을까?

감정 노동의 세 가지 리스크

영화 배트맨 시리즈의 〈다크나이트〉에서 광기에 찬 조커를 연기한 히스 레저의 연기는 소름이 끼칠 정도였다. 레저는 호텔에 한 달 동안 틀어박혀서 조커 역을 연구했다고 한다. 조커의 연기는 그야말로 심층 연기의 산물이다. 그러나 레저는 불면증에 걸려 피곤함에 지쳤음에도 2시간밖에 잠을 못 자게 되는 바람에 수면제를 상시 복용하게 되었고, 〈다크나이트〉가 완성되기 전에 급성 약물중독으로 28세에 세상을 떠났다. 광기에 찬 조커의 감정을 만들어내는 과정에서 레저의 정신에 큰 부담이 가해졌을 가능성이 크다. 혹실드도 이 책에서 "배우가 노출되기 쉬운 위험은 자신이 연기하는 배역에 '빙의해' 버리는 것이다."라고 말했다.

감정 노동자도 같은 리스크를 안고 있다. 혹실드는 감정 노동이 만들어내는 세 가지 리스크를 소개했다.

① **신경쇠약에 걸린다:** 직무를 연기라고 이해하지 못하고 '항상 고객에게 성실하게'라며 열심히 일한다. 그러다가 고객의 클레임을 자신의 문제로 심각하게 받아들여 신경쇠약에 걸리고 만다.

② **자신을 비난한다:** ①의 문제를 해결한 사람은 업무와 자신을 분리하지만, 업무에 진심을 담고 싶음에도 표면 연기로 대응하게 되어 '나는 고객을 속이고 있어.'라며 자신을 몰아붙인다.

③ **업무로부터 멀어진다:** ②의 문제를 해결하는 데 성공한 사람은 업무를 심각하게 생각하지 않게 되어 점차 자신과 업무의 거리를 벌리게 된다. 이렇게 해서 마음의 균형이 무너져 버리는 승무원이 있다. 이 책에 따르면 회사는 그런 사람을 '망가진 상품'이라고 부르기도 한다. 굉장히 심한 말이지만, 마음이 상품으로 취급받는 것이다.

이것이 앞에서 이야기한 "서비스로부터 소외된다."의 의미다. 감정을 상품으로 만듦으로써 자신이 만들어내는 서비스로부터도, 그리고 자신의 감정으로부터도 소외되어 버리는 것이다. 자신의 감정이 상품이 되면 일을 하는 자신과 본래의 자신을 분리시키지 못하며, 자신의 감정은 점차 자신의 것이 아니게 되어버린다. 자신은 분명히 웃고 있지만 그것은 자신의 진짜 감정이 아니다. 그리고 스스로 감정을 제어하는 능력을 점차 잃어 간다.

이것은 승무원만의 이야기가 아니다. 현대에는 콜센터, 소매업, 이발소나 미용실 등의 서비스업, 병원이나 학교, 기업의 관리직 등 다종다양한 감정 노동이 있다. 그리고 그 대부분은 꾸며낸 표정을 지으며 일한다. 기업이 노동자의 감정을 상품화해서 제공한 결과, 노동자는 무엇이 진짜 자신의 감정인지 알 수 없게 되어 자아를 잃고 정신의 균형이 무너져 우울증 등의 정신질환, 알코올의존증, 불면증 등에 시달리게 된다.

이처럼 감정의 상품화는 매우 어려운 일이지만, 개중에는 성공하는 사람도 있다. 혹실드는 이렇게 말했다. "감정이 적절히 상품화될 경우, 승무원은 승객을 속이고 있다고 생각하거나 외부인처럼 방관하지 않는다. 그들은 자신의 마음을 담은 서비스가 실제로는 어떠했는지에 관해 어느 정도 만족감을 얻는다."

우리는 서비스업에서 일하는 사람들을 지켜 줘야 한다. 최근의 견지에 입각해 몇 가지를 들어 보겠다.

서비스업의 경영

감정은 기업의 중요한 경영 자원이다. 경영자도 관리직도 '직원의 감정이라는 중요한 자산을 맡고 있다.'라는 의식이 필요하다. 이를테면 적절한 인재 채용이다.

고객 서비스로 유명한 의류 관련 통신판매 회사인 자포스에는 퇴직 보너스가 있다. 불만을 품으면서 일하는 것은 사원에게도 회사에도 불건전한 일이라고 생각해, 감정 노동의 자질이 있는 사원을 남기기 위한 정책이다. 직원의 처우도 중요하다. 우수한 서비스 기업은 '높은 직원 만족도가 높은 고객 만족도를 만들어낸다.'라는 사실을 알고 있기에 직원을 가장 중요하게 생각한다. 그래서 현장의 직원에게 권한을 위양하고 처우도 철저히 개선한다.

또한 고객을 선별하는 것도 필수다. 진상 고객으로부터 사원을 지킬 방법을 궁리해야 한다. 미국 항공업계에서 고객 만족도 1위에 단골로 오르는 사우스웨스트항공에는 상습 클레임 승객이 있었다. 그 승객의 클레임 편지다발에 질려 버린 고객 서비스 담당자는 회장인 허브 켈러허에게 대응을 일임했는데, 그러자 켈러허는 1분 만에 그 승객에게 보낼 편지를 썼다. "귀하가 이제 저희 항공사를 이용하지 못하게 된 것을 진심으로 안타깝게 생각합니다. 안녕히 계십시오. 허브 켈러허".

회장이 친히 "두 번 다시 우리 회사의 비행기를 이용하지 마시오."라는 절교장을 보낸 것이다. 사우스웨스트항공에 직원은 지켜야 할 가장 중요한 재산이었다.

마음챙김

혹실드는 "감정 자체에 접근하는 것이 매우 중요하다."라고 말했다. 이것이 오늘날 마음챙김 등의 명상법이 주목받고 있는 이유다.

자신다움

경영자나 관리직도 감정 노동자다. '리더는 강해야 해.'라고 생각해서 그렇게 연기하는 사람도 많은데, 무리해서 연기를 하면 사람들은 무의식 중에 '연기를 하고 있구나.'라고 눈치 챈다. 그래서 주목받고 있는 것이 약한 모습을 숨기지 않고 자신다움을 일관되게 보여주는 오센틱 리더십 *Authentic Leadership*이다.

감정 노동을 섬세하게 다루기를 게을리 하면 서비스 기업의 가장 중요한 경영 자산인 직원의 감정은 마모된다. 감정 노동의 관점에서 자사의 서비스를 재검토하면 개선할 점이 잇달아 발견될 터인데, 그때 이 책이 많은 도움이 될 것이다.

POINT

> 감정 노동의 현실을 이해하고 서비스업에서 일하는 사람들의 마음을 보호하라.

📖 Book 37

보편적이고 공정한 정의란 무엇인가
정의론

존 롤스 John Rawls

1921~2002년. 미국의 철학자. 《정의론》에서 기본적 자유와 사회적 공정을 바탕으로 정의의 올바른 개념을 제창해 이후의 정치 이론에 큰 영향을 끼쳤다. 주로 윤리학과 정치 철학의 분야에서 공적을 남겼으며, 자유주의와 사회계약의 부흥에 지대한 영향을 끼쳤다.

자유주의의 원류는 롤스다

학창 시절의 동창인 K는 굉장히 정의감이 강한 친구였다. 한편 역시 동창인 C는 몸이 크고 난폭한 친구였다. 어느 날, 쉬는 시간에 K의 일행이 C를 데리고 교실로 들어왔다. K가 다그치자 C는 무릎을 꿇고 "지금까지 너희한테 심한 짓을 해서 미안해."라고 사과했다. 그러자 K는 "그럼 다음 교실로 가자."라며 C를 일으켜 세웠고, K의 일행과 C는 옆 교실로 떠났다. 그 후 C는 혼자서 울적해하는 일이 많아졌다. K는 문제를 일으키는 학생들을 이런 식으로 차례차례 응징했다. "K는 정의의 사도야."라고 말하는 동창도 많았다.

그러나 나는 이렇게 느꼈다. 'K의 정의는 대체 뭘까? 결국 K의 주관에 불과하지 않나?' 그렇게 생각한 이유는 K가 선입견과 오해로 내게도 똑같은 짓을 했기 때문이었다. 정의라는 것은 참으로 어렵다.

이 책의 주제는 그 정의다. 영문 제목은 'A Theory of Justice(정의에 관한 하나의 이론)'로, 요컨대 '인류의 보편적이고 공정한 정의란 무엇인가?'를 진지하게 생각한 이론서다. 롤스가 이 책을 쓴 1971년 당시, 자유주의는 정체되고 있었다. [Book 23]《통치론》의 로크나 [Book 26]《자유론》의 밀은 "타인에게 해를 끼치지 않는 한, 개인은 자유를 추구할 수 있다."라는 자유주의를 제창했다. 이것은 뒤집어서 생각하면 자유방임주의다. 그 결과 실력주의의 양극화사회가 탄생하고 말았다.

현실의 세상에는 부·재능·운을 타고난 사람과 그렇지 못한 사람이 있다. 가령 학교의 성적만으로 급여가 결정되는 자유경쟁사회를 상상해 보자. 공부 잘하는 학생은 많은 급여를 받지만, 그렇지 않은 학생은 저임금에 시달릴 것이다 이렇게 해서 자유방임주의 사회는 필연적으로 격차사회가 된다. 20세기 후반이 되어서 민주주의 국가가 급증하며 자유가 당연한 것이 되자 실제로 심한 불평등이 발생하기 시작했다. 여기에는 자유주의자들도 '이것을 정의라고 말할 수 있을까?'라고 생각하기 시작했다. 그래서 롤스는 '애초에 정의란 무엇일까?', '가장 공정한 시스템으로 세상을 다시 만든다면 어떻게 될까?'를 궁리한 것이다.

1921년에 미국에서 태어난 존 롤스는 제2차세계대전에 참전해 필리핀과 뉴기니에서 일본군과 싸웠고, 전쟁이 끝난 뒤에는 점령군으로서 일본에 오기도 했다. 그 후 군을 제대하고 학문의 길로 나아가 하버드대학교에서 학생들을 가르치게 되었다. 롤스의 사상은 현대의 자유주의*Liberalism*의 원류가 되어 자유주의사상에 큰 영향을 끼쳤다. 그런 롤스가 쓴 이 책은 50만 부 이상이 팔렸으며 30개가 넘는 언어로 번역되었다.

원초적 입장과 무지의 베일

롤스는 '먼저 무엇이 정의이고 무엇이 불의인지 합의하지 않으면 아무것도 시작할 수 없다. 그러나 이에 대한 생각은 사람마다 다르다. 그러니 이것저것 비교해서 가장 나은 것을 고르자.'라고 생각했다. 다만 현실의 인간에게는 반드시 이해利害가 존재한다. 먹고 자는 것도 잊고 사생활도 돌보지 않으면서 맹렬히 노력해 부를 축적한 사람은 "당신의 부를 가지지 못한 사람에게 나눠주시오."라는 말을 들으면 "내 피땀의 결정체를 왜 아무런 노력도 하지 않은 놈들한테 줘야 한다는 거야?"라며 화를 낼지도 모른다. 반대로 가난에 허덕이는 사람은 '부자들이 세상을 위해서 조금이라도 돈을 쓴다면 모두가 행복해질 텐데.'라고 생각할지도 모른다. 공정한 분배 방법을 전원 일치로 합의하는 것은 매우 어려운 일이다.

그래서 롤스는 이렇게 제창했다. "무지의 베일을 씌워 원초적 상태로 돌아가서 생각해 봅시다."

무지의 베일이란 그것을 씌우면 '여긴 어디? 나는 누구?' 상태가 되는 마법의 베일이다. '노력해서 거대한 부를 축적했다.', '가난해서 끼니도 제대로 챙기지 못하고 있다.'라는 자신의 현재 상황을 전혀 알 수 없게 된다.

무지의 베일을 씌워 원초적 상태로 돌아가서 생각하자

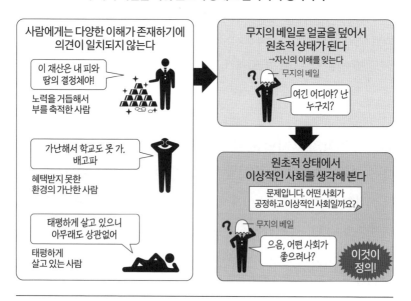

이렇게 해서 현실의 이해에 얽매이지 않는 상태가 원초적 상태다. 롤스는 '사람은 원초적 상태에서는 자신이 빈곤층인 상태를 전제로 생각할 거야. 그럴 때도 만족할 수 있는 공정하고 공평한 사회를 고른다면 전원이 합의하겠지. 이것이 바로 정의야.'라고 생각했다.

롤스는 이 원초적 상태에서 정의를 위한 두 가지 기본 원리를 이끌어냈다.

제1원리: 모든 사람에게 평등하게, 기본적 인권을 할당해야 한다.

제2원리: 만약 사회적·경제적인 불평등이 있을 경우는 다음의 두 가지 조건을 충족시켜야 한다.

① **기회의 평등:** 서로 경쟁할 수 있도록 전원에게 균등하게 기회를 줄 것.

② **격차의 시정:** 가장 불우한 사람의 생활을 최대한 개선할 것.

제1원리는 문자 그대로이지만, 제2원리는 조금 이해하기 어려울 수 있으니 설명하겠다. 공부 잘하는 학생은 아마도 사회적으로 성공해 일반인보다 경제적으로 윤택해질 것이다. 이렇게 해서 격차가 생기는 것은 언뜻 불평등해 보이지만, 재능은 사람마다 다르다. 그러므로 격차를 전부 없애서 완전 평등을 실현하는 것은 무리다. 그래서 롤스는 '뛰어난 재능의 소유자가 성공하는 것은 받아들이자.'라고 생각했다. 그리고 제2원리의 ① 기회의 평등과 ② 격차의 시정을 제창한 것이다.

① **기회의 평등:** 먼저 기회는 평등하게 준다. 어떤 관리직은 자신의 마음에 든 부하 사원에게만 승진 기회를 주고 있었다. 그러나 개인적인 호불호를 기준으로 기회를 주는 것은 정의가 아니다. 기준을 명확히 해서 평등하게 평가해야 한다.

② **격차의 시정:** 그러나 전원에게 기회를 주더라도 때로는 우수한 사람도 있기에 격차는 어쩔 수 없이 생기고 만다. 그래서 격차의 시정이 필요한 것이다.

롤스는 이렇게 말했다. "전원의 편익이 되지 않는 불평등은 불의다.", "그 대신 격차 원리를 받아들임으로써 그들은 더 뛰어난 능력을 공통의 상대적 이익을 위해 활용되는 사회적 자산으로 간주한다." 요컨대 격차는 받아들이면서 뛰어난 재능을 본인만의 자산이 아니라 사회가 함께 나누는 공통자산으로 생각하자는 말이다. 가령 뛰어난 사람이 높은 급여를 받으며 의료 연구자가 되어서 세계의 의료 수준을 크게 향상시킨다면 불우한 사람에게도 큰 이익이 된다. 이것은 정의다. 그러나 높은 급여를 받고 초부유층만이 살 수 있는 불로불사약을 연구한다면 이것은 격차를 조장하므로 정의라고 말할 수 없다.

그리고 제1원리는 항상 제2원리에 우선한다. 누군가가 희생해서 전체가 행복해지는 것은 절대 용납되지 않는다. 의료 수준을 높이기 위한 연구를 위해 누군가 한 명에게 죽을 가능성이 있는 인체 실험을 하는 것은 설령 다른 전원이 행복해진다 해도 희생당하는 사람의 기본적 인권을 침해하는 행동이다. 그러므로 절대 용납되지 않는다.

이렇게 해서 롤스는 모든 사람에게 평등하고 공정한 기회를 주는 가운데 격차를 시정하고 기본재의 공정한 배분을 지향하는 복지국가적인 자유주의*Liberalism*를 주장했다. 이 롤스의 사상이 자유주의의 본가이자 본류다.

한편 롤스는 사회사상가로서 세계에 커다란 영향을 끼쳤지만, 비판도 있다. 자유지상주의*Libertarianism*는 '소득 재분배에 반대한다. 자신의 재능으로 획득한 것을 갖지 못하는 것은 정의가 아니다. 개인의 자유가 가장 중요하다. 국가는 간섭하지 마라.'라고 생각한다. 다음 그림은 자유당을 창설한 데이비드 놀란이 작성한 놀란 차트라는 개념도로 자유지상주의, 자유주의와 보수주의, 중도주의, 권위주의 같은 다른 정치사상의 위치 관계를 잘 알 수 있다.

또한 인도의 정치·경제학자인 아마르티아 센은 "빈곤이란 기본적인 역

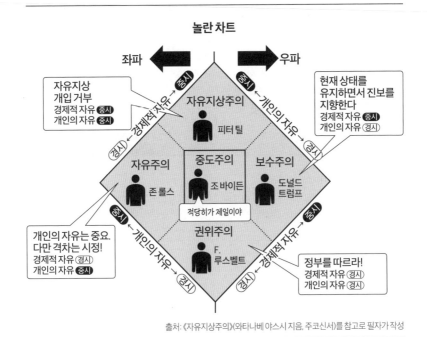

놀란 차트

좌파 ← ← → 우파

자유지상주의
피터 틸

자유지상
개입 거부
경제적 자유 중시
개인의자유 중시

↑경제적 자유→경시

↑개인의 자유→경시

현재 상태를
유지하면서 진보를
지향한다
경제적 자유 중시
개인의자유 경시

자유주의
존 롤스

중도주의
조 바이든

보수주의
도널드
트럼프

적당히가 제일이야

개인의 자유는 중요.
다만 격차는 시정!
경제적 자유 경시
개인의자유 중시

←개인의 자유→경시

권위주의
F.
루스벨트

←경제적 자유→경시

정부를 따르라!
경제적 자유 경시
개인의자유 경시

출처: 《자유지상주의》(와타나베 야스시 지음, 주코신서)를 참고로 필자가 작성

량Capability의 결여다. 재화를 분배하는 것은 인생의 선택지의 폭을 넓히기
위해서다."라고 주장한다. 이에 관해서는 [Book 39]《정의의 아이디어》
에서 소개하겠다. 이처럼 비판이 많은 것은 롤스가 현대 정치사상의 확대
에 큰 영향을 끼쳤다는 방증이기도 하다. 현대의 정치사상을 이해하고자
한다면 이 책을 반드시 읽어 봐야 한다.

POINT

자유와 평등, 기회의 평등, 격차의 시정을 중시하는 것이 정의다.

Book 38

인류 진화의 끝에는 무엇이 기다리고 있을까
역사의 종말

프랜시스 후쿠야마 Francis Fukuyama

1952년~. 미국의 정치경제학자. 일본계 3세. 하버드대학교에서 정치학 박사학위를 받았다. 미국 국무부 정책기획부 차장과 워싱턴 D.C.의 랜드연구소 고문을 거쳐 스탠퍼드대학교의 민주주의·발전·법치주의 연구센터를 운영하고 있다.

결국 민주주의가 이긴다

전쟁의 비참한 장면을 텔레비전으로 보고 이런 말을 하는 사람도 많을 것이다.

"전쟁은 정말로 싫어. 나라를 위해서 목숨을 바쳐야 한다니, 그건 너무 불합리해."

이 말을 듣고 "요즘 젊은이들은 기개가 없어."라고 탄식하는 사람도 있을지 모른다. 그러나 이 책에 따르면 이것은 역사 속에서 민주주의가 침투한 결과다. 현대사회에서 일어나는 다양한 사건의 밑바탕에는 역사적인

334   CHAPTER 2 | 정치·경제·사회

민주주의의 흐름이 자리하고 있다. 이 책을 읽으면 그 흐름이 보이게 되며, 세계에서 일어나는 다양한 사건의 의미도 알게 된다.

저자인 프랜시스 후쿠야마가 이 책을 쓰게 된 계기는 1989년의 베를린 장벽붕괴다. 제2차세계대전에서 패배한 독일은 동서독일(민주주의 국가와 사회주의 국가)로 분할되었다. 수도인 베를린도 동서로 분할되고 그사이에 왕래를 가로막는 콘크리트 벽(베를린 장벽)이 건설되었는데, 동유럽 혁명(1989년에 일어난 동유럽 국가들의 민주화혁명)으로 동베를린의 시민들이 베를린 장벽을 파괴하기 시작했다. 드디어 동서 냉전이 막을 내린 것이다. 이때 후쿠야마는 미국의 외교 전문지인 〈내셔널 인터레스트〉에 '역사의 종말?*The End of History?*'이라는 제목의 논문을 기고하고 "인간사회의 정치형태 중에서 승리하는 것은 자유민주주의가 아닐까?"라는 가설을 제시했다. 이 논문을 바탕으로 1992년에 출판한 이 책은 큰 반향을 불러 일으켰다.

그러나 21세기를 맞이하자 "전제국가는 지금도 건재하다. 후쿠야마가 1989년 했던 '자유민주주의가 공산주의에 승리했다.'라는 주장은 완전히 틀렸다."라는 반론이 잇달아 나오기 시작했다. 이런 비판에 대해 후쿠야마는 이 책을 제대로 읽었다면 하지 않았을 비판에는 반론할 생각이 없다고 말했다.

후쿠야마가 하고 싶었던 말은 "거시적인 관점에서 역사를 생각하면 자유민주주의가 더 지속성이 있어보인다."라는 것이다. 500페이지가 넘는 분량의 이 책은 칸트, 헤겔, 마르크스 같은 사상가의 계보를 따라가면서 역사상의 다양한 사건에 의미를 부여하며 주장을 구성한다.

헤겔과 마르크스의 역사관

현대 민주주의사상이 탄생한 시기는 지금으로부터 불과 400년 전이다. 250년 전인 1776년에 미국이 독립을 선언하기 전까지만 해도 민주주의 국가는 세계에 단 하나도 없었지만, 그 후 민주주의 국가가 급속히 증가했다. 1790년에 3개국(미국, 프랑스, 스위스)이었던 것이 1940년에는 13개국, 1960년에는 36개국, 1990년에는 61개국이 되었다. 이것은 인류가 자유를 추구해 온 결과다. 후쿠야마는 인류의 진화를 칸트, 헤겔, 마르크스의 역사관으로 설명했다.

칸트: "인류의 역사에는 진화의 패턴이 있으며 '인간의 자유실현'이라는 종점이 있다."라는 역사관을 표명했다([Book 6]《순수 이성 비판》도 참조하길 바란다).

헤겔: 칸트의 생각을 이어받아서 좀 더 구체적으로 '역사의 진화는 이성의 발전이 아니라 대립의 상호작용에서 탄생하며, 자유의 실현을 향해서 진화한다. 세계의 역사는 자유라는 의식의 진보다.'라고 생각했다. 이처럼 '대립을 통해서 진화한다.'라는 생각이 변증법이다([Book 7]《정신현상학》도 참조하길 바란다).

칸트도 헤겔도 '자유민주주의 체제 속에서 인류의 자유가 실현되어, 자유를 향한 역사의 여행이 끝난다.'라고 생각했는데, 그 후 마르크스는 전혀 다른 종착점을 제시했다.

칸트, 헤겔, 마르크스의 역사관

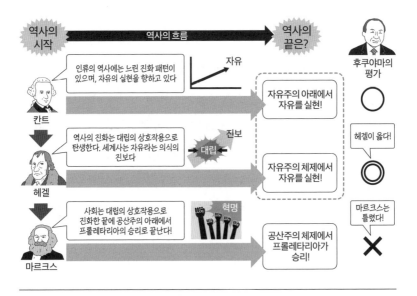

마르크스: '자유주의사회에서는 부르주아와 프롤레타리아의 계급 대립이라는, 모순을 해결할 수 없다.'라고 생각했다. 그래서 엥겔스가 헤겔 사상에서 자유를 향한 의식의 진보라는 이념을 삭제하고 헤겔의 변증법을 개조했다. '역사는 자유주의사회가 아니라 공산주의사회에서 프롤레타리아가 승리를 거두면서 끝난다.'는 것이다([Book 28]《자본론》도 참조하길 바란다).

그리고 후쿠야마는 여러 가지 역사적 사건을 검증하며 칸트와 헤겔의 역사관과 마르크스의 역사관을 비교해, '자유주의의 실현으로 역사가 끝난다고 생각한 헤겔이 옳아 보인다.'라는 결론을 내렸다.

중앙계획경제가 민주화되는 이유

마르크스주의를 실천하는 소련은 한때 경이적인 성장을 이룬 바 있다. 소련은 1920년부터 1930년대 후반에 걸쳐 농업을 집단화해 효율화하고, 공포정치를 기반으로 국민의 경제적·정치적 자유를 인정하지 않는 가운데 계획경제를 통해 공업 국가로 단숨에 변모했다. 이렇게 해서 소련은 1950년대에 근대공업국가가 되었는데, 그 후 탈공업화가 진행되어 몸을 움직이는 인간보다 생각하는 인간이 요구되는 시대가 찾아왔다. 그러자 중앙계획경제는 정체 상태에 빠졌고, 1970년대부터 경제가 침체되며 위기에 빠졌다. 제2차세계대전 이후에 독립한 수많은 개발도상국도 독재 정권의 주도로 경제성장을 이루었지만 성장 후에는 독재 정권이 붕괴되면서 민주화되었다. 후쿠야마는 이렇게 말했다.

"자본주의 체제가 중앙계획경제 체제보다 훨씬 효율적이라는 것은 확실히 입증되었다."

어째서일까? 그 힌트가 승인이라는 개념이다. 인간은 승인을 필요로 하는 동물이다. 타인으로부터 '한 명의 인간'으로 인정받고 싶어 하는 것이다. 헤겔은 "역사는 승인을 얻기 위한 투쟁"이라고 말하고, 역사의 시작에 있었던 '최초의 인간'이라는 개념을 제창했다. 이 역사의 시작이 구체적으로 언제인지는 특정할 수 없다. 인간의 최초의 싸움이 시작된 때라는 의미다. 그리고 최초의 인간은 그 역사의 시작에서 싸움을 한 인간을 의미한다.

최초의 인간은 상대에게 자신을 인정하게 하기 위해 다른 인간과 만나면 격렬히 싸웠다. 그리고 승리한 쪽은 귀족이, 패배한 쪽은 노예가 되었다. 이것이 '명예를 위해 목숨을 건다.'라는 서양 귀족사회의 문화를 낳았다. 역사 속에서 인간은 승인(자신의 존엄성이나 위신)을 얻기 위해 목숨을 걸고 싸웠다. 역사의 변증법적 발전의 출발점에는 이런 귀족 도덕을 지닌 최초의 인간이 있었다. 그리고 온갖 전쟁은 승인을 원하는 귀족 도덕이 일으켜왔다.

이 변증법적 발전의 종점에는 최후의 인간*the Last Man*이 있다. 후쿠야마는 이 책에서 "니체가 말하는 최후의 인간의 본질은 승리를 거둔 노예다."라고 말했다. 이것은 말인*der Letzter Mensch*을 가리킨다. 후쿠야마는 니체가 [Book 8]《차라투스트라는 이렇게 말했다》에서 말인이라고 경멸한 '최후의 인간'을 헤겔의 '최초의 인간'의 반대쪽에 놓고 '진화한 인간'으로 위치시킨 것이다.

역사의 끝에서는 '주군=지배하는 인간'이 소멸하고, 쓸모없는 싸움은 사라진다. 후쿠야마는 "최후의 인간은 (중략) 대의에 목숨을 거는 어리석은 행동은 하지 않는다."라고 말했다. 귀족처럼 '명예를 위해서 싸운다.' 같은 생각도 하지 않는다. 오히려 매일 즐겁고 평화롭게 사는 것을 중요시한다. 앞에서 언급했던, "전쟁은 정말로 싫어! 나라를 위해서 목숨을 바쳐야 한다니, 그건 너무 불합리해."라고 말하는 현대의 우리다. 이것이 진화의 결과인 것이다.

귀족 도덕에 입각해서 살았던 최초의 인간이 봤을 때, 역사의 끝에 있는 최후의 인간은 패기가 없는 사람일 것이다. 이렇게 해서 역사상의 큰 싸움은 사라지고, 자유의 실현을 지향했던 헤겔적인 투쟁의 역사가 끝난다.

실제로 민주주의 국가들 사이에서는 큰 싸움이 일어나지 않는다. 국경도 무방비다. EU의 국가들은 국경을 자유롭게 왕래한다. 평화는 자유주의가 가져오는 것이다. 자유민주주의가 공격적·폭력적인 인간의 자연스러운 본능을 억제해서가 아니다. 자유민주주의가 인간의 본능을 근본적으로 바꿔서 제국주의적인 의욕을 지워버리는 것이다.

민주주의는 붕괴할 것인가

여기까지 이해하면 "소련은 사라졌지만 중국은 건재하다. 냉전도 계속되고 있다."라는 이 책에 대한 비판이 핵심을 벗어난 비판임을 알게 된다. 후쿠야마는 "미국 패권주의가 공산주의 국가에 승리했다."라고 말한 것이 아니라 "자유민주주의의 방향으로 역사가 진행됨이 명확해진 듯하다."라고 말한 것이다.

2020년의 코로나 팬데믹 초기, 중국 같은 전제국가보다 민주주의국가에서 코로나로 인한 사망자가 더 많이 발생하는 것을 보고 민주주의의 패배라고 주장하는 목소리도 많았다. 독재국가가 더 빨리 근대화할 수 있다는 후쿠야마의 말처럼, 민주주의는 최고지도자의 뜻대로 나라가 움직이지 않기 때문에 단기적으로는 의외로 효율이 나쁘다. 그러나 장기적인 관점에서 보면 전제국가는 어느 순간 정체된다. 그리스 시대의 철학자 아리스토텔레스도 [Book 22]《정치학》에서 "덕이 높은 왕이 있다면 왕제가 가장 우수하지만, 권력은 반드시 부패한다. 반면에 민주제는 부패하더라도 최악은 피할 수 있다."라고 말했다. 오스트리아 경제학자인 하이에크도 1944년에 저서《노예의 길》에서 "중앙정부의 계획경제는 사회 전체에 분산되는 정보를 파악할 수 없어 최적의 계획을 세우지 못하며, 개인의 자유도 빼앗는다. 자유롭게 정보를 교환할 수 있는 자유주의가 최선이다."라고 말했다. 실제로 2022년, 코로나바이러스에 대한 정책이 잘못되었음을 인정할 수 없었던 중국정부는 제로 코로나 정책을 강행하는 바람에 국내 경제의 빠른 침체를 불러왔다.

이 책은 '미국식 자유민주주의를 세계에 이식시키자.'라고 생각하는 미국 네오콘(신보수주의) 사상가들의 이론적 근거가 되었다. 미국은 2001년의 9·11 테러를 계기로 '이라크 전쟁→중동 민주화 정책'을 추진했다. 그리고 반정부 민주화운동인 아랍의 봄이 시작되어 튀니지, 이집트, 리비아 등지에서 장기 독재정권이 쓰러졌다. 여기까지는 순조로웠다. 그러나 그 후 민주 선거로 탄생한 중동의 많은 정권이 쿠데타로 붕괴되었고, 지금도 혼란이 계속되고 있다.

민주주의도 내부 붕괴의 위기에 몰려 있다. 미국에서는 트럼프가 대통령에 당선되었고, 영국에서는 국민 투표로 브렉시트(EU 탈퇴)가 결정되는 등 민족주의로 방향을 트는 움직임이 나타나고 있다. 이런 상황 속에서 후쿠야마는 2018년에《존중받지 못하는 자들을 위한 정치학》을 출판했다.

자유롭지 못했던 근대 이전의 인간은 '나는 누구인가?'를 생각할 필요가 없었다. 그러나 자유를 얻은 현대의 우리는 좋든 싫든 '나는 누구인가?'를 생각하게 된다. 트럼프가 대통령에 당선된 것은 잊혔던 백인 노동자 계급이 자신들의 존엄성을 추구하며 트럼프를 지지한 결과다. 영국의 EU 탈퇴는 EU 경제보다 영국인의 정체성을 선택한 결과다. 후쿠야마는 "현대의 정치 문제의 근본에는 개인이나 집단의 정체성을 둘러싼 존엄성과 자존심이 자리하고 있다."라고 주장했다.

문제는 자유주의에 있다

또한 후쿠야마는 2022년에 출판된 《자유주의와 그 불만》에서 30년이 지난 《역사의 종말》을 재검증했다. 30년 동안 세계는 크게 바뀌었다. 시진핑은 공산당 지배에 대한 적대 세력을 공격하며 당 지배를 강화하고 있고, 블라디미르 푸틴은 형식상 선거를 통해 당선되었기는 하지만 "자유주의는 구시대적이다."라고 발언하며 적대자들을 투옥 또는 살해하고 있다.

자유를 철저히 추구하며 복지국가를 비판하는 신자유주의는 격차를 극적으로 확대시키고 금융위기를 불러와 빈곤층의 분노를 낳았다. 이런 상황이 되자 '이러다 민주주의가 망하는 거 아니야?'라고 생각하는 사람도 생겨났다.

그러나 후쿠야마는 "공격받고 있는 것은 민주주의가 아니라 자유주의다."라며, "민주주의는 자유롭고 공정한 복수정당제의 선거로 제도화된 국민의 통치이고, 자유주의는 행정부의 권력을 제한하는 공식적인 규칙을 통한 법의 지배다.", "자유주의가 내세우는 가장 기본적인 원칙은 관용이다."라고 말했다. 요컨대 "민주주의에는 보편성이 있다. 문제는 자유주의가 길을 잃은 것이다."라는 말이다.

그리고《존중받지 못하는 자들을 위한 정치학》에서와 마찬가지로, 후쿠야마는 "국민 의식이 중요하다."라고 말했다. 현실에서는 많은 나라에서 민족적·종교적 정체성이 국민을 결속시키고 있다. 과거의 민족주의는 나치의 대두와 일본의 침략을 낳았다. 여기에는 자유주의적인 관용이 결여되어 있었다. 지금 요구되고 있는 것은 자유롭고 관용적인 국민 의식이다. 국민 의식을 경시하면 반대로 나치처럼 민족주의를 자극하는 극우 세력이 대두하고 만다.

후쿠야마는 이 책을 이런 말로 마무리했다. "개인으로서, 공동체로서 중용을 되찾는 것이 자유주의 자체의 재생, 아니 존속의 열쇠다."

역사가 '자유의 실현'이라는 끝을 향해서 움직이고 있다 해도, 그것은 가만히 있어도 얻을 수 있는 것이 아니며 변증법적인 대립을 통해서 진화한다. 역사를 끝내려면 우리의 노력도 요구되는 것이다.

POINT

현대의 역사도 자유를 실현하는 변증법적 발전의 과정에 있다.

📖 Book 39

완전한 정의들이 서로 충돌하는 이유
정의의 아이디어

아마르티아 센 Amartya Sen

1933년~. 인도의 경제학자, 철학자. 후생 경제학 분야의 사회선택이론, 그리고 불평등과 빈곤에 관한 연구 성과를 인정받아 1998년 노벨경제학상을 수상했다. 세계은행 등 국제기관에서 활동하는 한편, 비정부 조직인 프라티치 재단을 운영하며 인도의 빈곤, 초등 교육, 보건 의료 문제 등에 대해 목소리를 내고 있다.

벵골 대기근에서 출발한 정의론

2023년 시점에 30대 이상인 사람들은 아마르티아 센에 관해 잘 알지 못할 것이다. 오히려 젊은 세대가 더 잘 알고 있으리라 생각한다. 지금의 고등학교 윤리 교과서에서 반드시 언급되는 인물이기 때문이다.

센은 1998년에 아시아인으로서는 최초로 노벨경제학상을 받은 경제·윤리학자다. "애초에 '무엇이 완전한 정의인가.'라는 생각 자체가 잘못되었다."라는 그의 사상은 현대사회의 정의의 모습을 논할 때 반드시 참고해야 할 사상이다.

344　　　　　　　　　　　　　　　　　　CHAPTER 2 | 정치·경제·사회

인도에서 태어난 센은 9세였을 때 300만 명에 이르는 아사자를 낸 벵골 대기근을 겪었다. 이때 느꼈던 '왜 인도는 굶어 죽는 사람이 나올 만큼 가난한가?'라는 의문은 그가 경제학과 윤리학의 관점에서 빈곤의 메커니즘을 밝혀내고 지향해야 할 바람직한 모습을 연구하는 계기가 되었다. 그의 등장은 그전까지 경제 원조가 주체였던 개발도상국 원조의 개념을 크게 바꿔 놓았다.

영국 케임브리지대학교에서 박사과정을 밟고 있었던 센은 도덕과 정치 철학에 관심을 품기 시작했을 무렵에 롤스의 논문을 읽고 영향을 받았다. 또한 1968~1969년에는 하버드대학교에서 롤스, 그리고 경제학자 케네스 애로와 함께 당시 집필 중이었던 [Book 37]《정의론》의 초고를 바탕으로 합동 강의도 실시했다. 이처럼 센은 롤스에게 큰 영향을 받았지만, 그 후에는 롤스의 정의론에 의문을 느끼기 시작해 롤스의 이론을 비판적으로 발전시켜나갔다. 그리고 '어떻게 정의를 촉진하고 불의를 억제할 것인가?'를 끊임없이 추구한 센이 정의의 이론을 집대성한 결과물이 2009년에 출판된 이 책이다.

롤스의 《정의론》의 문제점

롤스의 《정의론》을 간단히 복습하면 이런 내용이다.

"인간에게는 다양한 이해가 존재하기 때문에 공정한 분배에 관해 좀처럼 의견이 일치하지 않는다. 그러나 무지의 베일을 덮어씌워서 원초적 상태로 되돌리면 공정하고 이상적인 사회에 관해 전원 일치로 합의할 수 있다. 그것이 정의의 두 원리다."

센은 "원초적 상태까지는 좋지만, '전원 일치로 정의의 두 원리에 합의할 수 있다.'는 것은 비약이 심하다."라고 생각했다. 원초적 상태에서는 온갖 선택지를 충분히 검토한 다음 정의의 원리를 선택해야 함에도 롤스는 충분히 검토하지 않은 것이다. 의문점은 또 있었다.

"정의란 공정한 배분이다."라고 말하지만, 세계에는 가난해서 끼니도 제대로 챙기지 못하는 사람들이 사는 지역이 많다. 게다가 공정한 분배를 받더라도 만족스러운 생활을 할 수 있느냐는 사람마다 다르다. 가령 장애가 있는 사람은 장애가 없는 사람과 같은 것을 분배받더라도 사용하지 못한다. 그러나 기존의 정의론은 '그것은 개인의 문제'라고 생각하며 개입하지 않는다. 롤스의 정의론은 서양에서는 유효할지 모르지만 빈곤에 허덕이는 개발도상국에서는 도움이 되지 않으며, 현대의 글로벌한 정의에 관해서도 논의하지 못한다.

자유지상주의도 마찬가지다. "우리의 자유가 중요하다."라고 주장하는 자유지상주의자들은 자신들의 권리를 충족시키는 데는 열심이지만 그 이상을 실현함으로써 전체에 어떤 문제가 발생할지에는 전혀 관심이 없다.

역사를 살펴보면, 홉스를 출발점으로 '로크→루소→칸트→롤스'로 계승된 정의론은 '최고의 정의란 무엇인가?'를 생각하는 사회계약론적 접근이다. 그러나 최고의 정의에 관해서는 좀처럼 합의가 어렵다. 그리고 서양사회의 단계에 이르지 못한 빈곤사회에는 도움이 되지 않는다. "최고의 정의고 뭐고, 일단 먹고사는 게 문제인데."라는 반응만 돌아오는 것이다.

이것을 센은 조금 더 고상하게 표현했다.

"(에베레스트가 세계에서 가장 높은 산이라는 사실은) 킬리만자로와 매킨리산의 높이를 비교할 때 필요하지 않으며 딱히 도움이 되지도 않는다."

이렇게 해서 센은 당시 주류였던 정의론이 전 세계에서 어렵게 살고 있는 사람들에게는 도움이 되지 않는다고 생각해 정의론과 결별했던 것이다.

전원 합의는 무리다, 더 나은 쪽을 선택하라

센은 "최고의 정의 같은 건 생각하지 말고 더 나은 쪽을 착실히 선택하라."라고 주장했다. 여기에는 근거가 있다. 센은 경제학자인 케네스 애로가 사회선택이론에서 제창한 이런 이론을 응용한 것이다.

"개인의 취향의 기준을 아무리 느슨하게 만들어도 전원이 완전히 동의하는 것은 불가능하다."

세 명 이상이 있을 경우 전원이 완전히 수긍해 합의에 이르기는 어려우며 누군가가 반드시 어딘가에서 타협할 필요가 있음은 우리도 일상 속에서 실감하고 있다. 애로는 이 '전원이 완전히 합의하는 것은 불가능함'을 복잡한 수식을 사용해 증명한 것이다. 이 이론에는 불가능성 정리라는 이름이 붙었다.

이렇게 생각하면 최고의 정의에 관해 아무리 열심히 토론한들 전원 합의에 이르기는 도저히 불가능하다. 그렇다면 조금이라도 정의에 가깝고 불의가 아닌, 더 나은 선택지를 고르는 것이 현실적인 해결책이다. 이렇게 해서 센은 사회선택이론에 입각해 정의론을 확장·발전시켰다.

센은 더 나은 쪽을 고를 때는 '롤스의 원초적 상태보다 애덤 스미스가

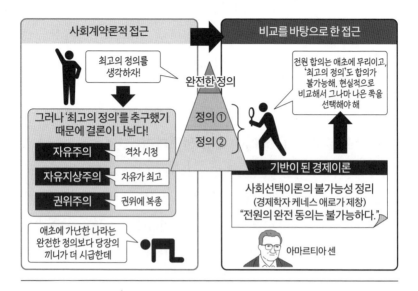

센은 비교를 바탕으로 한 접근을 선택했다

사회계약론적 접근

최고의 정의를 생각하자!

그러나 '최고의 정의'를 추구했기 때문에 결론이 나뉜다!

자유주의	격차 시정
자유지상주의	자유가 최고
권위주의	권위에 복종

완전한 정의

정의①
정의②

애초에 가난한 나라는 완전한 정의보다 당장의 끼니가 더 시급한데

비교를 바탕으로 한 접근

전원 합의는 애초에 무리이고, '최고의 정의'도 합의가 불가능해. 현실적으로 비교해서 그나마 나은 쪽을 선택해야 해

기반이 된 경제이론

사회선택이론의 불가능성 정리
(경제학자 케네스 애로가 제창)
"전원의 완전 동의는 불가능하다."

아마르티아 센

《도덕감정론》에서 제창했던 공정한 관찰자라는 개념이 유용하다.'라고 생각했다. 공정한 관찰자는 '멀찍이 떨어져서 바라보는 공정한 관찰자라면 뭐라고 말할까?'를 생각하는 것이다. 이 관점은 원초적 상태보다 공정하게 정의를 판단할 수 있다. 롤스의 원초적 상태는 지역적인 사고방식의 편중을 피할 수 없다. 서양의 관점에서는 굶주림에 시달리는 개발도상국을 이해하지 못한다. 공정한 관찰자는 '개발도상국에서 관찰하면 어떻게 보일까? 다른 지역은?'이라고 생각하므로 사회 특유의 선입견에 사로잡히지 않는다.

또한 원초적 상태는 이해관계가 있는 당사자이지만, 공정한 관찰자는

이해관계가 없는 중립적인 위치이기에 편견 없이 볼 수 있다. 250년 전의 인물인 애덤 스미스의 혜안에 또다시 놀라게 된다.

롤스는 공정한 분배의 잣대로서 기본재(권리·자유·기회·소득·부)를 생각했다. 그러나 센은 이 기본재의 개념도 비판했다. 그는 '기본재는 가치 있는 삶을 만드는 수단이다. 만능이 아니다.'라고 생각하고, 기본재 대신 '무엇인가를 하는 힘'을 의미하는 역량Capability이라는 개념을 제창했다. 이 역량은 사람마다 다양하다. 공부할 기회가 없는 빈곤 지역의 아이는 학교에서 공부할 기회를 얻으면 성장한 뒤에 일자리의 선택지가 늘어난다. 굶주림에 허덕이는 아이는 영양 상태를 개선하면 뇌가 순조롭게 발달해 어른이 된 뒤에 여러 가지를 할 수 있게 된다. 음악적인 재능이 있지만 가난한 아이는 악기가 주어지면 음악적인 재능을 키울 수 있다. 이처럼 '그 기회를 제공함으로써 그 사람에게 가치 있는 일을 할 수 있는 선택지를 늘려 주는 것이 중요하다.'라는 생각이 역량 접근법이다. "기본재는 제공하겠습니다. 나머지는 알아서 하세요."가 아니라 삶의 층위까지 시선을 낮춰서 어떻게 해야 개인의 역량을 높일 수 있을지를 궁리하는 것이다.

민주주의는 굶주림도 방지한다

9세에 경험했던 벵골 대기근을 조사한 센은 '대기근은 막을 수 있었다.'라는 결론에 도달했다. 대기근이 발생했을 때, 인도의 식량 생산은 감소하지 않았다. 당시는 제2차세계대전 도중으로, 인도가 영국의 통치를 받는 식민지였던 시기다. 일본군이 인도의 이웃 나라인 버마(미얀마)를 침공하자

인도에서는 대중 언론이 자주적으로 정보를 통제했기 때문에 기근의 실태를 알 수가 없었으며 기근에 관해 논의도 되지 않았다. 기근의 실태를 모르는 정부는 오히려 뱅골에서 실론으로 쌀을 수출하도록 지시했다. 이렇게 해서 농민들은 더욱 굶주려 갔다. 기근의 원인은 정보 공개와 재분배의 문제였던 것이다.

기근을 회피하려면 이런 위기 정보가 공개되어 솔직하게 논의되는 것이 중요하다. 실제로 제2차세계대전 후에 독립해 민주화된 인도에서는 큰 기근이 일어나지 않고 있다. 센은 이렇게 말했다. "영국령 인도제국의 긴 역사 속에서 반복적으로 일어났던 기근은 독립과 함께 갑자기 사라졌다."

역사를 되돌아봐도 규칙적으로 선거가 실시되고 야당이 존재하며 언론의 자유가 있는 나라에서는 큰 규모의 기근이 일어나지 않는다. 중국에서는 1958년부터 1961년에 걸친 대기근으로 3,000만 명에 가까운 사람이 굶어 죽었다. 정부는 보도관제로 인해 흉작이 농촌 지역 전체로 확대되었음을 알지 못했고, 집단 농장에서 식량 생산량이 증가했다는 장밋빛 보고만을 받은 탓에 기근이 정점에 이르렀을 당시 실제보다 보유 식량이 1억 톤이나 많은 것으로 믿고 있었다.

현대에도 에티오피아, 소말리아, 북한 같은 군사독재국가에서 기근이 계속되고 있다. 이렇게 해서 센은 기근이 자연재해의 영향이나 흉작이 아니라 민주주의적인 시스템의 결여에서 발생한다는 사실을 보여줬다.

"사람들의 생활을 개선하는 것은 경제적 원조보다 민주주의적인 시스템이다."라는 센의 주장은 개발도상국에 대한 원조의 개념을 크게 바꿔놓았다. 또한 센은 인간의 안전보장이라는 개념도 제창했다.

유엔과 함께 설립한 '인간 안전보장위원회'

센은 이렇게 말했다. "민주주의가 기근의 방지에 성공한 것은 민주주의가 인간의 안전보장을 촉진하는 데 끼친 다면적인 공헌 중 하나이며, 그 밖에도 수많은 응용이 가능하다."

현대에는 분쟁, 만성적인 빈곤, 기후 변동으로 인한 재해, 조직적 범죄, 인신매매, 감염증, 경제·금융위기 등으로 사람들의 생활과 생명이 심각한 위협을 받고 있다. 민주적인 자유의 추진은 좀 더 폭넓은 국가나 지역에서 개인의 안정보장을 확보하는 길로 이어진다. 이것이 인간 안전보장이라는 발상이다.

2001년, 센의 이론을 계기로 유엔과 일본 정부가 인간 안전보장위원회의 창설을 발표했다. 그리고 유엔 난민 고등 판무관이었던 오가타 사다코와 센이 공동 의장의 자리에 올랐다. 이 활동은 2015년에 유엔 총회에서 '인간중심', '누구 한 명도 남겨두지 않는' 사회의 실현 같은 인간의 안전보장 이념을 담은 '지속 가능 개발 목표SDGs'의 채택으로 이어졌다.

세계에는 다양한 민족과 국가가 있으며, 가치관이나 통치 형태도 제각각이다. 다양한 세계의 가치관을 통일시킨 글로벌 주권국가의 설립은 당분간 불가능해 보인다. 그러나 센은 비교를 바탕으로 한 접근법을 사용한다면 글로벌 민주주의의 실현을 포기할 필요는 전혀 없다고 말했다. 먼저 눈앞에 있는 구체적인 문제에 관해 활발히 정보를 발신하고 논의를 촉진해야 한다. 그리고 이를 위해서는 유엔과 기타 기관이 수행해야 할 역할이 크다.

인도에서 태어난 센은 "민주주의는 서양에서 탄생한 개념이다."라는 서양사회의 주장에도 이론을 제기했다. 근대 민주주의는 분명 유럽에서 탄생했지만, 좀 더 넓은 시각에서 바라보면 민주주의는 유럽의 전매특허가 아니며 아시아에서도 역사가 길다. 16세기에 인도 무굴제국의 악바르 황제는 "누구도 종교를 이유로 간섭받아서는 안 된다. 종교 개종도 자유다."라고 보장함으로써 다양한 종교의 신자끼리 대화할 수 있게 했다. 한편, 같은 시기의 유럽에서는 종교재판을 통해 이단자를 화형에 처하고 있었다. 그리고 "단순히 유럽이나 북아메리카뿐만 아니라 다른 전 세계의 국가들에서 발견되는 참여형 통치에 관한 지적 역사를 재평가해야 한다."라고 주장했다.

17세기에 유럽에서 시작된 계몽주의 시대 이후로 서양을 중심으로 발달해 온 자유주의와 정의론이 정체 상태에 빠진 지금, 아시아 출신의 센이 경제학자의 위치에서 새로운 정의론을 전개하고 있는 것이다.

센의 사상은 언뜻 난해해 보이지만, 그 본질은 '비교해서 더 나은 쪽을 선택하라.', '눈앞의 과제에 집중하라. 먼저 정보를 발신하고 논의하자.'라는 것이다. 알기 쉽고 실천적이다. 우리가 우리의 처지에서 세계 정의를 위해 할 수 있는 일은 얼마든지 있다.

유럽의 흐름으로부터 한 발 떨어진 관점에서 자유와 민주주의를 생각하기 위해서도 이 책은 읽어 볼 가치가 있다.

POINT

눈앞에 있는 현실적인 과제에 집중하는 것이 현대의 정의다.

Chapter 3

동양사상

동양사상은 서양사상과는
전혀 다른 역사를 거치며 발전해왔다.
고대 철학자 공자, 노자부터
현대 중국을 만든 마오쩌둥, 덩샤오핑까지
이 챕터에서는 동양사상을 이해하기 위한
명저 10권을 소개한다.

These days'
liberal arts must-reads 87

Book 40

시대를 넘나드는 인생의 지혜
논어

공자孔子
기원전 551~기원전 479년 추정. 중국 춘추시대의 사상가. 유가의 시조다. 노나라를 섬기는 가운데 폭넓은 지식으로 신망을 모아 수많은 제자를 가르쳤다. 공자의 사후에 제자들이 약 400년에 걸쳐서 그의 가르침을 정리해 편찬한 책이 《논어》다.

일상과 밀접한 공자의 철학

소크라테스, 석가, 공자는 세계 3대 성인聖人으로 불린다. 이 세 사람은 2,500년 전 거의 같은 시기에 그리스, 인도, 중국에서 등장했다. 그중 한 명인 공자의 가르침을 담은 이 책《논어》는 유교사상을 탄생시켰으며, 동양사상의 원류가 되었다. 일본의 대표 사상가 야스오카 마사히로는 저서 《논어의 활학論語の活学》에서 이렇게 말했다.

"논어에는 우리가 일상에서 만나는 현상이나 모든 문제가 전부 원리적으로 설명되어 있다. 그래서 '이런 것까지 다뤘다니!', '이런 문제까지 생각했다니!'라고 끊임없이 놀라게 된다."

최근에는 서양사회에서 공자를 필두로 한 동양사상이 많은 관심을 받고 있는데, 하버드대학교에서는 중국 철학 강좌가 학내에서 손꼽히게 인기가 높다고 한다. 이 강좌를 담당하는 마이클 푸엣 교수는 저서《더 패스》의 머리말에서 이렇게 말했다.

"현재 우리의 사고思考는 초기 프로테스탄트의 생각을 답습하고 있다. 우리는 정해진 자신에 걸맞은 삶을 지향한다. 그러나 인생을 향상시켜야 하는 이 신념이 족쇄가 되고 있다."

이 신념이란 [Book 29]《프로테스탄트 윤리와 자본주의 정신》에서 베버가 지적한 이상을 좇는 근대자본주의 정신을 뜻한다. 서양사회에서는 이 정신이 한계에 부딪히고 있다. 그래서 현실적인 사고방식으로서 옛 동양사상이 새삼 주목받고 있는 것이다.

가령 논어에는 제자가 "죽음이란 무엇입니까."라고 공자에게 묻는 장면이 나온다. [Book 12]《존재와 시간》의 하이데거 같은 서양철학자라면 죽음에 관해 제자와 길게 토론하겠지만, 공자는 이렇게 대답했다.

"산다는 것의 의미도 알지 못하는데, 죽음의 의미를 어찌 알겠느냐?"

논어에서는 이런 문답이 이어진다. 참고로 야스오카는《논어의 활학》에서 이 부분을 이렇게 해설했다.

"삶도 제대로 이해하지 못하는 자가 죽음을 이해할 수 있을 리가 없다. 인생은 고사하고 자신에 관해서조차 아직 진지하게 생각해 본 적도 없는 사람이 '죽음이란 무엇인가.'를 운운한들 의미가 없다. 그것은 관념의 유희에 지나지 않는다. 그러니 좀 더 자신의 삶에 충실해라. 이것이 공자의 생각이다." 이처럼 공자는 탁상공론, 관념론에 집착하지 않는다. 현실주의자인 것이다.

또한 공자의 사상은 동양인의 의식에 깊게 뿌리를 내리고 있다. 그래서 언뜻 상식적인 내용으로 보이지만 깊게 읽을수록 맛이 느껴진다. 한편 서양사회에서 논어의 의미란 근대 사상이 잃어버렸던 신선한 삶의 지혜를 가르쳐주는 것이다. 이제부터 논어의 가르침에 대해 알아보자.

논어의 가르침 세 가지

자왈, 여유주공지재지미, 사교차린, 기여불족관야이

子曰, 如有周公之才之美, 使驕且吝, 其餘不足觀也已

현대어역: 공자께서 말씀하시길, 재능의 측면에서는 주공周公에 비견될 만큼 훌륭한 사람이라도 오만하면서 인색하다면 나머지는 볼 것도 없다.

여기에서 주공은 주나라를 건국한 주공 단을 가리킨다. 공자는 주공 단을 이상적인 리더로 생각했다. 그래서 논어에는 주공 단의 이름이 곳곳에 등장한다.

뛰어난 재능을 지녔을 뿐만 아니라 비전, 전략, 행동력, 조직관리 능력까지 뛰어나더라도 거들먹거리고 타인을 깔보며 구두쇠라면 성공하지 못한다. 상사이다 보니 부하들은 어쩔 수 없이 지시에 따르지만, 인망이 없기 때문에 어떤 계기가 찾아오면 망설이지 않고 그 상사의 곁을 떠난다. 또한 부하가 아닌 사람은 '옳은 말을 했는지도 모르지만 왠지 불쾌해.'라며 움직이지 않는다.

야스오카는 "덕이 없는 사람은 다른 것이 아무리 뛰어난들 논의할 가치도 없다."라고 말한 다음, 위대했지만 덕이 없었던 까닭에 이런저런 실패를 한 리더로 스탈린과 마오쩌둥을 꼽았다. 우리도 일을 잘하면서 사소한 것까지 신경 써 주는 리더를 따르고 싶어 한다. 이처럼 동양의 리더에게는 덕이 요구되는 것이다.

자왈, 방어리이행, 다원
子曰, 放於利而行, 多怨
현대어역: 공자께서 말씀하시길, 분별없이 이익을 추구하면 모두에게 원한을 산다.

공자는 오로지 이익만을 추구해서는 주위의 원망을 살 뿐이라고 말했다. 서양인이라면 "이익을 추구하면 안 된다고? 왜?"라고 반문할지도 모른다. 한편 우리가 [Book 33]《자본주의와 자유》에서 "기업의 사회적 책임은 이익을 늘리는 활동을 하는 것뿐이다."라는 프리드먼의 주장을 '분명히 논리적이고 맞는 말일지도 모르지만, 그래도 그건 좀 아닌 것 같아.'라고 느끼는 것은 논어의 이 감각을 공유하고 있기 때문일 것이다.

야스오카도 본래 필요한 것은 이利보다 의義, '무엇을 위해서 하는가?'라면서 이렇게 말했다. "경제와 도덕, 이와 의라는 것이 양립하지 않는다고 생각하는 것은 어리석은 견해다. 어떤 물리적인 생활 문제도 뛰어난 정신, 아름다운 감정, 믿음직한 신용 등이 동반되지 않는다면 진정한 행복이 될 수 없다."

자왈, 불환인지불기지, 환부지인야

子曰, 不患人之不己知, 患不知人也

현대어역: 공자께서 말씀하시길, 다른 사람이 나를 알아주지 않는다고 걱정하지 말고 자신이 다른 사람을 알아주지 못함을 걱정하라.

독립이 목표인 컨설턴트 A는 요즘 마음이 초조했다.

'아무도 나를 알아주지 않아. 먼저 지명도를 높여야겠어.'

그래서 SNS의 팔로워 수를 매일 조금씩 늘리기 시작했다. 그러나 A가 제일 먼저 했어야 할 행동은 팔로워 수를 늘리는 것이 아니라 고객의 과제를 철저히 이해하고 그 과제를 해결해주는 것이었다. 고객의 과제를 해결해 가치를 만들어 나간다면 가만히 있어도 세상에 알려지게 된다.

즉, 타인이 자신을 모르는 것은 문제가 아니다. 오히려 먼저 얼마나 타인을 알아주느냐가 중요하다. 타인이 자신을 알아주는 것은 그 결과다.

항상 곁에 두고 읽어야 하는 책

여기에서는 전체 449장 가운데 불과 3장만을 소개했다. 논어의 가르침은 오늘날에도 통용되며, 우리의 현실적인 고민을 해결할 실마리를 발견할 수 있을 것이다. 부디 다른 원문에도 도전해 보길 바란다.

공자는 출세가 늦었다. 세상에 이름이 알려져 제자를 두기 시작한 시기는 50세가 가까워졌을 때부터였다. 지방도시에서 관리로 일하다 54세에 노魯나라의 사법 대신이 되었지만 금방 실각했다. 그 후 제자들과 이 나라저 나라를 방랑하며 자신이 생각하는 이상적인 정치를 실현해줄 군주를 찾아다녔지만 아무도 그를 등용해주지 않았다. 결국 14년을 방랑한 끝에 포기하고 69세부터 교육에 전념했으며, 74세에 세상을 떠났다. 제자의 수는 3,000명에 이르렀다.

공자가 세상을 떠난 뒤, 공자의 가르침은 유가儒家로 불리며 널리 퍼졌다. 유가 사상은 무제武帝의 시대(재위는 기원전 141~기원전 87년)에 국가의 학문이 되었고, 이후 중국 왕조는 유교를 중시하게 되었다. 20세기에 마오쩌둥이 "유교는 혁명에 대한 반동사상이다."라며 유교를 탄압한 시기도 있었지만, 현대의 중국 공산당은 유교를 사회질서 유지와 정권 강화의 수단으로 이용하며 공자 학원이라는 교육기관을 세계 각지에 설립하고 있다. 이렇게 해서 논어는 동양사상의 커다란 원류 중 하나가 되었다. 그래서 우리는 논어를 읽지 않았어도 간접적으로 이 책의 영향을 크게 받고 있다. 논어는 다루는 범위가 매우 넓어서 그래서 읽을 때마다 '이런 내용이 적혀 있었던가.'라며 새로운 발견을 하게 된다. 항상 곁에 두고 읽었으면 하는 책이다.

POINT

《논어》는 우리의 현실적인 고민을 해결해 주며, 서양사회가 잃어버린 지혜를 전해준다.

Book 41

무리하지 말고, 애쓰지 말고, 있는 그대로의 모습으로 살라
도덕경

노자老子

기원전 571~기원전 471년 추정. 중국 춘추시대의 철학자. 제자백가 중 도가道家는 노자의 사상을 기반으로 삼으며, 훗날 탄생한 도교는 노자를 시조로 여긴다. 《도덕경》을 쓴 것으로 생각되지만 이력에 관해 불명확한 부분이 많다.

자연스럽게 살아가기

유교, 불교, 도교는 중국 3대 종교로 불린다. 이 가운데 도교는 중국 한족漢族의 민속 종교인데, 이 책을 쓴 노자가 그 도교의 시조다. 그런 노자의 사상은 매우 재미있다. [Book 40]《논어》는 '끊임없이 공부하고 예절을 익혀 완벽한 리더를 지향하라.'라는 엘리트 사상이다. 한편 노자의 사상은 그와 정반대로 "무리할 필요도, 애쓸 필요도 없다. 있는 그대로의 자연스러운 모습이 최고다."라는 것이다.

논어(유교)와 노자(도교)는 정반대의 사상이다. 2,500년 전 중국에서는 철기가 보급되어 농업이 활발해지고 상업이 발전하면서 경쟁사회가 되었다. 극심한 양극화사회에 갑갑함을 느끼는 사람들에게 노자는 "무리하지 않아도 됩니다."라고 처세술을 전하는 한편, 지배자 계층에는 불투명한 시대에 어떻게 나라를 다스려야 할지를 전했다.

노자라는 인물의 존재에 관해서는 여러 가지 설이 있다. 중국 역사가인 사마천이 2,100년 전에 쓴《사기》에는 노자로 생각되는 인물이 세 명 거론되었는데, 그중에서 가장 유력한 인물은 노담이다. 공자와 같은 시대, 주周라는 나라에서 도서관 관리를 맡고 있었던 노담은 여행을 떠났다. 그리고 관문에 도착했는데, 관문의 우두머리에게 "선생님께서 은거하시기 전에 가르침을 글로 남겨 주실 수는 없겠습니까?"라는 요청을 받자 5,000글자가 조금 넘는 상하 2편의 책을 써주고 떠났다. 그것이 노자의《도덕경》이다.

논어와는 다른 도의 사상

《도덕경》은 노자가 도道에 관해서 이야기한 책이다. 유교에도 도라는 개념은 있지만, 노자의 도와는 의미가 다르다. 유교의 도는 인간의 모범이 되는 이상을 제시하는 인간학적인 발상이다. 한편 노자의 도는 좀 더 범위가 넓다. 천지만물이 만들어지는 우주의 근본 원리이며, 자연과학적인 발상으로 세계가 어떻게 탄생하고 어떻게 끝나는지를 생각한다.

우주의 장대한 움직임에 비해 인간 한 명이 할 수 있는 일의 규모는 매우 작다. 우주의 움직임에 맞선들 상대가 되지 않는다. 그러나 우주의 움

논어와 노자는 정반대의 사상

논어(유교) 공자가 제창		노자 도덕경(도교) 노자가 제창
 엘리트는 이러해야 한다	주장	있는 그대로의 모습이 최고
끊임없이 공부하고 예절을 익히며 이상을 지향하면 사회가 발전한다	방법론	천지만물이 탄생하는 근본 원리를 알면 이상적인 삶을 살 수 있다
실천 도덕. 정치적·도덕적인 규범 (인간학)	도道란?	천지만물을 낳는 우주의 근본 원리 (자연과학)
윤리적으로 올바른 행동	덕德이란?	도에 내재하며, 만물을 키우는 것

직임을 따른다면 인간의 행위는 자연스럽게 좋아진다. 그래서 노자는 '이 세계의 도리인 도를 알면 인간의 이상적인 삶의 방식도 알 수 있다.'라고 생각했다. 그리고 "만물을 만들어내고, 키우면서도 소유는 하지 않으며, 은혜를 베풀면서도 보답은 요구하지 않고, 성장시키면서도 지배는 하지 않는다. 이것을 오묘한 덕이라고 한다."라고 말했다. 요컨대 천지만물에는 덕이 있다는 생각이다.

우리는 "저 사람, 덕이 있어."라고 말할 때 그 사람의 마음에 있는 덕이 사회를 풍요롭게 만든다고 생각한다. 노자는 이 덕이라는 개념을 천지만물로 확대 해석했다. 천지만물은 도의 프로세스를 따르며, 덕을 통해서 많은 것을 키운다. 작물이 자라서 사람이 식사를 할 수 있는 것도 덕의 힘이다. 천지만물은 보답을 요구하지 않으며, 키운 것을 지배하지도 않는다. 이것이 덕의 바람직한 모습이다. 이와 마찬가지로, 사람이 덕을 쌓을 때도 "나는 덕을 쌓고 있어."라며 타인에게 선행을 과시해서는 안 된다. '덕을 쌓자.'라고 생각하며 작위적으로 행동하는 것이 아니라 있는 그대의 모습으로 자연스럽게 행동할 때 타인에게 도움이 되며, 그것이 자연스럽게 덕을 쌓는 상태다. 요컨대 도를 따르는 것이 중요하다는 말이다.

큰 도가 무너지자 인의가 생겨났다

난세였던 노자의 시대, 제자백가라고 불리는 지식인들은 어떻게 해야 사회를 안정시킬 수 있을지 생각했다.

공자의 유교는 "인·의·예 등의 도덕을 소중히 여기고, 혈연·주종 관계를 중시하자."라고 말했다. 유교는 지배자의 처지에서 봉건제도 시스템을 긍정했다. 그 안티테제가 노자다. 노자는 이렇게 말했다.

"그래서, 도가 사라져 덕을 중시하는 세상이 되었고, 덕이 세상에서 사라져 인애仁愛를 내세우는 세상이 되었으며, 인애가 세상에서 사라져 사회 정의를 내세우는 세상이 되었고, 사회 정의가 세상에서 사라져 예를 내세우는 세상이 되었다."

요컨대 "유교는 인·의·예를 중시하지만 그것은 도와 덕이 세상에서 사라졌기 때문이다. 인·의·예를 중시하기 이전에 바람직한 모습(도)으로 되돌아가야 하지 않을까?"라며 형식뿐인 예절을 비판한 것이다. 참으로 강렬한 야유다.

현대사회에서도 낡은 관습(예)을 바꾸지 않는 조직은 부진을 겪고 있다. 그래서 노자는 무위자연을 제창했다. 무위자연이란 도를 따르며 살기 위한 자세다. 《도덕경》에는 이런 구절이 있다.

"도는 언제나 아무것도 행하지 않지만, 모든 것을 행한다."

'아무것도 행하지 않는다.'는 '아무것도 안 한다.'라는 의미가 아니라 '작위적인 것을 하지 않는다.'는 뜻이다. '○○을 위해서 이것을 한다.'라고 생각하지 않는다는 말이다. 예를 들면 '덕을 쌓자.'라고 생각하면서 심부름을 하지 않는다. '이 일을 하면 사장님께서 좋아하실 테니 하자.'라든가 '이 사람과 결혼하면 부자가 될 수 있으니 결혼하자.'라고 생각하며 행동한들 반드시 그렇게 된다는 보장은 없다. 노자는 의지·의도·주관을 전부 버리고 천지자연의 움직임인 도에 몸을 맡기며 사는 무위자연이 이상적이라고 생각한 것이다.

'고객이 곤란을 겪고 있구나. 돕고 싶으니 최선을 다하자.', '서로 이 사람이 운명의 상대라고 느꼈으니 결혼하자.'와 같이 무위의 자세로 도를 따르며 살아간다. 그 무엇도 요구하지 않고, 작위적으로 움직이지 않으며, 타인과 다투지 않고, 있는 그대로의 모습으로 사는 것이다. 그래서 노자는 물의 모습에서 배울 것을 제창했다. 《도덕경》에는 이런 구절이 있다.

"최상의 선한 모습은 물과 같은 것이다. 물은 온갖 것에 은혜를 베풀면서도 다투지 않고, 모두가 싫어하는 낮은 곳으로 내려간다. 그래서 도에 가깝다."

물은 유연하게 흐름을 바꾸고, 마지막에는 습하거나 탁한 낮은 곳으로 간다. 물은 노자의 무위자연을 구현한다. 인간에 비유하면 다툼을 좋아하지 않고 늘 선량하며 겸손한 사람의 모습이다. 또한 이런 구절도 있다.

"세상에서 가장 유연한 것(=물)이 세상에서 가장 단단한 것을 움직인다. 형태가 없는 것은 틈새가 없는 곳으로 들어간다."

물에는 강한 힘이 있다. 불어난 강물은 사람의 힘으로 막을 수 없으며, 물은 온갖 곳에 스며든다. 용기에 들어가면 그대로 용기의 형태가 된다. 이처럼 노자는 '도의 바람직한 모습은 물이다.'라고 생각한 것이다.

비즈니스도 마찬가지다. 현대의 비즈니스 업태에 집착하지 않고, 고객이 필요로 하는 것을 이해하며, 사회가 자사에 바라는 모습도 긍정한다. 그런 것들에 상응하는 가치를 제공한다면 작위적인 행동을 하지 않아도 회사는 자연스럽게 성장한다. 닌텐도는 과거에 화투와 트럼프를 만드는 회사였다. IBM은 창업 당시 고기를 얇게 써는 기계를 만드는 회사였다. 두 회사 모두 비즈니스 업태에 연연하지 않고 계속해서 고객의 요구에 부응한 결과 지금의 회사가 되었다.

현실적인 조언도 있다. 이를테면 이런 구절이다. "욕망이 많은 것보다 큰 죄악은 없다. (중략) 만족을 모르는 것보다 큰 재앙은 없다. 만족을 알고 만족하는 것은 영원히 만족하는 것이다."

뒤르켐이 [Book 30]《자살론》에서 말했듯이, 인간의 욕망에는 제한이 없다. 욕망을 끊임없이 충족시키려 하면 항상 불만을 품게 되어 불행해진다. 다만 억지로 욕망을 억누르면 그 반작용도 있다. 그러니 금욕적으로 욕망을 억제하지 말고 무위자연인 것에 만족하라는 말이다.

최신 이론물리학의 견지와 같은 통찰을 한 부분도 있다. 여기에서는 원문을 훈독해서 소개하겠다.

"천하의 만물은 유有에서 생겨나며, 유는 무無에서 생겨난다.", "도는 하나를 낳고, 하나는 둘을 낳으며, 둘은 셋을 낳고, 셋은 만물을 낳는다. 만물은 음陰을 지고 양陽을 껴안으며, 충기沖氣로 조화를 행한다."

요컨대 천지만물은 유有에서 탄생하며, 그 유는 본래 '무'였다. 무에서 '하나'로서 유가 탄생하고, 그것이 음양으로 나뉘어 '둘'이 되며, 음양이 중화되어 '셋'이 되어 만물이 탄생한다는 말이다.

'무에서 만물이 생겨난다고? 말도 안 돼.'라고 생각할 터인데, 이것은 최신 이론물리학의 발상과 같다. 공간은 3차원으로 생각되고 있지만, [Book 72]《엘러건트 유니버스》에서 소개하듯이 최신 초끈이론에서는 아주 작은 소립자의 세계는 굉장히 작은 끈으로 이루어져 있으며 공간은 9차원으로 구성되어 있다고 생각한다. 3차원보다도 6차원이나 더 많다. 이 여분의 차원을 잉여 차원이라고 한다. 잉여 차원은 소립자보다 작은 세계로 접혀 있기 때문에 우리는 그 존재를 깨닫지 못한다. 탄생 전의 우주는 9차원 모두가 소립자 정도의 크기였다. 즉, 노자가 말하듯이 '무'였다. 그러다 138억 년 전에 빅뱅이 일어나 9차원 중 3차원의 공간이 초가속 팽창을 시작했고, 그렇게 해서 우주가 탄생했다. 그 빅뱅을 설명하는 최신 이론이 인플레이션이론(급팽창이론)이다.

어디까지나 내 개인 의견이지만, 노자가 그린 세계와 최신 물리학의 세계가 놀랄 만큼 유사하다는 것은 매우 흥미롭다. 부디《엘러건트 유니버스》도 읽고 비교해보길 바란다.

무의 사상은 노자의 근본 개념 중 하나다. 그리고 이것은 이후의 중국

사상, 불교, 일본의 선종에 큰 영향을 끼쳤다. 선종에서 '아무것도 없기에 무한의 가능성이 있다.'라고 생각하는 것도 노자 사상의 영향이다.

20대에 《도덕경》을 읽고 큰 감명을 받았던 나는 자연체를 좌우명으로 삼았다. "우주의 근본 원리인 도를 따르며 무리하지 말고 있는 그대의 모습으로 사시오."라는 노자의 사상에서 사물의 본질을 깨닫고 나 자신에게 충실하게, 물처럼 자연스럽게 살자고 생각해왔다. 그리고 한편으로 비즈니스에서는 '끊임없이 공부하고, 인·의·예를 중시하며 산다.'라는 논어의 사고방식도 실천하려고 노력해왔다.

고전인 도덕경과 논어는 지혜의 보고다. 여러분도 틀림없이 무엇인가를 배울 수 있을 것이다.

POINT

우주의 근본 원리인 도를 이해하고, 물을 스승으로 삼아라.

📖 Book 42

현실의 고통을 해결해주는
석가모니의 사상
법구경

고타마 싯다르타 Gautama Siddhārtha

기원전 624~기원전 595년 추정. 불교의 시조. 북인도의 작은 마을에서 샤카족의 아들로 태어나, 결혼 해서 자식도 얻었지만 출가했다. 고행을 거듭하면서도 깨달음을 얻지 못하자 방식을 바꿔서 명상을 하던 중에 깨달음을 얻었다. 35세에 자신이 발견한 진리를 5인의 수행 동료에게 이야기한 것에서 불교가 시작되었다. 80세에 입멸했다.

보리수 아래에서 깨닫다

석가는 인도 북부에 작은 국가를 이루고 있었던 샤카(석가)족의 왕자다. '석가'는 일족의 명칭이며, 본명은 고타마 싯다르타라고 한다. 고타마는 왕자로서 무엇 하나 불편함이 없이 살았고, 아내와 자식도 있었다. 그러던 어느 날, 그는 성 밖으로 나왔다가 충격을 받았다. 쇠약한 노인, 병으로 고통받는 사람, 장례를 치르는 시체 등을 본 것이다. 신하에게 묻자 "인간은 누구나 결국은 저렇게 됩니다."라는 대답이 돌아왔다. '나도 늙고 병에 걸려서 죽는 것인가.'라고 고민하기 시작한 고타마는 노병사老病死의 고통 극

368   CHAPTER 3 | 동양사상

복을 평생의 과업으로 삼게 되었고, 29세에 성을 나와 출가했다.

그러나 6년 동안의 가혹한 고행으로 몸이 뼈와 가죽밖에 남지 않았음에도 고통을 극복하고 마음의 평온을 얻을 수가 없었다. 고타마는 '이 방법은 틀렸어.'라며 고행을 중단하고 보리수나무 아래에서 명상을 시작했다. 그리고 35세에 깨달음을 얻어 깨달은 자(붓다)가 되었다. 그 후 붓다(석가)는 포교 여행을 떠나 설법을 시작했는데, 붓다의 말을 제자들이 423편의 시구로 정리한 것이 이 책이다. 붓다가 도달한 결론은 매우 단순하며 논리적이다. 의외로 종교 색채도 옅다. 그렇기에 더더욱 우리에게도 배울 것이 많다.

번뇌가 고통의 원인이다

이 책에서 붓다는 이렇게 말했다.

"모든 것은 마음에서 기인하며, 마음을 주인으로 삼고, 마음에서 만들어진다. 만약 더러운 마음으로 말하거나 행동한다면 괴로움은 그 사람을 따라다니게 된다. 수레를 끄는 소의 발자국을 바퀴 자국이 따라가듯이."

언뜻 어려운 말처럼 생각되지만 사실은 단순하다. 모든 고통의 원인은 언뜻 자신의 외부에 있는 것처럼 보인다. 그러나 사실은 자신의 번뇌가 고통의 원인이다. 그래서 붓다는 '번뇌를 지우면 고통도 사라진다.'라고 생각했다.

가령 죽음이 두려운 이유는 마음속에 '죽는 것은 무서워.'라는 번뇌가 있기 때문이다. '죽음을 피할 수는 없으니 받아들이자.'라고 마음을 바꾸

면 번뇌는 사라진다. 그래서 붓다는 이 세상의 진리인 사성제四聖諦를 생각
했다. 사성제란 아래와 같다.

① **고제**苦諦: 이 세상은 전부 고통이다.
② **집제**集諦: 원인은 마음속의 번뇌에 있다.
③ **멸제**滅諦: 이 번뇌를 소멸시키면 고통은 사라짐을 안다.
④ **도제**道諦: 여덟 가지 도를 실천함으로써 번뇌를 없앤다.

그리고 네 번째인 도제, 즉 번뇌를 없애는 여덟 가지 도가 다음의 팔정
도八正道다.

① **정견**正見: 올바른 시각
② **정사유**正思惟: 올바른 생각
③ **정어**正語: 올바른 말
④ **정업**正業: 올바른 행실
⑤ **정명**正命: 올바른 생활
⑥ **정정진**正精進: 올바른 노력
⑦ **정념**正念: 올바른 자각
⑧ **정정**正定: 올바른 명상

즉, '번뇌를 없애려면 올바른 시각으로 바라보고, 올바르게 생각하며,
올바른 말을 쓰고, 올바르게 행동하고, 올바른 생활을 하며, 올바른 노력

을 하고, 올바르게 자각하고, 올바르게 명상해야 한다.'는 것이다. 이처럼 '모든 일에는 원인과 결과라는 인과관계가 있다.'라고 생각한 붓다는 논리적으로 고통의 인과관계를 궁리했다.

무명과 집착에서 벗어나라

번뇌는 무명無明이 만들어낸다. 무명이란 단순한 지식 부족이 아니다. 사물의 진리를 올바르고 합리적으로 생각하는 힘이 결여된 것이다. 붓다는 "무명이야말로 가장 큰 더러움이다."라고 말했다.

우리는 불행을 당하면 자신도 모르게 상대를 원망하지만, 그런 방법으로는 원한이 커질 뿐이다. 상대가 그 사실을 깨닫지조차 못하는 경우도 많다. 원망해도 좋은 일은 하나도 없다. 그러므로 '이것은 오히려 전화위복이 될지도 몰라.'라고 생각을 바꾸는 것이 좋다. 지금의 힘든 상황은 반드시 변화한다. 새로운 만남도 반드시 생긴다. 불행이 기회로 바뀔지도 모른다. 이렇게 생각하면 고통도 줄어들고 좋은 인연을 만날 가능성도 높아진다. 상대를 원망하지 말고 빠르게 잊어버려 맑은 마음을 유지하자. 이 도리를 모르면 우리는 더러운 마음인 채로 번뇌에 사로잡혀 고통을 받는다. 무명에서 벗어나 '모든 것은 변화한다.'라는 제행무상을 이해하는 것이 번뇌를 극복하는 출발점인 것이다.

번뇌의 또 다른 원인은 집착執著이다. 우리는 재산·사치·권력·아름다움 등에 집착한다. 욕망은 충족되면 반드시 비대해진다. 욕망에는 한도가 없다. 그러므로 자신만의 세계에서 생각하지 말고 오히려 '그 무엇도 내 것이 아니다.'라고 생각해야 하는 것이다.

이렇게 말하면 '하지만 나 자신은 내 것이잖아?'라고 생각할 것이다. 그러나 정말 그럴까? 자신의 신체는 병에 걸린다. 100년 후에는 죽어서 없어진다. 자신의 신체도 일시적으로 여러 가지가 모여서 물체를 이룬 것에 불과하며, 자신의 뜻대로 되지 않는다. 하물며 타인은 자신의 것이 아니다. 이렇게 해서 '내가 세상의 중심'에서 '그 무엇도 내 것이 아니다.'로 세계관이 변화하면 집착은 줄어든다. 데카르트가 [Book 3]《방법서설》에서 "나는 생각한다. 고로 나는 존재한다."라고 말함으로써 근대의 서양사회에서는 자기중심사상이 발달했다. 한편 '그 무엇도 내 것이 아니다.'라고 생각하는 불교사상은 그와 정반대다. 이것이 서양사상과 동양사상이 크게 다른 중요한 포인트다.

붓다의 가르침은 열반적정涅槃寂靜을 지향한다.《이와나미 불교 사전 제2판》에 따르면 열반적정이란 "번뇌의 불꽃이 사그라진 깨달음의 세계(열반)는 고요한 평온의 경지(적정)라는 뜻."이라고 한다. 붓다의 불교에서는 깨달음의 지혜를 완성함으로써 열반의 세계에 들어가 모든 고통과 속박·윤회로부터 해방된 경지를 실현할 것을 지향한다. 이러한 붓다의 불교사상은 그 후 2,500년의 역사 속에서 발전을 거듭하며 변화되어 가지만, 이 책을 통해 불교의 거대한 원류인 붓다의 사상을 알아두길 바란다.

POINT

붓다의 사상은 원인과 결과의 인과관계를 중시하는 실천적 철학이다.

📖 Book 43

대중을 구하기 위한
불교의 급진적 변화

반야심경

현장玄奘

602~664년. 중국 당唐나라의 역경승譯經僧. 현장삼장玄奘三藏으로도 불리며, 쿠마라지바와 함께 2대 역성譯聖으로 평가받는다. 순례와 불교 연구를 위해 인도의 날란다 승원 등에 가서 경전 657부와 불상 등을 갖고 돌아왔다.

262 문자에 담긴 지혜

반야심경은 장례식 등 법회에서 스님이 종종 읊는 262 문자의 짧은 경이다. 이렇게 말하면 '아하, 석가모니의 가르침을 262 문자로 응축한 고마운 경이구나.'라고 생각하기 쉽지만, 불교 철학자인 하나조노대학교의 사사키 시즈카 교수는 "《반야심경》이야말로 석가모니의 가르침의 정수다.'라는 말을 종종 듣는데, 그것은 오해입니다."라고 말했다.

반야심경은 석가가 입멸하고 500년 후에 인도에서 등장한 대승불교의 경전 중 하나로 탄생했다. 이 시기, 석가의 가르침은 크게 발전돼 있었다.

불교는 우리가 아는 모습에 가까워져서 아시아 전체로 확산되었는데 반 야심경이 탄생한 경위를 공부하면 이것을 잘 알 수 있다.

그러면 먼저 석가의 불교가 어떻게 변화했는지 소개하고, 다음에는 반 야심경에서 중요한 공空의 사상을 소개하겠다.

석가의 가르침이 재해석되다

[Book 42]《법구경》에 나오는 석가의 가르침은 매우 엄격하다. 가족도 재산도 버리고 출가해, 상가samgha라는 집단에 들어가서 혹독한 수행을 거 듭하며 자력으로 열반(고통으로부터 해방된 경지)을 지향하라는 것이다. 그러나 일반인이 이 가르침을 실천하기는 거의 불가능하다. 사실 석가의 입멸 후, 제자들도 이 문제로 고민했다.

"평범한 사람들에게 출가를 권한들 '그건 무리입니다.'라는 대답만 돌 아올 뿐이야. 그들도 구제할 방법은 없을까?"

일반인에게 석가의 가르침은 너무나도 허들이 높았다. "먼 곳(열반)에 가기 위해 F1 자동차의 운전법을 익히시오."라고 말하는 것과 다르지 않 았다. 그런 까닭에 인도에서 등장한 것이 보급형 불교인 대승불교大乘佛教 다. 대승大乘이란 '커다란 탈것을 타고 다 함께 열반을 향해 나아갑시다.'라 는 의미다. 혼자서 F1 자동차를 운전할 수 있도록 만드는 것은 포기하고 "이 버스를 함께 타면 가혹한 수행을 하지 않아도 열반에 이를 수 있습니 다."로 방향을 바꾼 것이다.

'석가모니의 가르침을 멋대로 바꿔도 되는 거야?'라고 생각하겠지만,

발전된 불교

| 석가의 오리지널 불교 | ➡ | 대승불교(반야심경) |

혼자서 운전해 열반을 향해 GO!

모두 함께 커다란 탈것을 타고 열반을 향해 GO!

자력 구제

타력 구제

개개인이 가혹한 수행을 해서 번뇌를 극복하자. 그러면 열반에 이를 수 있다

반야심경을 외우고 보살행으로 매일 사람들에게 선행을 계속하자. 그러면 열반에 이를 수 있다

불교에는 '석가의 가르침과 정합성이 있다면 올바른 불교로 인정하자.'라는 관용적인 사상이 있다. 와타나베 쇼고는 저서 《반야심경》에서 율장律藏이라는 불교의 성전에 나오는 석가의 "나는 그대들이 붓다의 말을 각자의 방언으로 공부하는 것을 정당하다고 인정한다."라는 말을 인용한 뒤 이렇게 말했다. "이 융통성·관용의 정신이 불교의 근본을 관통하고 있다. 어떤 경전이 일단 성립했더라도, 사람들이 추구하는 바람이나 신앙에 따라 경전은 모습을 바꾼다."

이처럼 불교는 사회상황에 유연하게 적응할 수 있는 것이다. 또한 대승불교에는 그 밖에도 특이한 점이 있다. 바로 붓다의 수가 늘어난 것이다.

붓다와 보살의 수가 늘어나다

사사키 교수에 따르면, 석가의 가르침에서는 석가가 유일한 붓다(깨달은 자)다. 그리고 장래에 붓다가 될 후보생이 보살이다. 현재의 보살은 미륵보살로, 약 50억 년 후에 붓다가 될 예정이다. 그때까지 약 50억 년 동안은 붓다가 존재하지 않는다. 보살이 되려면 붓다 앞에서 맹세를 하고 승인을 받을 필요가 있는데, 현재 붓다는 존재하지 않는다. 요컨대 승인을 받을 방법이 없다. 그래서 수행승들은 등급이 낮은 아라한을 목표로 수행한다. 붓다나 보살이 되기는 거의 불가능하다. 사사키 교수는 "대승불교는 이 가혹한 제약을 극복하기 위해 다양한 아이디어를 내놓았다."라고 말했다.

먼저, 평행세계의 우주관을 설정하고 "붓다는 여러 명 있다."라고 주장했다. "이 세계에 붓다는 한 명이 아닙니다. 우리가 사는 우주 이외에도 완전히 똑같은 세계가 무한히 존재하며, 각각의 세계에 붓다가 있습니다."라는 것이다. 유명한 아미타여래, 약사여래, 대일여래는 평행세계의 다른 우주에 있는 붓다다(여래는 붓다라는 의미다). 관세음보살, 문수보살, 보현보살도 다른 우주에 있는 보살이다. 이렇게 해서 대승불교가 평행우주의 세계관을 가진 시스템을 고안한 덕분에 다양한 여래와 보살이 탄생했다. 또한 와타나베는 《반야심경》에서, 완전히 똑같은 세계가 1,000의 세제곱만큼 존재하기에 이것을 삼천대천세계라 부른다고 말했다.

반야심경은 석가의 최고 제자인 사리자(사리푸트라)가 평행세계의 다른 우주에서 온 관세음보살과 대화한다는 설정이다. 그리고 관세음보살이 대승불교의 주장을 대략적으로 이야기한 뒤, 옆에서 명상을 하고 있던 석가가 눈을 뜨고는 "바로 그 말대로다!"라며 맞장구를 치는 이야기 구성을 띠고 있다.

대승불교는 보살이 되는 새로운 방법도 만들어냈다. 기존에는 보살이 되려면 붓다의 승인이 필요했지만, 대승불교에서는 "반야심경에서 무엇인가를 느꼈다면 그것은 과거 어떤 세계에서 붓다와 만났다는 증거입니다. 그러니 재가신자(출가하지 않은 신자)도 보살이 될 수 있습니다."라고 해석을 바꾼 것이다. 이렇게 해서 대승불교는 보살도(붓다가 되는 길)도 재편성했다. 그뿐만이 아니다. 매일의 행동도 크게 바뀌었다.

석가의 불교에서는 '고통의 원인은 번뇌다. 번뇌를 지우기 위해 출가·수행해서 열반을 지향하자.'라고 생각했다. 철저한 자력구제의 사상이다. 이타적인 행동도 하지만, 그것은 자신이 깨달음을 얻어서 자신의 번뇌를 지운 뒤에 하는 것이었다. 요컨대 '먼저 자신이 수행해서 깨달음을 얻는다 → 그 후 타인을 돕는 이타적인 행동을 한다.'라는 흐름이다.

한편 대승불교는 선행을 쌓는 것을 중시한다. 타인을 구제하기 위해 최선을 다하면 그것이 자기 마음의 평안으로 이어진다고 생각한다. 요컨대 '이타적인 행위를 한다 → 자신이 깨달음을 얻는다.'라는 흐름이다.

이렇게 해서 기원 전후부터 서기 100년에 걸쳐 인도에서 탄생한 초기 대승불교의 경전을 통틀어 반야경이라고 부른다. 현재 남아 있는 반야경은 40개가 넘으며, 최대의 경전인 〈대반야경〉은 600권, 500만 문자에 이른다. 그리고 이 방대한 반야경의 가르침을 262 문자로 압축한 것이 바로 반야심경이다. 엄청나게 간략화했지만, 내용은 대반야경과 같다. 그런 까닭에 현대에서는 가장 많이 읽히고 있다. 반야심경은 고대 인도에서 탄생해 중국으로 수입되었으며, 많은 사람이 고대 인도어에서 한문으로 번역했다.

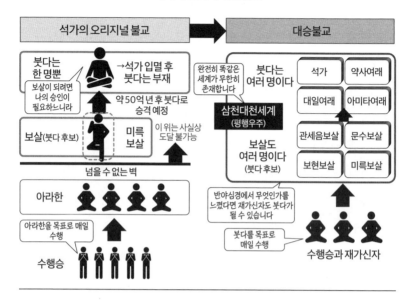

석가의 불교와 대승불교

석가의 오리지널 불교 → 대승불교

[석가의 오리지널 불교]

붓다는 한 명뿐

보살이 되려면 나의 승인이 필요하느니라

→석가 입멸 후 붓다는 부재

약 50억 년 후 붓다로 승격 예정

보살(붓다 후보) / 미륵 보살

이 위는 사실상 도달 불가능

넘을 수 없는 벽

아라한

아라한을 목표로 매일 수행

수행승

[대승불교]

완전히 똑같은 세계가 무한히 존재합니다

붓다는 여러 명이다

석가	약사여래
대일여래	아미타여래
관세음보살	문수보살
보현보살	미륵보살

삼천대천세계 (평행우주)

보살도 여러 명이다 (붓다 후보)

반야심경에서 무엇인가를 느꼈다면 재가신자도 붓다가 될 수 있습니다

붓다를 목표로 매일 수행

수행승과 재가신자

마음의 평온을 가져다주는 공의 사상

우리 집 근처에는 벚나무길이 있다. 4월에는 활짝 핀 예쁜 벚꽃이 눈을 즐겁게 해준다. 그러나 일주일 정도면 벚꽃은 전부 떨어지며, 쪼그라들고 갈색으로 변색된 꽃잎이 도로에 달라붙었다가 비에 쓸려서 사라진다. 이 벚꽃은 반야심경에서 가장 중요한 공空의 사상을 그대로 보여준다.

비즈니스에서 성공해 큰 저택에 살면서 매일 사치스러운 생활을 하는 사람도 언젠가는 모든 것을 내려놓고 죽음을 맞이하게 되며 신체는 사라진다. 벚꽃도 성공한 자신도 언뜻 존재하는 듯이 보이지만, 계속해서 변화하는 불확실한 존재다. 벚꽃이나 나의 육체를 구성하는 물질은 과거에 다른 물질이었다. 지금 우연히 벚꽃이나 나의 육체를 구성하고 있을 뿐이다. 이렇게 생각하면 벚꽃도 나라는 '실체'도 영원한 존재가 아니며 덧없고 불확실하며 계속해서 변화하는 존재인 것이다.

반야심경에서는 이것을 "색즉시공色卽是空. 공즉시색空卽是色"이라는 유명한 말로 표현했다. 여기에서 색色은 온갖 물질을 뜻한다. 요컨대 이 말은 '사물이나 형태(색)는 변하는 것(공)이다. 그리고 변화하는 것(공)이야말로 사물(색)이다.'라는 의미다.

'모든 것은 공. 실체는 없다.'라는 것을 진심으로 이해하면 애초에 모든 것이 존재하지 않는 것이 되어 고통도 집착도 사라진다. 고통을 극복하는 수행에 집착할 필요조차도 없어진다. 이렇게 해서 눈앞의 사물에 대한 집착을 버리고 지혜를 얻고자 하는 집착으로부터도 자유로워지며 마음의 집착도 버리면 반대로 마음의 평온(열반)을 얻을 수 있다.

사물은 항상 끊임없이 변화한다. 지금의 고통은 계속되지 않는다. 최악의 상황에 처했다 해도 언젠가는 좋은 일도 일어난다. 그러니 괴롭더라도 그 괴로움에 계속 집착하지 말자. 반대로 지금의 좋은 일도 영원히 계속되지는 않는다. 최고의 상황이었던 것이 어느 날 갑자기 나빠지는 경우도 많다. 온갖 것은 계속 변화한다. 이것이 공의 사상이다.

이렇게 해서 대승불교는 더 많은 사람을 구제하기 위해 새로운 해석을 통해 석가의 오리지널 불교를 한 차원 발전시켰다. 다만 사사키 교수는 "어느 쪽이 옳고 어느 쪽이 틀렸다는 이야기가 아니다."라고 말했다. 석가의 가르침은 엄밀하고 빈틈이 없지만, 구제의 요소는 없다. 한편 대승불교는 석가의 엄밀한 인과 시스템을 공의 개념으로 무화無化 했기 때문에 막연해졌지만, 꿈이나 희망을 가질 수 있게 했다. 사사키 교수는 양쪽을 이와 같이 비교했다.

또한 반야심경(반야경)은 다양한 대승불교의 경전 중 하나에 불과하다. 대승불교에는 그 밖에도 화엄경, 유마경, 법화경 등 다양한 경전이 있다. 동아시아의 사람들이 '세상을 위해, 사람들을 위해'라고 생각하는 데는 대승불교의 영향이 크다. 대승불교의 변천을 이해하고 반야심경이 탄생한 과정을 공부하면 이 점을 잘 알 수 있다.

POINT

대승불교는 석가의 불교를 대중용으로 재해석되어 널리 확산되었다.

📖 Book 44

아주 현실적인 필승의 기술
오륜서

미야모토 무사시宮本武蔵
1584~1645년. 에도시대 초기의 검술가, 병법가, 예술가. 젊었을 때부터 각지를 돌아다니며 무사 수행에 힘쓴 결과 이도류를 고안해 니텐이치류 검법의 시조가 되었다. 사사키 고지로나 오카모토 일족과의 시합을 비롯해 평생에 걸쳐 60회가 넘는 대결을 했지만 단 한 번도 패하지 않았다고 전해진다.

어떻게 이길 것인가

검호劍豪 미야모토 무사시가 쓴 이 책은 세계적인 베스트셀러다. 영어, 프랑스어, 독일어, 스페인어, 중국어, 한국어 등으로 번역되었으며, 미국 아마존에는 다양한 버전의《오륜서*Five Rings*》에 대해 1,000건이 넘는 서평이 등록되어 있다. 이소룡이나 메이저리거였던 마츠이 히데키 같은 일류 승부사들은 물론이고 수많은 경영인들의 애독서이기도 하다. 미국 공군의 전략가였던 존 보이드는 이 책에서 힌트를 얻어, 압도적인 속도로 적에 승리하는 의사 결정 방법인 OODA 루프를 만들어냈다. 이 책이 이렇게까지 애독되는 이유는 보편적이면서 현실적인 '승리하기 위한 기술'이 응축되어 있기 때문이다.

무사시는 13세에 첫 대결에서 승리한 이래 29세까지 60여 회를 싸웠지만 단 한 번도 패하지 않았다. 진검을 사용하는 대결에서 패배는 곧 죽음이다. 극한의 싸움을 통해 철저한 현실주의자가 된 그는 29세가 되었을 때 이런 생각을 했다. '지금까지 내가 승리해온 것은 어쩌다 보니 운이 좋았을 뿐이고, 아직 병법에 통달하지는 못한 것은 아닐까?'

그 후 무사시는 더욱 깊게 병법을 연구하고자 밤낮으로 수련에 몰두했고, 50세가 되었을 때 비로소 병법에 통달하게 되었다. 그리고 60세가 된 무사시는 2년에 걸쳐 이 책을 썼다. 이 책에는 무사시가 철저한 합리적 사고를 통해서 이끌어낸 승리하기 위한 방법이 실천적으로 소개되어 있다.

무사시가 평생에 걸쳐 무사로서 고독한 방랑을 계속했다고 생각하는 사람이 많은데, 이것은 요시카와 에이지의 소설《미야모토 무사시》를 통해서 널리 퍼진 허상이다. 실제로는 글, 수묵화, 다도 등을 즐겼으며, 선승이나 지식인들과도 교류했다. 다이묘의 요청을 받아 가신에게 검술을 지도하기도 하고, 양자인 이오리가 번藩의 중신이 되는 등, 넓은 시야와 견식을 갖춘 인물이었다. 이 책에서는 그런 무사시의 인물상도 엿볼 수 있다.

이 책은 다음의 5부로 구성되어 있다.

① **땅의 권**: 병법의 전체상.
② **물의 권**: 검술의 단련 방법.
③ **불의 권**: 싸움에서 승리하는 방법.

④ **바람의 권:** 다른 유파와의 비교.

⑤ **공空의 권:** 자연스럽게 적에게 승리하는 진실의 길.

땅의 권, 병법의 전체상

영업 사원인 A의 특기는 일명 육탄전이다. 고객과 1대 1로 술을 마시며 친해진 뒤에 영업을 하는 것이다. 그런데 코로나를 기점으로 이 전법이 통하지 않게 되었다. 그러나 A는 "이건 내 비장의 기술이라고. 바꿀 생각은 없어."라며, 계속 거절당하면서도 변함없이 거래처 담당자에 같이 술을 마시자고 권했다. 그는 자신이 상대를 귀찮게 하고 있음을 깨닫지 못했다.

무사시는 "무사가 병법을 행하는 길은 무엇에 대해서든 상대보다 뛰어날 것이 근본이다."라고 말했다. A가 '1대 1로 술을 마시며 친해진다.'라는 자신의 장기에 집착하는 것은 그가 아직 미숙하다는 증거다. 비장의 기술로 승리할 수 없다면 승리할 수 있는 무기나 기술을 사용해야 한다. 무사시는 이도류로 유명하지만, 사사키 고지로와 싸울 때는 이도류에 집착하지 않고 긴 목도를 사용했다. 왜 그랬을까? 고지로의 장기는 '모노호시자오(바지랑대)'라고 불리는 길이 90센티미터의 장도를 사용해 상대방의 칼이 닿지 않는 바깥쪽에서 공격하는 것이었다. 이도류로는 검 끝이 상대에게 닿지 않았다. 그래서 무사시는 130센티미터가 조금 못 되는 긴 목도를 만들어 모노호시자오의 바깥쪽에서 공격한다는 전략을 세웠다. 거대한 목도에 맞으면 고지로도 전투 불능 상태가 될 수밖에 없기 때문이다. 실제로 고지로와의 결투는 일격이 끝이 났다.

또한 승패는 미묘한 타이밍에 결정된다. 이것을 무사시는 박자라고 불렀다. 검의 승부에서는 상대의 박자가 흐트러지는 순간이 생긴다. 그 순간을 파고들어 공격하고, 다시 일어서지 못하도록 확실히 추격타를 날린다. 싸움에서는 상대의 박자를 아는 자가 승리한다. 이것은 회사에서도 마찬가지여서, 박자(타이밍)의 중요성을 깨닫고 파악한 자가 승리한다. 예를 들면 아래와 같다.

- 고객과 상담을 할 때, 이야기의 흐름을 파악하고 본론으로 들어가는 일순간의 타이밍.
- 부하 사원이나 상사와 면담을 할 때, 상대의 심리적인 준비 상황을 파악하고 화제를 꺼내는 타이밍 등.

물의 권, 검술의 단련 방법

물의 권은 검술 단련법이다. 여기에는 다양한 방법이 구체적으로 소개되어 있다. 다만 무사시는 앞부분에서 이렇게 말했다. "이 책을 그저 읽는 것만으로는 병법의 진수에 통달할 수 없다."

'갑자기 사다리 걷어차기야?'라고 생각할지도 모르지만, 그렇지 않다. 지식을 얻는 것과 능숙하게 활용하는 것 사이에는 큰 차이가 있다. 나도 인재육성 비즈니스를 하면서 앉아서 공부하는 것만으로는 현실에 도움이 안 된다는 사실을 통감하고 있다. 그래서 이론이나 방법론은 쉽게 자습·복습할 수 있도록 온라인 동영상으로 만들어놓고, 이것을 기반으로 직접

손을 움직이며 실천하는 워크숍을 중시하고 있다. 처음에는 고생하지만 깨달음을 얻는 경험을 쌓아나가면서, 이를 업무에 활용하기를 거듭하면 실력이 향상된다. 이렇게 해서 틀을 익히는 것이 중요한데, 한편으로 무사시는 이런 말도 했다.

"정해진 틀에 얽매이는 것은 좋지 않다. 곰곰이 궁리해야 한다."

틀은 수단이다. 틀에 얽매이면 틀에 집착해 움직임이 둔해진다. 비즈니스에서도 이론이나 방법론은 수단일 뿐이다. 수단에 지나치게 집착하면 본래의 목적을 잃어버리고 만다. 틀을 익히는 것도 중요하지만 목적에 맞춰서 틀을 깨는 것도 중요하다.

이것을 반복하면서 매일 단련해나가야 하는 것이다. 무사시는 이렇게 말했다. "천 일의 수련을 단鍛이라고 하고, 만 일의 수련을 연鍊이라고 한다."

천 일은 약 3년이고, 만 일은 약 30년이다. 이만큼 수련을 거듭한 끝에 달인이 되는 것이다.

불의 권, 싸움에서 승리하는 방법

불의 권은 목숨을 건 승부에서 승리하는 방법이다. 혼자서 10명에게, 1,000명으로 1만 명에게 확실히 승리하기 위한 방법이 적혀 있다.

무사시는 먼저 위치 선정이 중요하다고 말하고, 태양이나 등불을 등진다, 뒤에 공간을 비운다, 적을 내려다보는 높은 장소에 자리를 잡는다 등 구체적인 예를 제시했다. '조금이라도 유리한 위치를 활용해서 승리한다.'라는 실천적인 발상이다.

비즈니스에서도 자사가 유리한 위치에 있는 것이 중요하다. 이 이론이 경영학자 마이클 포터가 명저《마이클 포터의 경쟁전략》에서 제창한 '다섯 가지 힘'이다. 업계 관계자를 업계 경쟁자, 판매자, 구매자, 신규 참가자, 대체품의 다섯 가지로 나누고 각각의 힘 관계를 분석해 업계의 경쟁상황을 파악한 뒤 자사가 유리해지는 전략을 책정하는 방법이다.

무사시는 어떻게 싸워야 할지도 구체적으로 소개했다. 첫 번째는 '베개 누르기'다. 상대가 머리를 들지 못하게 한다는 의미로, 진정한 병법의 달인은 선수를 쳐서 기선을 제압해 적을 내 뜻대로 휘두른다. 일단 선수를 빼앗기면 만회하기는 어렵다. 그렇다면 어떻게 해야 선수를 칠 수 있을까? 무사시는 이렇게 말했다.

"'적이 된다.'는 것은 적의 처지가 되어서 생각하는 것을 말한다."

철저히 상대의 처지에서 생각하라는 것이다. 가령 집에 틀어박혀 있는 도둑은 매우 강한 적으로 생각되기 쉽지만, 도둑의 처지가 되어서 생각하면 '사방이 전부 적들인데 어떻게 하지?'라며 겁을 먹고 있을 것이다. 그것을 노린다.

비즈니스도 마찬가지다. 나는 상담을 할 때면 상대의 정보를 철저히 수집하고 상대의 생각을 파악한 다음 준비를 한다. 내가 준비한 것이 상대의 기대를 웃돌면 상담은 성공한다. 개중에는 준비하지 않고 임기응변에 의지하는 사람도 있는데, 참으로 안타깝다.

또한 무사시는 싸움을 할 때의 마음가짐에 관해 이렇게 말했다.

"산과 바다의 마음이라는 것은, 적과 내가 싸우는 동안에 같은 행동을 계속 반복하는 것은 좋지 않다는 의미다."

야구에서 타자가 커브를 기다릴 때 직구를, 직구를 기다릴 때 커브를 던지면 적어도 장타를 맞을 일은 거의 없다. 비즈니스에서도 광고의 세계에는 '같은 광고를 계속하면 효과가 서서히 약해진다.'라는 철칙이 있다. 그래서 메시지나 소구 포인트를 미묘하게 바꿔 타깃 고객의 마음을 계속 파고들도록 궁리한다.

바람의 권, 타 유파와 《오륜서》의 가르침의 비교

바람의 권에서는 타 유파와 자신의 가르침을 비교했다. 좀 더 올바른 도를 전하기 위해서다. 무사시는 '칼의 길이·강함·빠르기·형태나 자세에 집착한다.', '시선이나 발 딛기에 집착한다.', '몸을 쓰는 방식에 집착한다.' 등 다양한 유파를 소개한 뒤 "전부 틀렸다."라고 잘라 말했다. 다들 사소한 수단에 너무 집착한다는 것이다.

앞에서도 이야기했듯이, 무사시는 '무사가 병법을 행하는 길은 무엇에 대해서든 상대보다 뛰어날 것이 근본이다.'라고 생각한다. 목적은 승리이며, 다른 것은 전부 수단이다. 고지로에게 승리하기 위해 긴 목도를 사용했듯이, 올바른 마음으로 편견 없이 기술을 활용하는 것이 중요하다.

"우리 유파에는 문외불출의 비술·비전·비기가 있다."라고 말하는 유파도 많지만, 이것도 틀렸다. 현실의 진검 승부에서 드러난 기술(공개된 기술)과 숨겨진 기술(비술·비전·비기)을 상황에 맞춰서 사용하는 것은 무리임을 피부로 느낀 무사시에게 타 유파의 가르침은 현실을 모르는 이상론이다. 실제로 무사시는 병법을 배우는 사람의 기술에 맞춰서 검술을 알기 쉽게 가르쳤다고 한다. 사물의 도리는 적과 실제로 칼을 맞댔을 때 비로소 알 수 있다. 무사시의 가르침에 숨겨 놓은 비기는 없다. 그래서 무사시는 자신이 생각하는 병법의 방법론을《오륜서》에 전부 정리한 것이다.

비즈니스도 목적은 승리하는 것이며, 비장의 기술 같은 것은 없다. 자신의 기술에 맞춰 기본을 습득하고, 비즈니스의 실무를 통해서 공부하는 것이 승리하기 위한 왕도다. 그리고 여러 가지 수단 중에서 가장 적합한 것을 선택하면 된다.

공의 권, 저절로 적에게 승리하는 진실한 길

공의 권은 짧다. 망설이지 않고 철저히 단련한 끝에 열리는 경지인 '공空'에 관해 적혀 있다.

무사시의 공은 [Book 43]《반야심경》에 나오는 공과는 다르다. 반야심경의 공은 온갖 것은 실체가 없는 텅 빈 존재라는 우주의 법칙이다. 한편《오륜서》의 공은 틀을 알 수 없는 것을 가리킨다. 아무리 단련을 해서 '나는 알았어.'라고 생각하더라도 사람의 마음은 흐릿해서 알 수 없는 부분도 많다. 자신이 알지 못하는 세계가 있음을 알고 마음에 한 점의 흐림도 없이 병법의 길을 걷는 것. 이렇게 해서 올바른 마음을 길로 삼아 올바르고 밝게 대국을 파악해 조금의 망설임도 없어진 공이 궁극의 경지인 것이다.

무사시는 이렇게 말했다. "병법의 길을 조단석련朝鍛夕鍊함으로써 공의 경지에 도달할 수 있다." 비즈니스도 현실적인 승부다. 그렇기에 이 책은 현실에서도 큰 도움이 된다. 비전도 비술도 없다. 현실에 입각해 구체적인 승리법을 실천한다. 이것을 거듭하는 것이 승부에서 위력을 발휘한다.

부디 여러분도 이 책을 읽고 승부의 급소를 파악하길 바란다.

천 일의 수련을 단鍛이라고 하고, 만 일의 수련을 연鍊이라고 한다. 승리하기 위해 단련을 게을리 하지 마라.

Book 45

피터 드러커가 찬사를 보낸
세계 최초의 매니지먼트 실천서

논어와 주판

시부사와 에이치渋沢栄一

1840~1931년. 일본의 실업가. 에도시대 말기에 농민에서 무사(히토쓰바시 가문)가 되었고, 훗날 주군인 도쿠가와 요시노부의 쇼군 취임과 함께 막부의 신하가 되었다. 메이지정부에서는 관료도 역임했다. 도쿄상법회의소(현재의 도쿄상공회의소), 도쿄증권거래소 등 다양한 기업과 경제 단체의 설립·경영에 관여해 '일본 자본주의의 아버지'로 불린다.

세계 최초로 매니지먼트를 실천한 사람

경제학자인 피터 드러커는 저서 《피터 드러커 매니지먼트》에서 이렇게 말했다. "프로페셔널로서의 매니지먼트가 필요함을 세계에서 제일 먼저 이해한 사람은 시부사와였다. 메이지시대 일본의 경제적 약진은 시부사와의 경영사상과 행동력에 힘입은 바가 컸다."

막부 말기에 태어나 일본 우선, 도쿄전력, 도쿄가스, JR 등 470개 기업을 설립한 시부사와 에이치는 일본 자본주의의 아버지로 불린다. 약소국이었던 당시의 일본이 발전할 수 있었던 원동력은 민간기업의 성장이었다. 이 책은 그 중심에 있었던 시부사와의 다양한 강연 내용을 정리한 것이다. 시부사와의 말은 자본주의의 모순이 노출되어 정체 상태에 빠진 현대에 힌트를 준다. 이 책은 한문조로 쓰여 있어서 현대어로 번역한 책들이 있는데, 현대어 번역자인 모리야 아츠시는 첫머리에서 이렇게 말했다. "그는 지금으로부터 100년 이상 전에 자본주의나 '실업實業'이 내포하고 있었던 문제점을 간파하고 시스템 속에 그 중화제를 집어넣으려 했다."

시부사와의 말에 따르면, 논어는 무사도이고 주판은 상인 감각이다. 에도시대까지만 해도 이 둘은 전혀 별개의 것이었다. 무사는 "돈벌이는 천한 것."이라며 경멸했고, 상인은 시대극에서 부패한 관리에게 "당신도 사람이 참 고약하군."이라는 말을 들으면 돈벌이를 최우선으로 여기며 도덕은 경시했다. 에도시대에는 무사만이 유교교육을 받았으며 농민이나 상인은 대상 외였던 것이다.

어린 시절부터 논어를 공부해 상인과 무사의 논리를 모두 이해하고 있었던 시부사와는 이렇게 생각했다. '무사도의 도덕(논어)도 상인의 재주(주판)도 모두 훌륭하지만, 각각 단점도 있고 모순되는 점도 있다. 일본을 발전시키려면 서로 좋은 점을 배워서 조합시킬 필요가 있다. 화혼양재和魂洋才(일본의 정신을 지키면서 서양의 학문을 받아들이자는 의미)가 아닌 사혼상재士魂商才다.'

논어는 낡은 학문으로 생각되는 경향이 있는데, 그렇지 않다. 시부사와는 도쿠가와 이에야스가 논어를 공부했기에 도쿠가와 막부가 15대나 계속될 수 있었다고 말했다. 이에야스는 유교 학자를 채용해 학문을 현실에 응용하려 노력했다. 시부사와는 이에야스가 남긴 유훈도 논어와 잘 부합

된다고 지적하며, "사람의 일생은 무거운 짐을 지고 먼 길을 걷는 것과 같다.", "인내는 무사평안을 오래 지속하기 위한 기본이다. 분노는 적이라고 생각하라." 같은 유훈을 소개했다.

조직을 다스리려면 이렇게 극단적으로 행동하지 않고 중용을 지키며 항상 온화한 마음을 유지해야 한다. 이에야스는 논어에서 매니지먼트의 본질을 배워 15대 동안 이어진 막부의 초석을 쌓았다. 시부사와는 이렇게 말했다. "서양의 새로운 학설도 이미 동양에서 수천 년 전에 말했던 것을 다르게 표현했을 뿐인 경우가 많다."

논어를 기반으로 비즈니스의 본질을 정리한 이 책에는 시부사와의 철학이 가득 담겨 있다. 그중 하나를 소개하겠다.

자신의 분수를 잊지 않으면서 나아가는 것

시부사와는 "나아가야 할 때는 나아가지만, 멈춰야 할 때는 멈추고, 물러서는 편이 좋을 때는 물러선다."라는 공자의 말을 "게는 등딱지에 맞춰서 구멍을 판다."라는 표현으로 바꿔서 전했다. 게에게 등딱지보다 큰 구멍은 필요하지 않다. 시부사와도 61세일 때 대장성 장관을 제안받았지만 "이미 비즈니스에서 구멍을 파고 있는데, 이제 와서 구멍을 기어 나올 수는 없습니다."라며 거절했다. '이 길을 걷는다.'라고 결정했다면 곁눈질도 하지 말고 똑바로 나아가야 한다. 초점을 좁히지 않으면 할 수 있는 일도 하지 못한다. 경영학자인 마이클 포터식으로 말하면 무엇을 하지 않을지 결정하는 것이 전략인 것이다. 한편, 때로는 새로운 도전도 해야 한다. 자신의 분수를 잊지 않으면서 끊임없이 도전하는 균형 감각이 중요하다.

모리야는 후기에서 미츠비시 재벌의 창시자인 이와사키 야타로와 시부사와의 대화를 소개했다. 이와사키는 시부사와에게 "우리 둘이 함께 사업을 경영한다면 일본의 산업을 마음대로 주무를 수 있을 거요."라고 제안했는데, 시부사와는 그 제안을 거절했다. "부를 독점합시다."라는 이야기로 들렸기 때문이다. '나라를 풍요롭게 만들고 싶다.'고 바라는 시부사와에게 부는 분산시켜야 하는 것이었다.

자본주의는 자본의 힘으로 부를 독점하는 길로 나아가기 쉽다. 그러나 시부사와는 합본주의合本主義로 나라를 풍요롭게 만들고 사람들에게 행복을 주고 싶어 했다. 합본주의는 자본주의와 다르다. 분산된 돈은 본래의 힘을 발휘하지 못한다. 돈을 모아서 다양한 사업에 투자해 나라를 풍요롭게 만들고, 이익을 환원하면 사람들도 풍요로워진다. 이렇게 해서 돈에게 일을 시켜 사회를 풍요롭게 만드는 것이 합본주의다. 이 시스템에는 근대적인 민간은행이 필요하기 때문에 시부사와는 다이이치국립은행(현재의 미즈호 은행)을 설립했다. 다음의 그림은 다이이치국립은행의 이념을 참고로 이 사상을 표현한 것이다.

시부사와는 논어의 폐해도 지적했다. 막부에서 교육을 담당했던 유교학자는 논어의 "인민이 정책을 따르도록 만들면 되며, 이유를 알릴 필요는 없다."라는 말에 따라 민중교육을 방치했다. 그 결과 '높으신 분들의 명령을 잘 듣고, 일을 게을리하지만 않으면 된다.'라는 위축된 근성이 민중의 몸에 배고 말았다. 상사의 눈치만 보는 회사원에게는 가슴이 뜨끔해지는 이야기다. 시부사와는 "서양에는 윤리라는 학문이 발달했는데, 그 출발

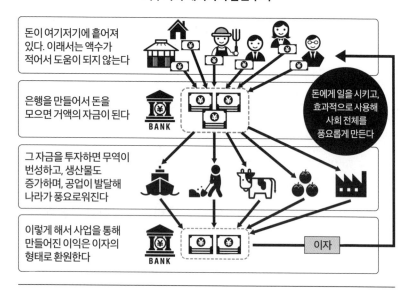

시부사와 에이치의 합본주의

돈이 여기저기에 흩어져 있다. 이래서는 액수가 적어서 도움이 되지 않는다

은행을 만들어서 돈을 모으면 거액의 자금이 된다

그 자금을 투자하면 무역이 번성하고, 생산물도 증가하며, 공업이 발달해 나라가 풍요로워진다

이렇게 해서 사업을 통해 만들어진 이익은 이자의 형태로 환원한다

돈에게 일을 시키고, 효과적으로 사용해 사회 전체를 풍요롭게 만든다

BANK

BANK

이자

점은 종교다."라고 지적한 뒤 이렇게 말했다. "일본에서 상업에 몸담고 있는 모든 이에게 '신용이야말로 전부다. 아주 작은 신용이라도 그 힘은 모든 것에 필적한다.'라는 점을 이해시켜 경제계의 기반을 다져 나가는 것이야말로 가장 서둘러서 해야 할 일이다."

사회의 풍요를 중시하는 시부사와의 사상은 오늘날에도 계승되고 있다. 교세라와 다이니덴덴KDDI을 창업한 이나모리 가즈오는 이타적인 마음을 강조했다. 세상에는 주식을 상장한 뒤 보유주식을 팔아서 거액의 부를 손에 넣는 창업자가 많은데, 이나모리는 교세라의 주식을 상장했을 때

'이것은 악마의 속삭임이 아닌가?'라고 생각해 보유 주식을 단 한 주도 팔지 않았다. 훗날 그는 이렇게 이야기했다. "반도체 사업이 잘되려면 어떤 사람이 필요했는데, 어쩌다 보니 그 사람이 '이나모리 가즈오'였을 뿐이다. 다른 존재가 '이나모리 가즈오'와 같은 재능을 지니고 있었다면 그 사람이 나를 대신해도 되었을 것이다."

이나모리 가즈오의 사상은 불교의 공의 사상에 기반을 뒀지만, 시부사와의 사상과 상통하는 부분이 있다.

서양식 자본주의가 폭주한 결과 양극화가 심화되고 지구 환경이 위기에 빠졌다. 자본주의를 대신할 사상이 필요한 오늘날, 사회 전체의 풍요를 지향하는 시부사와 에이치의 합본주의는 주목받아야 할 것이다.

POINT

100년 전에 제창된 합본주의는 포스트 자본주의를 생각할 때 참고가 된다.

Book 46

비폭력이 폭력을 이길 수 있는 이유
간디의 편지

마하트마 간디 Mahatma Gandhi
1869~1948년. 인도의 종교가, 정치 지도자. 남아프리카에서 변호사로 일하던 중 민권운동에 참여했으며, 귀국 후에는 영국 식민지였던 인도의 독립운동을 지휘했다. 민중폭동이나 게릴라전의 형태를 채택하지 않고 비폭력, 불복종을 제창했다.

폭력보다 강한 비폭력

간디라고 하면 비폭력주의가 떠오를 것이다. 오해하는 사람이 많은데, 비폭력주의는 사실 매우 강력한 사상이다. 대영제국의 식민지였던 인도는 서양 사회에서는 있을 수 없는 발상인 비폭력주의를 통해 독립에 성공했다.

그 후 세계의 수많은 독립운동가가 간디 사상의 영향을 받았다. 또한 간디의 사상은 21세기의 경제 모델도 내다봤다. 간디에게서 배울 점이 매우 많은 것이다. 그러나 우리 대부분은 간디의 실체를 잘 모른다. 참으로 안타까운 일이다. 그래서 이 책을 소개하려 한다.

간디는 독립운동을 통해 대영제국의 불합리한 법률에 철저히 저항한 죄로 투옥되었다. 이 책은 그런 간디가 교도소에서 아슈람(수도장)에 있는 제자들에게 매주 보낸 편지를 정리한 것으로, 간디의 사상이 가득 담겨 있다. 그러면 간디의 비폭력주의를 상징하는 소금행진부터 살펴보자.

비폭력주의를 상징한 소금행진

소금행진은 간디가 "해안까지 걸어가서 소금을 만듭시다."라고 말한 것에서 시작되었다. 1930년, 대영제국은 인도의 독립운동을 탄압하고 있었다. 간디는 그보다 10년 전부터 독립운동을 이끌고 있었는데, 주민이 경찰관 22명을 불태워 죽인 사건에 충격을 받아 "이런 폭력이 일어난다면 인도는 독립하지 말아야 한다."라며 독립운동에서 발을 뺐다. 그 후, 젊은 독립파가 등장하면서 또다시 인도 국내에서 독립의 기운이 높아졌다. 한편 간디는 '바람직한 독립운동의 모습은 무엇일까?'를 궁리하고 있었는데, 그 결론이 바로 소금이었다.

소금은 더운 나라인 인도에서 필수품이며, 해안 어디에서나 채취할 수 있었다. 그러나 영국은 그 소금에 세금을 매겼다.

3월 12일, 간디는 찌는 듯한 더위 속에서 뜻을 함께하는 78명과 함께 소금행진을 시작했다. 각지에서 소금 문제를 이야기하며 26일 동안 행진을 계속했는데, 목적지에 도착했을 때 일행의 수는 수천 명으로 불어나 있었다. 그들은 해안 곳곳에 있는 소금덩이를 주워 모았다. 이것은 대영제국의 제염법 위반으로서 반역 행위였기에 쇠곤봉을 든 경찰대가 군중을 습격했다. 그러나 군중은 저항하지 않고 계속 소금을 주웠다.

이 간디의 사상을 '아힌사'라고 한다. 힌두어로 비폭력이라는 의미다. 아힌사는 고대 인도에 기원을 둔 종교(힌두교, 불교, 자이나교)의 교리다. 간디는 그런 아힌사의 사상을 진화시켜 독립운동의 기본 사상으로 삼았다. 이것은 단순한 폭력의 부정이 아니다. 쇠곤봉으로 얻어맞으면 당연히 아프지만, 얻어맞더라도 이쪽에서는 일절 폭력을 행사하지 않고 소금을 계속 준다. 폭력을 사용하는 경찰은 그런 군중에게 오히려 공포까지 느끼게 된다. 폭력을 사용하는 쪽이 공포에 사로잡혀 정신이 약해지는 것이다. 반대로 비폭력을 행하는 쪽은 강한 의지와 용기가 필요하다. 그리고 때리는 사람의 정신적 고통이 맞는 사람의 신체적 고통을 웃돌 때, 때리는 쪽 사람의 마음속에 무엇인가가 생겨난다. 간디는 '폭력으로 손에 넣은 승리는 승리가 아니다.'라고 생각했다. 탄압받는 쪽이 폭력을 사용하면 상대와 같은 수준으로 떨어진다. 그러므로 폭력은 사용하지 않는다. 진짜 적은 외부가 아니라 잃는 것을 두려워하는 자신의 내부에 존재한다. 자신의 내부에 존재하는 적(두려움이나 분노)에게 승리해, 때리는 상대를 용서하고 애정으로 대함으로써 상대를 변화시켜 함께 나아가야 한다고 생각한 것이다.

이처럼 아힌사는 약자의 사상이 아니다. 적극적이고 강한 사상이다. 간디는 "아힌사란 사랑입니다."라고 말했다. 폭력을 행사하는 상대에게 폭력으로 되갚아준들 분노와 증오의 연쇄가 생겨날 뿐이다. 좋을 것은 하나도 없다. '문제는 영국이 아니라 근대 문명의 사상이다.'라고 생각한 간디는 투쟁의 사상을 바꿨다. 그래서 소금행진에 참가한 수천 명에 이르는 군중은 얻어맞으면서도 저항하지 않았다. 소금행진은 아힌사의 실천 행동이었던 것이다.

파괴나 폭력은 본래 인류의 방식이 아니다. 비폭력이야말로 인류의 가장 큰 힘으로, 자기희생을 통해 인간의 양심을 깨워, 들어올렸던 팔을 내리도록 만드는 적극적인 행위다. 이것이 간디의 생각이었다. 이 부분은 [Book 38]《역사의 종말》에서 프랜시스 후쿠야마가 지적했던 '목숨을 걸고 싸운다.'라는 서양사상과 비교해 보면 재미있다.

아힌사의 사상은 미국 흑인민권운동의 킹 목사, 티베트의 불교 지도자인 제14대 달라이 라마, 남아프리카 공화국의 인종차별정책(아파르트헤이트)과 싸웠던 넬슨 만델라에게도 영향을 끼쳤다. 한편 간디는 이렇게 말했다. "아힌사는 어디까지나 수단일 뿐, 목적은 진리입니다." 그렇다면 간디가 생각한 진리란 무엇일까?

간디는 '정치와 종교는 불가분의 관계다.'라고 생각했다. '인도에서는 종교가 사람들의 생활 전체를 뒤덮고 있다. 정치와 종교는 분리시킬 수 없다.'라고 생각했기 때문이다. 인도 국민의 대부분은 힌두교도이지만 이슬람교도도 많으며 다른 종교의 신자도 많다. 간디 이전에도 독립운동의 지도자가 있었지만, 힌두교도와 이슬람교도의 대립을 극복하지 못해 실패했었다.

간디는 여러 종교를 철저히 공부한 뒤 깨달았다. "모든 종교는 유일한 진리로 향하는 서로 다른 길이다". 각 종교는 언뜻 서로 다른 주장을 하는 것처럼 보이지만, 잘 조사해 보면 어떤 종교든 표현 방식이 다를 뿐 근간에 유일한 진리가 자리하고 있다. 간디는 이렇게 말했다. "진지한 노력을 거듭해나가면 언뜻 다른 진리처럼 보이는 것이 결국은 같은 나무에서 나온 다르게 생긴 무수한 나뭇잎 같은 것임을 알게 됩니다."

모든 종교는 '유일한 진리'라는 뿌리를 공유하는 각기 다른 형태의 잎이다. 뿌리가 같은 종교끼리 대립하는 것은 의미가 없으며, 수명이 유한한 인간은 신의 세계를 알 수가 없다. 인간이 만든 종교는 전부 불완전할 수밖에 없으므로 다소의 오류가 있는 것은 서로 매한가지이니 관대하게 봐줘야 한다. 어떤 종교든 지향해야 할 것은 유일한 진리를 향한 헌신이다. 이렇게 해서 간디는 온갖 종교를 포괄하는 사상을 확립하고 인도를 하나로 뭉쳐 독립운동을 향한 길로 이끈 것이다.

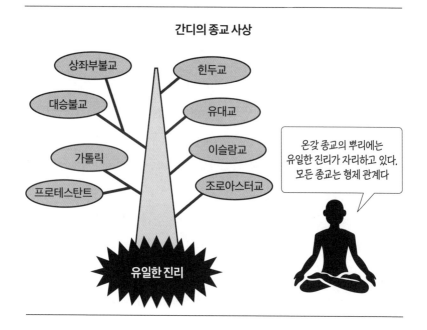

간디의 종교 사상

상좌부불교
대승불교
가톨릭
프로테스탄트

힌두교
유대교
이슬람교
조로아스터교

유일한 진리

온갖 종교의 뿌리에는
유일한 진리가 자리하고 있다.
모든 종교는 형제 관계다

간디는 왜 검소하게 살았는가

간디에게는 재산이 거의 없었다. 소유물은 옷과 짚신, 안경과 틀니, 지팡이, 물레, 회중시계, 휴대용 변기, 연필과 낡은 봉투를 펼쳐서 만든 용지, 힌두교 성전 한 권, 젖을 짜기 위한 암염소 한 마리, 선물 받은 '보지 않고, 말하지 않고, 듣지 않는' 세 원숭이의 상이 전부였다. 이것은 부도_{不盜}와 무소유의 사상을 실천한 결과였다.

부도不盜

'훔치지 마라.'라는 정신이다. 간디는 "우리는 많든 적든 도둑질의 죄를 저지르고 있습니다."라고 말했다. 자신에게 필요한 양만큼만 받아야 하며, 불필요한 것은 일절 받지 말아야 한다. 그러나 많은 사람이 자신에게 정말로 필요한 양을 알지 못하는 까닭에 필요 이상으로 받으려 한다. 나도 장을 볼 때 '부족하면 곤란하니까.'라는 생각에서 나도 모르게 많이 사고 '돈은 가급적 많았으면 좋겠어.'라고 생각하기 때문에 조금 가슴에 찔린다. 모두가 이렇게 행동하면 본래 필요한 사람이 그것을 얻지 못하게 된다. 이것이 '도둑질'이다. 간디는 이렇게 말했다. "이 세계의 비참한 빈곤은 대부분의 경우 부도의 원리를 이행하지 않는 데서 기인합니다."

무소유

우리는 미래를 생각해서 물건을 모으려 하지만, 간디는 "신은 (중략) 우리가 필요로 하는 모든 것을 주신다고 확신해야 합니다."라고 말했다. 부자가 불필요한 물건을 낭비하기 때문에 가난한 수백만 명이 먹을 것을 얻지 못해 굶어 죽는다. 부자가 부를 나눠주면 모두가 만족스럽게 살 수 있다. 그러나 현실에서는 백만장자가 자신보다 더 부유한 사람을 바라보며 억만장자가 되려고 한다. 욕심에 끝이 없다. 그래서 '충분함을 안다.'라는 지족知足 정신을 확산시켜야 하기 때문에 간디는 스스로 부도, 무소유의 정신을 실천한 것이다.

21세기를 내다본 욕망의 삭감

부도나 무소유는 경제학의 상식과는 정반대다. 케인스는 "정부는 수요와 공급의 괴리를 메우기 위해 돈을 사용해야 한다."라고 말했고, 프리드먼은 "비즈니스의 사회적 책임은 이윤의 확대다."라고 말했다. 간디는 반대로 "문명이라는 말의 진짜 의미는 수요와 생산을 늘리는 것이 아니라 신중하고 과감하게 욕망을 삭감하는 것입니다."라고 말했다.

경제학의 대전제는 성장이다. 그러나 자연계에 무한히 성장하는 것은 존재하지 않는다. 성장은 반드시 멈춘다. 한계는 지구의 허용량에 따라 결정되는데, 그 지구가 비명을 지르고 있다. 그래서 21세기의 경제학자들은 지속 가능한 경제를 모색하고 있는 것이다. 옥스퍼드대학교의 경제학자인 케이트 레이워스는 저서 《도넛 경제학》에서 지구 환경을 유지하고 모든 인류의 생활을 유지할 수 있는 경제 모델을 제창했다. 이를 위해서는 성장 사상에서 경제를 유지하며 전원이 부를 분배하는 사상으로 전환해야 한다.

한편 같은 인도 출생의 경제·윤리학자인 아마르티아 센은 [Book 39]

《정의의 아이디어》에서 "우리가 간디처럼 될 필요는 없다. (중략) 우리의 자유를 어떻게 사용할지는 궁극적으로 우리 자신이 결정한다."라고도 말했다. 간디의 사상에도 비판이 있음을 알아 둬야 할 것이다.

[Book 7]《정신현상학》에서 소개했듯이, 서양사상의 기본은 부정의 부정을 통한 변증법적 진화다. 한편 간디의 사상은 정면으로 부정하지 않고 포용한다. 또한 종교의 형태도 서양사상에서는 '무엇이 다른가?'부터 논의를 시작하는 경향이 있는데, 간디는 공통점부터 생각한다. 이것은 동양사상에 공통되는 요소다.

간디는 하나의 인도의 독립을 지향했지만, 종교분쟁은 뿌리가 깊었다. 그래서 결과적으로는 힌두교가 다수인 인도와 이슬람교도가 다수인 파키스탄으로 분리 독립하게 되었다. 그리고 이슬람교도에게 양보를 했던 간디는 힌두교도에 대한 배신이라며 분노한 테러리스트의 폭력에 쓰러졌다. 참으로 안타까운 일이지만, 그는 그럼에도 위대한 업적을 남겼다.

현대에는 사회격차, 폭력, 자연 파괴 같은 다양한 문제가 생겨나고 있다. 거의 100년 전에 이런 문제들과 마주했던 간디의 사상은 현대사회에 많은 힌트를 준다. 꼭 한 번쯤 읽어 보길 바란다.

POINT

현대사회에는 아힌사사상이 필요하다.

Book 47

현대 중국을 이해하기 위한 첫걸음
항일 유격 전쟁론

마오쩌둥毛澤東

1893~1976년. 중화인민공화국의 정치가. 중국 공산당의 창립 당원 중 한 명으로, 대장정과 중일전쟁을 거치면서 당 내 지도권을 획득했다. 중일전쟁 후의 국공내전에서는 장제스가 이끄는 중화민국 국민정부를 타이완으로 몰아내고 중화인민공화국의 건국을 선언했다. 1949년부터 1976년까지 중화인민공화국의 최고지도자로 군림했지만, 당과 국가의 관료화를 비판하며 문화대혁명을 발동하고 과격한운동을 전개해 수많은 희생자를 만들어냈다.

중국을 바꾼 세 편의 논문

중국은 신기한 나라다. 중국 공산당의 독재국가로, 국민의 선거권은 없다. 표현의 자유도 없어서, 발언이나 보도는 검열되며 만약 부적절하다면 중국 공산당이 즉시 삭제한다. 그리고 중국인민은 그런 상황을 받아들이고 있는 것처럼 보이기도 한다.

현대에는 그런 중국을 이해하는 것이 필수 과제다. 그래서 현대 중국을 이해하기 위한 책 세 권을 소개하려 한다. 이 세 권을 읽으면 현대 중국의 모습이 보이게 된다. 제일 먼저 소개하는 것은 건국의 아버지인 마오쩌둥

(모택동)의 논문을 수록한 이 책이다.

창시자의 사상은 조직문화에 각인되어 오랫동안 계승된다. 가령 기업의 경우는 창업자의 사상이 이에 해당한다. 그리고 현대 중국을 창시한 사람은 마오쩌둥이다. 그런 마오쩌둥의 사상은 중국의 국가사상 밑바닥에 면면히 흐르고 있다. 마오쩌둥은 수많은 저서를 남겼는데, 이 책은 마오쩌둥 사상을 엿볼 수 있는 논문 세 편을 수록했다.

〈후난(호남)성 농민운동 시찰 보고〉(1927년)
〈항일 유격 전쟁의 전략 문제〉(1938년)
〈옌안(연안)의 문예좌담회에서 한 연설〉(1942년)

언뜻 보면 논문의 주제가 농민운동, 항일전쟁, 문예좌담회로 제각각인 것 같지만, 그 밑바닥에 흐르는 마오쩌둥의 사상은 매우 일관적이다. 그러면 즉시 각 논문의 요점을 살펴보자.

〈후난(호남)성 농민운동 시찰 보고〉(1927년)

당시의 중국 공산당에서 전혀 이름이 알려지지 않았던 마오쩌둥은 고향인 후난성에서 농민 1만 명에게 지주를 상대로 한 투쟁활동을 지도하고 인민의 가능성을 느꼈다. 당시 중국 공산당원은 그 수가 얼마 되지 않았지만 농민의 수는 방대했다. 마오쩌둥은 이렇게 생각했다.

'농민이야말로 혁명의 원동력이 될 것이다.'

그래서 후난성의 농민활동에 대한 조사 보고서를 정리했는데, 그것이 이 논문이다.

마오쩌둥은 인구의 70퍼센트를 차지하는 빈농貧農을 가장 중요시했다. 당시 지주 등의 구세력 타도의 급선봉은 빈농으로 구성된 대군이었던 것이다. '빈농 없이는 혁명도 없다.'라는 통찰이 마오쩌둥이 했던 활동의 원류다.

당시의 농촌 지역은 악덕 지주나 관료가 지배하고 부정과 독직을 일으키고 있었는데, 이들에게 시달리던 농민들은 들고일어나 그들을 철저히 공격했다. 그 방법은 폭력적이었다. 지주의 집으로 쳐들어가 지주를 붙잡아서는, 죄상을 갈겨쓴 높이 1미터의 삼각 모자를 씌우고 마을 내를 끌고 다니면서 "네 죄를 깨달았느냐!"라며 욕설을 퍼부었다. 죄가 무거우면 감옥에 가두기도 하고, 경우에 따라서는 총살에 처하기도 했다. "이건 좀 지나치지 않나."라는 의견도 있었지만, 마오쩌둥은 "지나치다는 비난은 틀렸다."라고 단호하게 말했다. 그는 악덕 지주나 관료가 농민을 짓밟았기 때문에 농민의 대반격을 당한 것이며 농민은 어떤 부당한 처우도 하지 않았다고 주장한 다음, 이렇게 말했다.

"혁명은 폭동이며 하나의 계급이 다른 계급을 타도하는 격렬한 행동이다. (중략) 솔직히 말하면, 농촌에서는 어떤 마을에서나 단기간의 공포 현상을 만들어내야 한다."

마오쩌둥 사상의 근간에는 이 폭력을 긍정한 혁명이라는 발상이 자리하고 있다. 뒤에서 이야기할 문화대혁명 당시도 저명인사, 지식인, 문화인 등이 붙잡혀 삼각 모자를 뒤집어쓴 채 끌려 다니는 장면이 재현되었다.

⟨항일 유격 전쟁의 전략 문제⟩(1938년)

1937년, 일본군이 중국 대륙의 침략을 시작했다. 이 논문은 마오쩌둥이 그 이듬해에 일본군과 싸우기 위한 전략에 관해서 쓴 것이다. 농민에게서 혁명 에너지를 끌어내는 방법을 만들어낸 마오쩌둥은 '중국 공산당군은 농촌의 힘을 사용해 일본군과 싸워야 한다.'라는 결론에 도달했다. 이것은 대국적인 관점에서 냉철하게 계산한 전략적 사고의 산물이었다.

이 논문은 '중국은 크고 약한 나라'라는 현재 상황에 대한 인식으로 시작되어, '일본은 작고 강한 나라'로 이어진다. 강한 일본이 적은 병력으로 약하지만 점령해야 할 지역이 넓은 중국을 점령하려 하고 있다는 것이 이 전쟁의 본질이다.

따라서 일본군이 중국을 점령하려고 하면 공백지대가 많이 생길 수밖에 없으며, 중국이 그 공백지대에서 게릴라전을 펼치면 전쟁은 장기화되어 지구전이 된다. 그리고 군대의 수가 적은 일본군은 지구전에서 서서히 열세에 놓인다.

또한 일본군은 지역의 중국인민으로부터 지지를 얻지 못하지만 중국군은 인민의 지지를 얻을 수 있다. 따라서 이런 점들을 바탕으로 전략을 구상할 수 있다. 중국 공산당군은 먼저 각지의 농촌에 본거지를 다수 건설한다. 그리고 인민의 지지를 얻어서 유격대를 육성해 일본군을 상대로 지속적인 게릴라전을 펼쳐 체력을 소모시킨다. 이 마오쩌둥의 전략은 일본군을 소모시켜 패배로 몰아넣었다.

〈옌안(연안)의 문예좌담회에서 한 연설〉(1942년)

현대에는 중국 공산당이 모든 정보를 검열하고 있으며, 인민은 이를 받아들이고 있다. 이 글은 그 원류라고도 말할 수 있다. 전쟁 중 마오쩌둥이 문학과 예술 관계자들에게 했던 연설을 정리한 것이다. 중국어로 문예는 넓은 의미에서 문학과 예술 일반을 가리킨다. 연설은 중국인민을 해방하는 싸움에는 문화 전선과 군사 전선의 두 가지가 있다는 이야기로 시작된다. 마오쩌둥은 적에게 승리하려면 무기를 든 군대뿐만 아니라 우리 편을 단결시키는 문화의 군대가 필요하며 이 둘이 일치단결해야 일본에 승리할 수 있다고 지적한 뒤, 문학자와 예술가는 인민의 처지에 서서 적의 잔학함과 기만성을 폭로하고 인민이 일치단결하도록 격려해야 한다고 말했다. 그래서 창작자들은 먼저 마르크스·레닌주의를 공부하고 문학이나 예술이 어떻게 대중에게 봉사할지 궁리해야 하며 외국에서 직수입한 문학이나 예술은 '구제할 길 없이 유해하다.'라고 주장한 뒤 이렇게 말했다. "먼저 사상적인 정돈을 실시하고, 프롤레타리아와 비프롤레타리아 사이의 사상 투쟁을 전개해야 합니다."

마오쩌둥이 제창하는 마르크스·레닌 사상은 [Book 48]《덩샤오핑 평전》에서 소개하듯이 현대 중국에서는 크게 변모했다. 그러나 '외국에서 직수입한 문학이나 예술은 중국 공산당이 지향하는 세계를 실현하는 데 방해가 되기에 구제할 길 없이 유해하다.'라는 방침은 지금도 변함이 없어 보인다.

그 후 중국은 어떻게 되었을까? 일본군이 침략하기 전까지 중국 공산당은 국민당과 내전을 벌이고 있었는데, 당시의 공산당군은 압도적 열세에 몰려 있었다. 그러나 일본군이 침략하자 공산당군과 국민당군은 힘을 합쳐서 일본군과 싸웠다. 그리고 1945년에 일본군이 중국 대륙에서 철수하자 중국 공산당과 국민당은 다시 내전에 돌입했는데, 이때는 상황이 완전히 달라져 있었다. 1937년에 병력이 4만 명에 불과했던 공산당군이 100만 명으로 불어나 국민당군과 호각을 이루게 된 것이다. 항일전쟁에서 농민의 지지를 얻는 데 힘쓴 마오쩌둥의 전략이 이루어낸 성과다. 결국 공산당군은 국민당군을 타이완으로 몰아냈고, 마오쩌둥은 1949년에 톈안먼(천안문) 광장에서 중화인민공화국의 건국을 선언했다. 이렇게 해서 마오쩌둥은 천재적인 전략 사고와 지도로 중국을 통일해 현대 중국의 기틀을 쌓았다.

참고로 중국인민해방군은 국가의 군대가 아니다. 항일전쟁 그리고 국민당과의 내전에서 싸웠던 공산당군이 인민해방군으로 이름을 바꾼 군대다. 중국인민해방군은 중국 공산당의 휘하에 있다.

폭군으로 변한 마오쩌둥

한편, 그 후 마오쩌둥은 폭군으로 변한다. 대표적인 사례를 소개하겠다.

백화제방百花齊放 · 백가쟁명百家爭鳴

1956년, 춘추전국시대의 제자백가처럼 자유로운 언론 활동을 하면 나라는 풍요로워질 것이라고 생각한 마오쩌둥은 지식인들에게 "자유롭게 발언하시오. 공산당에 대한 비판도 환영하오."라고 말했다. 지식인들은 처음에 소극적이었지만, '무슨 말을 하더라도 죄를 묻지 않는다.'라는 방침을 내놓자 많은 지식인이 발언을 시작했다. 그러나 공산당과 마오쩌둥에 대한 비판이 너무나도 격렬했기에 마오쩌둥은 방침을 철회하고 자신과 공산당을 비판한 지식인들을 전원 숙청했다. 그 후 마오쩌둥에 대한 비판은 자취를 감췄다. 이렇게 되자 모두가 마오쩌둥에게 듣기 좋은 말만 하게 되었고, 마오쩌둥 폭주의 기반이 갖춰졌다.

대약진운동

1958년, 마오쩌둥은 '15년 안에 영국을 추월한다.'라는 야심 찬 국가 목표를 세우고 대약진운동을 시작했다. '철과 농작물을 증산하고 핵무장을 해서 선진국의 대열에 합류한다. 인해전술로 극복하자.'라는 것이다. 당시의 중국에는 철을 만드는 기술도 노하우도 전무했지만, "철을 만들라."라는 방침이 내려왔기에 농촌 곳곳에서 원시적인 용광로를 만들었다. 그러나 연료도 원재료인 고철도 없었기 때문에 삼림을 대량으로 벌채해 연료로 사용하고 농기구와 취사도구를 용광로에 집어넣었다. 그렇게 해서 철을 대량으로 만들어내기는 했지만, 하나같이 도저히 써먹을 수 없는 조악한 품질이었다. 또한 농업 생산 확대를 위해 '논밭을 망치는 참새를 박멸하라.'라는 방침이 내려와 참새를 마구잡이로 잡아 죽였는데, 그 결과 참새가 잡아먹었던 메뚜기 등의 해충이 대량으로 발생했다. 이러한 정책들의 결과로 논밭이 황폐화되고 농기구도 부족해져 농업 생산량은 순식간에 곤두박질쳤다. 무리한 계획은 경제를 대혼란에 빠트렸고, 2,000만 명(5,000만 명이라는 설도 있다)이 굶어죽었다. 핵무장에는 성공했지만,

이 참담한 결과에 마오쩌둥은 실패의 책임을 지고 국가 주석의 자리에서 물러났다.

문화대혁명

마오쩌둥의 뒤를 이은 류사오치와 덩샤오핑이 경제를 재건하기 위해 노력한 결과 중국경제는 회복되기 시작했다. 그러나 마오쩌둥은 심기가 불편했다. '사회주의를 수정해 자본주의화되고 있는 것이 아닌가?'라는 생각에서였다. 그래서 '그들을 실각시키고 권력을 되찾자.'고 생각해 일으킨 권력 투쟁이 문화대혁명이다. 마오쩌둥은 먼저 청소년들을 이렇게 선동했다. "지금 수정주의자들이 중국혁명을 실패의 위기로 몰아넣고 있다. 수정주의자들을 타도하자." 이 마오쩌둥의 선동에 열광적으로 반응한 청소년들을 홍위병이라고 불렀다. 이 운동은 마오쩌둥 측근들의 공작을 통해 중국 전역으로 확대되었고, 홍위병들은 4구(구사상, 구문화, 구풍속, 구습관)의 타도를 외치며 온갖 것을 파괴했다. 홍위병이 반혁명분자로 지목한 지식인과 저명인사, 중국 공산당 간부 등은 삼각모를 뒤집어쓴 채 끌려다니다 처형당했고, 귀중한 문화재들도 파괴되었다. 마오쩌둥은 절대적인 권력을 확립했지만, 문화대혁명은 1976년에 마오쩌둥이 사망할 때까지 계속되었으며 그로 인한 사망자의 수는 2,000만 명에 이른다고 한다.

일본어판을 번역한 요시다 도미오는 해설에서 "마오쩌둥이 20세기를 대표하는 거인 중 한 명이라는 점은 누구나 인정하겠지만, 그에 대한 평가는 아직도 확정되지 않았다."라고 말했다. 청조 말기부터 100년 동안 계속되었던 외국의 간섭과 국내 분열에 종지부를 찍고 현대 중국의 골격을 세운 점에서 진의 시황제에 비견하는 사람도 있지만, 말년에 문화대혁명 등을 일으키는 등 권력욕으로 똘똘 뭉친 폭군으로 보는 사람도 있다.

이 양면을 겸비한 인물이 마오쩌둥이다.

마오쩌둥의 뒤를 이어서 혼돈에 빠진 중국을 재건해 현대의 중국으로 발전할 수 있도록 기틀을 쌓은 인물은 다음의 [Book 48]《덩샤오핑 평전》에서 소개할 덩샤오핑이다.

현대 중국을 이해하기 위한 첫걸음으로서 먼저 이 책을 읽어 보길 바란다.

POINT

마오쩌둥 사상은 현대의 중국에도 면면히 계승되고 있다.

📖 Book 48

고도 경제성장을 실현한
중국 공산당의 논리
덩샤오핑 평전

덩샤오핑鄧小平

1904~1997년. 중화인민공화국의 정치가. 1978년부터 1989년까지 중화인민공화국의 최고지도자였다. 세 차례의 실각을 경험했지만 장칭 등 사인방을 추방한 뒤 부활했다. 개혁개방 등으로 정책을 전환해 경이적인 경제 발전을 이끄는 동시에 현대 중화인민공화국의 노선을 구축했다.

10년에 걸쳐 집필한 역사적 인물의 평전

중국이라는 나라의 본질을 알고 싶다면 중국을 지배하는 중국 공산당의 논리와 가치관을 이해해야 한다. 그래서 소개하는 책이 이《덩샤오핑 평전》이다. 마오쩌둥의 뒤를 이어서 중국의 최고지도자가 되어 중국을 변혁시켜 재건으로 이끌고 세계 2위의 경제대국으로 나아가기 위한 기틀을 쌓은 덩샤오핑의 평전으로, 1,100페이지가 넘는 대작이다. 저자인 에즈라 보걸은 일본과 중국의 대두를 오랫동안 연구한 역사학자다.

2011년에 출판된 이 책은 보걸이 방대한 청취조사와 문헌을 바탕으로

10년에 걸쳐 집필한 초대작이다. 이 책에서 보걸은 "덩샤오핑이 이끌었던 구조적 변용은 2,000년 이상 이전에 중화제국이 출현한 이래 가장 근본적인 변화였다."라고 말했다. 또한 그전까지 중국에서는 톈안먼 사건에 관한 책의 출판이 금지되어 있었는데, 이 책의 중국 대륙판에는 톈안먼 사건에 관한 상세한 기술이 거의 삭제되지 않은 채 실렸으며 반년 만에 60만 부가 팔렸다. 현대의 중국으로 이어지는 과정을 이해하고 싶다면 반드시 읽어 봐야 할 책인 것이다.

1904년에 태어난 덩샤오핑은 당시 설립 3년차 였던 1924년 작은 중국 공산당에 입당했으며, 경력을 쌓아 1952년부터 중앙정부의 부총리에 취임했다. 마오쩌둥은 "중앙정부로 오는 문서는 전부 덩의 심사를 받도록." 이라고 지시할 만큼 덩샤오핑을 깊게 신뢰했다. 덩샤오핑은 마오쩌둥과 저우언라이라는 최고지도자의 곁에서 국가 과제가 어떻게 판단되는지를 배웠다. 그러나 중국 공산당 내부의 정치 싸움과 의심이 깊은 마오쩌둥에 의해 세 차례나 실각을 경험하기도 했다.

첫 번째 실각은 20대 후반 때였다. 지방의 서기에서 해임당한 것인데, 이때는 몇 달 만에 복귀했다. 두 번째 실각은 문화대혁명이었다. 가족 모두가 박해를 받았는데, 특히 큰아들은 하반신이 마비되는 심한 장애를 안게 되었다. 세 번째 실각은 71세였을 때였다. 그해에 마오쩌둥이 죽고 중국 공산당 내부의 권력 투쟁 속에서 덩샤오핑을 실각으로 몰아넣었던 사인방(장칭, 장춘차오, 야오원위안, 황홍원)이 체포되면서 1977년 1월에 부활했다.

결국 덩샤오핑은 최고지도자에 취임해 병든 중국을 10년에 걸쳐 크게 개혁함으로써 그 후 중국의 폭발적 성장을 이끌어냈다. 그렇다면 덩샤오핑의 사상은 어떤 것이었을까?

민주집중제와 실사구시

덩샤오핑은 마오쩌둥 때문에 고초를 겪기도 했지만 위대한 그를 깊이 존경했다. 그래서 실각했을 때 '공포정치는 마오쩌둥 개인의 문제가 아니라 권력이 한 사람에게 집중되는 시스템의 결함이다. 권력의 폭주를 막자.'라고 생각하며, 복귀하면 무엇을 할지 검토했다. 그리고 당 내에서 마오쩌둥은 숭배의 대상이었기 때문에 덩샤오핑은 마오쩌둥을 부정하는 언동을 철저히 피했다.

덩샤오핑이 생각한 방법은 민주집중제를 통한 합의였다. 한 명의 지도자가 결정하는 것이 아니라 우수한 지도자들이 머리를 맞대고 논의해 정답을 찾아내는 정치형태다. 대표적인 정책을 몇 가지 소개하겠다.

간부의 20회에 걸친 해외 시찰

1975년, 프랑스를 5일 동안 여행한 덩샤오핑은 '중국도, 나의 인식도, 세계에 크게 뒤처져 있구나.'라고 통감했다. 그래서 정권을 장악한 1978년부터는 고급 간부들도 총 50개국에 해외 시찰을 보냈고, 그 결과 그들도 '중국은 크게 뒤처져 있구나. 뭔가 수를 써야 해.'라고 인식해 개혁에 힘을 쏟게 되었다.

실사구시實事求是

'사실을 기반으로 진실을 탐구한다.'라는 의미다. 마오쩌둥 시대에는 현장의 사실이 보고되지 않아 무리한 정책이 추진되었다. 요컨대 시스템의 결함이 있었던 탓에 현장에서 최고지도자로 이어지는 지시 계통이 막혀 있었다. 그래서 덩샤오핑은 "마오쩌둥 사상의 본질은 실사구시다. 위에서 아래까지 실사구시를 철저히 하라."라고 끊임없이 말했다. 마오쩌둥을 부정하지 않고 조직 전체가 가설 검증 사고를 하자고 말한 것이다.

토론하지 말고 일단 앞으로 나아가라

기능 부전을 일으킨 조직은 보수파가 저항세력이 되어서 개혁이 진행되지 않는 경우가 많다. 그래서 덩샤오핑은 "토론하지 말고 일단 시도해봐라. 그리고 성공적이면 확대하라."라는 개혁의 기본 수법을 반복해서 말했다.

그 성과 중 하나가 경제특구다. 처음에 광둥에서 이웃인 홍콩으로 탈출하는 젊은이가 많은 것이 문제가 되었다. 홍콩은 번영한 데 비해 중국 쪽은 가난했기 때문이다. 중국 쪽의 생활 개선이 필요했다. 그래서 홍콩과 마찬가지로 광둥을 외국에 개방하고 독립국처럼 자치권을 부여해 경제특구로 발전시키는 실험을 실시했는데, 그 결과 수출이 30년 동안 100배 이상 증가한 가운데 광둥의 수출이 그 3분의 1을 차지했다. 이 경험은 그후 다른 지역으로 확대되었다. 이 책에서 보걸은 이렇게 말했다. "그 지역에서 실험이 성공했을 경우 더 넓은 지역으로 확대한다는 발상은 공산당의 전통적인 지혜가 되어 갔다."

중앙 공작 회의

간단히 말하면 고관들의 토크 회의다. 과오를 솔직하게 말하도록 하고 새로운 시책을 궁리한다. 이를테면 대약진운동이나 문화대혁명의 비참한 경험을 생생하게 이야기하고 그런 문제를 어떻게 해결할지 허심탄회하게 논의하는 것이다. 그리고 모두가 말하기를 피해왔던 과오를 공개적으로 인정하고 더 나은 국가를 만들 방법을 모색한다.

덩샤오핑의 시책은 경제학의 관점에서 바라보면 매우 정통파적인 것이다. 덩샤오핑의 대단한 점은 마르크스·레닌주의와 마오쩌둥 사상이 절대적이었던 중국 공산당의 내부에서 이것을 그 사상들과 훌륭히 양립시키며 실천한 것이다. 이를 위해 덩샤오핑은 주도면밀하게 준비했다. '해봐서 성공한 것이 좀 더 진실에 가깝다'라는 실용주의적인 사상을 당 내에 조용히 침투시켰다. 모두가 여기에 동의하면 마르크스주의도 마오쩌둥주의도 실천을 바탕으로 재해석하고 필요하다면 수정을 통해 진화시켜나가야 하는 것으로 변한다. 그리고 결과가 나쁘면 '방법을 바꾸자.'라고 생각하게 된다.

당 내에서 절대적이었던 마오쩌둥에 관해서는 간부들과 철저히 사전 협의를 해서 업적의 판단을 뒤로 미뤘고, 연설에서 이렇게 말했다.

"마오쩌둥의 걸출한 지도가 없었다면, 우리는 지금도 승리를 얻지 못했을 것이다. (중략) 마오 주석도 무류無謬하지는 않으며 완전무결하지도 않다. (중략) 언젠가 적절한 시점에 그것들을 정리해 교훈을 얻어야 한다. (중략) 그러나 그 작업을 서두를 필요는 없다."

이렇게 해서 덩샤오핑은 마르크스·레닌주의도 마오쩌둥 사상도 부정하지 않으면서 경제 전반에 걸쳐 변혁을 추진할 수 있었다.

덩샤오핑의 시책에는 서방의 가치관과 양립되지 않는 부분도 있다. 그 중핵이 중국 공산당의 일당지배체제다. "중국 공산당의 지배는 신성한 것으로서 침해되어서는 안 된다. 우리가 외치는 민주주의는 중국 공산당의 지도체제 아래에서의 민주주의다. '무슨 말을 해도 되고 무슨 행동을 해도 된다.'는 것은 우리가 생각하는 민주주의와는 양립되지 않는다."

덩샤오핑은 이 생각을 절대 양보하지 않았다. 서양식 민주주의에서는 선거의 결과에 따라 정부 여당이 바뀌지만, 중화인민공화국에서는 중국 공산당의 일당 지배가 절대적이다. 애초에 중국은 국민당과의 내전에서 승리한 중국 공산당이 건국한 나라라는 대전제가 깔려 있기 때문이다.

그리고 최고지도자로 취임한 지 11년이 지난 1989년, 덩샤오핑은 자유를 원하는 국민과 충돌하게 된다. 톈안먼 사건이 일어난 것이다.

톈안먼 사건의 판단은 옳았다?

1989년, 소련과 동유럽에서 민주화운동으로 공산당 정권이 차례차례 쓰러지고 민주화가 진행되었다. 중국에서는 4월부터 톈안먼 광장에서 자유를 요구하는 학생들이 시위를 시작했다. 당시 84세였던 덩샤오핑은 동유럽의 공산국가들이 시위대에 관대하게 대응한 결과 오히려 공산당의 권위가 실추되어 정권이 붕괴되는 모습을 보며 '단호한 조치가 필요하다.'라고 생각하고 있었다.

5월 중순에는 소련의 고르바초프가 중국을 방문했다. 덩샤오핑은 톈안먼 광장에서 시위대를 전부 쫓아내려 했지만, 120만 명에 이른 광장의 학생들은 움직이지 않았다. 중국정부는 톈안먼 광장에서 고르바초프의 환영식을 열 수 없었을 뿐만 아니라 시위대의 모습이 세계에 보도되어 체면을 구겼다. 이에 덩샤오핑은 군대를 동원할 각오를 굳혔다.

6월 4일, 톈안먼 광장에 군대가 진입했다. 중국정부의 공식 발표로는 200명 이상이 사망했지만, 가장 신뢰성이 높다고 생각되는 외국 연구자의 추계에 따르면 300~2,600명의 시위 참가자가 살해당했다.

이 사건에 관해 덩샤오핑은 아무리 비판을 받더라도 자신의 판단이 옳았음을 단 한 번도 의심하지 않았다. 결국 톈안먼 사건 이후 중국 인민은 중국 공산당에 대해 반대 의견을 말하지 않게 되었다.

나는 아리스토텔레스가 [Book 22]《정치학》에서 말한 "이상적인 정치 체제는 가장 뛰어난 덕을 갖춘 왕이 통치하는 왕제이지만, 언젠가 바닥을 알 수 없는 부패가 발생한다. 한편 민주제는 부패에 제동을 걸 수 있으며 부패의 정도가 가장 약하다. 소수가 지배하는 과두제는 그 중간이다."에 덩샤오핑의 생각을 이해하기 위한 힌트가 담겨 있다고 생각한다. 왕제로 통치한 마오쩌둥 시대에는 최악의 부패가 발생했다. 한편 방대한 국토와 10억 명에 이르는 인민을 보유한 중국을 민주제로 운영하면 아직 중국 인민에게 민주주의 사상이 충분히 뿌리를 내리지 못했기에 대혼란이 일어날 수밖에 없다. 그래서 덩샤오핑은 중국 공산당의 일당 지배를 통한 민주 집중제, 아리스토텔레스식으로 말하면 '과두제를 통한 지배'로 중국을 발전시키는 길을 선택한 것이 아닐까? 그러나 과두제는 민주제보다 부패의 위험성이 크다. 이 문제를 생각해 보자.

이 책에 따르면 덩샤오핑은 지도자의 정년제가 없는 것이 조직의 치명적 결함이라고 생각해, 마지막 시책으로 강제정년제를 결정했다. 고령의 간부가 자동으로 젊은 지도자에게 직위를 넘기는 시스템이다. 이 집단지도체제와 정년제는 덩샤오핑의 후임인 장쩌민, 후진타오에게 계승되었다. 그러나 2012년에 취임한 시진핑은 10년이라는 국가주석의 임기 제한을 폐지했고, 2022년에는 3선에 성공함으로써 재위 10년을 넘어 종신 국가주석이 될 가능성도 생겼다. 앞으로 덩샤오핑이 걱정했던 시스템의 결함이 표면화되어 폭주할 가능성이 높아지고 있다.

여기에 뿌리 깊은 독직 문제도 있다. 굳건한 중국 공산당의 통치는 독직을 불러오기 쉽다. 실제로 당 간부는 정규 급여 이외에 수입을 올릴 방법을 찾아내고 있다고 한다. 그럼에도 민중이 중국 공산당의 지배를 따르는 이유는 중국이 경제성장을 지속해 국가가 풍요로워졌기 때문이다. 저자인 보걸은 이 책의 간략한 해설서인《덩샤오핑(鄧小平)》에서 이렇게 말했다. "앞으로 고도성장이 끝나고 저성장의 시대에 접어들면 어려운 문제들이 일제히 터져 나올 것으로 생각합니다."

성장은 영원히 계속되지 않는다. 실제로 중국 경제의 성장은 일단락되고 있다. 덩샤오핑이 기본 설계를 했던 시스템은 40년이 지난 지금 제도피로 System fatigue를 일으키고 있다. 이 책은 그런 중국의 본질을 이해하는 데 틀림없이 도움이 될 것이다.

POINT

덩샤오핑이 설계한 중국의 시스템은 오늘날 시험대에 올라 있다.

Book 49

정체성 위기에 빠진 중국과 그 해결책

보편적 가치를
추구한다

쉬지린許紀霖

1957년~. 화둥사범대학교 교수. 중국현대사상문화연구소 부소장, 중국역사학회 이사, 홍콩 〈21세기〉
잡지 편집 위원 등을 맡고 있다. 주로 20세기 중국 사상사史와 지식인, 그리고 상하이 도시문화를 연구
하고 있다.

현대 중국의 고민은 무엇인가

중국에는 수많은 현대사상가가 있지만, 한국에는 거의 알려지지 않았다.
저자인 쉬지린은 중국 국내에서 보기 드문 자유주의사상가다. '중국에 자
유주의자가 있다고?'라고 놀라겠지만, 그는 한 연구회에서 이렇게 말했
다. "중국에서도 학술적인 관점에서라면 온갖 문제를 논의할 수 있습니다.
그것을 정치적 문제로써 논할 수가 없을 뿐이지요. 만약 당신이 (중략) 중
국의 정치제도를 비판하려 한다면 그것은 허용될 수 없다는 말입니다."

이 책은 현대 중국이 안고 있는 고민을 가르쳐준다. 키워드는 이 책의

제목인 보편적 가치다. '보편적'이란 말을 사전에서 찾아보면 "어떤 범위의 모든 것에 적용되는 상태"라고 나온다. 이 책에서 쉬지린은 중국과 동아시아, 세계에 적용되는 보편적인 가치와 질서를 어떻게 재현할 것인가에 관해 탐구했다. 그는 '오늘날의 세계가 보편성을 잃은 것이 세계적인 위기의 근본 원인 중 하나다.'라고 생각했다. 실제로 현대에는 '무엇이 선이고 무엇이 악인가?'라는 기본적인 것에 관해 사람들의 생각이 일치하지 않아 다툼이 벌어지고 있다.

이것은 철학자 마르쿠스 가브리엘이 [Book 21]《왜 세계는 존재하지 않는가》에서 논한 것과 같은 문제의식인데, 보편성은 어려운 주제다. 나치 독일은 '독일 민족의 영광'을 외치며 유럽을 제패하려 했다. 제2차세계대전 이전의 일본도 덴노체제에 입각한 질서를 확장하는 '대동아공영권'이라는 사상을 앞세워 아시아를 제패하려 했다. 나치도 제2차세계대전 이전의 일본도 보편성이 없는 독선적인 사상을 퍼트리려 했다가 파멸을 맞이했다. 그렇다면 보편성은 어떤 모습이어야 할까?

동아시아 공동체를 제창하다

현재 동아시아에서는 확장과 전쟁의 예감이 고조되고 있다. "보편적인 사상을 공유하는 동아시아 공동체를 만들면 수많은 문제를 해결할 수 있다."라고 제창한 쉬지린은 과거의 동아시아에는 다음과 같은 제국 질서가 있었다고 말했다.

고대 조공체제를 통한 중화제국의 질서

중화제국이 주변국의 수장을 책봉체제로 임명해 군신 관계를 맺고, 외부의 국가들이 조공제도를 통해 공물을 바친다. 중화제국이 중심인 계층 구조였다.

제2차세계대전 이후, 미국과 소련의 대립에 따른 냉전 질서

소련을 중심으로 한 중국·북한의 사회주의 진영과 미국·일본·한국·타이완의 자유세계 진영이 대립했다. 1970년대에는 소련과 대립한 중국이 한국과 일본에 접근해 우호관계를 쌓았다. 그리고 지금, 미국·일본과 중국의 대립에 따른 포스트 냉전 질서가 시작되었다.

동아시아를 통일한 제국은 역사 속에 존재하지 않았다. 제국 질서를 대신할 새로운 동아시아 구상이 필요하다. 그러나 현재의 동아시아에서는 '자국의 이익은 반드시 수호한다.'라는 민족주의가 높아지고 있으며, 영토 문제에 대해서도 '국익은 단호히 사수한다.'라며 서로 한 치도 양보하지 않고 있다. 쉬지린은 "20세기 전반의 유럽과 완전히 똑같은 상황이다."라고 지적했다.

농경민족인 동아시아에서 분할할 수 없는 바다는 누구의 것도 아니며 함께 공유하고 혜택을 누리는 것이었다. 그러나 서양에서는 대항해시대에 해양 민족인 스페인과 포르투갈이 바다는 육지의 연장이라고 생각했고, 그 결과 바다는 국가가 주권을 갖는 곳이 되었다. 그래서 쉬지린은 "생각을 바꿔 '바다에 관해서는 함께 혜택을 누린다.'라는 관점에서 분쟁을 해결한다면, '구시대적'인 우리 농경민족의 지혜가 '선진적인' 서양의 해양 민족이 정한 규칙에 대해 오히려 완전히 새로운 방책을 제공할 수 있다."라고 제창했다. 이처럼 새로운 동아시아 공동체를 위해서 필요한 것은 기존 발상의 전환이며, 구체적으로는 다음의 세 가지다.

① **탈제국화:** 어떤 하나의 제국을 통한 질서가 아니라 공동체의 질서로.

② **탈계층화:** 계층적인 지배 질서가 아니라 수평화된 평등 질서로.

③ **탈중심화:** 하나의 중심이 다스리는 질서가 아니라 복수의 중심이 상호 작용하는 질서로.

'그런 건 절대 무리야.'라고 생각할지도 모르지만, 쉬지린은 선례를 들었다. EU(유럽공동체)다. 80년 전까지 격렬히 싸웠던 유럽 각국은 초국가적인 운명 공동체인 EU가 되었다. EU의 존재는 다음의 세 가지 기둥에 의존하고 있다.

① **외부의 타자와 내부의 타자의 존재:** 공동체의 정체성에는 타자他者의 존재가 필요하다. EU의 경우, 외부의 타자는 그리스도교 사회인 유럽과 종교적·정치적으로 충돌해온 이슬람이다. 그리고 내부의 타자는 정치·경제의 측면에서 항상 유럽의 맹우였던 미국이다. 돌출된 미국의 존재는 유럽 각국의 정체성을 강화하고 있다.

② **공통의 종교와 철학:** 유럽은 그리스도교, 그리스·로마 문명, 근대 계몽사상이라는 가치관을 공유한다.

③ **공통의 역사적 기억과 성장 경험:** 유럽에는 로마제국 이래의 공통된 기억과 두 차례의 세계대전이라는 아픈 기억이 있다. 제2차세계대전 후, 교훈을 얻은 독일은 반성하고 유럽 국가들과 화해했다. 그리고 유럽 각국은 EU 창설에 매진했다.

이를 동아시아가 하지 못할 이유는 없다. 동아시아의 상황은 어떨까?

① **외부의 타자와 내부의 타자의 존재:** 동아시아의 경우, 외부의 타자는 서양이다. 그리고 내부의 타자는 다른 동아시아 국가다. 서로 문화가 다르며 충돌도 해왔다.
② **공통의 종교와 철학:** 타이완의 학자인 가오밍스는 "동아시아에는 한자, 유교, 대승불교, 율령, 과학기술(의학, 산술, 천문, 역법, 음양학 등)이라는 공통 자산이 있다."라고 소개했다.
③ **공통의 역사적 기억과 성장 경험:** 동아시아에서는 20세기의 일본의 침략전쟁이 트라우마로 남아, 분단과 대립이 만들어졌다. 유럽처럼 공통의 역사적 인식과 전쟁에 대한 일본의 깊은 반성을 진심으로 공유할 때 비로소 한일·중일 사이에 독일과 프랑스 같은 최종적 화해를 실현할 수 있다.

이렇게 보면 동아시아 공동체는 과제가 많지만, 결코 넘어설 수 없는 벽은 아니다. 다만 한 가지 과제가 있다. 동아시아 각국은 국민국가 의식이 너무 강하고 동아시아 의식이 너무 약하다는 것이다. 동아시아 지식인의 연대감도 유럽에 비해서는 훨씬 야하다. 그러나 동아시아는 서로 이웃한 사이다. 그리고 국가는 개인의 집처럼 이사를 갈 수가 없다. 서로 화해하지 않는 한 긴장은 점점 커질 것이며, 전쟁이 일어나면 모두가 불행해진다. 국가의 벽을 극복하고 동아시아의 연대감을 강화해나가야 하는 것이다. 그렇다면 어떻게 공동체를 구축해야 할까?

이에 대해 쉬지린은 신천하주의新天下主義라는 보편적인 가치관을 제창했다.

신천하주의란 무엇인가

쉬지린은 중화문명에는 전통적으로 '천하주의'라는 사상이 있다고 말했다. 중화문명이 키운 천하는 민족이나 국가 고유의 것을 초월한, 전인류 공통의 보편적인 문명 질서였다. 국가는 단순한 권력 질서에 불과하다. 국가가 멸망해도 사람들이 '하늘이 내려다보고 있어. 나쁜 짓은 하지 않을 거야.'라고 생각해 지옥 같은 상황이 되지 않는다면 이런 질서도 천하의 형태 중 하나다. 이 천하주의라는 개방적이고 포용력 있는 보편적 사상 덕분에 중화문명은 5,000년이 지나서도 쇠퇴하지 않았다. 외래 문명에 대해 내 것, 네 것을 따지지 않고 가치의 좋고 나쁨에만 주목하며 끊임없이 도입해 자신의 전통으로 만들어 왔다. [Book 48]《덩샤오핑 평전》에서 소개한 덩샤오핑도 "실천은 진리를 검증하는 유일한 기준"이라는 방침 아래 외국의 지식을 받아들이며 개혁 개방을 추진했다.

문명이라는 것은 결국 '무엇이 좋은가?'라는 질문에 대한 답이다. 우리만이 아니라 모든 인류에게 좋은 것이 보편적인 문명의 조건이다. 여기에

'우리'와 '타자'의 구별은 없다. 보편적인 인류의 가치가 있을 뿐이다.

본래 중화문명은 그리스도교나 고대 그리스·로마 문명과 마찬가지로 모든 인류의 보편적인 관심이 출발점이었지만, 과거의 중화제국 왕조는 주변 지역에 고도의 종교와 문명을 가져다주는 가운데 때때로 폭력적인 정복이나 노예 사역도 했다. 그러나 현대에는 이런 방식이 통용되지 않는 다. 천하주의는 업그레이드가 필요하다. 그래서 쉬지린이 '신천하주의'를 제창한 것이다. 중화중심의 계층적인 질서나 지배·예속은 그만두고, 민족 과 국가의 평등과 독립을 서로 존중하며 다양성을 인정하는 평화로운 질 서를 만든다. 옛사람들이 이야기한 '천하는 천하의 사람들을 위한 천하'라 는 생각을 실천해, 신천하주의를 동아시아 공동체가 공유하는 보편적 가 치관으로 삼는다. 그러나 '지금의 공산당 일당 독재의 중국에서 정말 그런 게 가능해?'라고 생각한 사람도 많을 것이다. 지당한 생각이다. 그래서 쉬 지린은 "현재의 중국은 변화할 필요가 있다."라고도 말했다.

정체성을 상실한 현대 중국의 현실

"이것은 중국의 내정이기에 외국인의 의견은 용납할 수 없다.", "이것은 중 국의 주권이기에 타국의 간섭을 허용할 수는 없다."

중국정부의 보도관이 이런 발언을 하는 것은 자주 볼 수 있는 광경이 다. 이에 대해 쉬지린은 "이래서는 안 된다."라고 말했다. 국제사회는 보편 적 가치를 바탕으로 커뮤니케이션을 하고 있는데 중국은 보편적 가치를 말하지 못하고 어색하게 "중국은 특수하다."라는 자기변명만 한다. 중국만을 생각하는 이 자세는 전통적인 중국의 천하주의를 완전히 망각하고 있다. 중국은 세계에서 보편적으로 받아들일 수 있는 가치관에 입각해서 발언해야 하는 것이다.

고대에 여러 나라의 사람들이 중화제국을 찾아온 이유는 무력이 두려워서가 아니라 선진문명과 제도에 매료되었기 때문이다. 그런 문명의 흡입력이야말로 소프트 파워다. '세계를 위해'라는 보편적인 천하주의 사상을 가졌던 과거의 중화제국은 곳곳에서 동맹을 맺고 주변국과 장기적인 안정을 유지했다. 그러나 지금의 중국은 '세계를 위해'라는 천하의식이 아니라 '중국을 위해'라는 국가의식밖에 없는 제국이 돼버렸다. 자국의 이익을 고집스럽게 주장할수록 주변국들은 중국을 경계할 수밖에 없다.

이 책이 지적하는 갑갑함은 중국에서 널리 공유되고 있는 것이기도 하다. 그러나 공산당 독재가 계속되고 있는 중국도 언젠가는 변화한다. 대약진운동이나 문화대혁명도 재평가된 결과, 중국은 크게 성장했다. 수천 년의 역사를 자랑하는 중국에는 파탄을 맞이하더라도 복원해서 정상으로 되돌리는 신기한 힘이 있다. 장기적인 관점에서 보면 중국도 반드시 변화할 것이다. 눈앞에 놓인 정체성의 위기를 중국이 어떻게 극복할지 유심히 지켜봐야 할 시점이다.

POINT

정체성 위기에 직면한 현대 중국의 문제를 이해하라.

Chapter 4

역사·예술·문학

인문학은 현대인들이 살아가는 데 있어
깊은 교양의 원천이 되어준다.
이 챕터에서는 인류의 지식과 감성을 바꾼
명저 11권을 소개한다.

These days'
liberal arts must-reads 87

Book 50

역사란 과거 사실의 집합이 아니다
역사란 무엇인가

E. H. 카 Edward Hallett Carr

1892~1982. 영국의 역사가, 국제정치학자, 외교관. 케임브리지대학교를 졸업한 뒤 영국 외무부에서 근무했다. 제2차세계대전 중에는 영국 정보부의 직원과 〈타임스〉지의 기자로 활동했다. 러시아혁명사 연구를 필생의 사업으로 삼았다.

루비콘강을 건너다

"역사에서 배워라."라는 말을 종종 들을 수 있는데, 애초에 역사란 무엇인지 설명하기는 어렵다. '역사가 뭐냐고? 과거의 사실을 모아 놓은 것 아니야?'라고 생각할지도 모른다. 사실 19세기까지는 역사학계에서도 그렇게 생각했다.

　60년 전에 출판된 이 책은 지금도 역사학의 교과서로서 세계적으로 널리 읽히는 필독서다. 이 책의 첫머리에서 카는 "루비콘강을 건너다."라는 말을 언급했다. '이제는 돌이킬 수 없다. 끝까지 앞으로 나아갈 뿐.'이라는 의미로, 기원전 49년 1월 10일에 카이사르가 루비콘강을 건넌 역사상의 사실에서 유래된 말이다. 그런데 과거에 루비콘강을 건넜을 수백 만 명이 넘는 사람들은 역사에 전혀 기록되어 있지 않다. 그렇다면 왜 카이사르가 기원전 49년 1월 10일에 루비콘강을 건넌 사실만이 '역사적 사실'이 된 것일까? 이 책은 그 답을 제시하고, 나아가 '역사를 어떻게 공부해야 할 것인가?'를 가르쳐준다.

저자인 E. H. 카는 1892년에 영국에서 태어났으며, 영국 외무부에서 20년 동안 외교관으로 근무한 뒤 학계에 투신한 역사 연구자다. 이 책은 1961년 1~3월에 그가 케임브리지대학교에서 했던 강의 내용을 바탕으로 같은 해 가을에 출판되었다.

무엇이 역사가 되는가

카이사르가 루비콘강을 건넌 것은 어떤 상황이었을까? 고대 로마의 장군 카이사르는 속주(로마가 지배하는 지역)인 갈리아 총독으로서 갈리아 지역을 복속시켰다. 그러나 로마 지도자들은 카이사르를 두려워했고, 양측은 대립하게 되었다. 카이사르는 로마 지도자들과 싸울 각오를 굳혔다.

루비콘강은 카이사르가 통치하는 속주 갈리아와 로마 본국의 경계였다. 당시의 로마에서 속주군이 무장을 해제하지 않고 루비콘강을 건너는 것은 본국에 대한 반역 행위로 간주되었다. 그러나 카이사르는 "주사위는 던져졌다."라며 군대를 이끌고 루비콘강을 건너서 로마 본국으로 돌입해 내전을 제압했다. 그리고 여러 가지 개혁을 단행해 제정 로마의 기초를 쌓았다. 이처럼 '카이사르가 루비콘강을 건넌' 사실을 역사가들이 역사적 사실로서 선택한 것이다. 다른 사람이 루비콘강을 건넌 무수한 사실은 역사가들에게 의미가 없다. 카는 이 책에서 이렇게 말했다.

"역사가는 무수히 많은 사실 중 자신의 목적에 유의미한 사실을 골라낸다. 역사적으로 유의미한 인과의 연쇄를, 아니 그것만을 다수의 원인 결과의 수많은 연쇄 속에서 추출한다. 그리고 역사적 의미를 결정하는 규준은 자신이 생각하는 합리적인 설명과 해석의 틀 속에 사실을 끼워넣는다. 이는 역사가의 능력이라 할 수 있다.

이것을 알기 쉽게 보여주는 것이 다음의 그림이다. 과거에는 무수한 사실이 있지만, 이것만으로는 역사가 되지 않는다. 역사가는 무수한 사실 중에서 의미가 있는 역사적 사실을 골라내고, 그 역사적 사실들의 인과관계를 찾아내서 그 인과의 연쇄로부터 역사적인 의미를 만드는 것이다.

19세기까지의 역사학계에서는 이와 같이 생각하지 않고 '역사란 사실의 집합이다. 역사가가 할 일은 진짜 사실을 제시하는 것뿐이다.'라고 생각했다. 그러나 사실을 어떻게 파악하느냐는 사람에 따라 제각각이다. 판화가인 낸시 세키의 《기억 스케치 아카데미記憶スケッチアカデミー》라는 명저가 있다. 남녀노소 다양한 사람이 '페코쨩', '개구리', '긴타로' 같은 키워드를 제시받은 뒤 그것을 기억에만 의지해서 그리는 '기억 스케치'의 작품집이다. 가령 '새우'라는 키워드에서는 다양한 새우를 즐길 수 있다. 막대 모양의 새우, 괴상하게 생긴 새우, 귀여운 새우, 기묘한 새우, 경단처럼 생긴 새우 등등. '새우'라는 하나의 단순한 사실도 사람에 따라 다양한 해석이 가능한데 하물며 역사가 완전히 객관적이기는 불가능하다. 반드시 사람에

역사란 사실의 집합이 아니다. 역사가가 선택한 사실이다

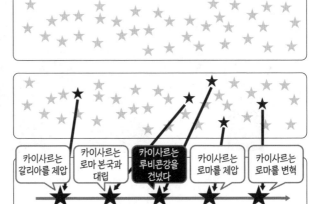

따라 주관이 들어갈 수밖에 없다. 카는 이렇게 말했다.

"첫째로, 역사상의 사실은 순수한 형식으로 존재하는 것이 아니며 또 존재할 수 없는 것이기 때문에 결코 순수하게 우리에게 나타나지 않는다. 항상 기록자의 마음을 통과하는 과정에서 굴절되어서 오는 것이다."

역사란 역사가가 방대한 사실 속에서 역사적 사실을 선택하고 해석해서 재구성한 것이라는 말이다.

에즈라 보걸은 [Book 48]《덩샤오핑 평전》에서 방대한 조사를 기반으로 덩샤오핑을 중심으로 한 현대 중국의 변혁을 묘사했다. 게다가 모든 기술에 대해 근거를 제시했고, 무려 1,792 항목에 이르는 주석을 달았다. 그런 이런 역사서조차도 보걸이라는 기록자의 마음을 통과하면서 굴절된

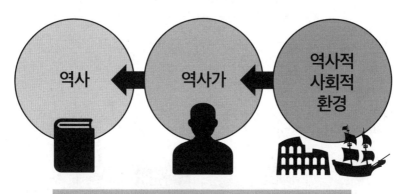

역사의 평가는 역사적·사회적 환경의 영향을 받는다

역사 ← 역사가 ← 역사적 사회적 환경

역사를 공부하려면 먼저 역사가를 알고,
나아가 역사가의 역사적·사회적 환경을 알아야 한다

상태로 쓰인 것이다. 그렇기 때문에 역사가를 이해하는 것이 중요하다.

2022년에 세상을 떠난 소련의 마지막 최고 지도자 고르바초프는 서양에서는 20세기 후반 최대의 정치가로 높게 평가 받는다. 1980년대의 소련 국내에서도 가장 인기 있는 정치가였다. 그러나 현대 러시아에서는 소련 붕괴를 불러온 인물로서 비판적인 시각이 많다. 이처럼 역사에 대한 평가는 반드시 역사적 환경이나 사회적 환경의 영향을 받는다. 카는 이렇게 말했다.

"'역사를 연구하기 전에 역사가를 연구하라.' 지금은 여기에 다음과 같은 말을 추가해야 한다. '역사가를 연구하기 전에 역사가의 역사적 그리고 사회적 환경을 연구하라.' 역사가는 개인인 동시에 역사와 사회의 산물이다."

고르바초프에 대한 평가는 서양과 러시아라는 사회 환경별로 차이가 있고, 같은 러시아(소련)에서도 시대가 바뀌자 평가가 달라졌다. 이런 점도 염두에 둬야 역사를 더욱 깊게 공부할 수 있다.

그런데 여기에서 한 가지 의문이 생긴다. 역사에는 주관에 따른 다양한 편향이 존재한다. 편향이 가득한 것은 역사책의 숙명이다. 그렇다면 역사를 공부할 때 객관성은 어떻게 생각해야 할까.

역사란 현대와 과거의 대화다

역사가가 역사적 사실을 선택할 때, 과거의 방대한 사실이 버려진다. 그러나 나중에 그 버려졌던 과거의 방대한 사실 속에서 새로운 사실이 재발견될 때도 있다. 카는 이렇게 말했다. "역사에서 객관성이라는 것은 사실의 객관성이 아니라 단순히 관계의 객관성, 즉 사실과 해석 사이의, 과거와 현재와 미래 사이의 관계의 객관성이다."

즉, 역사적 사실은 항상 현대 시점에서 선택되고 해석된다. 시대에 따라 과거 사실과 현재, 그리고 미래 관계가 변화하는 것이다.

또한 카는 이 책 제1장의 마지막에서 다음과 같은 유명한 말을 남겼다.

"역사란 역사가와 사실 사이의 부단한 상호작용 과정이며, 현재와 과거 사이의 끝을 알 수 없는 대화인 것이다."

즉, 역사란 현대와 과거의 대화다. 역사를 공부함으로써 우리는 선인의 과오를 피하고 더 나은 삶을 살 수 있게 된다.

이 장에서는 다음에 소개할 [Book 51]《심장지대》를 비롯한 다양한 역사서의 명저 6권을 소개한다. 우리가 문제의식을 갖고 이 역사서들에서 배움을 얻으며 현재 시점에서 어떤 의미가 있는지 재해석해 나가는 것은 새로운 미래를 구축하는 길로 이어진다. 이것이 역사를 공부하는 의미인 것이다.

POINT

역사를 공부하는 것은 현대 시점에서 과거와 대화하는 것이다.

Book 51

왜 서방국가들은 우크라이나를 지원하는가
심장지대

해퍼드 존 매킨더 Halford John Mackinder

1861~1947년. 영국의 지리학자, 옥스퍼드대학교 지리학원 초대 원장, 런던대학교 정치경제학원 원장 등을 역임했다. 그가 제창한 심장지대는 지정학의 기초적인 이론이 되었다. 사실상 현대 지정학의 시조 라고 할 수 있다.

우크라이나를 둘러싼 지정학

2022년 2월에 러시아가 우크라이나를 침공하자 서방국가들은 일제히 반 발하며 러시아에 경제제재를 단행했다. 이 경제제재로 세계는 대혼란에 빠졌다. 이에 대해 '동유럽의 한 나라에서 일어난 분쟁에 왜 전 세계가 난 리인 거야?'라고 생각한 사람도 있을지 모른다. 그러나 우크라이나는 세 계적으로 봤을 때 굉장히 중요한 지역이다. 지정학을 공부하면 그 이유를 이해할 수 있으며, 대국이 숨기고 있는 본심도 읽을 수 있게 된다.

또한 투자자들은 지정학을 해독해 리스크 헤지를 한다. 2023년, 세계적인 투자자인 워렌 버핏은 타이완에 있는 세계 최대의 반도체 제조사인 TSMC의 주식을 전량 매각했다. 수익성이 높아서 팔고 싶지 않았지만 타이완의 지정학적 리스크를 고려한 결과라고 한다.

지정학의 사전적 의미를 찾아보면 "정치 현상과 지리적 조건의 관계를 연구하는 학문"이라고 설명되어 있다. 국가는 이사를 갈 수 없다. 지정학은 이 지리적인 제약 조건이 어떻게 국가의 정치에 관계하는지 연구한다.

이 책은 지정학의 바이블이다. 저자인 해퍼드 존 매킨더는 1861년에 영국에서 태어났다. 지리학 연구자였던 그는 정계에 진출해 제1차세계대전 중에 정치가로서 영국의 전쟁을 지원했으며, 1919년에 이 책을 집필했다. 1985년에 출판된 일본어판의 번역가인 소무라 야스노부는 해설에서 "현재 이른바 지정학으로 불리고 있는 것은 사실상 매킨더가 시작했다고 봐도 무방하다.", "매킨더의 설명 속에는 (중략) 20세기 국제정치학의 온갖 기본적 명제가 전부 담겨 있다."라고 말했다.

세계섬을 지배하는 자가 세계를 제패한다

이 책에는 다음의 유명한 말이 나온다.

"동유럽을 지배하는 자는 심장지대를 제패하고, 심장지대를 지배하는 자는 세계섬을 제패하며, 세계섬을 지배하는 자는 세계를 제패한다."

이 심장지대Heartland와 세계섬World-Island이라는 개념이 매킨지 지정학의 열쇠다. 그러면 순서대로 설명하겠다. 지정학에서는 시 파워Sea power와 랜드 파워Land power라는 말이 나온다. 시 파워는 해양을 지배하는 능력이다.

시 파워와 랜드 파워

시 파워	랜드 파워
국가가 해양을 지배하고 활용하는 능력	국가가 육지를 이용하는 능력

어업 · 해군 · 해운/교역

농업 · 도로/철도 · 육군

해양 국가	대륙 국가
영국, 미국, 프랑스, 일본 등	러시아, 중국, 독일 등

가령 해양 국가인 영국은 시 파워 대국이다. 한편 랜드 파워는 육지를 이용하는 능력이다. 러시아나 중국은 대륙 국가이며 랜드 파워 대국이다.

또한 매킨더는 세계섬(세계도)이라는 개념을 제창했다. 세계섬이란 육지가 연결되어 있는 세 대륙인 유럽, 아시아, 아프리카의 총칭으로, 현재 세계 인구의 75퍼센트가 세계섬에 살고 있다. 북아메리카와 남아메리카는 파나마 지역을 통해서 약간 연결되어 있을 뿐 사실상 별개의 섬이다. 이렇게 해서 지구를 전체적으로 바라보면 세계섬이 세계를 지배하고 있음을 알 수 있다. 즉, 단일 세력이 세계섬을 지배하는 것은 세계 전체에 위협이 된다. 매킨더는 이렇게 말했다.

"우리는 언젠가 거대한 대륙이 단일 세력의 지배를 받고 무적의 시 파위의 기지가 될 가능성을 도외시해도 괜찮은 것일까? (중략) 이것은 전략상의 관점에서 봤을 때 세계 전체의 자유에 대한 최대의, 궁극적인 위협이라고 말할 수밖에 없다."

그리고 이 세계섬을 지배하는 곳이 심장지대다. 다음의 그림은 매킨더의 지정학에서 유명한 그림이다. 여기에서 'PIVOT AREA(중심 영역)'라고 적힌 부분이 심장지대다. 북극해 연안부터 남쪽에 걸쳐 아시아의 절반과 유럽의 4분의 1을 포함하는 영역으로, 북극해 쪽은 얼음으로 닫혀 있어서 바다를 통한 진입이 불가능하기 때문에 외부 시 파워의 공격이 어렵다. 매킨더는 이 지역을 대륙의 심장지대라고 명명했다.

심장지대는 목초지다. 역사상 심장지대의 유목 민족들은 주변의 국가를 끊임없이 침략해왔다. 7~13세기에 서아시아와 북아프리카, 남유럽을 지배했던 사라센 제국은 북쪽의 심장지대의 세력에 멸망했다. 매킨더는 이렇게 말했다. "영국이나 프랑스 등의 국민 국가의 성립, 베네치아의 해상 세력의 발흥, 또 중세 교황청의 권위 확립 등은 전부 하나의 사건에서 기인했다. 그것은 심장지대에서 내습한 강적에 대해 해안의 각 민족이 일치단결해 반격한 사건이다."

그리고 러시아가 대두하면서 심장지대의 상황은 크게 달라진다. 매킨더는 이렇게 말했다. "유목민족이나 기마민족 등이 그들의 제국을 오랫동안 유지하지 못한 이유는 요컨대 충분한 인적자력이 없었기 때문이다. (중략) 러시아의 시대가 되어서야 비로소 진정으로 위협적인 인적자원의 소유자가 심장지대의 주민이 되었음을 알게 되었다."

러시아혁명으로 탄생한 소비에트연방은 미국과 어깨를 나란히 하는 초

심장지대는 지배하는 자는 세계섬을 제패한다

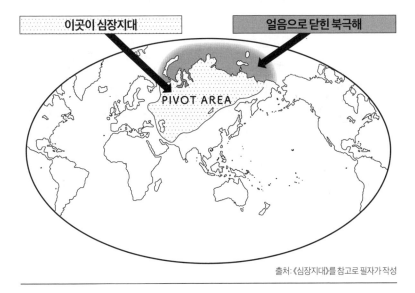

이곳이 심장지대

얼음으로 닫힌 북극해

PIVOT AREA

출처:《심장지대》를 참고로 필자가 작성

강대국이 되었지만, 소련이 붕괴하자 러시아의 경제 규모는 크게 위축되었다. 그러나 현재도 러시아는 심장지대를 제패하고 있으며 핵도 보유하고 있다. 그래서 러시아는 세계의 강국인 것이다.

심장지대에는 고민도 있다. 항구가 없다는 것이다. 북극해 쪽은 얼음으로 막혀 있다. 러시아의 오랜 염원은 부동항의 획득이었다. 러일전쟁의 계기가 된 러시아의 남하도 부동항의 확보가 목적이었다.

동유럽은 심장지대와 바다의 양쪽에 인접해 있다. 시 파워가 공격해 들어오는 입구이며, 심장지대가 시 파워를 획득해 바다로 나가는 출구이기도 하다. 그래서 '동유럽을 지배하는 자는 심장지대를 제패하는' 것이다.

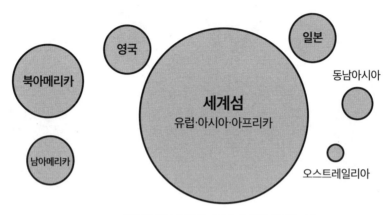

세계를 인구 비율로 나눠 보자

주: 1919년 시점의 인구 기준

영국

일본

북아메리카

동남아시아

세계섬
유럽·아시아·아프리카

남아메리카

오스트레일리아

"세계섬을 지배하는 자가 세계를 제패한다."

출처:《심장지대》를 참고로 필자가 작성

우크라이나는 러시아와 국경을 맞대고 있으며 흑해와도 인접해 있다. 러시아가 우크라이나를 제압하면 바다의 출입구를 확보해 심장지대를 거의 완전히 제압할 수 있다. 서방국가들은 이 우크라이나 점령이 과거의 초강대국 소련의 재림으로 이어질 가능성을 두려워하고 있다. 그 후 러시아가 세계섬을 제패하고 나아가 세계를 제패할 가능성도 있다. 그래서 서방국가들은 우크라이나를 전력으로 지원하고 있다. 우크라이나는 지정학적으로 세계에서 가장 중요한 지역인 것이다.

한편 매킨더는 이 책에서 모국 영국에 관해 이렇게 말했다. "과거 약 3세기의 영국 역사를 공부하면 시 파워의 모든 특징을 알 수 있다고 해도 결코 과언은 아닐 것이다."

영국과 바다를 사이에 두고 있는 유럽대륙에서는 영국의 시 파워를 타파하고자 수없이 시도했지만, 도버해협의 보호를 받는 영국은 공격을 전부 물리쳤다. 1805년의 나폴레옹전쟁에서 프랑스에 승리하자 영국의 시 파워에 대항할 수 있는 국가는 사라졌고, 19~20세기 초엽의 영국은 세계 식민지를 지배하에 뒀다. 그 후, 시 파워를 지닌 영국은 유럽 대륙을 포위하고 유럽 내부의 정치에는 깊게 관여하지 않았다.

매킨더는 해양 국가 영국의 국익을 위해서 심장지대의 패자覇者가 나타나지 않도록 시 파워를 활용할 것을 제언했다. 그래서 영국은 유럽에서 독일이나 러시아 등의 강국이 대두하면 그 시점에 유럽에서 두 번째로 강한 나라와 연대해 강국에 간섭함으로써 강국의 힘을 약화시키는 정책을 채용해 왔다. 이처럼 지정학에서는 지리적인 관점에서 역사를 공부하고 여기에서 국가 간의 경쟁 패턴을 읽어냄으로써 국가 간의 경쟁에서 유리한 위치를 정해야 한다. 이상이 매킨더 지정학의 개요다. 다만 이 책은 100년 이상 전에 출판된 것이다 보니 최신 지정학의 견지를 얻을 수 없다는 한계가 있다. 그래서 보충을 위해 2017년에 출판된 제임스 스태브리디스의 《바다의 지정학Sea Power: The History and Geopolitics of the World's Oceans》를 통해 현대의 지정학도 살펴보자.

북극해와 남중국해

제2차세계대전 이후 미 해군에서 가장 두뇌가 명석하고 뛰어난 전략가로 평가받는 제임스 스태브리디스는 미국 해군의 전략에 통달한 인물이다. 젊은 나이에 석사학위와 박사학위를 받았고, NATO 최고사령관도 역임했으며, 퇴임 후에는 모교의 교장이 되었다. 엘리엇 애커먼과 함께 쓴 소설《2034 미중전쟁》은 세계적인 베스트셀러다.

육해공의 물류 가운데 경제의 생명선은 원유와 식량, 원재료 등의 필수품을 운반하며 비용이 가장 낮은 해운이 쥐고 있다. 그래서 미국 해군은 세계의 해운을 보호하고 있는데, 이 책은 그런 미 해군이 생각하는 세계의 바다 문제를 지정학적인 관점에서 풀어낸 것이다. 여기에서는 이 책에서 그가 지적하는 가장 중요한 포인트를 소개하겠다.

북극해

지구 온난화로 지금까지 얼음에 막혀 있었던 북극해가 변화하고 있다. 스태브리디스는 이렇게 말했다. "2040년에는 1년 내내 운항이 가능해지고, 그로부터 10년 후에는 북극을 뒤덮고 있었던 얼음이 사라질 것이다."

이것은 엄청난 변화를 낳는다. 러시아가 북극해 항로를 개발하면 아프리카 희망봉을 경유했던 아시아와 유럽의 왕복 시간을 40퍼센트 단축할 수 있다. 게다가 다른 공해와 달리 해적이 없는 안전한 바다다. 또한 북극해는 해양 자원이 풍부하다. 얄궂게도 지구 온난화라는 위기를 통해 북극해가 인류에게 전에 없던 기회를 가져다주는 것이다.

한편 북극해에 인접한 NATO 가맹 4개국(미국, 캐나다, 노르웨이, 그린란드가 자치령인 덴마크)과 러시아의 이해利害가 북극해를 둘러싸고 대립해, 안전 보장상의 커다란 분쟁이 발생할 가능성도 있다.

온실가스도 우려되는 요소다. 지구 온난화에 관해서는 "약 1,000기가 톤의 이산화탄소가 방출되었을 때 임계점이 도달한다."라는 이야기가 있는데, 북극해의 기온이 섭씨 2도 상승해 영구 동토가 녹으면 이산화탄소 1,700~1,800기가톤 분량의 메탄가스가 방출된다. 파리 협정에서 체결되었던 이산화탄소 배출량을 크게 웃도는 양이다.

이 책에서는 언급하지 않았지만, 매킨더의 지정학에서 심장지대가 세계섬을 지배할 수 있는 이유는 얼음에 뒤덮인 북극해에서 시 파워가 진입할 수 없다는 것이었다. 이 조건이 사라지고, 게다가 러시아가 부동항을 찾아서 남하 정책을 추진할 필요도 사라진다. 그 결과 러시아가 해양 국가로 변모할 가능성도 생긴다. 요컨대 무슨 일이 일어날지 알 수 없다. 지정학적으로 생각하면 장기적으로 북극해는 크게 주목해야 할 지역인 것이다.

남중국해

1949년에 건국한 이래 중국은 "중국은 하나다.", "타이완은 중국의 일부다."라고 주장해왔다. 그리고 스태브리디스는 이렇게 말했다. "(타이완은) 남중국해라는 커다란 병의 뚜껑처럼 작용하며, 한반도, 일본, 중국, 나아가 남쪽의 모든 나라와의 해상 교통로를 가로지르는 위치에 있다."

타이완은 중국이 주변국에 대한 영향력을 강화하고자 할 때 지정학적으로 매우 중요한 위치에 있다. 그래서 다른 나라가 아무리 "무력으로 타이완을 점령하는 것은 용납할 수 없다."라고 말해도 중국은 자국 이익의 핵심이라고 주장하며 절대 양보하지 않는다.

최근 중국은 급속히 해군력을 강화해 실력 행사로 타이완을 점령할 힘을 키우고 있다. 투자자 버핏은 이 리스크를 우려해 2023년에 타이완의 반도체 제조사인 TSMC의 주식을 매각한 것이다.

또한 중국은 남중국해에 거대한 인공섬을 건설하며 남중국해 전역이 자국의 영토인 듯이 행동하고 있다. 그래서 미국은 이에 대항코자 '항행의 자유' 작전을 전개하고 있다. '중국의 주장은 절대로 인정할 수 없다.'라는 의사를 강하게 표시하기 위해 사전 통지 없이 항공모함 등으로 그 해역을 항행하는 작전이다. 중국은 500년 전에서 수천 년 전의 영역을 근거로 남중국해의 영유권을 주장하고 있다. 그런 주장이 통하면 공해는 점점 좁아진다. 그래서 항행의 자유 작전이 필요한 것이다.

이처럼 국제정치는 감정이나 정서가 아니라 냉철한 이해관계에 따라 움직이며, 그 바탕이 되는 것이 지정학이다. 지정학을 알면 국제정치의 논리를 이해할 수 있을 뿐만 아니라 비즈니스 기회를 획득할 수 있다.

POINT

대국의 의도를 해석해 비즈니스에서 앞서 나가라.

Book 52

유럽 국가들이 세계를 정복한 이유
총, 균, 쇠

재레드 다이아몬드 Jared Diamond

1937년~. 미국의 진화생물학자. 케임브리지대학교에서 생리학 박사학위를 받았다. 분자생리학의 연구를 계속하면서 이와 병행해 생물지리학 연구도 진행했다. 뉴기니 등에서 현지조사를 하며 현지 사람들과 교류하는 과정에서 인류 발전에 흥미를 품게 되었고, 그 연구 성과의 일부가 《총, 균, 쇠》로서 결실을 맺었다.

인류 발전에 영향을 끼치는 것은 무엇인가

저자인 재레드 다이아몬드는 뉴기니에서 현지조사를 실시하던 중 뉴기니인인 얄리에게 이런 질문을 받았다. "당신들 백인은 수많은 물건을 발전시켜서 뉴기니로 가져왔는데, 우리 뉴기니인에게는 우리의 것이라고 자신 있게 말할 것이 거의 없습니다. 왜 그런 걸까요?"

단순하지만 인류역사의 수수께끼의 핵심을 찌르는 질문이었다.

"유럽의 기술이 발달했으니까.", "유럽인이 우수했으니까." 같은 것은 올바른 대답이 아니다. 이 책의 첫머리에서 다이아몬드는 이렇게 말했다.

"인종적 차이를 근거로 삼는 설명은 역겨울 뿐만 아니라 잘못되었다. 인종 간 기술의 차이가 지성의 차이에 비례함을 명확히 증명한 연구결과는 전무하다. (중략) 애버리지니(오스트레일리아 원주민)나 뉴기니인처럼 최근까지 원시적인 기술밖에 없었던 사람들도 기회만 주어진다면 공업기술을 제대로 습득할 수 있는 것이다."

그리고 뉴기니인과 33년 동안 야외 연구생활을 한 경험을 바탕으로 다이아몬드는 뉴기니인이 오히려 더 지적이라고 말했다. 뉴기니의 가혹한 자연환경에서는 임기응변적으로 대응할 수 있는 우수한 두뇌가 생존의 조건인 것이다.

1997년에 출판된 이 책은 다이아몬드가 얄리의 질문에 대해 25년에 걸친 연구 끝에 도달한 그 나름의 대답을 정리한 800쪽에 가까운 대작이다. 방대한 조사를 바탕으로 인류역사의 인과관계를 해명하고 가설을 제시한 이 책은 거의 추리소설이나 다름없다. 어떤 의문이 풀리면 다음 의문이 등장한다. 미국에서 퓰리처상 일반 논픽션 부문상을 수상한 이 책은 지적인 오락 서적이다. 장대한 역사서인 이 책에서 우리는 '인류 발전에 영향을 끼치는 것은 무엇인가?'라는 본질을 배울 수 있다.

1937년에 태어난 다이아몬드는 캘리포니아대학교 로스앤젤레스 캠퍼스 사회학부 지리학과 교수로 재직하고 있는 진화생물학자다. 이 책에서 그는 분자생물학, 유전공학, 생물지리학, 현장지리학, 고고학, 인류학, 언어학 등의 지식을 구사해 장대한 인류역사의 수수께끼에 도전한다. 다음 그림은 수수께끼 풀이의 전체상이다.

유럽 국가들은 전 세계에서 선주민들을 정복했다. 이를 상징하는 것이

유럽 국가들이 세계를 정복한 이유

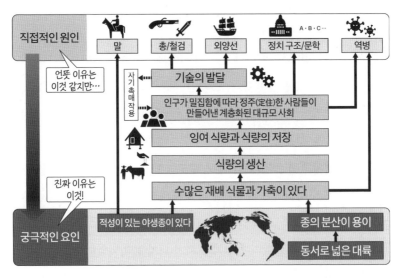

출처: 《총, 균, 쇠》를 참고로 필자가 작성

1532년에 남아프리카 페루 고원에서 잉카제국의 황제 아타우알파와 스페인 콩키스타도르(정복자) 프란시스코 피사로가 벌인 전투다. 아타우알파에게는 수백만 명에 이르는 신하와 백성이 있었으며, 병사 8만 명의 보호를 받고 있었다. 그러나 결과는 168명에 불과했던 피사로 측의 압승이었다. 피사로는 아타우알파를 포로로 잡아 막대한 몸값을 받아낸 뒤 아타우알파를 처형했다. 이 전투를 분석해보자.

분석 ① 무기의 차이: 아타우알파의 군대가 사용한 무기는 곤봉이었다.
한편 기병 60명과 보병 106명으로 구성된 피사로의 군대는 총, 창, 단검으로 무장하고 철제갑주로 몸을 보호했으며 말을 이용해 속도에서 아타우알파의 군대를 압도했다. 피사로는 무기의 측면에서 압도적으로 유리했다.

분석 ② 전염병: 남아메리카 원주민 사이에서 스페인인이 가져온 천연두가 크게 유행했다. 스페인인은 천연두에 면역이 있었지만, 면역이 전혀 없었던 원주민들은 엄청난 수가 천연두에 걸려 목숨을 잃었다.

분석 ③ 정치체제: 피사로가 페루에 도착할 수 있었던 것은 스페인 국가의 집권적인 정치기구에서 배의 건조 자금과 승무원을 모집해 준 결과였다. 잉카제국의 정치기구는 절대군주인 아타우알파에만 의존했기에 그가 포로가 되자 붕괴되었다.

분석 ④ 문자: 아타우알파는 정찰원의 "그들은 전사라고 말할 수도 없습니다. 병사 200명이면 쉽게 승리할 수 있습니다."라는 보고를 그대로 믿고 피사로의 군대를 얕잡아 보았다. 반면에 피사로는 스페인에 전해지는 문서와 원주민과의 전쟁에서 성공했던 전략 등을 공부하고 싸웠다.

피사로가 압승한 요인은 무기(총이나 철검, 말), 전염병(병원균), 정치체제, 문자 차이였다. 요컨대 이 책의 제목인 '총·균·쇠'가 직접적인 요인이다. 그러나 이것으로는 얄리의 의문에 대한 답이 되지 못한다.

왜 이런 요인들이 유럽에서 탄생했고 아메리카 대륙에는 없었던 것일까? 이 책은 그 의문을 파헤친다.

식량생산이 핵심이다

최종 빙하기가 끝난 1만 3,000년 전, 세계의 각 대륙에 있었던 인류는 수렵채집 생활을 하고 있었다. 그 후 현재까지 계속되는 온난한 기후의 현세가 시작되자 각 대륙의 인류는 각기 다른 발전을 시작했다. 그 열쇠는 수렵채집 생활에서 식량생산으로 이행한 타이밍이다. 수렵채집 생활은 식량을 전부 채취하면 이동한다. 한곳에 정착할 수가 없으며, 집단의 인원수는 적었다. 그러나 식량생산이 가능해지면 한곳에 정착할 수 있고 같은 면적에서 10~100배의 인구를 먹여 살릴 수 있다. 대형가축(소, 돼지, 말 등)을 키우고 밭을 경작하면 식량을 증산할 수 있다. 가축의 똥을 비료로 사용하면 수확량도 상승한다. 가축의 고기를 먹을 수도 있고, 대형가축은 이동수단이 되어 준다. 그리고 식량을 생산하는 사람보다 많은 사람을 먹여 살릴 수 있게 되자 기술개발 전문가와 정치 전문가 등이 생겨났고, 이들은 기술을 발전시켜 총이나 철검 등의 무기, 신대륙까지 갈 수 있는 외양선, 정치기구와 문자를 만들어냈다. 요컨대 식량생산으로 이행한 타이밍의 차이가 군사력 차이로 이어진 것이다.

한편 농경생활은 역병도 만들어냈다. 농경생활을 시작해 가축과 함께 살게 되자 동물에서 유래된 병원균이 인간에게 감염되기 시작했고, 병원균이 변이를 반복한 결과 인간에게서 인간에게로 감염되게 되었다. 실제로 잘 알려진 역병이 등장한 시기는 최근 수천 년 사이다. 천연두는 기원전 1,600년경, 볼거리는 기원전 400년경, 한센병은 기원전 200년경, 폴리오(소아마비)는 1840년, 에이즈는 1959년이다. 역병이 유행하면 인간은 면역을 획득해 감염되지 않게 되지만, 면역이 없는 신대륙의 사람들에게는 치명적이 된다. 이렇게 해서 유라시아 대륙의 인류는 세계 최초로 식량생산을 시작하고, 기술을 발전시켜 강한 군사력을 얻었으며, 역병의 면역력도 획득해 다른 대륙을 제패한 것이다. 그렇다면 왜 유라시아 대륙에서는 일찍부터 식량생산을 시작할 수 있었을까.

유라시아 대륙의 혜택받은 조건

세계에서 독자적으로 식량생산을 시작한 곳은 메소포타미아(현재의 중동)와 중국, 안데스 등의 5개 지역이다. 그중에서도 세계 최초의 식량생산은 농작물로 육성할 수 있는 야생종이 풍부했던 메소포타미아 지역에서 시작되었다. 한 연구에 따르면 수천 종의 벼과 식물(벼, 밀, 보리, 호밀, 옥수수 등) 중에서 큰 종자를 가진 '이상적인 최우량종' 56종 가운데 32종이 메소포타미아 지역에 있었다. 한편 다른 지역에는 이 종들이 거의 없었다.

또 한 가지 요인은 가축이다. 야생동물의 가축화는 쉬운 일이 아니다. 단순히 야생동물을 길들여서 키우는 것만으로는 가축이 되지 않는다. 가축의 조건은 인간이 품종개량을 할 수 있어야 한다는 것인데, 이를 위해서는 다음의 다섯 가지 조건을 전부 충족할 필요가 있다.

① **먹이 문제:** 초식 포유류에게 필요한 먹이의 양은 체중의 10배다. 한편 육식 포유류는 100배나 되는 먹이가 필요하기 때문에 효율이 나쁘다.
② **성장 속도:** 고릴라나 코끼리는 성장하는 데 15년이 걸리기 때문에 효율이 나쁘다. 1~2년이면 크게 성장하는 돼지나 소는 효율이 좋다.

③ **번식상의 문제:** 치타처럼 사람의 앞에서는 교미하지 않는 섬세한 동물은 번식하지 못한다.

④ **성질의 문제:** 대형 포유류는 사람을 죽일 수 있기 때문에 성질이 온화하지 않으면 위험하다. 그래서 곰은 고기가 맛있어도 가축화를 할 수 없다.

⑤ **서열이 있는 집단의 형성:** 무리를 만드는 동물은 서열이 명확하기 때문에 인간이 정점에 서면 지배가 가능하다.

이 때문에 20세기까지 가축화된 대형 포유류는 소, 말, 돼지, 양, 산양, 낙타 등 14종뿐이다. 유라시아 대륙에는 그 14종 가운데 13종의 야생 조상종이 서식하고 있었다. 특히 메소포타미아에는 13종 중 7종이 서식하고 있었다. 그러나 다른 지역은 조건이 좋지 않아서, 남북 아메리카 대륙도 오스트레일리아 대륙도 가축화 후보에 속한 동물이 거의 전무했다. 메소포타미아는 재배화와 가축화에 적합한 동식물이 있었던 덕분에 그다지 시간과 노력을 들이지 않고도 이른 시기에 식량생산으로 이행할 수 있었다. 이 메소포타미아의 식물재배나 가축사육이 유라시아 대륙으로 확산된 것이다. 그렇다면 왜 메소포타미아가 혜택받은 환경이었고 식량생산과 기술이 유라시아 대륙에서 확산된 것일까?

유라시아 대륙의 동서 너비가 핵심이다

유라시아 대륙은 세계에서 가장 큰 육지다. 기후도 생태계도 다양하기 때문에 다른 대륙보다 다종의 대형 포유류가 서식한다. 게다가 대륙 중에서도 동서로 가장 길고 산악지대나 생태계 등의 장해물도 적은 까닭에 메소포타미아에서 탄생한 식량생산 시스템이 급속히 주변으로 확산될 수 있었다. 농작물은 일조 시간, 강우량, 계절 변화 등의 기후가 같으면 다른 지역에서도 자란다. 같은 위도라면 기후는 거의 같으므로 농작물은 동서로 전파되기 용이하다.

유라시아 대륙에서는 기술이나 발명도 식량생산과 함께 확산되었다. 기원전 3000년 메소포타미아에서 탄생한 수레바퀴는 금방 동서로 확산되어 유라시아 대륙의 거의 모든 지역에서 볼 수 있게 되었다. 수레바퀴는 선사시대의 멕시코에서도 독자적으로 발명되었지만, 남아메리카의 안데스 지방에 전파되지 않았다. 게다가 유라시아 대륙은 사람도 많아서 다양한 아이디어가 탄생하며 기술이 진화했기 때문에 더욱 풍요로운 사회가 되었고, 그 결과 인구가 증가하는 선순환으로 기술진화가 가속되었다. 그렇다면 그런 유라시아 대륙 중에서 왜 유럽이 세계를 제패한 것일까?

왜 유럽이었을까

중국도 메소포타미아와 같은 무렵에 식량생산을 시작했다. 중국에도 다양한 농작물, 가축, 기술이 있었으며, 세계 최대의 인구도 보유하고 있었다. 주철, 자석, 화약, 제지 기술, 인쇄술 등의 기술도 중국에서 탄생했다. 15세기 초엽에는 정화의 남해원정을 통해 승무원 총 2만 8,000명, 약 100척으로 구성된 대선단을 아프리카의 동쪽 연안까지 보냈다. 당시 유

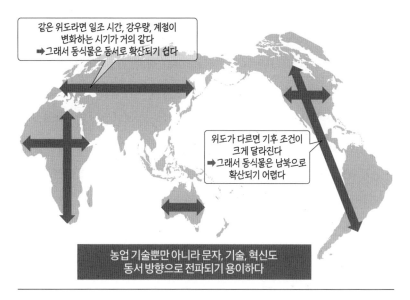

동식물은 동서로는 쉽게 전파되지만 남북으로는 전파되기 어렵다

같은 위도라면 일조 시간, 강우량, 계절이 변화하는 시기가 거의 같다
➡ 그래서 동식물은 동서로 확산되기 쉽다

위도가 다르면 기후 조건이 크게 달라진다
➡ 그래서 동식물은 남북으로 확산되기 어렵다

농업 기술뿐만 아니라 문자, 기술, 혁신도 동서 방향으로 전파되기 용이하다

럽은 아직 대항해시대의 초기였다. 그렇다면 왜 중국은 세계를 제패하지 못했을까? 다이아몬드는 "그 수수께끼를 풀 열쇠는 선단의 파견 중지"라고 말했다.

정화의 선단은 중국 궁정 내의 권력 투쟁으로 인해 중지되었다. 적대파가 정권을 잡자 조선소를 해체하고 원양항해도 금지했다. 그 밖에도 수력 방적 기술의 개발을 금지해 14세기에 시작되려 했던 산업혁명을 후퇴시키고 세계 최첨단이었던 시계 기술도 매장시키는 등, 15세기 말 이후의 중국은 온갖 기계와 기술로부터 손을 떼고 말았다.

혁신은 풀뿌리에서 시작된다. 중국은 기원전 221년에 정치적으로 통일되었지만, 절대 권력자의 의지에 따라 모든 것이 결정되었기 때문에 혁신의 싹이 꺾이는 일이 많았다. 반대로 유럽에서는 수많은 권력자가 난립했다. 정화와 같은 시기에 선단의 파견을 생각했던 크리스토퍼 콜럼버스는 포르투갈 국왕, 메디나 시도니아 공작, 메디나 셀리 공작이라는 세 군주에게 거부당했지만, 네 번째로 찾아간 스페인 국왕이 지원을 승낙했다. 유럽이 정치적으로 통일되지 않았던 덕분에 경쟁이 생겨났고, 서로 경쟁하면서 발전한 것이다. 다이아몬드는 이 차이는 지리적인 차이라고 설명했다. 유럽의 해안선은 다섯 개의 반도와 섬들이 복잡하게 뒤얽혀 있어서, 각 지역이 독자적인 언어를 사용했고 독자적인 민족과 정부가 있다. 반대로 중국의 해안선은 완만하며, 큰 반도라고는 한반도뿐이다. 자연적인 장벽도 없고, 큰 강도 있다. 지역 내의 결속이 강해서 농경 기술이나 문화가 탄생해 발전했으며 정치적으로 통일 국가가 되었다. 그러나 지배자 한 명의 판단으로 풀뿌리 혁신의 싹이 꺾일 때가 있었다. 1960~1970년대의 문화대혁명에서도 같은 일이 일어났다. 중국의 정치적인 움직임을 지리적 특성이라는 측면에서 고찰한 이 지적은 매우 흥미롭다.

요컨대 얄리의 의문에 대한 답은 한마디로 말하면 "각 대륙에 사는 사람들의 차이가 아니라 각 대륙의 환경 차이다."가 된다.

레비스트로스는 [Book 18]《야생의 사고》에서 '역사는 야만인에서 문화인으로 진화하는 과정'이라는 19세기까지의 사고방식을 '사회에는 다양한 구조가 있다.'라는 구조주의로 덧칠했다. 이 책은 이 구조주의적인 가치관에 입각해 인류 역사를 철저히 과학적으로 고찰한 역사관을 제시했다. 이 책을 읽으면 과학으로서 성립할 수 없을 것처럼 생각되는 역사도

해안선을 통해서 본 유럽과 중국의 차이

유럽은 해안선이 복잡하다	중국은 해안선이 완만하다
⬇	⬇
독자적인 언어, 독자적인 민족, 독자적인 정부 → 각국이 경쟁하며 발전	대륙 내의 결속이 강해 정치적 통일 → 한 명의 지배자가 발전을 가로막기도

과학적 고찰이 가능함을 알게 된다. 먼저 사실을 바탕으로 가설을 세우고, 그 가설을 다른 시대나 지역의 사상事象에 대입해 타당성을 검증한다. 새로이 탄생한 의문에 대해서도 같은 작업을 한다.

견실한 역사관을 바탕으로 치밀한 과학적 고찰을 거듭하며 장대한 인류의 역사를 그려나간 이 의욕작에 꼭 도전해 보길 바란다.

POINT

유럽의 세계 통일은 인종 차이가 아니라 대륙의 환경 차이가 만들어냈다.

Book 53

전쟁은 문명의 경계에서 일어난다
문명의 충돌

새뮤얼 P. 헌팅턴 Samuel P. Huntington

1927~2008년. 미국의 국제정치학자. 하버드대학교 교수. 연구 영역은 정군政軍 관계론, 비교정치학,
국제정치학 등이며 군사적 프로페셔널리즘, 냉전 후 세계 질서에 대하여 연구 업적을 남겼다.

전쟁에 공통점이 있다고?

세계에서 분쟁이 일어나는 메커니즘을 이해하면 어느 정도 분쟁을 예견
할 수 있다. 이것은 현대 비즈니스에서 중요한 일이다 이 책을 읽으면 세
계에서 일어나는 분쟁의 근원에 자리한 원인을 해독할 수 있게 된다.

저자인 새뮤얼 P. 헌팅턴이 이 책을 쓰게 된 계기는 프랜시스 후쿠야마
가 1992년에 출판한 [Book 38]《역사의 종말》이다. 후쿠야마는 베를린
장벽 붕괴를 보고 '인간사회의 역사는 자유민주주의의 실현으로 끝난다.'
라고 생각해《역사의 종말》을 썼다. 이 생각의 이면에는 '자유민주주의를

CHAPTER 4 | 역사·예술·문학

채택한 서유럽 문명은 보편적인 문명이다.'라는 서양의 뿌리 깊은 사고방식이 자리하고 있다. 그래서 헌팅턴은 1993년에 국제 정치경제 관련 잡지인 〈포린 어페어스〉에 '문명의 충돌?'이라는 제목의 논문을 기고해, "오히려 앞으로 서로 다른 문명의 충돌이 시작될 것이다."라고 반론했다. 이 책은 그 논문을 바탕으로 1996년에 출판된 것이다. 헌팅턴은 하버드대학교의 국제정치학자이며, 프랜시스 후쿠야마의 지도 교수이기도 하다.

이 책이 출판된 지 20여 년이 흘렀다. 그 사이 미국의 동시다발 테러, 아프가니스탄 분쟁, 이라크 전쟁, 최근에는 우크라이나 전쟁 등이 일어났다. 세상은 거의 이 책에서 예언한 대로 움직이고 있는 것이다.

세계는 7개의 주요 문명으로 갈라졌다

세계를 이해하려면 세계 구조를 대략적으로 이해하는 시점이 필요하다. 20세기 이후, 세계는 이런 흐름을 거쳐 왔다.

식민지 시대: 1920년

서유럽 문명이 다른 문명까지 영토를 확대해 식민지로 만듦에 따라 세계는 서유럽(식민지 포함)과 서유럽 이외의 지역으로 양극화되었다.

냉전 시대: 1960년

세계는 미국 중심의 민주주의 그룹과 소련 중심의 공산주의 그룹, 그리고 어느 쪽에도 속하지 않은 제3세계의 셋으로 갈라졌다.

냉전 후: 1990년 이후

공산주의 국가가 붕괴한 뒤 세계를 나누는 기준이 정치·이데올로기에서 문화·문명으로 바뀌었고, 그 결과 세계는 다음과 같이 7~8개의 주요 문명으로 갈라졌다(전부 종교와 깊은 관계가 있다).

① **서유럽 문명(가톨릭과 프로테스탄트)**: 8~9세기에 유럽에서 나타났다.

② **중화 문명(유교·도교)**: 중국 대륙에서 수천 년의 역사를 가진 문명. 동남아시아 등과 공통된 문명을 갖는다.

③ **일본 문명(일본형 불교)**: 중화 문명에 속하지 않는 독립된 문명. 2~5세기에 중국 문명에서 파생되었다.

④ **힌두 문명(힌두교)**: 기원전 20세기 이후, 힌두교는 인도 아대륙에서 문명의 중심이었다. 이 문명이 현대의 인도로 계승되었다.

⑤ **이슬람 문명(이슬람교)**: 7세기에 아라비아 반도에서 탄생해, 전 세계로 확대되었다.

⑥ **동방정교회 문명(동방정교회)**: 동로마 제국(비잔티움 제국)에서 유래한 문명. 러시아가 속한다.

⑦ **라틴아메리카 문명(가톨릭)**: 남아메리카의 토착 문화가 서유럽 문명의 가톨릭 문화와 혼합된 문명이다.

아프리카 문명에 관해서는 이 책이 출판된 1996년 시점에 "주요 문명 연구자의 대부분이 명확한 아프리카 문명이라는 것을 인정하지 않았다." 라고 말하는 한편으로, "아프리카로서의 정체성도 점차 발달하고 있다."

헌팅턴은 문명을 기준으로 세계를 분류했다

서유럽
라틴 아메리카
아프리카
이슬람
중국
힌두
동방정교회
불교
일본

인용:《문명의 충돌》

라고 첨언했다. 또한 불교 문명은 티베트 등지에서 볼 수 있는 한편, 중국
이나 일본에서는 문화 속에 편입되어 있기 때문에 "주요 종교이기는 하지
만 주요 문명의 기반은 아니었다."라고 말했다.

종교의 차이가 문명의 차이를 낳는다

이 문명들을 이해하기 위한 열쇠는 종교다. 종교라고 하면 우리는 '뭔가
수상쩍은데.'라고 생각하기 쉽지만, 종교의 부흥은 세계적인 현상이다. 현
대사회에서는 농촌에서의 유대를 끊고 도시로 떠나는 사람이 늘어나 도

시화가 진행되었다. 그러나 생면부지의 사람들에게 둘러쌓여 살면 자아를 잃어버리게 된다. 종교의 본래 목적은 '나는 누구인가?'라는 사람들의 의문에 답을 주는 것이다. 그래서 현대의 주요 문명을 구분할 때도 종교를 기준으로 삼는다.

'하지만 종교를 기준으로 분류하는 게 무슨 의미가 있는 거야?'라고 생각하는 사람도 있을 것이다. 그 알기 쉬운 예가 유럽과 투르키예(이슬람 문명의 중심 국가였던 오스만 제국을 시조로 삼는 국가)의 멀지도 가깝지도 않은 관계다. 유럽에는 군사동맹인 NATO(미국과 유럽 국가들이 가맹)와 경제동맹인 EU가 있다. 냉전시대, 유럽 각국은 소련의 바르샤바 조약기구(소련과 동유럽 국가들의 안전보장기구)에 대항하기 위해 투르키예의 NATO 가맹을 인정했다. 그러나 EU에 관해서는 유럽 각국이 "이슬람 국가인 투르키예는 가맹시키고 싶지 않다."라는 의사를 표명하고 있다. NATO는 군사동맹이므로 가치관이 다른 상대임에도 어쩔 수 없이 손을 잡았지만, EU는 가톨릭·프로테스탄트를 중심으로 한 서유럽 문명의 연합이기에 이슬람 문명의 국가를 거부하는 것이다.

헌팅턴의 이야기에 따르면, 서유럽 문명이 이슬람 문명을 내심 두려워하는 이유는 그들이 과거에 두 번이나 서유럽 문명을 위기로 몰아넣었던 유일한 문명이기 때문이다. 7~8세기에 이슬람교도가 아라비아반도에서 나와 각지로 진출하자, 현재의 스페인이 있는 이베리아 반도는 2세기 동안 이슬람교도의 지배를 받았다. 1529년에는 오스만제국이 빈을 포위하기도 했다. 유럽 문명이 오스만제국의 영토를 통치할 수 있었던 것은 지금으로부터 약 100년 전, 제1차세계대전이 끝난 1918년이 되어서였다. 그

서유럽 문명의 동쪽 경계

1500년경
서유럽
크리스트교의
세력 범위

동방정교회와
이슬람의 세력
범위

러시아

핀란드

에스토니아

라트비아

리투아니아

벨라루스

폴란드

체코공화국

슬로바키아

슬로베니아   헝가리

크로아티아

보스니아

세르비아

몬테네그로

마케도니아

알바니아

이탈리아

그리스

우크라이나

몰도바

루마니아

불가리아

흑해

튀르키예

스웨덴

인용:《문명의 충돌》

때까지 1,000년이 넘는 기간 이슬람 문명은 서유럽 문명에 거대한 위협이었던 것이다.

왼쪽 그림은 스칸디나비아 반도에서 지중해까지의 유럽지역에서 서유럽 문명의 동쪽 경계를 나타낸 것이다. 서쪽이 서유럽 문명 지역, 동쪽이 동방정교회 문명과 이슬람 문명의 지역이다. 이 경계선은 500년 동안 같은 위치에 있다. 이 지도를 보면 경계선이 유럽에서 분쟁이 빈발하는 우크라이나, 보스니아, 세르비아 같은 국가의 한가운데를 뚫고 지나간다는 사실을 알 수 있다. 이들 국가는 주요 문명의 경계선에 위치하고 있기 때문에 분쟁이 끊이지 않는 것이다. 우크라이나 전쟁도 우크라이나 국내가 서유럽 문명과 동방정교회 문명으로 나뉘어 있기 때문에 일어났다고 할 수 있다.

동방정교회는 우리에게 덜 친숙할 터이기에 간단하게 설명을 하겠다. 크리스트교에는 세 개의 커다란 흐름이 있다. 가톨릭, 프로테스탄트, 동방정교회다. 크리스트교는 4세기 말에 로마제국의 국교가 되면서 널리 확산되었는데, 그 후 로마제국은 동로마제국과 서로마제국으로 분리되었다. 그리고 1054년에 서쪽의 로마가톨릭교회에서 분열되어 동로마제국(비잔티움제국)의 교회로서 성립한 것이 동방정교회다.

냉전이 종결된 뒤에는 수많은 분쟁이 문명의 경계선상에서 일어나게 되었다. 서로 다른 문화가 상대를 인정하지 않고 정면충돌한 것으로, 분쟁은 점점 더 격렬해지는 경향이 있기 때문에 결국은 전쟁이 된다. 서로 지쳐서 일시적으로 휴전을 하더라도 시간이 지나 다시 기운이 생기면 또 싸우기 시작한다. 그래서 좀처럼 끝나지 않는다. 이런 분쟁을 헌팅턴은 폴트라인 전쟁이라고 부른다. 폴트*fault*는 '(지층의) 단층', 라인*line*은 '선'이라는 의미다. 말 그대로 주요 문명의 경계선에 생긴 문명의 단층에서 일어난 분쟁이다.

폴트라인 전쟁은 주위에 있는 같은 문명의 국가들로 파급되어 점점 규모가 확대되기 쉽다. 서로 가풍이 다른 집안에서 성장한 부부가 사소한 일로 부부싸움을 했는데 부부의 부모가 그 사실을 알게 되어 큰 소동이 벌어지고, 다시 그 조부모까지 개입하면서 급기야 양 집안의 싸움으로 발전하는 식이다. 이렇게 되면 수습이 불가능해진다.

서유럽의 쇠퇴와 이슬람·중국의 대두

세계적인 관점에서 보면 문명의 충돌은 앞으로 어떻게 될까. 헌팅턴은 이렇게 말했다. "거시적인 층위에서 보면 가장 격렬한 대립은 서유럽과 그 밖의 나라들의 대립이며, 그중에서도 이슬람이나 아시아와 서유럽의 사이에서 일어나는 분쟁이 가장 격렬하다. 앞으로 위험한 충돌이 일어난다면 그것은 서유럽의 오만함, 이슬람의 불관용, 그리고 중국 문명 독단 등이 상호작용한 결과일 것이다."

첫머리에서 소개했듯이, 서유럽 문명은 자유민주주의는 보편적이며 가치 있는 사상이라고 굳게 믿고 그것을 비서유럽 문명의 국가들에 가르치려 하고 있다. 그러나 '보편적인 문명'이라는 개념은 서유럽 문명 고유의 산물이다.

서유럽은 19세기에 미개발국을 지도하는 것은 서유럽의 의무라고 생각하며 식민지를 확대했다. 그러나 사실 보편적인 문명이라는 사상은 비서유럽 문명의 지지를 거의 받지 못하고 있다. 서유럽인들은 선의에서 "자유민주주의를 확산시키자."라고 말하더라도 비서유럽인들에게는 서유럽의 사악한 제국주의이자 위협으로 느껴질 뿐이다.

[Book 18]《야생의 사고》에서 소개했듯이, "서양사회에 인간의 모든 것이 있다."라는 사르트르의 주장은 "인간사회에는 다양한 구조가 있다."라고 제창한 저자 레비스트로스에게 논파되었으며 이것이 구조주의의 기점이 되었다. 헌팅턴은 냉전 후의 세계를 이 구조주의 관점에서 파악한 것이다.

최근 들어 이슬람 문명이 대두하고 있다. 이슬람 국가들은 1970년대 오일쇼크를 통해 부와 영향력을 단숨에 확대했다. 그러나 우리는 이슬람 문명에 관해 거의 이해하지 못하고 있다. 이슬람교도는 예언자 무함마드를 통한 신의 계시를 믿는 사람들의 집단이다. 이슬람 문명에는 이슬람 공동체를 의미하는 '움마'라는 말이 있다. 이슬람교도들은 움마에 충성·헌신을 맹세하면 천국에 갈 수 있다. 그래서 움마는 언제나 절대적이며 최우선이다. 이슬람 문명에서 국민국가라는 개념은 움마보다 우선순위가 떨어진다. 그리고 현재, 이슬람 국가들은 분열되어 있다.

본래는 이슬람의 중심국가가 이슬람 전체의 정체성에 책임을 지고 움마의 정치적·종교적 리더십을 발휘해야 한다. 제1차세계대전 이전에는 오스만제국이 이 역할을 담당했다. 그러나 제1차세계대전으로 오스만제국이 막을 내리자 이슬람의 중심국가는 소멸했고, 지금은 이슬람 세계의 안팎에서 대립이 펼쳐지고 있다.

한편 아시아에서는 중국이 대두하고 있다. 이 책이 출판된 1996년 당시와 비교하면 중국은 크게 성장해 이제 세계 제2위 경제대국이 되었는데, 헌팅턴은 중국이 아시아의 패권국가가 되고 일본을 포함한 아시아의 국가들은 미국이 아니라 중국의 편이 될 것이라고 말했다. 여기에는 반론을 제기하는 사람도 많을 것이다.

그렇다면 문명충돌의 시대에 우리는 무엇을 해야 할까? 헌팅턴은 이렇게 말했다. "문화의 공존을 위해 필수적으로 요구되는 것은 대부분의 문명에 공통되는 부분을 추구하는 일이다. 다문명적인 세계에서의 건설적인 진로는 보편주의를 포기하고 다양성을 받아들여 공통성을 추구하는 것이다." 이 제언은 [Book 21]《왜 세계는 존재하지 않는가》의 저자 마르쿠스 가브리엘이 제창한 "공통된 하나의 사실을 깊이 생각한 상태에서 개인의 생각도 받아들이자."라는 제언과 일맥상통한다.

출판된 지 20여 년이 지난 지금 읽어 보면 이 책에는 오류도 있다. 가령 "러시아와 우크라이나는 같은 문명이므로 피 냄새 나는 전쟁은 하지 않을 것이다." 같은 내용이다. 이 책에 대해서는 "문명을 기준으로 세계를 나누는 것은 지나친 단순화다."라는 비판도 있다. 한편 20세기 말 이후 세계의 큰 흐름은 거의 이 책이 지적한 대로 흘러가고 있다.

이 책은 현실적인 예견서로서 읽어야 할 것이다. 우리가 '우리의 문명과 그들의 문명은 서로 이질적이다.'라는 렌즈를 끼고 세상을 바라볼 수 있게 된다면 불필요한 충돌을 줄일 수 있다. 이 점을 배우기 위해서라도 이 책은 읽어볼 가치가 있을 것이다.

POINT

세계 문명을 구조적으로 바라봄으로써 세상을 해석하는 힘을 기르자.

Book 54

상상력이 인류의 폭발적인 진화를 낳았다
사피엔스

유발 노아 하라리 Yuval Noah Harari

1976년~. 이스라엘의 역사학자. 옥스퍼드대학교에서 중세사와 군사사를 전공해 박사학위를 받았으며, 예루살렘 히브리대학교 역사학부의 종신고용 교수로 재직하고 있다. 저서로는 세계적인 베스트셀러가 된《사피엔스》외에《호모 데우스》등이 있다.

상상하는 동물의 등장

다음 그림은 우리에게 친숙한 인류 진화의 계통도인데, 사실 이것은 틀린 그림이다. 우리는 '인류는 원숭이와의 공통 조상으로부터 다양한 종을 거쳐서 호모사피엔스로 진화했다.'라고 생각하는 경향이 있지만, 1만 년 전까지 지구상에는 몇 종류의 인류가 존재했다고 한다. 그러나 현재 남아 있는 인류는 호모사피엔스뿐이다. 그 이유는 무엇일까?

장대한 지적체계를 총동원해서 인류 진화의 비밀을 밝혀낸 이 책은 45개국에서 출판되어 세계적으로 2,300만 부가 팔린 베스트셀러다. 미국

인류의 진화를 나타낸 그림은 사실 잘못되었다

인류는 일직선으로
진화한 것이 아니라…

1만 년 전까지 복수의
다른 인류가 있었다.

사피엔스가 다른 인류를 멸망시켰다

아마존의 서평만 해도 13만 건이 넘는다. 또한 [Book 52]《총, 균, 쇠》를 쓴 재레드 다이아몬드도 이 책을 추천했다.

저자인 유발 노아 하라리는 1976년에 이스라엘에서 태어났으며, 히브리대학교의 역사학 교수로서 거시 역사학을 연구하고 있다. 이 책에서 하라리는 호모사피엔스가 지구를 지배한 것은 7만 년 전의 인지혁명, 1만 년 전의 농업혁명, 그리고 500년 전의 과학혁명 덕분이라고 결론지었다.

사피엔스, 지상 최강의 동물이 되다

동물은 공통된 선조를 갖는 속屬으로 분류된다. 사자, 호랑이, 표범, 재규어는 겉모습이 전혀 다른 종이지만 공통된 선조에서 진화한 표범속이다. 인류도 원숭이와 공통된 선조에서 진화한 사람속(호모속)으로, 다양한 종이 있었다. 예를 들면 아래와 같다.

호모사피엔스(영리한 사람): 약 15만 년 전에 동아프리카에서 탄생했다. 우리 현대 인류다.

호모네안데르탈렌시스(네안데르탈인): 호모사피엔스보다 몸집이 크고 강하며 뇌도 컸다.

호모에렉투스(직립한 사람): 아시아의 동쪽에 살았으며, 거의 200만 년 동안 살아남았다.

호모플로레시엔시스: 플로레스섬에서 살았으며, 키는 최대 1미터, 몸무게는 25킬로그램이었다. 석기로 코끼리를 사냥했다.

이들 인류는 원숭이보다 뇌가 크고, 석기를 능숙하게 사용했으며, 약 30만 년 전부터 불도 사용했다. 우리는 '이런 무기들이 인류를 사상 최강의 동물로 만들었다.'라고 생각하는 경향이 있지만, 사실 200만 년이라는 세월 동안 인류는 항상 포식자를 두려워하는 약한 동물이었다. 호모사피엔스(이하 사피엔스)는 특히 약해서, 처음에는 체격이 압도적인 네안데르탈인과의 싸움에서 번번이 패했다. 그러나 사피엔스는 7만 년 전에 완전히 새로운 능력을 획득해 다른 인류를 멸망시키고 다른 동물도 압도하며 사상 최강의 동물이 되었다. 그 능력은 바로 '실제로 존재하지 않는 것을 인지하는 능력'으로, 이것이 바로 인지혁명이다. 인지혁명의 결과로 이런 것이 가능해졌다.

"우리는 신의 가호를 받고 있다. 적은 악마다. 섬멸하자!"

이렇게 해서 100명의 집단이 하나의 목표를 공유하며 단결할 수 있게되었다. 한편, 사피엔스 이외에는 이렇게 된다.

"신이 어디에 있는데? 나는 가족이나 친족밖에 안 믿어."

이래서는 집단의 상한선이 고작해야 20명 정도로 한정된다. 사피엔스와 1대 1로 싸우면 압승할 수 있는 네안데르탈인도 20명으로 사피엔스 100명과 싸우면 순식간에 전멸할 뿐이다.

이렇게 해서 존재하지 않는 것을 인지하는 능력이 사피엔스의 무기가 되었다. 사피엔스는 전설, 신화, 종교 등 존재하지 않는 것을 인지하고 공유할 수 있다. 실제로는 허구라 해도 집단이 그 허구를 믿으면 방대한 수의 사람이 마치 하나의 의사를 가진 듯이 움직일 수 있다.

200만 년 전에 유전자의 돌연변이로 인류가 등장해 석기를 사용하기 시작했다. 그러나 인류는 7만 년 전까지 계속 석기를 사용했는데, 인지혁명을 통해 유전자의 돌연변이를 일으키지 않고도 창의적인 궁리로 도구를 진화시킬 수 있게 된 것이다. 이것은 다음 그림처럼 탁상용 전자계산기나 스마트폰에 비유하면 쉽게 이해할 수 있다. 계산 기능밖에 없는 탁상용 전자계산기에 기능을 부가하려면 회로를 다시 만들어야 한다. 7만 년 전까지 인류의 뇌는 탁상용 전자계산기와 같아서, 유전자를 바꾸지 않고서는 새로운 생활 패턴이 만들어질 수 없었다. 반면에 스마트폰은 애플리케이션을 설치함으로써 새로운 기능을 추가할 수 있다. 인지혁명 후의 인류의 뇌는 스마트폰과 같아서, 유전자를 다시 만들지 않고도 '이런 도구가 필요해.'라고 미래를 망상함으로써 새로운 도구를 차례차례 만들어낼 수 있게 된 것이다.

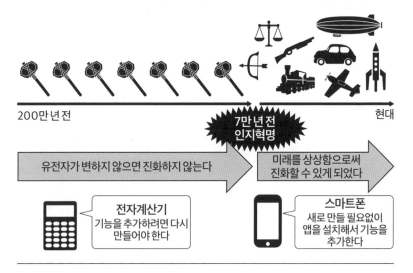

인지혁명 이후, 사피엔스는 맹렬한 속도로 진화하기 시작했다

200만년전 | 7만년전 인지혁명 | 현대

유전자가 변하지 않으면 진화하지 않는다

미래를 상상함으로써 진화할 수 있게 되었다

전자계산기
기능을 추가하려면 다시 만들어야 한다

스마트폰
새로 만들 필요없이 앱을 설치해서 기능을 추가한다

농업혁명으로 인구가 증가하다

1만 년 전에 빙하기가 끝나자 사피엔스는 농업을 시작해 진화를 가속하기 시작했다. 이것이 제2의 혁명인 농업혁명이다.

우리는 흔히 '수렵채집 생활에서 농업생활로 이행한 결과 풍요로워졌다.'라고 생각하는데, 사실 사람들의 생활은 악화되었다. 현대에 가장 가혹한 환경에서 생활하는 수렵채집민도 평균 주 35~45시간만 일하면 집단이 먹고살 수 있다. 하물며 고대의 비옥한 지역에 살았던 수렵채집민은 더 짧은 시간만 일해도 사는 데 필요한 식량을 얻을 수 있었을 것이다. 수렵채집민은 다양한 식재료를 균형 있게 섭취하는 까닭에 굶거나 영양 불량에 걸리지 않았으며, 키가 크고 건강했다.

반대로 농업생활의 경우는 아침부터 밤까지 농작물을 돌봐야 한다. 또한 부자연스러운 자세로 농작업을 해야 하기 때문에 관절염 등의 질환에 시달리고, 날씨가 안 좋아서 농작물이 제대로 자라지 못하면 굶게 된다. 재배한 식물밖에 먹지 못하기 때문에 영양도 불균형해진다. 사실 농업생활은 장점이 적은 것이다.

'그렇다면 농업혁명은 오히려 나쁜 거 아니야?'라고 생각한 사람도 있을 것이다. 그러나 '종 전체가 무엇을 얻었는가?'라는 관점에서 바라보면 전혀 다른 세계가 보이게 된다. 같은 면적의 토지에서 훨씬 많은 양의 음식물을 얻을 수 있기에 사피엔스라는 종은 기하급수적으로 수를 불려나가 인구폭발을 일으켰다. 농업혁명은 사피엔스라는 종을 강하게 만든 것이다.

사피엔스는 소집단에서 거대사회가 되었고, 생산과 상관이 없는 엘리트층이 탄생해 거대사회를 통합하는 질서를 만들어냄으로써 종으로서 더욱 강해졌다. 질서란 구체적으로 경제의 측면에서는 화폐, 정치의 측면에서는 제국주의, 정신의 측면에서는 종교다. 특히 화폐에 관해 하라리는 이렇게 말했다. "지금까지 고안된 것 가운데 화폐는 가장 보편적이고 가장 효율적인 상호신뢰제도다."

우리는 일면식도 없는 사람끼리도 동전(단순한 금속덩어리)이나 지폐(단순한 종잇조각)를 신뢰해 협력한다. 이것도 7만 년 전에 탄생한 '존재하지 않는 것을 인지하고 신뢰한다.'라는 인지혁명의 산물이다.

무지에서 탄생한 과학혁명

서기 1500년경, 인류는 제3의 혁명인 과학혁명을 일으켜 그 영향력을 단숨에 확대했다. 1525년에 제작된 살비아티의 세계지도를 보면 유럽 대륙의 왼쪽에 아메리카 대륙이 그려져 있는데, 해안선 안쪽의 지역은 비어 있었다. 이 너머에 무엇이 있는지 잘 몰랐기 때문이다.

1492년, 콜럼버스는 '유럽에서 배를 타고 서쪽으로 나아가면 동아시아에 도달할 것이다.'라고 생각해 서쪽으로 향해한 결과 신대륙에 상륙했다. 당시 그는 '동아시아의 섬들에 도착했다.'라고 믿었다.

1499~1504년, 이탈리아인 항해사 아메리고 베스푸치는 수차례의 신대륙 탐험에 참가한 뒤 "콜럼버스가 발견한 새로운 토지는 아시아의 섬들이 아니라 성경에 없는 하나의 대륙으로 생각된다."라는 서한집을 발간했다. 그리고 1590년, 지도 제작자인 마르틴 발트제뮐러는 '아메리고가 이 대륙을 발견했다.'라고 착각해 이 대륙에 '아메리카'라는 명칭을 붙인 지도를 만들었다. 그의 주장을 바탕으로 만들어진 것이 앞에서 언급한 지도다.

당시 중세 유럽 사람들의 심정이 되어보길 바란다. 이 지도에는 성경에 나와 있지 않은 다른 사실이 있다. 지도를 본 당시 사람들의 마음속에는 '이 빈 공간에 무엇이 있는지 알고 싶다.'라는 강렬한 열망이 생겨났을 것이다. 이것은 당시 사람들이 과학에 눈을 뜬 상징적인 사건 중 하나다. 하라리는 과학혁명의 시작은 무지의 혁명이라고 말했다. '나는 모른다.'는 것을 받아들일 수 있으면 관찰 결과를 수집해 새로운 지식을 획득함으로서 새로운 힘이나 기술을 획득할 수 있다. 이것이 과학혁명의 본질이다.

그러나 과학이 발전하려면 사람과 물자, 돈 같은 자원의 투입이 필요하다. 자본주의가 탄생하고 산업혁명이 시작되었으며 과학과 산업과 군사 기술이 결합하게 되자 과학은 본격적으로 발전하기 시작했다. 새로운 기술을 손에 넣으면 국가는 전쟁에서 승리할 수 있다. 자본가는 새로운 사업을 시작해 부를 늘릴 수 있다. 이렇게 해서 과학은 제국주의, 자본주의와 손을 잡고 단숨에 진화를 가속시켰다.

그리고 인류는 핵무기를 만들어냈으며, 달에 도착했다. 오늘날 지구상의 사피엔스는 70억 명을 넘기게 되었다. 그 총중량은 3억 톤에 이른다. 가축의 총중량은 7억 톤으로, 둘을 합치면 10억 톤이다. 한편 야생동물의 총중량은 1억 톤 이하다. 인류는 지구를 제압한 것이다.

현대는 평화로워졌다. 중세까지는 전쟁과 폭력, 죽음이 바로 곁에 있었다. 그러나 현대사회에서 '누군가가 쳐들어와서 모두를 죽일지도 몰라.'라고 걱정하는 사람은 거의 없다. 오히려 '인생 100세 시대를 어떻게 살아갈 것인가?'가 걱정거리가 되었다. 게다가 평화를 사랑하는 정치가들이 지구를 다스리고 있다. 러시아가 우크라이나를 침공하자 각국의 지도자가 일제히 러시아를 비난하는 시대다. 미래는 알 수 없다. 그러나 적어도 최근 수십 년 사이에는 전체적으로 봤을 때 일단 진정한 평화를 실현하고 있다. 자, 그렇다면 결말은 "모두 오래오래 행복하게 살았답니다."일까?

하라리는 이 책의 마지막에서 이렇게 물었다. "우리는 이전보다 행복해졌을까?"

"생활은 풍요로워졌고, 수명도 늘었으며 건강해졌어. 세계도 평화로워. 틀림없이 이전보다 행복해졌어."라고 대답하는 사람이 많을지도 모른다. 그러나 하라리는 "그것은 인간중심의 사고방식이다."라고 말한 뒤, '지구성의 생물'이라는 관점에서 보면 전혀 다른 세계가 보임을 다음과 같이 소개했다.

사피엔스는 다른 인류, 그리고 방대한 수의 동식물을 절멸시켰다. 7억 톤의 가축은 인간에게 잡아먹히기 위해 기계화된 제조라인의 일부다. 매년 약 500억 마리가 도살당하고 있다. 최근 연구에서는 포유류나 조류에게도 심리적 욕구나 욕망이 있으며 이것이 충족되지 않으면 상처를 받는다는 사실이 밝혀졌다.

그렇다면 인류 자신은 어떨까? 가난하더라도 애정이 깊고 헌신적인 가족이나 동료가 있는 사람과 저택에 사는 고독한 부유층 중 어느 쪽이 행복할까? 행복은 물질의 풍요로움으로 결정되지 않는다. 오히려 주위의 상황과 자신의 기대치 비교를 통해서 결정된다. 중세 농민은 몇 개월씩 몸을 씻지 않고 옷도 갈아입지 않았다. 그것이 당연했기에 만족하며 살았다. 오늘날에는 매일 목욕을 하고 옷을 갈아입는 것이 당연해졌기 때문에 그러지 못하면 스트레스를 느낀다.

하라리는 불로불사의 실현조차도 강한 불만으로 연결될 수 있다고 말했다. 지금은 부유한 사람에게도 가난한 사람에게도 평등하게 죽음이 찾아오며, 누구도 죽음을 피할 수 없다. 그러나 미래에 가난한 사람은 죽음을 피할 수 없지만 부자는 영원히 젊음을 유지할 수 있게 된다면 죽음을 피할 수 없는 사람들은 강한 분노를 느낄 것이다.

하라리는 답을 제시하지 않았다. 그 대신 이렇게 말했다. "학자들이 행복의 역사를 연구하기 시작한 것은 불과 수 년 전이다. (중략) 확실한 결론을 내서 이제 막 시작된 논의에 종지부를 찍는 것은 너무나도 시기상조다.

서로 다른 탐구 방법을 최대한 많이 찾아내 적절한 질문을 던지는 것이
중요하다."

초超호모사피엔스의 시대

그리고 하라리는 인류가 미래에 어떤 모습일지 관해서도 고찰했다. 전 세
계의 연구실에서 과학자들이 유전자 공학을 활용해 생물을 조작하고 있
다. 사피엔스의 게놈(유전자 정보)은 쥐의 게놈과 비교했을 때 16퍼센트
더 많을 뿐이다. 그렇다면 '더 우수한 사피엔스를 만들어내자.'라는 생각
은 현실이 될 수 있다. 하라리에 따르면 사피엔스의 인지혁명은 뇌 속의
작은 돌연변이가 계기였다. 또다시 작은 변화를 인위적으로 일으켜 전혀
다른 새로운 의식을 뇌 속에 만들어내면 초超호모사피엔스를 만들어낼 가
능성이 있는 것이다. 하라리는 이 책을 이렇게 마무리했다.

　"우리가 자신의 욕망을 조작할 수 있게 될 날은 그리 먼 미래가 아닐지
도 모른다. 그래서 어쩌면 우리가 직면한 진정한 의문은 '우리는 무엇이
되고 싶은가?'가 아니라 '우리는 무엇을 바라고 싶은가?'인지도 모른다.
이 의문에 자신도 모르게 머리를 싸매지 않는 사람은 그에 관해 충분히
생각해 본 적이 없었을 것이다."

　이 책에서 하라리는 낙관적인 미래를 그렸다. 그러나 이 책이 출판된
지 9년이 지난 2023년 10월, 그의 모국인 이스라엘은 하마스와의 분쟁으
로 고난에 직면했다. 그는 인터뷰에서 "당신은 '인류는 진화한다. 전쟁은
이제 안 일어나지 않을까?'라고 말씀하셨던 것으로 압니다만."이라는 질

문에 이렇게 대답했다.

"저는 지금과 전혀 달랐던 시대에 그런 말을 했습니다. 평화를 만끽하고 있었던 시대이지요. 그 후 상황은 크게 악화되었습니다. 팬데믹, 우크라이나 전쟁, 그리고 하마스의 공격입니다."

그리고 이렇게 말을 이었다. "히로시마와 나가사키 이후 처음으로 핵무기가 전투에 사용될지도 모릅니다. 이 지역에는 핵전력을 보유한 나라가 다수 있기 때문입니다. 일종의 절대적 정의를 추구해서는 안 됩니다."

현대가 한없이 위태로운 현실 위에 서 있음을 실감케 하는 말이다. '우리는 무엇을 바라고 싶은가?'라는 하라리의 무거운 질문을 다시 한 번 생각해봐야 할 것이다.

POINT

인류의 역사를 이해하고 '우리는 무엇을 바라고 싶은가?'를 생각하라.

📖 Book 55

예술에서 찾아낸 자기탐구의 진실
예술의 정신

로버트 헨리 Robert Henri

1865~1929년. 미국의 화가. 20세기 초엽에 도시의 생생한 현실을 그리는 운동을 만들어낸, 새로운 예술을 지향하는 미술가 집단 디 에이트 The Eight의 멤버로 활약했다. 미술학교 교사로서도 명성이 높아서, 제자 중에는 에드워드 호퍼와 만 레이 등이 있다.

예술가들의 스승

창조력은 비즈니스도 인생도 풍요롭게 만들어준다. 그런 창조력에 대해 '타고난 센스에 달려 있다.'라고 생각하는 사람이 많지만, 사실 이는 공부해서 익힐 수 있다. 1923년에 출판된 이 책은 예술가를 지망하는 젊은이들에게 애독되어 온 정통 교과서다.

1980년대에 활약하다 31세에 세상을 떠난 거리예술의 선구자 키스 해링은 "이 책은 내 인생을 완전히 바꿔 놓았다."라고 말했고, 인기 텔레비전 드라마 〈트윈 픽스〉 등을 찍은 영화감독 데이비드 린치는 이 책에 "예술

인생의 규범을 정하는 바이블"이라는 찬사를 보냈다. 또한 이 책은 사업가들에게도 강렬한 인상을 줬다. 뒤에서 소개할 트위터(현재의 X)의 창업자인 잭 도시도 그중 한 명이다.

저자인 로버트 헨리는 미국의 유화 화가이자 미술학교의 교사다. 이 책은 헨리가 23년 동안 사용한 공책의 내용과 서한을 바탕으로 편집된, 그의 가르침의 총집합이다. 앞에서 언급한 잭 도시는 2013년에 개최된 스타트업 스쿨에서 강연을 할 때 이 책을 들고 단상에 섰다. 그리고 이 책의 한 부분을 읽고 여기에 해설을 덧붙이는 식으로 강연을 했다. 이 강연은 유튜브에 공개되어 있다. 예비 창업가들을 대상으로 한 이 강연에서 도시는 마지막에 이 책의 다음 구절을 인용했다.

"자신에게 중요한 것만을 그림으로 그려야 한다. 외부의 요구에 응하기만 해서는 안 된다. 세상은 자신들이 무엇을 바라는지 자각하고 있지 못하며, 우리가 무엇을 줄 수 있는지도 알지 못한다." 그리고 이렇게 해설했다.

"'자신을 위해서 만드는' 것이 중요합니다. 그래야 전염력이 깃들어서 사람들을 강하게 매료시킬 수 있지요."

이처럼 이 책에는 지금을 사는 우리에게도 도움이 되는 창작의 본질이 적혀 있다. 그러면 즉시 이 책의 요점을 살펴보자.

무엇을 재현하고 싶은가

헨리는 이 책의 첫머리에서 이렇게 말했다.

"우리의 인생에는 몇 가지 결정적인 순간이 있다. (중략) 그것은 최고로 행복해질 수 있는 순간이다. (중략) 사람이 본 것을 어떤 기호로 재현할 수 없을까? 예술은 그런 희망 속에서 탄생했다."

우리의 인생에는 여러 가지 결정적 순간이 있다. 이른 아침의 정숙한 공기 속에서 불타오르듯이 새빨갛게 물드는 새벽하늘을 봤을 때. 동료와의 뜨거운 유대를 느꼈을 때. 그런 순간을 경험한 사람은 '이 순간을 어떤 형태로 재현하고 싶다.'고 강하게 생각하기 시작해, 회화나 조각, 혹은 춤이나 극劇, 음악 등으로 재현한다. 이것이 예술인 것이다. 그러나 이 결정적 순간을 재현하고 싶다는 욕구는 예술에 한정되지 않는다. 헨리는 이렇게 말했다. "문제는 그 사람에게 반드시 말하고 싶은 것이 있느냐다. 표현하고 싶은 것이 예술인지 아닌지, 그림인지, 아니면 다른 무엇인지는 그 사람에게 아무래도 상관없는 일이다. 보편적인 표현으로 만들 가치가 있는지 없는지만 신경 써야 하는 것이다. (중략) 예술을 회화나 조각, 음악이나 시만으로 한정하는 사고방식에는 공감할 수 없다. 소재로 무엇을 사용하느냐는 완전히 우연이며, 모든 사람의 내부에는 예술가가 있다는 사고방식이 널리 퍼졌으면 한다."

잭 도시가 '트위터를 만들자.'라고 생각한 결정적 순간은 사용자들끼리 직접 메시지를 주고받을 수 있는 인스턴트 메신저를 처음 봤을 때였다. 그는 '많은 사람이 동시에 간단히 메시지를 공유할 수는 없을까?'라고 생각했다. 매우 우수한 프로그래머였던 도시는 불과 2주 만에 트위터의 프로토타입을 만들어냈다.

도시가 결정적 순간을 재현하고자 만든 것은 예술이 아니었다. 프로그램의 프로토타입이었다. 이렇게 생각하면 이 책에서 이야기하는 창조의

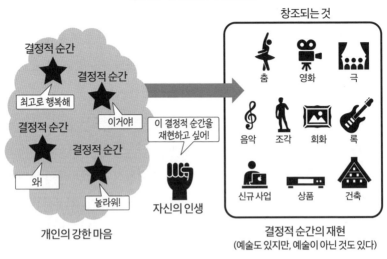

'창조한다.'는 것은 무엇일까?

창조되는 것

결정적 순간

결정적 순간

최고로 행복해

이거야!

결정적 순간

와!

결정적 순간

놀라워!

이 결정적 순간을 재현하고 싶어!

자신의 인생

개인의 강한 마음

춤　영화　극

음악　조각　회화　록

신규 사업　상품　건축

결정적 순간의 재현
(예술도 있지만, 예술이 아닌 것도 있다)

의미가 보편적인 것임을 이해할 수 있을 것이다.

중요한 것은 자신의 욕구다. 헨리는 이렇게 말했다.

"나는 오직 한 가지만을 확신한다. 어디까지나 일관성을 유지하며, 무엇인가를 표현하고 싶다는 강렬한 욕구가 필요하다는 것이다. 적극적인 목적이 없으면 수단은 단순히 수단을 위한 연습밖에 되지 않는다."

예술도 비즈니스도 '이것을 표현하고 싶다.'라는 강렬한 충동이 원동력이다. '전시회용으로 일단 만들어 본' 작품이나 '일이니까 일단 해보자.'라는 생각으로 하는 비즈니스는 사람들의 마음을 감동시키지 못한다. 헨리는 이렇게 말했다. "진정한 예술은 표면이 아니라 인간 내면의 아주 깊은 곳에 닿는다. 일반적으로 잠재의식이라고 부르는 영역이다. 사람은 그 이유를 모른 채 어떤 행동을 하며, 무엇인가에 영향을 받는다."

최고의 교사는 자기 자신이다

미술학교의 교수이기도 한 헨리는 독자들에게 의문을 자아내는 내용도 책에 담았다. "스스로 자신을 교육해라. 내게 배우려고 생각하지 마라. 내게 이용당하지 말고 나를 최대한으로 이용해라."

'헨리 선생님, 교사이신 분이 내게 배우려고 하지 말라는 말씀을 하셔도 되는 겁니까?'라는 생각이 들지만, 사실 헨리는 이 책에서 매우 친절하고 자상하게 학생의 작품에 조언을 해준다. 그러나 반드시 "어디까지나 나의 개인적인 견해일 뿐, 모든 것은 스스로 결정해야 한다."라고 덧붙이기를 잊지 않는다. 헨리는 이렇게 말을 이었다. "자신의 작품을 지긋이 바라보면서, 그 작품이 말하는 것이 자신의 내부에서 나온 목소리임을 이해하라."

실제로 나는 그런 경험을 해왔다. 대학교를 졸업하고 일본 IBM에 대졸 신입사원으로 입사했지만, 20대였을 때는 '프로사진작가가 되고 싶어.'라는 꿈을 버리지 못했다. 그래서 회사원으로 일하는 가운데 '20대가 끝나기 전에 긴자의 사진 갤러리에서 개인전을 열자.'라는 목표를 세우고, 일이 없는 주말에 사진을 찍은 다음 퇴근길에 카페에서 나의 사진 작품을 1시간 정도 다시 살펴보는 작업을 계속했다. 이것은 간단해 보이지만 의외로 어려운 일이다. 자신의 작품에는 자기 나름의 강한 애착이 담기기 때문이다. 강한 애착은 중요하지만, 실제로는 애착만 있고 표현이 동반되지 않은 미숙한 작품도 많이 나온다. 혼자서 그 차이를 간파해 미숙한 작품을 제외하는 것은 애착이 강한 만큼 어려운 일이다. 그러나 자신의 내부에서 자신과 대화를 계속하는 사이에 나는 자신의 애착을 객관화할 수 있게 되었고, 미숙한 작품에서도 배움을 얻을 수 있게 되었다.

이렇게 자신의 작품을 다시 살펴보기를 계속한 나는 마침내 긴자에 있는 유명 사진 갤러리의 심사를 통과해, 27세였던 1989년에 첫 사진전을 개최할 수 있었다. 버블경제의 절정기였던 당시, 안 그래도 일이 많은 외국계 IT 기업에서 툭하면 야근을 하면서도 짬짬이 사진 활동을 하는 나를 보고 주위에서는 "정말 이해가 안 되는 녀석이라니까."라며 한심하게 여겼다. 그러나 20대 후반에 철저히 했던 이 작업은 현재 비즈니스나 집필 활동에서도 유용하게 활용되고 있다. 이 책에서 헨리는 이런 상황을 적확히 설명했다.

"자신을 인도해 줄 수 있는 사람은 자신뿐이다. (중략) 이 세상에서 가장 위대한 예술가조차도 미래는 가르쳐주지 못한다. 전에 없었던 새로운 길이기 때문이다. 알아야 할 것, 나아가야 할 길은 스스로 모색하는 수밖에 없다."

나는 자신의 미숙한 작품과 철저히 대화를 계속하는 가운데 나도 모르는 사이에 스스로 자신을 교육하는 방법을 터득할 수 있었다. 그 후 30대 후반부터 시작한 마케팅과 경영전략도, 50대부터 시작한 인재육성도 전부 독학으로 터득했다. 책을 읽고 자신에게 질문을 계속하며 스스로 교육해왔다.

그렇다면 자신을 교육하기 위해서는 어떻게 해야 할까? 헨리는 이렇게 말했다. "자기 교육이란 자신을 잘 아는 것이다. (중략) 자신이 무엇을 좋아하는지 찾아내야 한다."

이는 '나는 무엇을 기분 좋게 느끼는가?'를 아는 것이 출발점이다. 그리고 자신이 열중하는 것을 찾아내, 자신의 능력을 최대한으로 활용한다. 그러다 보면 유행에 좌우되지 않는 자신만의 독자성을 확립할 수 있다.

이 책을 읽으면서 나는 "그래 맞아!", "바로 이거야!"라며 연신 고개를 끄덕였다. 내 인생 작업인 사진도, 회사원 시절의 업무도, 책 집필도, 결과적으로는 헨리의 가르침대로 행동한 것이었다.

가령 헨리는 "화가는 화가로 먹고살겠다는 생각을 버리고 다른 수단으로 돈을 버는 것이 좋다."라고 말했다. 이유는 "그림을 그릴 때는 순수한 자유로움이 있다. 세상으로부터 높은 평가를 받으면서 그림으로 생계를 꾸려나가고 우아한 생활을 할 수 있는 화가도 있다. 그러나 그 사람은 어떤 의미에서 순수한 자유를 방해받고 있을지도 모르기 때문이다."라고 한다.

이 책은 여러분이 지금까지 해온, 혹은 앞으로 하려고 하는 일의 의미나 인생의 여러 활동을 다시 한 번 정리하려 할 때 틀림없이 많은 도움이 될 것이다.

POINT

> 자신에게 최고의 교사는 자기 자신이다. 자신에게 질문을 던져라.

Book 56

승리를 위해 고안된
강력한 비즈니스 전략
풍자화전

제아미世阿弥
1363~1443년 추정. 일본의 전통 예능인 노能의 연기자. 노의 인기 스타였던 간아미觀阿弥의 큰아들로 태어나, 아버지 간아미와 함께 노를 완성하고 수많은 책을 남겼다. 《풍자화전》도 그 책 중 하나다. 제아미의 것으로 추정되는 작품은 거의 50곡에 이르며, 현재에도 무대에서 상연되고 있다.

예술과 비즈니스는 양립할 수 있다

[Book 55]《예술의 정신》에서 헨리는 "예술가는 자유를 지키기 위해 다른 직업으로 생계를 꾸려라."라고 말했다. 그런데 일본의 전통 예능인 노能를 완성시킨 제아미는 반대로 어떻게 해야 예술과 비즈니스를 양립시킬 수 있을지 철저히 고민한 현실주의자다. 이 책은 그런 제아미가 세계에서 가장 오래된 무대 예술인 노의 오의奧義를 정리한 것이다.

"초심을 잊지 마라.", "비밀스러우면 꽃"은 제아미가 한 말이다. 이 책에는 현대의 우리도 배울 만한 것이 너무나도 많다. 우리가 살아가기 위한 지침이나 비즈니스에서 승리하기 위한 전술이 가득 담겨 있다.

노의 기원은 나라시대(8세기)에 중국에서 전래한 산가쿠散樂라는 대중 예능이다. 산가쿠는 헤이안~가마쿠라시대에 일본의 예능과 융합해 사루가쿠猿樂(일본 공연 예술의 한 종류)가 되었다. 야마토노쿠니(현재의 나라현)에서 사루가쿠의 일파인 야마토사루가쿠를 이끌었던 제아미와 그의 아버지 간아미는 기존의 다양한 예능 요소를 도입하며 사루가쿠를 발전시켜 '노'라는 예술로 승화시켰다.

당시 사루가쿠의 각 유파는 치열한 생존경쟁을 벌이고 있었다. 다치아이立숨라고 해서, 각 유파의 극단이 같은 무대에 서서 관객에게 연기를 보여줘 최종적으로 승리한 유파는 우대를 받았지만 승리하지 못하면 극단은 해산이었다. 그리고 다치아이의 승패를 좌우한 것은 사람들을 감동시키는 연기를 할 수 있느냐였다. 그래서 한 극단의 우두머리이자 경영자로서 막중한 책임을 짊어지고 있었던 제아미가 일족의 번영을 위한 남긴 '비전서'가《풍자화전》이다. 이 책은 엄중하게 관리되며 대대로 자손에게만 전수되었기 때문에 메이지시대까지 그 존재가 알려지지 않다가 1909년에 역사학자인 요시다 도고가 학회에서 발표한 것을 계기로 세상에 알려져 우리도 읽을 수 있게 되었다. 또한 외국어로 번역되어 국외에서도 높은 평가를 받고 있다.

일시적 꽃과 진정한 꽃

이 책의 제목에 나오는 '꽃花'은 이 책의 일관된 키워드다. 벚꽃은 '봄이 왔구나.'라는 신선한 기분을 느끼게 해준다. 각 계절에 피는 꽃도 그 계절의 신선한 감동을 준다. 꽃은 '신선함', '진기함', '재미'의 상징이다. 꽃은 시들 기에 아름답다. 만약 벚꽃이 시들어 떨어지지 않고 사계절 내내 피어 있다 면 우리는 벚꽃에서 그다지 신선한 느낌을 받지 못할 것이다. 노도 마찬가 지다. 같은 연기를 계속하면 관객은 신선함도 재미도 느끼지 못하게 된다.

제아미는 노의 감동을 꽃이 피는 모습을 본 감동에 비유했다. 꽃을 느 끼면 관객은 신선하고 진기하며 재미있다고 느낀다. 그리고 꽃에는 '일시 적 꽃'과 '진정한 꽃'이 있다.

일시적 꽃

자연의 꽃과 마찬가지로 그 순간에만 피며, 이윽고 시들어 떨어진다. 오 니야샤鬼夜叉라고 불렸던 12세의 제아미는 당시의 쇼군인 아시카가 요시 미츠가 총애할 정도의 굉장한 미소년이었다. 그러나 5~6년이 지나 변성 기를 거치며 어른의 체격이 되었을 무렵에는 그런 아름다움을 잃어버렸 다. 이처럼 일시적 꽃은 금방 시들어 떨어진다. 덧없고 일시적이다.

진정한 꽃

진정한 꽃은 피는 것도 시들어 떨어지는 것도 마음에 달려 있다. '진기 함'이 꽃의 본질이다. 끊임없이 진기함을 발휘하면 진정한 꽃을 유지할 수 있다. 온갖 배역을 연습하는 것이 진정한 꽃의 씨앗이 된다.

노의 연구자이며 이 책의 현대어판을 번역한 다케모토 미키오는 해설 에서 이렇게 말했다. "《풍자화전》에서 제아미는 어떻게 꽃을 피울 것인가, 언제나 무대에서 성공을 약속하는 진정한 꽃을 어떻게 획득할 것인가를 최대의 과제로 삼았다."

제아미는 이 책에서 진정한 꽃을 일관되게 추구했다. 진정한 꽃은 무대의 성공을 보증하고 라이벌에게 승리하기 위한 열쇠다. 제아미는 노라는 비즈니스의 성공에 집착하는 경영자이자 승부사였다. 현대의 비즈니스에서도 똑같은 것을 계속하면 고객은 싫증을 느낀다. 끊임없이 도전하고 새로운 제품을 만들어내는 것이 성공의 열쇠다. 그리고 진정한 꽃을 피우는 자세가 '초심을 잊지 마라.'이다.

인생의 7단계와 세 가지 초심

다만 이 말은 잘못 이해되고 있다. 이것은 '늘 겸손함을 잃지 마라.'라는 의미가 아니다. 제아미는 노 연기자의 인생에서 "초심으로 돌아가야 할 단계가 셋 있다."라며, 인생의 7단계를 제시했다.

① 7세: 노의 연습을 시작하는 연령. 간섭하지 말고 마음대로 하도록 내버려둬서 노에 친숙해지게 한다.

② 12~13세: 연기에 눈을 뜨기 시작한다. 귀여운 아이의 모습이기에 무엇을 해도 매력적으로 보인다. 다만 절세 미소년이었던 제아미조차도 일시적 꽃에 불과했다. 이 시기의 재능만으로 평생의 재능을 판단할 수는 없다.

③ 17~18세: 변성기가 지나며 소년기의 매력을 잃어버린 결과 소년기

의 방식이 전혀 통하지 않게 되는, 청년 시대다. 자칫하면 의욕도 잃을 수 있다. 이때가 인생의 분기점이다. 오로지 연습에 힘써야 한다.

④ **24~25세:** 일생의 재능이 확정되는 첫 단계. 목소리도 체격도 안정기에 접어든다. 관객은 신인의 매력에 신선함을 느끼지만, 이것도 그때뿐인 일시적 꽃이다. 자신의 진정한 실력을 자각하고 겸허하게 정진해야 한다. 이때가 첫 번째 초심이다.

⑤ **34~35세:** 재능의 절정기. 진정한 꽃이라면 나름 천하의 인정을 받고 있을 것이다. 그러나 40세 이후에는 재능이 하락한다는 것이 가혹한 현실이다. 과거를 되돌아보고 미래의 모습을 생각해야 하는 시기다. 이때가 두 번째 초심이다.

⑥ **44~45세:** 이 무렵이 되면 용모의 매력을 잃고, 꽃은 사라져 간다. 다음 세대의 육성이 주된 역할이 된다. 이 무렵까지 노 연기자로서 사라지지 않는 매력이 있다면 진정한 꽃이다.

⑦ **50대:** 연기할 수 있는 역할은 줄어들지만 명인이라면 노 연기자로서의 매력은 남아 있으며, 늙었기에 완성되는 재능도 있다. 아버지 간아미가 52세로 세상을 떠나기 15일 전에 연기했던 노는 시들었지만 화려함을 보여줘 관객의 절찬을 받았다. 늙었으면 늙었을 때의 초심이 있다.

인생을 단계적으로 파악하고 용모가 변하는 전환기에 초심으로 돌아가라는 것이 '초심을 잊지 마라.'의 진정한 의미다. 현대에는 연령을 다르게 적용해야 하겠지만, 이 발상은 인생의 전환기에서 리셋 버튼을 누르고 초

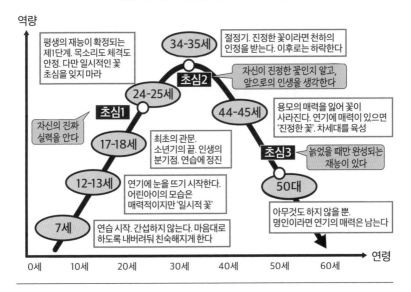

인생의 7단계와 전환기의 세 가지 초심

역량

평생의 재능이 확정되는 제1단계. 목소리도 체격도 안정. 다만 일시적인 꽃 초심을 잊지 마라

절정기. 진정한 꽃이라면 천하의 인정을 받는다. 이후로는 하락한다

34-35세

초심2

자신이 진정한 꽃인지 알고, 앞으로의 인생을 생각한다

24-25세

초심1

44-45세

자신의 진짜 실력을 안다

17-18세

용모의 매력을 잃어 꽃이 사라진다. 연기에 매력이 있으면 '진정한 꽃'. 차세대를 육성

최초의 관문. 소년기의 끝. 인생의 분기점. 연습에 정진

초심3

늙었을 때만 완성되는 재능이 있다

12-13세

연기에 눈을 뜨기 시작한다. 어린아이의 모습은 매력적이지만 '일시적 꽃'

50대

7세

연습 시작. 간섭하지 않는다. 마음대로 하도록 내버려둬 친숙해지게 한다

아무것도 하지 않을 뿐. 명인이라면 연기의 매력은 남는다

연령

0세   10세   20세   30세   40세   50세   60세

심으로 돌아가는 데 도움이 될 것이다.

마케팅 전략을 실천한 제아미

관객 중에는 초보자도 있고 숙련자도 있다. 숙련된 관객을 위해 기교에 힘을 주면 초보 관객은 이해하지 못한다. 그렇다고 초보 관객이 이해하기 쉽게 연기하면 숙련된 관객은 불만을 느낀다. 이것은 영원한 딜레마인데, 언제나 성공을 중시한 제아미의 해답은 매우 단순하다. "극단은 많은 관객에게 사랑받음으로써 성립한다. 그러므로 모든 관객을 감동시키는 것이 중요하다." 그렇다면 어떻게 해야 할까? 노에 해박한 상류층 관객은 최고의 연기를 하면 만족하므로 그다지 문제가 되지 않는다. 문제는 노를 모르는 지방의 서민이 관객일 경우다. 그들이 '훌륭해.'라며 감동할 수 있는 연기를 해야 한다. 아버지 간아미는 어떤 산골 벽촌에서 공연을 하든 그 지역의 특색을 중시하며 연기해 관객의 마음을 사로잡았다.

예술과 비즈니스의 양립을 궁리하고 어떤 상황에서도 갈채를 받으며 성공을 거두려 했던 제아미가 도달한 이 사상은 현대의 최신 마케팅 이론과 같은 발상이다. 에렌버그-배스 연구소의 바이런 샤프 교수는 저서《브랜딩의 과학》에서 '타깃을 좁혀라.'라는 전통적인 마케팅 사상에 대해 "정말 중요한 것은 매스마케팅이다. 대중 시장을 섬세한 마케팅 시책으로 공략해, 고객의 선호를 폭넓게 획득하라."라고 제창했다. 모든 관객을 만족시키기 위해 각 관객의 취향에 맞춰 섬세하게 연기한 제아미는 바이런 샤프의 매스마케팅을 실천했던 것이다. 그리고 성공의 키워드가 '비밀스러우면 꽃'이다.

비즈니스 전략으로서의 비밀스러우면 꽃

비밀스러우면 꽃이란 이야기는 '눈에 띄지 말라는 말이잖아?'라고 잘못이해되는 경우가 많다. 그 진짜 의미는 '비밀스럽게 전수하느냐 그렇지 않느냐가 꽃이 있느냐 없느냐를 가른다.'는 것이다. 마술쇼에서 마술을 할때마다 마술사가 의기양양한 얼굴로 "사실 이 마술의 트릭은 이런 것입니다."라고 해설을 한다면 관객은 흥이 식는다. 트릭을 모르기 때문에 마술

쇼에는 '꽃'이 있다. 이것이 '비밀스러우면 꽃'의 의미다.

사실 마술의 트릭은 알고 나면 시시한 것이 많다. 이것은 비전祕傳도 마찬가지여서, 알게 되면 시시한 것도 많다. 그러나 비밀스럽게 전수함으로써 관객의 마음속에 감동(꽃)이 생겨나는 것이다.

제아미는 "비밀의 존재 자체를 알려서는 안 된다."라고까지 주의를 줬다. 비밀스럽기에 꽃이며, 비밀로 삼지 않는다면 꽃이 아니다. 이 사상은 [Book 44]《오륜서》에서 "내 병법에 비전은 없다."라고 말했던 무사시와 정반대다. 적을 벤다는 결과를 추구한 무사시와 예술로서 관객의 존재를 생각한 제아미의 차이일 것이다. 제아미의 비밀스러우면 꽃은 승부에서 승리하기 위한 비즈니스 전략 그 자체이기도 하다.

성공할 타이밍을 간파한다

승부를 거는 타이밍도 있다. 당시는 무엇을 시도하든 성과를 올리는 상승기를 남시男時, 무엇을 시도해도 성과가 없는 하락기를 여시女時라고 표현했다. 남시와 여시는 번갈아서 찾아오며, 타이밍도 제각각이다. 하나의 무대, 3일간의 공연, 작년과 금년 같은 단위로 뒤바뀐다. 여시일 때 전력을 다해서 승부에 나서면 반드시 실패한다. 여시일 때는 만사를 조심하며 힘을 축적하고, 남시가 되었을 때 자신 있는 작품을 내놓고 온 힘을 다해서 승부해야 한다. 제아미는 이렇게 말했다.

"사흘 동안 세 번의 사루가쿠 공연이 있을 경우, 첫날은 힘을 비축하며 적당히 하고, 사흘 중에서 가장 중요한 날이라는 생각이 들 때 자신 있는 작품을 골라서 모든 힘을 쥐어짜내 연기하는 것이 좋다."

"언제나 고객을 만족시켜라."가 아니라 "버릴 경기는 버려라."라고 말하는 부분에서 제아미의 대단함이 느껴진다.

비즈니스에서도 타이밍을 파악하는 것이 성공의 열쇠다. 레드오션 시장에 있을 때는 체력을 비축해 놓았다가 자사의 강점을 활용할 수 있고 경쟁자가 없는 블루오션 시장을 찾아냈을 때 온 힘을 다한다. 타이밍이 핵심인 것이다. 제아미의 사상은 현대의 비즈니스에서도 훌륭히 통용된다. 이 책에서 그 사상의 깊이를 경험해 보길 바란다.

POINT

초심을 잊지 말고 꽃을 감추며, 진정한 꽃을 피워야 한다.

📖 Book 57

피아니스트 계보를 알아야
클래식이 보인다
위대한 피아니스트

해럴드 C. 숀버그 Harold C. Schonberg

1915~2003년. 미국의 음악평론가. 언론인. 주로 〈뉴욕타임스〉지에서 집필 활동을 했으며, 1960년부터 1980년까지 주필로 활동했다. 음악 평론가로서 최초의 퓰리처상(비평 부문) 수상자다. 《위대한 지휘자들》,《위대한 작곡가들의 삶》 등 음악과 관련된 다수의 저서를 남겼다.

피아니스트 계보를 따라가다 보면

내가 합창단원으로서 모차르트 레퀴엠의 합창 연습을 했을 때 있었던 일이다. 매번 연습을 할 때마다 오케스트라를 부르는 것은 사정상 도저히 무리였는데, 놀랍게도 반주를 해주는 피아니스트가 피아노 한 대로 오케스트라가 연주하는 교향곡을 재현해줬다. 피아노는 모든 악기의 소리를 재현할 수 있는 유일한 만능 악기인 것이다.

　서양음악의 작곡 기법은 클래식 음악에서 확립된 하모니, 멜로디, 형식 등의 방법론에 기반을 두고 있다. 록, 재즈, 팝 등의 분야에서 활약하는 뮤

지션 대부분은 클래식 음악을 통해 기법과 표현 방법을 공부한다. 요컨대 클래식 음악에는 우리가 평소에 듣는 서양음악의 기본이 전부 담겨 있는 것이다.

19세기 중엽까지, 클래식 음악의 위대한 작곡가는 예외 없이 위대한 피아니스트였다. 앞에서 이야기했듯이 피아노가 유일한 만능 악기였기 때문이다. 즉, 피아노 음악의 발전을 이해하면 클래식 음악을 이해할 수 있다. 이 책은 역사상 위대한 피아니스트들의 연주 모습부터 기법과 개성까지 묘사한, 거의 900페이지에 이르는 명저다.

저자인 해럴드 C. 숀버그는 음악 평론가로서는 최초로 퓰리처상을 수상한 언론인이다. 그는 이 책을 집필하기 위해 녹음이 남아 있는 19세기 이후의 피아니스트에 관해서는 녹음된 연주를 듣고, 녹음이 없는 이전 시대의 피아니스트에 관해서는 전기와 평론, 일화, 편지, 풍문, 악보 등의 자료와 물증을 활용해 연주를 파악했다고 한다.

이 책에는 방대한 수의 피아니스트가 등장하는데, 여기에서는 그중에서 쇼팽과 리스트를 소개하고자 한다. 둘 다 음악이 현대의 비즈니스 모델로 대변혁한 시기에 등장한 피아니스트다.

서로 대조적인 이 두 피아니스트는 피아노가 현재의 피아노와 거의 같은 형태가 되어 유럽의 가정에 널리 보급된 1830년대부터 활약했다. 그전까지는 귀족 후원자가 음악가를 지원했지만, 피아노가 대중화된 이 시대부터는 피아노 인구가 증가해 중산층들이 멋진 피아노 연주를 듣고자 돈을 내고 연주회에 가게 되었다. 그렇게 클래식 음악이 대중화되어 현대와 같은 비즈니스 모델이 된 시기에 등장한 것이 개성을 중시하는 낭만주의 피아니스트이며, 그 대표적인 인물이 쇼팽과 리스트인 것이다.

프레데리크 쇼팽(1810~1849년)

폴란드의 바르샤바에서 5년마다 개최되는 '쇼팽 국제피아노콩쿠르'는 세계에서 가장 역사가 깊으며 가장 권위 있는 피아노콩쿠르로, 과제곡은 전부 쇼팽의 작품이다.

19세기 초엽에 등장한 프레데리크 쇼팽은 음악계의 혁명이었으며, 그의 대담한 리듬은 이질적이었다. 슈만은 그를 천재라고 불렀고, 까다롭기로 유명한 멘델스존도 "완벽한 비르투오소(절정의 기교파)"라며 찬사를 아끼지 않았다.

폴란드에서 태어나고 자란 쇼팽은 21세였던 1831년에 파리로 올 때까지 유럽에서 유행하는 음악과는 인연이 없었다. 그동안 그는 고향 폴란드의 민속적 요소를 자신의 스타일로 발전시키고 있었다. 또한 바흐와 모차르트에게 크게 매료되어 두 사람의 음악을 철저히 공부했고, 피아니스트로서 그들의 기법을 자신의 독자적인 음악과 연주로 표현해 새로운 피아노 유파를 만들어냈다. 요컨대 쇼팽은 폴란드 민속 음악과 클래식 음악을 융합시켜 신세대 음악을 창조한 혁신가였다. 쇼팽은 폴란드 민족이 세계에 자랑하는 폴란드의 혼인 것이다.

그런 쇼팽은 신경질적이어서 공개 연주를 매우 싫어했다. 살롱 이외의 장소에서는 거의 연주를 하지 않았다. 피아니스트로서 그의 명성은 약 30회의 한정된 연주회를 통해서 얻은 것이었다.

그는 악보 출판으로 많은 수입을 올렸고, 상류 계급의 피아노 교사로서 인기가 많았다. 피아노 교사만으로도 충분한 수입이 있었던 것이다. 이것도 당시 음악이 대중화된 덕분이었다.

쇼팽은 파리에서 리스트를 알게 되었다. 이 책에는 다음과 같은 일화가 있다. 어떤 야간 모임에서 리스트가 쇼팽이 작곡한 녹턴(야상곡)을 애드리브를 더하며 연주했다. 그 연주를 들은 쇼팽이 악보대로 연주하든지 아니면 연주하지 말라고 하자 기분이 상한 리스트는 "자네가 연주해보게." 라고 말했다. 그래서 쇼팽이 연주를 하자, 리스트를 그를 껴안고 사과했다. "그대 같은 사람의 작품을 멋대로 바꿔서 연주해서는 안 된다는 걸 깨달았네." 그렇다면 그런 리스트는 어떤 음악가였을까?

프란츠 리스트(1811~1886년)

리스트의 독주회를 그린 풍자화가 있다. 그 풍자화에는 리스트가 연주를 하자 숙녀들은 몸에 걸치고 있던 보석류를 무대로 던지고, 황홀경에 빠지고, 비명을 지르며 실신하는 모습이 그려져 있다. 예전의 록 콘서트에서 자주 볼 수 있었던 바로 그런 모습이다. 저자인 숀버그는 리스트가 미모와 명성으로 평생 여성들을 졸도시켰으며, 음악적 재능도 타고났다고 말했다. 하늘이 그에게 모든 것을 준 것이다. 숀버그는 이렇게 말했다. "피아노의 테크닉을 완전히 해방시킨 피아니스트는 쇼팽이었을지도 모르지만, 그 결과를 유럽 전역에 퍼트린 피아니스트는 리스트였다. 두 사람 중에서는 더 뛰어난 피아니스트는 쇼팽이었다고 말할 수 있을 것이다. 그러나 쇼팽은 청중을 열광에 빠트리는 강력함, 힘, 스마트함, 매력이 부족했다."

쇼팽은 아티스트였지만 리스트는 아티스트인 동시에 희대의 엔터테이너였던 것이다.

그는 천재적인 테크닉을 갖춘 연주자였다. 복잡한 곡도 한 번만 들으면 악보 없이 그 자리에서 연주할 수 있었다. 또한 대부분의 경우 곡을 처음 연주할 때 가장 훌륭한 연주를 들려줬는데, 그에게는 피아노 연주가 너무 간단한 나머지 두 번째로 연주할 때는 자신의 만족을 위해 무엇인가를 덧붙이지 않고는 견디지 못했다. 쇼팽의 녹턴에 애드리브를 더해서 연주했던 것도 그 때문이었다.

리스트는 명곡도 다수 작곡했다. 리스트의 시대까지는 위대한 피아니스트가 명작곡가이기도 했지만, 리스트 이후로는 몇몇 예외를 제외하면 위대한 작곡가와 위대한 피아니스트를 겸하는 인물이 없어졌다. 이 시대부터 음악의 대중화가 진행되어 연주만으로도 비즈니스로서 성립하게 되자 작곡가와 피아니스트의 분업화가 시작된 것이다.

지금까지 위대한 피아니스트 중에서 두 명만을 소개했지만 이 책에는 시대 순으로 방대한 수의 피아니스트가 등장한다. 그 흐름을 읽으면 초보들도 클래식 음악의 발전을 이해할 수 있다. 음악 예술에 흥미가 있는 사람은 꼭 읽어 보기를 권하는 책이다.

POINT

> 과거에는 작곡가와 연주자가 일체화되어 있었지만, 음악의 보급과 함께 분업이 진행되었다.

Book 58

당신의 계급이 당신의 취미를 만든다
구별짓기

피에르 부르디외 Pierre Bourdieu

1930~2002년. 프랑스의 사회학자. 철학부터 문학 이론, 사회학, 인류학까지 폭넓은 분야를 연구했다. 신자유주의에 반대하는 세계적인 운동을 호소한 지식인 중 한 명이다. 《재생산》, 《사회학의 문제들》 등 수많은 저서를 남겼다.

누가 예술을 감상하는가

지금까지 예술 제작자의 관점에서 쓴 책들을 소개했는데, 이번에 소개하는 책은 제작자가 아닌 감상자의 관점에서 쓴 것이다. 또한 이 책은 사회 속에서 자신이 어디에 있는지 깨닫기 위한 힌트를 제공한다.

저자인 피에르 부르디외는 1930년에 프랑스에서 태어난 사회학자다. 계급사회인 프랑스에서는 계급이 직업으로 구별된다. 이때 상류계급은 실업가나 기업의 상류 관리직, 교수, 예술가, 중류계급은 기술자나 일반 관리직, 서민계급은 농업이나 공장 노동자라고 소개했다.

서민계급 출신이지만 공부를 잘했던 부르디외는 부모 곁을 떠나서 고등학교에 진학했고, 프랑스 최고학부인 그랑제콜에서도 가장 어려운 학교에 입학했다. 그러나 상류계급밖에 없는 그곳에서 서민 출신인 그는 이질적인 존재였다. 이 계급격차에 대한 분노는 이후 그가 진행한 연구의 원동력이 되었다. 1963~1968년에 걸쳐 1,217명을 대상으로 실시한 조사를 기반으로 쓴 이 책은 그런 부르디외 사회학을 집대성한 것으로, 1979년에 출판되었다. 상·하권을 합치면 1,500페이지에 가까운 대작이다. 이 책은 베스트셀러가 되었고, 국제사회학회는 20세기의 가장 중요한 사회학 도서 10권 중 한 권으로 선정했다.

당신의 취미는 자신이 선택한 것이 아니다

여러분에게는 무엇인가 취미가 있을 것이다. 그런데 어떤 계기로 자신이 그 취미를 좋아하게 됐는지도 모른다. 이 책의 첫머리에서 부르디외는 이런 말로 사람들이 왜 무언가를 좋아하게 됐는지를 밝힌다. "예술작품과의 만남이라는 것에 일반적으로 사람들이 기대하는 번개에 맞은 듯한 운명적인 만남 같은 측면은 전혀 없다."

그는 예술을 보고 감동하는 것은 성장한 환경 덕분이라고 주장한다. 성장한 환경 속에서 예술에 담긴 의미(코드)를 읽어내는 소양이 배양되며, 이 소양이 없으면 예술에서 무엇도 느끼지 못한다.

부르디외는 노파의 거친 손을 찍은 사진을 사람들에게 보여준 뒤 어떤 느낌을 받았냐고 물었다. 그러자 가난한 계층의 사람들은 "이 사람은 평생을 쉬지 않고 일했을 겁니다. 이 불쌍한 여인의 손을 보니 가슴이 찡하네요."라고 대답했다. 한편 상류계급은 "아름다운 사진이군요. 그야말로 노동의 상징입니다. 플로베르의 늙은 하녀가 떠올랐습니다."

직업이나 계층에 따라 해석이 완전히 달랐던 것이다. 부르디외는 "'눈'은 역사의 산물이며, 그것은 교육을 통해서 재생산된다."라고 말했다. 우리는 가정이나 학교에서 공부한 결과로서 감각이나 판단력, 호불호 등의 성향을 키운다. 이런 개인별 취향의 경향이나 습성을 아비투스*Habitus*라고 부른다. 아비투스는 태어나고 자란 환경 속에서 몸에 밴 습관이나 버릇이다. 그것은 깜짝 놀랐을 때의 반응, 젓가락 사용법 같은 일상적인 동작에 무의식적으로 나타나며, 가정이나 학교에서 배양된다.

가정에서 피아노를 배우는 아이는 음악 소양을 배울 뿐만 아니라 '놀고 싶은 욕구를 참고 무엇인가를 노력해서 익힌다.'라는 과정을 몸으로 경험하며, 이것이 미래의 재산이 된다. 또한 우리는 학교에서 여러 가지를 공부하고 경험하면서 아비투스를 익힌다. 그리고 아비투스를 통해 취미와 직업을 선택하는 것이다.

그러나 사회 전체의 관점에서 보면 반대로 사람들은 아비투스를 통해서 분류되고 등급이 매겨지며, 그렇게 해서 계급이 형성된다. 사회 속에 분산되어 있었던 같은 아비투스를 가진 사람들이 아비투스를 통해 사회의 한 곳에서 뭉치게 되는 것이다. 가령 재즈 애호가는 재즈 클럽에서, 합창을 좋아하는 사람들은 합창단에서 커뮤니티를 만든다. 사회 계급도 마찬가지다. 의학부 학생의 부모는 의사인 경우가 많다. 이런 사람들의 모임을 장場, *Champ, Field*이라고 부른다.

장에서 벌어지는 상징투쟁

장에는 관심이나 습성이 같은 사람들이 자율적으로 모인다. 합창단 같은 취미 모임도, 의학부, 정계, 나아가 음악계, 사교계, 재계 등도 장이다. 그리고 우리는 장 속에서 어느 쪽이 정통인가를 둘러싼 싸움(상징투쟁)을 벌이고 있다. 이 정통성을 둘러싼 상징투쟁은 '어느 쪽이 위인가?'를 둘러싼 탁월화의 싸움이다.

탁월화의 싸움은 우리 주변에서도 많이 벌어지고 있다. 아이의 학부모 모임에서는 즐겁게 대화를 나누는 가운데 "이번 여름은 별장에서 지낼 거예요.", "○○씨의 남편, 어디서 일해요?" 같은 주도권 잡기 싸움이 벌어지고는 한다. SNS에서도 서로 자신의 자동차나 외국 여행 사진을 경쟁적으로 올린다. 내가 좋아하는 카메라 애호가 모임에도 "아직도 라이카를 쓰는 거야? 나도 라이카 한참 썼는데, 싫증이 나서 최근에 디지털카메라로 갈아탔어."라며 주도권을 잡으려 하는 사람들이 있다. 또한 열광적인 축구 팬인 훌리건들은 몸싸움을 벌여서 수십 명의 사상자를 내기도 한다.

요컨대 계급투쟁에서는 '나의 아비투스가 더 위'라고 정통성을 과시한다.

부르디외는 이렇게 말했다. "취미(다시 말해 겉으로 드러난 선호)란 피할 수 없는 유일한 '차이 실제상'의 긍정이다. (중략) 그리고 취미*goûts*란 아마도, 무엇보다 먼저 혐오*dégoûts*인 것이다. 요컨대 다른 취미, 타인의 취미에 대한 거부감 또는 내부적인 참기 어려움의 반응(중략)이다." 즉, 자신의 정통성을 과시하고 상대를 은연중에 폄하하면서 끊임없이 자신을 탁월화하고자 싸우고 있는 것이다.

부르디외는 방대한 조사를 통해 이런 복수의 장을 옆으로 펼쳐, 사회 전체를 다음 그림처럼 가시화했다. 세로축은 '자본의 총량'이다. 자본 총량이 많은 상류계급은 위, 중류계급은 가운데, 서민계급은 아래에 있다. 가로축은 '자본의 내역'이다. 자본 총량에서 문화자본의 비율이 높으면 왼쪽, 경제자본의 비율이 높으면 오른쪽이 된다.

그리고 직업을 배치했다. 상류계급이고 경제자본이 많은 실업가는 오른쪽 위, 문화자본이 많은 예술가나 교수는 왼쪽 위다. 부르디외는 이 그림을 통해서 계급이나 장에 따라 취향이나 취미가 달라지며 집단 내부에서 차세대 멤버가 재생산됨을 선명하게 보여준 것이다. 이 그림에서는 경제적 풍요(경제자본)뿐만 아니라 문화적 풍요(문화자본)도 중요함을 알수 있다. 이것을 자세히 살펴보자.

예술작품이 의미하는 것

자본이란 사회적으로 교환가치를 가지며 그것을 밑천으로 삼아서 늘릴수 있는 것이다. 가령 경제자본은 사업에 투자하면 불릴 수 있고, 그것으로 더 많은 물건을 구입할 수 있다. 부르디외는 '문화자본도 마찬가지다.' 라고 생각했다. 독서습관이라는 문화자산이 있으면 지식이 늘어난다. 교양이 있으면 존경을 받는다. 다만 문화자본이 경제자본과 다른 점은 경제자본의 경우 개인 간에 계승이 되지만 지식이나 교양 같은 문화자본은 개인의 노력으로 축적할 필요가 있다.

이 문화자본에 관해서 알면 예술작품의 가치를 부르디외식으로 이해할 수 있게 된다. 가령 나는 현대예술이나 찻그릇에 관해 잘 모르지만, 그

직업/계급과 취미는 밀접한 관계가 있다

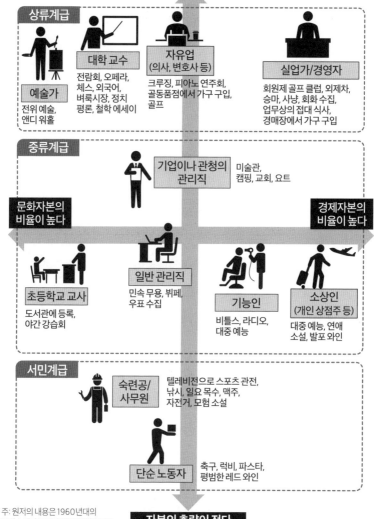

자본의 총량이 많다

상류계급

예술가
전위 예술, 앤디 워홀

대학 교수
전람회, 오페라, 체스, 외국어, 벼룩시장, 정치 평론, 철학 에세이

자유업
(의사, 변호사 등)
크루징, 피아노 연주회, 골동품점에서 가구 구입, 골프

실업가/경영자
회원제 골프 클럽, 외제차, 승마, 사냥, 회화 수집, 업무상의 접대 식사, 경매장에서 가구 구입

중류계급

기업이나 관청의 관리직
미술관, 캠핑, 교회, 요트

문화자본의 비율이 높다

경제자본의 비율이 높다

초등학교 교사
도서관에 등록, 야간 강습회

일반 관리직
민속 무용, 뷔페, 우표 수집

기능인
비틀스, 라디오, 대중 예능

소상인
(개인 상점주 등)
대중 예능, 연애 소설, 발포 와인

서민계급

숙련공/사무원
텔레비전으로 스포츠 관전, 낚시, 일요 목수, 맥주, 자전거, 모험 소설

단순 노동자
축구, 럭비, 파스타, 평범한 레드 와인

자본의 총량이 적다

주: 원저의 내용은 1960년대의 프랑스에서 조사한 결과를 바탕으로 한 것이다.

가치를 인정하고 거금을 치르는 사람도 있다. 부르디외는 이렇게 말했다. "예술작품은 그것이 코드화될 때의 코드를 소유하고 있는 자에게만 의미를 지니며 흥미를 유발한다. (중략) 그러나 작품의 이해나 평가는 그것을 보는 쪽의 의도에도 역시 의존하며, 또한 작품을 보는 사람이 이 규범들에 적응해 가는 능력, 즉 감상자 자신의 예술적인 소양에도 동시에 의존한다."

요컨대 "예술작품의 가치는 예술적 소양이 있어서 이해할 수 있는 사람만이 알 수 있다."라는 말이다.

그래서 예술작품을 소유하면 자신의 문화자본의 탁월성을 가시화할 수 있다. 가령 내 지인 경영자 중에는 다도를 시작한 사람이 많다. 다도 도구는 값이 비쌀 뿐만 아니라 그 도구를 선택하고 다도회에서 서로 품평을 하려면 안목도 필요하다. 문화자본이 높지 않으면 다도는 즐길 수 없다. 또한 물질로 된 예술작품은 세계에 단 하나뿐이다. 자신이 소유하면 다른 사람은 소유하지 못한다. 그래서 예술작품은 문화자본으로서 기능하는 가운데 두 가지 이익을 보증한다.

① **탁월화 이익:** 그 예술작품을 독점함으로써 장 속에서 자신을 탁월화할 수 있다.
② **정통성 이익:** '나는 이런 예술품을 이해할 수 있어.'라는 증명이 되어, 정통성을 보증할 수 있다.

예술작품의 소유가 어려울수록 이 두 가지 이익이 증가한다. 2016년,

창업가인 마에자와 유사쿠는 미국의 인기 예술가인 장미셸 바스키아의 작품을 5,700만 달러(당시의 환율로 62.4억 엔)에 낙찰받아 예술세계에서 지명도와 지위를 높였다. 탁월화 이익과 정통성 이익을 손에 넣은 것이다.

순수하게 예술작품을 생각하는 사람은 "돈 자랑을 한 깃일 뿐이잖아? 예술에 상업주의가 끼어드는 건 마음에 안 들어." 같은 이론을 제기할지도 모르지만, 이것은 사회학적으로 예술작품을 파악한 하나의 견해다.

또한 이 책에서는 이런 계급사회에서 살아가는 우리의 모습도 생생하게 그렸다.

학력자본과 상속문화자본

이 책에 흥미가 있는 사람에게는 2021년에 개봉된 영화 〈그 아이는 귀족〉을 추천한다. 가도와키 무기가 연기한 주인공 하이바라 하나코는 도쿄의 의사 집안에서 태어나 성장한 20대 후반의 여성이다. 그리고 미즈하라 기코가 연기한 또 다른 주인공 도키오카 미키는 열심히 공부해 지방에서 게이오기주쿠대학교에 입학했지만, 학비가 없어 밤의 세계에서 일하다 결국 학교를 중퇴하고 만다. 영화에서는 하나코와 친구 사가라 이츠코가 미키를 만나 세 명이서 이야기를 나누는 장면이 나온다. 하나코가 미키에게 "이거, 히나 인형 전시회의 입장권이야. 어머니가 친구들하고 보러 가라면서 주셨어."라며 입장권을 건네는 것으로 대화가 시작된다.

이츠코 "미츠이 가문의 히나 인형이 전시된대요. 저도 어머니가 같이

가사고 하셨지만 흥미가 없어서…."

미키   (이상하다는 듯이) "어머니하고 미술관에 가?"

이츠코   "네. (옆에 앉아 있는 하나코를 보며) 대개 같이 가지 않나?"

하나코   "맞아."

미키   "나는 어머니하고 같이 어디를 간 적이 없어. 집에 히나 인형을 장식한 것도 초등학생 때까지였고…."

            (미키의 대답에 이번에는 하나코와 이츠코가 놀란다.)

이츠코   "우리 집은 아직도 장식해요."

하나코와 이츠코는 상류계급, 미키는 서민계급인 것이다. 겉모습에는 큰 차이가 없지만, 사소한 행동거지가 다르다. 포크를 떨어트렸을 때, 미키는 곧바로 포크를 주우려고 바닥을 살펴봤지만 하나코는 자연스럽게 손을 들어 점원을 불렀다. '고급 호텔의 카페'라는 장에서의 행동이 몸에 배어 있는 하나코를 보고 미키는 하나코가 자신과 다른 세계에 사는 사람임을 순식간에 깨닫는다. 이 장면은 문화자본이 어떻게 만들어지는지를 훌륭히 묘사했다.

문화자본은 주로 상속문화자본과 학력자본을 통해서 만들어진다. 이 가운데 상속문화자본은 가정에서 배양된다. 어릴 때부터 어머니와 미술관에 가는 것이 당연했던 하나코와 이츠코는 진짜를 보는 눈을 아비투스로서 자연스럽게 키워나갔고, 지금도 예술작품인 히나 인형을 장식하는 것을 당연하게 생각한다. 그러나 미키는 그 세계를 이해하지 못한다.

한편 학력자본은 학교에서 배양된다. 미키가 열심히 공부해서 게이오기주쿠대학교에 입학한 것이 그 좋은 예다. 그러나 상속문화 재산이 적은 서민계급이 학력자본을 얻으려면 따라잡기 위해 막대한 노력이 필요하다.

상속문화자본이 있는 상류계급은 피아노를 배우는 등의 경험을 통해 '참고 무엇인가를 학습한다.'라는 아비투스를 자연스럽게 익힌다. 그래서 공부에 돈을 들이면 학력자본은 쉽게 얻을 수 있다. 부르디외는 이렇게 말했다. "학력자본이 동등할 경우는 출신 계층의 차이가 여러 가지 중요한 차이로 이어진다."

요컨대 같은 학력자본이라면 상속문화자본이 높은 쪽이 유리하다. 노력해서 게이오기주쿠대학교에 들어간 미키는 가족의 송금이 끊기자 학비를 벌기 위해 밤의 세계에서 일했고, 이 때문에 대학교에서 제적당하고 말았다. 이런 것은 하나코나 이츠코에게는 있을 수 없는 일이다.

'꿈도 희망도 없네. 인생은 어떤 집안에서 태어났느냐에 따라 결정된다는 말이잖아?'라고 생각할지도 모르지만, 이 잔혹한 현실을 알고 자신이 어떻게 할지 궁리해야 한다. 〈그 아이는 귀족〉에서는 자아를 잃어버렸던 미키가 자신의 길을 찾아내고 그 길을 걷기 시작하는 모습이 그려진다. 부르디외 본인도 서민계급 출신이다. 사회구조라는 부자유한 전제조건 속에서 어떻게 행동할지는 개인의 자유인 것이다.

심리학자인 아이엔가는 저서 《선택의 심리학》에서 엄격한 계율과 교리가 있는 시크교도가 '덕분에 힘을 얻고 있다. 내가 나의 인생을 결정하고 있다.'라고 생각한다는 사실을 소개했다. 아이엔가도 고등학생일 때 시력을 완전히 잃었지만 지금과 같은 삶을 살게 되었다. 미래는 아무것도 정해져 있지 않다. 주어진 조건 속에서 우리는 자유롭게 행동할 수 있다.

부엇 하나 불편함이 없는 하나코도 사실은 모든 것이 준비되어 있어 '진정한 자신'이 없는 현실을 깨닫게 되고, 그 뒤로 홀로서기를 시작한다. 이 영화에 등장하는 인물들은 모두 자신이 성장한 환경에 휘둘리며 살아 왔으며, 자신의 삶의 방식을 모색하고 있다. 그리고 악인은 한 명도 없다. 이 책은 그런 사회구조의 메커니즘을 이해하는 데 많은 도움이 될 것이다.

POINT

잔혹한 사회구조를 이해하고 자신답게 살 방법을 계속 모색하라.

Book 59

삶의 의미를 생각하게 하는
19세기 최고의 엔터테인먼트
파우스트

요한 볼프강 폰 괴테 Johann Wolfgang von Goethe
1749~1832년. 독일의 시인, 자연과학자, 정치가. 대학교에서 법률을 공부했지만 철학자인 요한 고트
프리트 헤르더와 만난 것을 계기로 문학에 눈을 뜬다. 독일을 대표하는 문호로, 소설《젊은 베르테르의
슬픔》,《빌헬름 마이스터의 수업 시대》등 폭넓은 분야의 작품을 남겼다.

산다는 것은 무엇인가

《파우스트》는 독일의 문호 요한 볼프강 폰 괴테가 60년에 걸쳐 집필한, 제1권과 제2권을 합쳐서 1,500페이지가 넘는 장대한 희곡이다. 그러나 난해한 표현이 많아서 도중에 읽기를 포기하고 책을 집어던지는 사람이 많은 모양이다.

사실 이 책은 '사람이 산다는 것은 무엇인가?'라는 무거운 주제를 유쾌하고 즐거운 연극으로 완성한 극상의 엔터테인먼트다. '비극'이라는 부제가 붙어 있기는 하지만, 이미지로는 다자이 오사무의 절필 소설《굿바이》

같은 희극적이고 시니컬한 작품에 가까울지도 모른다.

이 책의 해석에는 정답이 없다. 요컨대 이 책은 미간을 잔뜩 찌푸리고 이해가 안 되는 부분을 열심히 해석하면서 읽어야 하는 작품이 아니다. '어려운 부분은 대충 건너뛰고, 마음에 드는 부분은 꼼꼼히 읽자.' 정도의 가벼운 마음으로 유쾌하게 즐기면서 읽는 편이 이 책의 본질을 자기 나름대로 파악할 수 있지 않을까 싶다.

여기에서는 최소한의 줄거리를 따라가면서 내 나름의 해석을 소개하려 한다. 참고로 이 책은 1808년에 출판된 비극 제1부와 괴테가 세상을 떠나고 1년 후인 1833년에 출판된 비극 제2부로 구성되어 있다.

먼저 이야기의 전제를 살펴보자. 주인공 파우스트는 온갖 학문을 연구했고 명성도 있는 노학자이지만, 결국 '아무것도 모른다.'는 것을 알았을 뿐이다. 그래서 '연구에 평생을 바친 내 인생은 무엇이었단 말인가?'라며 절망하고 있었는데, 이때 악마 메피스토펠레스가 등장한다. 메피스토펠레스는 온갖 쾌락을 제공하는 대신 '만약 진심으로 만족했다면 죽은 뒤에 영혼을 양도한다.'라는 내기를 제안했고, 파우스트는 이에 동의한다. 그러자 메피스토펠레스는 파우스트를 만족시키기 위해 마치 하인처럼 열심히 노력한다.

요컨대 '파우스트를 만족시키려고 노력하는 메피스토펠레스' 대 '향상심이 지나친 탓에 만족할 줄 모르는 파우스트'라는 대립구도가 이 책의 기본 패턴인 것이다. 그리고 향상심이 강한 노력가 파우스트는 의도치 않게 주위 사람들을 차례차례 불행으로 빠트리게 되며, 이 때문에 자신을 책망하는 장면이 이어진다.

비극 제1부: 파우스트의 내기와 그레트헨

이 책은 신과 악마 메피스토펠레스의 잡담으로 시작된다. 서툰 노력을 계속하는 파우스트를 따뜻하게 지켜보는 신에게 메피스토펠레스가 이런 내기를 제안한다.

> **메피스토펠레스** "나리께서 허락만 해주신다면 저 친구를 제 길로 조금씩 끌어들여 보겠습니다."
>
> **신** "그가 지상에 살아 있는 동안은 네가 그를 어떻게 하든 꾸짖거나 하지 않겠노라. 인간은 노력하는 한 방황하기 마련이니."

신과 악마의 내기라니 왠지 신성모독 같은 기분도 들지만, 어쨌든 이렇게 해서 신과 악마의 내기가 성립했다. "인간은 노력하는 한 방황하기 마련이다."라는 신의 말은 앞으로 파우스트가 만날 시련을 암시한다. 그리고 깊은 절망에 빠진 노학자 파우스트의 앞에 메피스토펠레스가 나타나 "이 세상에서는 노예처럼 당신이 시키는 대로 다하겠으니 당신의 영혼을 주시오."라고 제안하고, 파우스트는 "죽은 뒤에는 어떻게 되든 상관없소. 만약 내가 진심으로 만족해 '멈춰라. 너는 참으로 아름답구나.'라고 말하게 된다면 영혼을 주겠소."라고 승낙한다. 이렇게 해서 '현세에서 메피스토펠레스는 파우스트의 어떤 소망도 다 이루어준다. 파우스트도 자신이 만족할 수 있도록 최선을 다해 노력한다. 그리고 파우스트가 진심으로 만족한 순간, 파우스트는 자신의 영혼을 메피스토펠레스에게 양도한다.'라는 계약서에 피로 도장을 찍음으로써 말 그대로 '악마에게 영혼을 파는 계약'

이 성립한다.

　메피스토펠레스의 비약 덕분에 노인 파우스트는 젊은이로 탈바꿈한다. 그런데 이 비약에는 비밀이 있었다. 어떤 여성이든 절세미녀로 보이는 것이다. 그리고 파우스트는 그레트헨이라는 소녀와 만난다. 파우스트는 14세의 그레트헨과 만난 순간 한눈에 반하고, 메피스토펠레스의 마술로 그레트헨과 서로 사랑하는 사이가 되었다. 그레트헨은 파우스트와의 밀회를 즐기기 위해 어머니에게 수면제를 먹이지만, 수면제의 양을 잘못 조절하는 바람에 어머니는 죽고 만다. 게다가 그레트헨의 오빠도 파우스트에게 결투를 신청했다가 죽임을 당한다. 살인을 저지른 파우스트는 도망치고, 메피스토펠레스와 함께 브로켄산에서 한밤중의 연회에 참석한다.

　한편 그레트헨은 파우스트의 아들을 잉태하고 있었다. 파우스트가 한밤중의 연회에서 돌아오니 세계에서는 1년이 흐른 뒤였다. 그 사이 그레트헨은 의논할 상대도 없는 상태에서 홀로 아기를 낳지만 연못에 버렸고, 이 때문에 영아살해죄로 감옥에 갇혀 참수형을 기다리고 있었다. 그레트헨의 이런 비참한 상황을 알게 된 파우스트는 양심의 가책으로 괴로워하다 그레트헨을 구하러 감옥으로 간다. 그레트헨은 사랑하는 파우스트가 오자 진심으로 기뻐하지만, 파우스트는 일단 그녀를 구출하고 싶다는 일념에서 "빨리 도망칩시다."라고 재촉할 뿐이다. 그런 파우스트의 모습을 보고 그의 마음속에는 서로 사랑하던 시절의 감정이 이미 남아 있지 않음을 깨달은 그레트헨은 그의 도움을 거절하고 신에게 몸을 맡겨 심판을 받아들이기로 결심한다.

　여기에서 파우스트는 양심의 가책으로 괴로워하고 있지만, 그것은 후회의 괴로움이다. 그레트헨에 대한 죄의식은 그다지 느껴지지 않는다. 한편 파우스트를 향한 마음을 계속 이야기하는 그레트헨에게는 그를 향한 원망이나 증오가 전혀 없으며, 자신의 죄를 받아들이고 신의 심판을 기다리고 있다. 이 장면은 그레트헨과 파우스트의 압도적인 격의 차이라고나 할까, 인간으로서 그릇의 차이를 느끼게 한다. 이렇게 해서 비극 제1부는 막을 내린다.

비극 제2부: 언덕 위의 노부부, 그리고 파우스트의 죽음

비극 제2부에서는 분위기가 확 바뀌어 파우스트가 메피스토펠레스와 함께 활약하는 대활극이 그려진다.

파우스트는 국가의 경제재건을 위해 분주히 뛰어다니고, 절세미녀인 헬레네를 손에 넣기 위해 고대 그리스신화의 세계로 시간 여행을 가기도 하고, 전쟁에서 대활약을 하기도 하며, 해안의 간척사업을 성공시키기도 한다. 100세가 된 파우스트는 온갖 쾌락과 성공을 손에 넣지만, 그의 마음을 가시처럼 찌르는 견딜 수 없는 아픔이 있었다. 그것은 그의 광대한 토지 내의 언덕 위에 있는 노부부의 오래된 오두막만이 그의 소유물이 아니라는 것이었다. 노부부의 오두막 때문에 그가 이룩한 모든 토지를 한눈에 볼 수가 없었다. 파우스트는 이렇게 중얼거렸다.

"이렇듯 인간은 큰 부를 손에 넣었어도 자신에게 없는 것이 있음을 느꼈을 때 가장 고통스럽게 상처를 받는구나." 이런 언뜻 작아보이는 불만이 수많은 불행의 시작이다. "노부부를 떠나게 해주시오."라는 파우스트의 부탁을 받은 메피스토펠레스는 노부부와 교섭을 벌이는데, 노부부가 떠나려 하지 않자 그들을 죽이고 오두막을 불태워버린다. 파우스트는 "죽이라는 말은 하지 않았잖소!"라며 화를 냈지만 이미 엎질러진 물이었다.

이처럼 이 책의 주제는 인간의 욕망과 노력, 향상심이다. 노력을 아끼지 않고 향상심이 넘치는 파우스트는 그 노력이 보답을 받더라도 만족하지 않고 항상 더 높은 곳을 지향한다. 욕망과 노력, 향상심은 언뜻 정반대의 관계처럼 보이지만, 이 책은 향상심이 욕망과 표리일체임을 보여준다. 노력이나 향상심은 자신도 모르는 사이에 타인을 불행의 구렁텅이로 몰아넣기도 하는 것이다. 그리고 이야기는 최종 단계로 향한다.

그러던 어느 날 '근심'을 상징하는 악령이 열쇠 구멍을 통해서 파우스트의 집안으로 침입해 파우스트에게 입김을 불어넣자 파우스트는 실명하고 만다. 장님이 된 파우스트는 자신의 개척사업을 서둘러 완성하려고 메피스토펠레스에게 "인부를 모아서 가래와 괭이를 주고 공사를 진행하시오. 그리고 진척상황을 보고하시오."라고 엄명한다. 그러나 메피스토펠레스는 이미 죽은 사람의 영혼을 모아서 파우스트의 무덤을 파라고 지시한 상태였다. 눈이 보이지 않는 파우스트에게는 죽은 사람의 영혼이 무덤을 파는 가래질과 괭이질 소리가 인부들이 작업하는 소리로 들렸다.

파우스트는 '수백만 명이 자유롭게 살 수 있는 토지가 지금 만들어지고 있구나.'라며 최고의 순간을 실감하고 "멈춰라. 너는 참으로 아름답구나."라고 중얼거린다. 파우스트는 결국 그 한마디를 말한 뒤 죽는다.

메피스토펠레스는 "어떤 쾌락과 행복에도 만족하지 못하던 사내가 이런 하찮고 허망한 순간을 붙잡아두려 하는구나."라고 기뻐하며 파우스트의 영혼을 빼내려 한다. 그런데 바로 그때, 천사의 무리가 내려온다. 천사들은 장미꽃으로 메피스토펠레스를 공격하고, 분통을 터트리는 메피스토펠레스를 무시한 채 파우스트의 영혼을 탈환한다. 무대는 사후세계의 입구로 이동한다. 천사 무리는 그레트헨의 부탁을 받은 것이었다. 속죄의 여인 중 한 명인 그레트헨은 "파우스트를 구원해주십시오."라고 신에게 계속 부탁한다. 결국 신은 그 소원을 들어줬고, 파우스트의 영혼이 정화되면서 이야기는 막을 내린다.

이상이 파우스트의 줄거리다. 그러나 하고 싶은 대로 다 하면서 수많은 죄를 저지른 파우스트가 천국에 간다는 것은 당시의 가톨릭 세계에서는 충격적인 결말이었던 모양이다. 죽기 직전에 비극 제2부를 완성한 괴테가 "내가 죽은 뒤에 출판하시오."라고 못을 박았던 것도 그 때문이었는지 모른다. 이 책은 '더욱 완벽해지고 싶다.'라는 노력과 향상심이 에고티즘(자기중심주의)이 되어 주위를 불행에 빠트리는 비극이지만, '그런 사람도 구원받는다.'라는 결말을 그렸다. 평생 동안 향상심과 욕망에 관해 생각했던 괴테 자신에 대한 이야기였을지도 모른다.

이 책은 노력·향상심과 욕망이라는 오묘한 주제를 통해 '삶의 의미'를 생각하게 한다. 다만 이것은 어디까지나 나의 해석이며,《파우스트》의 내용은 다양한 해석이 가능하다. 부디 이 책에 도전해 여러분만의 해석을 즐겨 보길 바란다.

POINT

인생 속에서 노력과 향상심이 만들어내는 빛과 그림자를 지켜봐라.

Book 60

인간의 죄를 묻는 시대를 초월한 걸작
죄와 벌

표도르 도스토옙스키 Fyodor Dostoevsky

1821~1881년. 러시아의 소설가. 19세기 후반 러시아 소설을 대표하는 문호다. 공상적 사회주의에 연루되어 체포되지만, 출소 후 대표작인 《죄와 벌》, 《백치》, 《악령》, 《카라마조프가의 형제들》 등을 발표하며 현대의 예언서로까지 불리는 문학을 창조했다.

인간은 어떻게 성장하는가

'나라는 인간'은 세상에 단 한 명뿐인 둘도 없는 존재다. 그래서 우리는 '나는 특별한 존재야.'라고 착각하는 경향이 있지만, 인간은 성장함에 따라 이 착각으로부터 벗어난다.

그렇다면 우리는 어떻게 성장하는 것일까? 무엇이 우릴 성장하게 만드는가? 이것이 궁금한 여러분에게 꼭 읽어 볼 것을 추천하는 책이 있다. 사람이 성장하는 과정을 그린 러시아의 문호 도스토옙스키의 대표작 《죄와 벌》이다.

이 소설은 정말 재미있다. 제1권과 제2권을 합쳐서 1,000페이지가 넘는 대작이지만, 일단 읽기 시작하면 금방 몰두하게 된다. '죄란 무엇인가?'라는 주제를 깊게 파고든 이 작품은 1866년에 러시아에서 연재되어 큰 반향을 불러일으켰다.

주인공인 라스콜니코프도 '나는 특별해.'라는 독선적 사고를 가진 인물로, 어느 날 어떤 정의감에 휩싸여 살인을 저지른다. 책을 읽어 나가면 우리도 '자신의 내부에 사는 라스콜니코프'가 각성하고, 어느새 그의 행동을 간접 체험하고 있음을 깨닫게 된다. 다만 이 책은 명성에 비해 끝까지 읽은 사람이 적은 듯하다. 그 이유 중 하나는 러시아어 인명일 것이다. 주인공의 여동생인 아브도티야 로마노브나 라스콜니코바는 애칭인 '두냐' 이외에 '두네치카', '아브도티야 로마노브나'로 불린다. 등장인물 전원이 이런 식이기 때문에 '이 이름은 또 누구야?'라고 혼동을 일으키는 것이다. 그래서 추천하는 방법은 인터넷에서 인명 대조표를 검색해 확인하면서 읽는 것이다. 이 점만 극복하면 이 책을 즐겁게 읽을 수 있다.

이 책은 다양한 인간관계가 치밀하게 얽혀 있다. 방대한 내용을 한정된 페이지에 소개하기는 불가능하기 때문에 내 나름대로 약간 의역을 하면서 '사람의 성장'이라는 주제로 압축해 소개하겠다.

때는 19세기 중반, 무대는 제정 러시아의 수도인 상트페테르부르크다. 라스콜니코프는 대학교 법학부를 학비 체납으로 중퇴하고 다락방에 틀어박혀 살고 있었다. 그는 '인간에게는 범인(평범한 사람)과 비범인(평범하지 않은 사람)이 있다. 비범인은 도덕이나 법률을 초월할 수 있고, 필요하다면 사람을 죽여도 된다.'라는 사상의 소유자로, '나는 비범인이다.'라고 믿었다. 그래서 사회에서 가장 유해하며 피를 빨아먹는 이와 다름없는 존재라고 생각한 고리대금업자 노파를 죽일 계획을 세웠다. '노파가 모은 돈은 사회에서 유익하게 써야 한다.'라고 생각한 것이다.

그는 살인을 실행했지만, 운 나쁘게 살인 현장에서 마주친 노파의 여동생도 죽이고 만다. 사건 후 그는 가지고 나온 금품을 증거 인멸을 위해 폐기한다. 그러나 끊임없이 솟아나는 공포와 망상에 괴로워했고, 정신의 이변에 몸도 비명을 질러 다락의 하숙방에서 사흘 내내 혼수상태에 빠진다. 그런 그를 눈여겨본 인물이 있었으니, 민완 예심 판사(당시 러시아에서 형사에 해당하는 업무를 담당한 판사)인 포르피리 페트로비치였다.

무너져 내린 라스콜니코프의 사상

이야기의 중반, 라스콜니코프는 포르피리와 처음 대면한다. 포르피리가 "신문에 실린 당신의 논문을 흥미롭게 읽었소."라고 말하면서 라스콜니코프의 사상이 밝혀진다. 라스콜니코프는 자신의 사상을 이야기하기 시작한다. 세상에는 극소수의 비범인과 대다수의 범인이 있다. 비범인은 '인류 전체를 위해 필요하다.'고 생각하면 선을 넘어서 다소의 희생을 치르더라도 양심의 가책을 느낄 필요가 없다. 가령 뉴턴은 자신의 발견으로 사회를 풍요롭게 만들었으므로 자신을 방해하는 수십 명의 목숨을 희생시킬 필요가 있다고 판단하면 그 수십 명을 희생시킬 권리가 있다. 이것은 풍요로운 사회를 만들기 위한 그의 의무이기도 하다.

상식으로부터 벗어나 새로운 사회를 만드는 자는 범죄자가 될 수밖에 없다. 나폴레옹도 기존의 법령을 무시해 많은 피를 보는 것을 주저하지 않았다는 점에서는 범죄자였다. 그러나 결국 새로운 사회를 만들었다.

이런 그의 이야기를 흥미롭게 듣던 포르피리는 "범인이 망상에 빠져서 장애물을 제거하기 시작하면 어떡합니까?"라고 물었다. 그러자 라스콜니코프는 "범인은 깊게 생각하지 않기에 별다른 위험은 되지 못합니다. 형벌을 주면 됩니다."라고 대답했다. 그리고 "다른 사람을 죽일 권리는 수백만 명 중에 한 명이라는 극소수만이 갖고 있습니다.", "멍청한 청년은 자신이 영웅이라는 망상에 빠져서 장애물을 제거하고자 하는 유혹을 느끼기 쉽지만, 붙잡혀서 징역을 살거나 유배를 당하므로 자업자득입니다. 과실을 자각하고 괴로워할 것입니다."라고 덧붙였다. 그리고 두 사람은 마지막으로 이런 대화를 나눈다.

포르피리 "그 논문을 썼을 때, 당신은 자신을 비범인이라고 생각했던 것이 아닙니까?"
라스콜니코프 "분명히 그럴지도 모릅니다."

이 라스콜니코프와 포르피리의 숨 막히는 대화는 이야기 중반의 클라이맥스다. 라스콜니코프의 사상은 언뜻 정합성이 있어 보이지만, 현실에서는 우스꽝스러울 정도로 무너져 내렸다. 그는 '나는 비범인'이라고 믿고 있다. 그리고 그의 이론에서 비범인은 다소의 희생을 치르더라도 양심의 가책을 받지 않는다. 그러나 현실의 그는 자신의 과실에 대한 죄의식으로 심신이 비명을 지르고 있다. 이 점은 자신의 이상을 실현하기 위해 나선

순간 진짜 현실에 직면해 자신의 무력함을 깨닫고 어쩔 줄 모르는 현대인과 통하는 측면이 있다. 그리다 라스콜니코프는 매춘부인 소냐와 만난다.

소냐와의 대화

소냐의 집은 매우 가난했다. 신에 대한 깊은 신앙심과 자기희생 정신을 지닌 18세의 소냐는 스스로 매춘부가 되어서 자신의 몸을 팔아 가족을 먹여 살리고 있었다. 술집에서 소냐의 아버지와 우연히 만난 라스콜니코프는 그로부터 며칠 후 마차에 치어 중상을 입은 소냐의 아버지를 집까지 데려다준다. 그때 소냐와 처음으로 대면한다. '소냐도 나도 운명의 저주를 받은 사람이구나.'라고 느낀 라스콜니코프는 소냐와 계속 대화를 나누는데, 이윽고 그가 죽인 노파의 여동생이 소냐의 친구라는 충격적인 사실을 알게 된다.

이야기 후반, 괴로움에 시달리던 라스콜니코프는 결국 "노파와 여동생을 죽인 사람은 나요."라고 소냐에게 고백한다. 소냐는 혼란에 빠지지만, 사실을 받아들이고 울면서 이렇게 외친다.

"지금 이 세상에서 당신보다 불행한 사람은 한 명도 없을 거예요!"

그리고 그를 저버리지 않고 어디라도 따라가겠다고 전한 뒤, 왜 살인을 하게 됐느냐고 묻는다. 생각지도 못했던 소냐의 질문에 라스콜니코프는 정신 착란을 일으킨다. "물건을 훔치려고.", "나폴레옹이 되고 싶었어.", "아니, 피를 빨아먹는 유해한 이를 죽였을 뿐이야.", "아니, 그게 아니야. 죽이고 싶어서 죽였어. 악마가 유혹했어.", "영원히 나 자신을 죽이고 말았어.

나는 어떻게 해야 할까?"

그런 라스콜니코프를 보고 소냐는 자리에서 일어나 의연하게 "네거리에 서서, 대지에 키스를 하고, 큰 목소리로 '저는 사람을 죽였습니다!'라고 말하세요. 그러면 신께서 다시 당신에게 생명을 주실 거예요. 몸에 고통을 받고, 그것으로 속죄하는 거예요."라고 말한다.

이 장면에서는 두 사람의 '죄에 대한 인식' 사이에 메울 수 없는 커다란 괴리가 있음을 알 수 있다. 라스콜니코프는 소냐가 자신의 행위를 용서해 줄 것을 기대하며 살인을 고백했다. 그러나 신에 대한 신앙심이 깊은 소냐는 그를 지켜보면서 그가 자신의 죄를 인식하고 속죄하고자 결심하도록 촉구하고, 자신도 함께 죄를 짊어지고 그를 구하려 하고 있다. 라스콜니코프는 그런 소냐의 생각을 이해하지 못한다.

자수를 결심한 라스콜니코프

이야기의 종반, 라스콜니코프의 하숙방에 갑자기 예비 판사 포르피리가 찾아온다. 포르피리는 "범인은 당신입니다."라고 선언한 뒤 자수를 권한다. 지금 자수하면 감형받을 수 있다고 말한다. 그리고 반발하는 라스콜니코프에게 "당신은 이론을 생각해냈지만 결국 이론대로 되지 않아서 부끄러워졌습니다. 그것이 결과이지요."라고 말한다.

라스콜니코프는 자수를 결심하고 다시 소냐의 방을 찾아간다. 그는 자수하기 전에 그녀에게서 십자가 목걸이를 받기로 약속했었다. 소냐가 성호를 긋고 그의 목에 십자가 목걸이를 걸어주자 그는 말했다.

"이것은 내가 십자가의 고통을 짊어진다는 상징이군."

그러나 소냐는 울면서 떨리는 목소리로 애원하듯 말했다.

"하다못해 단 한 번만이라도 성호를 긋고 기도해주세요."

"그래, 물론이야. 그런 건 네가 원하는 만큼 얼마든지 할게!"

그리고 그는 몇 차례 성호를 긋는다. 자수하는 단계에 이르러서도 "진심으로 기도해달라."고 부탁하는 소냐와 형식적으로는 죄를 인정하지만 진심으로는 죄를 인정하지 않는 라스콜니코프의 사이에 아직도 커다란 괴리가 보인다. 그래서 소냐의 집을 나와서도 라스콜니코프는 아직 마음이 정리되지 않았다. '왜 그 여자를 찾아간 거지?', '애초에 십자가 목걸이 같은 걸 받을 필요가 있었나?'라고 생각하면서 걷는 사이에 소냐의 목소리가 머릿속에서 되살아났다. "네거리에 서서, 대지에 키스를 하고, 큰 목소리로 '저는 사람을 죽였습니다!'라고 말하세요!"

그는 자신도 모르게 광장으로 향했다. 무릎을 꿇고, 머리를 감싸고, 흙에 키스했다. 그러나 "저는 사람을 죽였습니다!"라는 말은 도저히 나오지 않았다. 되돌아보니 50보 정도 떨어진 곳에서 그를 지켜보는 소냐의 모습이 보였다. 라스콜니코프는 경찰서에 출두해 자수했다. 그리고 재판에서 모든 것을 솔직하게 자백했다. 그 결과 8년형이라는 관대한 판결을 받고 시베리아로 유배되었다. 소냐도 시베리아로 이주해 정기적으로 교도소에 있는 라스콜니코프를 면회하게 되었다. 그러나 그는 아직 죄를 인정하지 않고 있었다.

이 책의 에필로그에서도 그는 아직 '나의 죄는 인내하지 못하고 자수한 것뿐'이라고 생각하고 있다. 자신을 부끄럽게 여기는 그는 면회를 온 소나에게도 계속 거친 태도를 보였다. 라스콜니코프를 뒤덮고 있는 껍질은 매우 단단해서, 아직 자신의 죄를 인식하려 하지 않았다. 그리고 그는 병에 걸려서 앓아누워 악몽을 꿨다. 그것은 미지의 병원균이 인류를 멸망시키는 꿈이었다. '절대적으로 옳은 신념을 지닌 사람은 자신뿐'이라고 믿게 만드는 병원균에 감염된 인류는 상대를 이해하지 못하게 되어 서로 죽이기 시작한다. 그 결과 사회가 기능하지 않게 되고, 기근이 시작되어 인류가 멸망하는 꿈이었다.

악몽에서 깨어나고 병도 깔끔하게 나은 그는 갑자기 소냐가 걱정되기 시작했다. 어느 맑고 따뜻한 날, 그가 강변에 있는 통나무에 앉아 있는데 소냐가 나타나 그의 옆에 앉았다. 소냐가 조심스럽게 손을 내밀자 그는 그녀의 손을 뿌리치지 않고 울면서 그녀의 무릎을 끌어안았다. 그때 소냐는 모든 것을 깨달았다. 그는 되살아난 것이다. 이 책은 이런 문장으로 마무리된다.

"한 인간이 서서히 갱신되어 가는 이야기, 서서히 갱생해 하나의 세계에서 다른 세계로 넘어가, 그때까지 전혀 알지 못했던 새로운 현실을 아는 이야기가 시작되려 하고 있었다."

자신의 죄를 인정하지 않는 라스콜니코프는 끊임없이 고통에 시달린다. 그는 이와 같은 벌을 받은 끝에 결국 갱생한 것이다.

모든 사람에게는 자아가 있다. 그래서 '나는 특별한 존재야.'라고 생각하게 된다. 그러나 벽에 심하게 부딪치면서 경험을 쌓아나가는 사이에 사실 자신은 전혀 특별하지 않으며 주위 사람들 덕분에 살고 있음을 깨닫는다. 그러나 그 깨달음은 쉽게 얻을 수 있는 것이 아니다. 칠전팔기를 해도 아직 얻을 수 없으며, 마지막 고비에서 겨우 얻는 경우도 있다. 평생을 얻지 못하는 사람도 있다. 이 책은 살인을 저지른 라스콜니코프를 통해 인간 갱생의 과정을 묘사한 것이다.

한편으로 나는 현대의 일본에서 이 사건이 일어났다면 어떻게 될지 생각해봤다. 2022년, 아베 신조 전 총리가 총격을 당하는 사건이 일어났다. 용의자는 아베 전 총리가 비디오 메시지를 보낸 종교 교단 때문에 가정이 붕괴된 사람이었다. 복수를 위해 교단의 지도자를 노렸지만 접촉할 수가 없자 아베 전 총리를 노렸다고 한다. 그래서 '용의자의 가혹한 상황에는 공감해야 한다.'라고 생각한 일부 사람들의 공감과 지원이 쏟아졌다. 마찬가지로 라스콜니코프는 악덕 업자를 죽인 영웅으로서 추앙받을지도 모른다. 그러나 살인이라는 죄는 허용되지 않는다. 살인이 허용된다면 라스콜니코프가 꾼 악몽과 같은 상황이 재현될 것이다.

다락방에서 망상에 잠겨 있었던 라스콜니코프는 스마트폰 화면에 표시되는 SNS 공간에 틀어박혀서 고립되는 현대인의 모습과 비슷해 보인다. 필요한 것은 주위 사람들과의 진짜 인간관계이며 대화일 것이다. 라스콜니코프도 주위 사람들과의 관계를 통해 서서히 진짜 자신을 되찾아 갔다.

이 책의 개요를 소개했는데, 소설은 실제로 읽지 않으면 진정한 재미를 알 수 없다. 원작에 도전해 보길 바란다.

POINT

우리는 특별한 존재가 아니며, 주위 사람들 덕분에 살고 있다.

Chapter 5

과학

최신 과학은 철학, 정치학, 문학 등
여러 분야와 많은 공통점이 있는데도
지금까지 그 중요성이 간과되어 왔다.
이 챕터에서는 생물학과 물리학 등을
이해하기 위한 명저 16권을 소개한다.

Book 61

사상계에 엄청난 영향을 끼친 생물학의 바이블
종의 기원

찰스 로버트 다윈 Charles Robert Darwin

1809~1882년. 영국의 자연사학자. 에든버러대학교 의학부에 입학했지만 1년 반 만에 중퇴하고 케임브리지대학교에 입학했다. 졸업 후 영국 해군 측량선 비글호를 타고 5년에 걸쳐 세계를 항해했다. 1859년에《종의 기원》을 출판해 세상을 뒤흔들었다.

인류의 진화를 밝히다

이 장에서는 먼저 생물학의 명저 5권을 소개하는데, 그중에서도 첫 번째 책은 찰스 다윈이 쓴《종의 기원》이다. 진화론을 다룬 이 책에 대해, 안타깝게도 읽지 않고 오해하는 사람이 많다.

가령 '기린의 목은 키가 큰 나무에 달린 잎을 먹기 위해 노력하는 과정에서 길어졌고, 그 자손도 역시 노력한 결과 긴 목으로 진화했다.'라고 말하는 사람이 있는데, 이것은 정말 큰 오해다. 부모가 노력해서 획득한 자질은 자손에게 유전되지 않는다. 그 밖에 '원숭이가 진화해서 인간이 되었다.'라는 것도 있는데, 이 책에는 그런 이야기가 단 한 줄도 적혀 있지 않다. 이처럼 많은 오해를 사는 책이지만, 지금 이 시대에 생물학을 공부하려는 사람이라면 꼭 읽어야 할 필독서다.

'인간을 창조한 것은 신이 아니다.'라는 사실을 과학적으로 밝혀낸 다윈은 무의식의 세계를 발견한 [Book 10]《정신 분석 입문》의 프로이트, 사회주의 사상에 영향을 끼친 [Book 28]《자본론》의 마르크스와 함께 20세기의 사상에 지대한 영향을 끼친 인물 3인으로 불리기도 한다.

다윈의 어머니는 테이블웨어 브랜드 '웨지우드'의 창업자 조사이아 웨지우드의 딸이었다. 유복한 집안에서 태어난 다윈은 집안의 재산을 활용해 평생을 진화론 연구에 바쳤고, 꾸준한 작업을 거듭해 현대 생물학의 기초가 되는 진화학을 확립했다. 다윈의 진화론을 오해하는 사람이 많은 이유는 그의 책이 굉장히 길고 접속사도 없는 문장이 계속 이어져서 읽기가 어렵기 때문이다. 그래서 여기서는 이해를 돕기 위해 이 책의 핵심만을 소개하겠다.

먼저 다윈을 제대로 알기 위해서는 '종種'이라는 개념을 이해해야 한다. 생물학에는 수많은 생물을 분류하는 몇 가지 범주가 있다. 종은 생식 행위를 통해서 자손을 낳을 수 있는 생물군을 합친 범주다. 치와와와 불도그는 교미하면 강아지가 태어나므로 '개'라는 하나의 종이다. 지구상의 모든 생물은 수백만에 이르는 종으로 분류할 수 있다.

이 책은《종의 기원》이라는 제목대로 지구상 모든 종(모든 생물)의 기원을 탐구한다. 먼저 다윈 진화론의 정수인 '변이, 생존경쟁, 자연도태'에 관해 살펴보자.

변이

우리 가족은 딸기를 정말로 좋아한다. 현대에는 딸기 품종이 많아 다양하게 즐길 수 있다. 그런데 20~30년 전의 딸기는 이렇게까지 맛있지 않았다. 품종 개량을 통해서 맛있어진 것이다. 다윈은 이 책에서 원예가가 야생딸기를 딸기로 변이시킨 방법을 소개했다.

"원예가가 조금이라도 과실이 크거나, 빨리 익거나, 달콤한 개체를 골라내서 그 종자를 뿌리고, 열매를 맺은 개체에서 가장 좋은 것을 골라내 교배하기를 반복한 순간(다른 종과의 교배도 섞음으로써), 최근 30~40년 사이에 훌륭한 딸기의 품종이 다수 등장한 것이다."

식물도 동물도 마찬가지이지만, 개체에는 변이가 있다. 인간은 이 변이를 이용해서 품종을 개량한다. 개도 품종 개량을 통해서 치와와 같은 소형 애완견이나 도베르만 같은 대형견이 탄생했다. 겉모습은 다르지만 본래는 같은 야생종이다. 그리고 자연계에서도 인간이 이렇게 실시하는 품종 개량과 같은 현상이 일어나고 있는데, 다른 점도 있다. 자연계에는 원예가나 축산 농가가 없기 때문에 생존경쟁과 자연도태라는 원리를 통해 개체를 선발한다.

생존경쟁

언뜻 평화로워 보이는 자연이지만, 그 이면에서는 치열한 생존경쟁이 벌어지고 있다. 다윈은 정원의 '1미터×60센티미터' 구획을 완전히 제초하고 관찰했다. 이 구획에서 식물은 자유롭게 생육할 수 있을 터이지만, 자연적으로 생겨난 357포기의 야생 싹 가운데 295포기는 곤충이나 민달팽이에게 잡아먹혔다. 곤충도 민달팽이도 살기 위해서 발버둥치기에 들풀의 싹을 식량으로 삼았던 것이다. 다윈은 이렇게 말했다. "즉, 이 세상에 존재하는 모든 생물은 개체수를 최대한 늘리기 위해 투쟁하고 있다고 말할 수 있다." 그런 생존경쟁이 펼쳐지는 곳에서는 자연도태가 일어난다.

자연도태

뇌조는 사는 장소에 따라 색이 다르다. 겨울의 고산 지대에서 사는 뇌조는 흰색, 토탄 습지에서 사는 검은뇌조는 토탄의 색, 초지草地에서 사는 붉은뇌조는 자홍색이다. 몸의 색이 사는 환경과 비슷한 이유는 천적인 독수리나 매에게 발견되지 않는 개체가 살아남고 그 자질이 계승된 결과다. 다윈은 이렇게 말했다. "아주 조금이라도 다른 개체보다 유리한 변이를 갖춘 개체는 살아남아서 같은 성질을 지닌 자손을 남길 가능성이 크다. 반면에 조금이라도 불리한 변이가 배제되는 것 또한 확실하다. 이처럼 유리한 변이는 보존되고 불리한 변이는 배제되는 과정을 자연도태라고 부른다."

기린의 경우, 목이 긴 기린은 살아남고 목이 짧은 기린은 키가 큰 나무에 달린 잎을 먹지 못해 죽었다. 그리고 목이 긴 기린의 유전자가 자손에게 계승되어서 목이 길어지는 쪽으로 진화했다. 모든 생물종은 환경에 가장 적합한 자손을 남김으로써 개체를 늘리고자 경쟁하고 있는 것이다.

인간도 생명 나무의 한 가지에 불과하다

전혀 다른 종의 생물들도 의외로 공통점이 많다. 인간의 손, 두더지의 손,

돌고래의 가슴지느러미, 박쥐의 날개는 손가락이나 손바닥의 뼈가 거의 같은 위치에 있으며, 상완과 전완의 기본구조도 같다. 이것은 이 동물들이 공통된 조상에서 분기되었음을 보여준다.

다윈은 이렇게 말했다. "과거 지구상에 서식했던 모든 생물은 아마도 처음에 생명이 불어넣어진 어떤 한 종류의 원시적 생물에서 유래했을 것으로 판단할 수밖에 없다."

지구상의 생물은 수십억 년이라는 무한에 가까운 시간을 들여 '변이→ 생존경쟁 →자연도태'를 반복하며 진화해왔다. 다음의 그림처럼 지구상에 있는 모든 생물은 하나의 원시생물을 시조로 삼는 '생명의 나무'에서 분기된 일족인 것이다. 인간도 이끼나 물고기와 마찬가지로 생명의 나무에서 뻗어나온 하나의 가느다란 가지에 불과하다.

그러나 이 책이 출판된 19세기 당시 유럽은 '신께서 세계와 모든 생물을 만드시고 인간에게 지배를 맡기셨다.'라는 크리스트교 원리주의의 전성기였다. "인간은 원숭이, 벌레, 세균과 같은 방법으로 만들어졌다."라는 주장은 큰 논쟁을 불러 일으켰다. 이런 상황을 예상했던 다윈은 이 책의 후반에 예상 문답집을 써놓았다. 그중 몇 가지를 소개하겠다.

반론①

"중간종은 없다. 기린의 목이 길어졌다면 목의 길이가 중간인 기린(중간종)도 있어야 하는데, 그런 기린은 없으며 화석도 발견되지 않았다."

이에 대한 대답은 두 가지다. 첫째는 '중간종은 이미 절멸했다.'는 것이다. 비슷한 종일수록 치열한 생존경쟁을 벌이며, 환경에 적응한 쪽이 살아

생명의 나무

모든 생물은 원시 생물의 일족이며,
인류는 하나의 가느다란 가지에 불과하다

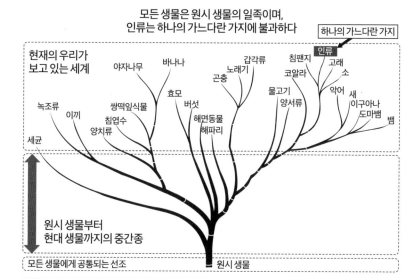

남는다. 어중간하게 목이 긴 기린도 단기간에 절멸하고 식량을 확보할 수 있는 목이 긴 기린만이 살아남았다. 둘째는 '중간종의 화석은 남기 어렵다.'는 것이다. 화석이 만들어지는 조건은 한정되어 있다. 게다가 절멸한 중간종의 개체수 자체도 적었다. 이 두 가지 이유에서 우리는 중간종의 존재를 깨닫기 어려운 것이다.

반론②

"눈 같은 복잡한 구조가 진화를 통해서 만들어질 수 있겠는가?"

인간의 눈은 매우 정교하게 만들어져 있다. 그야말로 신께서 만들어내신 정밀 기계라는 생각이 들지만, 이것도 진화론으로 설명할 수 있다. 민달팽이 같은 생물인 플라나리아의 눈은 '밝은가? 어두운가?'라는 빛을 느끼는 정도의 색소 세포뿐이고 렌즈조차 없지만, 빛을 느낌으로써 살아남을 확률을 높여 자손을 남겼다. 한편 게나 새우의 눈에는 렌즈가 있지만 인간의 수준에 미치지 못한다. 이렇게 해서 방대한 시간에 걸쳐 자연도태를 반복하며 작은 차이가 무한히 축적되면 눈 같은 복잡하고 정교한 장치도 탄생하는 것이다.

반론③

"왜 다른 대륙에 같은 종이 있는가? 유럽과 미국은 바다를 사이에 두고 있지만 공통된 식물이나 동물이 많다. 생물이 공통의 선조에서 발전했다면 설명할 수 없는 현상이다."

다윈은 '생물은 바다를 건너서 다른 대륙으로 이동했을 것이다.'라고 생각해 다양한 실험과 사고를 거듭했다. ① 87종류의 종자를 바닷물에 28일 동안 담가 놓았는데, 그중 64종이 발아했다. 이 결과를 바탕으로 계산하면, 조류를 타고 1,500킬로미터를 이동해도 발아가 가능하다. ② 작은 새의 똥에서 채취한 12종류의 종자는 전부 발아했다. 과실을 먹은 새가 다른 대륙으로 날아가서 똥을 싸면 새가 종자의 운반자가 되어 준다. ③ 새의 몸속에 있는 음식물을 저장하는 주머니(모이주머니)를 인공 해수에 30일 동안 담갔다가 그 안에 있는 종자를 꺼낸 결과, 대부분이 발아했다. 즉, 해수면에 뜬 새의 시체가 조류를 타고 종자를 운반했을 가능성도 있다. ④ 포유류의 경우는 빙하기가 열쇠다. 빙하기에는 대륙이 얼음으로 연결되어 있었기 때문에 포유류가 걸어서 다른 대륙으로 건너갔을 것이다.

이처럼 그는 증거를 제시하며 과학적으로 반론한 다음 이렇게 말했다. "복잡한 기관이나 본능이 그 복잡함을 한층 높여온 것은 인간의 이성과도 유사한 초인적인 수단 때문이 아니다. 그것은 소유자에게 이익이 되는 아주 작은 변이가 한없이 많은 단계를 거치며 조금씩 축적된 결과다."

그 밖에도 많은 다윈 진화론에 대한 오해

이제 앞에서 예로 든 '원숭이가 진화해서 인간이 되었다.'가 왜 오해인지 이해했을 것이다. 정확히는 지금의 인간과 원숭이는 공통의 조상으로부터 500만 년 전에 갈라졌던 것이다. 그 밖에도 이 책에 관해서는 수많은 오해가 있다.

오해 ① : 인간은 생물 진화의 정점에 있다

[Book 64]《원더풀 라이프》에서 소개하겠지만, 진보주의자라고 불리는 사람들은 인류의 등장이 필연이며 생물진화의 정점에 있다고 생각한다. 그러나 생명의 나무 그림을 다시 한 번 보길 바란다. 생명의 나무에서 인류는 원시생물로부터 분기된 하나의 가느다란 가지에 불과하다. 생물의 정점에 있지도, 진화의 도달점에 있지도 않다. 그리고 인류 또한 생물이다. 장기적인 관점에서 보면 인간 종은 앞으로도 자연도태를 통해 분기되어 갈 것이다.

오해 ② :생물은 진화를 통해 더욱 복잡해진다

경쟁이 없는 생물은 퇴화한다. 그 대표적인 예가 인간의 털구멍에서 사는 모낭충이다. 모낭충은 크기가 0.3밀리미터이며 세포 수가 900개에 불과한 매우 단순한 생물이다. 작은 초파리도 세포의 수는 이보다 500배나 많다. 이렇게 된 이유는 경쟁이 없기 때문이다. 지상 최강의 생물인 인간의 얼굴에서 살기에 외적이 없으며, 음식물인 인간의 피지는 얼마든지 있다. 이처럼 굉장히 쾌적한 환경에서 사는 모낭충은 사용하지 않는 기능을 하나둘 포기했다. 밤에 활동하는 데 필요한 멜라토닌도 만들지 않는다. 인간에게서 빌리면 충분하기 때문이다. 모낭충은 쾌적한 환경에 최적화해 퇴화했는데, 이런 퇴화도 '환경에 최적화한다.'라는 진화의 형태다.

오해 ③ :자연도태에는 목적이 있다

자연도태의 전제가 되는 변이는 무작위로 일어난다. 운 좋게 그 환경에서 변이가 생존이나 번식에 유리하다면 자연도태가 진행되고 자손에게 변이가 계승된다. 어디까지나 우연의 산물인 것이다. 인류가 앞으로 어떻게 진화할지도 운에 달려 있다. 반드시 더 영리하게 진화한다는 보장은 없다. 식량이 부족해져 생존경쟁이 벌어지면 쉽게 뚱뚱해지는 사람(식량 섭취 효율이 좋고 영양을 몸에 축적할 수 있는 사람)이 살아남을지도 모른다.

오해 ④: 자연도태가 자연의 섭리다.
그러므로 우수한 자가 열등한 자를 도태시키는 것은 당연하다

이것은 큰 오해다. 애초에 다윈의 진화론에는 '우수한 자, 열등한 자'라는 개념이 없다. 이 오해 중에서도 가장 악질적인 것이 우생사상으로, 나치는 생식에 적합하지 않은 사람에게 불임 수술을 강제하고 유대인 절멸도 계획했다. 또한 다른 선진국에서도 20세기 전반까지 우생사상이 유행했다. 최근에는 사라졌지만, 유전자 선발 등을 통해서 우생사상이 부활할 조짐도 보인다.

오해 ⑤: 환경 변화에 적응한 자만이 살아남는다

다윈은 이런 말을 단 한마디도 하지 않았다. 1963년에 미국 루이지애나주립대학교의 마케팅과 교수인 레온 메긴슨이 논문에서 "다윈의 《종의 기원》에 따르면"이라며 쓴 말이 전 세계에서 무분별하게 인용된 것이다. 부끄러운 일이지만, 나도 그런 사정을 모른 채 이 말을 인용한 적이 있기에 이 자리를 빌려 깊이 사과한다. 그렇다면 이 말의 어떤 점이 잘못되었을까? '변하고 싶다'라는 노력은 분명 위대하지만, 이것은 진화와 전혀 상관이 없다. 기린도 목이 길어지려고 노력한 것이 아니다. 목이 긴 개체의 성질이 자연도태를 통해서 계승되어 목이 길어진 것이다. 우연한 변이가 세대를 거치며 계승된다는 것이 진화론의 열쇠다.

오해①~⑤에 공통되는 점은 끊임없이 '더 나아지고 싶다. 성장하고 싶다.'라고 바라는 인간의 본성이다. [Book 59]《파우스트》의 주인공 파우스트처럼 계속 노력하고자 하는 인간의 본성이 이런 오해를 낳았는지도 모른다. [Book 28]《자본론》을 쓴 마르크스와 맹우 엥겔스도 이 책의 영향을 받았다. 엥겔스는 〈원숭이의 인간화에서 노동이 맡은 역할〉이라는 논문을 썼고(유고를 편집한 저서《자연변증법》에 수록), 마르크스는 역사적 유물론을 만들어냈다. [Book 9]《실용주의》에서 소개했듯이, 미국에서 실용주의가 탄생한 원인 중 하나도 '신이 인간을 창조했다.'라는 크리스트교의 가르침을 진화론이 뒤엎은 것이었다. 또한 철학자인 스펜서는 자연도태설을 적자생존으로 바꿔 말한 뒤, 우주의 모든 사물은 진화한다고 생각해 사회진화론을 제창했다. 이 사상은 자유경쟁주의와 결합해 사회에 확산되었다.

이처럼 이 책은 생물학을 이해하기 위한 바이블인 동시에 20세기의 사상에도 지대한 영향을 끼친 필독서다. 인류는 특별한 생물이 아니다. 어디까지나 생명의 나무에서 뻗어나온 하나의 가느다란 가지임을 인식하고 조금 더 겸손하게 행동해야 할 것이다.

POINT

인류는 생명의 나무에서 뻗어나온 하나의 가느다란 가지에 불과하다.

Book 62

동물행동학을 세계에 퍼트린 명저
솔로몬의 반지

콘라트 로렌츠 Konrad Lorenz

1903~1989년. 오스트리아의 동물행동학자. 어릴 때부터 동물을 좋아했던 그는 오스카 하인로트 등의 영향으로 동물행동학을 공부해 비교해부학과 동물심리학 박사학위를 받았다. '각인'의 연구자로, 근대 동물행동학을 확립한 인물 중 한 명으로 알려졌다. 1973년에 노벨 생리학·의학상을 수상했다. 물리학 자인 토머스 로렌츠는 그의 아들이다.

평생 동물을 사랑했던 과학자

동물행동학자인 콘라트 로렌츠는 동물을 매우 좋아했다. 어렸을 때부터 동물에 둘러싸여서 성장했고, 어른이 되어서도 집에서 까마귀, 앵무새, 기러기, 원숭이 등의 동물을 풀어 키웠다. 개중에는 위험한 대형동물도 있었고, 게다가 집에는 어린 큰딸도 있었다. 그런 위험한 동물을 아이와 함께 둘 수는 없었다. 그래서 로렌츠는 딸을 보호하기 위해 정원에 동물이 아니라 딸을 위한 우리를 만들었다. '아내가 그걸 허락했다고?'라는 생각이 들겠지만, 이 아이디어를 제안한 사람은 소꿉친구인 아내였다.

로렌츠는 동물들과 함께 살면서 동물들을 계속 관찰했다. 그런 그와 동물들의 생활을 그린 이 책은 1949년에 출판되어 일반인을 위한 동물행동학 서적으로서 세계적인 베스트셀러가 되었다. 그가 그린 동물 삽화도 수록되어 있는데, 이를 자세히 살펴 보면 동물에 대한 그의 깊은 애정이 전해진다.

동물행동학은 동물의 행동을 상세히 관찰해서 동물이 어떻게 진화해왔는지 밝혀내는 학문이다. 그는 뒤에서 소개할 '각인' 등을 발견함으로써 동물행동학을 확립해 노벨 생리학·의학상을 수상했다.

지금은 동물행동학을 통해서 동물을 관찰하는 방법이 일반적이지만, 당시의 동물학 연구는 동물을 우리에 가두거나 죽은 동물을 해부하는 등의 방법으로 분석했었다. 그러나 인간을 우리에 가두거나 해부한다고 해서 인간에 관해 이해할 수는 없다. 인간을 이해하려면 인간의 일상생활을 관찰해야 한다. 그래서 로렌츠는 '동물도 자연스러운 상태에서 관찰하는 것이 최선이다.'라고 생각했던 것이다.

제목인 '솔로몬의 반지'는 구약성경에 나오는 일화다. 솔로몬 왕은 마법의 반지를 끼면 동물과 이야기를 나눌 수 있었다. 로렌츠로서는 "나는 마법의 반지가 없어도 동물과 이야기를 나눌 수 있으니 솔로몬 왕보다 한수 위다."라고 말하고 싶을 것이다.

그리고 그는 실제로 평상시에 동물의 언어로 대화를 했다. 이 책에서 우리는 동물들이 살아가는 방식을 통해 인간이라는 동물에 관해 배울 수 있다.

갈까마귀의 연애 사정

로렌츠는 이 책에서 이렇게 말했다. "내가 1926년의 여름에 초크에게서 배운 것은 다른 어떤 동물에게서 배웠던 것보다 더 많고, 게다가 본질적으로 중요한 것이었다는 생각이 든다."

로렌츠는 단골 동물 가게에서 새끼 갈까마귀를 샀다. 그 새끼 갈까마귀는 자라서 날 수 있게 된 뒤에도 로렌츠의 곁을 떠나려 하지 않았다. 로렌츠가 방을 이동하면 방에서 방으로 따라서 날아왔고, 산책을 하거나 자전거를 탈 때도 개처럼 로렌츠를 따라왔다. 그리고 혼자가 되면 슬픈 듯이 "초크"라고 울었다. 이 울음소리가 그 갈까마귀의 이름이 되었다.

'좀 더 초크의 행동을 이해하고 싶다.'고 생각한 로렌츠는 초크에게 동료 갈까마귀 14마리를 주고 함께 생활했다. 그러자 초크에 관해 잘 알 수 있게 되었다. 그중 하나가 암컷에 대한 수컷의 구애활동이었다. 둥지를 만든 수컷은 마음에 드는 암컷을 향해 "치크, 치크, 치크"라고 높은 소리로 울었다. "내가 만든 집, 멋지지? 우리 같이 살지 않을래?"라고 열심히 구애하는 것이다.

한편 암컷은 그런 수컷을 의도적으로 무시한다. 그러나 몇 분의 1초라는 짧은 시간 동안 슬쩍 수컷을 바라본다. "괜찮네."라는 신호다. 전혀 흥미가 없다면 아무리 불러도 수컷 쪽을 절대 쳐다보지 않는다. 그런 암컷의 마음을 감지하고 수컷이 다가가면, 암컷은 몸을 굽히고 독특한 자세로 날개와 꼬리를 흔든다. 이것은 구애를 받아들이는 의식 같은 인사다. "제 연애 스승님이 되어 주십시오."라고 말하고 싶어질 만큼 고도의 줄다리기다.

이렇게 해서 커플이 된 부부는 굉장히 사이가 좋다. 좋아하는 먹이를 찾이낸 수컷은 반드시 암컷에게 그 먹이를 주고, 암컷은 새끼가 보채는 것 같은 귀여운 몸짓으로 먹이를 받는다. 이렇게 해서 많은 커플이 죽을 때까지 함께 산다. 그러나 예외도 있었다. 어떤 갈까마귀 부부가 있었는데, 아내가 왼쪽에서 남편의 목덜미를 다듬어주고 있었다. 이것은 구애행동 중 하나다. 남편은 기분 좋은 듯이 눈을 감고 있었다. 그런데 반대쪽인 오른쪽에서도 열정적인 젊은 암컷이 남편의 목덜미를 다듬었다. 눈을 감고 있었던 남편은 처음에 이것을 모르고 있었다. 그러나 '어라? 뭔가 좀 이상한데?'라고 느낀 아내가 젊은 암컷을 보고 "갸갸갸!(너, 지금 뭐 하는 거니!)"라고 울며 몰아붙인다.

갈까마귀의 삼각관계

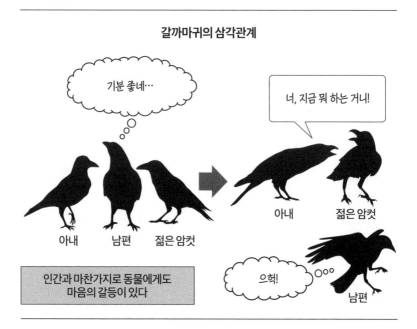

인간과 마찬가지로 동물에게도
마음의 갈등이 있다

삼각관계의 발생이다. 체력이 있는 젊은 암컷은 아내가 지칠 때까지 몰아붙여도 구애행동을 그만두지 않았다. 그리고 어느 날 아침, 남편과 젊은 암컷은 떠나 버렸다. 바람이 난 것이다. 로렌츠는 이렇게 말했다.

"인간이 그러하듯이, 정신적인 갈등은 동물에게도 괴롭다."

이 책에서는 이처럼 동물을 사람에 비유한 표현이 많다. 그래서 "의인화가 지나치지 않은가?"라는 비판도 많았던 모양인데, 로렌츠는 이렇게 말했다. "나는 결코 의인화를 한 것이 아니다. 이른바 너무나도 인간적인 것은 (중략) 우리에게도 고등동물에게도 공통으로 존재하는 것임을 이해했으면 한다. (중략) 얼마나 많은 동물적인 유산이 인간의 내부에 남아 있는지 보여주는 것에 불과하다." 인간도 동물이다. 결코 특별한 존재가 아니다. 동물은 전부 비슷비슷한 것이다.

새끼 기러기에게서 배운 각인 효과

로렌츠는 회색기러기의 알이 부화하는 순간을 관찰했다. 알껍데기에서 갓 나온 새끼는 못생겼고 젖은 모습이지만 몸이 마르면 솜털에 덮인 귀엽고 폭신폭신한 예쁜 새끼로 변신해 몇 걸음 정도를 아장아장 걷는다.

새끼는 커다란 검은 눈으로 로렌츠를 지긋이 바라보고 있었다. 그리고 로렌츠가 무엇인가 말을 해서 반응한 순간, 새끼는 목을 숙이며 로렌츠에게 몸을 뻗더니 지저귀면서 인사하기 시작했다. 사실 이 순간 로렌츠는 무거운 의무를 짊어진 것이다.

'좋았어, 무사히 태어났구나. 마침 새끼 거위도 세 마리가 태어났으니 나머지는 어미 거위에게 맡기자.'라고 생각한 로렌츠는 거위의 배 밑에 새끼 기러기를 밀어 넣어주고 떠나려 했는데, 놀라운 일이 일어났다. 로렌츠는 이렇게 말했다.

"흰 거위의 배 밑에서 무엇인가를 물어보는 듯한 가냘픈 소리가 들렸다. '비비비비비?' (중략) 그 새끼는 폭신한 털 사이를 헤치고 기어나왔다. (중략) 나는 몸을 약간 움직였다. 그 순간 울음소리가 멈췄고, 새끼 기러기는 목을 뺀 채 필사적으로 소리 내며 인사하면서 나를 향해 달려왔다. 정말 감동적인 순간이었다."

새끼를 거위의 배 밑에 계속 넣어줬지만, 제대로 걷지도 못하는 새끼는 그때마다 죽을힘을 다해서 로렌츠를 쫓아왔다. 로렌츠는 이 새끼에게 마르티나라는 이름을 지어주고 어미의 역할을 맡게 되었다. 로렌츠가 1분이라도 마르티나에게서 떨어지면 마르티나는 심한 불안감에 빠져 마구 울었다. 잘 때도 잠이 들려고 할 때마다 "비비비비" 하고 울었다. 내버려두면 울음소리는 더욱 커졌고, 나중에는 "핍, 핍" 하고 울기 시작했다. 로렌츠가 "비비비비?" 하고 대꾸하면 마르티나는 안심하고 자기 시작했지만, 1시간도 안 되어서 다시 "비비비비?" 하고 울었다. 마치 한밤중에 보채는 아기와 아기를 달래는 부모 같았다. "비비비비?"라는 울음소리는 "나는 여기 있어. 어디 있는 거야?"라는 의미인 것이다. 야생에서 새끼가 어미나 형제들을 잃어버린다는 것은 죽음을 의미한다. 그래서 새끼도 도움을 청하기 위해 모든 에너지를 쏟아부으며 목청이 터져라 필사적으로 울어댄다.

이것이 '각인'이라는 현상이다. 마르티나는 태어난 직후에 '어미=로렌츠'라고 각인한 것이다. 새끼일 때 혼자서 성장해 같은 종의 동료를 본 적이 없는 새는 자신이 어떤 종인지 알지 못한다. 그래서 태어난 직후 각인이 가능한 시기에 함께 지낸 동물에게 자신의 애정을 쏟는다. 이 각인은 되돌릴 수 없다. 로렌츠도 "나는 네 어미가 아니란다. 그러니 일단 각인을 리셋하고 다른 어미를 찾으렴."이라고 말할 수는 없는 것이다.

비둘기는 늑대보다도 사나웠다

비둘기와 늑대. 어느 쪽이 더 사나울까? '그야 당연히 늑대지.'라고 생각하는 사람이 대부분일 것이다. 로렌츠는 종류가 다른 비둘기 두 마리를 우리에 넣고 한동안 출장을 간 적이 있는데, 돌아와 보니 우리 안은 비참한 상황이었다. 비둘기 한 마리가 깃털이 뽑히고 껍질도 벗겨진 채 거의 죽어가고 있었던 것이다. 다른 비둘기는 상대 비둘기가 빈사 상태임에도 공격을 계속하고 있었다.

늑대끼리의 싸움도 처음에는 서로 상대를 위협한다. 위에서 덮치며 가볍게 물어뜯기도 한다. 그러나 형세가 결정되면 패배한 쪽은 머리를 늘어뜨리며 급소인 목을 무방비하게 상대에게 노출시킨다. 승자는 이 상황에서 절대 물어뜯지 않는다. 상대가 복종해 약점을 노출시키면 더더욱 공격하지 않는다. 왜 이런 차이가 나타나는 것일까?

비둘기는 공격력이 약하다. 싸우다 열세에 몰리더라도 자연환경에서라면 날아서 도망칠 수 있다. 그래서 힘을 억제할 필요가 없기 때문에 공격하기 시작하면 제어가 안 된다. 그런데 우리 안은 도망칠 곳이 없다. 그래서 비참한 상황이 나와버린 것이다. 한편 늑대처럼 강력한 무기를 가진 동물은 상대를 계속 공격하면 목숨을 끊어버릴 수 있다. 또한 늑대는 사회성이 있는 동물이기 때문에 불필요한 살상이나 싸움은 피하려 한다. 그래서 자비를 구걸하는 쪽의 개체는 목덜미 등의 급소를 드러내는 것이다. 이렇게 되면 승리한 쪽은 공격하고 싶어도 하지 못하게 된다.

이와 같은 복종의 몸짓은 오랜 진화의 산물이다. 로렌츠는 이렇게 말했다. "자신의 몸과는 상관없이 발달한 무기를 가진 동물이 딱 하나 있다. 그래서 이 동물이 태생적으로 지니고 있는 종 특유의 행동양식은 이 무기의 사용법을 전혀 알지 못한다. 무기에 걸맞은 강력한 억제가 준비되어 있지 않은 것이다. 그 동물은 바로 인간이다. 인간이 보유한 무기의 위력은 멈출 줄 모르고 증대되고 있다."

이 책이 출판된 1949년은 엄청난 희생자를 낸 제2차세계대전 직후다. 강력한 무기를 만들어낸 인류는 본능적으로 힘을 억제할 줄 아는 같은 사회적 동물인 늑대에 비하면 미숙한지도 모른다.

이처럼 로렌츠는 선입견에 사로잡히지 않고 동물들을 관찰했으며, 동물들에게서 많은 것을 배웠다. 그리고 동물에게서 배움으로써 인간의 바람직한 모습도 배울 수 있었던 것이다.

POINT

동물 행동에서 인간의 바람직한 모습을 배워라.

Book 63

생물은 이기적 유전자의
탈것에 불과하다
이기적 유전자

리처드 도킨스 Richard Dawkins

1941년~. 영국의 진화생물학자, 동물행동학자. 첫 저서인 《이기적 유전자》는 세계적인 베스트셀러가 되었으며, 기존의 생명관을 180도 전환시켰다. 사회생물학 논쟁이나 진화 논쟁에서 자극적이고 선도적인 발언을 계속하고 있다.

생물이 이타적 행동을 하는 이유

[Book 61]《종의 기원》의 다윈 진화론에는 사실 설명할 수 없는 현상이 있었다. 일벌은 동료를 지키기 위해 벌집을 공격하는 적을 침으로 찌르는데, 침을 꽂으면 자신의 내장이 몸 밖으로 나와서 죽고 만다. 또한 일벌은 전부 새끼를 낳지 못하는데도 여왕벌이나 유충을 열심히 돌본다. 이것은 전부 자신이라는 개체를 희생하는 행동들이다. 자신을 희생하는 행동을 부추기는 유전자는 진화를 거치면서 사라져야 할 터임에도 이 이타적 유전자는 대대손손 계승되고 있다. 진화론으로는 이 현상을 설명할 수 없었

는데, 이에 등장한 인물이 진화생물학자인 리처드 도킨스다. 그는 이렇게 말했다. "생물은 이기적 유전자의 탈것이다.", "생물의 이타적 행동은 이 이기적 유전자 덕분이다."

이 유전자 중심의 발상은 기존의 생명관과는 정반대의 사고방식이다. 그래서 오해를 불렀고, 당시 반발도 컸다. 그러나 지금은 도킨스의 이기적 유전자론이 널리 받아들여지고 있으며, 우리가 생명을 이해하는 데 필수가 되었다. 1976년에 출판된 이 책은 35세의 도킨스가 자신의 이론을 일반인이 이해할 수 있도록 쓴 것이다. 개정을 거듭해, 2016년에는 40주년 기념판이 나왔다. 이 책은 600페이지가 넘는 대작으로, 이해하려면 기초 생물학 지식도 필요하지만 최대한 이해하기 쉽게 소개하겠다.

'생물은 이기적 유전자의 탈것'이라는 개념은 언뜻 어려워 보이지만, 30~40억 년 전에 생명이 어떻게 탄생했는지를 생각하면 이해할 수 있다.

① **원시수프:** 생명이 탄생하기 전 지구에는 생명의 원천이 되는 물, 이산화탄소, 메탄, 암모니아 등의 단순한 분자가 있었다. 화학자가 이것들을 플라스크에 집어넣고 원시시대의 지구를 재현하기 위해 자외선(태양광선)과 전기 불꽃(번개)을 가하자 플라스크의 바닥에 복잡한 분자, 아미노산이 합성되었다. 아미노산은 생명을 형성하는 단백질이다. 원시지구에서도 바닷속에서 비슷한 현상이 일어났다. 도킨스는 이것을 원시수프라고 불렀다.

② **자기복제자의 탄생:** 원시수프 속에서 어느 날 우연히 자신을 복제하는 능력을 지닌 특별한 분자가 나타났다. 도킨스는 이것을 자기복제

자라고 불렀다. 이런 기적은 수백 년 정도의 시간에서는 거의 일어
나지 않지만, 수억 년이라는 방대한 시간 속에서는 일어날 수 있다.
당시의 지구에는 방해물이 되는 다른 생물도 없었기 때문에 자기복
제자가 맹렬한 기세로 증식하기 시작했다.

③ **변이종의 탄생:** 자기복제자가 복제로 증식하는 사이에 때때로 복제
오류를 일으켜 변이종이 탄생했다. 변이종 중에서 더 복제하기 쉬운
성질을 지닌 변이종은 복제하기 어려운 본래의 종을 급속히 대체해
갔다. 이것이 최초의 진화다. 이처럼 생물진화의 본질은 복제오류인
것이다.

④ **공격하는 자기복제자의 탄생:** 다른 종을 공격하는 변이종이 탄생하
자 기존의 종은 급속히 밀려났다.

⑤ **방어하는 자기복제자의 탄생:** 자기복제자는 자신의 주위를 얇은 막
으로 덮어서 공격을 방어하도록 변이했다. 이것이 최초의 살아 있는
세포다. 기존의 공격이 통하지 않게 되면서 기존의 종을 대체해갔다.
이렇게 해서 자기복제자는 급속히 진화를 계속하며 형태를 바꿔 나
갔다.

⑥ **현재:** 그리고 긴 시간이 지나 현재에 이르렀다. 자기복제자는 생물
의 세포 속에서 DNA로서 계승되고 있다. DNA는 유전자 정보가 적
힌 생물의 설계도. 이렇게 해서 유전자는 생물이라는 탈것을 계속
갈아타며 원시의 지구에서 현대까지 면면히 계승되고 있다. 이것이
'생물은 이기적 유전자의 탈것'이라는 의미다. 도킨스는 이렇게 말
했다. "우리는 유전자라는 이름의 이기적인 분자를 무작정 보존하기

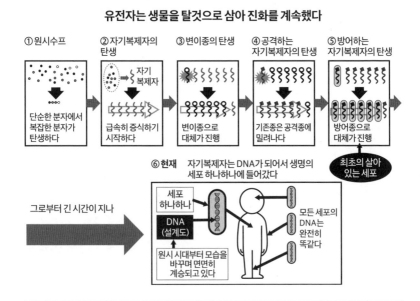

유전자는 생물을 탈것으로 삼아 진화를 계속했다

① 원시수프
단순한 분자에서 복잡한 분자가 탄생하다

② 자기복제자의 탄생
자기 복제자
급속히 증식하기 시작하다

③ 변이종의 탄생
변이종으로 대체가 진행

④ 공격하는 자기복제자의 탄생
기존종은 공격종에 밀려나다

⑤ 방어하는 자기복제자의 탄생
방어종으로 대체가 진행
최초의 살아 있는 세포

⑥ 현재
자기복제자는 DNA가 되어서 생명의 세포 하나하나에 들어갔다

그로부터 긴 시간이 지나

세포 하나하나
DNA (설계도)
원시 시대부터 모습을 바꾸며 면면히 계승되고 있다
모든 세포의 DNA는 완전히 똑같다

위해 프로그래밍된 로봇 탈것, 생존기계다."

이렇게 해서 이기적 유전자는 생물이라는 탈것을 조종하며 항상 자신의 복제를 남기는 것을 최우선으로 활동해왔다. 유전자는 복제라는 형태로 경우에 따라서는 수억 년이나 되는 시간을 살아남아 온 것이다.

이기적 유전자가 일으키는 이타적 행동

앞에서 소개한 꿀벌의 이타적 행동도 이기적 유전자의 작용이다. 꿀벌이나 개미처럼 사회(집단)를 만드는 곤충을 사회성 곤충이라고 부른다. 벌집 속의 사회는 여왕벌 한 마리와 기타 다수의 일벌로 구성되어 있으며, 거의 전부가 암컷이다. 여왕벌은 영양을 계속 섭취해 몸이 뚱뚱하며, 거의 움직이지 않고 계속 알을 낳는다. 말 그대로 알 생산 공장이다. 그래서 여왕은 일벌의 시중을 받는다. 여왕벌은 '생식', 일벌은 '생식 이외의 모든 작업'으로 역할을 분담해, 일벌은 자식을 만들지 않고 여왕벌과 유충(일벌의 동생)을 돌보다 일생을 마친다. '자식도 만들지 않고 돌보기만 한다고? 그렇게 해서 일벌한테 무슨 이익이 있는 거지?'라고 생각하겠지만, 이 방법이 가장 효율적으로 유전자 복제를 남길 수 있는 것이다. 이 수수께끼를 푸는 열쇠가 피의 진하기를 의미하는 근연도다.

여러분은 아버지와 어머니의 피를 절반씩 이어받고 있다. 근연도는 어머니가 50퍼센트, 아버지가 50퍼센트다. 조부모는 네 명이 있으므로 근연도는 각각 25퍼센트다. 마찬가지로 여러분의 자녀는 근연도가 50퍼센트이며, 손자·손녀는 25퍼센트다. 근연도가 100퍼센트에 가까울수록 자신의 유전자에 가깝고, 먼 친척일수록 피는 옅어진다.

인간의 부모는 근연도가 50퍼센트인 자녀의 유전자를 남기기 위해 열심히 보호하고 키운다. 한편 꿀벌의 경우, 같은 벌집에 사는 동료들의 근연도가 매우 높다. 이것은 벌이 특이한 성 결정체계와 유전 메커니즘을 갖고 있기 때문이다. 벌집 안에서 새끼를 낳는 여왕은 한 마리뿐이다. 일벌은 같은 여왕벌에게서 태어난 자매들이다. 그리고 소수의 수컷은 암컷의 절반의 유전자밖에 갖고 있지 않다. 자매끼리의 근연도를 다음 그림처럼 계산해 보자. 생물은 자식이 아버지와 어머니의 유전자를 하나씩 계승한

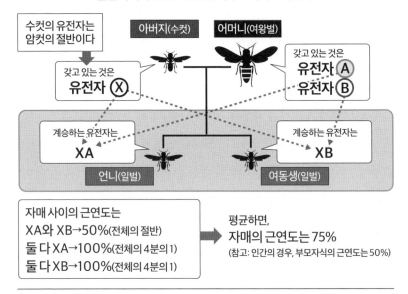

꿀벌 자매의 근연도는 인간의 부모자식보다 높다

수컷의 유전자는 암컷의 절반이다

아버지(수컷) 어머니(여왕벌)

갖고 있는 것은 **유전자 ⓧ**

갖고 있는 것은 **유전자 Ⓐ 유전자 Ⓑ**

계승하는 유전자는 **XA**

계승하는 유전자는 **XB**

언니(일벌) 여동생(일벌)

자매 사이의 근연도는
XA와 XB→50%(전체의 절반)
둘 다 XA→100%(전체의 4분의 1)
둘 다 XB→100%(전체의 4분의 1)

평균하면,
자매의 근연도는 75%
(참고: 인간의 경우, 부모자식의 근연도는 50%)

다. 여왕벌(어머니)이 유전자 A와 B를, 수컷(아버지)이 유전자 X(암컷의 절반)만을 가졌다고 하면, 자식은 아버지로부터 유전자 X를 계승하고 어머니로부터 유전자 A나 B 중 하나를 계승한다. 그래서 자식의 유전자는 XA와 XB의 두 가지 패턴이 된다. 두 자매의 근연도는 두 마리 모두 XA 또는 XB라면 100퍼센트(같은 유전자. 쌍둥이와 마찬가지), 한 마리가 XA 이고 다른 한 마리가 XB라면 50퍼센트다. 그래서 평균하면 자매는 근연 도 75퍼센트가 된다.

　자매의 근연도 75퍼센트는 인간의 부모자식의 근연도 50퍼센트보다 훨씬 높다. 일벌의 처지에서 보면 동생 유충들은 인간의 자식 이상으로 자신과 가까운 것이다. 그래서 자신의 유전자를 보호하기 위해 유충들을 돌보고 벌집을 공격하는 적에게서 헌신적으로 보호한다. 이런 행동들은 분명히 꿀벌이라는 개체의 층위에서 보면 이타적인 행동이지만, 유전자의 층위에서 보면 유전자가 자신의 복제를 늘리기 위한 합리적이고 이기적인 행동인 것이다.

이런 성 결정체계를 갖지 않은 다른 동물도 다양한 이타적 행동을 한다. 동물의 피를 먹고 사는 흡혈박쥐는 피를 빨고 둥지로 돌아오면 빨아온 피를 동료에게 나눠준다. 자신이라는 개체의 존속을 생각하면 귀중한 피를 나누지 않고 독점하는 편이 낫지만, 동물의 피를 빨 수 있는 기회는 의외로 적으며 자신이 굶을 경우도 많다. 그래서 피를 나누는 행위를 하는 유전자를 계승한 개체가 살아남아 이런 이타적 행동이 정착된 것이다.

인간이 새로이 만들어낸 자기복제자 '밈'

유전자의 본질은 수프에서 탄생한 자기복제자다. 도킨스는 인간이라는 종은 인간의 문화라는 수프 속에서 새로운 자기복제자를 만들어내고 있다고 말하고, 그 자기복제자를 밈*meme*이라고 명명했다. gene(유전자)과 그리스어인 mimeme(모방)을 조합해서 만든 말이다. 도킨스는 "선율이나 개념, 홍보문구, 패션, 항아리를 만드는 방법, 혹은 아치건축법 등은 전부 밈의 예다."라고 말했다. 붓다, 공자, 소크라테스가 한 말은 지금도 전해지고 있다. 수레바퀴는 5,000년 전에 발명되었지만 지금도 사용되고 있다. 이런 것들도 전부 밈이다. 유전자와 밈에는 다음과 같은 차이가 있다

유전자: 생식행위에 의해 세대에서 세대로, 유전자 정보*DNA*를 통해서
　　 복제된다. 개체의 단위.
밈: 인간의 뇌에서 뇌로, 말이나 문자를 통해서 복제된다. 문화의 단위.

　밈 복제는 생식행동을 동반하지 않기 때문에 유전적 진화보다 훨씬 빠
르게 복제된다. 유전자가 개체에서 개체로 이동하듯이 밈도 뇌에서 뇌로
이동한다. 그리고 유전자와 마찬가지로 밈도 복제(모방)를 통해서 확산되
며, 유전자가 복제오류를 통한 변이로 진화하듯이 밈도 모방 과정에서 새
로운 아이디어를 생각해낸 사람을 통해 진화한다. 붓다의 원시불교가 상
좌부불교와 대승불교로 나뉘고 대승불교에서 다시 선종이 탄생한 과정은
그 좋은 예다. 우리가 죽은 뒤에 남길 수 있는 것은 유전자와 밈인데, 자신
의 유전자는 세대가 넘어갈수록 반감하며, 100년쯤 지나면 잊히고 만다.
나도 내 증조할아버지나 증조할머니의 기억은 거의 없다. 그러나 밈은 경
우에 따라서는 수백 년, 수천 년도 계승된다.

　한편, [Book 87]《크리스퍼가 온다》에서 소개하듯이 인류는 DNA를
자유자재로 조작할 수 있는 힘을 손에 넣었다. 지금까지 인류는 유전자의
탈것이었지만, 앞으로 인류는 유전자를 완전히 제어할 수 있게 될지도 모
른다. 그런 관점을 갖기 위해서도 이 책에 꼭 도전해 보길 바란다.

POINT

　생물의 이타적 행위는 유전자의 복제를 남기기 위한 이기적 행동이다.

Book 64

캄브리아기 대폭발을 통해서
배우는 생물학

원더풀 라이프

스티븐 제이 굴드 Stephen Jay Gould

1941~2002년. 미국의 진화생물학자, 지구과학자. 1973년에 하버드대학교의 비교생물학 교수가 되었으며, 1982년부터 하버드대학교 알렉산더 아가시 석좌교수를 겸했다. 다윈주의를 바탕으로 한 진화론 논객이며, 방대한 독서량을 자랑하는 박학다식한 과학 에세이스트로 활약했다.

캄브리아기 대폭발이 알려주는 것

다음의 일러스트는 5억 수천 년 전의 캄브리아기에 살았던 생물이다. 저자인 스티븐 제이 굴드가 '기묘한 생물'이라고 부르는 이들 생물의 화석은 1909년에 캐나다 로키산맥의 표고 2,400미터에 있는 버제스 혈암(셰일)이라고 불리는 화석 지층에서 발굴되었다. 이곳에는 캄브리아기 생물의 화석이 다수 매장되어 있었다.

이곳에서 발견된 화석의 동물군을 버제스 동물군이라고 부른다. 캄브리아기 이전까지만 해도 지구에는 많은 종류의 생물이 존재하지 않았다.

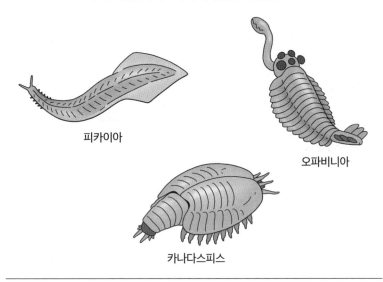

버제스 혈암의 기묘하기 짝이 없는 생물들(일례)

피카이아

오파비니아

카나다스피스

그랬던 것이 캄브리아기에 생물의 종류가 폭발적으로 증가해, 현존하는 주된 동물군의 거의 전부가 수백만 년 사이에 출현했다. 수백만 년이라고 하면 긴 시간처럼 느껴지겠지만, 수억 년 단위로 생각하는 지질학에서는 일순간이나 다름없다. 그래서 이 사건을 캄브리아기 대폭발이라고 부른다. 처음에 이 화석들을 발견했던 고생물학자 찰스 월코트는 버제스 동물군을 현존하는 생물의 조상으로 분류했고, 반세기 동안 아무도 이 분류에 반론을 제기하지 않았다.

그런데 1960년대 후반에 영국 고생물학자인 해리 휘팅턴 등이 이 화석들을 정밀 조사한 뒤 "이 생물들 중 대부분은 현재나 과거의 어떤 생물에도 속해 있지 않다."라는 결론을 내렸다. 이 결론은 기존의 생물진화 역사관을 완전히 바꿔놓았다. 1989년에 출판된 이 책은 고생물학자인 굴드가 그 연구 내용과 의미를 일반인이 이해할 수 있도록 설명한 것이다. 연구에 관여하지 않은 그가 이 책을 쓴 이유는 이 발견이 뒤에서 소개할 그의 주장인 진화의 우발성을 뒷받침하는 증거이기 때문이다.

이 책은 다양한 그림을 사용하며 독자에게 친절하게 설명해준다. 그래서 마치 자신이 화석을 연구하고 있는 것 같은 체험을 할 수 있다.

화석은 딱딱한 암석에 납작하게 눌린 상태로 갇혀서 바위의 무늬를 이루고 있는데, 이것을 바탕으로 생물을 재현한다. 먼저 모암母巖을 염산으로 녹여서 화석을 손상 없이 바위로부터 분리시킨다. 화석에는 체내 조직이 얇게 포개진 입체 구조가 남아 있다. 여러 겹이 된 마이크로미터 단위의 얇은 층을 바늘을 사용해 주의 깊게 벗겨내면 생물의 내부구조가 노출되어 다리, 머리, 내장, 외피의 구조를 알 수 있다. 잡아먹은 삼엽충이 소화관에서 발견되는 경우도 있다. 화석에는 해부학적인 특징이 훌륭히 보존되어 있는 것이다.

그런 상태로부터 생물의 모습을 재현하는 것은 굉장히 어려운 작업이다. 굴드는 이렇게 말했다. "화석을 분석하려면 시각적 혹은 공간적 파악 능력이라는 흔치 않은 특수한 재능이 필요하다."

바로 그런 재능의 소유자였던 휘팅턴은 3~4년을 들여서 하나의 생물을 복원했고, 중간부터는 그의 연구실의 연구생들도 가세해 수많은 생물의 모습을 재현했다. 그렇게 해서 발견된 생물 중 하나가 오파비니아다. 눈이 5개, 전두부에 노즐이 달려 있고 몸 쪽에 펄럭이는 아가미가 있으며 소화관이 몸의 한가운데를 지나간다. 과거에도 현재도 이런 동물은 지구 상에 존재한 적이 없다. 1975년의 논문에서 그는 조심스럽게 말했다. "오 파비니아 레갈리스는 삼엽충 같은 절지동물이라고는 생각할 수 없으며, 환형동물로도 보이지 않는다."

그들의 연구는 화석을 최초로 발견한 월코트의 "버제스 동물군은 전부 기존의 동물 그룹으로 분류할 수 있다."라는 주장을 뒤엎었다. 그들이 '이 생물들은 다른 어떤 생물에도 속하지 않는다.'라고 판단한 근거는 생물의 분류학이다.

생물의 분류학

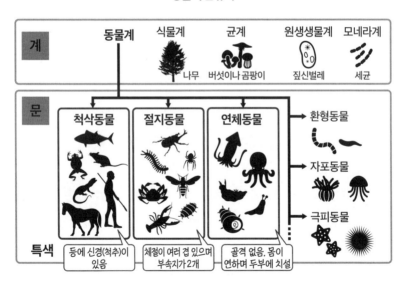

생물진화의 역사관이 크게 바뀌었다

분류학에서는 생물을 위에서부터 '계, 문, 강, 목, 과, 속, 종'의 7항목으로 분류한다. 여기에서는 계와 문만을 설명하겠다.

계界: 가장 큰 생물의 묶음으로, 총 5개가 있다.
문門: 계를 분할한 분류. 동물계에는 문이 20~30개 있다.

같은 문에 속한 생물은 하나의 공통 선조로부터 진화했으며, 이들은 기본구조가 같다. 가령 척삭동물인 물고기, 새, 인간은 전부 몸의 등 쪽으로 신경이 지나간다. 또한 절지동물인 곤충, 거미, 게는 여러 겹이 겹친 체절을 갖고 있으며, 각 체절에 부속지附屬肢가 2개 있다. 기본구조를 분석하면 그 동물이 이미 연구된 개체인지 알 수 있는 것이다. 휘팅턴은 버제스 동물군의 기본구조를 정밀 조사해, 대부분이 미지의 문에 속한다는 사실을 밝혀냈다. 다만 몇 종류는 현재 번성하고 있는 동물의 선조였다. 가령 카나다스피스라는 생물은 절지동물 중의 갑각류였다.

굴드는 이렇게 말했다. "휘팅턴과 그의 동료들은 25종류가 넘는 생물 몸의 기본 설계 계획을 복원했다. 그중 넷은 엄청나게 성공한 그룹이 되었다. (중략) 그 밖의 기본 설계 계획은 자손을 전혀 남기지 않고 사멸해 버렸다."

이 발견은 생물진화의 역사관을 크게 바꿨다. 다음 그림을 보길 바란다.

① **기존의 진화관**: '최초의 생명이 진화해 다양화를 거듭하면서 현재에 이르렀다.'라고 생각했다. 현재가 가장 다양화된 시기다. 버제스 동

버제스 동물군은 생물진화의 역사관을 크게 바꿨다

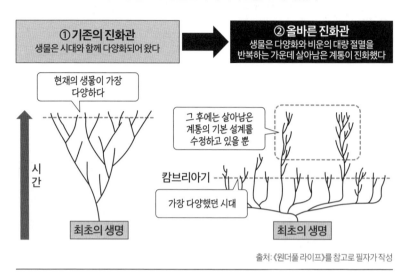

출처:《원더풀 라이프》를 참고로 필자가 작성

물군의 화석을 최초로 발굴한 월코트도 이렇게 생각해 '과거의 모든 생물은 현재 생물의 선조다.'라고 믿었기 때문에 화석을 자세히 조사하지 않고 '버제스 동물군은 현존하는 생물의 조상이다.'라고 결론 내렸다.

② **올바른 진화관**: 그러나 버제스 동물군의 대부분은 절멸한 상태였다. '생물은 다양화와 절멸을 반복하며, 우연히 살아남은 계통이 진화해 현재에 이르렀다.'가 올바른 진화관인 것이다. 그리고 생물이 가장 다양했던 시기는 캄브리아기였다.

이 발견이 왜 우리의 역사관을 바꿨을까? 여러분은 이런 이야기를 들어본 적이 있을지도 모른다. "생명은 복잡한 형태로 진화한다. 처음에 물고기가 탄생했고, 얼마 후 파충류가 지구를 지배했다. 그 후 파충류가 사라지고 포유류의 시대가 되었으며, 생각하는 힘을 가진 인간이 등장해 여러가지를 발명했다. 이처럼 인류의 탄생은 필연이었다."

이는 진보주의자라고 부르는 사람들의 생각이다. 월코트도 진보주의자였다. 그러나 굴드는 "이 생각은 틀렸다."라고 말했다. 현재로부터 역사를 거슬러 올라가 "이 과정은 필연이었다."라고 해석하는 방식이라는 것이다. 또한 진보주의자들은 '진화＝진보'라고 믿지만, [Book 61]《종의 기원》에서 쾌적한 환경에 최적화된 형태로 진화한 모낭충을 소개했듯이 올바른 진화론에서는 퇴화도 진화의 한 가지 형태라고 생각한다.

지금의 상태는 다양한 현상이 우발적으로 겹친 결과라고 생각한 굴드는 '생명의 테이프를 되감기'라는 사고실험을 제창했다. 실제로 일어났던 일을 삭제하고 테이프를 되감아서 과거로 돌아가 녹화 버튼을 눌렀을 때 똑같은 내용이 기록될지 확인하는 사고실험이다. 매번 같은 현상이 재현된다면 일어난 일은 필연이다. 반대로 결과가 제각각이라면 진화는 우발적인 것이다. 굴드는 특히 큰 역사상의 사건을 고찰했다.

원핵생물의 진화

35억 년 전에 최초의 생물이 탄생했다. 원핵생물이라는 단순한 구조의 단세포다. 14억 년 전, 원핵생물은 진핵생물로 진화했다. 세포 속에 미토콘드리아 등의 복잡한 구조를 가진 단세포가 된 것이다. 이 진화에는 21

억 년이 걸렸다. 만약 테이프를 되감았다가 다시 녹화를 시작했을 때 이번에는 200억 년이 걸렸다면 진핵생물의 탄생은 지금으로부터 165억 년 후가 된다. 앞으로 50억 년 후에는 태양이 수명을 다해서 폭발할 것이므로 인류는 탄생할 수가 없다.

최초의 다세포 동물군

캄브리아기보다 수천만 년 전, 지구에는 가장 오래된 다세포 동물인 에디아카라 동물군이 있었다. 껍질이나 골격 없이 유연조직만으로 구성된 생물이다. 최근 연구에서는 에디아카라 동물군이 모종의 이유로 절멸했으며 그들의 계통을 계승하는 동물은 없음이 밝혀졌다. 만약 모종의 이유로 그들이 계속 진화했다면 캄브리아기의 생물군은 전혀 달랐을 것이다. 캄브리아기의 생물군을 계승하는 인류도 존재하지 않을 것이다.

포유류의 진화

포유류는 1억 수천 년 전에 등장했으며, 공룡시대에는 한구석에서 살아가는 작은 동물이었다. 공룡시대는 6,500만 년 전의 운석충돌로 막을 내렸다. 운석의 궤도가 우연히 약간 바뀌어서 이 충돌이 없었다면 공룡시대가 계속되었을 것이며 인류도 등장하지 못했을 것이다.

캄브리아기

사실은 지금까지 설명한 캄브리아기도 운명의 커다란 분기점이었다. 최초의 일러스트에 있는 피카이아라는 생물은 척삭동물의 원조이자 우리의 조상이다. 만약 피카이아가 다른 버제스 동물군과 함께 절멸했다면 인간도 물고기도 원숭이도 없었을 것이다. 피카이아가 살아남은 것도 우연이다.

인류가 존재하는 것은 방대한 기적이 쌓인 결과다. 이 책의 첫머리에서 굴드는 이 책을 쓴 목적을 다음과 같이 말했다. "이 책은 역사의 본질에 관해서 논하는 책이며, 우발성이라는 주제와 생명 테이프의 되감기라는 메타포에 비추어 보면 인류가 진화할 가능성은 압도적으로 낮았음을 논하기 위한 책이다."

이런 우연에 지배되는 과학적인 역사관을 체험하기 위해서도 이 책을 꼭 읽어 보길 바란다.

POINT

인류는 가장 우월한 종이라는 생각이 틀렸음을 깨닫자.

Book 65

물체인 뇌에 어떻게 의식이 깃드는 것일까

의식은 언제 탄생하는가

줄리오 토노니 Giulio Tononi · **마르첼로 마시미니**Marcello Massimini

줄리오 토노니: 1960년~. 미국의 정신과의사, 신경과학자. 이탈리아의 피사대학교에서 정신의학의 학위를 취득했고, 수면조절에 관한 연구로 신경과학의 학위를 취득했다. 수면과 의식에 관한 세계적 권위자다.

마르첼로 마시미니: 의사이자 신경생리학자이며, 밀라노대학교 교수, 리에주대학교 수면연구그룹 객원교수다. 위스콘신대학교 등에서 연구 활동을 펼치고 있다.

인간의 의식을 이해하기 위해서

지금까지 과학에서는 어디에서 의식이 생겨나는지 아직 밝혀내지 못하고 있다. '신경세포(뉴런) 아니야?'라고 생각하는 사람이 많겠지만, 뉴런은 정보를 처리하고 전달할 뿐이다. 신경과학자들은 뇌가 정보를 처리하는 물리적인 메커니즘은 밝혀냈지만 의식의 메커니즘에는 아직 손을 대지 못하고 있다.

무게 1.5킬로그램의 물질인 뇌에서 비물질인 의식이 만들어진다. 의식의 본질을 탐구하는 것은 우리 자신의 존재를 탐구하는 것이다. 이 책은

564
CHAPTER 5 | 과학

그런 의식의 정체를 추적한다. 저자인 신경과학자 줄리오 토노니는 통합 정보이론(파이φ 이론)을 제창한 의식연구의 세계적 권위자이며, 또 한 명의 저자인 마르첼로 마시미니는 신경생리학자다. 그러면 의식을 이해하기 위한 최적의 입문서인 이 책을 소개하겠다.

'의식'이라는 관점에서 뇌를 연구하면 수많은 수수께끼에 직면한다. 대표적인 수수께끼는 다음과 같다.

① **의식과 수면의 수수께끼:** 사실 우리가 자는 동안에도 뇌는 쉬지 않는다. 수면 중에도 뉴런은 깨어 있을 때와 거의 다를 바 없이 활발하게 전기 신호를 발신한다. 그런데 왜 의식이 저하되는 것일까? 그리고 의식이 있음·없음은 어떻게 판단할 수 있는 것일까?

② **소뇌의 수수께끼:** 뉴런의 수는 소뇌가 800억 개, 대뇌가 200억 개다. 뉴런이 의식을 만들어낸다면 소뇌에서 의식이 만들어져야 하지만, 종양 때문에 소뇌를 완전히 적출하더라도 의식에는 거의 영향을 끼치지 않는다(다만 후유증이 발생한다). 한편 대뇌가 손상되면 지각이나 의식 등을 잃게 된다. 왜 소뇌의 뉴런은 의식을 만들어내지 않는 것일까?

③ **감각 기관의 수수께끼:** 우리는 화상을 입을 것 같으면 순식간에 손을 뺀다. 그러나 연구에 따르면 시각이나 촉각 등의 감각기관이 받은 자극을 의식하기까지 아무리 짧아도 0.3초는 걸린다. 왜 의식을 만드는 데 시간이 걸리는 것일까?

④ **철학적 좀비의 수수께끼:** 얻어맞은 사람은 "아파!"라고 외치지만, 얻

어맞으면 "아파!"라고 외치도록 설계되어 있을 뿐이고 아픔은 느끼지 않을지도 모른다. 철학자인 데이비드 차머스는 인간과 똑같이 반응하지만 의식이 없는 존재를 철학적 좀비라고 명명했다. 그렇다면 철학적 좀비와 의식을 가진 사람을 구별할 수 있을까?

이런 수수께끼를 풀기 위해 저자인 토노니는 통합 정보이론을 제창했다.

무수한 뉴런이 통합되어서 의식이 만들어진다

온천에 들어가면 몸의 혈액 순환, 온천의 냄새, 습기, '오늘은 휴일이다.' 등의 방대한 정보를 바탕으로 '기분 좋다.'라고 느낀다. 이처럼 우리의 의식은 방대하고 다양한 정보를 전부 하나로 통합해서 만들어진다. 이것이 통합정보이론의 기본이다. 조금 난폭하게 단순화하면, 통합정보이론에서는 '방대한 수의 뉴런이 복잡하게 연결되고, 그 연결이 하나로 통합되어서 의식이 만들어진다.'라고 생각한다. 방대한 수의 뉴런에는 다양한 정보가 있는데, 온천에 들어가면 뉴런의 네트워크가 서로 연결되어서 하나로 통합되어 '기분 좋다.'라는 의식이 만들어진다. 좀 더 정확하게 설명하면, 의식이 만들어지기 위해서는 다음의 두 가지 요건이 필요하다.

① **정보의 다양성:** 방대하고 각각 서로 다른 다양한 정보 중에서 선택할 수 있다.
② **정보의 통합:** 그런 다양한 정보가 서로 연결되어서 통합된다. 다양

하면서 방대한 정보가 있고 그것들이 통합되어 있으면 그 시스템은 의식이 있는 것이다.

두 저자는 의식의 수준을 수치화하는 파이φ라는 단위를 제창했다. 파이는 다양한 정보를 통합하는 능력을 나타낸다. 파이가 클수록 의식은 강하다. (파이는 복잡한 수식이지만, 일반인을 대상으로 쓴 이 책에서는 수식을 할애했다.) 현재의 기계나 AI가 의식을 갖게 될 것인지를 통합정보이론으로 검증하면 다음과 같은 결과가 나온다.

현대의 디지털카메라: 1억 화소가 넘는 디지털카메라의 경우, 정보의 다양성은 크지만 각 화소의 정보가 제각각이며 하나로 통합되어 있지 않다. 즉, 정보의 통합은 제로다. 그래서 디지털카메라에는 의식이 없다.
현대의 AI: 현재의 AI의 기본 원리는 방대한 수의 모범 해답을 학습해 놓고 질문에 가장 가까운 것을 선택해서 대답하는 구조다. 정보의 다양성은 있지만 정보의 통합은 제로다. 그래서 AI에는 의식이 없다.

이 통합정보이론을 이용하면 앞에서 이야기한 여러 가지 의식의 수수께끼들을 설명할 수 있다.

① **의식과 수면의 수수께끼:** 통합정보이론이 옳다고 가정했을 때, 특정 뉴런이 무엇인가를 느꼈을 경우 의식이 있으면 뉴런의 네트워크에서 다른 뉴런도 반응한다. 외부에서 특정 뉴런을 자극하고 다른 뉴

런의 반응을 측정하면 의식의 존재를 알 수 있다. 그래서 두 저자는 뇌의 활동을 검출·기록하는 TMS 뇌파계를 만들었다. 피험자의 머리에 뇌파 센서를 수십 개 달아서 활성화된 부분을 볼 수 있게 해놓는다. 또 뉴런은 강한 자기磁氣 자극을 받으면 활성화되므로 TMS(경두개 자기 자극법)라는 원리로 강한 자기장을 발생하는 장치를 사용해 특정 뉴런에 자극을 주고 대뇌의 내부에서 어떻게 반응하는지 뇌파계로 측정했다. 실험 결과는 다음의 그림과 같았다.

각성 시: 특정 뉴런을 자극하면 뉴런의 복잡한 네트워크가 만들어져 복잡한 에코가 길게 이어졌다.

수면 시: 특정 뉴런을 자극해도 다른 뉴런으로 퍼지지 않았다. 수면 중에 뉴런이 활발하게 전기 신호를 발신함에도 의식이 없는 것은 뉴런의 네트워크가 정지했기 때문이다. 수십 명의 실험했지만 결과는 같았다.

② **소뇌의 수수께끼:** 소뇌를 적출해도 왜 의식이 있는 것일까? 피아노 초보자는 간단한 곡을 연주하는 것만으로도 머릿속이 터질 것만 같지만, 프로 피아니스트는 생각하지 않고 곡을 연주할 수 있다. 이것은 소뇌 덕분이다. 걷기, 말하기, 헤엄치기 등을 무의식중에 할 수 있는 것도 소뇌 덕분이다. 소뇌는 정해진 동작을 정확하고 빠르게 할 수 있도록 정보를 고속 처리하는 소형 컴퓨터다. 소뇌와 대뇌는 뉴런의 연결 방식이 다르다. 소뇌에서는 뉴런이 가지런히 나열되어 있

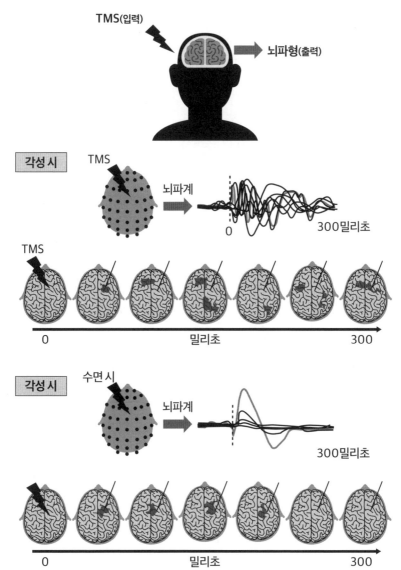

통합정보이론의 실험 결과

TMS(입력) → 뇌파형(출력)

각성 시　TMS → 뇌파계
0　　300밀리초

TMS
0　　밀리초　　300

각성 시　수면 시 → 뇌파계
300밀리초

0　　밀리초　　300

출처: 《의식은 언제 탄생하는가》를 바탕으로 필자가 작성

으며, 뉴런끼리 연결되어 있지 않다. 독립된 화소가 나열되어 있는 디지털카메라와 마찬가지로 정보의 통합이 없다. 그래서 소뇌를 적출해도 의식은 남는다. 그러나 무의식중에 할 수 있었던 동작을 생각해야만 할 수 있게 되며, 걷는 데도 고생을 한다.

③ **감각 기관의 수수께끼:** 왜 의식이 만들어질 때까지 0.3초가 걸리는 것일까? 온천에서 '기분 좋아.'라고 의식하려면 '좋은 냄새', '따뜻함', '쾌적함', '업무가 아님', '수영장이 아님' 등 각 뉴런이 지닌 방대한 정보가 복잡하게 연결되고 통합될 필요가 있다. 뉴런은 뉴런 사이를 연결하는 시냅스를 경유해서 옆의 뉴런에 신호를 전달한다. 이때 신경전달물질이 방출되어 전류가 발생함으로써 옆 뉴런에 신호가 전해지는데, 이 연결이 수많은 뉴런에서 반복됨으로써 의식이 만들어진다. 그래서 시간이 걸리는 것이다. 화상을 입으려는 순간에 손을 빼는 것은 이 의식이 만들어지는 과정을 전부 건너뛰고 무의식중에 동작을 하기 때문이다.

④ **철학적 좀비의 수수께끼:** 철학적 좀비와 의식이 있는 자를 구별할 수 있을까? 이 질문에 통합정보이론은 아직 답을 내놓지 못하고 있다. 통합정보이론은 아직 검증 중인 이론인 것이다. 두 저자는 이렇게 말했다. "우리는 어떤 실험이든 어떤 관찰이든 '이것도 결국 소용없을지 몰라.'라고 생각하면서 하고 있다." 이렇게 겸허하게 자신의 이론을 실험으로 검증하는 태도는 올바른 과학자의 자세다.

'의식이 만들어지는 시스템은 어떤 물리적인 성질을 지니는가.'를 밝혀낸 통합정보이론은 의식의 수수께끼를 전부 해명하지는 못하지만 지금까지 알 수 없었던 의식의 정체를 설명하는 유력한 이론이다. 의식과 무의식 사이에 명확한 경계는 없다. 의식이 거의 없는 상태에서 몽롱한 상태가 되고, 서서히 의식이 또렷해진다. 파이는 이것을 수치화한다. 이렇게 생각하면 동물에도 의식이 있을 가능성 또한 있다.

[Book 62]《솔로몬의 반지》에 나오는 새끼 회색기러기의 이야기를 보면 동물에게도 감정이 있지 않을까 생각된다. 특히 돌고래는 복잡한 사회생활을 영위하며, 뇌의 크기도 인간 수준이라고 한다. 두 저자는 이렇게 말했다. "돌고래의 의식 수준이 우리와 동등하다고 특정되는 날이 찾아올지도 모른다. 어쩌면 돌고래가 조금 더 높을 수도 있다."

하라리가 [Book 54]《사피엔스》에서 지적했듯이, 현대는 동물에게 의식이 없다는 전제에서 가축을 대량으로 도살하고 있다. 동물도 의식을 지니고 있음이 밝혀진다면 인류의 윤리관은 재고되어야 할지도 모른다.

이 책은 마지막으로 "우리에게는 자유의지가 있는가?"라는 질문을 던진다. 통합정보이론에 따르면 우리의 의식은 각각의 뉴런이 지닌 정보에서 만들어진다. 사실 '내게는 자유로운 의지가 있다.'라는 것은 환상이며 주위의 상황에 따라 선택되었을 뿐일지도 모른다.

사회학자인 부르디외도 [Book 58]《구별짓기》에서 사람은 태어나고 자란 환경에 취미를 선택 당하고 있다고 말했다. [Book 21]《왜 세계는 존재하지 않는가》를 쓴 철학자 가브리엘도 자신의 저서에서 이렇게 말했다. "저와 가장 비슷한 생각을 하는 자연 과학자는 (중략) 줄리오 토노니입니다. (중략) '의식의 통합정보이론'(중략)은 참으로 탁월한 업적이라고 말할 수밖에 없습니다. 토노니는 저의 모든 주장을 완전히 이해하고 있습니다." 이처럼 서로 다른 분야인 과학, 사회학, 현대 철학의 식견이 일치하는 것은 참으로 흥미롭다.

의식의 해명은 다윈의 진화론과 같은 수준으로 인류사회에 큰 영향을 끼칠 수 있다. 이 책은 그런 의식에 대한 최첨단의 연구를 이해하는 계기가 되어 줄 것이다.

POINT

의식의 과학적 연구는 사회나 철학에도 영향을 끼치고 있다.

Book 66

환경오염을 세계 최초로 고발한 책
침묵의 봄

레이첼 카슨 Rachel Carson

1907~1964년. 미국의 생물학자. 존스홉킨스대학교 대학원에서 생물학을 공부했으며, 미국 내무부 어류 및 야생동물관리국의 수산생물학자로서 자연과학을 연구했다. 화학물질의 위험성을 고발한《침묵의 봄》은 반향을 불러일으켜, 훗날 지구의 날이 제정되고 1972년에 유엔 인간환경회의가 열리는 계기가 되었다.

농약의 위험성을 과학적으로 밝혀내다

현대에는 농약 등이 환경오염을 일으킨다는 사실이 잘 알려져 있다. "나는 무농약 채소만 먹어."라고 말하는 사람도 많다. 그러나 1960년대까지는 농약의 위험성이 알려져 있지 않았는데, 1962년에 출판된 이 책이 그 실태를 지적해 세계가 환경오염에 관심을 갖는 계기를 만들었다. 그래서 이 책은 환경문제의 바이블로 불린다.

레이첼 카슨은 대학원에서 동물학을 전공한 뒤, 미국의 어류 및 야생동물관리국에서 일하는 틈틈이 해양 생물의 에세이를 쓰고 있었다. 그러다

45세에 문필업에 전념하게 되었고, 과학 작가로서 명성을 확립했다. 그 후 환경문제에 위기감을 느끼고 이 책을 썼지만, 집필 중에 암선고를 받고 출판 2년 후인 1964년에 세상을 떠났다. 1999년에 〈타임〉지는 카슨을 20세기의 가장 중요한 인물 100인 중 한 명으로 선정했다. 이 책에서 카슨은 당시 미국에서 일어났던 여러 가지 현상을 과학적으로 고찰했다. 그러면 즉시 이 책을 소개하겠다.

생물농축을 통해서 독성이 크게 높아지는 메커니즘

캘리포니아주의 어느 호수에서 모기를 빼닮은 각다귀가 발생했다. 해를 끼치지는 않지만 주민들에게는 성가신 존재였기 때문에 살충제인 DDD를 7,000만 분의 1로 희석해서 살포했다. 그 결과 각다귀는 거의 전멸했지만, 얼마 안 가 다시 나타났다. 그래서 수년 동안 살충제를 계속 살포했는데, 그랬더니 호수에 사는 논병아리라는 물새가 죽기 시작했다. 논병아리의 지방 조직에서는 1,600ppm이라는 비정상적인 농도의 DDD가 검출되었다. 그러나 살포한 DDD의 농도는 불과 0.02ppm이었다. 생물농축의 메커니즘을 통해 8만 배로 농축되었던 것이다. 생물농축이란 약한 독성이 먹이사슬을 통해서 농축되는 메커니즘이다.

살충제를 살포하면 호수에 사는 플랑크톤의 몸속에서 살충제가 농축되고, 그 플랑크톤을 먹은 물고기의 몸속에서 더욱 농축되며, 그 물고기를 먹은 논병아리의 몸속에서 더더욱 농축되어 고농도가 된다. 먹은 것은 보통 오줌과 함께 배출되지만, 살충제는 배출되지 않고 몸속의 지방에 축적

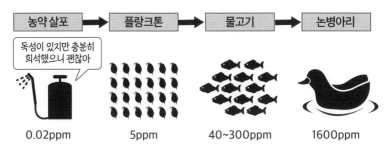

생물농축을 통해 농도가 수만 배로 증가하는 메커니즘

농약 살포	➡	플랑크톤	➡	물고기	➡	논병아리

독성이 있지만 충분히 희석했으니 괜찮아

0.02ppm　　　　5ppm　　　　40~300ppm　　　　1600ppm

(주)1ppm=0.0001%

살충제는 물에 잘 녹지 않으며 잘 분해되지 않는다. 먹으면 오줌으로 거의 배출되지 않기 때문에 몸속의 지방에 축적되기 쉽다 ➡ 고농도

되기 쉽다. 살포한 살충제가 비에 씻겨 내려가면 효과가 지속되지 않기 때문에 물에 잘 녹지 않고 잘 분해되지 않도록 만들어져 있다. 그래서 몸속에서도 잘 배출되지 않는 것이다.

생물농축은 다양한 환경에서 일어난다. 산이나 밭에 살충제를 뿌리면 '토양의 미생물→지렁이→곤충→새나 작은 동물→대형동물'의 순서로 생물농축이 일어난다. 인간은 먹이사슬의 정점에 있기 때문에 최고 농도의 음식물을 먹는다. 생물농축은 이 책을 통해서 널리 알려지게 되었다.

내가 농촌 체험을 했을 때 있었던 일이다. 농약을 사용하지 않는 밭은 흙이 폭신폭신하고, 구멍을 파는 곤충도 있어서 굉장히 활기가 넘친다. 금방 딴 채소도 달고 맛있었다. 토양에는 보이지 않는 무수한 박테리아와 세균이 있어서 식물이나 동물의 잔해를 부패시켜 본래의 무기질로 환원한다. 벌레도 식물의 잔해를 부서진 흙으로 바꾸고, 지렁이는 흙을 갈아서 물이 잘 빠지는 풍요로운 토양으로 만들어준다. 그런데 살충제는 이런 생물들을 전부 죽인다. 특정 해충만 죽이는 편리한 살충제는 없다. 강한 독성을 지닌 살충제는 다른 생물에게도 독이다. 그리고 살충제가 뿌려진 밭은 생물이 없는 조용한 밭이 된다.

카슨은 이 책에서 DDT를 비롯한 수많은 농약의 특징과 그 해악을 소개했다. 또한 살충제는 많이 사용할수록 효과가 없어진다. 다윈이 제창한 자연도태 때문이다. 살충제를 사용하면 살충제에 약한 해충의 개체는 일소되지만 강인하고 살충제에 저항력이 있는 개체는 살아남는다. 또한 그 자손도 살충제에 강한 성질을 물려받아, 해충에 살충제가 듣지 않게 된다. 더 강력한 살충제를 개발해서 대항하더라도 같은 일이 반복될 뿐이다. 이렇게 해서 세대교체를 통해 수년이면 내성이 생긴다. 인간은 수일~수주일밖에 안 되는 곤충의 세대교체 속도를 절대 따라잡지 못한다. 막대한 희생을 치르면서 살충제를 뿌려도 살충제의 효과는 약해지는 것이다.

카슨은 생물학적인 해결 방법을 제창했다. 살충제의 무차별 폭격이 아니라 해충을 먹이로 삼는 천적을 풀거나 해충을 불임화한 개체를 풀어 놓는 방법이다. 저비용으로 성과를 내고 있음도 소개했다.

이 책이 출판된 뒤, 인체에 대한 영향이 적고 몸에 잘 잔류하지 않는 살충제가 개발되었다. 한편 카슨에 대한 공격도 거셌다. 특히 농약회사나 화학회사는 맹렬히 카슨의 이론에 반대했다. 화학 기업인 몬산토는《불모의

해*The Desolate Year*》라는 책을 출판해, "해충 구제를 하지 않으면 기근이 발생한다."라고 경고했다. 또한 환경문제는 정치문제가 되었다. 존 F. 케네디 대통령은 이 책에 소개된 사례를 조사하도록 지시했고, 훗날 미국에서는 DDT의 사용을 금지했으며 다른 나라도 뒤따랐다. 그러나 그것만으로는 문제가 해결되지 않았다.

그 후 "많은 사람을 죽인 말라리아를 박멸한 일등 공신은 DDT였는데, DDT의 사용 금지로 말라리아에 대항할 귀중한 무기를 잃었다."라는 의견도 나와, WHO(세계보건기구)는 2006년에 말라리아의 제압을 위해 실내 사용으로 한정해서 DDT를 활용할 것을 권고했다. 이 때문에 "카슨 탓에 DDT가 금지되었다."라는 말도 나왔다. 그러나 카슨은 "DDT를 금지하라."라고는 말하지 않았다. 저서에서 카슨은 이렇게 말했다.

"화학합성 살충제의 사용을 엄격히 금지해야 한다고 말할 생각은 없다. 독이 있는, 생물학적으로 악영향을 끼치는 화학약품을 무턱대고 사용하게 하는 것은 좋지 않다라고 말하고 싶을 뿐이다."

실제로 살충제를 사용 금지하면 전염병이 만연한다. 그러므로 현명하게 활용할 필요가 있다. 카슨이 살아 있었다면 오히려 DDT의 사용 금지에는 반대했을지도 모른다. 환경문제는 복잡한 이해관계가 얽혀 있기에 다양한 주장이 난무한다. 오랫동안 반대파와 싸워 온 카슨은 그들의 의견을 판단하는 기준을 제시했다.

"결국, 사실을 보고하는 사람의 신뢰성이 결정적일 것이다. (중략) 가장 말이 통하지 않는 존재는 중앙정부나 주정부의 방제 전문가로, 생물학자가 보고하는 사실을 모조리 부정하고 야생생물이 피해를 입고 있다는 증거 같은 것은 없다고 우겨댄다. (화학약품 제조회사에 대해서는 굳이 말할 필요도 없다.)"

　이 책이 현대의 환경운동에 끼친 영향은 굉장히 크지만, 잘못 이해되고 있는 점도 많다. "모든 오염 물질이 생물농축을 일으킨다."라는 주장도 그 중 하나다. 이 책에 적혀 있듯이, 생물농축은 신체에서 잘 배출되지 않는 물질이 일으킨다. 환경문제에 관심이 있는 사람이라면 그 원점을 올바르게 이해하기 위해서도 이 책을 반드시 읽어 봐야 할 것이다.

POINT

> 환경문제의 메커니즘과 구조를 올바르게 이해하고 판단하자.

Book 67

꼬마 과학자의
호기심을 깨우고 싶다면
촛불의 과학

마이클 패러데이 Michael Faraday

1791~1867년. 미국의 화학자, 물리학자. 전자기학과 전기화학의 분야에 대한 업적으로 유명하다. 직류 전류를 흘려보낸 전기 전도체 주위의 자기장을 연구해 물리학에서의 전자기장의 기초 이론을 확립했다. 과학 역사상 최고의 실험주의자로 불린다.

양초에는 모든 과학 원리가 들어 있다

내가 이과에 진학한 이유는 초등학생 때 과학실험을 할 때마다 가슴이 두근거렸기 때문이었다. 가령 소독약인 과산화수소수를 이산화망간에 떨어트리면 산소가 발생하는 그런 실험들이다. 그때 나는 정신없이 실험에 빠져들었고, 그러는 과정에서 오래된 10엔짜리 동전에 간장을 바르면 반짝반짝해진다는 사실을 발견하기도 했다.

결국 과학의 즐거움은 이 두근거림이다. 어느덧 과학은 내가 제일 좋아하는 과목이 되었고, 나는 당연하다는 듯 이과에 진학했다.

BOOK 67 | 촛불의 과학

579

이 책은 지금으로부터 150년 이상 전에 출판되어 이 두근거림을 세계에 퍼트린 역사적 명저다. 저자인 마이클 패러데이는 수많은 발견을 한 위대한 과학자인 동시에 과학의 본질을 재미있게 설명할 수 있는 능력의 소유자였다. 그런 그가 1960년에 영국왕립연구소의 크리스마스 과학교실에서 실시한 강연의 내용을 정리한 것이 이 책이다. 그 강연에서 패러데이는 당시 모든 가정에 있었던 평범한 양초를 사용했다.

이 책의 첫머리에서 패러데이는 이렇게 말했다. "이 우주를 구석구석까지 지배하고 있는 여러 가지 법칙 가운데 양초가 보여주는 현상과 관련이 없는 것은 단 하나도 없다고 말할 수 있을 정도랍니다."

이 책은 전 세계의 아이들이 과학의 재미에 눈을 뜨는 계기를 제공해 수많은 과학자를 만들어냈다. 다만 이 책은 의외로 정확히 이해하면서 읽기가 쉽지 않다. 대부분 문장으로 설명되어 있고 그림은 최소한의 수준밖에 없기 때문이다. 재미있는 분위기는 전해지지만, 실험에서 무엇을 하고 있는지 제대로 파악하기가 어렵다.

그래서 실험하는 모습을 사진으로 소개한 관련 자료와 영상들을 함께 보면 이해하는 데 큰 도움이 된다. 유튜브에서 '촛불의 과학'을 검색하면 수많은 재현 실험 동영상을 볼 수도 있다. 머리로 아는 것과 실험을 해서 경험하는 것은 다르니, 부디 과학실험을 체험해보길 바란다. 여기에서는 그림을 사용해서 일부 실험을 재현해보겠다.

양초는 심지인 무명실의 주위를 굳은 밀랍이 감싸고 있다. 정말 잘 만들어진 구조다. 이 단순한 구조 덕분에 양초는 장시간 밝은 빛을 발한다. 심지에 불을 붙이면 열이 발생하고, 따뜻해진 가벼운 공기가 올라가 상승

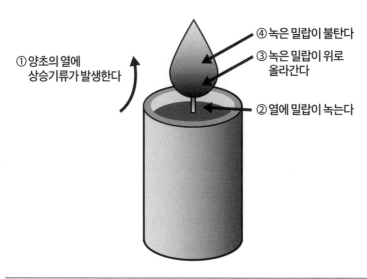

촛불이 타는 원리

① 양초의 열에 상승기류가 발생한다

④ 녹은 밀랍이 불탄다

③ 녹은 밀랍이 위로 올라간다

② 열에 밀랍이 녹는다

기류가 발생한다. 그리고 불의 열에 양초가 녹으며, 상승기류에 주위의 밀랍이 식어 둑을 형성함으로써 밀랍의 액체가 웅덩이에 고인다. 녹은 밀랍은 웅덩이에서 심지를 타고 위로 올라가며, 밀랍의 액체를 연료로 양초가 탄다. 그런데 여기에서 의문이 생긴다. 왜 웅덩이에 있는 밀랍의 액체는 증력을 거스르고 위로 올라가는 것일까?

모세관 현상과 촛불 속에서 일어나고 있는 일

우리가 목욕을 마치고 밖으로 나와서 젖은 몸을 수건으로 닦으면 몸이 마른다. 수건의 가느다란 털이 몸의 수분을 흡수하는 것이다. 이것을 모세관 현상이라고 한다. 이는 가느다란 관 형태의 물체 속을 액체가 올라가는 현상을 가리킨다. 마른 수건을 욕조의 가장자리에 걸쳐 놓으면 수건이 흠뻑 젖는 것도 모세관 현상이다. 밀랍의 액체도 이 모세관 현상에 따라 무명실인 심지를 타고 올라간다.

패러데이는 접시 위에 소금덩어리를 올려놓고 파랗게 착색한 소금물을 접시에 붓는 실험을 통해 모세관 현상을 보여줬다. 파란 소금물은 소금덩어리에 흡수되어 위로 올라간다. 참으로 이해하기 쉬운 시각화다.

그런데 여기에서 한 가지 의문이 생긴다. 양초가 타면 서서히 높이가 낮아진다. 점점 소멸하는 것이다. 촛불 속에서 대체 무슨 일이 일어나고

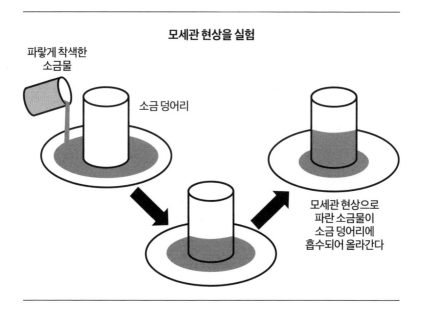

모세관 현상을 실험

파랗게 착색한
소금물

소금 덩어리

모세관 현상으로
파란 소금물이
소금 덩어리에
흡수되어 올라간다

있는 것일까?

이것을 이해하려면 불 속에서 발생하고 있는 물질을 채취해야 한다. 그래서 패러데이는 불의 중심에 있는 어두운 부분에 유리관을 집어넣어 그곳에서 나오는 기체를 플라스크에 모아 봤다. 그러자 플라스크 바닥에 흰 기체가 고였고, 그 흰 기체에 불을 붙이자 확 불타올랐다. 이 흰 기체는 밀랍의 증기다. 고체인 밀랍이 가열되어서 액체 밀랍이 되고, 더욱 가열되어서 기체가 된 것이다. 양초는 고체나 액체 상태에서는 불타지 않는다. 증기 상태의 밀랍이 되었을 때 비로소 불탄다. 그런데 양초에는 다른 성분도 들어 있다. 실험 그림은 생략하지만, 패러데이가 그릇에 얼음과 소금을 넣어 충분히 식힌 다음 양초 위에 올려놓자 그릇의 표면이 물에 젖기 시작

양초에서 밀랍의 증기를 채취한다

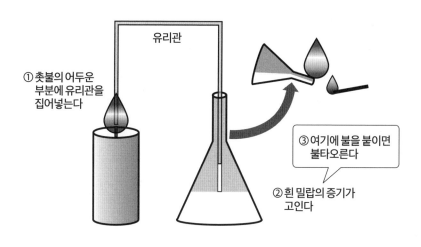

유리관

① 촛불의 어두운 부분에 유리관을 집어넣는다

③ 여기에 불을 붙이면 불타오른다

② 흰 밀랍의 증기가 고인다

해 물방울이 똑똑 떨어졌다. 이 물은 양초에서 만들어진 것이다. 한편 알코올램프의 불 위에 그릇을 올려놓아도 역시 물이 생긴다. 양초도 알코올도 불타면 물이 생기는 것이다. 그렇다면 물에는 무엇이 들어 있을까?

물을 분해하는 실험

물을 두 가지 성분으로 나누기 위해 패러데이는 전기분해라는 실험을 했다. 먼저 수조에 물을 채운 뒤, 두 개의 유리관 속에 금속판을 집어넣고 각 금속판을 전지에 연결해 전기를 흘려보냈다. 그러자 금속판의 표면에서 거품이 발생했고, 두 유리관의 내부에 기체가 고이기 시작했다. 물이 전기에 분해되어 두 가지 기체로 분리된 것이다. 음극(-) 쪽이 더 심하게 거품이 나서, 기체의 부피가 양극(+)의 2배에 이르렀다.

음극 쪽의 기체에 성냥불을 대자 옅은 푸른빛을 내며 불탔다. 이 기체는 수소다. 한편 양극 쪽의 기체에 성냥불을 대자 성냥이 격렬히 불타기 시작했다. 이 양극의 기체는 산소다. 기체의 양은 수소가 산소의 2배다.

이 실험을 통해 물은 산소와 수소로 구성되어 있음을 알 수 있다. 앞의 실험에서 촛불 위에 그릇을 올려놓자 물방울이 생겼던 이유는 밀랍 속에 들어 있는 수소가 공기 속의 산소와 결합해 물이 되었기 때문인 것이다. 참고로 물의 화학식은 H_2O인데, 이것은 물이 수소 2에 산소 1의 비율로 구성되어 있음을 의미한다. 물을 전기분해하자 수소가 산소보다 2배 많이 생겼던 것은 이 때문이다.

지금까지 패러데이의 실험 중 일부를 소개했는데, 이처럼 양초 하나의

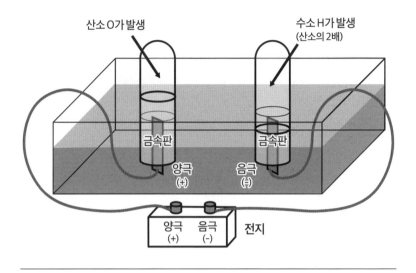

물을 전기분해하면 수소와 산소가 생긴다

산소 O가 발생

수소 H가 발생
(산소의 2배)

금속판

금속판

양극
(+)

음극
(-)

양극
(+)

음극
(-)

전지

실험에서도 여러 가지를 배울 수 있다. 현대를 사는 우리에게는 이미 알고 있었던 내용도 많을지 모른다. 그러나 직접 실험을 해서 경험하면 사물의 본질을 더욱 깊게 이해할 수 있다. 실제로 유튜브에서 '양초의 과학'의 재현실험을 하는 영상을 보면 아이들도 부모들도 눈을 반짝이며 열심히 실험에 몰입하는 모습을 볼 수 있다. 과학실험을 실제로 경험하는 것과 책상 위에서 글로 공부해 지식으로서 그 원리를 아는 것은 완전히 별개인 것이다.

150년 이상 전에 살았던 사람들은 산소, 수소, 탄소, 이산화탄소 등의 존재를 알지 못했다. 패러데이는 그런 시대의 아이들이 흥미를 느낄 수 있도록 실험을 통해서 과학의 즐거움을 알기 쉽게 진했다. 과학이 무엇보다 중요해진 지금, 다음 세대를 짊어질 아이들에게 이 두근거림을 전하는 일은 더욱 필요한 일일 것이다. 이를 위해서도 아이들이 최신 과학 또는 기술을 직접 접할 수 있는 기회를 많이 제공해야 한다.

POINT

두근거림을 경험하면 과학에 빠져들어 공부하기 시작한다.

Book 68

현대 물리학의 가장
성공적인 중력이론
상대성이론

알베르트 아인슈타인Albert Einstein

1879~1955년. 독일에서 태어난 이론물리학자. 유대인이었기에 나치정권을 피해서 미국으로 건너갔다. 특수 상대성이론과 일반 상대성이론, 브라운운동에 관한 기체론적 연구 등의 업적으로 유명하다. 기존 물리학의 인식을 근본부터 뒤바꿔 20세기 최고의 물리학자로도 평가받는다. 광전자 가설에 입각해 광전 효과를 이론적으로 해명한 공적으로 1921년 노벨물리학상을 수상했다.

천재가 부업으로 쓴 논문의 파급효과

상대성이론을 제창한 알베르트 아인슈타인은 천재 과학자를 논할 때면 반드시 거론되는 인물 중 한 명이다. 그런데 1905년에 상대성이론의 논문을 썼을 당시, 그는 놀랍게도 스위스 특허국에서 일하는 공무원이었다. 그는 대학교의 물리학 교수와 사이가 좋지 않아 학계에 남지 못하고 스위스 특허국에 취직했다. 그리고 특허국에서 일하는 가운데 부업으로 논문을 썼는데, 26세였던 1905년에 쓴 상대성이론을 포함한 논문 세 편은 과학의 역사를 크게 변혁시켰다.

그런데 상대성이론의 논문은 하나가 아니다. 상대성이론은 부업으로 썼던 1905년의 논문 〈특수 상대성이론〉과 그로부터 10년 후에 발표한 논문 〈일반 상대성이론〉으로 구성되어 있다. 과학을 크게 변혁시킨 상대성이론의 세계를 일반 상대성이론도 포함해서 살펴보도록 하겠다.

빛의 신기한 성질

빛에는 매우 신기한 성질이 있다. 투수가 시속 100킬로미터로 달리는 자동차의 정면에서 자동차를 향해 시속 150킬로미터의 강속구를 던지면 공은 시속 250킬로미터로 자동차에 부딪친다. 자동차의 뒤에서 던지면 시속 50킬로미터로 부딪친다. 이것이 뉴턴의 '속도합성법칙'이다.

그런데 빛의 경우는 이 법칙이 성립하지 않는다. 가령 태양의 주위를 초속 약 30킬로미터로의 속도로 돌고 있는 지구에는 사방팔방의 다른 천체에서 빛이 날아온다. 빛의 속도는 초속 약 29만 9,792킬로미터이므로, 다른 천체에서 지구로 날아온 빛의 속도는 속도합성법칙에 따라 지구의 이동 속도인 초속 30킬로미터만큼 차이가 나야 한다. 그러나 엄밀히 계산해 보면 어떤 방향에서 날아왔든 간에 빛의 속도는 전부 초속 29만 9,792킬로미터다. 뉴턴역학의 속도합성법칙이 빛에는 통용되지 않는 것이다. 이 모순을 해결하기 위해 물리학자들은 다양한 이론을 궁리해냈지만, 하나같이 결함이 있었다. 그런데 아인슈타인은 특수 상대성이론에서 이 문제를 한 번에 해결하고 20세기 물리학의 기초를 확립했다. 그렇다면 특수 상대성이론이란 무엇일까?

빛에는 뉴턴의 '속도합성법칙'이 통용되지 않는다

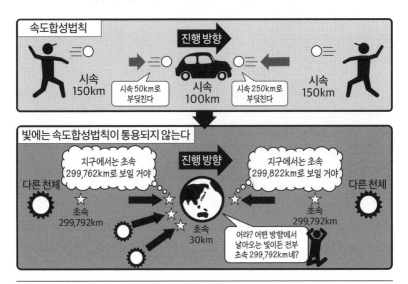

SF 영화에서는 '우주여행을 떠났다가 돌아왔더니 지구에서는 수백 년이 흐른 뒤였다.'라는 상황을 종종 볼 수 있다. 립 밴 윙클 이야기에 빗대서 '립 밴 윙클 효과'라고 부르기도 한다. 특수 상대성이론에서는 바로 이 현상이 일어난다. 뉴턴역학의 한계 때문에 골머리를 앓고 있었던 당시의 학자들은 빛의 수수께끼를 밝혀내고자 빛 자체의 성질을 연구하고 있었다.

그러나 아인슈타인의 접근법은 전혀 달랐다. '빛의 속도는 불변이고 시간과 공간이 상황에 따라서 변화한다는 대전제로 생각하면 어떻게 될까?'라는 사고실험을 한 것이다. 이것은 당시 학자들에게는 상식을 벗어난 가정이었다. 뉴턴역학을 기준으로 생각하고 있었던 그들은 뉴턴역학의 대전제인 '시간도 공간도 절대적이며 불변이다.'를 굳게 믿고 있었다.

아인슈타인의 사고실험은 '빛에 가까운 속도로 달리는 열차 내부에서 빛이 이동하는 모습을 열차 안에 있는 사람과 열차 밖에 있는 사람이 각각 관찰할 경우 어떤 차이가 있을까?'를 생각하는 것이었다.

이 사고실험을 대략적으로 소개하겠다. 빛의 속도를 반올림해서 초속 30만 킬로미터, 열차 속도를 초속 24만 킬로미터(광속도의 80퍼센트)라고 가정한다. 이 속도로 질주하는 열차의 내부에서 진행 방향을 향해 빛을 발사한다. 열차 안에 있는 사람이 보면 빛은 광속도인 초속 30만 킬로미터로 이동하고 있다. 한편 열차 밖에서 열차를 관찰하는 사람의 눈에는 속도합성법칙에 입각해서 생각할 경우 이 빛이 '열차의 속도＋빛의 속도', 즉 초속 54만(24만＋30만) 킬로미터라는 광속도를 초월한 속도로 움직이게 된다. 그러나 이것은 '광속도는 일정하다.'라는 전제와 모순된다. 그래서 아인슈타인은 '광속도는 일정하며 시간과 공간이 상황에 따라서 변화한다.'라는 그의 전제를 적용해, '빛에 가까운 속도로 이동하는 열차의 내부에서는 바깥 세계와 달리 시간의 진행 속도가 느려진다.'라고 생각해 봤다. 자세한 계산은 생략하겠지만, 그랬더니 바깥 세계에서 1초가 흐르는 동안 광속도의 80퍼센트로 이동하는 열차의 내부에서는 0.6초밖에 흐르지 않는다고 생각하면 '광속도는 일정하다.'라는 전체에서 모든 현상의 앞뒤가 맞아떨어졌다.

이 사고실험에서 알 수 있는 사실은 '시간은 절대적이지 않으며, 상대적으로 생각해야 한다.'라는 것이다. 빛에 가까운 속도로 이동하는 물체는 멈춰 있는 물체와 비교했을 때 시간의 경과가 느려진다. '상식적으로 그게 말이 돼? 난 이해가 안 되는데.'라고 생각할지도 모르지만, 이것은 사고실험을 통해서 논리를 축적해 얻어낸 결과다. 다만 인간의 탈것 가운데 가장 빠른 초속 20킬로미터로 이동하는 우주 로켓에서도 지구에서 16년이 경과하는 사이에 1초 정도밖에 시간이 느려지지 않는다. 요컨대 일상생활 속에서는 무시할 수 있을 만큼 작은 차이다. 그러나 속도가 광속에 가까워지면 시간은 확실히 느리게 흘러간다.

광속의 90퍼센트: 우주선의 1년→지구의 약 2.3년
광속의 99퍼센트: 우주선의 1년→지구의 약 7.1년
광속의 99.99퍼센트: 우주선의 1년→지구의 약 71년

말 그대로 립 밴 윙클 효과가 되어버리는 것이다.

빠르게 움직이는 것은 짧아지고 무거워진다

또한 빠르게 움직이면 멈춰 있는 것보다 길이가 짧아지며 무거워진다. 가령 앞에서 소개한 빠르게 달리는 열차에서는 진행 방향으로 길이가 짧아진다. 즉, 시간과 마찬가지로 공간이나 길이도 절대적이 아니라 상대적으로 생각해야 하는 것이다.

뉴턴역학에서는 시간이나 공간은 절대적인 것이며 그 안에서 물체가 운동한다고 생각했다. 그러나 빛의 속도에 가까운 상태를 생각하는 상대성이론에서는 '시간도 공간도 늘어나고 줄어든다.'라고 생각한다.

또한 아인슈타인은 특수 상대성이론에서 "물체가 움직이면 무거워진다."라고 예언했다. 계산은 생략하겠지만, 빛에 가까운 속도를 낼 수 있는 중량 100톤의 우주선은 속도에 따라 질량이 이렇게 변화한다.

광속의 10퍼센트로 나아가는 우주선: 질량은 약 100.5톤(약 0.5퍼센트 증가)

광속의 99퍼센트로 나아가는 우주선: 질량은 약 709톤(약 7.1배)

광속의 99.99999퍼센트로 나아가는 우주선: 질량은 약 22만 3,600톤 (약 2,236배)

만약 우주선이 빛의 속도로 나아간다면 질량은 무한대가 된다는 계산이 나온다. 그러나 질량이 무한대가 되는 것은 있을 수 없는 일이다. 즉, 광속까지 가속하는 것은 무리라는 말이다. 빛의 경우 빛(광자)의 질량이 제로다. 그래서 광속으로 움직일 수 있다.

그런데 여기에서 다른 의문도 솟아난다. 우주선이 빛의 속도에 가까워질수록 속도가 떨어진다면 그때까지 사용한 연료는 어디로 사라지고 증가한 질량은 어디에서 생겨난 것일까? 이에 대해 아인슈타인은 '연료의 에너지는 질량으로 바뀌었다.'라고 생각하고 에너지와 질량의 관계를 다음의 수식으로 이끌어냈다.

$$E=mc^2$$

E는 물질 에너지, m은 질량, c는 광속이다. 계산해 보면, 질량이 1그램인 물질은 약 90조 줄(22.5조 칼로리)의 에너지를 만들어낸다. 섭씨 0도의 물 22만 톤을 순식간에 섭씨 100도로 끓일 수 있는 막대한 에너지다. 아인슈타인은 이 수식을 "특수 상대성이론의 가장 중요한 결론"이라고 말했다.

발표 당시, '물질은 에너지로 바뀔 수 있다.'라는 이 수식은 단순한 이론에 불과했다. 그러나 1938년에 우라늄의 원자핵이 핵분열을 일으키면 질량을 조금 잃으면서 막대한 에너지가 생겨나는 현상이 발견되었다. 현재의 원자력 발전은 이 원리로 막대한 에너지를 만들어내고 있는데, 인류가 이 원리를 최초로 실용화한 것은 1945년에 히로시마와 나가사키에 떨어진 원자폭탄이었다.

이상이 특수 상대성이론의 개요다. 다만 특수 상대성이론은 '물체가 가속운동을 하지 않는다.'라는 특수한 조건에서 성립하는 이론이다. 그래서 아인슈타인은 이렇게 생각했다. '이 이론을 좀 더 범용화해서 뉴턴의 만유인력(보편중력)도 완벽하게 포괄하고 싶다.' 그리고 10년 후인 1915~1916년에 발표한 것이 일반 상대성이론이다.

중력이 시공간을 일그러뜨린다

트램펄린 위에 무거운 볼링공을 올려놓으면 평면의 주위가 움푹 들어간다. 만약 탁구공이 트램펄린 위에 있다면 탁구공은 그 움푹 들어간 방향으로 떨어진다. 이처럼 아인슈타인은 물체의 질량이 크면 중력에 시공간이

중력은 공간의 휘어짐이 일으키는 힘이었다

질량으로 인한 공간의 휘어짐이 빛도 구부린다

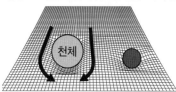

질량으로 인한 공간의 휘어짐 때문에
서로 끌어당긴다

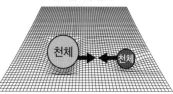

블랙홀은 시공이 한없이 휘어져 있어서 빛도
탈출하지 못한다

출처: 《상대성이론》, 《NHK '100분명저' 북스—아인슈타인 상대성이론》,
《누구나 이해할 수 있는 상대성이론》을 참고로 필자가 작성

일그러진다고 생각했다. 이것을 식으로 나타낸 것이 아인슈타인의 방정식이다. 이 식은 [Book 80]《리만 가설》에서 소개하는 베른하르트 리만이 1850년대에 제창했던 일그러진 공간을 표현하는 리만 기하학에 기반을 두고 있다.

태양의 질량을 아인슈타인의 방정식에 대입하면 태양 주변의 시공간은 100만분의 1만큼 휘어져 있다는 계산이 나온다. 시공간이 휘어지면 빛도 시공간을 따라서 휘어진다. 그러므로 태양의 뒤쪽에 있는 별의 빛이 휘어져서 지구에 도달하는 것을 확인한다면 이 이론을 증명할 수 있다. 평소의 태양은 눈이 부셔서 검증이 불가능하지만, 일식으로 태양이 가려졌을 때는 검증이 가능하다.

이 이론이 제창되고 3년 후인 1919년 5월 21일, 아프리카의 기니에서 개기일식이 관측되었다. 태양이 가려져 어두워지자 태양의 주변에 있는 별의 위치는 실제 위치에서 어긋나 있었다. 그리고 어긋난 각도는 아인슈타인의 방정식과 일치했다. 상대성이론이 옳았음이 증명된 것이다. 이렇게 해서 아인슈타인은 '뉴턴 이래 최고의 천재 물리학자'로서 전 세계에 명성을 떨쳤다. 3년 후인 1922년, 아인슈타인은 노벨물리학상을 받았다. 다만 노벨물리학상은 상대성이론이 아니라 1905년 광양자 가설을 제안하고 광전 효과를 설명한 또 다른 논문에 주어졌다. 노벨물리학상은 '인류에 커다란 이용 가치를 가져다주는 새로운 발견에 수여한다.'라고 정의되어 있는데, 1922년의 시점에는 상대성이론의 이용 가치를 알지 못했던 것이다.

그 후 상대성이론을 기점으로 새로운 세계가 속속 개척되었다. 우주론으로 한정해도, 거대한 중력을 가진 블랙홀이라는 존재의 예언(훗날 실제로 관측되었다.), 팽창하는 우주의 발견, 우주에는 시작이 있다는 빅뱅 우주모델, 그리고 우주가 탄생한 직후에는 소립자만큼 작았던 우주가 가속 팽창을 시작했다는 인플레이션 우주론이 탄생했다. 상대성이론은 현대의 우주 물리학에 지대한 영향을 끼친 것이다.

상대성이론은 온갖 곳에서 응용되고 있다. 한 가지 예를 들면, 구글지도와 GPS로 정확한 위치를 알 수 있는 것도 상대성이론 덕분이다. GPS는 지구를 도는 GPS 위성을 이용해서 정확한 장소를 계산하는데, GPS 위성에는 매우 정확한 원자시계가 탑재되어 있지만 실제로는 다음과 같은 오

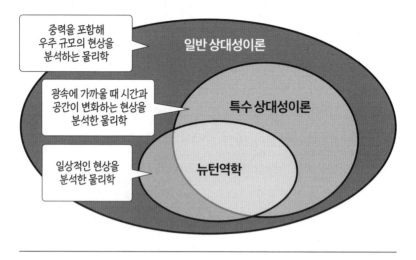

상대성이론은 물리학을 단숨에 진화시켜, 20세기 물리학의 기초를 쌓았다

중력을 포함해 우주 규모의 현상을 분석하는 물리학

일반 상대성이론

광속에 가까울 때 시간과 공간이 변화하는 현상을 분석한 물리학

특수 상대성이론

일상적인 현상을 분석한 물리학

뉴턴역학

차가 발생한다.

① **특수 상대성이론의 효과:** GPS 위성은 고속으로 이동하기 때문에 하루에 120마이크로초만큼 느려진다.

② **일반 상대성이론의 효과:** 우주 공간은 지구 중력의 영향이 작기 때문에 하루에 150마이크로초만큼 빠르게 흐른다.

이것을 더하고 빼면 30마이크로초만큼 시간이 빠르게 흐르는데, 거리로는 10킬로미터의 오차가 나기 때문에 이대로는 사용이 불가능하다. 그래서 GPS에서는 상대성이론을 바탕으로 사전에 시간의 오차를 보정한다.

이렇게 해서 상대성이론은 뉴턴역학을 진화시켰고, 20세기 물리학의 기초를 쌓았다. 그러나 뉴턴역학이 부정된 것은 아니다. 일상생활에서는 뉴턴역학도 충분히 정확하다. 빛의 속도나 우주 규모의 문제를 생각할 경우에 상대성이론이 필요한 것이다.

아인슈타인의 이론은 에너지, 통신, 전자공학, 우주 등의 산업을 만들어냈다. 현대의 온갖 산업의 기반을 이루는 산업들은 그 기초에 아인슈타인이 특허청에서 일하던 당시 부업으로 쓴 광양자 가설과 특수 상대성이론, 그리고 이후 10년에 걸쳐 완성한 일반 상대성이론이 자리하고 있는 것이다.

POINT

상대성이론은 뉴턴역학을 진화시켰으며, 20세기 물리학의 기초가 되었다.

Book 69

엔트로피는 지속적으로 증대된다

엔트로피와 질서

피터 윌리엄 앳킨스 Peter William Atkins

1940년~. 영국 옥스퍼드대학교 링컨칼리지의 화학 교수. 레스터대학교에서 화학학사 학위를 받은 뒤, 전자스핀 공명과 기타 이론화학적 양상의 연구로 박사학위를 받았다. 화학 계열 교과서의 저자로서도 유명하다.

열역학 제2법칙에서 배우는 인생의 진리

열역학 제2법칙만큼 인생에 끼치는 본질적인 영향을 가르쳐주는 물리법칙은 거의 없다. 예를 들면 이렇다. 홍차에 우유를 넣으면 우유가 서서히 퍼져서 밀크티가 된다. 귀여운 아기도 어느덧 풋풋한 청년이 되고, 100년 안에 쇠약한 노인이 되어 죽음을 맞이한다. 항상 정리정돈되어 있는 방도 언젠가는 난잡해지고, 수천 년이 지나면 형체도 없이 사라진다.

온갖 사물은 예외 없이 질서 잡힌 상태에서 무질서한 방향으로 나아간다. 이것은 삼라만상에 공통되는 법칙이다. 이 무질서함의 정도를 나타내

598

는 것이 엔트로피이며, '엔트로피(무질서함)는 지속적으로 증대함'을 나타낸 것이 열역학 제2법칙이다. 나는 대학교의 공학부에서 이 법칙을 배운 뒤 인생관이 뒤바뀔 정도의 영향을 받았다. 그러나 세상에는 열역학 제2법칙을 모르는 사람이 대다수일 것이다.

이 책은 엔트로피와 열역학 제2법칙을 수학을 사용하지 않고 이해하기 쉽게 해설했다. 저자인 피터 윌리엄 앳킨스는 영국 옥스퍼드대학교의 화학 교수로, 수많은 교과서를 썼다. 1984년에 출판된 꽤 오래된 책이지만, 열역학을 이해하고 싶은 사람에게는 최고의 책이다. 서문에서 앳킨스는 이렇게 말했다. 열역학 "제2법칙의 본질을 밝혀내고 그 넓은 응용 범위를 제시하는 것이 이 책의 궁극적인 목적이다."

열역학 제2법칙을 이해하기 위한 첫걸음은 먼저 열역학의 기본을 이해하는 것이다.

온도와 열은 완전히 다른 개념

먼저 온도와 열의 차이를 알기 쉽게 설명하겠다. "열이 38도나 돼."라는 식으로 말하는 사람을 종종 보는데, 이것은 열과 온도를 혼동한 것이다. 열(열량)과 온도는 완전히 다른 개념이다. 열역학은 이 차이를 이해하는 것에서 시작된다.

섭씨 100도의 끓는 물 100밀리리터를 섭씨 20도의 찬물에 섞는 실험을 해보자. 물 1밀리리터의 온도를 섭씨 1도 높이는 열량을 1칼로리라고 한다. 여기에서 찬물에 추가되는 열량은 끓는 물과의 온도 차이에 끓는 물

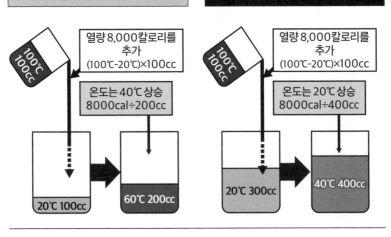

열량과 온도는 다르다

끓는 물100cc + 물100cc	끓는 물100cc + 물300cc

열량 8,000칼로리를 추가
(100℃-20℃)×100cc

열량 8,000칼로리를 추가
(100℃-20℃)×100cc

100℃ 100cc

100℃ 100cc

온도는 40℃ 상승
8000cal÷200cc

온도는 20℃ 상승
8000cal÷400cc

20℃ 100cc

60℃ 200cc

20℃ 300cc

40℃ 400cc

의 양을 곱한 숫자로, 위 그림과 같이 8,000칼로리다.

끓는 물을 찬물 100밀리리터(왼쪽)에 섞으면 온도는 섭씨 40도가 올라서 200밀리리터에 섭씨 60도가 된다. 찬물 300밀리리터(오른쪽)에 섞으면 온도는 섭씨 20도가 올라서 400밀리리터에 섭씨 40도가 된다. 이처럼 온도와 열량은 완전히 다른 개념인 것이다.

그렇다면 애초에 온도와 열량의 정체는 무엇일까? 사람의 집단 중에는 몇 명밖에 없음에도 열기가 느껴지는 집단이 있는가 하면 대기업처럼 수만 명이 모였지만 묘하게 냉랭한 집단도 있다. 열량이나 온도는 이 느낌에 가깝다. 물질의 상태에서 분자는 운동을 하고 있다. 공기 속에서는 산소나 질소의 분자, 물 속에서는 물 분자가 돌아다니며, 고체에서는 고체 속의 분자가 진동하고 있다. 분자의 운동이 격렬한 상태는 분자의 에너지가 높고 온도도 높은 상태다. 반대로 분자가 그다지 운동하지 않는 상태는 분자의 에너지가 낮고 온도도 낮은 상태다. 열량이란 이런 분자들의 에너지의 총량이다. 사람의 집단에 비유하면, 개인이 분자이고 집단의 에너지 총량이 열량이며 느껴지는 열기가 온도다. 그래서 냉랭한 대기업이라도 집단 전체의 에너지는 몇 명밖에 없는 집단보다 크다.

　따라서 온도가 같더라도 열량은 다르다. 물 10그램과 물 100그램을 비교하면, 물 100그램의 에너지가 10배다. 온도가 낮더라도 열량이 클 때가 있는 것이다. 바닷물은 온도가 낮지만 양이 막대하기 때문에 열량도 막대하다. 온도는 그 물체가 지닌 열에너지를 측정하는 잣대다. (참고로, 여기에서는 열량의 단위로 칼로리를 사용했다. 칼로리를 사용하면 물이나 끓는 물의 열량을 계산하기가 간단하기 때문이다. 현재는 칼로리 대신 열량의 국제단위계로서 줄/이 추천되고 있다. 1칼로리는 4.18줄이다.)

분자 운동이 보이는 세계

분자의 층위에서는 열에너지를 어떻게 주고받을까? 다음 그림과 같이 단순화한 모델을 생각해 보자.

　① **초기 상태:** 분자가 400개 배열되어 있는 세계를 생각한다. 그림에서는 '가로 20개×세로 20개'다. 에너지도 단순화해서 에너지가 높은

'ON 상태'와 낮은 'OFF 상태'의 두 가시가 있다고 생각한다. 그림에서는 검은색이 ON 상태다. 나뉘어서 독립한 세계를 '계'라고 한다. 이 모델에서는 처음에 계1과 계2의 두 계가 있다. 계1에는 분자가 100개 있고, 절반인 50개가 ON 상태다. 계2는 나머지 300개의 분자가 있으며 전부 OFF 상태다. (앞의 실험에 비유하면, 계1이 끓는 물 100밀리리터이고 계2가 끓는 물 300밀리리터다.)

② **시간이 조금 경과:** 계1과 계2의 칸막이를 제거하면 격렬하게 운동하는 계1의 ON 상태 분자가 계1을 뛰쳐나와서 계2의 분자와 부딪쳐 그 분자를 ON으로 바꾸고 자신은 OFF가 된다. 이렇게 해서 분자끼리 충돌하며 ON 상태가 계2로 퍼지고, 분자의 운동을 통해 계1에서 계2로 열이 이동한다.

③ **열평형 상태:** 계1에서 계2로 열의 이동이 끝나고 안정된 상태를 열평형 상태라고 한다. 열평형 상태에서도 어떤 분자가 ON인지 OFF인지는 끊임없이 변화하지만, ON 상태의 분포는 계1과 계2가 균등하다.

이처럼 온도가 다른 두 물질(계1과 계2)이 섞이면 어떤 물체(계1)의 분자의 운동 에너지가 다른 물체(계2)로 전해져 열이 이동한다.

이것으로 온도의 본질을 알 수 있다. 이 모델을 예로 들면, 온도란 ON과 OFF의 분포의 비율인 것이다. 앳킨스는 이렇게 말했다. "'온도'라는 것은 본질적으로 다입자계의 열역학적인 물성이다."

이 단순한 모델에서 알 수 있는 사실은, 에너지는 분산된다는 것이다. 끓

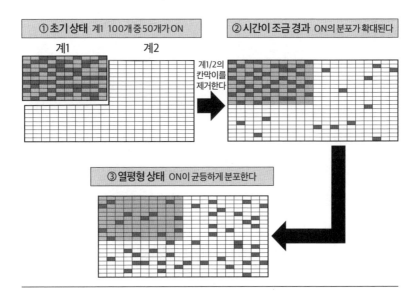

분자 400개로 구성된 세계 1

① 초기 상태 계1 100개 중 50개가 ON

계1　　　　　계2

계1/2의
칸막이를
제거한다

② 시간이 조금 경과 ON의 분포가 확대된다

③ 열평형 상태 ON이 균등하게 분포한다

는 물과 찬물을 섞은 섭씨 60도, 200밀리리터의 물이 자연적으로 끓는 물 100밀리리터와 찬물 100밀리리터로 분리되는 일은 없다. 튀어오른 공은 언젠가 정지하지만, 정지한 공이 갑자기 튀어오르지도 않는다.

열역학적으로 말하면, 에너지는 계속 분산되지만 자발적으로 원래의 질서 잡힌 상태로 돌아갈 가능성은 전혀 없다. 우주 전체를 봐도 에너지는 계속 분산되며 본래의 상태로 돌아가지 않는다. 이 '에너지는 분산되는 경향이 있다.'는 것이 열역학 제2법칙이다. 그리고 이 무질서함의 잣대가 엔트로피다.

에너지가 분산되면 엔트로피는 증가한다

빈에 있는 이론물리학자 루트비히 볼츠만의 묘비에는 엔트로피의 공식이 비문으로 적혀 있다.

$$S=k log W$$

앳킨스는 "이 공식이 현대에 가져다준 영향력은 아인슈타인의 $E=mc^2$ 공식과 1, 2위를 다툰다."라고 말했다. 이 식의 S는 엔트로피, k는 볼츠만 상수라는 항상 일정 값을 갖는 상수, W는 상태수(계의 무질서함을 측정하는 양), log는 로그라고 하는 매우 큰 수를 다룰 때 편리한 함수다. 이 식을 외울 필요는 없다. 핵심은 '상태수=계의 무질서함'이 커질수록 엔트로피는 커진다는 것이다. 다만 이 상태수라는 개념을 이해하기가 쉽지 않다.

그러니 다시 분자 400개의 세계를 생각해 보자.

① **초기 상태:** 앞에서와 마찬가지로 분자 100개의 계1과 300개의 계2가 있다. 다만 계1의 분자 100개는 전부 ON 상태다. 그리고 계1과 계2의 칸막이를 제거한다.

② **1개 이동:** 처음에 계1에 있었던 ON 상태의 분자 1개가 움직여서 계2의 분자를 ON 상태로 만들면 계1에 1개의 OFF 상태가 생긴다. 이 OFF 상태는 100가지의 장소에 가능성이 있다. 또한 계2에서 ON 상태가 되는 장소는 300가지의 가능성이 있다. 이와 같이 상태수란 일어날 가능성이 있는 수를 의미한다. 그리고 이후에도 계1에 있는

분자 400개로 구성된 세계 2

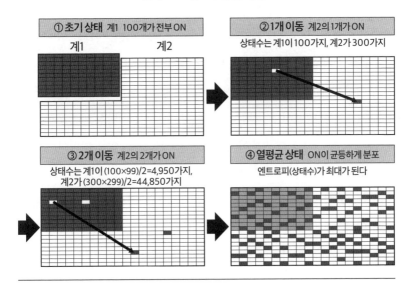

① 초기 상태 계1 100개가 전부 ON
계1　　　계2

② 1개 이동 계2의 1개가 ON
상태수는 계1이 100가지, 계2가 300가지

③ 2개 이동 계2의 2개가 ON
상태수는 계1이 (100×99)/2=4,950가지,
계2가 (300×299)/2=44,850가지

④ 열평균 상태 ON이 균등하게 분포
엔트로피(상태수)가 최대가 된다

ON 상태가 더 이동한다.

③ 2개 이동: 두 번째 ON이 계2로 이동한다. 계1의 OFF의 분포는 '100×99÷2가지'이므로 4,950가지, 계2의 ON의 분포는 '300×299÷2가지'이므로 4만 4,850가지다. 즉, 상태수가 증가한다.

④ 열평형 상태: 이와 같은 ON·OFF의 이동은 계1과 계2에서 ON이 균등하게 분포할 때까지 계속된다.

앳킨스는 이렇게 말했다. "요컨대 '에너지는 분산되는 경향이 있다.'는 것은 '엔트로피는 증가하는 경향이 있다.'와 등가인 것이다."

이렇게 해서 제1로부터 제2로 에너지가 분산됨으로써 계1과 계2를 합친 전체의 상태수가 증가해 엔트로피가 증가한다.

④의 열평형 상태에서도 분자 400개의 ON과 OFF 상태는 끊임없이 무작위로 교체된다. 그러나 통계적으로 보면 이 열평형 상태에서 ①의 초기 상태처럼 ON이 한곳에 고정되는 일은 거의 일어나지 않는다. 고작 분자 400개의 모델에서도 계의 변화는 항상 무질서한 방향으로 나아가며 두 번 다시 원래의 상태로 돌아가지 않음을 이해할 수 있을 것이다.

분자의 수가 더 증가하면 무질서에서 질서가 생겨날 가능성은 더욱 낮아진다. 가령 18그램의 물에는 약 6×10의 23제곱이나 되는 물 분자가 들어 있다. 현실 세계에서는 무질서한 상태에서 기적처럼 질서가 탄생할 가능성이 완전히 무시해도 될 만큼 낮다. 즉, 질서가 잡혀 있는 것은 반드시 무질서한 상태가 되며, 엔트로피는 계속 증가한다. 이렇게 해서 우주 전체의 엔트로피는 반드시 계속 증대한다. 열역학 제2법칙의 포인트는 이처럼 엔트로피 증대의 불가역성(변화해서 원래의 상태로는 절대 돌아가지 않는 성질)인 것이다. 그런데 여기에서 한 가지 의문이 솟아난다. 생물이나 인간처럼 질서가 잡힌 존재는 어떻게 설명할 수 있을까?

질서가 잡힌 생명은 거대한 무질서를 만들어낸다

생명의 근원이 되는 DNA는 아미노산이 이중사슬을 만들고 있다. 생명은 DNA를 계속 복제해 정교하고 치밀하게 만들어진 개체를 늘려 간다. 이와 같은 생명의 존재는 '엔트로피 증대의 불가역성'을 역행하고 있으며,

오히려 질서를 만들어 엔트로피를 감소시키고 있는 듯이 보인다. 그러나 앳킨스는 이렇게 말했다. "엔트로피가 언뜻 감소하고 있는 듯이 보이는 것은 단순히 국소적으로 감소하고 있을 뿐이며, 유심히 보면 세계의 다른 곳에서 더 어지러워진 장소가 반드시 발견된다."

우리는 먹고살기 위해 지구를 경작해 파괴한다. 우리가 생존함에 따라 지구 환경의 엔트로피는 증가해 카오스가 된다. 인류가 더 쾌적하게 살수록 엔트로피는 계속 증가하는 것이다. 이 책의 마지막에서 앳킨스는 이렇게 말했다.

"우리는 카오스에서 탄생한 자식들이다. (중략) 그저 붕괴가 있을 뿐이며, 카오스가 멈출 수 없는 파도가 되어서 밀려오고 있다. (중략) 우주의 내부를 깊고 냉정하게 바라보면 이런 참으로 서글픈 진리가 보이게 되지만, 이것이야말로 우리가 받아들어야 하는 현실인 것이다."

이처럼 온갖 질서 있는 것은 장기적으로 보면 반드시 서서히 붕괴하며, 결국은 열평형 상태, 즉 모든 변화가 끝나고 더는 아무런 변화도 없는 안정된 상태가 된다. '안정된 상태'라고 하면 평온한 상태처럼 느껴지지만, 이것은 인간에 비유하면 생체 활동의 정지상태(죽은 상태)가 된다는 뜻이다. 그리고 이 우주 전체도 빅뱅 직후에는 에너지가 넘쳐흐르며 매우 뜨겁고 질서 잡힌 상태였지만, 긴 시간에 걸쳐 천천히 식어 가는 과정에 있다.

열역학 제2법칙을 통해서 우주의 모습을 알면 일상의 작은 일에 휩쓸려서 고민하는 것이 참으로 부질없는 일로 느껴진다. [Book 41]《도덕경》에도 나오듯이 '우주의 근본 원리인 도를 따르며 무리하지 말고 있는 그대의 모습으로 살자.'라는 마음가짐도 된다.

열역학 제2법칙은 불교사상의 '제행무상'이라는 말과도 상통하는 보편적인 사상이다. 이 사상을 과학적으로 이해하기 위해서도 한 번쯤은 열역학 제2법칙을 제대로 공부해보길 바란다.

POINT

모든 것은 무질서한 상태가 되며, 결국 안정(죽음)을 맞이한다.

Book 70

처음의 아주 작은 차이가
다른 결과를 낳는 이유
카오스

제임스 글릭 James Gleick

1954년~. 미국의 작가. 뉴욕주에서 태어났다. 1987년에 베스트셀러가 된 저서《카오스》를 집필할 당시는 〈뉴욕타임스〉지의 과학기자였다.《카오스》,《아이작 뉴턴》은 퓰리처상,《파인만 평전》은 전미도서상의 최종 후보에 올랐다.

왜 세계는 무질서할 수밖에 없는가

최근에는 오늘이나 내일의 일기예보가 상당히 정확해졌지만, 일주일 후의 일기예보는 여전히 신뢰도가 낮다. 그 원인은 이 책에 나오는 카오스이론을 알면 이해할 수 있다.

　카오스는 '혼돈'이라는 의미이므로 '카오스라는 건 무질서잖아? 날씨도 무질서한 것이라서 예측할 수가 없는가 보구나.'라고 생각하기 쉬운데, 이것은 큰 오해다. 카오스이론의 카오스는 단순한 무질서가 아니다. 이는 언뜻 무질서해 보이지만 그 이면에 물리적인 법칙이 숨어 있는 현상을 의미한다. 이 카오스이론을 알면 완벽하다고 생각했던 예상이 빗나가는 메커니즘도 과학적으로 이해할 수 있게 된다.

1960년대 이후 컴퓨터가 보급된 덕분에 카오스이론이 탄생했다. 과학 세계에서는 손으로는 불가능했던 복잡하고 방대한 계산을 컴퓨터에 맡길 수 있게 되었고, 각기 다른 분야의 학자들이 거의 같은 시기에 그전까지 무질서로 생각되었던 현상의 배후에 숨어 있었던 다양한 사실들을 차례차례 발견하기 시작했다.

이 책은 카오스이론이 어떻게 탄생했고 어떻게 연구가 진행되어 왔는지를 그린 과학 계몽서다. 1987년에 미국에서 출판되어 〈뉴욕타임스〉지에서 매주 발표되는 베스트셀러 상위 10위의 자리를 반년 이상 지켰다. 저자인 제임스 글릭은 이 책을 집필했을 당시 〈뉴욕타임스〉지의 과학기자였다. 이 책 덕분에 많은 사람이 카오스이론인 '나비효과' 등을 알게 되었다.

500페이지에 가까운 이 책은 이제 고전에 속하지만, 카오스이론이 탄생한 배경을 알 수 있는 귀중한 책이다.

나비효과의 발견

1961년, 기상학자인 에드워드 로렌츠는 컴퓨터를 사용해 모의 날씨실험을 하고 있었다. 먼저 기온과 기압의 관계나 기압과 풍속의 관계 등을 방정식으로 만들어 12개의 법칙을 만들고, 기압이나 풍속 등의 초깃값을 설정해 컴퓨터로 계산했다. 이것은 '물체가 움직이는 법칙을 알고 있고, 초기 상태를 거의 알고 있으면 미래의 움직임은 거의 예측이 가능하다.'라는 뉴턴역학의 결정론적 사고방식에 기반을 둔 실험이었다. 당시의 기상 데이터는 오차가 있었지만, 이 방법이라면 다소의 오차가 있더라도 큰 차이는 없을 터였다.

어느 날, 계산을 마친 로렌츠는 다시 한 번 같은 초깃값을 입력하고 계산해봤다. 그랬더니 전혀 다른 결과가 나온 것이 아닌가. 이것은 명백히 이상한 일이었다. 그래서 자세히 조사해보니, 첫 번째는 초깃값을 0.506127로 계산한 데 비해 두 번째는 '1,000분의 1의 오차 정도는 괜찮겠지.'라는 생각에서 수치를 대충 0.500으로 입력하고 계산했음을 알게 되었다.

다음 그림을 보길 바란다. 첫 번째와 두 번째의 정점은 거의 겹치지만, 오차가 서서히 확대되어 세 번째와 네 번째의 정점은 큰 차이가 있음을 알 수 있다. 초깃값의 아주 작은 오차가 큰 차이를 만들어낸 것이다. 로렌

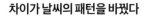

차이가 날씨의 패턴을 바꿨다

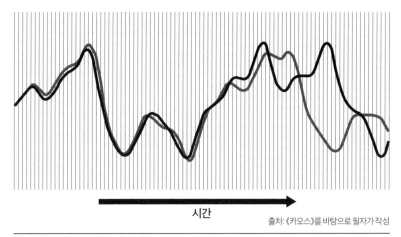

시간

출처: 《카오스》를 바탕으로 필자가 작성

츠는 생각했다. '이 방정식은 대략적일지도 모르지만 현실 대기의 거동에 관한 본질을 꿰뚫고 있어. 그렇다면 현실 대기에서도 같은 일이 일어나고 있을 것이 분명해. 초깃값의 아주 작은 오차는 반드시 존재하니 장기예보는 예측이 불가능할 수밖에 없구나.'

이것이 나비효과다. 글릭에 따르면 "이것은 베이징에서 오늘 나비가 날갯짓을 해서 공기를 살짝 움직이면 다음 달에 뉴욕에서 발생할 폭풍우에 변화가 일어난다는 발상에서 온 것이다."

요컨대 나비효과는 초깃값의 아주 작은 차이가 장기적으로 커다란 변화가 됨으로써 일어난다. 이것을 초깃값 민감성이라고 한다. 글릭은 18세기 철학자이자 수학자인 피에르시몽 드 라플라스가 미래 컴퓨터에 관해서 했던 말을 소개했다. "그런 지능은 우주에서 가장 큰 물체부터 가장 작은 원자에 이르기까지 모든 것의 운동에 대한 공식을 하나로 통일할 것이다. 그 눈에 불확실한 것은 일절 존재하지 않으며, 미래도 과거나 다름없이 선명하게 보일 것이다."

라플라스는 잘못 생각했던 것이다. 현대 슈퍼컴퓨터는 1초 동안 44경 회의 계산을 할 수 있다. 일기예보의 정확도도 향상되었지만, 장기예보는 아직도 신뢰도가 떨어진다.

이것도 초깃값 민감성 때문이다. 당시의 수많은 과학자는 뉴턴식 결정론에 지배당해 '미래는 예측 가능하다.'라고 생각했다. 그러나 1960년대부터 과학자들은 결정론적인 사고방식이 환상임을 깨닫기 시작했다. 그리고 전혀 다른 분야에서도 카오스적 현상이 발견되었다. 그것은 생태학과 수학이 겹친 분야였다.

카오스의 탄생

자연계에서는 메뚜기나 나방이 주기적으로 대량 발생해 농작물을 황폐화시킨다. 이 대량 발생에는 주기가 있어서, 계속해서 연구가 진행되고 있다. 어떤 생물의 내년 개체수는 올해의 개체수를 초깃값으로 사용하면 로지스틱 차분방정식이라고 부르는 방정식으로 시뮬레이션할 수 있다.

$$Xnext=rX(1-X)$$

이 식은 '내년의 개체 수준은 올해의 개체 수준에 따라 결정됨'을 나타낸다. X는 올해의 개체수 수준으로, 0~1 사이의 숫자가 된다. Xnext는 내년의 개체수 수준이다. r은 번식력을 나타내며, 숫자가 크면 번식한다. (1-X를 곱하는 이유는 개체수 수준이 지나치게 증가하면 먹이가 없어지기 때문에 사망률에 해당하는 요소를 넣은 것이다.)

여기에서 핵심은 번식력을 나타내는 r이다. r의 값이 변하면 이렇게 변화한다. (X의 초깃값은 전부 0.4라고 가정한다.)

① **절멸 패턴(r이 1 이하):** 가령 번식력을 나타내는 r이 0.5라면 연도별 개체수의 수치는 이렇게 된다. '0.400→0.120→0.053→0.025→0.012→0.006→0.003→0.001→0.001→0.000' 요컨대 번식력이 너무 약해서 다음 그림(1)의 왼쪽 위처럼 10년 후에는 절멸한다.

② **안정 패턴(r이 1~3):** 가령 r이 1.5라면, 다음 그림(1)의 오른쪽 위처럼 10년 후부터 0.333에서 안정된다. r이 1~3의 사이라면 개체수 수준

로지스틱 차분방정식으로 개체의 번식을 시뮬레이션한다 1

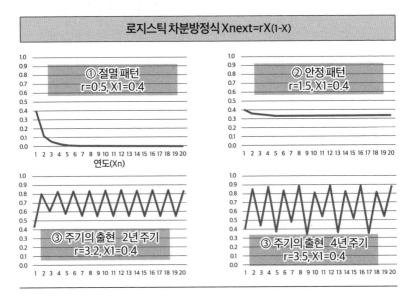

로지스틱 차분방정식 Xnext=rX(1-X)

① 절멸 패턴
r=0.5, X1=0.4

② 안정 패턴
r=1.5, X1=0.4

연도(Xn)

③ 주기의 출현 2년 주기
r=3.2, X1=0.4

③ 주기의 출현 4년 주기
r=3.5, X1=0.4

은 안정된다.

③ **주기의 출현(r이 3~3.56995):** r=3.2라면 개체수 수준은 2년 주기로 변화한다. 2년마다 대량 발생을 반복하는 것이다. 3.5라면 다음 그림(1)의 오른쪽 아래처럼 4년 주기가 된다. 이렇게 해서 r이 증가하면 8년 주기, 16년 주기로 바뀐다.

④ **카오스 패턴(r=3.56995~4):** r이 일정 값을 넘어가면 주기는 사라진다. 가령 r이 4라면 다음 그림(2)의 카오스 패턴(1)이 된다. 중요한 것은 그 다음이다. 카오스 패턴(2)는 (1)의 초깃값을 아주 약간(10의 10제곱분의 1) 바꾼 것이다. 구체적으로는 1만 킬로미터에서 1밀리

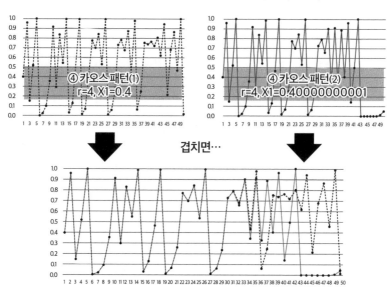

로지스틱 차분방정식으로 개체의 번식을 시뮬레이션한다 2

④ 카오스 패턴(1)
r=4, X1=0.4

④ 카오스 패턴(2)
r=4, X1=0.40000000001

겹치면…

미터 수준의 오차다. 이 경우, 처음에는 (1)과 같은 거동을 보이지만 33년째부터 차이가 나타나기 시작해 40년째가 될 무렵에는 완전히 다른 거동이 된다. 로렌츠가 모의 날씨 실험에서 만났던 초깃값 민감성이 출현한 것이다.

게다가 이것은 Xnext＝rX(1-X)라는 매우 단순한 식에 기반을 둔 것이다. (여기에 실은 그림은 소개한 값을 사용해서 내가 직접 엑셀로 실험해 본 결과다. 쉽게 할 수 있으니 여러분도 실험해 보길 바란다.)

이와 같이 결정론적인 법칙에 따라서 움직이는 단순한 시스템도 매개

변수를 어떻게 주느냐에 따라 무질서한 움직임을 보일 때가 있다. 이것은 반대의 관점에서 바라보면 언뜻 무질서해 보이는 거동의 이면에도 단순하고 보편적인 법칙성이 숨어 있다는 뜻이다. 카오스이론의 본질은 단순한 법칙에 따라서 움직이는 시스템도 초깃값에 대한 예민한 의존성 때문에 장기적인 예측이 불가능해진다는 것이다.

자기 유사의 패턴이 계속되는 프랙털이론

카오스이론과 깊은 관계가 있는 이론으로 프랙털이론이 있다. 양치류의 잎은 커다란 잎에서 닮은꼴의 작은 잎이 분기되고, 다시 그 작은 잎에서 역시 닮은꼴의 더 작은 잎이 분기되는 패턴이 반복된다. 로마네스크라는 콜리플라워의 일종도 같은 패턴의 기하학적인 원뿔형 꽃봉오리가 몇 단계에 걸쳐 계속된다. 이처럼 자기 유사의 패턴이 무한히 계속되는 기하학적인 형태가 프랙털*Fractal*이다.

　카오스현상을 분석하면 이런 프랙털 구조가 발견된다. 이 책에는 이런 예가 소개되어 있다. IBM기초연구소의 연구원인 브누아 망델브로는 컴퓨터 통신에 사용하는 전화회선에 잡음이 들어와 오류가 발생하는 문제로 고민하는 기술자의 상담을 받았다. 잡음은 빈번히 발생하는 기간이 있는가 하면 사라지는 기간도 있었다. 그래서 망델브로가 오류가 빈발하는 기간을 확대해 살펴보자 그 속에는 오류가 적은 기간이 있었다. 그 기간을 더욱 확대해도 계속 패턴이 있었다. 오류가 있는 기간과 오류가 없는 기간의 관계는 항상 일정한 패턴이었다. 전화 회선의 잡음에도 프랙털 구조가

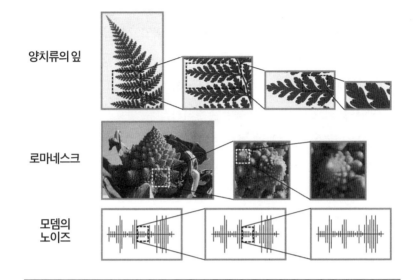

프랙털 구조는 자연계의 곳곳에 있다

양치류의 잎

로마네스크

모뎀의
노이즈

있었던 것이다. 망델브로의 설명을 듣고 '아무래도 잡음을 완전히 없애기는 불가능한 모양이군.'이라고 깨달은 IBM 기술자들은 '오류는 반드시 어느 정도 존재한다.'라는 전제 아래 오류를 보정하는 방식으로 대책을 세우게 되었다.

프랙털 구조는 언뜻 복잡해 보이지만 사실은 단순한 수식으로 표현할 수 있다. 이 책에서는 단순한 식을 반복하는 규칙으로 양치류의 잎이나 눈의 결정 같은 복잡한 프랙털 구조를 만들 수 있다는 것도 소개했다. 인간이나 생물의 생체조직은 복잡하지만, 사실은 DNA에 유전자 정보로서 기록된 단순한 정보를 바탕으로 만들어졌을 가능성도 있다는 것이다.

이처럼 언뜻 무질서한 움직임의 이면에는 의외로 단순한 법칙이 숨어 있다. 카오스이론은 이런 현상을 밝혀내는 데 도움이 된다. 《엔트로피와 질서》에서 소개한 열역학도 역시 무질서한 움직임이 대상이지만, 열역학은 통계학을 이용해 확률론적으로 생각한다. 카오스는 확률론적인 요소가 전혀 없다. 어디까지나 물리법칙으로 생각한다.

다만 사실 카오스에는 아직 통일된 정의가 없다. 카오스이론은 발전 과정에 있는 이론인 것이다. 이 책이 출판된 1980년대 후반은 카오스이론의 열풍이 불었던 시기다. 이 책의 아마존 소개를 보면 이렇게 나와 있다.

"상대론, 양자론에 이어 금세기 최대의 발견으로 불리는 이 개념의 비밀을 알기 쉽게 설명한다."

카오스이론을 상대성이론이나 양자론과 비교하는 것은 솔직히 말하면 조금 과대평가일지도 모른다. 분명히 카오스라는 개념의 발견은 중요했지만, 그 후 이론적인 측면에서는 커다란 진전이 없다. 다만 카오스이론은 현재 다양한 분야에서 응용되고 있다. 이를테면 수요예측, 주가변동, 경기변동, 교통 시스템, 통신기술 등이다. 한편, 앞머리에서 소개했듯이 카오스이론은 오해도 많으며, 일반인을 대상으로 전체상을 소개하는 책이 많지 않다. 그런 의미에서도 이 책은 귀중한 책이라고 말할 수 있을 것이다.

POINT

> 규칙적으로 움직이는 시스템도 초깃값의 차이에 따라 무질서한 움직임을 보인다.

Book 71

빅뱅과 블랙홀이라는 특이점
시간의 역사

스티븐 W. 호킹 Stephen William Hawking

1942~2018년. 영국의 이론물리학자. 일반 상대성이론과 관련된 분야에서 이론적 연구를 전진시켰으며, 블랙홀의 특이점 정리를 발표해 세계적으로 유명해졌다. 휠체어를 탄 물리학자로도 유명하다. 학생 시절에 근위축성 측삭경화증ALS에 걸렸지만, 도중에 진행이 약해져 그 후 50년 이상 연구활동을 계속했다.

일반 상대성이론과 양자역학의 한계를 보여준 책

스티븐 호킹은 휠체어를 탄 물리학자로 널리 알려져 있다. 21세에 케임브리지대학교 대학원에 진학했을 때 수의근(자신의 의지로 움직일 수 있는 근육)이 마비되어 결국 죽음에 이르는 ALS(근위축성 측삭경화증)라는 병에 걸렸다. 처음에 의사는 "앞으로 1~2년밖에 살지 못할 것"이라고 말했지만, 다행히 병의 진행이 약해진 덕분에 그 후 50년 이상에 걸쳐 연구활동을 계속할 수 있었다. 그는 이 책의 첫머리에서 이렇게 말했다.

"ALS에 걸렸다는 상당한 불운을 제외한다면 나는 거의 모든 측면에서 행운아였다. (중략) 이론물리학을 선택했다는 것도 내게는 행운이었다. 이론은 전부 머릿속에서 진행할 수 있기 때문이다."

40대 전반에는 폐렴으로 기관절개수술을 받는 바람에 대화 능력을 빼앗겨 의사전달이 불가능해질 뻔했지만, 시선입력과 음성합성장치를 갖춘 중증장애인용 소형 컴퓨터를 휠체어에 설치해 대화를 할 수 있게 되었다.

그런 호킹은 상당히 장난기가 많은 사람이어서, "유명인으로 사는 것의 안 좋은 점은 세계 어디를 가든 모두가 나를 알아본다는 것이다. 선글라스와 가발을 써도 휠체어 때문에 금방 들통이 난다.", "(미국의 학회에서 기조강연을 할 때, 자신의 음성합성장치가 미국 서부 억양을 사용하는 점을 이용해) 고향에 온 것 같군요." 같은 농담을 남겼다.

호킹은 2018년에 세상을 떠났는데, 뒤에서 소개하는 특이점 정리의 논문을 함께 쓴 로저 펜로즈는 2020년에 노벨물리학상을 수상했다. 호킹이 살아 있었다면 함께 수상했을지도 모른다.

이 책은 호킹이 우주의 역사나 존재의 의미를 농담을 섞어가며 설명한 것이다. 1988년에 출판되어 전 세계에서 누계 2,500만 부의 베스트셀러가 되었으며, 호킹을 유명인의 대열에 합류시켰다. 등장하는 수식은 아인슈타인의 유명한 공식인 $E = mc^2$뿐이지만 상당히 명쾌하고 이해하기 쉽다. 그러면 즉시 이 책을 소개하겠다.

일반 상대성이론과 양자역학의 모순

일반 상대성이론과 양자역학은 현대 물리학을 비약적으로 발전시켰다.

두 이론을 간단하게 정리하면 다음과 같다.

일반 상대성이론: 수 킬로미터~우주 크기의 거시적인 구조에 관해 중력이나 시공간을 해명한 이론.
양자역학: 수조분의 1밀리미터라는 아주 작은 소립자의 세계를 해명한 이론.

사실 이 두 이론은 서로 모순된다. 양자역학에서는 '소립자의 세계는 예측 불가능하며 무질서하다.'라고 생각한다. 그러나 일반 상대성이론을 제창한 아인슈타인은 이 '우연에 지배된다.'라는 세계를 수긍하지 못해 "신은 우주를 상대로 주사위 놀이를 하지 않는다."라는 유명한 말을 남겼다. 일반 상대성이론에는 우연에 지배당하는 요소가 없다.

또한 양자역학에서 다루는 전자기력이라는 힘은 이 책에 따르면 중력보다 100×1억×1억×1억×1억×1억 배(1 뒤에 0이 42개가 붙는 숫자)나 강하다. 중력은 일반 상대성이론이 다루는 우주의 세계에서는 주역이지만, 양자역학이 다루는 소립자의 세계에서는 너무나도 약해서 제대로 취급되지 않는 것이다. 여기까지 읽고 '서로 세계가 다르니까 나눠서 생각하면 되는 거 아니야?'라고 생각한 독자도 많을 것이다. 틀림없이 우리 주변에 관해 생각할 때는 문제가 발생하지 않는다. 우주를 생각할 때는 일반 상대성이론을 사용하면 되고, 반도체칩을 설계할 때는 양자역학을 사용하면 된다. 그러나 물리학을 계속 파고들면 분리해서 사용할 수 없는 상황이 나타난다. 그 계기는 '팽창하는 우주'의 발견이었다.

팽창하는 우주에서 알게 된 '빅뱅'

공기가 깨끗한 산 정상에서 선명하게 볼 수 있는 은하수는 태양계를 포함해 수천억 개나 되는 항성이 있는 은하계를 은하계의 끝에 위치한 지구에서 바라본 모습이다. 우주에는 이런 은하가 수천억 개나 존재한다.

우주는 급속히 팽창하고 있다. 1929년, 천문학자인 에드윈 허블은 모든 은하가 지구로부터 멀어지고 있음을 발견했다. 멀어지는 속도는 지구와의 거리에 비례했다. 우주 전체가 풍선이 부풀어오르듯이 팽창해 항성 사이의 거리가 멀어지고 있는 것이다. 게다가 우주는 10억 년에 5~10퍼센트의 속도로 팽창하고 있다는 사실도 밝혀졌다. 이것을 역산하면 100~200억 년 전에는 우주에 있는 수천억 개의 은하가 한 점에 집중되어 있었다는 결과가 나온다. 요컨대 이 '빅뱅'의 순간이 우주의 시작일지도 모른다고 생각하게 된 것이다.

그러나 빅뱅의 시점에는 이웃한 수천억 개 은하의 거리가 거의 제로이기 때문에 우주의 밀도는 무한대이며 중력도 무한대가 된다. 일반 상대성이론에 입각해서 생각하면 시공간은 무한대로 일그러진다.

다만 일반 상대성이론은 현재의 우주 크기를 전제로 한 것으로, 빅뱅 같은 아주 작은 크기는 가정하지 않았다. 요컨대 극소의 세계인 빅뱅 환경에서는 양자역학이 활약해야 한다. 그런데 이번에는 양자역학이 무시해온 중력의 힘이 무한대가 되기 때문에 이 양자역학도 사용할 수가 없다. 현재의 물리학이론은 무용지물이 되어 버리는 것이다. 이렇게 이론 자체가 무용지물이 되는 것이 '특이점'이다. 1970년, 호킹은 새로운 수학 기법을 개발하고 물리학자인 펜로즈와 공동으로 논문을 집필해 '일반 상대성

호킹과 펜로즈의 특이점 정리

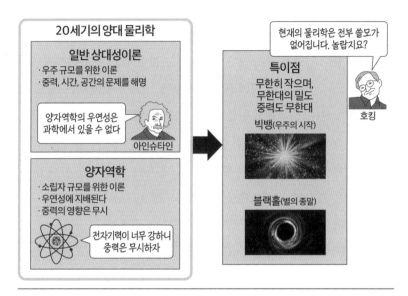

이론이 옳고 우주가 관측한 그대로라면 특이점이 있었을 것이다.'라는 특이점 정리를 제창했다. 이 특이점은 그 밖에도 존재할 수 있다. 바로 블랙홀이다.

블랙홀이라는 특이점

태양 같은 항성은 수소가 모여서 탄생한다. 수소 원자는 핵융합 반응으로 결합해, 헬륨이 되는 과정에서 질량을 잃으며 막대한 에너지를 만들어낸다. 핵무기인 수소폭탄과 같은 원리다. 이렇게 해서 항성은 수억~수십억 년이나 계속 불타오르고, 완전히 타버린 뒤에는 식기 시작해 수축한다. 그렇다면 어디까지 수축할까? 우리 주변에 있는 물건들은 아무리 압축하려 해도 물체 내부의 입자가 반발하기 때문에 그다지 작아지지 않는다. 항성의 내부에서도 입자가 열을 지니고 운동하고 있기 때문에 입자끼리는 일정 거리 이상 가까워지려 하지 않고 반발한다. 이때 항성이 어느 정도 수축할지 결정하는 것이 항성의 중력이다. 중력과 입자의 반발력이 균형을 이루는 수준에서 항성의 수축이 안정된다. 중력이 큰 별일수록 강하게 압축되어 작게 수축되며, 이 수축은 상상을 초월하는 수준이 된다. 태양 정도의 질량을 가진 별은 백색왜성이 된다. 약 1톤이 각설탕 정도의 크기인 밀도가 되며, 반지름은 태양의 100분의 1 정도로 수축한다.

질량이 큰 항성은 여기에서 더 수축이 진행되어 중성자성이 된다. 항성이 자신의 중력 때문에 급격히 수축되는 중력 붕괴가 일어나 수억 톤이 각설탕 정도의 크기인 밀도가 되며, 반지름은 10마일(약 16킬로미터) 정도가 된다.

여기에서 더 압축이 진행되면 중력장이 매우 커진다. 일반 상대성이론에 따르면 빛조차 탈출할 수 없을 만큼 시공간을 일그러뜨려, 일정 거리 이상 접근한 것은 무엇이든 집어삼키고 만다. 이것이 블랙홀이다.

특이점 정리에서 호킹과 펜로즈는 블랙홀의 내부에도 빅뱅과 마찬가지로 무한대의 밀도와 무한대의 시공간 곡률을 가진 특이점이 존재함을 밝혀냈다. 블랙홀의 특이점에서도 온갖 물리법칙이 적용되지 않는다. 1960년대까지 일반 상대성이론은 만능으로 생각되었는데, 이 '특이점 정리'가 그런 믿음에 의문을 제기한 것이다. 게다가 호킹은 특이점의 존재를 논문으로 증명했다.

빅뱅과 블랙홀은 일반 상대성이론과 양자역학을 무효로 만드는 궁극의 환경인 것이다. 다만 블랙홀은 존재가 예언되었기는 해도 확인은 되지 않는 상태였다. 실제로 블랙홀의 존재가 확인된 것은 극히 최근이다. 2019년에 5,500만 광년 떨어진 처녀자리 은하단의 'M87 은하'에서 질량이 태양의 65억 배나 되는 거대 블랙홀을 촬영하는 데 성공한 것이다. 이것이 블랙홀의 존재에 관한 최초의 직접적 증거다. 그리고 2022년에는 은하계의 중심에 있는 태양보다 400만 배 무거운 거대 블랙홀도 촬영하는 데 성공했다. '빛도 빠져나오지 못한다는 블랙홀을 어떻게 촬영할 수 있는 거야?'라고 생각한 독자도 있을 터인데, 블랙홀의 주변에서는 가스나 전파가 방출된다. 그래서 지구상의 여덟 곳에 있는 전파 망원경을 연동시켜 데이터를 합성함으로써 영상을 만들어낸다.

참고로, 영화 〈인터스텔라〉는 여기에서 소개한 세계가 영상으로 표현된 지적 엔터테인먼트다. 블랙홀의 내부로 들어간 주인공이 지구에서 기다리는 딸에게 특이점의 데이터를 중력파를 사용해보내는 장면도 나온다. 데이터를 해석한 딸은 중력 문제의 해법을 찾아내 인류를 구원한다. 아직 안 봤다면 꼭 보길 바란다.

호킹은 이 책을 이런 말로 마무리했다. "만약 우리가 완전한 이론을 발견한다면 그 원리의 큰 줄기는 소수의 수학자뿐만 아니라 모든 사람이 이윽고 이해할 수 있게 될 것이다. (중략) 그것은 인간 이성의 궁극적인 승리가 될 것이다. 바로 그때, 우리는 신의 마음을 알게 될 것이기 때문이다."

최첨단의 물리학은 '삼라만상의 기원을 밝혀낸다.'라는 엄청난 도전을 하고 있는 것이다.

한편, 철학자인 마르쿠스 가브리엘은 [Book 21]《왜 세계는 존재하지 않는가》에서 호킹을 이렇게 비판했다. "호킹은 세계를 우주와 동일시하고 있다. (중략) 철학은 이미 오랫동안 (중략) 물리학의 대상 영역이라는 의미에서의 우주와 우리 현대인이 말하는 '세계'를 구별해 왔다. (중략) 우주는 하나의 존재론적인 한정 영역이지만, 호킹은 그 점을 깨닫지 못하고 있다."

일반인에게는 가브리엘이 말한 대로 '세계＝사회'이지만, 온갖 물질의 섭리를 끝없이 생각했던 물리학자 호킹에게는 '세계＝우주&소립자'였다. "경찰관의 제복을 착용하고 달의 뒷면에서 사는 일각수조차도 존재한다."라고 말한 가브리엘식으로 해석하면 '그것도 호킹의 세계'라고 생각해야 할지도 모른다. 그런 이론물리학자의 사고를 이해하고 싶은 사람에게 이 책을 강력히 추천한다.

POINT

현대 물리학은 호킹이 추구한 특이점 정리를 극복하려 하고 있다.

Book 72

삼라만상은 끈으로 이루어져 있다
엘러건트 유니버스

브라이언 그린 Brian Greene

1963년~. 미국의 이론물리학자. 초끈이론 연구자로도 유명하다. 하버드대학교를 졸업한 뒤 옥스퍼드 대학교에서 박사학위를 받았다. 컬럼비아대학교 물리학·수학 교수. 초끈이론을 알기 쉽게 설명할 수 있 는 몇 안 되는 물리학자다.

미지의 우주를 이해하기 위한 여정

[Book 71]《시간의 역사》에서 소개했듯이, 일반 상대성이론과 양자역학 은 블랙홀 등의 특이점에서 무용지물이 된다. 이 모순을 해결하기 위해 수많은 물리학자가 도전하고 있는데, 그중에서도 이 책의 주제인 초끈이 론은 물리이론을 통일하는 '엘러건트(간결하면서 핵심을 찌른)'한 유력 후 보다.

저자인 브라이언 그린은 미국 컬럼비아대학교 물리학부의 교수로, 초 끈이론을 연구하는 이론물리학자다. 600페이지에 가까운 이 책은 1999

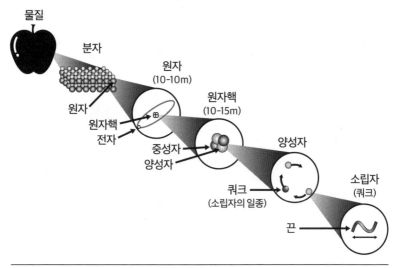

물질을 작게 분해하면 끈이 된다

물질

분자

원자
(10-10m)

원자

원자핵
전자

원자핵
(10-15m)

중성자
양성자

양성자

쿼크
(소립자의 일종)

소립자
(쿼크)

끈

년에 출판되었으며, 미국에서 장기간에 걸쳐 베스트셀러 상위권을 유지한 덕분에 초끈이론이 세상에 널리 알려지게 되었다.

　기존의 물리학에서는 '물질은 입자로 구성되어 있다.'고 생각해왔다. 그러나 초끈이론은 '물질은 끈으로 이루어져 있다.'라고 생각한다. 그렇다면 지금부터 우리 주변의 물질을 작게 분해해보자.

　① 물질은 분자로 구성된다.

　② 분자는 원자로 구성된다.

　③ 원자는 원자핵과 원자핵 주위를 도는 전자로 구성된다.

　④ 원자핵은 양성자와 중성자로 구성된다.

끈은 어떻게 행동할까

		수축한다	회전한다	분리된다
열린 끈				
닫힌 끈				융합한다

《별책 초끈이론》을 참고로 필자가 작성

⑤ 양성자나 중성자는 쿼크(소립자의 일종)로 구성된다.

⑥ 그리고 쿼크는 끈으로 이루어져 있다.

온갖 물질의 원천은 끈이다. 끈은 한 종류밖에 없으며, 바이올린의 현처럼 진동한다. 바이올린의 현이 다양한 음색을 연주하듯이, 끈은 진동수가 바뀌면 다양한 종류의 소립자가 된다. 끈에는 질량이 없으며, 진동함으로써 질량을 갖는다. 끈의 길이는 10의 마이너스 35제곱미터다. 원자의 크기(10의 마이너스 10제곱미터)를 우주의 크기(10의 26제곱미터)로 확대하면 끈의 길이는 전신주의 높이(10미터)가 된다. 정말 작은 크기인 것이다.

그림과 같이 끈에는 양쪽 끝이 있는 열린 끈과 고무밴드처럼 닫힌 끈이 있어서, 수축이나 회전을 하면서 진동하며, 둘로 분리되기도 하고 융합되기도 한다.

끈이론은 노벨물리학상을 수상한 난부 요이치로가 1970년에 제창했다. 당시 수많은 소립자가 발견되었는데, '소립자가 이렇게 많은 것은 이상하다.'고 생각하는 물리학자가 많았다. 그래서 난부가 끈이론을 제창한 것이었다. 각종 실험을 통해 부정되어 관심이 사그라지기는 했지만, 이론의 단순함에 매료되어 연구에 몰두하는 연구자도 적지 않았다. 그리고 1980년대에 초끈이론이 되어 물리학의 최전선에 등장했다.

초끈이론과 M이론

2022년에 개봉한 영화 〈신·울트라맨〉에서는 브레인, 평행우주, 잉여차원 같은 용어가 연달아 나온다. 울트라맨이나 외계인은 평행우주를 자유롭게 왕래한다. 이 세계관은 초끈이론을 기반으로 교토대학교의 이론물리학자인 하시모토 고지 교수의 감수를 받으며 구성한 것이라고 한다.

초끈이론에서는 우주가 10차원(공간 9차원+시간 1차원)이라고 생각한다. '하지만 공간은 3차원이잖아? 나머지 6차원은 어디 있는 거야?'라고 생각할 터인데, 초끈이론에서는 '나머지 6차원은 잉여차원으로서 접혀 있다.'라고 생각한다.

아주 작은 개미가 되어서 로프 위를 걷고 있다고 상상해보길 바란다. 로프는 멀리서 보면 1차원의 선이지만, 로프의 표면 위를 걷는 아주 작은 개미의 눈에는 2차원의 넓은 평면이다. 1차원인 로프에도 2차원의 세계가 있다. 이와 마찬가지로, 우리는 평소에 깨닫지 못하고 있지만 아주 작은 끈의 세계를 확대하면 공간의 온갖 점에 잉여차원(6차원)이 작게 들어있다고 생각하는 것이다. 공간을 9차원으로 생각하는 이유는 '소립자는 끈으로 이루어져 있다.'라고 생각할 경우 3차원 공간에서 끈의 진동을 생각하면 이론이 성립하지 않기 때문이다. 가령 광자는 질량이 제로인데, 광자도 끈이므로 진동을 한다. 그러나 끈은 진동을 하면 질량을 갖게 되므로 모순이 발생한다. 그래서 끈이 9차원에서 진동하고 있으며 잉여차원에서 마이너스 에너지가 발생하고 있다고 생각하면 앞뒤가 맞게 된다. 9차원 공간에서 끈의 진동을 생각하면 진동의 가짓수가 늘어나 현실의 소립자를 표현할 수 있는 것이다.

1995년, 초끈이론은 진화를 이루었다. 이론물리학자인 에드워드 위튼은 1차원을 더 추가해 11차원으로 만든 다음 '우주는 한 장의 막膜'이라고 생각하는 M이론을 제창했다. 이 막을 브레인이라고 부른다. 열린 끈의 양쪽 끝은 브레인에 찰싹 붙어서 떨어지지 않는다. 이 열린 끈이 우주(브레인)의 물체다. 우주가 한 장의 식빵이라면 물체(열린 끈)는 그 식빵에 바른 잼이기에 우주에서 떨어지지 않는다.

그리고 이 우주와 평행하게 수많은 우주가 존재한다. 평행우주다. 다음 그림에서는 브레인을 2차원으로 그렸지만, 우리의 우주는 3차원의 브레인이다. 평행우주에는 1차원이나 9차원의 브레인의 우주도 존재할 수 있다.

닫힌 끈(중력)은 브레인에 고정되지 않고 잉여차원을 이동하며 브레인

우주는 브레인(막)으로 구성되어 있다

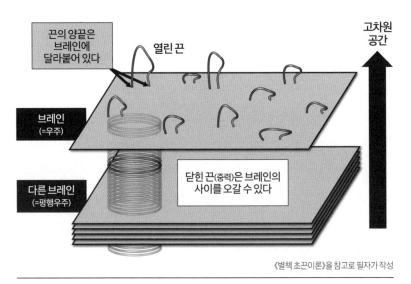

끈의 양끝은 브레인에 달라붙어 있다

열린 끈

고차원 공간

브레인 (=우주)

다른 브레인 (=평행우주)

닫힌 끈(중력)은 브레인의 사이를 오갈 수 있다

《별책 초끈이론》을 참고로 필자가 작성

사이를 왕래해 평행우주로 갈 수 있다. 무거운 물체가 움직일 때 생겨나는 중력파를 사용하면 다른 우주와 교신이 될 가능성이 있다. 그리고 평행우주의 물리법칙이나 소립자의 종류는 잉여차원이 어떻게 접혀 있느냐에 따라 달라진다. 다른 평행우주에서는 물리법칙이나 소립자의 종류가 완전히 다른 것이다. 이 평행우주의 조합은 10의 500제곱에 이른다고 생각되고 있다.

'완전히 SF네.'라고 생각하겠지만, 현대의 이론물리학자들은 이 세계관을 받아들이고 있다. 그 이유는 초끈이론이 일반 상대성이론과 양자역학의 한계를 뛰어넘어 물리이론을 통일할 가능성이 있기 때문이다.

초끈이론이 모든 것의 이론이 될 가능성

양자역학은 '소립자는 점이며 크기는 제로다.'라고 생각하지만, 이 전제에서 계산을 하면 질량이나 에너지가 무한대가 되어 모순이 발생하기 때문에 '재규격화'라는 방법으로 보정을 한다. 그래도 소립자 세계에서는 이것으로 문제가 해결되지만, 중력을 취급하려고 하면 무용지물이 돼버린다. 그런데 '소립자는 입자가 아니라 끈이다.'라고 생각하면 앞뒤가 깔끔하게 들어맞는다.

또한 특이점 정리에서 소개했듯이, 일반 상대성이론도 양자역학도 '물질은 입자다.'라고 생각하기 때문에 빅뱅이나 블랙홀은 크기 제로, 밀도 무한대가 되어버려 이론이 적용되지 않는다. 그러나 초끈이론으로 생각하면 크기는 제로가 아니라 끈의 길이가 되며, 밀도도 무한대가 아니기에 이론이 무용지물이 되지 않는다. 이 초끈이론을 바탕으로 '빅뱅 당시 잉여 차원을 접은 상태에서 세 개의 공간 차원만이 갑자기 팽창했다.', '빅뱅은 두 브레인의 충돌로 일어났다', '우주는 빅뱅과 빅크런치(대함몰)를 반복하고 있다.'라는 설도 제창되었다. 전부 가설일 뿐이지만, 빅뱅 이전의 시간이 존재할 가능성도 생겼다.

저자인 그린은 이렇게 말했다. "우리는 물리학의 역사에서 처음으로 우주의 기본적 특징 하나하나를 설명할 능력을 지닌 모델을 손에 넣었다. 그래서 끈이론은 모든 것의 이론*TOE, Theory of Everything*, 궁극이론, 최종이론일지도 모른다는 평가를 받는다." 참고로 모든 것의 이론이란 전자기력, 강력, 약력, 중력이라는 네 가지 힘을 전부 망라해 설명할 수 있는 이론으로, 현시점에서는 이런 이론이 존재하지 않는다.

또한 초끈이론에서는 초대칭입자라는 소립자의 존재가 예언되었다. 초대칭입자를 발견한다면 초끈이론을 입증할 수 있기에 가속기로 초대칭입자를 만드는 실험이 실시되고 있지만, 발견되었다는 보고는 아직 없다.

초끈이론은 아직 검증되지 않은 가설의 단계이지만, 전 세계에서 수많은 이론물리학자가 수십 년 동안 연구를 계속하고 있다. 이 책에서는 M이론을 제창한 위튼의 다음과 같은 말을 인용했다. "지금 우리는 지금까지 우리가 손에 넣었던 그 무엇보다도 깊은 이론을 조립하는 과정에 있다."

초끈이론도 검증하는 데 50~100년은 걸릴지도 모르지만, 검증이 완료된다면 우리의 세계관은 또다시 크게 발전할 것이다.

POINT

초끈이론은 앞으로도 우주에 대한 이해를 크게 높일 것이다.

📖 Book 73

시간은 인간의 주관에 불과하다
시간은
흐르지 않는다

카를로 로벨리 Carlo Rovelli

1956년~ 이탈리아의 이론물리학자. 볼로냐대학교를 졸업한 뒤 파도바대학교 대학원에서 박사학위를 받았다. 프랑스의 엑스마르세유대학교 이론물리학 연구실에서 양자중력이론 연구팀을 이끌고 있다. 루프 양자중력이론의 제창자 중 한 명이다.

시간이 존재하지 않는 세계

이 책에서 소개하는 루프 양자중력이론은 [Book 72]《엘러건트 유니버스》에서 소개한 초끈이론처럼 '모든 것의 이론'이 될 가능성이 있는 유력한 후보 중 하나다. 구글 학술검색에서 검색해 보면 양 진영의 뜨거운 논쟁을 확인할 수 있다. 이 책의 저자인 카를로 로벨리는 루프 양자중력이론의 중심인물이다.

'현대의 호킹'으로도 불리는 로벨리는 이탈리아 이론물리학자다. 이 책에서 로벨리는 루프 양자중력이론을 바탕으로 시간의 수수께끼에 관해 생각했다. 2017년에 이탈리아에서 출판된 뒤 현재 35개국에서 번역되었으며, 미국의 〈타임〉지에서는 이 책을 최근 10년 사이의 최고 논픽션 10권 중 하나로 선정했다.

루프 양자중력이론은 3차원 공간을 전제로 삼는다. 초끈이론처럼 '공간은 10차원이다.'라고는 생각하지 않는다. 다만 아주 작은 세계에서는 시간이나 공간이 연속적이 아니라 알갱이 같은 상태이며, 공간은 뒤에서 설명하는 공간양자로 만들어져 있다고 가정하고 시간도 존재하지 않는다고 생각한다. 이 책의 제목은 그 루프 양자중력이론의 발상을 반영한 것이다.

'하지만 시간은 존재하잖아? 나는 오늘도 시간표대로 생활했다고.'라고 생각하겠지만, 로벨리는 그것이 낡은 상식이라고 말한다. 지금까지 인류의 상식은 극적으로 바뀌어 왔다. 가령 천동설이라는 상식은 지동설이라는 상식으로 바뀌었다. 다만, 아무리 그렇다고 해도 시간은 역시 존재하는 것처럼 생각된다. 그렇다면 왜 "시간은 존재하지 않는다."라고 말할 수 있는 것일까?

사고실험을 해보자. 지구에서 4광년(빛이 4년 동안 날아가서 도달하는 거리) 떨어진 항성에 여러분의 친구가 있다. 여러분은 초고성능 망원경으로 친구를 바라보며 이렇게 생각하고 있다. '저 녀석, 지금 뭘 하고 있는 걸까?'

이에 대해 로벨리는 "그 질문에는 의미가 없다."라고 말한다. 그 친구의 모습은 4년 전의 모습이다. 친구는 그 직후에 지구로 여행을 떠나서 4광년의 거리를 거의 광속에 가까운 속도로 이동해 지구에 도착했을지도 모른다. 특수 상대성이론에서 살펴봤듯이, 광속에 가까운 속도로 이동하면 시간이 극단적으로 느리게 흐른다. '지금'의 여러분은 친구의 4년 전 모습을 보고 있지만, 친구에게 그로부터 4년 후인 '지금'은 이미 지구로 돌아온 뒤이며 지구의 시간으로는 10년 후인 미래일지도 모른다. 그러나 미래가 '지금'이라는 것은 있을 수 없는 일이다. 다시 한 번 차분하게 머리를 정리하고 생각해보길 바란다. 이 두 사람에게 '지금'이란 언제일까?

이처럼 현대 물리학에서는 우주에서의 시간이 사람마다 제각각이다. 로벨리는 이렇게 말했다. "우주에서 '지금'이라는 말은 의미가 없다."

공상 속의 이야기가 아니다. 현실에서 일어나고 있는 일이다. GPS 위성은 상대성이론의 효과로 시간이 하루에 30마이크로초만큼 빠르게 흐르기 때문에 시간의 오차를 보정하고 있다. '공통된 시간은 존재하지 않는다.'는 것은 일상생활에서 현실인 것이다. 100년 전에 아인슈타인이 상대성이론을 통해서 밝혀낸 사실이지만, 우리는 이 사실을 아직도 잘 이해하지 못하고 있다.

물리법칙은 시간경과의 메커니즘을 보여주지 않는다

'하지만 물리학에서는 시간의 존재가 명확하잖아.'라고 생각할지도 모르는데, 이것도 착각이다. 과거와 현재, 원인과 결과를 구별하는 물리학은 없다. 뉴턴역학도 일반 상대성이론도 양자역학도 '과거→미래'의 흐름을 보여주지 않는다. 지금 '무슨 말도 안 되는 소리야?'라고 생각했을 테니 한번 확인해보자.

뉴턴역학은 물체의 움직임을 식으로 표현한다. 공을 낙하시키는 영상을 찍고 '미래→과거'로 역제생히면 아레에서 위로 던진 공의 속도가 시서히 떨어지는 듯이 자연스럽게 보인다. 양쪽의 현상을 뉴턴역학의 방정식으로 기술하면 똑같아진다. 차이는 초기 속도의 값뿐이다. 낙하일 경우는 초기 속도가 제로이고, 아래에서 위로 던질 경우는 어느 정도의 초기 속도를 갖는다. '과거→미래'도 '미래→과거'도 같은 방정식이며, 양쪽은 가역적인 것이다.

그러나 '과거→미래'로의 흐름을 보여주는 비가역적인 물리법칙이 딱 하나 존재한다. [Book 69]《엔트로피와 질서》에서 소개한 '엔트로피는 늘 증대한다.'라는 열역학 제2법칙이다. 홍차에 우유를 넣으면 점점 섞여서 밀크티가 된다. 이 동영상을 역재생하면 밀크티가 홍차와 우유로 완전히 분리되지만, 이것은 부자연스러운 현상이기 때문에 금방 '역재생'임을 알 수 있다. 유일하게 열역학 제2법칙만이 '과거→미래'의 불가역적인 현상이다. 엔트로피가 낮고 질서가 잡힌 상태(홍차)가 어떤 계기로 붕괴되어 (우유를 넣는다) 엔트로피가 증가한다(밀크티가 된다). 인간은 이 과정을 시간이라고 느낀다. 즉, 물리학적으로 시간의 비가역성은 오직 엔트로피하고만 관계가 있다. 이 엔트로피의 문제는 뒤에서 자세히 살펴보도록 하자.

시간에는 최소단위가 있다

루프 양자중력이론은 아주 작은 양자역학의 세계를 생각하는 이론이다. 이 이론은 양자역학의 세계에서 처음부터 알려져 있었던 세 가지 특성(입자성, 불확정성, 관계성)을 기반으로 시간·공간의 개념을 뒤엎어나간다.

① **입자성:** 양자의 세계에는 모든 현상에 최소단위가 있다. 시간에도 플랑크 시간(5.4×10의 마이너스 44제곱초)이라는 최소단위가 있다. 양자역학 세계의 시간은 연속성이 없으며, 시간은 연속적으로 흐르지 않고 플랑크 시간의 단위로 띄엄띄엄 건너뛴다. 또한 크기에도 플랑크 길이(1.6×10의 마이너스 35제곱미터)라는 최소단위가 있다.

② **불확정성:** 양자역학 세계에서는 특정 전자의 장소나 속도를 정확히 예측할 수 없으며, 확률적으로만 예측할 수 있다. 시간이나 공간도 마찬가지다. 시간에 관해서도 과거·현재·미래가 요동하기 때문에 확정할 수 없다.

③ **관계성:** 양자는 불확정성의 세계이지만, 무엇인가와 상호작용함으로써 불확정성이 해소된다. 앞에서 이야기했듯이 전자의 장소는 확률적으로만 예측할 수 있지만, 그 전자가 브라운관의 스크린에 부딪히면 밝은 점을 만들어 장소가 확정된다. 이것은 시간이나 공간도 마찬가지여서, 무엇인가와 상호작용함으로써 시간이나 공간이 확정된다.

이상과 같은 양자의 세계에 입각해, 로벨리는 '공간도 공 양자라는 양자다.'라고 생각했다. 공간양자가 상호작용해서 연결되고 그것이 네트워크가 되어 공간을 형성하고 있다는 것이다. 가령 우주공간처럼 언뜻 진공이고 아무것도 없어 보이는 공간도 사실은 공간양자로 가득 차 있다. 이 공간양자가 상호작용함으로써 어떤 사건이 일어나서 시간이 만들어지는 것이다.

이것이 기존의 상대성이론이나 초끈이론과 크게 다른 점이다. 이처럼 시간의 정체는 복잡하다. '과거→미래'로 단순하게 흐르지 않으며, 사실은 존재하지도 않는다. 그러나 우리는 시간을 인식한다. 왜일까?

인간의 지각이 시간을 만들어냈다

사실은 우리의 지각이 과거와 현재를 구별하고 있다. 질서가 잡힌 상태(낮은 엔트로피)로부터 무질서하고 난잡한 상태(높은 엔트로피)로 변화하는 엔트로피의 세계에서 이에 대해 생각해보자. 애초에 '질서가 잡힌 특수한 상태'란 무엇일까?

우리는 다음 그림①의 상태(위가 검은색 카드, 아래가 빨간색 카드)를 질서가 잡힌 상태로 느끼지만, 그림②도 숫자순이라는 질서가 있다.

그림③은 질서가 없다. 그러나 카드의 색이나 숫자의 순서 같은 선입견을 배제하면 이것도 이 상태만의 특별한 상태다. 사실 모든 배치는 특수한 것이다. 질서가 잡힌 상태란 인간의 인지일 뿐이다. 물리법칙도 아니다.

사람은 모든 것을 인식하고 파악할 능력이 없다. 홍차도 극소의 세계로 확대하면 홍차의 분자와 우유의 분자가 분리되어 있지만, 인간은 이를 인식하지 못한다. 사람은 자신이 인식할 수 있는 패턴을 '질서'라고 생각한다.

이것은 인간의 인지 한계 때문이다. 엔트로피란 전체를 질서라는 관점에서 대략적으로 파악한 개념인 것이다. 그 결과, 인간은 엔트로피 증대의 불가역성을 느끼고 시간을 인식한다. 이것은 기억의 작용이다. 과거의 과정을 기억하고 의미를 부여해 미래와 관련짓는다. 로벨리는 이렇게 말했

엔트로피가 높은 것은?

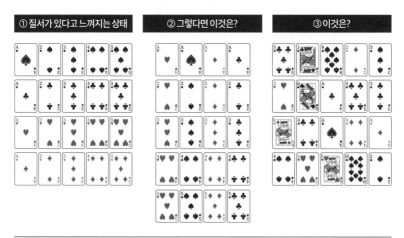

다. "요컨대 시간은 본질적으로 기억과 예측으로 만들어진 뇌의 소유주인 우리 인간과 이 세계의 상호작용의 형태이며, 우리의 정체성의 원천인 것이다."

여기에서 로벨리는 시간이라는 개념에 관해 철학자들이 한 말을 소개했다. [Book 11]《현상학의 이념》의 저자인 후설은 "제일 먼저 찾아오는 것은 전자(물리적인 세계)이며, 우리의 이해 수준과는 완전히 무관하게 전자에 따라서 결정되는 것이 후자(의식)다."라고 말했다.

[Book 6]《순수 이성 비판》의 저자인 칸트는 "공간도 시간도 지식의 선험적(아프리오리)인 형식이다."라고 말했다.

[Book 12]《존재와 시간》의 하이데거는 "시간은 그곳에 인간 존재가 있을 때만 시간화한다."라고 말했다.

또한 붓다가 '모든 것은 괴로움이다.'라고 말한 것도 소개했다. 태어나는 것, 늙는 것, 죽음, 싫은 것과의 만남, 사랑하는 것과의 이별은 '괴로움'이다. 사람은 가진 것을 잃고, 기억이나 예측 속에서 괴로워한다.

"인과관계는 인간의 믿음일 뿐이다."라고 갈파한 [Book 5]《인간이란 무엇인가》의 저자 흄도 "인간은 지각의 다발이다."라고 말했다. 18세기의 흄의 사상도 로벨리의 주장에 가깝다. 이론물리학에서 시간의 수수께끼를 깊게 생각하면 개인의 정체성이나 의식에 도달하는 것이다.

로벨리는 이렇게 말했다. "우리는 자신이 시간임을 깨닫기 시작한다. 우리는 이 공간, 뉴런들의 연결 속에 있는 기억의 흔적을 통해서 펼쳐진 초원이다."

과거도 미래도 없으며, '지금, 여기'만이 존재한다. 이론물리학의 세계가 철학의 세계에서 긴 세월 동안 논의해온 시간의 개념에 가까워지고 있는 것은 참으로 흥미롭다.

POINT

물리학에서는 시간이 존재하지 않는다. 인간의 인식이 시간을 만들어내고 있다.

Book 74

과학은 가설과 검증의 축적을 통해서 진화한다
과학과 가설

앙리 푸앵카레 Henri Poincaré

1854~1912년. 프랑스의 물리학자, 과학철학자. 파리대학교에서 수학 박사학위를 받았으며, 수학과 수리물리학, 천문학 등을 가르쳤다. 프랑스 과학아카데미, 아카데미 프랑세즈의 회원이었다. 푸앵카레 추측을 제창했으며, 프랙털이론이나 카오스이론의 선구자로도 유명하다.

과학은 가설이다

과학으로 설명할 수 없는 신기한 현상이 보고되면 이렇게 단정해버리는 과학자를 종종 볼 수 있다. "과학이론에 따르면 이렇게 됩니다. 그런 비과학적인 현상은 조작된 것이 틀림없습니다."

그러나 이것이야말로 비과학적인 태도다. 과학은 가설에 불과하다. 과학이론으로 설명할 수 없는 현상이 일어났다면 먼저 사실을 확인해야 한다. 그리고 정말로 그 현상이 일어났다면 재검토해야 할 것은 그 현상이 아니라 과학이론이다.

과학은 실증된 뒤에도 자주 재건토된다. 뉴턴역학은 '빛의 속도는 일정하다.'라는 현상을 설명하지 못했고, 그래서 아인슈타인의 상대성이론이 등장했다. 과학은 가설이다. 새로운 사실이 발견되면 과학을 수정해야 하는 것이다.

20세기 초엽에 이 과학과 가설의 구조를 해명한 사람이 있다. '만능 천재'로 불린 앙리 푸앵카레다. 1854년에 태어난 푸앵카레는 위상수학의 분야에서 수많은 발견을 했고, '삼체문제(세 물체 사이의 상호작용과 움직임을 다루는 고전 역학 문제)'로 카오스이론의 원형을 만들었으며, 이론물리·천체 역학·전자기학에 정통했다.

그때까지 '과학은 절대적인 진리다.'라고 믿고 있었던 사람들은 과학이 진화하면서 뉴턴역학 등의 모순이 드러나고 새로운 과학이론이 가설로서 제창되자 '가설에 불과한 과학을 믿어도 되는 걸까?'라고 생각하기 시작했다. 그러나 푸앵카레에게는 과학을 무조건 믿는 것도, 반대로 가설이라고 경시하는 것도 '이해가 얕은' 행위였다. 그래서 이 책을 통해 가설의 역할을 제시한 것이다. '과학은 가설이다.'라는 본질을 알면 우리의 시각도 달라지며 사고력도 높아진다.

과학자는 다음과 같은 흐름으로 이론을 만든다.

① **실험 결과에서 사실을 수집한다:** 과학자는 실험을 통해서 빛이 직선으로 나아감을 검증하거나 고체의 성질을 조사한다. 이 단계의 실험 결과는 단순한 '사실의 집합'이다.

② **결과를 분석하고 고찰한다:** 사실을 분석해, 다른 사람들도 실험에

서 같은 결과가 나오도록 법칙을 이끌어낸다.

③ **일반화하여 가설로서 과학이론을 만든다:** 누가 실험을 해도 결과를 예상할 수 있게 한다. 이를테면 식 y=f(x)로 'X를 바꾸면 결과 Y는 이렇게 된다.'라고 보여준다.

과학이론은 가설의 형태로 만들어진다. 실험에서 얻은 사실은 일반화함으로써 비로소 가치를 발휘한다. 그러나 일반화는 어디까지나 가설이며, 절대적인 진리가 아니다. 이것은 다음 그림의 ① 단계를 보면 알 수 있다. 실험에서는 삼라만상의 데이터를 얻지 않는다. 한정적인 조건에서 얻

과학자는 실험 결과를 일반화하여 과학이론이라는 가설을 세운다

① 실험의 결과로부터
   사실을 수집한다

수치 y

실험의
결과(사실)

수치 x

② 실험 결과를
   분석하고 고찰한다

무슨 의미일까?

그렇구나!
알았어!

③ 일반화해서 가설로서
   과학이론을 만든다

수치 y

일반화=실험법칙
예를 들면 y=f(x)

이것은 어디까지나 가설
검증 필요

수치 x

은 결과를 바탕으로 ② 고찰하고 ③ 일반화한다. 이때 필요한 것이 가설의 검증이다. 푸앵카레는 이렇게 말했다. "모든 것의 일반화는 하나의 가설이다. (중략) 단, 가설은 언제나 최대한 빠르게, 최대한 여러 번 검증에 노출될 필요가 있다. 그리고 그것이 검증이라는 시험을 통과하지 못했을 경우 망설임 없이 버려야 한다는 것은 굳이 말할 필요도 없다."

[Book 65]《의식은 언제 탄생하는가》에서 토노니는 "우리는 어떤 실험이든 어떤 관찰이든 '이것도 결국 소용없을지 몰라.'라고 생각하면서 하고 있다."라고 말한 뒤, 그가 제창하는 통합정보이론을 계속 검증했다. 이 자세야말로 과학자의 모습이다. 그렇다면 검증 결과 가설이 틀렸다면 어떻게 되는 것일까? 푸앵카레는 이렇게 말했다. "자신의 가설 중 하나를 포기하게 된 물리학자는 오히려 기쁨으로 가득할 것이다. 그는 예기치 못한 발견의 기회를 만났기 때문이다."

이렇게 해서 사실에 입각해 미지의 발견을 한 기쁨을 아는 사람이 진짜 과학자다. 사실을 바탕으로 유추하는 것이 과학적인 태도이며, 사실을 무시하고 이론을 만드는 것은 과학적인 태도가 아니다.

2005년에 〈네이처〉지는 미국 젊은이들을 대상으로 다윈의 진화론에 관해서 조사했는데, 다음과 같은 결과가 나왔다. ① 진화론은 검증이 끝난 과학이론: 37퍼센트, ② 가설에 불과하며 확정적이 아니다: 30퍼센트, ③ 잘 모르겠다: 33퍼센트.

이처럼 의외로 현실에서는 진화론이 받아들여지지 않고 있다. 또한 미국에서는 다윈의 진화론에 대항해 '지적설계설'이 제창되기도 한다. 예를 들면 '우주의 어딘가에 지적설계자가 있어서, 그 설계자가 DNA 등을 설계해 생명을 만들어냈다.'라는 설이다. '비과학적이다.'라고 생각할지도 모르지만 무작정 무시할 수만도 없는 흐름이다.

사실 진화론에서는 생명의 기원을 검증하고 있지 않다. 도킨스의 저서 [Book 63]《이기적 유전자》에서 소개했듯이 '생명은 원시수프에서 탄생했다.'라는 가설은 있지만, 재현 실험은 무리이기에 검증이 불가능하다. 이렇게 생각하면 "지적설계설은 황당무계한 주장이다."라고 무시하는 것은 과학적인 태도가 아니다.

[Book 1]《소크라테스의 변명》에서 소개했듯이, 온갖 학문의 출발점은 '부지不知의 자각'이다. 푸앵카레가 제창한 사고법은 소크라테스가 제창한 지를 추구하는 태도 그 자체다.

비즈니스도 마찬가지다. 비즈니스 전략도 가설에 불과하다. 성공한다면 그 전략이라는 가설이 현재의 상황에 최적화된 것이라는 의미다. 그러나 현재의 상황이 영원히 변하지 않는 일은 있을 수 없다. 수개월에서 수년만 지나도 상황은 크게 달라진다. 전략(가설)의 전제가 되는 현재 상황이 바뀐다면 전략도 바꿀 필요가 있다. 이를 위해서는 과학이 실험을 통해서 과학이론을 만들었듯이 비즈니스 환경의 변화를 지켜보고 새로운 비즈니스 전략을 가설로서 만들어야 한다. 과학의 왕도도 비즈니스의 왕도도 뿌리는 공통인 것이다.

POINT

과학이란 끊임없이 검증을 계속할 것이 요구되는 가설이다.

Book 75

새로운 과학 패러다임은
어떻게 탄생하는가
과학혁명의 구조

토머스 S. 쿤 Thomas Samuel Kuhn
1922~1996년. 미국의 과학자. 전문분야는 과학사와 과학철학. 미국의 오하이오주에서 독일계 유대인 토목기사의 아들로 태어났다. 하버드대학교와 캘리포니아대학교 버클리캠퍼스, 프린스턴대학교 등에서 과학사와 과학철학을 가르쳤다. 미국과학사학회 회장을 역임했다.

과학은 갑자기 진화한다

획기적인 과학이론은 처음에 강경한 반대파가 등장하거나 무시당하기 일쑤다. 그리고 시간이 지난 뒤에 인정을 받아 주류가 된다. 가령 16세기에 코페르니쿠스가 제창한 지동설이 완전히 받아들여지는 데도 100년 이상이 걸렸다. 이러한 과학의 진화구조에 주목한 인물이 있었다. 미국의 철학자이자 과학자인 토머스 쿤이다. 그때까지 주류의 생각은 푸앵카레가 [Book 74]《과학과 가설》에서 말했듯이 '과학은 가설과 검증의 축적을 통해서 진화한다.'였다. 그러나 과학자들의 연구진행 방식을 조사하는 과

648 CHAPTER 5 | 과학

정에서 '그것만이 아니다.'라고 깨달은 쿤은 이 책에서 패러다임이라는 개념을 제창했다.

1962년에 출판된 이 책은 세계에서 100만 부가 넘게 팔렸고, 학계와 비즈니스계에도 영향을 끼쳤다. 우리도 비즈니스에서 오래된 사고방식에 얽매인 탓에 혁신적인 아이디어를 살리지 못해 기회를 놓치는 경우가 종종 있다. 이 책을 공부하면 그런 함정에 빠질 위험성을 줄일 수 있다.

참신한 발상이 등장하면 사람들은 소수의 혁신파와 다수의 보수파로 나뉜다. 혁신파가 "○○가 옳다."라고 말하면 보수파는 "말도 안 된다."라고 반대한다. 과학에서도 같은 일이 일어난다. 쿤은 보수파가 추진하는 과학을 정상과학, 혁신파가 추진하는 과학을 과학혁명이라고 불렀다. 다음 그림은 그 개념에 입각해서 과학의 진보를 정리한 것이다.

① **정상과학:** 많은 과학자가 완전히 확립된 이론을 전제로 연구를 진행한다. 가령 물질의 성질을 조사하는 물성과학은 양자역학이 전제다.
② **과학혁명:** 정상과학의 이론을 부정한다. 상식을 뒤엎기 때문에 정상과학을 전제로 연구하는 과학자들은 반대한다.

이처럼 패러다임은 그 시대의 과학자들이 가진 지배적인 사고방식이다. 그리고 과학혁명의 흐름은 이렇게 된다.

① **새로운 패러다임이 등장한다:** 정상과학으로 설명하지 못하는 현상이 나타나자 새로운 이론으로 그 모순을 해결하려는 소수의 과학자

과학혁명으로 패러다임이 크게 바뀌면서 과학은 발전한다

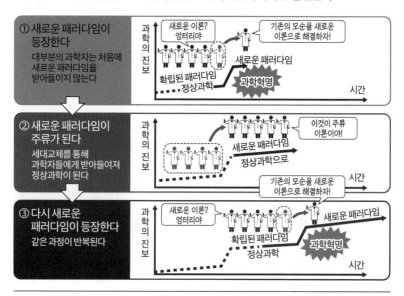

가 등장하지만, 대부분의 과학자는 상식을 근본부터 뒤엎는 새로운 이론을 좀처럼 받아들이지 않는다.

② **새로운 패러다임이 정상과학이 된다:** 새로운 이론을 뒷받침하는 실험결과가 서서히 증가한다. 과학자의 세대교체도 진행되면서 새로운 패러다임이 주류가 되어 정상과학이 된다.

③ **다시 새로운 패러다임이 등장한다:** 더욱 시간이 흐른 뒤, 새로운 패러다임이 등장하면서 과정이 반복된다.

이처럼 과학을 정상과학과 과학혁명이라는 두 국면으로 나눈 것이 쿤

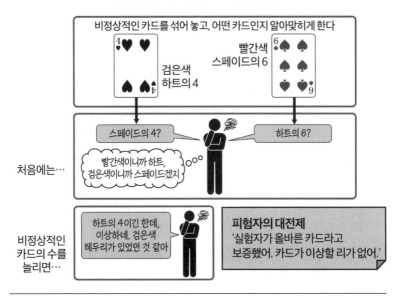

심리학자 브루너와 포스트먼의 실험

비정상적인 카드를 섞어 놓고, 어떤 카드인지 알아맞히게 한다

검은색 하트의 4

빨간색 스페이드의 6

처음에는…

스페이드의 4?

하트의 6?

빨간색이니까 하트, 검은색이니까 스페이드겠지

비정상적인 카드의 수를 늘리면…

하트의 4이긴 한데, 이상하네. 검은색 테두리가 있었던 것 같아

피험자의 대전제
'실험자가 올바른 카드라고 보증했어. 카드가 이상할 리가 없어.'

의 업적이다.

논리적 사고가 특기인 과학자라면 이론과 사실이 뒷받침하는 새로운 패러다임을 즉시 받아들여도 이상하지 않을 터인데, 왜 받아들이지 않는 것일까? 쿤은 이런 실험을 소개했다.

카드를 아주 짧은 시간 동안만 보여주고 어떤 카드인지 맞히게 하는 실험인데, 정상적이라면 있을 수 없는 카드('검은색 하트의 4'라든가, '빨간색 스페이드의 6')를 섞어 놓았다. 그러자 피험자들은 비정상적인 카드를 정상적인 카드로 인식했다. '하트＝빨간색', '스페이드＝검은색'이라고 믿고 '검은색 하트의 4'를 '스페이드의 4'로 대답했다. 그리고 비정상적인 카드의 비율을 높이자 피험자들은 혼란에 빠져서, 가령 '검은색 하트의 4'를 봤을 때는 "하트의 4이긴 한데 좀 이상하네요. 테두리가 검은색이었던 것 같아요….'라고 대답했다. 그렇게 비정상적인 카드의 수를 계속 늘리자 대부분은 인식을 수정해 올바르게 대답했지만, 피험자 중 세 명은 인식을 수정하지 못하고 "더는 못하겠어요!"라고 비명을 질렀다.

피험자들은 '실험자가 올바른 카드임을 보증했다.'고 믿었기에 카드를 의심하지 않고 '하트=빨간색', '스페이드=검은색'이라는 상식을 적용했다. '이상한 것은 나의 지각'이라고 생각하며 자신의 해석을 변경했던 것이다.

이와 마찬가지로 새로운 패러다임에 직면한 과학자도 '지금의 과학은 옳아.'라고 생각해 자신의 해석을 바꾼다. 과거에 천문학자의 패러다임은 프톨레마이오스의 천동설이었다. 그런데 천동설을 전제로 삼으면 항성의 위치 변화는 정확히 예측할 수 있었지만 행성의 위치는 예측이 맞지 않았다. 그래서 천문학자는 이론과 측정값의 차이를 줄여야 했다. 그러나 별의 복잡한 원 궤도를 더욱 보정하면 무서울 만큼 복잡해질 뿐만 아니라 다른 곳에서도 오차가 발생하는 악순환이 벌어졌다. 거의 두더지 잡기를 하는 것과 같은 상황이었다. 그래서 '뭔가 이상한데.'라고 느끼고 있을 때 코페르니쿠스의 지동설이 등장했다.

이처럼 오래된 패러다임의 위기에서 새로운 패러다임으로 이행하는 것이 과학혁명이다. 쿤은 새로운 패러다임의 출현에 따른 과학혁명을 통해서 마치 점프하듯이 과학이 단숨에 진화함을 보여준 것이다.

'그렇다면 패러다임이라는 건 발상을 제한하는 나쁜 것이네?'라고 생각할지도 모르지만, 그것은 오해다. 쿤은 이렇게 말했다. "어떤 패러다임이 오고 그 패러다임을 바탕으로 일련의 특수한 형태의 연구가 계속되는 것은 그 과학 분야의 발전이 성숙기에 접어들었다는 표시다."

패러다임은 과학의 세계를 보는 렌즈다. 패러다임을 통해서 그 분야에 과학자가 모여들고 응용연구 등이 진행된다. 다만 패러다임을 절대시하지 말고 '패러다임은 가설일 뿐'이라고 생각하며 객관적으로 의식하는 자세가 중요하다.

새로운 패러다임을 만든 사람은 젊은이이거나 다른 분야에서 뛰어든 사람이다. 아인슈타인은 26세에 역사적인 논문 세 편을 썼고, 뢴트겐은 50세에 다른 연구를 하다 엑스선이 투과하는 현상을 우연히 발견했다. "혁신은 외부인, 젊은이, 바보가 일으킨다."라는 말이 있듯이, 과학혁명은 전통적인 규칙으로부터 자유로운 사람들이 일으킨다. 이 책에서는 혁신을 일으키는 조건이나 혁신을 인정하지 않는 이유도 배울 수 있다.

POINT

패러다임의 좋은 측면과 나쁜 측면을 이해하고 혁신을 촉진하라.

◼◼ Book 76

인문학과 과학은 함께 가야 한다
두 문화

찰스 퍼시 스노우 Charles Percy Snow

1905~1980년. 영국의 물리학자, 소설가. 케임브리지대학교에서 물리학 박사학위를 받았으며, 동대학의 특별 연구원이 되었다. 그 후 영국 노동부에서 일했고, 제2차세계대전 중 과학자의 연구 동원에 대한 공적으로 대영제국 훈장CBE을 받았다.

문과와 이과 사이에 흐르는 깊고 어두운 강

"이과는 이론만 앞세우고 커뮤니케이션에 약하다. 문과는 감정 표현이 풍부하고 커뮤니케이션 능력이 뛰어나다."

이런 이야기를 들을 때가 종종 있다. 시중에는《이과 남편 취급 설명서》같은 책도 있어서, "이과 남편에게 공감을 요구하는 것은 헛수고다." 등의 내용이 적혀 있다. 한편 "이과와 문과를 나누는 나라는 한국과 일본 뿐이다."라는 이야기도 자주 듣는다.

사실은 1950~1960년대의 영국에서도 지식인들 사이에서 자연과학자

(이과)와 인문학자(문과)의 반목이 심해 영국의 국력에 심각한 영향을 끼칠 정도였다고 한다. 이 책은 그 단절의 문제를 다룬 것이다.

저자인 찰스 퍼시 스노우는 1905년에 태어난 영국인이다. 어릴 때부터 과학을 좋아해 케임브리지대학교의 박사과정에서 과학을 연구했고 한때 세상의 주목을 받는 발견도 했지만, 계산 오류가 발각되어 발견을 철회하고 연구자의 길에서 하차했다. 한편 연구와 병행해서 소설도 집필하기 시작해, 잇달아 작품을 발표하며 명성을 높였다. 그 후 관청과 민간기업의 요직, 과학기술청 차장을 역임했으며, 귀족작위도 받았다. 이과와 문과 양쪽에 깊게 몸담았던 인물인 것이다.

그런 스노우가 1959년에 케임브리지대학교에서 실시했던 강연과 그로부터 4년 후에 실시했던 강연, 그리고 1993년에 케임브리지대학교의 영문학·사상사 연구자인 스테판 콜리니가 쓴 해설의 3부로 구성되어 있는 이 책은 출판 후 영국뿐만 아니라 전 세계에서 큰 반향을 불러일으켰다. 스노우의 지적은 사실 당시 사람들이 어렴풋이 느끼고 있었던 위기였던 것이다.

두 세계에 사는 사람들

과학자로서 연구를 계속하는 가운데 소설도 썼던 스노우에게는 낮에는 과학, 밤에는 문학이라는 두 개의 세계가 있었다. 이 두 세계에 사는 사람은 같은 수준의 지식을 갖고 있으며, 인종도 성장 환경도 수입도 큰 차이가 없다. 그럼에도 대화가 성립하지 않아 교류가 전무했다. 이것이 '두 문화'다. 양자는 이런 식이었다.

① **과학자(이과)**: 실험이나 관찰로 얻은 사실을 중시한다. 그들은 인문학자를 '미래를 예측하는 눈도, 지성도 없을 뿐만 아니라 예술이나 사상이 전부라고 믿는 사람들'이라고 생각했다. 한편 대부분의 과학자는 소설, 역사, 시, 희곡 등을 읽지 않는다.

② **인문학자(문과)**: 인간은 어떠해야 하는지를 주관적으로 생각한다. 그들은 과학자를 '인간에게 관심이 없고 생각이 얕은 낙천주의자'라고 생각했으며, 문학작품을 읽지 않는 과학자들을 보고 내심 무지한 전문가라고 여겼다.

이런 상황은 오늘날에도 그다지 다르지 않다는 생각이 든다. 과학자이기도 한 스노우는 한 인문학자가 "과학자는 무식한 놈들이야."라며 비웃자 참지 못하고 이렇게 물었다. "당신은 열역학 제2법칙에 관해 설명할 수 있습니까?" 스노우에 따르면, 이것은 그들에게 "셰익스피어의 작품을 읽어 보셨습니까?"라고 묻는 것과 동등한 질문이었다.

또한 스노우는 초급편으로 "질량과 가속도란 무엇인가?"라는 질문도 언급했다. '질량과 무게의 차이', '가속도'라는 개념은 중학교 교과과정 중 배우는 개념이다. 그리고 스노우는 이렇게 말했다.

"이처럼 현대 물리학의 위대한 체계는 발전하고 있는데도 서유럽의 가장 현명한 지식인이라고 하는 사람들은 물리학에 대해 신석기시대를 살았던 조상 수준의 통찰밖에 없는 것이다."

문과에는 상당히 뼈아픈 지적이다. 이와 같은 문과와 이과의 분리는 언제부터 시작되었을까? 스노우는 이렇게 말했다. "이 두 문화는 60년 전에 이미 위험한 분리를 시작했다. (중략) 실제로 과학자와 비과학자의 분리는 오늘날의 젊은이들 사이에서는 매우 해결하기 어려운 문제가 되었다. 두 문화가 서로 대화하기를 멈춘 지 벌써 30년이 흘렀다."

이 강연이 실시된 해는 1959년이다. 요컨대 1900년경부터 분리가 시작되었고, 대화를 멈춘 때는 1930년경이다. 생각해 보면 분명히 19세기 중엽에 과학이 눈부시게 발전하며 철학으로부터 분기되기 시작했고, 아인슈타인의 활약이 시작되기 직전인 1900년경에는 분리가 거의 완료되었다. 그리고 1927년에 양자역학의 세계에서 하이젠베르크가 불확정성 원리를 제시했을 무렵부터 아인슈타인이 "신은 우주를 상대로 주사위 놀이를 하지 않는다."라며 반발하고 물리학자들 사이에서 치열한 논쟁이 벌어지면서 비과학자들은 이해할 수 없는 세계가 되었다. 과학이 고도로 전문화되면서 인문학자와 과학자의 대화는 더더욱 어려워졌던 것이다.

그러나 스노우는 "이런 단절을 방치하면 영국은 더욱 국력을 잃을 것이다."라고 위기감을 드러냈다. 1950~1960년대 당시의 상황을 알면 이 위기감을 이해할 수 있다. 그로부터 20년 전인 제2차세계대전 이전의 대영 제국은 세계의 육지와 인구의 4분의 1을 지배하는 초강대국이었다. 그러나 제2차세계대전이 끝나자 먼저 인도와 파키스탄이 독립했고, 여기에 아프리카와 아시아의 식민지도 독립했다. 이에 따라 세계의 패권은 미국과 소련으로 넘어갔고, 소련을 필두로 한 공산주의국가가 대두하기 시작했다. 그리고 성장하는 미국과 소련은 문과와 이과의 대립을 극복하고 있었던 것이다.

애초에 영국은 산업혁명의 발상지다. 그런 영국이 왜 이런 상황에 빠졌던 것일까? 스노우의 이야기에 따르면, 당시 과학자들은 산업혁명을 추진했지만 인문학 지식인들은 산업혁명을 반대했었다고 한다. 산업혁명기의 영국에서는 수공업 기술자와 노동자들이 "기계를 도입하면 우리는 일자리를 잃는다."라고 반대하며 기계를 부수는 러다이트 운동이 일어났다. 스노우는 지식인, 특히 인문학 지식인들도 그들과 같은 러다이트(산업화, 자동화, 신기술에 반대하는 사람들)라고 말했다. 산업혁명은 사회혁명이었으며 국가의 부를 증대시켜 가난한 사람들을 빈곤으로부터 구출했는데, 과거 영국을 사랑하는 인문학 지식인들은 사회를 바꾸는 산업혁명의 의미를 이해하려 하지 않았던 것이다.

산업혁명의 원동력은 쿤이 [Book 75]《과학혁명의 구조》에서 지적한 과학혁명이다. 과학혁명이야말로 생활의 기반이며, 사회의 혈액이다. 내로라하는 지식인들이 과학에 관해 구석기시대 수준의 지식밖에 없는 것은 심각한 문제였다.

성장하는 미국과 소련은 이런 상황을 바꾸고자 교육에 크게 투자했다. 미국에서는 고교과정에서 기초과학과 기초수학을 가르치고 있었다. 소련에서는 15~18세의 모든 국민에게 과학과 수학을 가르치고, 대학교에서도 기술을 가르쳤다. 그래서 소련에는 기술자의 수가 매우 많았다. 소련의 소설가들이 쓰는 소설을 읽어 보면 그들도 높은 과학 문해력을 갖췄음을 알 수 있다. 러시아인들은 과학혁명의 최첨단에 서려면 무엇을 해야 할지 알고 있었던 것이다.

스노우는 영국도 과학혁명을 진행하기 위해 대규모의 기계적 자본을 축적하고, 유능한 과학자와 기술자를 육성하는 데 돈을 쏟아 부으며, 아시아와 아프리카 등으로 진출해야 한다고 강조했다. 과학자와 인문학자의 분단으로 인한 국력 쇠퇴를 걱정하고 교육에 투자하도록 호소했던 것이다.

그렇다면 60년 이상 전에 했던 이 제언은 현대에 어떤 의미를 지니고 있을까?

전문분야의 벽을 극복해야 한다

제3부는 스노우의 강연으로부터 34년 후인 1993년에 케임브리지대학교의 콜리니가 쓴 해설이다. 콜리니는 현대에는 과학, 인문학으로 단순하게 분류할 수 없는 분야가 많아졌다고 지적했다. 그렇다면 두 문화라는 관점은 시대착오적인 것일까? 콜리니는 이렇게 말했다.

"스노우의 분석에는 더 오묘한, 어떤 의미에서 더 흥미로운 점이 숨어 있었다. 즉, 지식이 점점 전문화되어 가는 상황이 끼치는 문화적인 영향이다."

콜리니의 지적대로, 현대에는 문과·이과보다 더욱 세분화된 층위에서 단절이 일어나고 있다. 가령 원자력발전소의 방재 대책은 원자력공학의 과학자들만이 궁리해서는 불충분하다. 지반을 조사하려면 지질학자의 지식이 필요하고, 쓰나미 대책에는 지진연구가, 사람들에게 끼치는 피해에 관해서는 방사선피폭 전문의학자, 방사능 확산 대책에는 기상학자도 필요하다. 오늘날 유효한 대책을 세우려면 이런 전문분야의 벽을 뛰어넘어 최적화된 해결책을 내놓을 필요가 있다. 과학을 초월한 문제도 다수 나타나기 시작했다. 과학이 윤리적인 영역에 점차 발을 들여놓기 시작했기 때문이다.

인간을 초월하는 능력을 지닌 AI의 개발 경쟁을 AI 과학자와 기업 간의 자유경쟁에 맡기고 방치해도 되는 것일까? 유전자 공학에서 인간의 DNA를 편집해 더 뛰어난 인간을 만들어내는 것을 허용해도 되는 것일까?

전부 인류가 오랫동안 질문을 던져 온 '인간이란 무엇인가?'라는 철학이나 윤리학의 근간과 관계된 문제다. '기술 진화는 행복을 가져다준다.'라는 단순한 생각만으로 정당화하는 것은 위험하다. 콜리니는 이렇게 말했다. "명사名士도 인문학 학자도 스노우 이후로 '과학에 관한 지식이 결여되어 있다.'라는 비난을 자주 받지만, 과학 전문가가 역사나 철학에 관한 지식을 갖추지 못한 것도 같은 수준으로 유해하다."

이런 측면에서도 우리는 이 책에서 소개하는 교양서 87권 같은 인류가 쌓아 올린 지식을 공부해야 하는 것이다.

스노우가 지적한 두 문화의 문제는 오래되었으면서도 새로운 과제다. 깊은 전문지식을 갖추는 한편으로 전문지식에 얽매이지 않고 폭넓게 지식을 공부할 필요도 있다. "이것은 도움이 안 되니까 필요 없어."라고 단정하지 말고 다양한 분야에 관심을 갖자. 그것이 앞으로 커다란 문제에 직면했을 때 문제를 다면적으로 보고 해결할 수 있는 힘이 되어 줄 것이다.

POINT

과학혁명을 위해 과학 교육에 자본과 인력을 투자하라.

Chapter 6

수학·공학

기술 진화는 인류의 미래를 좌우한다.
그래서 모든 학문의 기초가 되는 수학,
기술을 발전시키는 공학을
깊게 이해하는 것이 중요하다.
이번 챕터에서는 수학과 공학 분야의 대표적인
명저 11권을 소개한다.

These days'
liberal arts must-reads 87

Book 77

수학은 상대를 수긍시키는 방법이다
수학서설
数学序説

요시다 요이치吉田 洋一・**세키 세츠야**赤攝也

요시다 요이치: 1898~1989. 수학교육에 일생을 바친 수학자. 1923년에 도쿄제국대학교 이학부 수학과를 졸업했으며, 홋카이도대학교, 릿쿄대학교, 사이타마대학교 교수 등을 역임했다. 수필가, 하이쿠 시인으로도 유명하다.

세키 세츠야: 1926~2019. 수학자. 수학 기초론의 권위자다. 1949년에 도쿄대학교 이학부 수학과를 졸업했으며, 릿쿄대학교와 도쿄교육대학교 교수 등을 역임했다.

왜 수학을 공부해야 하는가

상대가 나의 주장에 수긍하도록 만드는 것은 어려운 일이지만, 수학을 공부하면 상대를 수긍시킬 수 있게 된다. 이 책의 첫머리에는 파스칼이 남긴 "타인을 수긍시키는 방법에는 두 가지가 있다. 첫째는 상대의 입맛에 맞는 말을 하는 것이고, 둘째는 논리를 앞세우는 것이다. 나는 전자에 소질이 없지만, 후자라면 노력 여하에 따라 충분히 가능하다."라는 취지의 말이 소개되어 있다.

또한 수학을 공부하면 사고가 깊어진다. 고등학교 수학은 수준이 높아서 사고의 깊이를 더하는 데 도움이 되지만, 도중에 수업이 어려워져서 좌절하는 경우가 많다. '수학 선생님이 마음에 안 들어서'라는 이유로 수학을 싫어하게 되는 경우도 있다. 참으로 안타까운 일이다. 그러나 수학에 좌절하는 데는 이유가 있으며, 해결 방법도 있다.

나는 고등학생 때 나름 수학을 잘했기 때문에 시험 직전이 되면 반 친구들에게 수학을 가르쳐 달라는 부탁을 자주 받았다. 그래서 2시간 정도 가르쳐주면 친구들은 신기할 정도로 시험에서 높은 점수를 받았다. 핵심은 수학을 공부하는 방식이다. 수학 공부는 블록 쌓기와 같아서, 먼저 기초를 공부하고 그 기초 위에 새로운 지식을 쌓아올리는 과정의 반복이다. 도중에 어떤 부분의 공부를 게을리 하면 그 뒤로는 이해할 수 없게 된다. 그래서 나는 시험 대책으로 시험 범위인 수업 3개월분의 요점을 종이 한 장에 정리했다. 그것으로 전체상을 보여주면서 핵심은 이것이라고 가르쳐주고, 공부를 게을리 한 부분을 찾아내 해결해준다. 그러면 상대는 금방 이해하게 된다. 이렇게 해서 나는 공짜로 족집게 강사 일을 했었는데, 지금은 기업 연수나 나가이 경영아카데미에서 이 경험을 활용하고 있다. 역시 인생은 무엇이 어떻게 도움이 될 지 알 수 없는 법이다.

이 책은 저자들이 일반교양으로서의 수학을 알기 쉽게 설명한 것이다. 70년 전에 출판된 책이지만, 지금도 재미있게 읽을 수 있는 수학의 스테디셀러다. 릿쿄대학교 문학부의 수학 강의에서 학생들에게 나눠 줬던 유인물이 기반이 되었다고 한다.

저자인 요시다 요이치는 수학교육에 평생을 바친 수학자이며, 세키 세츠야도 수학 기초론의 권위자다. 수학은 그 수학 이론이 왜 탄생했는지를 알면 쉽게 이해할 수 있는 경우가 많다. 이 책은 계산 작업을 할 필요가 없이 언제 누가 왜 그 이론을 생각해냈느냐는 배경도 소개해주기에 머릿속에 쏙쏙 들어온다.

"고등학교에서 미적분을 공부하긴 했지만 전부 잊어버렸어."라는 사람도 많을 것이다. 미적분도 이해하고 있으면 사고가 깊어져 비즈니스에 도움이 된다. 그러니 '미적분이란 무엇인가.'를 이해하는 수준을 목표로 이 책을 살펴보자.

상대를 수긍시키는 비결

논리를 앞세워서 상대를 수긍시키는 비결은 다음의 세 가지 규칙을 충족시키는 것이다.

① **정의**: 자신이 사용하는 용어의 의미를 정한다.
② **공리**: 사실임이 명백하며 상대도 동의하는 것을 결정한다.
③ **논증**: 정의·공리·상대가 합의한 주장만을 조합해서 주장이 옳은지 그른지를 논증한다. 가령 결혼 상대를 찾고 있는 상대에게 '온라인에서 찾는 것도 좋지 않을까?'를 수긍시키고자 한다면 이런 식이 된다.

① **정의**: "중요한 점은 자신의 희망에 맞는, 결혼하고 싶은 이성을 찾아서 교제할 계기를 만들면 되잖아?"
② **공리**: "결혼 상대는 궁합이 중요한데, 많은 사람을 만나면 궁합이 좋

은 상대를 만날 가능성도 높아지겠지? 온라인이라면 더 많은 상대
를 만날 수 있어."

③ **논증:** "그러니까 온라인에서 상대를 찾아보는 방법도 고려할 만 해.
온라인이라면 많은 사람을 만날 수 있으니까 궁합이 맞는 상대를 찾
을 수 있을 거야."

여기에 합의한다면 다음 단계는 '어떤 온라인 만남 서비스를 선택할 것
인가?'가 된다. 이것이 "수학은 블록 쌓기다."라고 말한 의미다. 어미 거북
위에 새끼 거북이 올라타고, 그 뒤에 다시 새끼의 새끼 거북이 올라타는
식으로 쌓아올린다. 그렇기 때문에 어미 거북에서 막히면 그 다음은 이해
가 안 될 수밖에 없다.

이 3원칙은 고대 그리스의 기하학에서 사용되었던 방법이다. 다만 그
후 역사의 주역이 된 로마인은 그리스 기하학을 계승하지 않았고, 1,000
년 동안 중세 암흑시대가 계속되었다. 그 기간 동안 수학을 발전시킨 주역
은 영(0)을 발견한 인도인과 이슬람교도인 아라비아인이었다. 유럽은 15
세기가 되어서야 수학을 되찾았고, 17세기 초엽에는 지금의 수학 기호(+,
-, ×, ÷, =, $\sqrt{\ }$, $\wedge$)가 확립되었다. 그리고 최고의 두뇌를 가진 [Book 3]
《방법서설》의 저자이자 철학자 데카르트가 등장했다.

함수와 좌표의 관계

y=f(x)라는 식이나 직선·곡선의 좌표는 언뜻 어려워 보이지만 사실 그

함수와 좌표의 관계

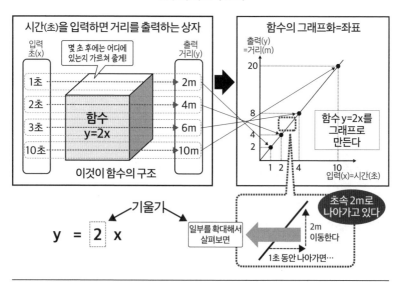

다지 난해하지 않다. 위의 그림처럼 시간(초)을 입력하면 그 시간 동안 나아간 거리를 가르쳐주는 상자를 생각해 보자. 이 상자는 시간(초)을 2배한 거리를 출력한다. 이처럼 입력과 출력의 관계를 연관시키는 상자函를 수학에서는 함수函數라고 부르고 식 y＝f(x)라고 표시한다. x는 입력이고 y는 출력, f가 함수의 기호다.

이 상자의 함수는 y-2x라는 식이 된다. '입력 x를 2배 한 수가 출력 y'라는 의미다. (2x는 2×(곱하기)x라는 의미다. 수식에서는 곱셈 기호인 x를 생략할 수 있다는 규칙이 있다.)

위 그림의 오른쪽 상단은 이 함수를 그래프로 만든 것이며, 그중 일부를 확대한 것이 오른쪽 하단이다. 여기에서는 1초 동안 2미터를 나아가므로 속도는 초속 2미터가 된다. 이처럼 x가 하나 나아갈 때 y가 얼마나 나아가는지를 나타내는 것이 기울기(속도)다. 함수 y = 2x의 기울기는 그림처럼 x에 곱한 수인 2다.

이런 그래프를 좌표라고 한다. 좌표란 함수에서 x와 y가 어떻게 되는지 나타낸 것이다. 그리고 이 함수와 좌표를 바탕으로 뉴턴과 라이프니츠가 고안한 것이 바로 미분과 적분이다.

미분과 적분으로 세상을 바라본다

'미분, 적분이라고? 무서운데.'라고 생각한 사람도 있을 터인데, 간단히 말하면 미분은 지금 이 순간의 변화 또는 경향이며 적분은 과거로부터의 축적이다. 먼저 미분부터 살펴보자.

앞의 예에서는 속도(기울기)가 초속 2미터로 일정하지만, 속도라는 것이 항상 일정하지만은 않다. 속도가 변화하는 경우, 미분을 사용하면 어떤 순간의 속도를 파악할 수 있다. 다음 그림의 그래프를 보길 바란다. 앞의 예에서는 선이 직선이었기 때문에 기울기(속도)가 일정했지만, 이번에는 선이 구불구불하기 때문에 기울기(속도)도 계속 변화한다. 미분은 이럴 때 시간 X라는 순간의 속도를 구하는 방법인 것이다. 이 미분을 이끌어내는 구체적인 수식은 그림과 같다. 그러나 시험에는 나오지 않으니 수식을 전부 이해할 필요는 없다. '미분은 순간의 변화를 나타내는 것'이라고 감각적으로 이해하면 충분하다.

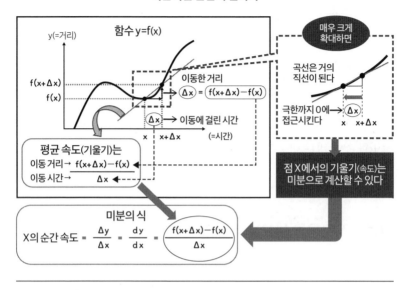

미분이란 순간의 변화다

미분의 응용 범위는 매우 넓다. 자동차는 차바퀴의 회전수를 미분해서 속도를 표시한다. 음성 인식의 경우는 음성 파형을 미분해서 음성의 주파수를 추출해 음성을 인식한다.

한편 적분은 과거에서부터 축적한 '총량'이다. 이것도 함수와 데카르트 좌표로 이끌어낼 수 있다. 다음 그림의 왼쪽 상단은 그래프의 세로축을 거리가 아니라 속도로 바꿔서 어떤 속도로 이동을 계속하면 어느 정도의 거리를 나아가는지 나타낸 것이다. 세로축의 속도와 가로축의 시간을 곱하면 이동 거리가 나오므로 그림에서는 넓이가 이동 거리가 된다. 이 적분을 이끌어내는 방법은 그림과 같지만, 이것도 시험에는 나오지 않으니 식을

적분이란 축적한 총량이다

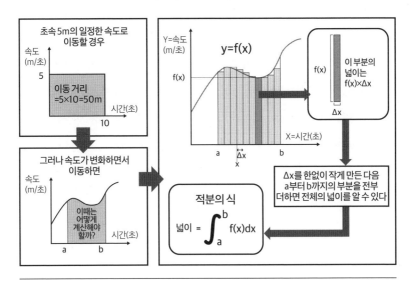

외울 필요는 없다. '적분이란 축적한 총량(넓이)이다.'라고만 이해하면 충분하다.

머릿속에 미분과 적분의 발상이 있으면 세상을 새로운 관점으로 바라볼 수 있게 된다. 아주 작은 변화는 미분의 세계다. 나는 세상을 항상 '미분의 시선'으로 바라보려고 의식한다. 앞으로도 계속될 것 같은 작은 변화를 남들보다 먼저 찾아낼 수 있으면 더욱 편하게 기회를 손에 넣을 수 있기 때문이다.

과거의 축적은 적분의 세계다. 나는 일상의 행동을 항상 '적분의 시선'으로 바라보려고 노력한다. 작은 행동이 축적되면 거대한 힘이 되기 때문이다. 일상의 좋은 습관은 인격을 형성하고 인생을 개척한다. 또한 기업이나 상품의 브랜드 자산은 과거의 고객 한 분 한 분의 만족을 적분한 것이다. 브랜드는 고객 만족을 적분한 결과인 것이다.

이처럼 수학적 사고를 몸에 익히고 실천하면 사고가 깊어진다. 이 책의 전반부에는 허수와 복소수까지 소개되어 있고, 후반부에서는 리만 기하학 같은 공리계의 설명이 이어지기 때문에 점점 어려워진다. 이 책의 절반까지만 읽으도 고등학교 수학 과정은 전부 복습한 것이나 다름없으니 도전해보기를 바란다..

POINT

미분은 순간의 변화, 적분은 축적된 총량이다.

Book 78

통계에 절대 속지 마라
새빨간 거짓말, 통계

대럴 허프 Darrell Huff

1913~2001년. 미국의 작가. 아이오와주립대학교에서 사회심리학, 통계학, 심리테스트 등을 연구했다. 작가가 되어 저술활동에 전념하기 전에는 〈베터홈즈앤드가든즈〉, 〈리버티〉 등의 잡지 편집자였다. 자유기고가로서 실용적인 기사를 다수 기고했으며, 60권이 넘는 책을 집필했다.

아주 과학적인 거짓말

어떤 회사의 광고에 따르면, 그 회사의 치약을 사용하는 사람은 다른 평범한 사람들보다 충치가 23퍼센트 적다고 한다. 이 조사 결과 자체는 사실에 기반을 둔 것이지만, 저자의 설명에 따르면 이것은 통계의 트릭이며 큰 거짓말이다.

"통계상으로는 이렇다."라는 말은 호소력이 크기 때문에 우리는 자신도 모르게 그 말을 신뢰하게 된다. 그러나 저자는 통계 데이터는 얼마든지 날조가 가능하다고 말한다. 이 책의 머리말에서 저자는 이렇게 말했다. "(통계의) 말을 올바르게 이해하고 사용하는 사람과 그 말의 의미를 아는 사람들이 모여 있지 않다면 결과는 그저 무의미한 말장난에 불과하다."

때로는 뛰어난 회사원들도 통계에 관한 지식이 없는 탓에 엉뚱한 발언을 하거나 상대의 거짓말에 속아 넘어가는 일이 적지 않다. 그런 일들을 방지하기 위해서라도 우리는 통계를 알아야 한다. 다만 통계학에 관한 책은 난해한 경우가 많은데, 이 책은 '거짓말을 하는 방법'이라는 관점에서 통계학을 알기 쉽게 소개한 역사적 명저다. '통계를 이용해서 속이는 방법을 가르쳐 주는 입문서'라는 형식을 통해 통계학의 본질을 파악할 수 있게 해주는 책인 것이다.

미국의 잡지 편집자였던 저자 대럴 허프는 프리랜서 작가가 되어 수많은 책을 집필했다. 그중 한 권인 이 책은 1954년에 출판된 이래 통계 분야의 세계적인 스테디셀러이며, 수많은 언어로 번역되어 약 150만 부가 판매되었다.

통계를 이용해서 속이는 다섯 가지 패턴

통계를 이용해서 속이는 전형적인 패턴은 다음과 같다.

① **평균값으로 속인다:** "저희 회사는 직원 31명의 소규모 회사이지만, 평균 연봉이 1,494만 엔이나 됩니다." 이 말을 들으면 '급여조건이 좋은가 보네. 입사해볼까.'라고 생각하는 사람이 많을 것이다. 그러나 그림처럼 대푯값에는 평균, 중앙값, 최빈값 등이 있으며, 이 세 가

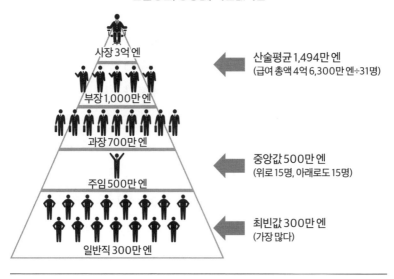

산술평균, 중앙값, 최빈값이란

사장 3억 엔

부장 1,000만 엔

과장 700만 엔

주임 500만 엔

일반직 300만 엔

산술평균 1,494만 엔
(급여 총액 4억 6,300만 엔÷31명)

중앙값 500만 엔
(위로 15명, 아래로도 15명)

최빈값 300만 엔
(가장 많다)

지는 각각 의미가 전혀 다르다. 사실은 사장의 연봉 3억 엔이 평균을 끌어올렸을 뿐, 액수를 나열했을 때 딱 중앙에 위치하는 연봉(중앙값)은 500만 엔이고, 가장 많은 사람이 받는 연봉(최빈값)은 300만 엔에 불과할지도 모른다.

② **표본으로 속인다:** 앞에서 소개한 치약 광고는 광고 아래에 작은 글자로 "12명을 대상으로 테스트"라고 적혀 있었다. 원리는 이렇다. 먼저 12명에게 충치의 개수를 세게 하고, 6개월 동안 자사의 치약을 사용하게 한다. 결과는 '충지가 증가했다,' '감소했다.', '변화가 없다.' 중 하나다. 감소하지 않았다면 '감소했다.'라는 결과가 나올 때까지 테스트를 반복한다. 동전을 던졌을 때 앞면이 나올 확률은 50퍼센트

이지만 10회를 던졌는데 앞면이 8회 나오는 경우도 드물게 존재하는데, 이것을 "앞면이 나올 확률은 80퍼센트입니다."라고 말하는 것과 다르지 않다. 치약 광고는 이런 방식을 사용한다. 표본의 수가 작으면 통계는 어떤 결과든 나올 수 있다. 그러나 동전 던지기를 1,000회 하면 앞면이 나올 확률은 거의 50퍼센트가 된다. 진짜 확률은 이쪽이다. 테스트 횟수가 많을수록 진정한 결과에 가까워진다. 그렇다면 테스트 횟수는 얼마나 많아야 할까? 통계의 '유의수준'이라는 개념을 이용하면 그 숫자가 정말로 의미 있는지 알 수 있다. 유의수준이란 그 숫자가 우연이 아닌 진짜 결과를 나타낼 확률을 뜻한다. 가령 유의수준 5퍼센트라면 숫자가 올바를 확률은 95퍼센트, 유의수준 1퍼센트라면 숫자가 올바를 확률은 99퍼센트로 '거의 확실하다.'고 생각할 수 있다. 표본의 수가 많으면 유의수준은 개선된다.

③ **그래프로 속인다:** 다음 그림은 월별 매출액을 나타낸 그래프인데, 셋 다 똑같은 것이다. '전체상'에서는 매출액이 20억 엔을 넘은 뒤로 완만하게 증가했는데, 아래의 20억 엔 이하 부분은 불필요하다. 그래서 아래 부분을 잘라낸 것이 '일부를 확대한 그래프'다. 이것으로 '매출이 순조롭게 확대 중'이라고 내세울 수 있지만, 그다지 강한 인상은 주지 못한다. 그래서 시각적인 인상을 강화한 것이 '가로 세로 비율을 변경한 그래프'다. 본래 완만한 증가세인 것이 언뜻 압도적인 급성장처럼 보인다. 텔레비전 방송이나 신문기사에 나오는 그래프를 잘 보면 이런 것이 의외로 많다. 세로축의 숫자를 반드시 확인하는 습관을 들이자.

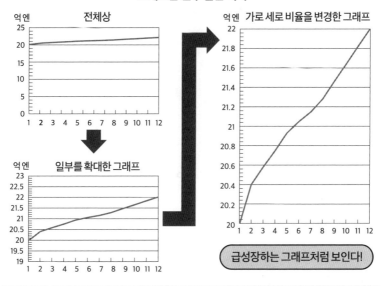

그래프는 전부 같은 의미

억엔   **전체상**
25
20
15
10
5
0
　 1 2 3 4 5 6 7 8 9 10 11 12

억엔   **일부를 확대한 그래프**
23
22.5
22
21.5
21
20.5
20
19.5
19
　 1 2 3 4 5 6 7 8 9 10 11 12

억엔   **가로 세로 비율을 변경한 그래프**
22
21.8
21.6
21.4
21.2
21
20.8
20.6
20.4
20.2
20
　 1 2 3 4 5 6 7 8 9 10 11 12

급성장하는 그래프처럼 보인다!

④ **억지 해석으로 속인다:** 저자는 "저녁 7시에 고속도로를 주행하면 아
침 7시에 주행할 때보다 사망 가능성이 4배 높다."라는 미국의 한 잡
지기사를 소개했다. 그 이유는 '저녁 7시의 고속도로 사망자수가 아
침 7시의 4배이기 때문'이다. 그러나 이것은 단순히 저녁에 고속도
로를 이용하는 사람이 더 많기 때문이다. 단순한 억지 해석인 것이
다. 2022년에 비행기 사고로 사망한 사람은 1910년에 비행기 사고
로 사망한 사람보다 많다. 그렇다면 현대의 비행기는 위험해졌을까?
그렇지 않다. 많은 사람이 비행기를 이용하기 때문에 사망자의 수
가 증가했을 뿐이다. 또 이런 사례도 있다. 미국 해군에 따르면 미국

해군 병사의 사망률은 1,000명당 9명이다. 한편 같은 시기에 뉴욕시의 사망률은 1,000명당 16명이었다. 미국 해군은 "그러므로 해군에 입대하는 편이 더 안전하다."라고 홍보했다. 이 숫자 자체는 정확하지만, 해군 병사는 대부분이 건강한 청년이다. 반면에 뉴욕시에는 갓난아기도 있고 노인도 있으며 병든 사람도 있다. 양쪽을 비교하는 것은 애초에 의미가 없다.

⑤ **인과관계로 속인다:** 남태평양의 뉴헤브리디스섬에 사는 주민들은 '몸에 달라붙은 이는 건강의 원인이다.'라고 굳게 믿는다. 과거 수 세기의 경험을 통해 건강한 사람의 몸에는 이가 있지만 병든 사람의 몸에는 이가 없음을 깨닫고 '그러니 모두 몸에 이를 붙여야 한다.'라고 생각한 것이다. 그러나 사실 병든 사람의 몸에 이가 없는 이유는 열병에 걸려 체온이 올라가면 그 사람에 몸에서 살던 이가 불편함을 느끼고 떠나기 때문이다.

이 이야기를 듣고 뉴헤브리디스섬의 주민을 비웃는 사람도 있겠지만, 우리는 절대로 그들을 비웃을 처지가 못 된다. 한 의학기사가 "우유를 마시는 사람들 사이에서 암이 증가하고 있다."라고 지적하자 큰 소동이 벌어진 적이 있었다. 우유를 생산하는 미국의 주와 스위스 등지에서는 암이 빈번이 발견되는 데 비해 우유를 마시지 않는 스리랑카에서는 암이 드물게 발견되었다. 우유를 마시는 영국 여성도 당시 우유를 거의 마시지 않았던 일본 여성보다 암 발생률이 18배나 높았다. 그러나 사실 암은 중년 이후 갑자기 걸리기 쉬운 병이며, 스위스나 미국의 주에 사는 사람들은 수명이 길다. 또한 조사 당시 영국 여성의 연령은 미국 여성보다 평균 12세나 높았다. 우유는 관계가 없었던 것이다.

A가 변화하면 B도 변화하는 현상을 상관관계라고 한다. 그러나 상관관계가 있는 듯이 보이지만 사실은 다른 요소가 원인인 경우도 많다. 또한 상관관계가 있더라도 원인과 결과의 인과관계까지는 알기는 쉽지 않다. 키와 몸무게 사이에는 상관관계가 있지만, 인과관계는 없다.

이 책은 70년 전에 출판되었지만, 아직도 우리는 같은 수법에 속고 있다. 그렇다면 어떻게 해야 할까?

통계에 속지 않기 위한 다섯 가지 질문

저자인 허프는 "다섯 가지 간단한 질문으로 속임수를 간파하라."라고 말했다. 그 다섯 가지 질문을 순서대로 살펴보자.

① **누가 그렇게 말하고 있는가(통계의 출처에 주의한다)**: 누가 그 주장으로 이익을 보는지, 이면에 숨겨진 이해관계를 파악한다. 증권회사 사람들의 주가 예상은 대체로 상승장이다. "주가는 하락할 겁니다. 한동안 매수를 자제하세요."라고 말하는 사람은 별로 없다. 증권회사가 번성하려면 거래가 활발한 편이 좋기 때문이다. 이처럼 자신에게 유리한 방향으로 시장이 움직이도록 의도적으로 정보를 흘리는

것을 이 업계에서는 포지션 토크라고 한다. 사실 다양한 분야에서 포지션 토크를 하고 있다.

② **어떤 방법으로 알았는가(조사 방법에 주의한다)**: 통계의 숫자를 볼 때는 제일 먼저 표본 수의 크기와 어떤 표본으로 조사했는지를 반드시 확인하자. 나는 마케팅이 전문이므로 조사 결과를 보면 조건 반사적으로 표본 수와 소스를 확인하는 습관이 있다. 거의 직업병 수준이다.

③ **부족한 데이터는 없는가(숨겨진 자료에 주의한다)**: '평균'이 적혀 있다면 중앙값이나 최빈값은 어떤지도 확인한다. 또한 퍼센티지만이 표시되어 있고 본래의 숫자가 없다면 거짓말인 경우가 많다. 미국에서 여성의 대학교 입학을 허가했을 무렵에 있었던 일이다. 남녀 공학을 반대하는 사람들이 "존스홉킨스대학교의 여학생 중 33퍼센트가 교직원과 결혼했다."라고 발표했다. 그런데 사실 여학생의 수는 세 명이었으면 그중 한 명이 교수와 결혼했을 뿐이었다.

④ **말하는 것이 달라지지는 않았는가(문제의 바꿔치기에 주의한다)**: 통계에 표시된 숫자와 결론이 바꿔치기 되지 않았는지 확인한다. 영업 부장이 부하직원에게 "매출이 전혀 오르지 않는 건 자네들이 영업을 열심히 하지 않고 있다는 가장 큰 증거야."라며 잔소리를 하는 경우가 종종 있는데, 매출이 오르지 않는 원인은 상품에 매력이 없다, 고객 예산이 없다, 부장의 영업 전략이 잘못되었다 등 여러 가지를 생각할 수 있다. 부장은 매출이라는 숫자와 결론을 바꿔치기 한 것이다.

⑤ **의미가 있는가(어딘가 이상하지는 않은가)**: 통계는 우리의 머리를 마

비시킨다. 그러므로 '그 숫자는 애초에 무슨 의미이지?'라고 전체의 의미를 다시 살펴봐야 한다. 앞에서 소개한 '우유를 마시면 암에 걸린다.'가 그 좋은 예다. '애초에 암은 나이가 많으면 걸리기 쉬운 거 아닌가?'라고 깨닫는다면 거짓말을 간파할 수 있다.

저자는 영업사원, 홍보담당, 언론인, 카피라이터 같은 사람들이 통계를 왜곡한다고 말했다. 한편 속일 생각은 없었지만 통계에 대한 리터러시가 없는 탓에 무의식적으로 올바른 숫자를 비틀고 간략화를 위해 왜곡한 결과 자신도 모르는 사이에 '속이는 쪽'이 되는 경우도 있다. 속지 않기 위해서도, 또 속이지 않기 위해서도, 이 책을 꼭 읽어 보길 바란다. [Book 81] 《인과추론의 과학》도 함께 읽으면 좋을 것이다.

POINT

통계를 볼 때는 먼저 출처, 조사 방법, 부족한 데이터, 문제 바꿔치기, 의미를 확인하라.

Book 79

수학문제를 잘 푸는 사람이 비즈니스도 잘한다

어떻게 문제를 풀 것인가

조지 폴리아 George Polya

1887~1985년. 헝가리 출생의 미국인 과학자. 1914년부터 1940년까지 취리히공과대학교, 1940년부터 1953년까지 스탠퍼드대학교의 수학 교수를 역임했다. 조합론, 수론, 수치해석, 확률론의 기초가 되는 연구로 공적을 올렸다. 또한 휴리스틱과 수학교육 분야에도 공헌했다. 사람들이 문제를 해결하는 방법을 규명하는 연구에도 많은 시간을 할애하며 힘을 쏟았다.

비즈니스와 수학의 공통점

비즈니스의 본질은 문제해결이다. 비즈니스에서는 여러 가지 문제가 발생하는데, 해결책은 반드시 존재한다. 이 책에서는 수학을 푸는 방법을 이야기하지만, 저자는 이렇게 말했다. "이 책은 수학 교수와 학생을 대상으로 쓴 것이지만, 새로운 사실을 찾아내는 데 흥미가 있는 사람이라면 누구에게나 도움이 될 것이다."

1945년에 출판된 이 책은 문제해결의 원리원칙을 가르쳐 주는 불후의 명저로, 전 세계에서 꾸준히 읽혀 왔다. 저자인 조지 폴리아는 취리히공과

대학교와 스탠퍼드대학교에서 수학 교수로 활동하는 한편 수학교육에도 힘을 쏟았다. '컴퓨터의 아버지'로 불리는 존 폰 노이만은 취리히공과대학교 시절에 폴리아의 제자였다.

이 책의 핵심은 앞부분의 40페이지다. 여기에는 '문제를 푸는 방법'이 상세히 설명되어 있다. 그러면 지금부터 이 책을 간단히 소개하겠다.

문제를 푸는 4단계: 수학 편

문제를 푸는 단계는 ① 문제를 이해한다, ② 계획을 세운다, ③ 계획을 실행한다, ④ 되돌아본다의 4단계다. '그건 당연한 거 아니야?'라고 생각해서는 안 된다. 말하기는 쉽지만 행하기는 어려운 법이어서, 이것을 실천하는 사람은 많지 않다. 그러면 각 단계를 살펴보자.

① 문제를 이해한다

먼저 문제를 올바르게 이해한다. 그러나 비즈니스에서도 이것을 제대로 실천하는 사람은 많지 않다. 고객의 니즈를 파악하지 않고 상품을 개발하는 사람, 듣는 사람이 무엇에 관심이 있는지도 모른 채 프레젠테이션에서 자신이 하고 싶은 말만 하는 사람, 타깃고객을 모른 채 판촉활동을 하는 사람이 의외로 많다. 수학에서도 문제를 이해하지 않은 채 풀려고 하는 사람이 많다. 문제에 직면하면 먼저 냉정하게 알지 못하는 것, 주어진 것, 조건의 3요소를 파악한다.

문제를 푸는 방법: 수학의 문제

① 문제의 이해
무엇을 알지 못하는가
무엇이 주어졌는가
무엇이 조건인가

문제를 정리한다

② 계획을 세운다
이미 아는 사실 중에서
무엇을 사용할 수 있는가

모르는 것을 잘 보고
·비슷한 문제는
·문제를 다르게 표현하면?
·문제를 분할하면

③ 계획을 실행한다
계획에 따라 각 단계를
한 걸음 한 걸음 나아간다
계획을 잊지 않는다

④ 되돌아본다
항상 틀렸을 가능성
→반드시 검증
모든 데이터를 사용했는가
다른 방법은 없을까?

문제   "길이와 폭과 높이를 알고 있는 직육면체의 대각선의 길이를 구하시오."

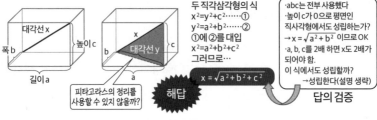

대각선 x
폭 b
길이 a
높이 c

피타고라스의 정리를
사용할 수 있지 않을까?

두 직각삼각형의 식
$x^2=y^2+c^2 \cdots\cdots$①
$y^2=a^2+b^2 \cdots\cdots$②
①에 ②를 대입
$x^2=a^2+b^2+c^2$
그러므로…

해답

$x = \sqrt{a^2+b^2+c^2}$

·abc는 전부 사용했다
·높이 c가 0으로 평면인
직사각형에서도 성립하는가?
→ $x = \sqrt{a^2+b^2}$ 이므로 OK
·a, b, c를 2배 하면 x도 2배가
되어야 함.
이 식에서도 성립할까?
→성립한다(설명 생략)

답의 검증

문제: 길이와 폭과 높이를 알고 있는 직육면체의 대각선의 길이를 구하시오.

이 문제의 3요소는 이렇게 된다.

알지 못하는 것→ 직육면체의 대각선의 길이. 여기에서는 x라는 기호로 표시한다.

주어진 것→ 직육면체의 길이, 폭, 높이. 각각 길이 a, 폭 b, 높이 c라는 기호로 표시한다.

조건→ 길이 a, 폭 b, 높이 c가 결정되면 직육면체의 대각선의 길이가 결정된다.

포인트는 '힌트는 전부 문제 속에 있다.'라는 것이다. 먼저 문제를 읽은 다음 세 가지를 적고 머릿속을 정리한다.

②계획을 세운다

문제를 푸는 열쇠는 계획이다. 즉흥적인 발상에 의지하지 않고 사실을 바탕으로 생각하는 것이 중요하다. '알지 못하는 것'을 유심히 보고 문제를 조금 다른 형태로 바꾸거나 문제를 분할한 다음, 자신이 알고 있는 과거의 유사한 문제를 생각해내서 이용한다. 이 문제의 경우, 알지 못하는 것은 대각선 x다. 기하학에는 '직각삼각형의 두 변의 길이를 알면 나머지 한 변의 길이를 알 수 있다.'라는 피타고라스의 정리가 있다. '이것을 이용할 수 있지 않을까?'라고 생각하면서 그림을 유심히 보길 바란다. 보조선 y를 그리면 변 aby와 변 cxy의 직각삼각형 두 개가 생긴다는 것을 깨닫게 될지도 모른다. 보조선 y의 길이를 알면 삼각형 cxy에서 x를 계산할 수 있을 것 같다. 여기까지가 계획이다.

③계획을 실행한다

계획이 정해졌다면 계획대로 착실히 실행한다. 가령 그림처럼 피타고라스의 정리를 바탕으로 두 직각삼각형의 식을 만들어서 계산하면 대각선의 길이를 알 수 있다. (계산 과정은 생략한다. 완전히 이해하지 못했더라도 어떤 느낌인지 알았다면 충분하다.) 이때 문제를 푸는 데 열중하다 도중에 계획을 잊어버리지 않는 것이 중요하다.

④ 되돌아본다

틀렸을 가능성은 언제나 존재하므로 반드시 검증한다. 모든 데이터를 사용했는가? 결과가 옳음을 입증할 수 있는가? 같은 결과를 다른 방법으로 이끌어낼 수 있는가?

이상이 이 책에 나오는 수학문제를 푸는 방법이다. 그리고 이 4단계는 비즈니스에도 응용이 가능하다. 이 책에는 비즈니스에 응용하는 구체적인 사례가 나와 있지 않지만, 다음과 같은 비즈니스 문제를 생각해보자.

문제를 푸는 4단계: 비즈니스 편

> **문제:** 자사가 제공하는 서비스 시장이 확대되고 있으며 자사에 대한 고객만족도가 높음에도 점유율은 저하되고 있다.

문제를 푸는 4단계에 따라서 살펴보면 다음과 같다.

① **문제를 이해한다:** 자사가 제공하는 서비스는 시장이 확대되고 있으며, 기존 고객의 만족도도 높고 고객 이탈도 최소한으로 억제하고 있다. 그러나 다른 회사에 비해 시장점유율이 하락하고 있다. '매출

액=기존 고객 매출+신규 고객 매출-이탈 고객 매출'이라고 생각하면, 점유율 하락의 원인은 신규 고객의 획득수가 적기 때문이다. 이렇게 생각하면 알지 못하는 것은 '시장점유율을 확대할 방법', 주어진 것은 '시장은 확대 중. 고객만족도는 높으며, 기존 고객의 이탈은 최소한. 그러나 신규고객 획득수는 적음', 조건은 신규고객 획득수를 늘릴 방법을 찾는 것이 된다.

② **계획을 세운다:** 신규고객 획득수를 늘리려면 마케팅의 재검토가 필요하다. 먼저 고객 획득과정을 구매할 가능성이 있는 잠재고객에게 접근, 잠재고객에게 소구, 문의가 들어온 가망고객의 안건체결이라는 3단계로 나누고, 가설로서 각 단계의 효과적인 방법을 검토한다.

잠재고객에게 접근 → 광고매체나 미디어를 재검토하고, 아울러 타깃이 적절한지도 재검토한다.
잠재고객에게 소구 → 가정한 타깃고객에게 보내는 메시지나 내용이 적절한지 재검토한다.
문의가 들어온 가망고객의 안건 체결 → 계약절차 등을 재검토한다.

③ **계획을 실행한다:** 이제 실행에 들어간다. 계획 단계에서 생각한 가설을 실제로 몇 패턴 시행해보고 가장 개선효과가 높은 방법을 찾는다.
④ **되돌아본다:** ①~③을 실천하면서 끊임없이 가설을 검증해 정확도를 높이고, 효과가 있었다면 시책을 확대한다.

이 책의 원리 원칙은 이런 식으로 비즈니스의 문제해결에도 응용할 수 있는 것이다.

문제를 풀기 위한 힌트

제3부인 '발견술 소사전'에는 문제를 풀기 위한 힌트가 곳곳에 흩어져 있다. 그중 몇 개를 소개하겠다.

반대 방향으로 풀어라

이 책에는 이런 문제가 있다. "4리터짜리 물통과 9리터짜리 물통을 사용해서 강물 6리터를 담으려면 어떻게 해야 할까? (물통에는 눈금이 없다.)" 눈금이 없는 큰 물통(9리터)과 작은 물통(4리터)을 조합해서 6리터를 측정할 방법이 있을 것 같지 않기 때문에 '이건 무리야.'라고 포기하기 쉽다. 그러나 다음의 그림처럼 '알지 못하는 것(골goal)'을 파악한 다음 그 골을 출발점으로 삼아서 '문제를 푸는 4단계'에 따라 역방향으로 생각하면 풀 수 있다.

이것은 비즈니스도 마찬가지다. 미국의 경영자인 해럴드 제닌도 저서 《프로페셔널 CEO》에서 "책을 읽을 때는 시작부터 결말의 순서로 읽는다. 그러나 비즈니스의 경영은 정반대. 결말부터 시작해, 그 결말에 도달하기 위한 모든 것을 해야 한다."라고 말했다. 일상 업무의 경우도 아침에 출근하자마자 퇴근 시간에서 역산하며 무엇을 해야 할지 생각하면 시간대로 업무를 마치고 정시에 퇴근할 수 있다.

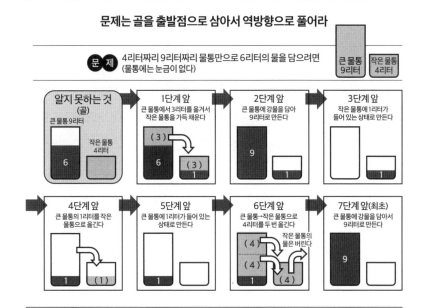

문제는 골을 출발점으로 삼아서 역방향으로 풀어라

문 제 4리터짜리 9리터짜리 물통만으로 6리터의 물을 담으려면
(물통에는 눈금이 없다)

큰 물통 9리터　작은 물통 4리터

알지 못하는 것
(골)
큰 물통 9리터
작은 물통 4리터
6　　(3)　1

1단계 앞
큰 물통에서 3리터를 옮겨서 작은 물통을 가득 채운다
(3)
6　(3)　1

2단계 앞
큰 물통에 강물을 담아 9리터로 만든다
9　　1

3단계 앞
작은 물통에 1리터가 들어 있는 상태로 만든다
1

4단계 앞
큰 물통의 1리터를 작은 물통으로 옮긴다
1　(1)

5단계 앞
큰 물통에 1리터가 들어 있는 상태로 만든다
1

6단계 앞
큰 물통→작은 물통으로 4리터를 두 번 옮긴다
작은 물통의 물은 버린다
(4)　(4)
(4)　1　(4)

7단계 앞(최초)
큰 물통에 강물을 담아서 9리터로 만든다
9

모든 데이터, 모든 조건을 사용했는가

　수학문제는 주어진 모든 데이터와 조건을 사용할 것을 전제로 문제를 만들지만, 현실의 비즈니스에서는 데이터나 정보가 너무 방대한 탓에 전부 사용하려 해도 사용할 수가 없다. 그러므로 비즈니스에서는 조건을 조금 완화해, '중요한 조건이나 데이터는 전부 사용했는가?'를 생각한다. 어딘가에서 선을 그어 정보 수집을 멈추고 무엇을 버릴지 파악하는 것이 중요하다.

무의식의 작업

어떤 문제를 도저히 해결하지 못하고 있었는데 하룻밤 푹 쉬거나 며칠이 지난 뒤에 갑자기 멋진 아이디어가 떠올라 해결에 성공하는 경우가 있다. 자신의 무의식이 일을 한 것이다. 그러나 생각하는 것만으로는 한계가 있다. 문제에는 잠시 손을 떼는 편이 좋은 타이밍이 있다. 제임스 웹 영도 역사적 명저인 《아이디어 생산법》에서 같은 지적을 했다. 영은 "정보를 수집하고 자료를 음미한 뒤에는 아무것도 하지 마라. 문제가 무의식의 영역으로 이동해 소화되고, 우연한 타이밍에 아이디어가 찾아올 것이다."라고 말했다. 그는 20대 후반에 이 방법을 깨달은 뒤로 30년 이상 계속 실천했는데, 그 효과는 절대적이었다.

이렇듯 수학문제를 푸는 방법을 터득하면 다양한 분야에서 응용할 수 있다.

POINT

수학문제 해결의 왕도를 공부해 비즈니스 사고력을 높여라.

Book 80

미지의 소수를 향한 끝없는 지적 탐구
리만 가설

존 더비셔 John Derbyshire

1945년~. 영국 출생의 미국인 시스템분석가, 작가. 영국에서 수학교육을 받았다. 리만 가설에 몰두한 수학자들의 소개를 중심으로 소수의 매력과 소수를 찾아내기 위한 시도의 변천 등을 수많은 에피소드와 함께 비수학적인 관점에서 저술한 수학 드라마《리만 가설》을 집필했다.

쓸모없음의 쓸모

과학이나 수학의 세계에서는 우수한 학자들이 대체 무슨 쓸모가 있는지 알 수 없는 것에 머리를 싸매고 몰두하는 경우가 종종 있다. 이렇게 말하면 '재능 낭비인가.'라고 생각하겠지만, 이것은 그곳에 수수께끼가 있기 때문이다.

그들에게 '쓸모가 있는가, 없는가?'는 솔직히 말해 아무래도 상관없는 문제다. '그곳에 수수께끼가 있으니 내가 밝혀내고 싶다.'가 본심인 것이다. [Book 1]《소크라테스의 변명》에서 소개한 '지의 추구'의 자세 그 자체다.

'마음대로 하라고 해. 그런 거 나는 관심 없으니까.'라고 생각하는 사람도 있겠지만, 그런 수수께끼가 세계를 바꿔놓기도 한다. [Book 68]《상대성이론》에서 소개했듯이, 아인슈타인이 밝혀낸 $E=mc^2$라는 식은 처음에는 단순한 이론이었지만 훗날 인류에 핵에너지를 가져다주는 대혁명을 실현했다. 그런 과학의 진보가 만들어내는 생생한 세계를 대신 체험하고 싶다면 이 책이 안성맞춤이다. 이 책의 주제는 소수素數다. 소수란 그 수와 1을 제외한 그 어떤 수로도 나누어 떨어지지 않는 자연수를 가리킨다. 그런 소수는 다음과 같다.

2, 3, 5, 7, 11, 13, 17, 19, 23, 29, 31, 37, 41, 43, 47, 53, 59, 61, 67, 71, 73, 79, 83, …

가령 4는 2×2=4이므로 소수가 아니다. 6은 2×3=6이므로 역시 소수가 아니다. 모든 정수는 소수의 곱셈으로 구성되어 있다. 가령 42는 2, 3, 7이라는 소수를 곱한 값이다(2×3×7=42). 그런 까닭에 "소수는 수의 원자"라고도 불린다.

소수는 무작위로 출현한다. 출현 패턴이 수수께끼에 싸여 있는 것이다. 그래서 위대한 수학자들은 소수의 수수께끼에 도전해왔는데, 그중에서도 가장 큰 주제는 1859년에 수학자인 베른하르트 리만이 제창한 다음과 같은 리만 가설이다.

"제타함수의 자명하지 않은 영점의 실수부는 전부 2분의 1이다."

'무슨 말이야? 도저히 이해를 못하겠는데.'라고 초초하게 생각할 필요는 전혀 없다. 이 문장의 의미를 이해하는 사람은 그리 많지 않을 것이다. 이 리만 가설은 150년이 넘는 세월에 걸쳐 수많은 수학자를 매료시켜 온 미해결 난제로, 최근에는 이것이 이론물리학과 깊은 관계가 있다는 사실도 밝혀졌다.

이 책은 그런 소수를 둘러싼 도전을 그린 이야기다. 세계 최고의 두뇌들이 리만 가설에 도전하지만 좌절하는 모습도 그려져 있다. 저자인 존 더비셔는 작가이자 언론인이다. 이 책은 고등학교에서 배운 수학을 기억하는 사람이라면 어느 정도 이해가 가능하다. 미적분, 지수함수, 로그함수, 복소수 등도 기초부터 알기 쉽게 설명되어 있다.

소수의 출현 빈도를 밝혀낸 '가우스의 소수정리'

19세기 최대의 수학자로 불리는 천재 가우스는 15세일 때 이런 생각을 했다. '소수는 무작위로 나타나는 듯이 보이지만, 사실은 어떤 패턴이 있는 것이 아닐까?' 그래서 어떤 소수가 있는지 조사하기 시작했다. 전자계산기도 없었던 당시로서는 정신이 아득해지는 작업이다. 가령 9901부터 10000까지의 수 100개 중에서 소수는 다음과 같다.

9901, 9907, 9923, 9929, 9931, 9941, 9949, 9967, 9973

가우스는 15분에 자연수를 1,000개씩 조사하는 속도로 수를 100만 근처까지 확인했다. 무서운 계산 능력이다. 그리고 어떤 사실을 깨달았다.

'어라? 수가 커질수록 소수의 출현 빈도가 감소하는 걸?'

그래서 가우스가 주목한 것이 로그였다. 간단히 설명하면, 로그는 큰 수를 간단하게 표현하는 함수다. 가령 1억은 1 뒤에 0이 8개 나열되는데, 이것을 보고 다음과 같이 생각한 사람이 있었다. '1억을 자릿수로 표현하면 8이야. 이렇게 표현하는 편이 다루기 쉽지 않을까?' 바로 그것이 로그다. 로그는 대수對數라고도 부르며, *log*라고 표시한다.(이하는 건너뛰어도 무방한데, 엄밀히 말하면 로그에는 두 종류가 있다. 10진수가 전제인 상용로그와 네이피어수라는 숫자가 전제인 자연로그다. 가우스는 자연로그를 사용했다.)

다음 그림처럼 수 N까지의 소수 개수를 N의 로그로 나누면 10퍼센트

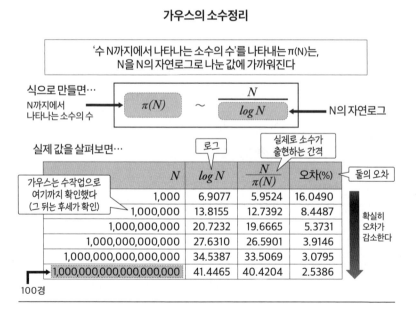

가우스의 소수정리

'수 N까지에서 나타나는 소수의 수'를 나타내는 π(N)는,
N을 N의 자연로그로 나눈 값에 가까워진다

식으로 만들면…
N까지에서 나타나는 소수의 수 → $\pi(N)$ ~ $\dfrac{N}{\log N}$ ← N의 자연로그

실제 값을 살펴보면… 로그 / 실제로 소수가 출현하는 간격

가우스는 수작업으로 여기까지 확인했다 (그 뒤는 후세가 확인!)

N	$\log N$	$\dfrac{N}{\pi(N)}$	오차(%)
1,000	6.9077	5.9524	16.0490
1,000,000	13.8155	12.7392	8.4487
1,000,000,000	20.7232	19.6665	5.3731
1,000,000,000,000	27.6310	26.5901	3.9146
1,000,000,000,000,000	34.5387	33.5069	3.0795
1,000,000,000,000,000,000	41.4465	40.4204	2.5386

둘의 오차

확실히 오차가 감소한다

100경

정도의 오차로 일치한다. 또한 그 오차는 N이 커질수록 작아진다. 이것이 가우스가 제창한 소수정리다. 간단히 말해, 수가 커지면 소수의 출현빈도가 감소함을 보여준 것이다. 식은 그림과 같다. N이 100경이 되면 오차는 약 2.54퍼센트로 축소된다. 이렇게 해서 가우스는 근삿값으로 소수의 개수를 구함으로써 소수의 수수께끼에 한 발 다가갔는데, 여기에서 정확도를 더욱 높인 수학자가 리만이다.

아직도 해결되지 않은 '리만 가설'

리만 가설의 "제타함수의 자명하지 않은 영점의 실수부는 전부 2분의 1이다."를 순서대로 설명하겠다.

제타함수는 다음의 그림처럼 소수만으로 구성된 함수로, 모든 소수에 대해 무한 개의 곱셈을 한다. 식 속에 있는 s의 값이 제타함수의 값을 결정한다. 영점이란 제타함수의 값이 0이 되는 것이다. 제타함수의 값은 s가 −2, -4, -6,··· 같은 음의 짝수일 때 0이 된다. 이런 것은 식을 풀어보면 알 수 있으므로 '자명한 영점'이다. 그러나 제타함수의 값이 0이 되는 s는 그 밖에도 있으며, 이것이 바로 '자명하지 않은 영점'이다.

이후는 복소수에 대한 이해가 필요하기 때문에 간략하게 설명하겠다. 복소수란 일반적으로 우리가 사용하는 실수라는 수에 허수라는 상상의 수를 더한 수다. 일반적인 수가 음악이라면 허수는 영상 같은 것으로 별개의 수다. 음악과 영상은 조합되어서 영화가 되면 표현의 세계가 단숨에 확대되는데, 이와 마찬가지로 평소에 사용하는 실수에 허수가 조합되어 복

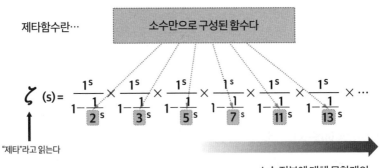

리만 가설

제타함수의 자명하지 않은 영점의 실수부는 전부 1/2이다

제타함수란…

소수만으로 구성된 함수다

$$\zeta(s) = \frac{1^s}{1-\frac{1}{2^s}} \times \frac{1^s}{1-\frac{1}{3^s}} \times \frac{1^s}{1-\frac{1}{5^s}} \times \frac{1^s}{1-\frac{1}{7^s}} \times \frac{1^s}{1-\frac{1}{11^s}} \times \frac{1^s}{1-\frac{1}{13^s}} \times \cdots$$

"제타"라고 읽는다

소수 전부에 대해 무한개의
곱셈을 한다

소수가 되면 물리학이나 수학의 세계에서는 표현이 단숨에 확대된다. '자명하지 않은 영점'이란 s에 이 복소수(실수와 허수의 조합)를 대입했을 경우의 영점을 뜻한다.

지금까지 등장한 말들을 사용해서 리만 가설을 설명하면, "제타함수의 값이 0이 될 경우, s가 복소수라면 그 실수부(복소수에서 실수의 부분)는 2분의 1이 될 터이다."라는 것이다.

1903년에 계산 방법을 발견한 덴마크의 수학자 예르겐 그람이 '자명하지 않은 영점'을 15개 찾아냈는데, 분명히 실수부는 전부 2분의 1이었다. 계산은 그 후에도 계속되어, 2000년 말에는 '자명하지 않은 영점'이 50억 개, 2002년 8월에는 1,000억 개 발견되었다. 그리고 실수부는 전부 2분의 1이었다.

양자역학과 만나다

리만 가설이 제창된 뒤 150년 동안 수많은 수학자가 리만 가설에 도전했고 또 좌절해왔다.

존 리틀우드와 고드프리 해럴드 하디

20세기 초엽, 영국에서 대활약한 두 수학자는 자신만만하게 "리만 가설을 증명했다."라고 발표했다. 그러나 실수부가 2분의 1이 아닌 영점이 있을 가능성을 완전히 부정하지 못했다.

앨런 튜링

튜링테스트(컴퓨터가 지능을 가졌는지 판정하는 방법) 등의 아이디어를 내놓았고 나치의 암호장치도 해독해낸 천재 앨런 튜링은 '리만 가설은 거짓이다.'라는 가설을 세우고 '자명하지 않은 영점의 실수부가 2분의 1이 아닌 것을 찾아내면 된다.'라고 생각했다. 그리고 컴퓨터로 계산을 해봤지만, 컴퓨터가 출력한 결과는 영점의 실수부가 전부 2분의 1이라는 것이었다. 얼마 후 그는 수수께끼의 죽음을 맞이했다.

그런 가운데 완전히 새로운 전개가 등장했다. 1972년, 미국의 프린스턴고등연구소에서 열린 티파티에 참가한 수학자 휴 몽고메리는 친구에게서 저명한 물리학자인 프리먼 다이슨을 소개받았다. 다이슨은 몽고메리에게 어떤 연구를 하고 있느냐고 물었고, 이에 몽고메리는 "리만의 제타 함수에서 자명하지 않은 영점 사이의 간격을 연구하고 있습니다."라고 대답한 뒤 연구내용을 자세히 설명했다. 그러자 설명을 들은 다이슨이 흥분하며 이렇게 말했다. "이 식은 제가 발견한 원자핵의 에너지 간격을 나타내는 식과 완전히 똑같네요!" 리만 가설은 원자핵의 세계와 연결되어 있었던 것이다. 이것이 계기가 되어 지금은 리만 가설의 연구에 물리학자들도 참가하고 있다.

그렇다면 리만 가설은 무엇에 도움이 되는 것일까? 이 질문에 저자는 이렇게 잘라 말했다. "이 점에 관해서는 나는 이런 종류의 질문에는 전혀 흥미가 없는 순수 수학자라고 말해 두는 편이 좋을 것이다."

학자의 원동력은 '진실인지 아닌지는 알지 못한다. 그래서 진실을 규명하고 싶다.'는 것이다. 요컨대 지의 탐구뿐인 것이다. 수학이나 이론물리학은 당장은 도움이 되지 않는다. 영원히 도움이 안 될지도 모른다. 그래도 엄청나게 도움이 될 때가 있다. 리만 가설에는 수학이나 과학의 깊으면서도 진한 세계가 응축되어 있다. 흥미가 있는 사람은 읽어 보길 바란다.

POINT

소수의 세계를 추구하는 리만 가설은 이론물리학과 이어졌다.

Book 81

AI 연구의 포문을 연 인과혁명
인과추론의 과학
The Book of Why

주디아 펄 Judea Pearl

1936년~. 이스라엘 출생의 미국인 컴퓨터 과학자, 철학자. 인공지능에 대한 확률적 접근과 베이즈네트워크를 발전시킨 인물로 유명하다. 구조 모델에 입각한 인과적이고 반사실적 추론이론을 연구했다. 인공지능에 기초적 공헌을 한 공로로 ACM 튜링상을 수상했다. 공저자인 다나 맥켄지Dana Mackenzie는 과학 작가로, 프린스턴대학교에서 수학 박사학위를 받았다.

인과관계에 대한 모든 추론

아침이 오면 닭이 운다. 닭이 울어서 아침이 오는 것이 아니다. 그러나 지금까지는 '아침이 오면 닭이 운다.'라는 간단한 인과관계를 수식으로 표현하지 못했다. 원인은 통계학이다.

100년 전에 탄생한 통계학은 과학을 진화시켰다. 그러나 통계학에는 수학적으로 인과관계를 표현하는 수단이 없었다. 그 결과 과학의 세계에서는 인과관계를 추구하는 것이 금기시되었지만, 스위치를 켜면 전기가 들어오고 더운 날에 아이스크림이 잘 팔린다는 등의 인과관계는 어린아이들도 다 안다.

이 책의 저자인 주디아 펄과 그의 연구 동료들은 이 금기를 깨고 인과 혁명이라고도 부를 수 있는 변화를 일으켰다. 컴퓨터과학자인 펄은 데이터의 인과관계를 분석하는 베이즈네트워크를 개발한 인물로도 유명하며, AI 연구의 거인 중 한 명으로 꼽힌다. AI 연구의 목표 중 하나는 컴퓨터로 인과관계를 다루는 것인데, 펄은 인과관계를 수학적으로 표현하는 인과추론 방법을 연구하고 있다.

우리는 매일 수많은 어려운 문제에 직면하고 있으며, 그럴 때마다 인과관계를 파악하고 적확히 대응할 필요가 있다. 이 책에 나오는 인과추론을 공부하면 아무리 복잡한 문제라도 그 구조를 더욱 잘 파악할 수 있게 된다. 미국에서 2018년에 출판된 이 책은 과학 작가인 다나 매킨지와의 공동집필을 통해 더욱 일반인이 이해하기 쉬운 내용이 되었다. 그러나 이 책은 600페이지가 넘는 대작이며, 철학적인 통찰이 많고 수식도 등장하기 때문에 읽는 것만으로도 상당한 피로감이 느껴진다. 그래서 여기에서는 수식을 사용하지 않고 이 책을 소개하도록 하겠다.

100년 전, 통계학이 인과관계를 죽였다

과학이 인과관계를 다루지 못한 이유는 인과관계를 표현하는 과학적인 용어가 없었기 때문이다.

인과관계와 비슷한 용어로 상관관계가 있다. 닭이 우는 것과 해가 뜨는 것은 강한 상관관계가 있다. 그러나 '닭이 울어서 해가 뜬다.'라는 인과관계는 없다. 이처럼 과학의 세계에서는 '상관관계는 인과관계가 아니다'라는 것을 철저히 주입받는다.

펄은 과학에서 인과관계를 배제한 인물은 통계학의 기초를 쌓은 19세기 영국의 유전학자 프랜시스 골턴과 그의 제자 칼 피어슨이라고 지적했다. 골턴은 '재능은 계승된다.'라고 생각하고 유전의 인과관계를 찾아내기 위해 키, 팔 길이, IQ 등의 통계자료를 수집해 분석했지만, 부모의 재능이 반드시 자녀에게 계승되는 것은 아니라는 사실이 판명되었다. 가령 아버지의 키가 평균보다 1센티미터 크더라도 아들의 키는 평균보다 0.5센티미터 클 뿐이었다. 키가 큰 부모에게서 태어난 아들은 어느 정도 키가 컸지만 부모만큼 크지는 않았으며, 점차 평균값에 수렴했다. 부모와 자식의 데이터에 상관관계는 있었지만 "부모의 키가 크면 자녀의 키도 크다. 인과관계가 있다."라고 단언할 수는 없었던 것이다. IQ도 같은 결과였다. 그 후 제자인 피어슨은 상관도를 수치화한 상관계수라는 계수를 발견했다. 이렇게 해서 '인과관계라는 개념은 시대에 뒤떨어졌다. 오히려 상관관계라는 개념이 현상을 더욱 정확히 생각할 수 있게 해주며 명쾌하다.'라는 생각을 바탕으로 현대의 통계학이 만들어졌다.

그러나 저자인 펄은 "골턴은 틀렸다."라고 말했다. 골턴은 '인과관계가 있는가, 없는가. (1인가, 0인가.)'라는 관점에서 생각하고 '인과관계가 있다면 키는 계승될 것이다. 그러나 그렇지 않았다. 그러므로 인과관계는 없다.'라는 결론을 내렸다. 그러나 사실 키는 어느 정도 계승이 되며, 운이라는 외부 요인에도 좌우된다. 어릴 때 영양 상태가 좋고 운동을 하면 키가 커질지도 모른다. 인과관계에서는 본래 확률도 고려해야 하지만, 골턴은

"인과관계는 없다."라고 단정하고 인과관계를 죽이고 말았다.

　제자인 피어슨은 상관관계라는 개념을 확립해 많은 분야에서 상관관계를 수학적으로 사용할 수 있게 했지만, 그 대신 통계학에서 인과관계를 완전히 배제했다. 이렇게 해서 과학의 세계에서는 통계 데이터를 논할 때 인과관계를 생각하는 것이 금기가 되었는데, 이런 상황을 타개한 인물이 펄이다.

인과관계 모델을 찾아서

펄은 인과관계를 생각하려면 원인에서 결과가 나오기까지의 구조를 밝혀내기 위한 '인과관계 모델'이 필요하다고 생각했다. 이를 위해 그는 인과관계 모델로서 인과관계 다이어그램을 사용했다.

　다음 그림의 ①은 법원의 명령으로 대장이 대원 A와 B에게 명령을 하고 대원 A와 B가 죄수를 총으로 쏠 경우의 인과관계 다이어그램이다. 대원은 명령을 반드시 따르며, 사격의 명수다. 그래서 각 단계가 참이라면 마지막도 반드시 참(죄수는 죽는다)이 된다. 이 그림을 보면 결과가 발생하는 인과 논리를 명확히 알 수 있다. 죄수가 죽었다면 인과관계를 거슬러 올라가서 법원이 명령했음도 추측할 수 있다.

　그림의 ②는 대원 A가 대장의 명령을 따르지 않고 자신의 의지로 총을 쏠 경우다. 이 경우 대장에게서 대원 A로 향하는 화살표는 삭제되며, 대원 A는 반드시 발포하고 죄수는 반드시 죽는다. 죄수가 죽었다면 그것은 대원 A가 발포를 했기 때문이며, 명령 없이는 발포하지 않는 대원 B가 원인이 아님을 추측할 수 있다.

인과관계 다이어그램으로 인과관계를 파악한다

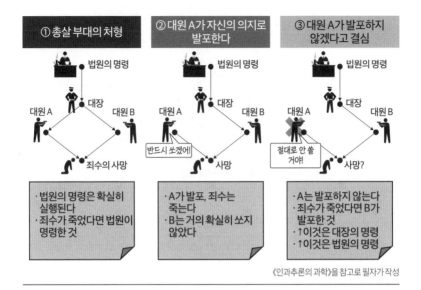

《인과추론의 과학》을 참고로 필자가 작성

　그림의 ③은 대원 A가 발포하지 않겠다고 결심했을 경우다. 이때 대원 A로 향하는 화살표는 지워지며, A는 대장의 신호로부터 자유로워진다. 이 경우, 대원 A가 '쏘지 않겠어.'라고 결심했더라도 만약 법원의 명령이 있다면 대장의 명령으로 대원 B가 발포할 터이므로 죄수는 죽는다.

　처형을 기록한 빅데이터를 아무리 수집해도 이런 인과관계는 알 수 없다. 그러나 인과관계 다이어그램이 있다면 추측이 가능하다. 이는 단순하지만, 인과관계를 밝혀낼 때 강력한 무기가 된다. 인과관계를 파악하려면 '정선'Junction이라고 부르는 세 가지 기본형도 필요하다. 다음 그림처럼 세 가지 사상事象 A, B, C의 관계를 정선으로 정리해보자.

분기점의 3가지 기본형

① 포크(분기)	② 콜라이더(합류)	③ 체인(연쇄)

① 포크(분기)

공통인자 → B(교란인자)

A ← → C

공통원인 B에서 A와 C가 일어난다. 통계상 A와 C 사이에 상관관계가 발생하지만, 인과관계는 없다(가상상관)

예 아동의 연령

신발 사이즈 ← → 독해력

나이가 많아지면 신발 사이즈도 독해력도 증가하지만, 신발 사이즈와 독해력은 관계가 없다

② 콜라이더(합류)

B(합류점)

A → ← C

A와 C가 전혀 관계가 없음에도 관계가 있는 듯이 보이게 된다

예 예능계에서의 명성

재능 → ← 미모

예능계에서는 재능과 미모가 필요하다. 그래서 미모가 대단하지 않으면 재능이 있다고 생각하게 된다

③ 체인(연쇄)

B (매개인자)

A → B → C

A가 일어나면 반드시 B를 경유해 C가 일어난다. A와 C는 B에 분리되어 있다

예

불 → 연기 → 화재경보기

불에서 발생한 연기를 감지해 화재경보기가 작동한다 (연기에만 작동하며, 불에는 작동하지 않는다)

《인과추론의 과학》을 참고로 필자가 작성

① **포크(분기)**: 공통원인 B에서 A와 C가 일어날 경우다. 아동의 나이가 많아지면(B) 신발 사이즈(A)도 독해력(C)도 증가하지만, 신발 사이즈와 독해력은 관계가 없다. 상관은 있지만 무관계다. 이 공통 인자 B를 교란인자라고 한다. 상관관계를 인과관계와 혼동할 경우는 이 패턴일 때가 많다.

② **콜라이더(합류)**: A와 C에서 B가 일어나는 경우다. A와 C는 관계가 없어도 관계가 있는 것처럼 보이게 된다. 일반인은 재능과 미모가 본인의 명성에 전혀 관계가 없지만, 예능계에서 명성을 얻으려면 미모와 재능이 필요하다. 그래서 미모가 그렇게 대단하지 않은데 명성

이 높은 연예인이 있으면 그 사람은 재능이 있다고 생각하게 된다. 이 패턴에서는 뒤에서 설명하는 콜라이더 편향이 발생하기 쉽다.

③ **체인(연쇄):** A가 일어나면 반드시 B를 경유해 C가 일어나는 패턴이다. 예를 들어 불이 나면 화재경보기가 작동하는데, 사실 화재경보기는 불에는 작동하지 않는다. 불에서 발생하는 연기를 감지할 뿐이다. 이처럼 A와 C를 연결하는 요인을 매개인자라고 한다.

이 세 가지 정션을 사용하면 어려운 인과관계를 해명할 수 있게 된다.

교란인자를 간파한다

다음의 그림은 일주일 동안의 운동량과 콜레스테롤 수치의 관계를 나타낸 것으로, 왼쪽은 전원의 조사결과를 하나로 합친 그림이다. 이 그림을 보면 '운동을 하면 콜레스테롤 수치가 상승하는구나. 운동을 하지 않는 편이 좋겠네.'라고 생각하게 된다. 그러나 이것은 누가 봐도 이상한 결론이다.

그래서 더욱 상세하게 분석한 것이 오른쪽이다. 이것은 데이터를 세분화해 연령별로 분류한 것으로, 이렇게 보면 모든 연령층에서 운동량이 많을수록 콜레스테롤 수치가 하락함을 알 수 있다. 또한 연령층이 높아지면 콜레스테롤 수치와 운동량이 높아짐도 알 수 있다. 요컨대 연령이 운동량과 콜레스테롤 수치를 높이는 교란인자(공통원인)인 것이다. 연령이 많은 사람일수록 의식적으로 운동을 하며, 동시에 기본적으로 콜레스테롤 수치도 높다는 말이다. 이처럼 데이터의 배후에 있는 의미를 파악해 교란인

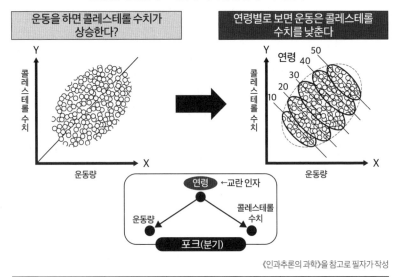

교란인자의 파악

운동을 하면 콜레스테롤 수치가 상승한다? 하락한다?

운동을 하면 콜레스테롤 수치가 상승한다?

연령별로 보면 운동은 콜레스테롤 수치를 낮춘다

《인과추론의 과학》을 참고로 필자가 작성

자를 찾아내고 인과관계 다이어그램을 그려서 연령과 상관없이 운동은 좋은 것이라는 결론을 이끌어내야 한다.

콜라이더 편향을 간파한다

우리 집 근처에는 쉬는 날에 사이좋게 장을 보는 부부가 많다. 그래서 '세상의 부부들은 모두 금실이 좋구나.'라고 생각했는데, 어느 지인에게 이런 이야기를 들었다.

콜라이더 편향을 간파한다

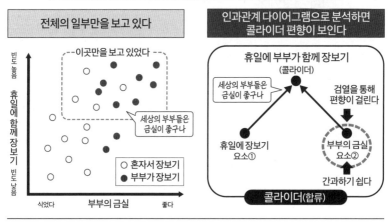

휴일에 함께 장을 보는 부부가 많은 것은 세상의 부부가 금실이 좋아서인가?

전체의 일부만을 보고 있다

빈도 높음
휴일에 함께 장보기
빈도 낮음

---이곳만을 보고 있었다---

세상의 부부들은 금실이 좋구나

○ 혼자서 장보기
● 부부가 장보기

식었다   부부의 금실   좋다

인과관계 다이어그램으로 분석하면 콜라이더 편향이 보인다

휴일에 부부가 함께 장보기
(콜라이더)

세상의 부부들은 금실이 좋구나

검열을 통해 편향이 걸린다

휴일에 장보기
요소①

부부의 금실
요소②

간과하기 쉽다

콜라이더(합류)

"금실이 좋은 부부는 그리 많지 않습니다. 사실 저도 집사람하고 관계가 냉랭해져서, 같이 장을 보러 안 간 지 한참 됐어요."

분명히 관계가 냉랭해진 부부는 휴일에 함께 장을 보러 가지 않고 평일에 누군가가 혼자서 장을 본 다음 휴일에는 각자 행동할 것이다. 휴일에 함께 장을 보는 부부는 애초에 금실이 좋은 부부이며, 그런 부부는 이 세상의 부부 중 일부분인 것이다.

내 착각을 분석한 것이 위 그림의 인과관계 다이어그램이다. 나는 '휴일에 함께 장을 본다.'(요소 ①)라는 조건만을 생각했다. '부부의 금실'(요소 ②)이 좋다는 조건도 충족해야 비로소 함께 장을 보러 가게 되는데, 요소 ②를 간과했던 것이다. 이처럼 일부만을 보고 전체를 판단하는 것이 콜라이더 편향이다.

복수의 인자를 통해서 현상이 일어날 경우, 다른 인자가 보이지 않게 되면 콜라이더 편향이 일어난다. 콜라이더 편향을 회피하려면 그 데이터가 선택될 때 그 이면에 있는 구조를 간과해야 한다. 이 경우는 '부부의 금실'이라는 요소가 있어서, 부부 전체의 집합에서 휴일에 함께 장을 보는 집단만이 선택되었다.

이 책에는 동전 두 개를 동시에 던지는 실험이 소개되어 있다. 100회 실험을 하면 확률적으로 ①'앞면·앞면'이 약 25회, ②'앞면·뒷면'이 약 50회, ③'뒷면·뒷면'이 약 25회 나온다. 여기에서 ③의 '뒷면·뒷면'만을 제외시키고 결과를 적으면 확률적으로 약 75회분이 기록된다. 그리고 '뒷면·뒷면'을 제외시켰음을 알지 못하는 사람이 이 약 75회분의 기록을 보면 한쪽 동전이 '뒷면'이 나왔을 때 다른 쪽 동전은 반드시 '앞면'이 나오므로 '어라? 이상한 일이 일어나고 있어!'라고 놀랄 것이다. 그러나 이것은 단순히 '뒷면·뒷면은 기록하지 않는다.'라는 검열을 통해 콜라이더의 조건을 만들었을 뿐이다. 우리가 콜라이더 편향에 현혹되는 것은 이 동전 던지기처럼 데이터를 선택하는 시점에 검열을 했기 때문이다.

매개인자를 찾아낸다

서기 1500년부터 1800년까지, 괴혈병이라는 병으로 200만 명이나 되는 선원이 목숨을 잃었다고 한다. 다행히 군의관인 제임스 린드가 감귤류를 먹으면 괴혈병을 예방할 수 있다는 사실을 밝혀낸 덕분에 1800년대의 영국 해군에서는 괴혈병이 과거의 병이 되었다. 그러나 1911년에 실행된 로버트 스콧의 남극 원정에서 남극점에 도달한 다섯 명은 전원 사망했으며, 그중 두 명은 괴혈병에 걸렸을 가능성이 높다고 한다. 1세기 후에 또다시 괴혈병의 피해자가 나온 것이다. 이 비극은 매개인자와 깊은 관계가 있다.

당시 감귤류가 괴혈병을 예방하는 메커니즘은 해명되지 않은 상태였다. 처음에는 신맛 때문이라고 믿었기 때문에 경제적 이유에서 라임이 사용되었다. 그러나 라임의 비타민C는 레몬의 4분의 1에 불과했다. 게다가 1845년의 북극원정 대원들은 가열하는 바람에 얼마 있지 않은 비타민C조차도 파괴되어버린 라임을 지참했기 때문에 괴혈병에 걸리고 말았다. 한편 신선한 고기를 먹고 있었던 대원은 괴혈병에 걸리지 않았다. 그래서 '괴혈병의 원인은 적절하게 보존되지 않은 고기다.'라는 새로운 인식이 생겨났고, '감귤류가 괴혈병을 막아준다.'라는 이론은 폐기되었다. 이 때문에 남극원정대는 감귤류를 지참하지 않던 것이다. 그 후 1931년에 센트죄르지 얼베르트가 괴혈병을 예방하는 영양소인 비타민C를 특정함으로써 비로소 '감귤류 → 비타민C → 괴혈병 예방'이라는 인과관계의 경로가 밝혀졌다.

이것은 간접효과(매개인자를 거치는 효과)와 직접효과(매개인자를 거치지 않는 효과)가 있음을 알면 이해할 수 있다. 비타민C는 감귤류와 괴혈병을 중개하는 매개인자이며, 괴혈병을 예방하는 직접효과였다. 감귤류는 간접효과였던 것이다. 인과관계를 파악하려면 비타민C처럼 직접효과를 불러오는 매개인자를 찾아내야 한다.

이 책에는 직접효과와 간접효과를 구분하는 방법이 소개되어 있다. 어느 부부가 키우는 강아지는 똥오줌을 가리지 못한다. 그러던 어느 날 부부는 새끼 고양이 세 마리를 잠시 맡게 되었는데, 강아지는 새끼 고양이가 있을 때는 똥오줌을 가렸지만 새끼 고양이가 없어지자 다시 똥오줌을 가리지 못하게 되었다.

아내는 이렇게 말했다. "새끼 고양이가 오자 무리 속에서 자신의 위치를 의식했던 게 아닐까?"(새끼 고양이는 직접효과)

남편은 이렇게 말했다. "새끼 고양이가 있는 동안 새끼 고양이로부터 분리시키려고 울타리 안에 넣고 감시했었기 때문일 거야."(새끼 고양이는 간접효과)

이것을 검증할 방법은 새끼 고양이가 없는 상태에서 울타리 안에 넣고 감시하는 것이다. 그래도 똥오줌을 가리지 않는다면 아내의 말처럼 새끼 고양이가 직접효과인 것이고, 똥오줌을 가린다면 남편의 말처럼 새끼 고양이는 간접효과이며 직접효과(매개인자)는 울타리 안에 넣는 것일 가능성이 높다. 이런 실험을 통해서 인과관계를 파악해 나가는 것이다.

펄 덕분에 인과관계를 수학적으로 표현할 수 있게 되었고, 그 결과 최근 20년 사이에 과학이 인과관계를 다룰 수 있게 되었다. AI는 빅데이터만으로는 인과관계를 알지 못하기에 추론도 하지 못한다. AI가 인과관계 다이어그램 등의 인과모델을 다룰 수 있게 된다면 인간처럼 생각하는 AI가 완성될 가능성이 높다.

현 시점에서는 자신의 의도에 따라서 생각하고 자신의 의도를 인과추론의 재료로 삼을 수 있는 '자기인식' 능력은 어떤 기계도 갖추지 못했다.

AI 연구자들은 그런 강한 AI(강인공지능)를 만들려 하고 있다. 펄은 강한 AI를 개발할 때는 '자유의지란 무엇인가?'를 생각해야 한다고 말했다. 서양철학의 세계에서는 '자유의지는 존재하는가, 존재하지 않는가?'가 아직도 풀리지 않은 수수께끼로 남아 있다. 우리는 '내게는 선택의 자유가 있어.'라고 믿는다. 그러나 신경 과학자인 토노니는 [Book 65]《의식은 언제 탄생하는가》에서 "우리에게 자유의지는 있는가"라는 질문을 던지고, 인간의 자유의지는 환상이며 주위의 상황에 따라 선택되고 있을 가능성이 있다고 지적했다. 사회학자인 부르디외도 [Book 58]《구별짓기》에서 우리는 아비투스를 통해 분류되고 계급이 정해지며 취미 등을 선택하고 있다고 주장했다.

펄 역시 인간은 자유의지가 있다고 믿지만 그것은 환상이며 자유의지라는 환상 덕분에 자신의 행동을 설명할 수 있고 주체적인 커뮤니케이션을 할 수 있을 가능성이 있다고 말한 뒤, 이렇게 덧붙였다. "AI 연구자는 두 가지 질문에 대답해야 한다. 하나는 자유의지란 정확히 어떤 것이고 어떻게 해서 생겨나느냐는 질문이고, 다른 하나는 어떻게 하면 기계에서 그것을 실현할 수 있느냐는 질문이다."

펄의 깊은 통찰을 접하면 AI 연구자가 기술의 측면만을 생각하며 연구를 진행하는 것의 위험성을 실감하게 된다. AI 연구자야말로 '인간이란 무엇인가.'라는 철학적인 의문을 깊게 추구해야 할 것이다.

POINT

인과관계는 해명되고 있다. 다음 과제는 자유의지의 해명이다.

Book 82

정보 가치의 본질은 발생 확률이다

수학적
커뮤니케이션 이론

클로드 E. 섀넌 Claude Elwood Shannon
1916~2001년. 미국의 수학자, 전기공학자. 벨연구소 재직 중에 《수학적 커뮤니케이션 이론》을 발표해 정보이론의 기초를 확립했다. 정보이론의 아버지로도 불린다. 정보, 통신, 암호, 데이터 압축, 부호화 등 정보사회에 필수적인 분야의 선구적 연구성과를 남겼다.

정보 가치의 본질은 발생확률이다

세상에는 '정보량이 제로'인 경우가 의외로 많다. 이를테면 이런 식이다. "아시겠습니까? 신호등이 빨간불일 때 횡단보도를 건너서는 안 됩니다. 거기 당신, 이해하셨습니까?" 묘하게 설득력이 있지만, '신호등이 빨간불일 때 횡단보도를 건너서는 안 된다.'는 지극히 당연한 이야기다. 이 사람은 사실 아무런 이야기도 하고 있지 않다. 말 그대로 정보량이 제로인 것이다. 우스갯소리 같지만, 장황할 뿐 아무런 정보도 들어 있지 않은 업무 메일도 본질은 같다.

710   CHAPTER 6 | 수학·공학

그 반대도 있다. "오키나와에 눈이 내렸다."라는 이야기는 큰 뉴스다. 오키나와에서 눈이 관측된 것은 1977년과 2016년 두 번뿐이다. 진기한 정보에는 가치가 있다. 이것이 정보의 본질이다. 비즈니스에서도 정보의 가치를 파악하는 것이 성공의 열쇠다.

이와 같은 정보의 가치에 관해 세계 최초로 수학적인 이론을 구축한 인물은 정보이론의 아버지로 불리는 수학자 클로드 섀넌이다. 섀넌의 정보이론을 이해하면 정보의 본질을 이해할 수 있게 된다. 그러나 정보산업에 몸담고 있으면서도 섀넌의 정보이론을 제대로 이해하지 못한 사람이 많다. 그래서 1948년에 발표된 섀넌의 논문을 바탕으로 1949년에 출판된 이 책을 소개하려 한다.

일리노이대학교의 리처드 블라헛 교수와 브루스 하젝 교수는 이 책의 서문에서 이렇게 말했다.

"섀넌의 정보이론은 전기통신의 발전에 거대한 영향을 끼쳤다."

섀넌의 정보이론은 컴퓨터 기술의 기반이 되어 현재의 정보사회를 만들어냈다. 나도 대학생 시절에 정보공학의 기본으로 섀넌의 정보이론을 배웠다.

여기에서는 섀넌의 정보이론 중 회사원들이 알아 뒀으면 하는 기초적인 부분만을 소개하려 한다. 섀넌이 생각한 것은 정보의 정량화와 효율적인 정보의 전달이다. 그는 세계 최초로 정보량이라는 개념을 통해 정보를 수학적으로 정량화했다.

여기에서는 이 책에 나오는 섀넌의 정보이론 가운데 기본을 우선 소개하겠다.

정보량은 발생확률에 따라 달라진다

오키나와에서 내리는 눈처럼 진기한 현상, 즉 확률이 낮은 현상은 뉴스가 된다. 이것을 정보이론의 관점에서 바라보면 "발생확률이 낮은 사건은 정보량이 많다."라고 말할 수 있다. 다시 말해, 정보량은 발생확률에 의존한다. 그리고 이 생각을 수학으로 표현할 수 있다면 정보량을 수치화할 수 있다. 이것이 섀넌의 정보이론의 핵심이다. 그러면 구체적인 예를 통해 생각해보자.

초등학교의 운동회를 개최할지 말지는 날씨에 달려 있다. 그러나 미묘한 날씨라면 개최할지 말지 판단하기가 어렵다. '운동회 개최'와 '중지'의 확률은 반반이다. 지금은 문자 메시지나 웹사이트를 통해서 알리면 되지만, 예전에는 그런 편리한 수단이 없었다. 그래서 이른 아침에 불꽃놀이 폭죽을 쏘아올려 폭죽의 "펑!" 하는 소리로 지역 일대에 운동회 개최 사실을 알렸다. '불꽃놀이 폭죽이 펑→개최', '아무것도 없음→중지'인 것이다.

이것은 섀넌이 2진수로 표현한 정보이론 그 자체다. 2진수의 세계에서는 숫자가 1과 0뿐이다.

① 1(이른 아침에 펑): 운동회를 개최
② 0(아무것도 없음): 운동회는 중지

이것이 섀넌의 정보이론의 기본이다. 여기에서 포인트는 2진수라는 것이다. 2진수를 사용하면 온갖 정보를 ON(1)과 OFF(0)로 표현할 수 있다.

컴퓨터에서 전기 신호를 ON 또는 OFF로 만듦으로써 정보를 다룰 수 있는 것이다.

우리는 보통 2진수를 사용하지 않기 때문에 '2진수? 어려워보이는데…'라고 느끼지만, 사실은 그다지 어렵지 않다. 10진수라면 1, 2, 3, 4, 5, 6, 7, …이 되지만, 2진수는 1, 10, 11, 100, 101, 110, 111, 1000, …이 된다. 1과 0만으로, 즉 전기 신호의 ON과 OFF만으로 모든 수를 표현할 수 있고 계산도 할 수 있다. 섀넌은 정보량을 다음과 같은 식으로 표현했다. 이 정보량의 단위를 비트(bit)라고 부른다.

정보량＝$-log2$확률

간단히 설명하면, 식의 $log2$는 '2진수의 자릿수'를 의미하는 로그다. 계산 방법은 생략하지만, 계산하지 못하더라도 문제는 없으니 안심하길 바란다. 지금까지 소개한 사례의 정보량을 계산하면 다음과 같다.

운동회는 '개최', '중지'의 두 가지이므로 확률은 2분의 1이다. 계산하면 $-log2(1/2)＝1$비트다.

"신호등이 빨간불일 때 횡단보도를 건너서는 안 된다."는 당연하므로 확률 100퍼센트다. 이것을 식에 대입하면 $-log2(1)＝0$비트다. 즉, "신호등이 빨간불일 때 횡단보도를 건너서는 안 된다."의 정보량은 계산해 보면 정말로 제로인 것이다.

오키나와에 내린 눈의 경우, 일본의 기상 관측은 1872년부터 시작되어 2023년까지 150년(약 5만 5,000일) 동안 계속되고 있다. 이 가운데 눈이 내린 날수는 2일뿐이므로 확률은 0.000036퍼센트다. 이것을 계산하면 정보량은 14.75비트가 된다. 계산해 보면 '오키나와에 내린 눈'은 확실히 정보량이 크다. 이처럼 정보량이 큰 것은 진기한 (발생확률이 낮은) 정보인 것이다. 섀넌은 이렇게 말했다. "중요한 관점은 실제의 메시지가 가능한 메시지의 집합에서 선택된 것이라는 점이다."

그래서 섀넌은 정보원源의 메시지의 집합에 주목해 정보량을 표현한 것이다. 그 밖에도 이 책에서 섀넌은 정보통신 시스템의 기본 모델, 정보를 신호로 변환하는 방법, 잡음 때문에 신호에 오류가 발생했을 경우의 데이터 정정 방법, 통신효율을 향상시키기 위한 데이터 압축 이론도 이야기했다. 이것들은 현대의 통신기술과 데이터 처리에서 필수적인 기술이다.

비즈니스에서 좋은 정보란 간결하고 정보량이 많은 것이다. 섀넌의 정보이론은 가치 있는 정보, 즉 정보량이 크고 간결한 정보란 무엇인지를 이해하는 데 큰 도움이 될 것이다.

POINT

비즈니스에서는 간결하고 정보량이 많은 정보에 주목하라.

Book 83

IT 시스템을 잘 작동시키기 위해 필요한 것
맨먼스 미신

프레더릭 P. 브룩스 주니어 Frederick Philips Brooks, Jr.

1931~2022년. 미국의 소프트웨어 기술자, 컴퓨터과학자. IBM의 메인프레임인 System/360과 운영체제 OS/360의 개발자로 유명하다. 그 과정을 솔직하게 묘사한 저서 《맨먼스 미신》과 논문 〈은탄환은 없다〉는 소프트웨어 공학과 소프트웨어 프로젝트 관리의 세계에서 널리 읽히며 많은 사람에게 큰 영향을 끼치고 있다.

IT 시스템을 '설구운 오믈렛'으로 만들지 않으려면

팬데믹을 거치면서 IT는 사회 인프라로써 널리 인지되었다. 현대의 회사원들은 반드시 어떤 형태로든 IT 프로젝트에 관여하고 있다. 그러나 시스템이 작동하지 않거나 개발이 난항을 겪는 일도 많다. 이제는 IT 관계자뿐만 아니라 누구나 IT 프로젝트가 왜 이렇게 되는지 그 현실을 알아야 하는 시대다.

IT 프로젝트가 안고 있는 문제의 본질은 최근 수십 년 사이에 그리 달라지지 않았다. 1975년에 출판된 이래 IT 엔지니어의 바이블로서 전 세계에서 꾸준히 읽히고 있는 이 책은 그 본질을 우리에게 가르쳐준다.

1964년, 업계에서 후발 주자였던 IBM은 시스템/360을 개발해 압도적인 시장점유율을 획득했다. 시스템/360은 IBM이 당시의 금액으로 50억 달러를 투자한 대형 프로젝트였다. 저자인 프레더릭 브룩스는 프로젝트 매니저를 맡아 이 시스템의 핵심 소프트웨어인 OS/360을 개발했으며, 그 거대 프로젝트를 통해서 얻은 지식을 바탕으로 이 책을 썼다.

이 책은 주로 프로그래머나 소프트웨어 개발 관리직을 위해서 쓴 것이지만, 개인의 창조적 활동을 조직의 성과로 연결시키는 방법론도 소개되어 있기에 누구나 배울 수 있는 것이 많다. 다만 1970년대의 컴퓨터에 관한 기술적 지식이 없으면 이해하기 어려운 내용도 많기에 이 책의 핵심을 간추려서 소개하겠다.

맨먼스를 바탕으로 한 개발 관리가 엉망이 되는 이유

소프트웨어를 개발할 때는 '맨먼스*Man/Month*(한 명이 했을 때 1개월 걸리는 작업량)'라는 단위로 작업량을 어림셈한다. OS/360 프로젝트는 6만 맨먼스라는 거대한 규모의 프로젝트였다. 맨먼스에 비례해서 개발비가 증가하기 때문에 어림셈을 할 때는 맨먼스의 개념이 도움이 되지만, 맨먼스를 기반으로 개발 관리를 하는 순간 프로젝트가 이상해진다. 이는 효과적인 다른 업무와 비교하면 금방 알 수 있다.

① **택배 등의 단순 업무:** 택배의 작업 진척이 더딜 경우, 남은 작업량을

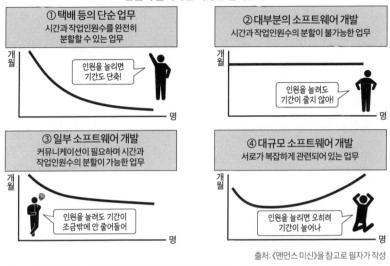

맨먼스 신화
'인원이 늘어나면 기간은 길어진다.'

① 택배 등의 단순 업무
시간과 작업 인원수를 완전히
분할할 수 있는 업무

인원을 늘리면
기간도 단축!

② 대부분의 소프트웨어 개발
시간과 작업 인원수의 분할이 불가능한 업무

인원을 늘려도
기간이 줄지 않아!

③ 일부 소프트웨어 개발
커뮤니케이션이 필요하며 시간과
작업 인원수의 분할이 가능한 업무

인원을 늘려도 기간이
조금밖에 안 줄어들어

④ 대규모 소프트웨어 개발
서로가 복잡하게 관련되어 있는 업무

인원을 늘리면 오히려
기간이 늘어나

출처: 《맨먼스 미신》을 참고로 필자가 작성

1인당 배달량으로 나누면 필요 인원수를 알 수 있다. 작업자끼리 커뮤니케이션을 하지 않고 작업할 수 있으므로 인원을 늘리면 기한을 단축할 수 있다.

② **대부분의 소프트웨어 개발:** 그러나 소프트웨어 개발에는 이 방법을 사용할 수 없다. 각 담당자의 작업이 밀접하게 관련되어 있기 때문이다. 각 담당자가 분담해서 프로그램을 짜고, 각 프로그램을 연결해 테스트를 하며, 버그가 나타나면 문제를 해석해 어떤 프로그램에서 문제가 발생했는지 특정하고 문제를 수정해야 한다. 각 작업에서 밀접한 커뮤니케이션이 필요하기 때문에 택배처럼 완전한 분담이

불가능하다. 각 작업에 필요한 시간도 정해져 있다. 그래서 앞의 그림처럼 인원을 늘리더라도 작업 시간은 달라지지 않는다. 브룩스는 "여성이 아무리 많이 동원된들 아기 한 명이 태어나기까지 10개월 10일이 걸리는 데는 변함이 없는 것과 마찬가지다."라고 비유했다.

③ **일부 소프트웨어 개발:** 개중에는 어느 정도 작업 분담이 가능한 소프트웨어 프로젝트도 있다. 그러나 이 경우도 서로 커뮤니케이션을 하는 노력은 반드시 발생하기 때문에 인원을 늘려도 기한은 그다지 줄어들지 않는다.

④ **대규모 소프트웨어 개발:** 대규모 소프트웨어는 밀접한 커뮤니케이션이 필요하기 때문에 도중에 인원을 늘리면 커뮤니케이션에 시간이 걸려 오히려 일정이 늦어진다. "프로젝트가 늦어지고 있다."는 보고를 받으면 "인원을 추가해 줄 테니 개발 속도를 높여서 기한을 맞추게."라고 지시하는 경영 간부가 많은데, 인원을 추가하면 오히려 더 늦어지는 것이다. 이것이 '맨먼스를 기반으로 진척을 관리한다.'라는 발상의 폐해다. 팀이 n명이면 커뮤니케이션에 들어가는 노력은 $n(n-1)/2$에 비례해서 증가한다. 2명이 작업할 때와 비교했을 때 3명은 노력이 3배, 4명은 6배, 5명은 10배가 된다. 인원을 늘릴수록 실제 작업에 할애할 수 있는 노력은 감소한다. 이것이 소프트웨어 개발 현장에서 일어나는 현실이지만, 소프트웨어 개발을 모르는 경영 간부는 이 현실을 이해하지 못한다.

브룩스는 소프트웨어 업계에서 유명한 '브룩스의 법칙'을 제창했다.

"늦어지고 있는 소프트웨어 프로젝트에 인원을 추가하는 것은 프로젝트를 더욱 지연시킬 뿐이다."

나는 더욱 비참한 이야기를 종종 듣는다. 소프트웨어 개발 현장에 상부가 이런 지시를 하는 것이다.

"CEO의 방침으로 시스템의 서비스 개시 시기가 1개월 앞당겨졌네. 돈과 인원은 얼마든지 추가로 지원해 줄 테니, 어떻게든 기한에 맞춰 주게."

이것은 요리하는 데 10분이 걸리는 오믈렛을 "5분 만에 만드시오."라고 말하는 것과 같아서, 아무리 노력한들 설익은 오믈렛이 만들어질 뿐이다. 프로젝트가 실패하는 이유의 대부분은 이것이다. 이와 관련해 브룩스는 "선택지는 둘뿐이다."라고 말했다. 처음 계획대로 10분을 기다리거나, 5분 만에 만들게 하고 설익은 채로 먹거나. 물론 정답은 10분을 기다리는 것이다. 이 책에는 그 밖에도 여러 가지 금언이 나온다. 그중 몇 가지를 소개하겠다.

은탄환은 없다

'하지만 지금은 기술도 진화했으니 그런 문제도 해결할 수 있지 않을까?'라고 생각한 사람도 있을지 모른다. 1995년에 출판된 20주년 기념 증보판에 추가된 장에서 브룩스는 이렇게 단언했다.

"은탄환 같은 것은 어디에도 없다."

은탄환은 무서운 늑대인간을 죽일 수 있는 마법의 힘을 지니고 있다. 우리도 소프트웨어 개발의 어려운 문제를 마법처럼 해결해 줄 특효약인 은탄환을 찾아내려 하지만, 그런 것은 존재하지 않는다. 기술이 아무리 진화해도 소프트웨어 고유의 본질적인 어려움은 해소할 수 없다.

소프트웨어는 수많은 개별 과제를 해결하기 위해서 개발된다. 각각의 소프트웨어는 전혀 다르기 때문에 기능의 표준화는 불가능하며, 사용자의 자기중심적인 욕망에 맞추기 위해 오히려 더 복잡하게 진화한다. 게다가 프로그램의 내부를 잘 아는 사람은 그것을 만든 본인뿐이다. 프로그램의 구조는 눈에 보이지 않기에 복수의 인원이 공유하기가 어렵다. 이런 것들 전부가 소프트웨어 고유의 본질적인 어려움인 것이다. 다만 은탄환은 없어도 대책은 있다.

이를테면 생산성 향상 툴이다. 프로그램을 고수준 언어로 쉽게 작성할 수 있게 되자 생산성은 5배 상승했다. 컴퓨터와 대화식으로 커뮤니케이션을 할 수 있게 된 덕분에 프로그래머가 생각에 집중할 수 있게 되었다. 본질적인 문제는 해결할 수 없지만, 들어가는 수고를 줄임으로써 생산성은 향상시킬 수 있다. 이런 방법을 궁리해서 활용하는 수밖에 없는 것이다.

프로그래머의 생산성에는 10배의 편차가 있다

소프트웨어의 세계에는 평균적인 프로그래머 수십 명이 필요한 작업을 혼자서 해내는 천재 프로그래머가 있다. 가령 노보리 다이유는 자신이 경영하는 소프트이더의 대표이사, 츠쿠바대학교 준교수, IPA 사이버 기술 연구실장으로 활동하는 가운데 2020년에는 NTT 동일본에 최초의 비상근 사원으로 입사했다. 신종 코로나 바이러스로 한가해졌을 때는 불과 2주 만에 '신텔레워크시스템'을 혼자서 개발해 인터넷에 무료 제공했고, 이것을 일본 전역의 지방자치단체가 이용했다. 이처럼 소프트웨어의 세계에는 일기당천의 능력자가 존재한다.

브룩스의 조사에 따르면 유능한 프로그래머와 그렇지 못한 프로그래머는 생산성이 10배 차이가 난다고 한다. 생산성의 차원이 다른 프로그래머가 존재한다는 것은 소프트웨어의 세계에 장기간 몸담아 온 나도 경험해 왔다. 그런 우수한 프로그래머를 활용하기 위해 브룩스는 '집도의執刀醫 팀'이라고 부르는 10명 정도의 팀을 편성할 것을 제안했다. 외과수술 팀에서 우수한 집도의 한 명을 다른 스태프가 지원하듯이, 설계·코딩·테스트를 하는 수석 프로그래머 한 명을 스태프 여러 명이 지원하는 것이다.

매일의 지연이 축적되어 파국을 만들어낸다

프로젝트의 지연은 돌발적으로 일어나지 않는다. 하루하루의 작은 지연이 축적된 결과 최종적으로 파국을 맞이하게 된다. 이에 대응하기 위한 첫걸음은 일정의 확정이며, 필요한 규칙은 한 가지뿐이다. 브룩스는 "마일스톤을 구체적이고 명확하며 측정 가능한 이벤트로서 칼날처럼 예리하게 정의해야 한다."라고 말했다.

"진척 상황은?"이라는 질문을 받으면 "90퍼센트 정도입니다."라든가 "연락을 기다리는 중입니다."라고 보고하는 사람이 많은데, 이래서는 안 된다. 구체적인 마일스톤이란 100퍼센트 완료된 이벤트다. 예를 들면 '서명된 사양서', '100퍼센트 완성된 소스 코드', '모든 테스트케이스에 합격한 디버그 완료 버전' 등이다. 마일스톤을 명확히 해서 모호함을 없애면 진척 상황에 모호한 부분이 사라진다. 하루의 일정 지연도 허용하지 않을 방법을 매일 착실히 실천해야 하는 것이다.

이 책의 마지막 장에서 브룩스는 이렇게 말했다. "오늘날의 소프트웨어 매니저가 직면한 중심적 과제는 창조성과 독창성을 억누르지 않고 발전시키기 위해 조직과 공정을 어떻게 디자인하느냐 일 것이다."

이처럼 IT 프로젝트의 구조를 알기 위해서도 이 책은 꼭 읽어 봐야 한다.

POINT

소프트웨어 개발의 맨먼스 미신으로부터 벗어나라.

📖 Book 84

디지털전환만이 살 길이다
디지털이다

니콜라스 네그로폰테 Nicholas Negroponte

1943년~. 미국의 컴퓨터과학자. '디지털혁명의 기수'로 불리며, 매사추세츠공과대학교MIT 미디어랩의
창설자이자 명예 회장으로도 유명하다. MIT 외에 예일대학교, 미시건대학교, 캘리포니아대학교 버클
리 캠퍼스에서도 객원교수로서 교편을 잡았다.

30년 전, 디지털혁명을 예고한 책

이 책은 '디지털화'의 본질을 가르쳐주는 책이다. 30년 전인 1995년에 출판
되었지만, 현대에도 적용할 디지털전환DX에 관한 내용이 가득 담겨 있다.

네그로폰테는 인간과 디지털의 바람직한 관계에 관해서 궁리해 온 컴
퓨터과학자다. 미국 MIT에 디지털 기술을 이용한 커뮤니케이션을 연구
하는 미디어랩을 설립하고 초대 소장도 역임했다.

그렇다면 아날로그와 디지털의 차이는 무엇일까? 예를 들면 아마존에
서 책을 주문하면 다음 날이 되어야 받아 볼 수 있다. 한편 전자책으로 사

면 그 즉시 다운로드해서 읽을 수 있다. 네그로폰테는 이 차이를 아톰(물질)과 비트(정보)라고 표현했다. 아날로그는 아톰(원자)이다. 아날로그를 디지털화했을 때의 이점을 알기 위한 지름길은 이 둘의 본질적인 차이를 아는 것이다.

① **물리적 형상:** 물리적으로 이동하는 아톰은 복잡한 유통이 필요하다. 반면에 비트는 거리와 상관없이 순간 이동한다.

② **데이터 형식:** 아톰은 영상, 음성, 화상, 문자 같은 데이터별로 텔레비전, 라디오, 책 등의 매체가 필요하다. 반면에 비트는 온갖 데이터를 1(ON)과 0(OFF)만으로 표현할 수 있다.

③ **복제:** 아톰은 복제가 어려우며, 복제품은 질이 하락한다. 반면에 비트는 복제가 간단할 뿐만 아니라 100퍼센트 똑같은 복제품을 만들어내 전 세계에 발신할 수 있다.

④ **압축·오류 수정:** 비트는 데이터 압축이나 오류의 정정을 쉽게 할 수 있지만, 아톰은 이것이 불가능하다. 종이책은 작게 만들 수 없으며, 파손되면 복구할 수 없다.

⑤ **비용 대비 성능:** 아톰은 비용 대비 성능의 개선이 느리기 때문에 절약하는 마음이 필요하다. 반면에 비트는 비용 대비 성능이 기하급수적으로 개선되므로 디지털 자원(메모리나 계산 능력)을 대량 소비하더라도 신경 쓸 필요가 없다. 아날로그세대와 디지털세대가 근본적으로 다른 것이 이 비용의식이다.

⑥ **가치:** 복제가 어려운 아톰의 경우는 희소성이 가치가 된다. 그러나

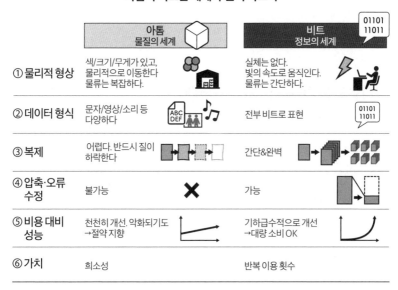

아톰과 비트는 세계가 전혀 다르다

	아톰 물질의 세계		비트 정보의 세계
① 물리적 형상	색/크기/무게가 있고, 물리적으로 이동한다 물류는 복잡하다.		실체는 없다. 빛의 속도로 움직인다. 물류는 간단하다.
② 데이터 형식	문자/영상/소리 등 다양하다		전부 비트로 표현
③ 복제	어렵다. 반드시 질이 하락한다		간단&완벽
④ 압축·오류 수정	불가능	✕	가능
⑤ 비용 대비 성능	천천히 개선. 악화되기도 →절약 지향		기하급수적으로 개선 →대량 소비 OK
⑥ 가치	희소성		반복 이용 횟수

    복제가 용이한 비트의 세계에서는 정반대다. 비트의 세계에서는 이용을 촉진할 방법을 궁리해야 한다. 가령 소니 뮤직은 자사 소속 가수의 악곡의 2차 창작(악곡의 개조)을 유튜브에 업로드하도록 허용함으로써 대히트로 연결시키고 있다.

    비트의 세계에서 아톰(물질)을 화상이나 동영상 등으로 리얼하게 재현하는 움직임은 더욱 가속화될 것이다. 다만 아톰의 세계가 전부 비트의 세계로 치환되지는 않는다. 네그로폰테는 이렇게 말했다.

    "아마도 앞으로 1,000년이나 2,000년 사이에 인간(혹은 치즈버거나 캐시미어 스웨터)을 분해해서 송신하고 그것을 다시 복원하는 방법을 발견하지는 못할 것이다."

디지털화를 거부하는 기업은 도태된다

네그로폰테는 이 책의 첫머리에서 디지털화된 세계에서는 개인이 개인일 것이 장려되며 규율보다 창조성이 요구된다고 강조한다. 그러면서 획일적이고 개성을 말살하는 교육을 한다면 이는 비효율적인 업무로 이어질 것이라고 예견했다. 이를 탈피하기 위해선 디지털전환이 속히 이뤄져야 할 것이다.

디지털전환이 더딘 일본에서는 이런 일도 있었다. 코로나 팬데믹 시기에 병원에서 보건소로 감염자 수를 보고할 때 손으로 쓴 자료를 팩스로 보냈다. 오류가 발생해도 '디지털화하면 수고도 줄어들고 속도를 높일 수 있겠군.'이라는 생각은 하지 않고 "현장의 확인 작업을 철저히 하시오."라는 정반대의 방향으로 나아갔다. 언론도 확인 작업의 태만을 지적했다. '디지털화'에 대한 이해가 서글플 만큼 부족한 것이다.

게다가 일본 기업의 더딘 디지털전환 속도는 외면하고 싶어질 정도다. 본래의 디지털전환은 디지털화를 전제로 최고 경영자의 주도 아래 회사의 형태를 바꾸는 변혁이다. 그러나 일본의 조직은 연공서열 제도에서 선택된 호감도가 높은 인물이 최고 경영자가 되는 경우가 많다. 사내 정치에는 해박해도 비트에 관한 상식은 전무하다. 그런 경영자의 주도로 디지털전환이라는 변혁을 이루기는 어렵다.

20년 전부터 "일본 기업은 공격적인 IT 투자로 비즈니스를 확대한다는 발상이 부족하다."라는 말을 들어왔다. IBM 사원이었던 나도 공격적인 IT 투자를 계속 외쳐왔지만, 진지하게 듣는 것 같으면서도 어딘가 강 건너 불구경 하듯이 반응하다 결국 바뀌지 않는 기업도 많았다. 20년 동안 계속되어 온 과제다. 디지털의 본질을 가르쳐 주는 30년 전의 이 책에서 일본 기업이 배워야 할 점은 너무나도 많다.

POINT

젊은 디지털세대의 힘으로 아톰의 세계에서 비트의 세계로 전환하라.

Book 85

기술은 생명이 깃든 것처럼
진화한다

기술과 혁신
The Nature of Technology

W. 브라이언 아서｜William Brian Arthur

1945년~. 미국의 경제학자. 북아일랜드의 벨파스트에서 태어났으며, 스탠퍼드대학교 교수를 거쳐 산타페연구소 초빙교수, 팰로앨토연구소 객원연구원으로 재직했다. 복잡계 이론의 개척자 중 한 명이다. 수확체증이론을 정식화해 하이테크 기업의 거대한 성공을 설명하는 패러다임을 불러왔다.

기술의 본질은 무엇인가

기술의 진화는 우리의 생활을 향상시켜 왔다. 그러나 자아에 눈을 떠 인류를 멸망으로 몰아넣는 영화 〈터미네이터〉의 컴퓨터 '스카이넷'이 상징하듯이, 최근에는 기술이 폭주해서 인류를 파멸로 몰아넣는 것이 아니냐는 우려도 나오고 있다.

　애초에 기술의 본질이란 무엇일까? 기술은 어떻게 진화하는 것일까? 2009년에 출판된 이 책에서 경제학자인 브라이언 아서는 기술의 본질에 관해 고찰했다. 아서는 이렇게 말했다. "이 책에 적은 것은 그런 내가 마침

내 찾아낸 기술에 관한 논의다."

과학과 기술은 비슷해 보이지만 다르다. 쿤은 [Book 75]《과학혁명의 구조》에서 과학의 진화를 통찰했지만, 아서는 이 책에서 기술의 진화를 통찰했다. 아서의 결론은 "기술은 생명이 깃든 것처럼 진화한다. 경제구조도 기술이 만들어 간다."라는 것이다. 결론만 보면 스카이넷의 세계 그 자체이지만, 이것은 조금 감정적이며 지나친 단순화다. 이 책을 읽으면 우리가 최신기술에 어떻게 대응해야 할지가 보일 것이다.

아서는 산타페연구소의 초빙교수이며, 수확체증이론을 제창해 하이테크 기업이 성공하는 구조를 밝혀낸 복잡계 이론의 권위자이기도 하다. 이 책에서 아서는 기술 진화의 과정을 구체적으로 소개하고 내부구조를 상세히 분석했다.

기술은 조합을 통해서 탄생한다

온갖 기술은 조합으로 구성되어 있다. [Book 67]《촛불의 과학》에서 소개했듯이, 양초는 무명실과 밀랍이라는 기술이 결합한 것이다. 19세기에 탄생한 최초의 전화도 마이크(목소리를 전기신호로 변환), 전선(전기신호를 전달), 스피커(전기신호를 음성으로 변환) 같은 기존의 기술을 조합해서 만든 것이었다.

새로운 기술은 대체로 처음에는 조잡하지만 다양한 구성요소를 복잡하게 조합하며 진화한다. 단순한 조합이었던 전화도 많은 인원이 통화할 수 있도록 전화 교환수가 통화할 곳을 전환해주는 방식이 탄생했고, 자동교환기가 만들어졌으며, 휴대전화가 되고, 카메라가 내장되고, 현대의 스마트폰으로 진화했다. 이제 스마트폰은 전화기능, 카메라, GPS, 와이파이뿐만 아니라 프로세서, 인터넷 접속, 이메일, 애플리케이션, 결제기능, 모션센서 같은 최신기술의 집합체다. 그리고 이 스마트폰 자체도 더 큰 시스템의 일부다. 기술은 기존 기술을 조합해 새로운 기술을 탄생시킴으로써 더욱 복잡한 기술로 진화하는 구조를 띠고 있다. 그렇다면 기술의 본질은 무엇일까?

함께 진화하는 기술과 과학

기술은 어떤 물리현상을 이용해서 특정한 목적을 달성하는 시스템을 만들어낸다. 망원경은 렌즈 두 개를 조합하면 먼 곳에 있는 물체가 크게 보이는 물리현상을 이용한 것이다. 또한 증기기관은 고열의 열원으로부터 열을 받아서 일부를 동력으로 바꾸고 나머지 열은 버리는 열역학의 물리현상을 이용한 것이다. 과학은 기술이 어떤 물리현상을 이용할 수 있을지 가르쳐주는 것이다.

　과학 자체도 기술을 통해서 진화한다. 망원경이라는 새로운 기술을 손에 넣은 갈릴레오는 목성의 주위를 네 개의 위성이 돌고 있으며 금성이 달처럼 차고 기운다는 물리현상을 발견하고 지동설을 확신했다. 현대에는 최신기술을 탑재한 제임스 웹 우주 망원경이 2021년에 발사되었다. 이 우주 망원경의 목적은 우주 탄생으로부터 2억 년 후에 빛나기 시작한 최초의 별을 관측하는 것이다. 이를 통해 우주 과학의 진화가 기대되고 있

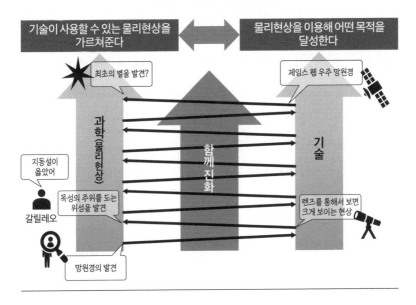

기술과 과학은 함께 진화한다

기술이 사용할 수 있는 물리현상을 가르쳐준다 ⟷ 물리현상을 이용해 어떤 목적을 달성한다

최초의 별을 발견?

제임스 웹 우주 망원경

과학(물리현상)

함께 진화

기술

지동설이 옳았어

갈릴레오

목성의 주위를 도는 위성을 발견

렌즈를 통해서 보면 크게 보이는 현상

망원경의 발견

다. 이처럼 과학과 기술은 서로 함께 진화하는 것이다.

자기 창출하는 기술 진화의 메커니즘

더 큰 흐름을 살펴보면, 기술은 스스로 진화하는 듯이 보인다. 아서는 이렇게 말했다. "인간활동도 하나로 묶어서 생각한다면, 기술의 집합체는 '자기창출'을 한다. 그 자체에서 새로운 기술을 만들어내고 있다고 말할 수 있다."

역사 속에서 기술은 생물처럼 끊임없이 세대교체를 계속하고 있다. 과거의 주요한 전자기술은 진공관이었지만, 1950년대에 트랜지스터가 등장하자 진공관 산업은 쇠퇴하고 트랜지스터가 전자장치의 주요 부품이 되었다. 트랜지스터는 전자기기의 가격을 크게 낮추고 신뢰성을 크게 향상시켰다. 1990년대에 등장한 디지털카메라도 은염 필름카메라, 사진필름업계, 현상소를 소멸시켰고, 그 자리를 메모리와 컬러 프린터가 대체했다. 앞으로는 EV(전기 자동차)가 보급되어 휘발유 자동차의 부품 업자나 주유소가 같은 길을 걷게 될지도 모른다.

기술은 발명가와 개발자를 만들어낸다. 그러나 이처럼 자기 창출하는 기술의 거대한 흐름은 인간의 힘으로 어떻게 할 수 있는 것이 아니다. 기술 자체의 구조가 만들어내는 것이다. 신세대 기술로의 세대교체를 통해 구세대 기술이나 그 관련 기술은 눈사태처럼 붕괴하고 신세대 기술이 독점한다. 이렇게 해서 기술은 기술의 진화를 만들어내는 사람에게도 영향을 끼치며 진화를 만들어낸 인간의 의도를 크게 초월해 세대교체를 계속해나간다. 이렇게 진화를 거듭하는 모습은 의지를 가진 생명체 그 자체다.

경제구조와 기술은 불가분의 관계다

기술의 진화는 인간사회의 경제구조도 바꿔나간다. 산업혁명 당시 탄생한 기술인 섬유 제조 기계를 계기로 섬유 공장과 방적 공장이 만들어져 공장 노동자의 수요를 창출했다. 공장 주변에는 주택이 들어섰고, 공장 도시가 탄생했다. 그리고 새롭게 탄생한 노동자 계급은 처우 개선을 요구하며 노동조합을 조직했고, 단결해 정치적 권력을 갖게 되었다. 이처럼 기술의 발명은 산업을 만들어내고, 노동자와 주택 같은 수요를 낳으며, 인간사회의 경제구조를 바꿔 나간다.

현대에도 1970년대에 금융상품인 옵션의 가격 설정을 수학적으로 계산할 수 있는 '블랙-숄즈-머튼의 방정식'이라는 기술의 등장으로 미래의 자산가격을 계산할 수 있게 되자 금융 업계에서 금융공학이라는 새로운 기술이 탄생해 수많은 금융상품이 개발되었다. 그러나 폭주도 일어났다. 서브프라임 모기지론 상품은 2008년에 발생한 세계금융위기의 도화선이 되어 세계 경제를 뒤흔들었다.

이처럼 경제는 기술과 불가분의 관계다. 아서는 이렇게 말했다.

"경제란 기술의 표현인 것이다. (중략) 경제구조는 기술을 통해서 형성되며, 그 기술은 말하자면 경제의 골격을 형성한다."

현재는 디지털기술을 통해 온갖 것이 서로 유기적으로 연결되어 움직이게 되었다.

한편 우리가 기술에 불안감을 느끼는 이유는 현대의 기술이 새로운 단계를 맞이해 자연을 파괴하고 인간의 힘으로 통제할 수 없게 되는 상황을 두려워하기 때문이다. 그렇다면 어떻게 해야 할까?

아서는 이 책의 마지막에서 영화 〈스타워즈〉의 예를 들었다. 스타워즈에는 두 집단이 있다. 하나는 악의 기술의 상징인 '데스스타'를 보유한 은하제국군이다. 이들은 개성도 의지력도 빼앗긴 채 기계의 지배를 받는다. 그리고 또 다른 집단은 영웅인 루크 스카이워커를 둘러싼 인물들로, 개성과 의지가 있는 인간이다. 외계인들도 다채로운 성격을 지녔으며 활력이 넘친다. 그들은 기술에 길들여지지 않고 반대로 기술을 길들였다. 이것이 바람직한 모습이다. 기술을 포기할 필요는 없다. 아서는 이 책을 이런 말로 마무리했다. "인간에게는 도전이 필요하고, 의의가 필요하며, 목적이 필요하고, 자연과의 공존이 필요하다. 기술이 인간으로부터 이런 것들을 떼어놓는다면 그것은 일종의 죽음을 불러온다. 반대로 기술이 이런 것들을 고조시킨다면 기술은 인생을 긍정한다. 우리가 인간임을 긍정하는 것이다."

이 책이 출판된 지 10년이 넘게 지난 지금, 이 아서의 말은 의미심장하게 다가온다. 아서의 분석은 슘페터나 쿤, 클레이튼 크리스텐슨 등이 이야기해 온 혁신론과 겹치는 부분도 많다. 그러나 그 거인들의 위에 쌓아올려진 기술의 본질에 관한 통찰은 매우 오묘하다.

다음의 [Book 86]《AI 2041》, [Book 87]《크리스퍼가 온다》에서 소개하듯이, 지금 AI나 유전자 조작 기술의 진화는 인간의 모습을 바꾸고 있다. 20세기까지의 인류는 기술의 방약무인한 진화를 방치해 왔다. 21세기의 우리는 새로운 기술에 대해 끊임없이 '이 기술은 인간을 긍정하는 것인가? 인간성을 배제하고 부정하는 것인가?'라는 질문을 던져야 할 것이다.

POINT

절대 기술에 지배당하지 마라. 기술을 최대한으로 활용하라.

🏴 Book 86

AI가 인류에게 가져다줄 것은
파멸인가, 희망인가
AI 2041

리카이푸李開復 · **천치우판**陈楸帆

리카이푸: 1961년~. 타이완 출생의 미국인 컴퓨터과학자, 창업가, 투자가. 시노베이션 벤처스의 창업자이며, 구글 중국의 사장이었다. 마이크로소프트에서 근무했으며, 마이크로소프트 리서치 아시아를 베이징에 설립했다.

천치우판: 1981년~. 중국의 SF 작가, 각본가, IT 실업가. 구글과 바이두에서 근무한 이력이 있다. 중국을 대표하는 SF 작가다.

AI가 인류에게 가져다줄 미래

2023년은 처음으로 인류의 대다수가 AI의 위협에 위기감을 느끼게 된 해일 것이다. 비약적으로 진화한 AI가 세계적으로 큰 화제가 되었다. 인간처럼 자연스럽게 응답하고, 어렵기로 소문 난 미국 공인 회계사CPA 시험에 합격할 정도의 실력을 지닌 ChatGPT. 세계적인 사진대회에서 입상한 이미지 생성AI. 히로시마에서 열린 G7 정상회의에서는 AI의 규칙 제정도 의제가 되었다.

　AI는 더욱 가속도로 진화하고 있다. AI의 진화는 인류에게 어떤 미래를 가져다줄까?

2021년에 출판된 이 책은 20년 후인 2041년에 AI가 실현할 세계를 그린 것으로, 미래를 예상하는 시중의 다른 책들과는 성격이 조금 다르다. 저자인 리카이푸는 1961년에 태어난 인공지능 학자다. 미국에서 컴퓨터 과학을 공부했고, 애플과 마이크로소프트의 중역, 구글 중국의 사장으로 재직한 뒤 중국 벤처캐피탈의 CEO와 정부의 AI전략 담당고문을 역임했다. 그래서 정책과 법 규제에도 정통하며, 중국 IT업계에 커다란 영향력을 지닌 인물이다.

또 다른 저자인 천치우판은 바이두와 구글에서 근무하는 가운데 SF 단편소설을 발표해 중국 국내에서 각종 상을 수상했으며, 현재는 베스트셀러를 출간한 SF소설가다.

이 책은 그런 두 저자가 쓴 것이다. 리카이푸는 20년 후까지 실현될 가능성이 80퍼센트 이상인 기술을 예측하고, 천치우판은 이 예측을 바탕으로 단편소설 10편을 썼다. 또한 책에는 기술적인 측면의 해설도 첨부되어 있다.

AI의 중요한 기술적 요소를 전부 망라해 이야기 형식으로 알기 쉽게 쓴 이 책은 〈월스트리트 저널〉과 〈워싱턴 포스트〉, 〈파이낸셜 타임스〉에서 연간 베스트셀러로 선정되었다. 또한 마이크로소프트의 사띠아 나델라 CEO와 세일즈포스의 마크 베니오프 회장 겸 CEO도 추천한 필독서다. 500페이지가 넘는 이 책은 내용의 밀도가 높고 광범위하다. 게다가 10편의 단편 소설 자체가 매우 재미있다. 결말을 누설하지 않는 정도에서 소설도 간략하게 소개하겠다.

AI는 인간의 일자리를 어떻게 바꿀 것인가

현재의 AI는 인간의 일자리를 전부 대체할 기세다. 미래에 인간의 일자리는 어떻게 될까? 그런 2041년의 세계를 그린 것이 미국을 무대로 한 제8장 '구원자 이야기'다.

이야기의 세계에서는 AI의 보급으로 부를 획득한 초부유층과 기업, 그리고 일자리를 잃은 노동자로 사회가 양극화되어 있다. 도입부에는 미국이 부유층과 기업으로부터 세금을 징수해 전 국민에게 일정 금액을 지급하는 기본소득*BI*을 도입하는 장면이 나온다. 그러나 BI가 도입된 뒤, 돈은 받게 되었지만 일자리를 잃은 노동자들이 게임과 마약, 알코올에 빠져들어 사회가 엉망이 된다. 그래서 BI를 폐지하고 그 대신 AI에 일자리를 빼앗겨 실업자가 된 노동자에게 새로운 기술을 습득시켜 이직을 알선하는 미래가 그려진다.

이 전개는 참으로 흥미롭다. 마르크스도 [Book 28]《자본론》에서 자본가가 기술도입을 통한 효율화로 노동자를 줄여서 상대잉여가치를 착취하는 구도를 그렸다. 기술은 본질적으로 엘리트를 풍요롭게 만든다. 그래서 두 저자는 먼저 엘리트에게서 세금을 징수하는 방식의 BI를 도입하는 장면을 묘사했을 것이다. 그러나 그것만으로는 문제를 해결하지 못해 일자리를 만들어내는 미래도 그렸다. 현실의 인간은 항상 일을 통해서 사회와 관여해왔다. 이 장에서는 그런 문제를 고찰한 것이다. 이 장에는 노동자의 이런 말이 나온다.

"비계 공사를 10년, 배관공을 15년 동안 했어. 자랑은 아니지만, 도면만 봐도 저절로 손이 움직인다고. 기계한테는 절대 안 져. (중략) 하지만 로봇의 진화가 약간 더 빨랐넌 것 같네."

AI는 방대한 데이터에서 미묘한 패턴을 간파하는 힘이 뛰어나다. 이 책은 정형화된 작업을 자동화하는 RPA(로보틱 프로세스 자동화)를 예로 들며, AI가 일자리를 빼앗는 모습을 소개했다.

인사부에 채용담당자가 20명 있다고 가정하자. 먼저 RPA의 지원으로 담당자의 수가 절반이 줄어 10명이 된다. 그리고 RPA에 탑재된 AI가 채용업무를 학습하면 얼마 후 채용업무를 대신할 수 있게 되어 20명분의 업무를 전부 대체하게 된다. RPA가 응모자와 이메일을 통해서 커뮤니케이션을 하고, 면접예정을 짜며, 결과를 정리하고, 채용여부를 판단한 뒤, 희망업무를 물어보는 부분까지 자동화가 가능하다. 인간과 똑같이 움직이는 가상적인 AI로 1차 면접도 대체할 수 있다. 이렇게 해서 최종적으로 인사업무의 90퍼센트가 AI로 대체된다.

우리는 우리가 인생을 바쳐서 획득한 기술을 AI나 로봇이 단기간의 학습으로 쉽게 능가하는 시대에 살고 있다. 어떻게 하면 좋을까? 출발점은 AI가 하지 못하는 일을 이해하는 것이다. 이 책에서는 세 가지 포인트를 소개한다.

① **창조성**: AI도 창조, 개념화, 전략 책정은 하지 못한다. 스스로 목표를 설정하지도 못한다. 요컨대 지시받은 일만 할 수 있다. 주어진 목적을 향해서 이미 있는 방대한 정보를 정리하고 정해진 대로 실행하는 능력은 굉장히 강하지만, 명령은 어디까지나 인간이 한다. 또한 AI는 상식적으로 판단하는 데도 취약하다.

② **공감:** AI는 공감이나 동정을 하지 못한다. 공감을 바탕으로 한 행동이나 커뮤니케이션도 하지 못한다. 상대에게 '나를 이해해주고 있어.'라고 느끼게 하는 인간적인 서비스는 제공하지 못하는 것이다.

③ **손재주:** AI는 눈 같은 오감 정보를 손끝의 놀림과 연계시키는 것이 서툴다. 정교한 공예품을 만드는 장인의 기술을 재현하기는 어렵다. 또한 학습하지 않은 미지의 상황에는 대응하지 못한다.

다음의 그림은 이와 같은 기준을 바탕으로 두 저자가 화이트칼라와 블루칼라의 업무를 정리한 것이다. 자신이 하는 일이 어디에 위치하며 무엇을 지향해야 할지 생각하는 데 참고가 될 것이다.

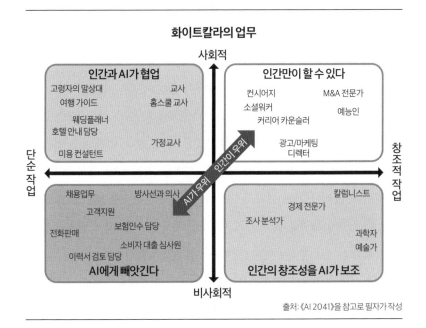

화이트칼라의 업무

출처:《AI 2041》을 참고로 필자가 작성

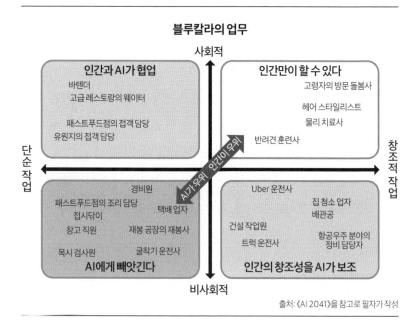

블루칼라의 업무

사회적

인간과 AI가 협업
바텐더
고급 레스토랑의 웨이터

패스트푸드점의 접객 담당
유원지의 접객 담당

인간만이 할 수 있다
고령자의 방문 돌봄사

헤어 스타일리스트
물리 치료사

반려견 훈련사

단순 작업 ← AI가 우위 · 인간이 우위 → 창조적 작업

경비원
패스트푸드점의 조리 담당   택배 업자
접시닦이
창고 직원   재봉 공장의 재봉사

목시 검사원   굴착기 운전사

AI에게 빼앗긴다

Uber 운전사
집 청소 업자
배관공

건설 작업원
항공우주 분야의
트럭 운전사   정비 담당자

인간의 창조성을 AI가 보조

비사회적

위험할 것 같은 직종에 종사하는 사람은 빨리 새로운 기술을 배우는 재학습이 필요하다. 또한 현재의 직업에 AI의 활용을 도입하는 재조정도 필요하다. 가령 현재의 AI는 고품질의 문장을 쓸 수 있다. 내가 하고 있는 집필이라는 직업은 '문장을 쓸 수 있다.'는 것만으로는 AI에 대체되어 소멸할 것이다. 그러나 가령 AI와의 대화를 통해 더욱 깊게 통찰할 수 있게 된다면 아웃풋의 가치를 높일 수 있다. 또한 단순 업무는 AI에 맡기고 인간은 창조적인 업무에 집중한다면 새로운 세계가 열린다.

AI의 거대한 파도는 향후 20년 안에 단순작업 직종을 뿌리째 없애버릴 것이다. 방대한 수의 실업자를 재훈련할 필요가 있기에 교육체계도 새로

궁리할 필요가 있다. 그런데 그 너머에는 무엇이 있을까? 저자는 이렇게 말했다. "우리는 AI가 가져다줄 막대한 부의 혜택을 누릴 최초의 세대다. 그러므로 사회 계약을 수정해 인간성이 빛을 발하는 경제로 재구축할 책임이 있다." 그 너머에는 인간이 단순노동으로부터 해방되어 창조적이고 자유롭게 살 수 있는 미래가 기다리고 있다. 단기적으로 보면 커다란 고난, 장기적으로 보면 커다란 희망이라는 것이다.

그렇다면 근본적으로 AI는 어떤 구조이며 무엇을 할 수 있을까? 제3장에서는 이에 관해서 깊게 고찰했다.

AI의 구조를 이해한다

제3장 '쌍둥이 참새'에서는 한국을 무대로 부모를 잃은 쌍둥이 형제가 등장한다. 두 형제는 겉모습은 똑같지만 성격이 정반대다. 금빛참새는 커뮤니케이션 능력이 뛰어나고 언제나 최고를 목표로 삼는 성장지향형이다. 한편 은빛참새는 내성적이고 예술 지향적이며 아스퍼거 증후군의 경향도 있다. 두 형제는 어릴 때부터 친구처럼 무슨 이야기든 들어 주는 AI 교사 덕분에 뛰어난 재능을 개화시켜 나간다.

이 장에서는 아이들이 AI와 자연스럽게 대화를 나누는데, 그 기술의 핵심은 제1장에서 나오는 심층학습과 이 장에서 나오는 자연어 처리$_{NLP}$다. 먼저 심층학습을 소개하겠다. 심층학습은 딥러닝$_{Deep\ learning}$으로도 불리며, AI의 진화에서 가장 중요한 지점이다. [Book 65]《의식은 언제 탄생하는가》에서 소개했듯이, 인간의 뇌에서는 신경세포(뉴런)가 그물처럼 연결

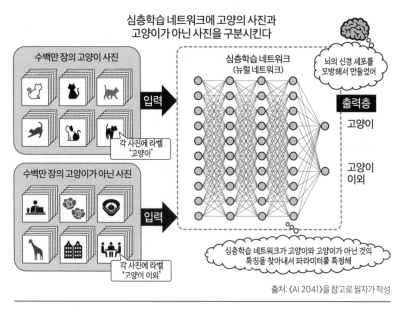

심층학습 네트워크

심층학습 네트워크에 고양이 사진과
고양이가 아닌 사진을 구분시킨다

수백만 장의 고양이 사진

입력

각 사진에 라벨
'고양이'

수백만 장의 고양이가 아닌 사진

입력

각 사진에 라벨
'고양이 이외'

심층학습 네트워크
(뉴럴 네트워크)

뇌의 신경 세포를
모방해서 만들었어

출력층

고양이

고양이
이외

심층학습 네트워크가 고양이와 고양이가 아닌 것의
특징을 찾아내서 파라미터를 특정해

출처: 《AI 2041》을 참고로 필자가 작성

되어서 의식을 만들어내고 있다. 심층학습은 소프트웨어가 이것을 모방
해 입력부터 출력 사이에 수천 계층이나 되는 다층적인 구조가 네트워크
처럼 연결된 인공적인 뉴럴 네트워크(신경망)를 만든다.

위 그림은 고양이의 사진과 고양이 이외의 사진을 이 네트워크에 기억
시키는 예다. 먼저 수백만 장의 고양이 사진과 고양이 이외의 사진을 준
비한다. 각 사진에는 '고양이', '고양이 이외'라는 라벨을 달고 네트워크에
입력한다. 출력층에는 '고양이', '고양이 이외'를 설정해놓는다. 그러면 네
트워크가 수백만 장의 사진에서 '고양이', '고양이 이외'의 특징을 찾아내
네트워크 속의 각 계층의 파라미터를 스스로 설정한다. 이렇게 하면 새로

운 사진을 보여줘도 고양이가 있는지 없는지 판정할 수 있게 된다.

심층학습에서는 사람의 손을 거치지 않고 스스로 이런 심층학습 네트워크를 만들 수 있다. 아이디어 자체는 1967년에 학술논문에서 발표되었지만, 방대한 데이터량과 계산 능력이 필요했기 때문에 당시는 실현할 수가 없었다. 그러나 지금은 스마트폰의 계산 능력조차도 1969년에 발사된 아폴로 우주선의 수백만 배에 이르며, 2020년 현재 인터넷상의 데이터량은 1995년의 1조 배나 된다. 이런 압도적인 계산 능력과 데이터량이 심층학습을 가능케 했고, 그 결과 AI는 인간을 능가하는 뛰어난 능력을 획득한 것이다.

다음의 표는 인간의 뇌와 AI(심층학습)의 차이를 정리한 것이다. AI는 대량의 데이터를 규칙대로 처리하는 능력은 압도적으로 뛰어나지만, 추상적 개념의 이해, 분석, 추측, 통찰, 창조성의 분야에는 약하다. 이런 것들은 인간이 더 뛰어나다.

심층학습을 통해서 자연어 처리도 진화했다. 2023년에 화제가 되었던 ChatGPT는 심층학습을 바탕으로 한 NLP다. 이 책에서는 ChatGPT의 기반이 된 GPT-3에 관해 소개했다. 심층학습은 사람이 교사가 되어서 개별적으로 '정답은 ○○'이라고 라벨을 달며 가르칠 필요가 있는 '교사학습'이다. 그러나 말에는 다양한 표현이 있다. 자연어 처리에서 인간이 정답을 일일이 가르쳐서는 한도 끝도 없다. 그래서 최근 들어 인간이 정답을 가르치지 않아도 AI가 스스로 교사 역할을 맡는 '자기교사학습'이라는 수법이 등장했다. 인간이 라벨을 달 필요가 없어진 것이다. 이를테면 "'옛날 옛적 어느 곳에 할아버지와 할머니가 살고 있었답니다.'의 뒤에는 높은

AI와 인간의 강점과 약점

	인간의 뇌	AI(심층학습)
학습에 필요한 데이터의 양	소량	방대
정량적 최적화나 매칭 (예: 100만 장의 사진 중에서 일치하는 한 장을 고르기)	약점	강점
정해진 상황별의 맞춤 처리 (사용자별로 구매 확률이 높은 상품을 표시)	약점	강점
추상적 개념/분석적 사고/ 추측/상식/통찰	강점	약점
창조성	강점	약점

출처: 《AI 2041》을 참고로 필자가 작성

확률로 '할아버지는 산으로 나무를 하러…'가 이어진다."와 같이 '이 문장의 다음에는 높은 확률로 이 문장이 온다.'라는 구조를 AI가 미가공 데이터 속에서 읽어내 뉴럴 네트워크 속에 심어 넣는다. 이 방법을 사용할 경우, 충분한 양의 자연스러운 데이터와 충분한 처리 능력만 있다면 마치 인간처럼 자연스럽게 응답할 수 있게 된다. GPT-3는 1,750억 개의 파라미터를 가진 모델을 만든 덕분에 일관적인 대화가 가능해졌다.

GPT-3처럼 대량의 데이터로 사전 훈련을 해서 높은 능력을 획득하면 특정 영역에 응용하기 위해 필요한 학습량은 소량으로 충분해진다. 단시간의 튜닝도 가능하다. 가령 한 법 관련 사이트에서는 축적해 온 100만 건 이상의 법률상담 자료를 활용해 ChatGPT를 이용한 법률상담 채팅 서비스를 제공하고 있다.

이것은 아직 출발점일 뿐이다. NLP 모델의 파라미터 수는 매년 10배라는 상상을 초월하는 속도로 성장하고 있다. 두 저자는 "20년 후의 GPT-23은 인류가 쓴 글을 전부 읽고 제작한 영상을 전부 본 다음 독자적인 세계 모델을 구축할 것이다."라고 예측했다.

그렇다면 온갖 측면에서 인간의 지능에 필적하는 범용인공지능_AGI_은 등장할까? 리카이푸는 "적어도 20년 후까지는 어려울 것이다."라고 예상했다. 창조성, 전략적 사고, 추리, 반사실적 사고, 감정, 의식 등의 모델화에는 심층학습 같은 획기적인 발전이 10회 이상 필요한데, AI 세계에서 과거 60년 동안 나타난 발전은 심층학습 하나뿐이다. 앞으로 20년 안에 10회 이상의 발전이 나타날 가능성은 상당히 낮다.

한편, AI의 진화를 통해 인류도 진화할 수 있다. 이 장에서는 학생 한 명 한 명에게 전임 AI 교사를 붙이는 개별교육 시스템이 등장한다. 두 저자는 AI 시대에 인간 교사의 역할로 두 가지를 꼽았다.

① **학생을 인간적으로 지도하는 것:** 비판적 사고, 창조력, 공감, 팀워크를 통한 성장은 인간만이 촉진할 수 있다.

② **AI 교사를 제어·관리한다:** 목표 설정을 수정하고, 학생별로 AI 교사를 조정한다. 학생 개개인에 대한 깊은 이해가 필요하다.

제8장 '구원자 이야기'와 함께 읽으면 AI를 활용한 새로운 인간의 가능성이 보이게 된다. 이처럼 이 책의 기본적인 견해는 'AI가 불러올 인류의 밝은 미래를 제시한다.'는 것이다. 그러나 이 책에는 AI가 불러올 고난이

나 위험성도 묘사되어 있나. 그것이 제7장이다.

자율무기가 인류를 멸망시킨다

충격적인 동영상이 있다. 작은 새 정도 크기의 살인 드론이 자력으로 목표를 탐지한 뒤 표적을 발견하자 그 인물 머리의 지근거리에서 폭약을 떨어트리는 동영상이다. 작고 민첩하게 움직이기 때문에 포획하거나 정지시키기, 파괴하기는 매우 어렵다. 대량으로 방출된 드론이 사람들을 차례차례 죽이는 장면도 있다. 'Slaughterbots(학살 로봇)'으로 동영상 검색을 하면 찾을 수 있다. (다만 열람에는 주의하길 바란다.)

제7장 '양자 대학살'에서는 개인적인 비극을 겪은 유럽의 컴퓨터과학자가 첨단 기술을 구사해 세계를 상대로 복수극을 시도하는 모습이 그려진다. 다양한 기술이 등장하는데, 여기에서는 그중에서도 가장 위험한 자율무기를 소개하겠다. 앞에서 이야기한 살인 드론이 바로 그 자율무기다.

자율무기란 인간의 관여 없이 공격 상대의 탐색, 교전 결단, 살해까지 완수하는 무기다. AI와 로봇기술이 저렴해져, 약간의 지식만 있으면 누구나 이런 살인 드론을 만들 수 있다. 부품은 전부 온라인으로 구매할 수 있고, 기술은 오픈소스여서 누구나 다운로드가 가능하다. 만드는 데 들어가는 비용은 10만 엔 정도다. 즉, 10억 엔이면 살인 드론 1만 기의 부대를 만들 수 있다는 말이다.

AI의 진화는 이렇게 누구나 만들 수 있는 자율무기를 등장시켰다. 자율무기는 살인 비용을 단숨에 낮췄다. 자신의 목숨을 희생시키는 자폭 테러와 달리, 자율무기는 공격하는 쪽의 희생이 없다. 마음만 먹으면 즉시 실행할 수 있다. 자율무기가 포획될 경우 즉시 자폭하도록 설계하면 분석도 불가능하다. 요컨대 누가 저질렀는지 알 수 없게 되므로 책임 소재도 모호해진다.

두 저자는 조약을 통해 자율무기를 금지·규제하는 안을 제창한 뒤, 이렇게 말했다. "자율무기의 증식과 인류의 멸망을 막기 위해 전문가와 정책 결정자가 다양한 해결책을 검토해야 한다."

이 책은 이런 말로 마무리된다. "이 10편의 단편 소설은 AI의 이야기가 아니라 인간 자신에 관한 이야기다. 인공지능과 인간사회가 올바르게 손을 잡고 함께 춤을 춘다면 인류역사상 최고의 성과를 불러올 것이다."

하이라이트만으로 압축해서 소개했지만, 이 책에는 그 밖에도 읽어 봐야 할 부분이 참으로 많다. 한편 이 책이 출판된 이듬해인 2022년에는 AI의 학습 규모가 확대되어 임계점을 넘어서면 성능이 급격히 향상된다는 사실도 밝혀졌다. 우리는 앞으로 AI와 어떻게 마주해야 할지 생각해야만 하는 시대에 살고 있다. 그렇기에 배워야 할 점이 많은 이 책을 반드시 읽어볼 것을 권한다.

POINT

AI의 강점과 약점을 이해하고 올바르게 대응할 때 비로소 멋진 미래가 찾아올 것이다.

Book 87

당신의 DNA를 편집하시겠습니까
크리스퍼가 온다

제니퍼 다우드나 Jennifer Doudna·**새뮤얼 스턴버그**Samuel Sternberg

제니퍼 다우드나: 1964년~. 미국의 화학자, 생물학자. 캘리포니아대학교 버클리캠퍼스 교수. 하워드 휴즈 의학연구소HHMI 연구자. 에마뉘엘 샤르팡티에와 함께 게놈 편집 기술인 CRISPR-Cas9을 개발해 2020년 노벨화학상을 수상했다.

새뮤얼 스턴버그: 캘리포니아대학교 버클리캠퍼스에서 화학 박사학위를 받았으며, 다우드나와 함께 CRISPR-Cas9을 연구했다.

창조주의 기술을 획득한 인류는 과연 어디로 갈 것인가

"두 분의 유전자를 편집해서 병에 걸릴 위험성이 적은 아기를 낳을 생각은 없으십니까? 아주 간단합니다." 이런 제안을 받는다면 자녀의 미래를 진지하게 생각하는 부부일수록 마음이 끌릴 것이다.

꿈같은 소리로 들리겠지만, 현재의 기술을 조합하면 실현이 가능하다. 먼저 부모의 정자와 난자를 체외수정해서 수정란을 만든다. 그리고 부부의 유전자를 조사한 다음 뒤에서 소개할 크리스퍼*CRISPR*를 만들어 수정란에 주입하고 어머니의 자궁에 집어넣는다. 이렇게만 하면 자신들이 바라는 유전자를 가진 아기를 자유자재로 만들어낼 수 있다.

실제로 저자 중 한 명인 새뮤얼 스턴버그는 한 창업가로부터 "이 비즈니스를 시작하려면 당신의 기술이 필요하니 우리의 팀에 참가해 주시오."라는 제안을 받았다고 한다. 이것은 심각한 문제를 일으킬 가능성이 크다.

다윈의 [Book 61]《종의 기원》에서 소개했듯이, 생물은 무작위적인 돌연변이와 자연도태의 원리를 통해 수십억 년에 걸쳐 진화해왔다. 또한 인류는 가축이나 농작물을 몇 대에 걸쳐 품종 개량해왔다. 품종 개량의 기본 원칙도 다윈이 제창한 무작위적인 돌연변이의 메커니즘이다.

그러나 2012년에 인류는 갑자기 온갖 생물의 유전자를 손쉽게, 그리고 저렴한 비용에 자유자재로 편집할 수 있는 방법을 손에 넣었다. 그것이 이 책의 저자인 다우드나가 발견한 CRISPR-Cas9(크리스퍼 캐스나인)이다. 이 발견으로 다우드너는 2020년에 노벨화학상을 수상했다.

이 기술 덕분에 인류를 오랫동안 괴롭혀 온 난치병을 극복하거나 식량 문제를 해결할 수 있게 되었다. DNA 편집으로 유전자 질환을 치료하고, 기후 변동이나 병충해에 강한 농작물, 빠르게 자라며 고기가 많은 가축 등을 만들 수 있는 것이다. 그러나 한편으로 이 기술은 인류를 파멸로 몰아갈 수도 있다. 테러 집단이 이 기술을 사용해서 인류를 전멸시킬 수 있는 최악의 병원균을 만들어내 퍼트릴 가능성이 있다. 또한 부유층은 유전자 조작을 통해서 새로운 인류로 진화하는 반면에 빈곤층은 진화하지 못한 결과 사회에서 유전적 차별이 만들어져 인류를 깊게 단절시킬지도 모른다.

이 책은 그런 기술을 개발해 판도라의 상자를 열어버렸다는 고민에 빠진 다우드너가 이 기술이 불러올 수 있는 여러 가지 문제점에 관한 사회의 폭넓은 논의를 유도하려는 목적으로 쓴 것이다. 공저자인 스턴버그는 연구실에서 다우드너와 함께 CRISPR-Cas9을 연구했다.

이 책은 매우 무거운 질문을 던진다. 그것은 인류, 자유, 사회합과 정치의 바람직한 형태에 관한 문제다. 인류는 마침내 창조주의 영역에 발을 들여놓는 기술을 손에 넣었지만, 그것을 올바르게 활용할 만큼 성숙하지는 않은지도 모른다. 그래서 87권의 마지막으로 이 책을 소개하고 그 의미를 함께 생각해보려 한다.

단 하나의 염기 차이가 결과를 크게 바꾼다

모든 생물은 유전자라는 설계도를 바탕으로 만들어졌다. 유전자 공학에서는 게놈, 유전자, DNA 같은 말이 잇달아 등장하기 때문에 미리 정리한 다음 이야기를 진행하겠다. 먼저, 게놈은 생물이 세포 속에 지니고 있는 모든 유전자 정보를 가리킨다. 인간에게는 60조 개나 되는 세포가 있는데, 모든 세포가 거의 같은 게놈을 지니고 있다. 다음의 그림처럼 세포의 핵에는 유전자 정보를 넣어 둔 염색체가 있다. 유전자 정보는 염색체 속에 있는 DNA에 기록되어 있으며, DNA는 두 개의 긴 사슬이 이중나선형으로 뒤얽힌 구조다. 이 이중나선은 긴 사다리가 나선형으로 비틀린 형태를 띠고 있다.

이 사다리의 발판에 해당하는 부분은 아데닌(그림에서는 A), 구아닌(G), 사이토신(C), 티민(T)이라는 네 종류의 염기라는 물질이 연결되어서

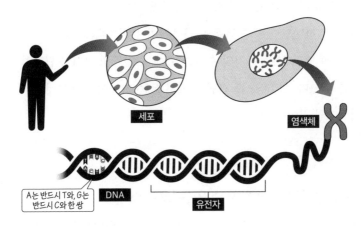

DNA와 유전자의 구조

세포

염색체

A는 반드시 T와, G는 반드시 C와 한 쌍

DNA

유전자

인간 게놈은 합계 32억 쌍의 정보로 구성되어 있다

출처: 《크리스퍼가 온다》를 참고로 필자가 작성

만들어진 것이다. 각 염기는 수십 개의 원자로 구성된 작은 물질이다. 네 종류의 염기 A, T, G, C는 유전자의 문자 같은 것으로, 인간 유전자 정보(인간 게놈)는 이 염기들의 쌍이 32억 개 모여서 만들어졌다.

이 DNA에 적힌 유전자 정보가 설계도가 되어 사람의 몸속에서 필요한 단백질이 만들어진다. 참고로 네 종류의 염기의 연결에는 규칙이 있어서, A는 반드시 T와, G는 반드시 C와 결합한다.

DNA 위의 염기 배열이 약간 달라지면 난치병에 걸리는 경우가 있다. WHIM이라는 면역 결핍증은 32억 개의 염기 가운데 단 하나가 다른 탓에 HPV라는 바이러스에 매우 감염되기 쉬워져 온 몸에 사마귀가 생기며, 이 사마귀가 암이 되기도 한다.

반대의 상황도 있다. 개의 경우 근육의 발생을 억제하는 유전자의 염기서열을 딱 하나만 바꾸면 온몸이 근육질인 유전자 강화 비글을 만들 수 있다. 고작 염기 하나, 원자의 수로는 고작 수십 개의 차이가 완전히 다른 결과를 낳는다. 이 DNA를 간단히 고쳐 쓰는 기술이 다우드너가 개발한 크리스퍼인 것이다.

손쉽게 유전자를 편집할 수 있는 '크리스퍼'

본래 크리스퍼는 세균이 바이러스의 감염을 막는 면역시스템이다. 처음에 다우드너는 세균이 바이러스와 싸우는 면역시스템을 연구하고 있었다. 그러나 우연한 계기로 크리스퍼의 진짜 모습을 발견하게 되었다.

크리스퍼는 세균의 면역시스템을 사용해 유전자를 자유자재로 편집한다. 다음의 그림은 그 원리다. 먼저, 크리스퍼는 DNA를 자르는 가위인 캐스나인$_{Cas9}$과 DNA에서 표적이 되는 염기서열을 찾아내는 가이드 RNA라는 두 부품으로 구성되어 있다.

① **표적으로 삼은 염기서열을 찾아내 결합한다:** 인간의 DNA에는 32억 개의 염기가 나열되어 있다. 이 배열에서 편집하고자 하는 표적 염기를 찾아내야 한다. 가이드 RNA는 표적으로 삼은 염기와 배열이 같은 20개의 염기를 지니고 있다. 그리고 DNA에서 같은 배열을 찾아내 DNA의 그 부분과 결합한다. 앞에서 이야기했듯이 A는 T, G는

C와 결합하기 때문에 가이드 RNA는 그림처럼 DNA의 이중나선을 풀고 결합할 수 있다.

② **캐스나인**_Cas9_**이 표적염기를 절단한다:** 표적염기와 결합한 뒤, 캐스나인이 표적으로 삼은 염기를 절단한다.

③ **DNA 수복과 표적의 삭제로 배열이 바뀐다:** DNA 절단 후, 세포의 활동으로 DNA의 절단된 부분이 수복된다. 이때 표적으로 삼은 염기가 삭제되어 염기서열이 달라진다. 이런 원리로 DNA에서 표적으로 삼은 부분을 자유자재로 잘라내 삭제할 수 있으며, DNA의 염기서열을 원하는 대로 고쳐 쓸 수도 있다.

크리스퍼의 원리

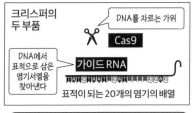

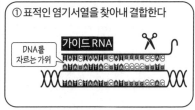

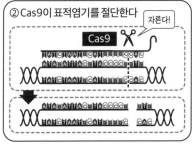

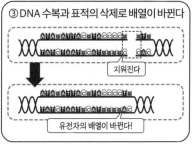

크리스퍼가 등장하기 전의 유전자 편집 기술은 시스템 구축에 수개월이 걸렸고, 게다가 도구의 가격이 하나에 2만 5,000달러라는 엄청난 고가였다. 반면에 크리스퍼는 컴퓨터로 몇 분만 작업하면 준비할 수 있으며, 비용은 수십 달러로 매우 저렴하다. 선진적인 생물 연구소가 몇 년을 들였던 작업을 고등학생도 며칠 만에 할 수 있게 된 것이다. 마치 워드프로세서로 문자를 편집하는 감각으로 유전자를 편집할 수 있다. 이 저비용과 사용 편의성 덕분에 크리스퍼는 단숨에 보급되었다.

인류는 크리스퍼를 올바르게 사용할 수 있을까

2012년, 다우드너는 미국의 과학학술지인 〈사이언스〉에 크리스퍼의 논문을 발표했다. 이 논문은 큰 반향을 불러일으켰고, 수많은 과학자가 일제히 크리스퍼 기술로 유전자 재조합 실험을 개시해 잇달아 성과를 만들어냈다. 몇 달 동안 썩지 않는 토마토, 말라리아를 옮기지 않는 모기, 뿔이 나지 않는 소 등은 이미 실현되었다.

인간에게 이식 가능한 췌장을 제공하는 가축도 탄생했다. 2022년에는 유전자 편집으로 인간의 유전자를 집어넣은 돼지에게서 추출한 심장을 말기 심장질환에 걸린 남성에게 이식하는 수술이 실시되었다. (남성은 2개월 동안 생존했지만 결국 사망했다.)

지금은 온갖 생물의 게놈을 자유자재로 편집할 수 있다. 가령 현재는 모기가 옮기는 병 때문에 매년 100만 명이 넘는 사람이 죽고 있는데, 암컷 모기에게 불임 유전자를 집어넣고 풀어주면 무기의 종을 멸종시킬 가능성이 있다. "빨리 시행했으면 좋겠다."라는 의견도 많을 것이고, "모기를 멸종시켜도 생태계는 그다지 영향을 받지 않는다."라고 말하는 곤충학자도 있다. 그러나 모기는 1억 년 이상 전부터 지구에 살고 있는 종이다. 생태계에 무슨 일이 일어날지는 알 수 없다.

이런 이야기가 있다. 1979년에 아마미오시마에서 사람을 습격하는 반시뱀(살무사의 일종)을 퇴치하기 위해 몽구스 30마리를 풀어 놓았다. 그러나 반시뱀 퇴치 효과는 전혀 없었고, 몽구스는 최대 1만 마리까지 불어나서 아마미검은토끼 등의 희소종을 잡아먹었다. 그래서 2005년부터는 대규모의 몽구스 퇴치작전이 시작되었다. 이처럼 인류가 생태계를 완전히 이해하고 있다고 생각하는 것은 오만에 불과할지도 모른다.

어느 날 밤, 돼지 얼굴을 한 히틀러에게 "자네가 개발한 훌륭한 기술을 꼭 알고 싶네."라는 부탁을 받는 악몽에 시달리다 잠에서 깨어난 다우드너는 이런 생각을 했다고 한다. '우리는 대체 무슨 짓을 저지른 걸까?' 다우드너를 비롯한 연구자들은 처음에 크리스퍼가 유전자 질환 치료에 사용되어 수많은 생명을 구할 것이라고 생각했다. 그러나 이 책이 출판된 2017년 시점에 크리스퍼 관련 도구는 이미 수만 키트가 출하되었고, 1만 엔 정도만 내면 누구나 온라인에서 구입할 수 있다. 바이오 해커가 악용할 가능성도 충분히 존재한다. 1990년대에 사린 등의 대량살상무기를 사용해 테러를 저질렀던 옴 진리교가 현대에 존재했다면 크리스퍼를 이용해 세균병기의 개발을 시작했을지도 모른다고 생각하니 등골이 오싹해진다.

2015년, 다우드너는 이 문제를 제기하는 논문을 발표하게 네 가지 제언을 했다.

① 이 문제에 관해 공개 토론의 자리를 만든다.

② 임상에 응용하기 전에 인간 이외의 동물로 검증과 개발을 계속한다.

③ 다양한 이해관계자로 구성된 국제회의를 개최한다.

④ 인간게놈의 유전자 재조합 연구를 자제한다.

수많은 연구자가 이 제언에 찬동했지만, "연구를 방해하지 마시오."라고 반발하는 과학자도 있는 등 연구에는 제동이 걸리지 않고 있다. 2018년 11월, 중국 남방과학기술대학교의 허젠쿠이 부교수(당시)는 크리스퍼를 사용해 유전자를 편집한 인간의 수정란에서 쌍둥이 여아를 탄생시켰다. 아버지는 에이즈 바이러스*HIV* 감염자로, 유전자를 편집한 목적은 아기가 에이즈에 걸리지 않도록 만드는 것이라고 한다. 그러나 크리스퍼는 표적염기를 잘못 수정하는 경우도 있기 때문에 안전성을 100퍼센트 보증하지 않을 뿐만 아니라, 아버지에게서 아기에게 HIV가 감염되지 않도록 막는 방법은 이미 확립되어 있기에 유전자를 편집할 필요성도 없었다.

이 책에서는 우생학을 소개했다. 20세기 전반, 우수한 민족을 추구한 나치 독일은 우생학이라는 이름으로 수십만 명에게 단종을 강제했다. 게다가 수백만 명의 유대인과 동성애자, 정신장애인 등을 학살했다. 미국에서도 우생학적인 시책이 널리 시행되었고, 일부 주에서는 1970년대까지 강제 단종을 계속했다. 일본에도 1996년까지 불량한 자손의 출생을 방지한다는 우생보호법이 있었다. 1955년 전후에는 강제 단종이 연간 1,000건을 넘어서기도 했다. 2020년에는 한 여성이 우생보호법에 의거해 백내장의 유전을 방지한다는 명목으로 1977년에 강제불임수술을 받았다며 국가를 상대로 손해 배상 소송을 제기했다. 오늘날 백내장은 간단한 수술로 치료가 가능하다.

우수한 자손의 선택은 우수하지 않은 자손을 배제하는 결과로 이어진다. 선택받지 못한 사람의 권리는 어떻게 되는 것일까? 또한 인간게놈의 수정이 실시되게 되면 부유층은 자손의 게놈을 우수하게 개조하는 한편 빈곤층은 게놈 개조를 하지 못할 것이다. 부르디외가 [Book 58]《구별짓기》에서 묘사한 사회의 계급 형성은 아비투스(습관)를 통한 것이었다. 여기에 유전의 불평등이 더해지면 사회 경제구조에 유전적 계층이 형성된 사회가 되어 [Book 54]《사피엔스》의 저자 하라리가《호모 데우스》에서 묘사한 세계가 현실이 된다.

한편 현대에는 '개인의 자유'가 존중된다. [Book 22]《정치학》에서 소개한 자유지상주의자들은 자손의 게놈 개조를 강하게 희망할지도 모른다. 게놈을 개조할 자유는 허용되어야 할까? 혹은 금지할 수 있을까?

[Book 1]《소크라테스의 변명》에도 나오듯이, 역사 속에서 철학과 과학의 원동력은 '모르는 것을 알고 싶다.'라는 '지의 추구'였다. 지식의 봉인은 불가능하다. 창조주의 영역에 도달한 과학이라는 무기를 인간은 어떻게 다뤄야 할까? 이 책의 마지막에서 다우드너는 이렇게 말했다.

"본질적으로 좋은 기술 혹은 본질적으로 나쁜 기술 같은 것은 거의 존재하지 않는다. 중요한 것은 그것을 어떻게 사용하느냐다."

"인류의 유전적 미래를 조종하는 이 힘(중략)을 어떻게 다룰지 결정하는 것은 우리에게 지금까지 했던 것 중 가장 큰 도전이 될 것이다. 우리가 그 책무를 올바르게 다할 수 있기를 바라고, 또 믿는다."

지금 인류에게 요구되고 있는 것은 인류는 아직 모든 것을 알지 못한다는 '지에 대한 겸손한 자세'가 아닐까 싶다. AI와 유전자 공학 등의 최신기술을 손에 넣은 현대의 인류는 자칫 자신들이 전지전능하다는 착각에 빠지기 쉽다. 첫 번째 책에서 소개했던 소크라테스가 2,500년 전에 주장한 '부지의 자각'으로 되돌아갈 것이 절실히 요구되는 상황이다.

기술이 진화한 현대이기에 우리 한 사람 한 사람의 교양이 인류의 존망을 좌우할 수 있는 것이다.

POINT

크리스퍼의 등장은 인류에게 '부지의 자각'이라는 원점 회귀와 깊은 인간 통찰을 요구하고 있다.

요즘 교양 필독서 87

초판 1쇄 발행 2024년 9월 9일

지은이 나가이 다카히사
옮긴이 김정환
펴낸이 정덕식, 김재현

책임편집 정아영
디자인 Design IF
경영지원 임효순

펴낸곳 (주)센시오
출판등록 2009년 10월 14일 제300-2009-126호
주소 서울특별시 마포구 성암로 189, 1707-1호
전화 02-734-0981
팩스 02-333-0081
메일 sensio@sensiobook.com

ISBN 979-11-6657-159-6 03100

소중한 원고를 기다립니다. sensio@sensiobook.com